utb 6330

utb.

W0300490

Eine Arbeitsgemeinschaft der Verlage

Brill | Schöningh – Fink · Paderborn
Brill | Vandenhoeck & Ruprecht · Göttingen – Böhlau · Wien · Köln
Verlag Barbara Budrich · Opladen · Toronto
facultas · Wien
Haupt Verlag · Bern
Verlag Julius Klinkhardt · Bad Heilbrunn
Mohr Siebeck · Tübingen
Narr Francke Attempto Verlag – expert verlag · Tübingen
Psychiatrie Verlag · Köln
Psychosozial-Verlag · Gießen
Ernst Reinhardt Verlag · München
transcript Verlag · Bielefeld
Verlag Eugen Ulmer · Stuttgart
UVK Verlag · München
Waxmann · Münster · New York
wbv Publikation · Bielefeld
Wochenschau Verlag · Frankfurt am Main

Nerea Vöing (Dr.), geb. 1985, leitet die Stabsstelle Bildungsinnovationen und Hochschuldidaktik der Universität Paderborn und war von 2021-2025 Vorstandsvorsitzende der Deutschen Gesellschaft für Hochschuldidaktik e.V. Sie promovierte im Fach Vergleichende Literatur- und Kulturwissenschaften an der Universität Paderborn. Zu ihren Hauptarbeitsbereichen gehören die Angebote für professorale Hochschullehre sowie die Studiengangs- und Organisationsentwicklung.

Nerea Vöing (Hg.)

Praxishandbuch Hochschullehre II

Bewertung, Digitalisierung und Barrierefreiheit

transcript Verlag, Bielefeld

Bibliografische Information der Deutschen Nationalbibliothek
Die Deutsche Nationalbibliothek verzeichnet diese Publikation in der Deutschen Nationalbibliografie; detaillierte bibliografische Daten sind im Internet über https://dnb.dnb.de abrufbar.

transcript Verlag | Hermannstraße 26 | D-33602 Bielefeld | live@transcript-verlag.de

utb-Bandnr. 6330
Print-ISBN 978-3-8252-6330-0
PDF-ISBN 978-3-8385-6330-5

Umschlaggestaltung: siegel konzeption | gestaltung
Umschlagabbildung: Maria Arndt, Bielefeld
Grafiken: seideldesign, Mainz | München, www.seideldesign.net
Korrektorat: Laura Wittland
Satz: Jan Gerbach, Bielefeld
Druck: Elanders Waiblingen GmbH, Waiblingen

Gedruckt auf alterungsbeständigem Papier mit chlorfrei gebleichtem Zellstoff.

INHALT

Feedback geben

Evaluation und Qualitätssicherung

Studierende beraten

Digitale Lehre

Nachhaltige und barrierefreie Lehre

HINWEIS ZUM BUCH UND DEN DIGITALEN INHALTEN

Zu diesem Buch gibt es digitale Zusatzmaterialien, die Sie online abrufen können. Sie finden im Fließtext jeweils einen QR-Code in der Randspalte, der Sie direkt zu den Zusatzmaterialien führt. Den Zugang dazu erhalten Sie wie folgt:

1. Registrieren Sie sich kostenlos auf https://elibrary.utb.de/action/registration.
2. Gehen Sie auf »Mein Profil« → »Zugangscode aktivieren«.
3. Geben Sie dort den Code HOCHSCHULLEHRE6330 ein und klicken Sie auf »Abschicken«.

Icon-Legende

Schlagworte

Orientierung

Leitfragen

Definition

Exkurs

Beispiel

Kernaussage

Reflexionsfrage

Literaturtipps

Zwischenfazit

Tipp

Merke

EDITORIAL

Nerea Vöing

1. Grundsätzliche Ausrichtung des Praxishandbuchs

Reformen, aber auch wachsende Ansprüche an die Lehre, verändern die Handlungsanforderungen in Bildungseinrichtungen. Zudem verändert die Digitalisierung die Lehre, an Hochschulen ebenso wie an allen anderen Lehreinrichtungen. Diese Entwicklung führt nicht nur zu neuen technischen Voraussetzungen, sondern auch zu neuen Anforderungen in der Didaktik. Lehrende brauchen heute aber nicht nur theoretische Reflexion ihrer Handlungen unter diesen Bedingungen, sondern auch und vor allem mehr aktuelle und praxisorientierte Unterstützung. Dies ist der Grund für die Entwicklung des »Praxishandbuchs Hochschullehre«, das alle Personen im Berufsfeld Hochschule ansprechen soll.

Das Praxishandbuch ist als Kompendium gedacht, aus dem nach und nach modulare Vertiefungen in Form von Praxisleitfäden ausgekoppelt werden, sodass in wenigen Jahren eine Praxisbibliothek für die Hochschullehre zu den wichtigsten zentralen und aktuellen Themen entsteht. Das Praxishandbuch soll in diesem Rahmen als ein umfangreiches Nachschlagewerk allgemein für Themen der Hochschullehre dienen, das durch didaktische Expertise und Praxisanknüpfungen überzeugt.

Die vorliegenden zwei Bände des Praxishandbuchs Hochschullehre zeichnen sich durch eine **einmalige thematische Breite** aus, die das Spektrum der für die Lehrpraxis an Hochschulen relevanten Themenbereiche abdeckt. Darüber hinaus weisen sie eine didaktische Orientierung aus, welche den Transfer in die Lehrpraxis der Leser:innen unterstützen soll. Diese sollen durch eine systematische Strukturierung und Orientierung an die Hand genommen und in ihrer individuellen Wissensaneignung unterstützt werden. Didaktische Elemente, die auf ihre Bedürfnisse abgestimmt sind, helfen ihnen dabei, sich die Inhalte eigenständig und effektiv zu erschließen. Insbesondere durch eine einheitliche Strukturierung der Inhalte zeichnet sich der Aufbau des Praxishandbuchs aus, der eine schnelle Aneignung der Inhalte unterstützt und das Nachschlagen von konkreten Begriffen erleichtert. Die unterschiedliche Gestaltung und Hervorhebung der Textelemente (Definitionen, Zusammenfassungen, Reflexionsfragen) ermöglicht den Nutzer:innen darüber hinaus, sich schnell einen Überblick über die Inhalte der einzelnen Beiträge zu verschaffen. Die Texte sind praxisorientiert und mit einem Fokus auf eine hohe Anwendbarkeit geschrieben.

Zu Beginn jeden Beitrags finden sich die drei Elemente ›Schlagworte‹, ›Orientierung‹ und ›Leitfragen‹, die einen Eindruck von der inhaltlichen Ausrichtung des jeweiligen Beitrags vermitteln. In den Texten finden sich ›Definitionen‹ zur Klärung zentraler Begriffe, ›Kernaussagen‹ zur Hervorhebung zentraler Aussagen sowie ›Merksätze‹ zur Wiederholung von relevanten Sätzen. ›Beispiele‹ liefern Umsetzungsmöglichkeiten aus der Lehrpraxis; ›Tipps‹ geben beispielsweise Hinweise an die Hand, auf welche Aspekte bei der Umsetzung in der eigenen Lehre geachtet werden sollte. Die ›Zwischenfazits‹ dienen dazu, die Erkenntnisse einzelner Abschnitte oder auch Beiträge zusammenzufassen und vorläufige Schlussfolgerungen zu ziehen. ›Literaturtipps‹ geben Hinweise, welche Texte zur vertieften Auseinandersetzung mit bestimmten Aspekten von den Autor:innen empfohlen werden. ›Reflexionsfragen‹ ermöglichen den Leser:innen den Transfer zur eigenen Lehrpraxis. Denkanstöße zu Perspektiven, die bisher nicht bedacht wurden, können zu einer vertieften Auseinandersetzung mit individuellen Lehrpraktiken führen und bisher verborgene Handlungsspielräume eröffnen. In ›Exkursen‹ wiederum finden sich kurze, themenbezogene Abweichungen oder Ergänzungen, die zusätzliche Informationen oder Hintergründe liefern, aber nicht unmittelbar zum Hauptthema gehören. Das ›Zusatzmaterial‹ ergänzt die Artikel des Praxishandbuchs durch weitere Materialien. Eine ›Zusammenfassung‹ am Ende schließt die einzelnen Beiträge ab.

2. Aufbau des Praxishandbuchs

Unser Praxishandbuch soll nicht nur **zentrale und aktuelle Themen** der Hochschullehre skizzieren, sondern den Erhalt von aktivem Wissen ermöglichen und Handlungsvorschläge für Lehrszenarien bereitstellen. Nutzer:innen sind daher nicht nur Konsument:innen von Inhalten, sondern werden aktiv dazu aufgefordert, sich mit Inhalten auseinanderzusetzen und diese in ihre Lehrpraxis zu überführen.

Das Praxishandbuch dient nicht nur als Nachschlagewerk, sondern macht zugleich auf relevante hochschulpolitische Themen aufmerksam und trägt dazu bei, diese sichtbar zu machen.

Die zwei Bände gliedern sich in elf Themenfelder. Band I legt den Fokus auf die hochschuldidaktischen Grundlagen sowie die Kernthemen der Lehrtätigkeit und umfasst die Themenfelder »Hochschuldidaktische Grundlagen«, »Lehrveranstaltungsformate«, »Aktive Lehre planen«, »Lehrmethoden« und »Studentische Partizipation«.

Der Einstieg erfolgt über das Themenfeld »Hochschuldidaktische Grundlagen«. Die Artikel dieses Themenfelds leisten eine Einführung grundlegender hochschuldidaktischer Begriffe und des hochschuldidaktischen Verständnisses von ›Lernen und Lehren‹ (R. Rhein). Darüber hinaus liefert es einen Einblick in die hochschuldidaktisch relevante Bezugsdisziplin der Psychologie mit relevanten Konzepten etwa zur (Lern-)

Motivation (M. Mörth und I. Ulrich) sowie in die für Hochschullehrende relevanten Kompetenzen (C. Trautwein).

Im Themenfeld »Lehrveranstaltungsformate« stehen zentrale Formate hochschulischer Lehre im Fokus. Die Beiträge widmen sich einer (kritischen) Revision des traditionellen Vorlesungsformats (R. Dubs), geben Gestaltungshinweise für Seminare (A. Centeno García) und beleuchten die Bedeutung von Tutorien für die Hochschullehre (H. Kröpke und U. Trier).

Das Themenfeld »Aktive Lehre planen« enthält praktische Hinweise zur Lehrplanung in unterschiedlichen Facetten mit einem Fokus auf studierendenzentrierte Lehre. Kompetenzorientiert lehren nach dem Constructive Alignment (L.-M. Friede und B. Szczyrba), praktische Hinweise zur Gestaltung didaktischer Aufgaben (F. Willicks) und die schwierige Frage der Didaktischen Reduktion (M. Lehner) sind Teil dieses Abschnitts.

Im Themenfeld »Lehrmethoden« widmen sich die Autor:innen der methodischen Gestaltung von Hochschullehre mit einigen ›Schlaglichtern‹: dem Lehrgespräch (M. Cursio und A. Hahn), dem Einsatz von Visualisierung (D. Al-Kabbani) und Hinweisen, wie mit Spontaneität in der Lehre agiert werden kann (A. Klein).

Das Themenfeld »Studentische Partizipation« motiviert zu einer partizipativen Gestaltung von Lehre, konturiert, was studentische Partizipation bedeutet (P. Tremp), verhandelt einen diversitätsdidaktischen Ansatz beteiligungsorientierter Lehre (F. Linde und N. Auferkorte-Michaelis) und führt in die Methoden des Projektbasierten und Forschenden Lernens ein (A. S. Fiege).

Band II komplettiert die hochschuldidaktischen Kernthemen mit den Themen »Prüfen und Bewerten«, »Feedback«, »Evaluation« und »Studierende beraten« und erweitert diese um relevante Themen wie »Digitalisierung«, »Nachhaltigkeit« sowie »Barrierefreiheit«.

Das Themenfeld »Prüfen und Bewerten« leistet einen Einstieg in die Didaktik und Theorie kompetenzorientierter Prüfungen (N. Schaper), gibt praktische Hinweise zur didaktisch sinnvollen Gestaltung schriftlicher, mündlicher sowie praktischer Prüfungsformen (S. Walzik; S. Frölich-Steffen; A. Manjukan, M. Bachmann und F. Neumann), widmet sich den rechtlichen Dimensionen des Themas (J. Aßmann) sowie den Spezifika digitaler Prüfungen (A. Bonaccorso und T. Halbherr). Zudem erhalten die Lehrenden Informationen sowie Leitfäden zur Bewertung studentischer Leistungen (V. Eickhoff).

Im Themenfeld »Feedback geben« geht es um zwei zentrale Formen der Rückmeldung auf den Lernerfolg der Studierenden. Es gibt Lehrenden eine Auslegeordnung zum Feedback-Geben an die Hand (N. Dainton) und verhandelt Gelingensbedingungen für Peer-Feedback (S. Hercher).

Das Themenfeld »Evaluation und Qualitätssicherung« widmet sich Formen des Feedbacks, die der:die Lehrende als Rückmeldung auf die eigene Lehre nutzen kann. Hierzu gehören die Lehrveranstaltungsevaluation (J. Philipp) sowie das kollegiale Feedback und die kollegiale Hospitation (J. Osthushenrich). Zudem wird hier das »Scholarship of Teaching and Learning« als Möglichkeit thematisiert, die eigene Lehre forschend weiterzuentwickeln (N. Vöing, S. Weber und M. Arnold).

Im Themenfeld »Studierende beraten« werden die zentralen Formen der Beratung verhandelt und praktische Hinweise zu deren Umsetzung gegeben. Nach einem Einstieg in die Tätigkeit der Beratung im Kontext der Hochschullehre (G. Thomann) gibt es eine Vertiefung zur Begleitung von Abschlussarbeiten (E. Buff Keller).

Das Themenfeld »Digitale Lehre« befasst sich mit drei Aspekten (in dem großen Gebiet) der Digitalisierung von Hochschullehre: dem Lernen mit und über Medien und damit dem Aspekt der Medienkompetenz (B. Getto), dem Spektrum an möglichen Lehr-Lern-Szenarien zwischen den Enden ›Präsenz‹ und ›Online-Lehre‹ (I. Neiske und C. Spannagel) sowie dem potenziellen Einfluss von Künstlicher Intelligenz auf die Hochschullehre (J. Leschke und P. Salden).

Das abschließende Themenfeld »Nachhaltige und barrierefreie Lehre« widmet sich der Frage, wie Lehre verändert sowie nachhaltig gestaltet werden kann und behandelt zwei relevante Aspekte: das Change Management in der Hochschullehre (K. Sonntag) sowie die Erstellung und Nutzung von Open Educational Resources (T. Weber). Zudem geht es um das wichtige Thema der Inklusion in der Lehre (C. Bender) sowie die barrierefreie Gestaltung von Lehre und Lehrmaterial (S. Böhlau).

3. Zielgruppe des Praxishandbuchs

Das Buch richtet sich an Lehrende an Hochschulen aller Fächer sowie an hochschuldidaktisch Tätige und hochschuldidaktisch Interessierte.

Innerhalb der Gruppe der Lehrenden richtet sich das Praxishandbuch an diejenigen, die schon über einige Semester Lehrerfahrung, jedoch nicht unbedingt über hochschuldidaktisches Vokabular verfügen. Die Texte sind gezielt auf diese Zielgruppe zugeschnitten. Ein Glossar erleichtert beispielsweise das Nachschlagen zentraler Begriffe. Die Glossar-Begriffe sind im Text durch Unterstreichung kenntlich gemacht.

Dennoch profitieren auch Lehrende mit (fundiertem) hochschuldidaktischem Wissen aus Weiterbildungen von der Qualität und Vielfalt der Beiträge. Für eine effiziente Nutzung des Praxishandbuchs ist es wichtig, sich aktiv mit den Inhalten zu beschäftigen. Dennoch sind die Inhalte auch immer ins Verhältnis zur eigenen lehrpraktischen Realität zu setzen. In den beiden Bänden des Praxishandbuchs werden keine einfachen Lösungen oder vorgefertigten Strategien präsentiert, da die Hochschuldidaktik keine pauschalen Vorgaben für ›gute Lehre‹ macht. Der Grund ist u.a., dass der Lehrkontext in der Hochschulbildung äußerst vielfältig ist und von vielen Faktoren abhängt; darunter die Fachdisziplin, die Lernziele, die Studierendenschaft und die individuellen Lehrenden. Statt starre Anleitungen zu geben, betont die Hochschuldidaktik eher Prinzipien, Konzepte und Methoden, die Lehrende befähigen sollen, ihre Lehrpraxis mit Blick auf die spezifischen Anforderungen und Bedingungen zu gestalten. Dies fördert eine reflektierte, kontextbezogene Lehrtätigkeit, die sich an bewährten Praktiken orientiert und gleichzeitig Raum für Kreativität und Innovation lässt. Diese Ausrichtung wird auch in den vorliegenden Bänden verfolgt.

An dieser Stelle möchte ich allen beteiligten Autor:innen dafür danken, dass sie mit ihrer Expertise dieses Handbuch mit wertvollem Wissen ›gefüllt‹ haben. Mein besonderer Dank gilt zudem Elena König, ohne deren Mitarbeit dieses Praxishandbuch nicht entstanden wäre. Des Weiteren möchte ich Matthias Seidel für die Erstellung der Grafiken danken.

Ich wünsche allen Leser:innen eine erkenntnisreiche Lektüre sowie die Zeit und auch den Mut, die dabei gewonnenen Erkenntnisse in die eigene Lehrpraxis zu überführen.

Ihre
Nerea Vöing

PRÜFEN & BEWERTEN

DIDAKTIK UND THEORIE KOMPETENZORIENTIERTER PRÜFUNGEN

Niclas Schaper

Schlagworte

Kompetenzorientierung, Prüfen, Constructive Alignment, Prüfungsformate, Qualitätskriterien

Orientierung

In diesem Beitrag werden grundlegende Konzepte zur Konzeption von kompetenzorientierten Prüfungsformaten vorgestellt. In Orientierung an einem Rahmenmodell des hochschulischen Prüfens wird erörtert, welche didaktischen Konzepte bei der Bestimmung der Prüfungsinhalte, der Konzeption der Prüfungsformate und -aufgaben sowie der Festlegung der Bewertungskriterien und -schemata aus einer kompetenzorientierten Gestaltungsperspektive zu berücksichtigen sind.

Leitfragen

Welche Aspekte und Fragen sind bei der Konzeption einer Prüfung zu berücksichtigen?
Welche Rolle spielt das Prüfen im Rahmen einer kompetenzorientierten Lehre?
Wie kann ich vorgehen, um kompetenzorientiertes Prüfen in meiner Lehre zu realisieren?
Wie kann ich kompetenzorientiertes Prüfen gemäß dem Constructive-Alignment-Konzept umsetzen?
Welchen Qualitätsansprüchen sollte ein kompetenzorientiertes Prüfungsarrangement entsprechen?

1. Einleitung[1]

Die Prüfung ist ein essenzieller Bestandteil der Lehrtätigkeit an Hochschulen. Sie erfüllt wichtige Funktionen, sowohl im Rahmen des allgemeinen Studiums als auch speziell für die Lehrangebote innerhalb eines Studiengangs. Prüfungen sind nicht nur für die Anerkennung von individuellen Leistungen im Studium von zentraler Bedeutung, sie haben auch wichtige Funktionen im Lernprozess (zum Beispiel in Form von Rückmeldungen zum Lernstand). Darüber hinaus sind Prüfungen für Lehrende ein wichtiges didaktisches Element bei der Planung, Umsetzung und Erfolgskontrolle von Lehrveranstaltungen. Vor allem kann anhand der Leistungen in den Prüfungen erkannt werden, ob die Lernziele einer Lehrveranstaltung von den Studierenden erreicht wurden oder nicht.

Trotz seiner Bedeutung wird das Prüfen von Lernleistungen oftmals wenig professionell gehandhabt und eher als formales Element des Lehrprozesses betrachtet (Metzger & Nüesch, 2004; Schindler et al., 2015). Dies führt dazu, dass Prüfungen an Hochschulen (oft) weder diagnostisch (als Messinstrument zur Erfassung der erreichten Lernleistungen) noch didaktisch (als Teil des Lernprozesses zur Aneignung von bestimmten Kompetenzen) angemessen eingesetzt und gestaltet werden. Zudem ist bei Lehrenden oft eine Ambivalenz hinsichtlich des Prüfens zu beobachten, die mitunter aversive Gefühle hervorruft. So führt es u.a. zu Rollenkonflikten, wenn einerseits die Rolle als Lehrende:r und Unterstützer:in von Lernprozessen gefordert ist und andererseits die Funktion als Prüfende:r bzw. Bewerter:in von Lernleistungen ausgeübt werden muss. Außerdem bringen Prüfungen in der Regel hohe Arbeitsaufwände mit häufig wiederkehrenden, monoton anmutenden Abläufen mit sich.

Prüfungen in heutigen Studiengängen sollten in einer **kompetenzorientierten Form** erfolgen; d.h. sie sollten nicht nur den Erwerb fachlichen Wissens prüfen, sondern auch Befähigungen zum Handeln in anspruchsvollen wissenschaftlichen und beruflichen Anforderungssituationen. Diese Forderung hat vor allem durch die Bologna-Reform in die Hochschullehre Einzug gehalten. Durch diesen Reformprozess wurde insbesondere ein Wandel von einer »Content«- hin zu einer »Outcome«-Orientierung eingeleitet (Paetz et al., 2011). Dies bedeutet, dass Studiengänge konsequent von den Qualifizierungszielen (Learning Outcomes) her konzipiert werden sollen (HRK, 2004). Dies gilt für Learning Outcomes auf allen Ebenen (u.a. Studiengangs-, Modul-, Veranstaltungsebene); d.h. der Beitrag und Stellenwert jeder einzelnen Veranstaltung und Lerneinheit ist im Hinblick auf entsprechende Modul- und Qualifikationsziele hin zu definieren. Bei der Outcome-Orientierung der Studiengänge wird insbesondere eine Orientierung an den zu vermittelnden Kompetenzen bzw. Kompetenzzielen eingefordert, wodurch das Studium gleichzeitig auf eine Kompetenzorientierung von Studium und Lehre ausgerichtet wird.

1 Der vorliegende Artikel orientiert sich an Schaper (2021) und Schaper und Soyka (2021).

Des Weiteren wird in der Bologna-Reform betont, dass ein Studium unabhängig von seiner fachlichen Ausrichtung die Beschäftigungsfähigkeit der Studierenden fördern soll. Das bedeutet, es soll auf eine Vielzahl von beruflichen bzw. akademischen Tätigkeitsfeldern vorbereiten und die Studierenden befähigen, beruflich Fuß zu fassen. Studierende sollen daher neben fachlich-wissenschaftlichen Kompetenzen auch Fähigkeiten erwerben, mit denen sie ihr in der Hochschule erworbenes Wissen in praktischen Einsatzfeldern anwenden sowie das vorhandene Wissen reflektieren und weiterentwickeln können. Außerdem sollte ein Studium den Erwerb fachübergreifender, multifunktionaler Qualifikationen fördern, worunter beruflich verwertbare Schlüsselkompetenzen zu verstehen sind (zum Beispiel Fähigkeiten, sich selbstorganisiert Wissen anzueignen oder mit anderen zusammenarbeiten zu können).

Zur Darstellung zentraler Aspekte beim Prüfen in der Hochschule soll im Folgenden auf ein **Rahmenmodell** in Anlehnung an Metzger und Nüesch (2004) Bezug genommen werden (siehe Abb. 1). ›Prüfen‹ wird in diesem Rahmenmodell als ein Prozess verstanden, der Phasen der Planung, Durchführung und Auswertung umfasst. Im Kontext dieser Phasen muss eine Vielzahl von Entscheidungen getroffen werden, die sich auf folgende Aspekte beziehen: Was soll geprüft werden (Inhalte)? Wie soll geprüft werden (Formate)? Wie sollen die Prüfungsergebnisse ausgewertet, d.h. beurteilt und bewertet werden (Auswertung)?

Abb. 1: Rahmenmodell zum Prüfen in der Hochschule

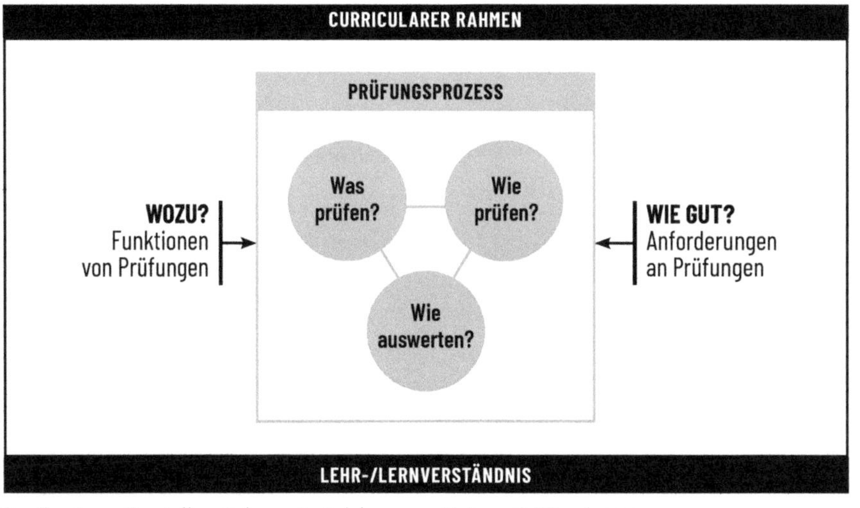

Quelle: eigene Darstellung Schaper, in Anlehnung an Metzger & Nüesch, 2004

Die Gestaltung des Prüfungsprozesses hängt außerdem davon ab, zu welchem Zweck geprüft wird, d.h. welche Funktionen Prüfungen in einem bestimmten Ausbildungskontext erfüllen sollen. Zudem ist zu klären, in welchem Maß bestimmte Anforderungen an eine Prüfung (beispielsweise in Bezug auf Validität oder Fairness) erfüllt werden sollen, d.h. wie ›gut‹ unter Beachtung bestimmter Qualitätskriterien geprüft werden soll. Darüber hinaus ist der Prüfungsprozess in den curricularen Rahmen eines Studiengangs eingebettet (Welchen Stellenwert hat die Prüfung im jeweiligen Studiengang?) sowie in das Lehr-Lern-Verständnis (Welche Funktionen haben die Prüfungen im Kontext des Lernprozesses?), das sich in einer Hochschule bzw. einer Lehreinheit entwickelt hat und diese prägt.

Im Folgenden wird der Fokus der Darstellung auf Fragen zur Bestimmung der Prüfungsinhalte, zur Gestaltung kompetenzorientierter Prüfungsformate sowie entsprechender Bewertungskriterien liegen und es werden die Bedeutung und Umsetzbarkeit bestimmter Qualitätskriterien des Prüfens erörtert. Zusätzlich wird auf das Constructive-Alignment-Konzept als Leitkonzept für eine kompetenzorientierte Lehr-, Lern- und Prüfungsgestaltung eingegangen und es werden Aspekte einer lernförderlichen Prüfungsgestaltung behandelt.

2. Kompetenzen als Inhalte des Prüfens

Bei der Konzeption von Prüfungen ist eine der zentralen Fragen »Was prüfen?«, also: Welche Inhalte sind Gegenstand der Prüfung? Es gilt somit festzulegen, welche Kenntnisse, Fertigkeiten und Fähigkeiten oder auch Überzeugungen zum Abschluss bzw. während einer Lehrveranstaltung geprüft werden sollen. Insbesondere mit Bezug auf die Bologna-Reform und darauf beruhenden Akkreditierungsrichtlinien für Studiengänge steht dabei der Erwerb von Kompetenzen im Vordergrund, d.h. es geht um komplexe psychische Dispositionen, die Individuen zur Bewältigung anspruchsvoller Aufgaben und Anforderungen – meist in einem beruflichen Umfeld – befähigen.

Definition

In Anlehnung an Schaper (2012) sind unter ›**akademischen Kompetenzen**‹ Befähigungen zu verstehen, (1) wissenschaftliche Konzepte auf komplexe Anforderungskontexte anwenden und (2) komplexe, wissenschaftliche Sachverhalte analysieren und reflektieren zu können sowie (3) neue, innovative Konzepte und Problemlösungen erschaffen und gestalten zu können. Darüber hinaus sind aber auch Fähigkeiten von Bedeutung, (4) wissenschaftliche Konzepte und Methoden anschlussfähig kommunizieren und mit anderen kooperieren sowie (5) das eigene problemlösungs- und erkenntnisgeleitete Handeln selbst regulieren und reflektieren zu können.

An diese Definition akademischer Kompetenzen schließt auch der überarbeitete Deutsche Hochschulqualifikationsrahmen (HQR; Hochschulrektorenkonferenz & Kultusministerkonferenz, 2017) an. Der HQR fordert somit auch, dass Bildungs- bzw. Qualifikationsziele für hochschulische Bildungsgänge in umfassender Form definiert werden und sich nicht nur auf den fachwissenschaftlichen Wissenserwerb beziehen. Damit werden auch an Prüfungsaufgaben bzw. -formate zur Erfassung akademischer Befähigungen hohe Anforderungen gestellt, d.h. auch in Prüfungen sind komplexe Leistungen der Wissensanwendung und des Transfers sowie der Analyse und Beurteilung von komplexen Problemstellungen, aber auch der Kommunikation und Kooperation in fachübergreifenden Kontexten zu berücksichtigen.

In der Prüfungspraxis werden die Prüfenden sich bei der Bestimmung von Prüfungsinhalten und -anforderungen nur in seltenen Fällen an abstrakten Kompetenzbeschreibungen, auf die ein Studiengang zielt, orientieren. In erster Linie werden die für einzelne Lehrveranstaltungen oder Studiengangmodule formulierten Lernziele bzw. Learning Outcomes herangezogen. Zu empfehlen ist aber trotzdem ein prüfender Blick, ob sich die Veranstaltungs- und/oder Modulziele auf die übergeordneten Qualifikationsziele eines Studiengangs hinreichend beziehen. Falls dies nicht der Fall ist, sollte überlegt werden, in welcher Form Anpassungsbedarf besteht (nicht nur die Veranstaltungsziele, auch die übergeordneten Qualifikationsziele können Defizite aufweisen, die der Veränderung bedürfen) und wie dieser umgesetzt werden kann (beispielsweise durch die Anpassung der Veranstaltungsziele oder durch Initiativen zur Modifikation der Modul- bzw. Qualifikationsziele eines Studiengangs zusammen mit den betroffenen Kolleg:innen).

Definition

Lernziele bzw. **Learning Outcomes** beschreiben die in einem Kurs bzw. einer Lerneinheit zu erlernenden Wissensinhalte und Fähigkeiten, und zwar in einer Weise, dass anhand der Zielbeschreibung nachvollzogen werden kann, welches Verhalten – insbesondere im Sinne kognitiver Leistungen – die Anwendung des Wissens oder dessen Beherrschung in bestimmten Situationen verdeutlicht.

Sie sind somit zentrale Grundlage, sowohl als Ausgangspunkt, aber auch als Prüfkriterium für die Konzeption der Prüfungsformate und -aufgaben. Damit sie diese Funktion auch hinreichend erfüllen können, müssen sie allerdings bestimmte Kriterien erfüllen. Insbesondere bei der Formulierung von Learning Outcomes sind bestimmte sprachliche und konzeptuelle Prinzipien zu berücksichtigen, um zu gewährleisten, dass die Learning Outcomes eine ausreichende Grundlage für die weiteren Planungsschritte liefern. Gemäß Reis (2014) sollten Learning Outcomes zum einen so formuliert werden, dass die zu erlernende Handlungsweise mithilfe einer Inhaltskomponente (Worauf bezieht sich das Lernhandeln inhaltlich?) und einer Verhaltenskomponente (Was ist zu tun? Welche Anforderung an den Umgang mit dem Wissen wird gestellt?) beschrieben wird. Zum anderen sollten die Learning Outcomes konkret beobachtbare Handlungsweisen beschreiben, damit sie für Lehr- und Prüfungszwecke operationalisiert werden können.

Zur Herleitung und Formulierung der Lernziele empfiehlt es sich zudem, bewährte Lernzieltaxonomien heranzuziehen (siehe dazu auch den Beitrag von Friede & Szczyrba in Band I des Praxishandbuchs). Relativ verbreitet ist in diesem Zusammenhang die Taxonomie von Anderson und Krathwohl (2001), die Kategorien zur Systematisierung und Ableitung kognitiver Lernziele bereitstellt. Zur Formulierung, Kategorisierung und Analyse kognitiver Lernziele unterscheidet Krathwohl (2002) zwischen zwei Dimensionen: zum einen die »Prozessdimensionen« (S. 214-215), mit denen unterschiedliche kognitive Prozesse im Umgang mit Wissen (»Erinnern«, »Verstehen«, »Anwenden«, »Analysieren«, »Bewerten«, »Kreieren«) beschrieben werden, und zum anderen die »Wissensdimension«, die zwischen unterschiedlichen Arten des Wissens differenziert (»Faktenwissen«, »Konzeptuelles Wissen«, »prozedurales Wissen«, »metakognitives Wissen«). Taxonomien wie die von Anderson und Krathwohl (2001) – sofern sie auch theoretisch und empirisch fundiert sind – sind wichtige Werkzeuge, nicht nur zur Formulierung von Lernzielen, sondern auch zur Analyse von Anforderungen bei Prüfungsaufgaben und dem Abgleich mit den in den Lernzielen formulierten Anforderungen.

Zwischenfazit

Gegenstand des Prüfens in der Hochschullehre sind akademische Kompetenzen, die sich nicht nur auf fachwissenschaftlichen Wissenserwerb, sondern auch auf komplexe Leistungen des Wissenstransfers, der Analyse und Beurteilung komplexer Problemstellungen, der innovativen Problemlösung und der Kommunikation und Kooperation in fachübergreifenden Teams beziehen. Um abstrakte Kompetenzbeschreibungen bzw. Qualifikationsziele in Studiengängen für die Lehr- und Prüfungsplanung konkret und handhabbar zu machen, werden Learning Outcomes formuliert, die sich auf die im Studium zu erwerbenden Teilkompetenzen und die damit verknüpften Handlungsweisen und -kontexte beziehen. Lernzieltaxonomien, wie zum Beispiel von Anderson und Krathwohl (2001), unterstützen Lehrende bei der systematischen und fundierten Formulierung von Learning Outcomes als zentrale Grundlage für die weitere Lehr- und Prüfungsplanung.

Reflexionsfragen

Entsprechen die Learning Outcomes Ihrer Lehrveranstaltung oder den Modulen, in denen Sie lehren, den vorgestellten sprachlichen und konzeptuellen Kriterien?
Was sollten Sie tun, um erforderliche Änderungen und Anpassungen an den Learning Outcomes vorzunehmen?
Werden in Ihren Lehrveranstaltungen oder Modulen auch in ausreichender und angemessener Form fachübergreifende Learning Outcomes berücksichtigt?

3. Vorgehen bei der Umsetzung einer kompetenzorientierten Prüfungsdidaktik

Nachdem geklärt wurde, worauf sich das Prüfen beziehen sollte und welche Rolle dabei Learning Outcomes und Lernzieltaxonomien spielen, soll in einem nächsten Schritt die Frage beantwortet werden, wie bei der Konzeption kompetenzorientierter Prüfungen grundsätzlich vorzugehen ist. Hierbei kann und sollte auf das didaktische Prinzip des **Constructive Alignment** Bezug genommen werden.

Definition

Das **Constructive-Alignment**-Konzept wurde von Biggs und Tang (2011) entwickelt. Es bezieht sich auf den Zusammenhang von Lernzielen bzw. Learning Outcomes, Lerninhalten und -aktivitäten sowie Prüfungsinhalten und -aufgaben. Für ein inhaltlich sinnvolles, aber auch motiviertes Lernen sollten diese drei didaktischen Elemente gut aufeinander abgestimmt sein.

Ausgangspunkt für die Abstimmung bzw. das Alignment und damit die Überprüfung und Anpassung der Kompatibilität dieser drei Elemente sind in der Regel die Learning Outcomes (siehe Abb. 2). Durch das Alignment wird nicht nur die Passung der drei zentralen didaktischen Elemente eines Lehrangebots sichergestellt, sondern auch Transparenz über die Lern- und Prüfungsanforderungen gewährleistet. Außerdem werden eindeutige Anreize, sich mit den Lernanforderungen im Kurs ernsthaft auseinanderzusetzen, geschaffen (Biggs & Tang, 2011). Constructive Alignment beugt somit einem oberflächlichen Lernen und Kompetenzerwerb vor und fordert vertieftes Lernen sowie einen gezielten Kompetenzerwerb (Biggs, 2014). Dieser Ansatz ist daher auch für die Konzeption und Überprüfung von Prüfungsaufgaben und -anforderungen – insbesondere in Zusammenhang mit einer kompetenz- bzw. Outcome-orientierten Prüfungsdidaktik – heranzuziehen (Schaper & Hilkenmeier, 2013).

Abb. 2: Grundidee des Constructive-Alignment-Ansatzes

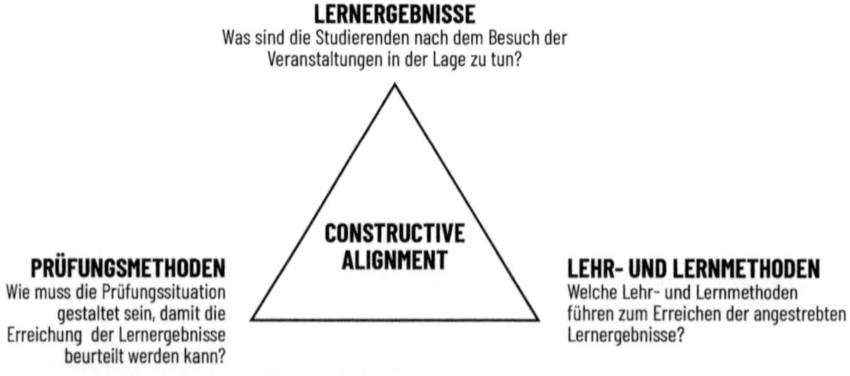

Quelle: eigene Darstellung Schaper, nach Biggs & Tang, 2011

Um ein entsprechendes Constructive Alignment der drei zentralen Planungselemente einer Lehrveranstaltung bzw. Lerneinheit und damit zugleich eine kompetenzorientierte Didaktik umzusetzen, empfiehlt Reis (2018; siehe auch Wunderlich & Szczyrba, 2018) folgendes Vorgehen in vier Schritten:

1. Formulieren eines Learning Outcomes, das den Umfang und die Tiefe des zu erlernenden Handelns möglichst spezifisch und anschaulich beschreibt.
2. Festlegen, welche Prüfungsformen und -aufgaben dazu geeignet sind, genau dieses Handeln unter realitätsbezogenen Bedingungen zu beobachten.
3. Planen der Lernaktivitäten und -inhalte für einen Kurs bzw. eine Lerneinheit mit Ausrichtung auf das Learning Outcome; dabei sollten konsequent aufeinander aufbauende Schritte vom Einstieg bis zum Ziel geplant werden, sodass die Studierenden erkennen können, worauf die Veranstaltung hinausläuft und ob sie auf der jeweiligen Stufe mitgekommen sind.
4. Definieren der Bewertungskriterien für die Prüfungsaufgaben schon vor Beginn der Veranstaltung; die Kriterien sollten so definiert werden, dass sowohl der:die Lehrende als auch die Studierenden erkennen können, was ›sehr gute‹, ›durchschnittliche‹ und ›nicht ausreichende‹ Leistungen kennzeichnet; die Kriterien sollten auch für ein Feedback zu den Lern- und Prüfungsleistungen genutzt werden, damit die Studierenden erkennen, wo sie stehen.

Bei diesem Vorgehen wird somit empfohlen, die Learning-Outcome-Formulierung zuerst auf die Prüfungsaufgaben und -anforderungen zu beziehen und die Aufgaben daraus abzuleiten. Erst in einem weiteren Schritt sind dann sowohl Aufbau und Struktur als auch die Inhalte der Lehrveranstaltung eng an den Learning Outcomes und den Prüfungsaufgaben auszurichten (Reis, 2018). Außerdem sind vor Beginn der Veranstaltung die Kriterien zur Bewertung qualitativ unterschiedlich guter Leistungen zu bestimmen, um den Studierenden auch in Bezug auf die Beurteilung ihrer Leistungen Transparenz vermitteln zu können. Nicht zuletzt sollte auch die Passung von Learning Outcomes, Prüfungsanforderungen und Lernanforderungen mithilfe von erprobten Lernzieltaxonomien überprüft und durch weitere Anpassungen aufeinander abgestimmt werden (Universität Zürich, 2010).

Im Kontext einer kompetenzorientierten Lehr-Lern-Gestaltung attestieren Prüfungen den Lernenden einerseits das Erreichen von Lernzielen bzw., in welchem Maß oder welcher Ausprägung diese Ziele erreicht wurden. Andererseits sind Prüfungen wichtige Impulsgeber für Motivation und Ausrichtung des Lernens selbst; d.h. Studierende orientieren sich zum einen beim Lernen daran, was von ihnen in der Prüfung gefordert wird, und zum anderen erhalten sie anhand von Prüfungsergebnissen Rückmeldungen darüber, wie weit sie im Lernen fortgeschritten sind und wie gut sie bestimmte Kompetenzen bzw. Kompetenzfacetten beherrschen. Das Prüfen ist somit integraler Bestandteil einer kompetenzorientierten Lehr-Lern-Gestaltung und hat bedeutsame Funktionen in Bezug auf die Umsetzung einer Outcome-orientierten Didaktik und in Bezug auf die Steuerung des Lernverhaltens.

Zwischenfazit

Um die eigene Lehre inklusive der zugehörigen Prüfungselemente kompetenzorientiert zu gestalten, empfiehlt es sich, sich am Konzept des Constructive Alignments zu orientieren. Entscheidend bei der Planung der Lehrveranstaltung ist, dass sich nicht nur die Lernaktivitäten und -inhalte, sondern auch die Prüfungsformen und -aufgaben sowie die dazugehörigen Bewertungskriterien stringent an den Learning Outcomes der Veranstaltung orientieren. Insbesondere die Konzeption von Prüfungsaufgaben und Bewertungskriterien sollte vor Beginn der Veranstaltung bzw. sogar vor der Planung der Lehr-Lern-Aktivitäten erfolgen, um von einer konkreten und anschaulichen Grundlage für die Gestaltung der Lernanforderungen und -schritte auszugehen. Die in dieser Weise konkretisierten Prüfungsanforderungen sollten außerdem früh für die Lernenden transparent gemacht werden, um sie als zentrale Impulsgeber für Motivation und Ausrichtung des Lernens zu nutzen.

Reflexionsfragen

Wie kann es Ihnen gelingen, die Planung Ihrer Lehrveranstaltungen stringenter an gut formulierten Learning Outcomes auszurichten und zuerst die Prüfungsformen und -aufgaben zu entwickeln, bevor Sie die Lehr-Lern-Aktivitäten planen? Was brauchen Sie dafür und wie gehen Sie konkret vor?

Was müssen Sie planen und tun, damit die Studierenden sich früh mit den Lernzielen und Prüfungsanforderungen in der Veranstaltung auseinandersetzen und dieses Wissen zur Steuerung und Ausrichtung ihres Lernens nutzen?

4. Kompetenzorientierte Formate des Prüfens

Nach der Bestimmung, was geprüft werden soll, stellt sich die Frage, »Wie?«, also: Mithilfe welcher Formate soll die Lernzielerreichung geprüft werden? Grundsätzlich kann dabei zwischen schriftlichen, mündlichen und praktischen Prüfungsformen/-formaten gewählt bzw. unterschieden werden. Die drei genannten Formate können wiederum jeweils in vielfältiger Form umgesetzt und methodisch gestaltet werden. Tabelle 1 gibt einen Überblick über die verbreitetsten Formate.

Tab. 1: Überblick zu Formaten des Prüfens (in Anlehnung an Walzik, 2012)

Schriftliche Prüfungsformen	Mündliche Prüfungsformen	Praktische Prüfungsformen
Klausur	Mündliche Einzelprüfung	Praktischer Arbeitsauftrag mit Beobachtung und Reflexion
Multiple Choice	Mündliches Referat	Rollenspiel
E-Prüfungen	Mündliche Online Einzelprüfung (per Videokonferenz)	Objective Structured Clinical Examination (OSCE)[2]
Hausarbeit	Präsentation (inklusive Posterpräsentation) Mündliche Gruppenprüfung	
Portfolio		
Lerntagebuch		
Forumsbeiträge		

2 Ein OSCE ist ein Prüfungsformat, bei dem praktische Fähigkeiten des medizinischen Alltags (zum Beispiel körperliche Untersuchung oder Befundinterpretation) geprüft werden. Ein OSCE wird an verschiedenen Stationen durchgeführt (5-10 Minuten pro Fall), wobei die Prüflinge von Station zu Station rotieren und jeweils eine spezifische Problemstellung eines Falls bearbeiten sowie dabei von einem:einer Prüfer:in betreut und bewertet werden.

4.1 Schriftliche Formate

Definition

Bei **schriftlichen Prüfungen** werden die Prüfungsleistungen durch die Beantwortung oder Bearbeitung schriftlich vorgegebener Aufgaben bzw. Anforderungen erbracht.

Bei der Gestaltung schriftlicher Prüfungsformate wird in der Regel zwischen stark vorstrukturierten (etwa in Form von Multiple-Choice-Aufgaben) und offeneren Formen der Bearbeitung (beispielsweise anhand von offenen Fragen zu einer Themenstellung) unterschieden. Außerdem wird zwischen verschiedenen Zeitspannen, die bei schriftlichen Formaten für die Bearbeitung zur Verfügung gestellt werden, differenziert: **zeitpunktbezogen** (zum Beispiel bei Klausuren) versus **zeitraumbezogen** (beispielsweise bei Hausarbeiten). Bezüglich der Frage, welche Prüfungsanforderungen durch schriftliche Prüfungen adressiert werden können, gilt grundsätzlich, dass **strukturiertere Formate** (zum Beispiel Multiple-Choice- oder Zuordnungsaufgaben) sich eher zur Überprüfung von ›umgrenzten‹ Wissensleistungen eignen, wohingegen **offenere Formate** in der Lage sind, auch komplexere Leistungen bzw. Kompetenzen abzuprüfen. Bei den offeneren Formen schriftlicher Prüfungen wird außerdem unterschieden zwischen eingeschränkten Aufgabenstellungen (die durch Stichworte oder begrenzte Ausführungen beantwortet werden können und sich eher auf Anforderungen der Wissensreproduktion und des Verstehens oder einfachere Analyse- und Anwendungsleistungen beziehen) und Aufgaben, die eine ausführlichere Beantwortung in Form von komplexeren Stellungnahmen, Fallanalysen und -lösungen oder Anforderungen an umfangreichere konzeptionelle Entwürfe erfordern. Bezüglich der Verbreitung und Einsatzhäufigkeit von schriftlichen Prüfungen ist festzustellen, dass sie in fast allen Studiengängen und auf allen Ausbildungsstufen vorkommen und bei der überwiegenden Zahl der Studiengänge auch das am häufigsten eingesetzte Prüfungsformat sind (Schindler et al., 2015).

Beispielhaft soll für das **Prüfungsformat offener schriftlicher Aufgaben** erörtert werden, welche Aspekte bei der konkreten Gestaltung der Aufgaben zu berücksichtigen sind: Da die Learning Outcomes sich auf lerntheoretisch oder didaktisch fundierte kognitive Anforderungsstufen beziehen sollten, sind daher auch bei der Konzeption von passenden (schriftlichen, aber auch mündlichen und praktischen) Aufgabenstellungen je nach Anforderungsstufe bestimmte Aufgabenformen und -varianten zu berücksichtigen (Schaper, 2024). So sollten bei der **Lernzielstufe ›Anwenden‹** Aufgaben wie das Übertragen eines Lösungsschemas auf andere Sachverhalte oder die Anwendung einer Prozedur auf einen Fall eingesetzt werden, während bei der **Lernzielstufe ›Analysieren‹** Aufgaben gestellt werden, bei denen zwei oder mehrere Varianten eines Konzepts oder Falls gegenübergestellt werden oder Fehler in einer Anwendungsbeschreibung zu identifizieren sind. Im Zusammenhang mit Anforderungen auf der **Lernzielstufe ›Beurteilen‹** sind darüber hinaus Aufgaben zu konzipieren, bei denen ein Lösungsansatz für einen bestimmten Fall anhand verschiedener Kriterien zu bewerten oder ein Fall oder Thema aus unterschiedlichen Perspektiven zu betrachten und zu beurteilen ist. Für die **Lernzielstufe ›Kreieren‹** sind schließlich Aufgabenstellungen gefordert, bei denen beispielsweise ein komplexer Plan zur Lösung einer bestimmten Problemstellung anhand bestimmter Prinzipien oder Heuristiken zu entwerfen oder ein Konzept bzw. eine technische Lösung für eine bestimmte Aufgabe oder Funktion zu entwerfen bzw. zu konstruieren ist. Sofern diese Hinweise berücksichtigt werden, kann gewährleistet werden, dass die Prüfungsaufgaben auch kompatibel zu den Anforderungen sind, die im jeweils zugehörigen Learning Outcome genannt werden.

Darüber hinaus sind die Aufgaben im Hinblick auf weitere **schwierigkeits- bzw. komplexitätsbestimmende Aspekte** zu gestalten (etwa die Anzahl der zu berücksichtigenden Aspekte, den Umfang des zu analysierenden Texts, den Kontextbezug der Analyse und die Einforderung zusätzlicher Begründungen bei der Aufgabenstellung auf der Anforderungsstufe ›Analysieren‹). Außerdem gilt es zu überlegen, inwieweit die Aufgabenstellungen durch die **Vorgabe zusätzlicher Unterlagen** (zum Beispiel Statistiken, Abbildungen, Berechnungsbeispielen, Beschreibungen) besser veranschaulicht oder hinsichtlich ihrer Schwierigkeit erhöht werden sollen.

Nicht zuletzt sind bei der Formulierung der Aufgabenstellungen bestimmte Prinzipien zu beachten (Klapproth, 2023). Die Aufgaben sind möglichst eindeutig, vollständig und strukturiert zu formulieren; d.h. die Prüflinge sollten genau verstehen, was von ihnen erwartet wird (beispielsweise in Bezug auf den inhaltlichen Fokus, den Umfang und Detaillierungsgrad sowie die Gliederung der Antworten). Außerdem sollten auch die Kriterien angesprochen werden, denen die Antworten gerecht werden sollen. Die Fragestellungen oder Aufträge sollten daher klare Angaben dazu machen, welche Art von Wissen zur Beantwortung gefordert ist (insbesondere bei weniger anspruchsvollen Lernzielen) und welche kognitiven Anforderungen bei der Beantwortung der Aufgaben zu erfüllen sind (insbesondere bei anspruchsvolleren Lernzielen; zum Beispiel Beschreiben, Vergleichen, Begründen, Beurteilen, Entwickeln).

4.2 Mündliche und praktische Formate

Definition

Das nach schriftlichen Prüfungen verbreitetste Format sind **mündliche Prüfungen**. Hierbei werden die Prüfungsleistungen in mündlicher Form erbracht.

Am häufigsten werden mündliche Prüfungen in Form strukturierten Abfragens von Wissen abgehalten. Die Fragen zielen dabei nicht nur auf Leistungen des Erinnerns und Verstehens ab, sondern können auch anspruchsvollere kognitive Leistungen ansprechen (beispielsweise Leistungen der Analyse, Beurteilung oder Synthese). Eine weitere kompetenzorientiertere Gestaltungsvariante mündlicher Prüfungen ist das **Fachgespräch**. Hierbei wird vom Prüfling erwartet, dass er:sie mit dem:der Prüfenden in einen fachlichen Dialog eintritt, indem er:sie Auskunft zu Fragen gibt, Meinungen äußert und begründet, eine Position bezieht und verteidigt etc. Der Vorteil mündlicher Prüfungen ist in der Regel, dass sie flexibler im Ablauf gestaltet werden können, indem Nachfragen gestellt und Denkhilfen gegeben werden oder ein schnellerer Themenwechsel möglich ist. Somit kann individueller auf die jeweiligen Fähigkeiten bzw. Wissenskapazitäten eingegangen und damit gegebenenfalls besser ermittelt werden, was ein Prüfling wirklich kann. Zentraler Nachteil mündlicher Prüfungen ist jedoch die geringere Vereinheitlichung der Prüfungsabläufe bzw. -bedingungen. Dies führt dazu, dass die Prüfungsleistungen weniger vergleichbar sind und damit auch Objektivität und Reliabilität dieses Formats im Vergleich zu schriftlichen Prüfungen eingeschränkter sind.

Definition

Praktische Prüfungen zielen darauf ab, praxisbezogene bzw. professionsnahe Leistungen, zum Beispiel in Form eines praxisbezogenen Arbeitsauftrags oder im Rahmen von Simulationen, zu überprüfen.

Sie weisen damit oftmals einen ausgeprägteren Kompetenzbezug auf als andere Prüfungsformate. Meist handelt es sich um komplexere Leistungen bzw. Handlungen, die in realitätsnahen Kontexten zu erbringen sind (zum Beispiel als Rollenspiel oder in einer mehr oder weniger authentischen Arbeitsumgebung). Auch bei praktischen Prüfungen werden vielfältige ›Sub-Formate‹ eingesetzt (beispielsweise Laboraufgaben, Rollenspiele oder Fallbearbeitungen). Eine besondere Form praktischer Prüfungen sind außerdem sogenannte »**OSCE**« (»Objective Structured Clinical Examination«). Bei dieser Variante rotieren die Prüflinge – Medizinstudierende – durch eine Serie von standardisierten Prüfungsstationen, an denen sie in Bezug auf definierte klinisch-praktische Fähigkeiten beobachtet und bewertet werden (Nikendei & Jünger, 2006). Der Vorzug dieses Prüfungsformats zeigt sich vor allem in der hohen Objektivität und Reliabilität bei der Durchführung und Auswertung von OSCE (Nikendei & Jünger, 2006). Um auch bei praktischen Prüfungen zu gewährleisten, dass sie vergleichbar, transparent und fair durchgeführt und ausgewertet werden, bedarf es somit einer genauen Vorbereitung (zum Beispiel standardisierte und konkrete Aufgabenstellungen bzw. Vorgaben) und Dokumentation der Durchführung (zum Beispiel Protokollierung von Beobachtungen) sowie eindeutig definierter Auswertungskriterien und -regeln.

4.3 Unterscheidung von summativen und formativen Formaten des Prüfens

Bei Prüfungen wird auch danach differenziert, welche Funktionen sie jeweils erfüllen. Hierbei wird grundsätzlich zwischen summativen und formativen Funktionen bzw. Prüfungen unterschieden.

Definition

Bei **summativen Prüfungen** stehen vor allem der Nachweis und die Anerkennung von Leistungen bzw. der Erwerb von Kompetenzen im Vordergrund.

In der Regel trifft dies auf Abschlussprüfungen in einem Modul zu, d.h. das ›Bestehen‹ oder ›Nicht-Bestehen‹ eines für das Studium wichtigen Leistungsnachweises und die Bewertung der Leistung. Summativen Prüfungen kommt damit eine Selektionsfunktion zu, indem ein Abschluss eines Studiums bzw. eines Studienabschnitts gewährt wird und damit Zugänge zu weiteren Studienabschnitten oder beruflichen Tätigkeiten geschaffen werden.

Definition

Bei **formativen Prüfungen** geht es hingegen darum, Rückmeldung zum Stand des Lernprozesses zu geben, d.h. Hinweise, in welchem Maß ein Lernzuwachs erfolgt und welcher Lernbedarf zur Erreichung bestimmter Lernziele noch offen ist. Die Prüfungsleistungen werden in diesem Fall eher zur Steuerung des Lehr-Lern-Prozesses genutzt.

4.4 Art und Ausmaß der Kompetenzorientierung bei unterschiedlichen Prüfungsformaten

Im Zusammenhang mit der Bologna-Reform stellt sich darüber hinaus die Frage, inwiefern die genannten Formate auch in der Lage sind, Kompetenzen zu erfassen, bzw. für ein kompetenzorientiertes Prüfen herangezogen werden können. Um diese Frage zu beantworten, ist das zugrunde gelegte **Kompetenzverständnis** von Bedeutung. Bei einem ›engen Verständnis‹ wären nur solche Prüfungen als kompetenzorientiert einzustufen, die das Handeln in authentischen oder eng an der beruflichen Realität orientierten Prüfungsszenarien erfassen. Bei einem ›weiteren Verständnis‹ würden auch solche Prüfungsformate in das kompetenzorientierte Prüfen miteinbezogen werden, die sich nur auf Teilfacetten der Kompetenz oder bedeutsame Voraussetzungen kompetenten Handelns beziehen (Schaper & Hilkenmeier, 2013). Diese Perspektive erlaubt es, deutlich mehr Formate und Gestaltungsvarianten als kompetenzorientierte Prüfungsformate zu berücksichtigen. Dabei gilt es, folgende Aspekte bei der

Gestaltung der Formate und Aufgabenstellungen zu beachten (Schaper & Hilkenmeier, 2013): Kompetenzen können (auch ausschnitthaft) geprüft werden, wenn:

- der Bezug der in Prüfungsaufgaben angesprochenen Facetten/Indikatoren zur Gesamtkompetenz bzw. zu den Qualifikations-/Kompetenzzielen geklärt ist (beispielsweise, wenn durch Nennung möglicher Anwendungssituationen verdeutlicht wird, für welche Handlungselemente bestimmte Wissenskonzepte benötigt werden);
- die Erfassung der Facetten/Indikatoren in kompetenzbezogene (authentische) Aufgabenstellungen eingebettet ist; zum Beispiel, wenn authentische Anwendungsfälle präsentiert werden, um bestimmte theoretische Konzepte zur Analyse der Fälle zu nutzen;
- die Prüfungsaufgaben hinreichend auf anforderungsanaloge Lernaufgaben und -aktivitäten bezogen sind; beispielsweise, wenn die Anwendung von Analyseverfahren vorher im Rahmen von Lern-/Übungsaufgaben erprobt und eingeübt wurde.

Sofern diese Aspekte in hinreichendem Maß berücksichtigt werden, können auch stärker wissensorientierte Aufgabenformate in Ansätze des kompetenzorientierten Prüfens miteinbezogen werden.

In Anlehnung an dieses weitere Kompetenzverständnis unterscheidet Schindler (2015) folgende Kategorien von Prüfungsformaten mit unterschiedlichem Kompetenzbezug:

- **Kompetenztests**: Diese Formate realisieren eine realitätsgetreue Übersetzung der Anforderungssituationen in Testsituationen; dabei werden typische bzw. repräsentative Aufgaben, Anforderungen und Rahmenbedingungen in entsprechenden Testszenarien berücksichtigt.
- **Kompetenzorientierte Tests**: Hierbei erfolgt eine realitätsnahe Übersetzung der Anforderungssituationen in Testsituationen, wobei im Unterschied zu Kompetenztests die Anforderungskomplexität reduziert wird; der Fokus liegt auf einer Überprüfung von einzelnen Kompetenzfacetten (zum Beispiel im Rahmen von simulierten Anforderungen).
- **Kompetenzorientierte Wissenstests**: Bei diesen Formaten steht das Testen von kontextbezogenem Wissen als Voraussetzung für kompetentes Handeln im Vordergrund; auch hier ist die Einbettung in Kontextbezüge sinnvoll und erwünscht; primäres Ziel ist die differenzierte Überprüfung von einzelnen Kompetenzvoraussetzungen.
- **Wissenstests**: Bei diesen Formaten geht es um die Abfrage von innerfachlichem Wissen; die Prüfungsaufgaben weisen keine Kontextbezüge auf, sodass nicht mehr von kompetenzorientiertem Prüfen gesprochen werden kann.

Diese Klassifikation kann nicht nur genutzt werden, um vorhandene Prüfungsaufgaben und -formate im Hinblick auf ihre Kompetenzorientierung und ihren Kompetenzbezug zu analysieren und einzuordnen. Vielmehr können auf dieser Basis auch Empfehlungen für die Konstruktion kompetenzorientierter Prüfungsformate abgeleitet und begründet werden (Schindler, 2015).

4.5 Digital gestützte Formate des Prüfens

Definition

Weite Verbreitung finden mittlerweile auch **digital gestützte Prüfungsformen und -formate**. Hierunter sind ganz allgemein Prüfungen unter Zuhilfenahme von digitalen Techniken und Medien zu verstehen.

Digital gestützte Formate finden sich nicht nur in schriftlichen, sondern auch mündlichen und praktischen Prüfungen, wobei sich auch hier bereits eine enorme Variantenvielfalt entwickelt hat (zum Beispiel Meister & Oevel, 2017; siehe auch den Beitrag von Bonaccorso & Halbherr in diesem Band). Neben der Umsetzung klassischer Formate in Form von Klausuren (insbesondere im Multiple-Choice-Format) oder als mündliche Prüfungen per Videokonferenz finden sich hier auch E-Portfolios, computergestützte Simulationen, gemeinsames Schreiben von Wiki-Beiträgen, videobasierte Präsentationen von Aufgabenszenarios etc. Wesentlicher Vorteil digital gestützter Prüfungsformate ist, dass sie eine effizientere und strukturiertere Auswertung der Prüfungsleistungen erlauben. Im Hinblick auf ein kompetenzorientiertes Prüfen ist aber vor allem interessant und bedeutsam, dass sie eine realitätsnahe Darstellung von Praxisanforderungen oder komplexen Anforderungsszenarien ermöglichen. Mithilfe von digital gestützten Prüfungsformen können somit insbesondere kompetenzorientierte Tests und kompetenzorientierte Wissenstests (zum Beispiel die Darstellung von Rollenspiel-Vignetten in der Lehrer:innenbildung) oftmals wirkungsvoller und effizienter realisiert werden als mit herkömmlichen Formaten. Teilweise sind entsprechende E-Prüfungen aber auch mit erheblichen Aufwänden bei der Vorbereitung und Umsetzung der Prüfungsformate in entsprechenden medialen Umgebungen verbunden (Meister & Oevel, 2017). Digital gestützte Prüfungsansätze bieten nichtsdestotrotz vielfältige und effektive Möglichkeiten, Assessmentanforderungen mit dem Lernen zu verbinden, beispielsweise in Form von formativen Testelementen bei Flipped-Classroom-Ansätzen oder als Audio-Response-Systeme im Rahmen von Vorlesungen (Meister & Oevel, 2017).

Zwischenfazit

Für kompetenzorientiertes Prüfen stehen grundsätzlich verschiedenste Formate zur Verfügung. Das gilt sowohl für schriftliche, mündliche und praktische Prüfungsformen. Um diese Formate kompetenzorientiert zu gestalten, kommt es auf den Bezug der Prüfungsaufgaben zur Kompetenz bzw. zum Learning Outcome an, das in der Lerneinheit erreicht bzw. erworben werden soll, und auf das Ausmaß der Einbettung in authentische Anwendungskontexte/-bezüge. Das Ausmaß des Kompetenzbezugs kann bei kompetenzorientierten Prüfungsaufgaben durchaus unterschiedlich sein, je nachdem, ob Kompetenztests, kompetenzorientierte Tests oder kompetenzorientierte Wissenstests eingesetzt werden. Digital gestützte Prüfungsformen (wie beispielsweise medial aufbereitete Vignetten oder Szenarioformate) können sehr hilfreich sein, um kompetenzorientierte Prüfungsanforderungen in realitätsnahen Anwendungsbezügen abzubilden.

Reflexionsfragen

Erfüllen Ihre bisherigen Prüfungsformate und -aufgaben die Kriterien für kompetenzorientiertes Prüfen? Was müssen Sie verändern, um diesen Kriterien besser gerecht zu werden?
Welche Aufgabenformate kompetenzorientierten Prüfens nach Schindler (2015) setzen Sie bei Ihren Prüfungen ein? Ist es möglich, den Kompetenzbezug bei manchen Aufgaben zu erhöhen?
Berücksichtigen Sie auch Prüfungsformen und -anforderungen in Ihren Prüfungen, die in der Lage sind, fachübergreifende Kompetenzanforderungen (etwa in Bezug auf Kommunikationsfähigkeiten) abzubilden und zu erfassen?

5. Kompetenzorientierte Bewertung von Prüfungsleistungen

Nach der Erörterung, welche Prüfungsinhalte und -formate in hochschulischen Prüfungen von Bedeutung sind, gilt es in einem weiteren Schritt, die Frage zu behandeln, wie Prüfungsleistungen ausgewertet und bewertet werden können. Grundsätzlich geht es bei diesem Schritt darum, die gezeigten Prüfungsleistungen mit den Erwartungen zu vergleichen, die im Vorfeld der Prüfung in Bezug auf bestimmte Anforderungen formuliert wurden. Hierzu bedarf es eines Bewertungsschemas und/oder beurteilungsrelevanter Kriterien, die für eine transparente und objektive Bewertung herangezogen werden können (siehe dazu ausführlich den Beitrag von Eickhoff in diesem Band).

5.1 Erstellung eines Bewertungsschemas

Bei der Erstellung eines **Bewertungsschemas in Form einer Tabelle** wird in der Regel folgendermaßen vorgegangen (siehe Tab. 2): Zunächst werden in dem Schema die einzelnen Aufgaben und die jeweils zugehörigen Antwortkategorien zeilenweise aufgelistet. In einer weiteren Spalte werden dann möglichst präzise Beschreibungen der Antwortkategorien erstellt. In einer weiteren Spalte werden den Antwortbeschreibungen Ankerbeispiele zugeordnet, um die Zuordnung von möglichen Antworten bzw. Leistungen zu bestimmten Antwortkategorien zu erleichtern. Abschließend werden den Antwortkategorien Werte (wie Punkte) und/oder Noten(-stufen) zugeordnet, die in numerischer Form das Ausmaß der gezeigten Leistung kennzeichnen. Zu jeder Antwortkategorie wird dabei beschrieben, welche Eigenschaften eine Antwort erfüllen muss, um der Kategorie zugeordnet zu werden. Die Beschreibungen beinhalten also Charakteristika oder Indikatoren, die eine zweifelsfreie Zuordnung unterschiedlicher Antworten ermöglichen. Denkbar ist dabei einerseits eine Aufzählung aller

Tab. 2: Beispiel für ein Bewertungsschema (in Anlehnung an Schlomske-Bodenstein et al., o.D.)

Aufgabenstellung: Es wird behauptet: »Statt zunächst den Preisnachlass von 20 % und anschließend den Rabatt von 5 % abzuziehen, können auch einmalig 25 % vom Preis des DVD-Players abgezogen werden.« Ist diese Behauptung richtig? Ja bzw. nein. Begründe bitte deine Antwort.			
Mögliches Bewertungsschema zur Beurteilung der Begründungen			
Bewertungskategorie	**Charakterisierung**	**Ankerbeispiele**	**Punkte**
richtig	Als richtig werden Antworten gewertet, die eine richtige Begründung enthalten, in welcher darauf verwiesen wird, dass sich der Preisnachlass von 20 % und der Rabatt von 5 % auf unterschiedliche Grundwerte beziehen.	Der Preisnachlass von 20 % bezieht sich auf den Grundwert 99,99 €. Der Rabatt von 5 % bezieht sich dann jedoch auf einen niedrigeren Grundwert.	1
falsch	Antworten, die keine Begründung, sondern lediglich eine Behauptung enthalten. Weiterhin alle unvollständigen, fehlerhaften oder falschen Antworten, die die oben genannten Eigenschaften nicht aufweisen, insbesondere den Verweis auf die unterschiedlichen Grundwerte.	Nein, wenn 2 5% abgezogen werden, kostet es mehr als wenn 20 % und dann noch 5 % abgezogen werden. Ja, die beiden Prozentsätze können addiert werden, da sie sich auf denselben Preis beziehen.	0

möglichen richtigen Antworten oder andererseits eine generische Beschreibung von Eigenschaften, die eine Antwort erfüllen muss, um einer entsprechenden Antwortkategorie zugeordnet zu werden. Es ist zudem erforderlich (zumindest bei summativen Prüfungen), die Beurteilungen in Noten zu überführen, d.h. die Beurteilungen der Einzelaspekte einer Prüfungsleistung zu aggregieren und anhand entsprechender Transformationsschemata in eine Benotung der Leistung zu überführen (Metzger & Nüesch, 2004).

5.2 Rubrics zur kompetenzorientierten Bewertung von Prüfungsleistungen

Eine besondere Form von Beurteilungsschemata sind die sogenannten »Rubrics«. Sie unterstützen eine kompetenzorientierte Bewertung von komplexeren Prüfungsleistungen (zum Beispiel eine wissenschaftliche Hausarbeit) und gewährleisten eine transparente und von subjektiven Einflüssen reduzierte Bewertung der Leistungen.

Definition

Rubrics sind Bewertungsschemata, die zum einen aus einer Liste von kompetenzbezogenen Bewertungskriterien bestehen (inklusive einer Definition des Kriteriums). Zum anderen beinhalten sie für jedes Kriterium eine Beschreibung von Kompetenzstufen, die unterschiedlich kompetente Leistungen, bezogen auf das Kriterium, wiedergibt (zum Beispiel ausgezeichnete Leistung, zufriedenstellende, aber verbesserungsfähige Leistung, nicht zufriedenstellende Leistung; Stevens & Levi, 2012).

Rubrics werden insbesondere zur Bewertung komplexer Lern- bzw. Prüfungsleistungen (wie Projektarbeiten oder Abschlussarbeiten), meist im Sinne eines kompetenzorientierten Assessments, konstruiert und herangezogen. Sie dienen nicht nur zur Verbesserung der Objektivität, Transparenz und Fairness bei der Bewertung komplexer Prüfungsleistungen. Vielmehr können sie auch zur Anleitung und Verbesserung von Selbstbewertungen genutzt werden, indem der Reflexionsprozess anhand der vorgegebenen Bewertungskriterien deutlich stärker systematisiert und fundiert wird. Darüber hinaus unterstützen sie den Lernprozess, indem sie den Lernenden vermitteln, worauf es bei der Bewältigung kompetenzbezogener Anforderungen/Situationen ankommt. Damit liefern sie gleichzeitig eine gute Grundlage für informative und lernförderliche Rückmeldungen (Jonsson & Svingby, 2007).

Nach der Konzeption der zentralen methodischen Elemente eines Prüfungsarrangements gilt es abschließend, die **Passung von Learning Outcome, Prüfungsaufgabe und Bewertungsschema** zu überprüfen und gegebenenfalls anzupassen. Es geht somit um die Frage, wie überprüft werden kann, ob das erarbeitete Prüfungsarrangement aus Learning Outcome, Prüfungsaufgaben und Bewertungsschema bzw.

-kriterien dem Prinzip des Constructive Alignments entspricht. Dies entspricht dem Constructive-Alignment-Konzept (Biggs & Tang, 2011), bei dem zusätzlich auch die Passung der Lehr-Lern-Aktivitäten mit den Learning Outcomes sowie den Prüfungsaufgaben und -anforderungen zu überprüfen und zu gewährleisten ist. Methodisch kann die Überprüfung entsprechender Passungsaspekte mithilfe von Lernzieltaxonomien vorgenommen werden. Insbesondere der Ansatz von Anderson und Krathwohl (2001) bietet sich dafür an (Universität Zürich, 2010). Im Kern geht es dabei darum, dass analysiert wird, welchen Wissenskategorien und Anforderungsstufen die Learn-ing Outcomes, die Prüfungsaufgaben und die Bewertungskriterien und -schemata zugeordnet werden. Nach der Zuordnung wird verglichen, ob Learning Outcome, Aufgabenstellung und Bewertungskriterien denselben Kategorien und Stufen zuzuordnen sind (zum Beispiel prozedurales Wissen und Anwenden sowohl bei Learning Outcome, Aufgabe und Bewertungsschema). Sofern dies der Fall ist, ist von einem gelungenen Constructive Alignment auszugehen. Kommt es allerdings zu abweichenden Zuordnungen, sind Anpassungen bei den drei Komponenten vorzunehmen, um ein Constructive Alignment zu gewährleisten. Zusätzlich sind auch inhaltliche und repräsentationsbezogene Aspekte (ob zum Beispiel das Inhaltsgebiet anhand der Aufgaben hinreichend repräsentativ abgebildet wird) bei der Passungsbeurteilung zu berücksichtigen.

Tipp

(Nutzen Sie) Hochschuldidaktische Beratung

Falls Sie sich noch unsicher fühlen bei der Ausarbeitung eines Prüfungsarrangements für Ihre Lehrveranstaltung, ist es empfehlenswert, eine hochschuldidaktische Beratung in Anspruch zu nehmen.

Zwischenfazit

Bei der Planung eines kompetenzorientierten Prüfungsarrangements sollten von vornherein auch die Bewertungskriterien und Auswertungsschemata definiert werden. Dies verbessert nicht nur die Objektivität und Reliabilität der Prüfung, sondern erhöht auch die Transparenz der Lernanforderungen. Die Rubric-Methode kann insbesondere zur Bewertung komplexerer Prüfungsleistungen empfohlen werden, da sich die Bewertungsdimensionen eng und umfassend an den Learning Outcomes orientieren und die Stufenbeschreibungen helfen, das Ausmaß des Kompetenzerwerbs nachvollziehbar einzustufen. Nach der Bestimmung der Bewertungskriterien sollte das Constructive Alignment von Learning Outcomes, Prüfungsaufgaben und Bewertungskriterien überprüft werden.

Reflexionsfragen

Wie bewerten Sie Prüfungsleistungen in Ihren Prüfungen? Ziehen Sie dazu präzise und lernzielorientierte Kriterien und Bewertungsschemata heran? Haben Sie die Bewertungskriterien zusammen mit den Prüfungsaufgaben erarbeitet und beide aufeinander abgestimmt? Nutzen Sie die Bewertungskriterien in Ihrer Lehre, um Lernanforderungen transparent zu machen und/oder Feedback zu Prüfungsleistungen zu geben?
Haben Sie auch das Constructive Alignment von Learning Outcomes, Prüfungsaufgaben und Bewertungskriterien in Ihren Prüfungsarrangements überprüft? Was hat sich dabei gezeigt?

6. Prüfungen lernförderlich gestalten

Die Durchführung von Prüfungen im Studium sollte als Teil des Lern- bzw. Kompetenzerwerbsprozesses verstanden werden. Die Aufgaben sollten nicht nur zur Bewältigung der Prüfungsanforderungen dienen, sondern auch als integraler Bestandteil des Kompetenzerwerbs gestaltet sein. Dadurch wird während des Prüfungsprozesses weiterhin gelernt und die Entwicklung von Kompetenzen gefördert. Es geht somit um die Frage, wie kompetenzorientiertes Prüfen lernförderlich gestaltet werden kann. Dies gelingt insbesondere dann, wenn die Lernenden ein zeitnahes und informatives Feedback zu den Prüfungsleistungen erhalten (Narciss, 2014).

Definition

Feedback wird definiert als Information zu bestimmten Aspekten einer Leistung, die durch eine:n (externe:n) Agent:in (wie Lehrende, andere Studierende, Computer) gegeben wird (Hattie & Timperley, 2007; Kluger & DeNisi, 1996).

Im Kontext der Lehre wird Feedback in der Regel auf Basis von Aufgaben oder Prüfungsleistungen (etwa Tests, Übungsaufgaben, Klausuren, Präsentationen, Essays) gegeben. Durch das Feedback wird die aktuelle Leistung in Beziehung zu Lernzielen bzw. Prüfungsanforderungen gesetzt und der Grad der Zielerreichung bewertet (Kluger & DeNisi, 1996). Lernende erhalten auf diese Weise eine Rückmeldung, ob oder inwieweit sie die Lernziele bzw. Learning Outcomes bereits erfüllt haben.

Metaanalysen (Hattie & Timperley, 2007; Kluger & DeNisi, 1996) zeigen allerdings, dass die Effekte von Feedback nicht nur positiv, d.h. leistungsförderlich sind, auch konnten bei über einem Drittel der Feedback-Interventionen negative Effekte auf die Leistung bzw. das Lernen festgestellt werden (Kluger & DeNisi, 1996). Das bedeutet, dass Feedback nicht zwangsläufig zur Verbesserung der Leistung führt, sondern dass unter bestimmten Umständen die Leistung unverändert bleibt oder sogar gemindert wird. Die Effektivität des Feedbacks ist somit abhängig von verschiedenen Faktoren, wie beispielsweise der Feedback-Gestaltung (Inhalt, Zeitpunkt, Komplexität), dem Lehrkontext und den Eigenschaften der Lernenden (Narciss, 2006). Aus diesem Grund ist es bedeutsam, die spezifischen Effekte und Einflussfaktoren von Feedback genauer zu betrachten, um dieses möglichst lernförderlich zu gestalten und einzusetzen.

In Bezug auf die Art des Feedbacks lassen sich verschiedene Formen differenzieren, die sich in ihrem Inhalt und Informationsumfang unterscheiden (Narciss, 2006), beispielsweise ob die gegebenen Antworten für einzelne Aufgaben richtig oder falsch sind (»knowledge of result«) oder Feedback ›nur‹ zum Gesamtergebnis (»knowledge of performance«), d.h. zum Bestehen der Prüfungsleistung in Form einer Note (oder erreichten Gesamtpunktzahl) gegeben wird. Diese Art des Feedbacks gibt den Lernenden zwar Anhaltspunkte zum individuellen Leistungsstand, allerdings ist es für sich genommen wenig lernförderlich. Die Lernenden müssen bei dieser Art des Feedbacks selbst herausfinden, warum die Prüfungsleistung ungenügend oder eine spezifische Antwort falsch ist, und so mögliche Fehler oder Fehlannahmen selbst korrigieren. Dies stellt insbesondere für ›schwächere‹ Lernende eine Überforderung dar (Johnson & Priest, 2014).

Als besonders effektiv und lernförderlich hat sich das sogenannte »informative Feedback« erwiesen (Wisniewski et al., 2020, S. 12).

Definition

Informatives Feedback beinhaltet nicht nur die Rückmeldung des Prüfungsergebnisses, sondern es werden auch detaillierte Hinweise zum Stand des Kompetenzerwerbs und Empfehlungen zur Verbesserung der eigenen Fähigkeiten und zum weiteren Lernen gegeben.

Lernförderlich sind beim informativen Feedback vor allem Hinweise, wie die Diskrepanz zwischen aktuellem Lernstand und zu erreichendem Lernziel überwunden werden kann. Studien zeigen, dass informatives Feedback zu höheren Testergebnissen, weniger Fehlern während des Lernens und weniger fehlerhaften Annahmen führt (Johnson & Priest, 2014). Informatives Feedback kann sich hierbei auf die Aufgabe oder Aufgabeninhalte, auf Fehler, Lösungsstrategien oder auf metakognitive Strategien (beispielsweise den Umgang mit Schwierigkeiten oder Hindernissen bei der Aufgabenlösung) beziehen (Narciss, 2006).

Informatives Feedback spielt insbesondere im Rahmen von formativen Prüfungen, zum Beispiel bei Testaten, Rückmeldungen zu Übungsaufgaben oder Präsentationen sowie Lernportfolios, eine bedeutsame Rolle, da es Hinweise darüber gibt, wie sich Studierende in kommenden Prüfungen verbessern können (Nicol, 2010). Das Feedback sollte sich zudem auf die Lernziele und/oder die Bewertungskriterien der jeweiligen Prüfung beziehen (Hartung, 2017; Miller, 2009; Nicol, 2010) und somit konkrete Hinweise darauf geben, welche Lernergebnisse noch nicht erreicht bzw. welche Anforderungen nicht erfüllt wurden. So kann sichergestellt werden, dass das Feedback spezifisch und für die Studierenden nachvollziehbar und verständlich ist (Shute, 2008). Das Feedback unterstützt somit zusätzlich, dass sich Lernende mit den Lernzielen und Learning Outcomes auseinandersetzen und versuchen, diese zu verstehen (Hattie & Timperley, 2007).

Zwischenfazit

Kompetenzorientierte Prüfungen sollten auch lernförderlich gestaltet werden, d.h. dass auch bei der Bewältigung von Prüfungsanforderungen noch gelernt werden kann und Kompetenzen weiterentwickelt werden. Eine zentrale Rolle spielen dabei das Feedback zu Prüfungsleistungen und der Einsatz von formativen Prüfungsformen (wie Testate oder Übungen). Als effektiv hat sich hierbei informatives Feedback erwiesen, das detaillierte Hinweise zum Stand des Kompetenzerwerbs und Empfehlungen zur Verbesserung der eigenen Fähigkeiten und zum weiteren Lernen beinhaltet.

Reflexionsfragen

Geben Sie Feedback zu den Prüfungsleistungen in Ihren Prüfungen? Worauf bezieht sich das Feedback konkret und ist es auch ausreichend informativ und lernorientiert?
Nutzen Sie in Ihren Veranstaltungen auch formative Prüfungselemente, um den Studierenden Rückmeldung zum Stand ihres Kompetenzerwerbs zu geben? Wie ließe sich das gegebenenfalls verbessern?

7. Qualitätskriterien des kompetenzorientierten Prüfens

Prüfungsformate und -aufgaben in der Hochschullehre sowie deren Auswertung sollten bestimmten Anforderungen bzw. Qualitätsansprüchen gerecht werden. Damit stellen sich folgende Fragen: Welchen Qualitätskriterien sollte kompetenzorientiertes Prüfen entsprechen und worauf muss geachtet werden, damit solche Kriterien auch erfüllt werden? Hier werden in der einschlägigen Literatur in erster Linie die psychometrischen Gütekriterien der pädagogisch-psychologischen Diagnostik genannt, wozu die Objektivität, Reliabilität und Validität gehören (Metzger & Nüesch, 2004).

Definition

Unter dem Konzept der **Objektivität** werden Maßnahmen zusammengefasst, die dazu beitragen, Ursachen für Messfehler zu reduzieren, indem verschiedene Aspekte im Prüfungsprozess standardisiert werden.

Dabei wird zwischen drei Arten von Objektivität unterschieden (Bühner, 2011): Mit der **Durchführungsobjektivität** soll sichergestellt werden, dass alle Prüfungsteilnehmenden die gleichen Informationen über den Ablauf der Prüfung, die Bearbeitungszeit, erlaubte Hilfsmittel und Hinweise zur Bearbeitung und Beantwortung der Aufgaben erhalten. Der Aspekt der **Auswertungsobjektivität** ist erfüllt, wenn unterschiedliche Bewertende bei der Klassifizierung von Prüfungsantworten zum gleichen Ergebnis kommen. Sofern Aufgaben mit offenen Antwortformaten eingesetzt werden, kann die Auswertungsobjektivität zum Beispiel durch die Verwendung von Bewertungsschemata erhöht werden. Die **Interpretationsobjektivität** bezieht sich auf die Frage, ob unterschiedliche Bewerter:innen die gleichen Schlüsse aus dem Testergebnis ziehen und so beispielsweise für einzelne Aufgaben bzw. Antworten die gleiche Anzahl an Punkten vergeben wird oder die gleichen Noten gebildet werden.

Definition

Bei dem Konzept der **Reliabilität** stehen die Zuverlässigkeit einer Messung und deren Bestimmung im Vordergrund (Bühner, 2011).

So liegt eine hohe Reliabilität vor, wenn bei mehreren Messungen eines bestimmten Merkmals bei einer Person keine Unterschiede in den Messwerten auftreten, die durch die Messung bedingt sind. Sollten dennoch Unterschiede auftreten, sind diese auf Messfehler bzw. Messungenauigkeiten zurückzuführen. Das Prüfungsergebnis einer Person sollte im Idealfall ausschließlich über den Wissens- und Könnens-Stand dieser Person determiniert werden und nicht durch konstruktferne Faktoren, wie beispielsweise eine ungenügende Tagesform oder Fehler bei der Erfassung einer Leistung. Solche Einflüsse können in der Regel nicht vollkommen ausgeschlossen werden; sie sollten aber, wenn möglich, durch Standardisierung der Durchführungsbedingungen und sorgfältige und gewissenhaft ausgeführte Mess-/Beobachtungsprozesse minimiert werden.

Definition

Das Konzept der **Validität** bezieht sich darauf, ob mit den erstellten Aufgaben gültige Rückschlüsse auf das Vorhandensein von Kompetenzen und kompetenzrelevantem Wissen bei Studierenden gezogen werden können (Schaper, 2014).

Mithilfe von Maßnahmen zur **Validierung** wird bestimmt, ob mit einer Prüfung der Wissens- und Könnens-Stand von Studierenden zutreffend eingeschätzt werden kann. Kompetenzen sind theoretische Konstrukte (Schaper, 2012; Walzik, 2012), die nicht direkt beobachtbar sind. Um sie valide zu erfassen, werden Prüfungsaufgaben und -anforderungen so gestaltet, dass sie nur von den Studierenden richtig beantwortet werden können, die über die fraglichen Wissens- und Könnens-Facetten verfügen.

Hierzu werden verschiedene Validitätsaspekte unterschieden: Die **inhaltliche Validität** einer Prüfung ist zum Beispiel gewährleistet, wenn in den Prüfungsaufgaben ausschließlich die für einen Lernbereich relevanten Inhalte und Anforderungssituationen enthalten sind. Zur Gewährleistung der inhaltlichen Validität muss u.a. ein inhaltlicher Rahmen gesetzt werden, durch den festgelegt wird, welche Aspekte eines Lernbereichs relevant sind. Außerdem ist zu überprüfen, welche Anforderungssituationen repräsentativ sind und ob diese durch die Prüfungsaufgaben abgedeckt werden. Letzteres ist insbesondere für die Gewährleistung der Qualität von kompetenzorientierten Prüfungen bedeutsam. In Bezug auf die **kognitive Validität** einer Prüfung gilt es zu analysieren, ob die Studierenden zur Lösung der Prüfungsaufgaben tatsächlich auf die für eine Kompetenz relevanten kognitiven Prozesse zurückgreifen müssen. Somit ist die Frage zu klären, ob die Lösung von Aufgaben tatsächlich nur unter Rückgriff auf die identifizierten kognitiven, kompetenzrelevanten Prozesse möglich ist oder ob durch den Einsatz konstruktferner Strategien eine richtige Lösung gelingen kann (beispielsweise durch Ratestrategien und Allgemeinwissen bei der Beantwortung von Multiple-Choice-Aufgaben). Der Aspekt der **Generalisierbarkeit** bezieht sich weiterhin darauf, ob anhand von Prüfungsergebnissen generalisierbare Aussagen über das Leistungsvermögen der geprüften Personen hinsichtlich des betreffenden Kompetenzbereichs getroffen werden können. Aus testökonomischen Gründen wird im Normalfall einer Prüfung lediglich eine Auswahl aus der Menge aller denkbaren Aufgaben gezogen. Einschränkungen der Generalisierbarkeit können beispielsweise aus einer nicht-repräsentativen Auswahl von Aufgaben resultieren.

Bei der Konzeption und Umsetzung von kompetenzorientierten Prüfungen – wie auch bei Prüfungen anderer Art – sind neben den klassischen psychometrischen Gütekriterien weitere Aspekte zu berücksichtigen: Insbesondere für kompetenzorientiertes Prüfen ist bedeutsam, dass die Prüfungsanforderungen **transparent** für die Studierenden sind. Hierzu sollten ausführliche, nachvollziehbare und wiederholte Informationen über Rahmenbedingungen, Formate, Aufgaben und Anforderungen einer Prüfung vermittelt werden. Zusätzlich kann aber auch beispielsweise durch

Peer-Bewertungen eine aktive Auseinandersetzung mit den Prüfungsanforderungen und Bewertungskriterien im Kursverlauf gefördert werden. Darüber hinaus sind Prüfungen **fair** zu gestalten, d.h. bestimmte Teilgruppen der Prüflinge dürfen durch die Art der Prüfung nicht benachteiligt werden (beispielsweise in Bezug auf sprachliche Voraussetzungen; siehe dazu auch den Beitrag von Bender in diesem Band). Im Hinblick auf die **Akzeptanz** des Prüfungsformats sollten diese von den Studierenden als angemessen in Bezug auf Inhalte, Umfang und Bewertungsverfahren wahrgenommen werden. Nicht zuletzt sind Prüfungen **ökonomisch** und **handhabbar** zu konzipieren sowie **lernförderlich** zu gestalten. Zur Sicherung von Qualität und Angemessenheit einer Prüfung sind aber nicht nur die genannten **Ergebniskriterien**, sondern auch verschiedene **prozessuale Aspekte** zu berücksichtigen. Hierzu gehört zum Beispiel, dass die Prüflinge sich angemessen auf die Prüfung vorbereiten können (beispielsweise indem ausreichende Informationen über die Prüfungsanforderungen oder angemessenes Prüfungsverhalten gegeben werden) und dass auch die Prüfer:innen eine angemessene Vorbereitung (und Schulung) erhalten (etwa zum Gesprächsverhalten in mündlichen Prüfungen). Schließlich gehört auch die Gewährleistung angemessener Rahmen- und Durchführungsbedingungen bei Prüfungen (zum Beispiel in Bezug auf eine störungsfreie Umgebung) oder die Abstimmung der Prüfer:innen in Bezug auf Prüfungsanforderungen und -modi dazu.

Zwischenfazit

Zu einem guten Prüfen gehört auch, dass sich der:die Prüfende bei der Konzeption von kompetenzorientierten Prüfungen an Qualitätskriterien des Prüfens orientiert. Auch wenn hochschulische Prüfungen nur selten Gütemaßstäbe von psychometrischen Tests erfüllen, sollte versucht werden, die Durchführung und Auswertung von kompetenzorientierten Prüfungen objektiv, reliabel und valide zu gestalten. Nicht zu vernachlässigen sind darüber hinaus aber auch Aspekte der Transparenz, Fairness, Akzeptanz, Ökonomie, Handhabbarkeit und Lernförderlichkeit sowie prozessuale Aspekte der Prüfungsgestaltung, wie die Bereitstellung von Möglichkeiten für Studierende, sich angemessen mit den Prüfungsanforderungen vertraut zu machen und sich darauf vorzubereiten.

Reflexionsfragen

In welcher Weise berücksichtigen Sie Aspekte der Objektivität, Reliabilität und Validität bei der Konzeption, Durchführung und Auswertung Ihrer Prüfungen? Was könnten Sie tun, damit diese Aspekte besser und mehr zum Tragen kommen?
Wie gewährleisten Sie (auch gemeinsam mit anderen Prüfer:innen), dass die Prüflinge angemessene und lernförderliche Rahmen- und Durchführungsbedingungen bei den Prüfungen erhalten?

8. Zusammenfassung

Kompetenzorientiertes Prüfen ist eine zentrale Komponente zur Umsetzung einer kompetenzorientierten Lehre an Hochschulen. Es dient nicht nur zum Nachweis der erworbenen Kompetenzen in einem Modul oder einer Lehrveranstaltung, zusätzlich kommt ihm eine wichtige Funktion als Impulsgeber für Motivation, Ausrichtung und Steuerung des Lernens der Studierenden zu. Eine wichtige Rolle dabei spielen informative Rückmeldungen zu den gezeigten Leistungen in kompetenzorientierten Prüfungsformaten. Außerdem können Lehrende anhand der Prüfungsergebnisse den Stand der Kompetenzentwicklung einer Lerngruppe ermitteln und daraus Schlussfolgerungen zu weiteren Lernbedarfen und Änderungserfordernissen in der Lehr-Lern-Gestaltung ziehen. Bei der Konzeption kompetenzorientierter Prüfungen sollte sich der:die Prüfende am Constructive-Alignment-Prinzip und dem vorgestellten Rahmenmodell des Prüfens orientieren. Wichtiger Ausgangspunkt der Prüfungskonzeption sind gut formulierte Learning Outcomes, die sich auf die zu erwerbenden Teilkompetenzen im Studiengang beziehen. Grundsätzlich sind alle schriftlichen, mündlichen und praktischen Prüfungsformate auch für kompetenzorientiertes Prüfen geeignet. Entscheidend ist, ob und in welchem Ausmaß Bezüge zur Teilkompetenz bzw. den Learning Outcomes und den damit verbundenen Handlungsweisen und -kontexten in den Prüfungsaufgaben hergestellt werden. Digital gestützte Formate können eine realitätsnahe Umsetzung dieser Bezüge durch Verwendung unterschiedlicher Medien effektiv unterstützen. Um eine objektive, reliable, valide, transparente und faire Bewertung der Prüfungsleistungen zu gewährleisten, sind zusammen mit den Prüfungsaufgaben auch die Bewertungskriterien und -schemata zu erarbeiten, wobei die Rubric-Methodik insbesondere zur Bewertung komplexer Leistungen (zum Beispiel Präsentationen oder wissenschaftlicher Arbeiten) für eine kompetenzorientierte Auswertung und Rückmeldung geeignet ist. Bei der Konzeption kompetenzorientierter Prüfungsarrangements sind nicht zuletzt auch bestimmte Qualitätskriterien zu berücksichtigen, die sich nicht nur auf die Objektivität, Reliabilität und Validität der Prüfung, sondern auch die Gestaltung angemessener Vorbereitungs-, Durchführungs-, Auswertungs- und Rückmeldungsbedingungen beziehen. Sofern diese Gestaltungsaspekte berücksichtigt werden, kann kompetenzorientiertes Prüfen auch einen wesentlichen Beitrag für ein effektives Lernen und zur Kompetenzentwicklung der Studierenden im Studium leisten.

9. Literatur

Anderson, L. W. & Krathwohl, D. R. (Hrsg.) (2001). *A taxonomy for learning, teaching and assessing. A revision of Bloom's taxonomy of educational objectives.* Longman.

Arbeitsstelle für Hochschuldidaktik der Universität Zürich (2010). Taxonomie-Matrix zur Analyse und Selbstevaluation von Hochschullehre (TAMAS). Dossier Unididaktik, 1(10). Universität Zürich. https://fd.phwa.ch/wordpress/wp-content/uploads/2015/02/Taxonomiestufen-Hochschuldidaktik.pdf

Biggs, J. (2014). Constructive alignment in university teaching. *HERDSA Review of Higher Education, 1*, 5–22. www.herdsa.org.au/herdsa-review-higher-education-vol-1/5-22

Biggs, J. & Tang, C. (2011). *Teaching for quality learning at University* (4. Aufl.). Open University Press.

Bühner, M. (2011). *Einführung in die Test- und Fragebogenkonstruktion.* Pearson Studium.

Hartung, S. (2017). Lernförderliches Feedback in der Online-Lehre gestalten. In H. R. Griesehop & E. Bauer (Hrsg.), *Lehren und Lernen online.* Springer.

Hattie, J. & Timperley, H. (2007). The power of feedback. *Review of Educational Research, 77*(1), 81–112.

Hochschulrektorenkonferenz (Hrsg.) (2004). *Bologna-Reader. Texte und Hilfestellungen zur Umsetzung der Ziele des Bologna-Prozesses an deutschen Hochschulen* (S. 21–30). Hochschulrektorenkonferenz.

Hochschulrektorenkonferenz & Kultusministerkonferenz (2017). *Qualifikationsrahmen für deutsche Hochschulabschlüsse.* https://www.hrk.de/fileadmin/redaktion/hrk/02-Dokumente/02-03-Studium/02-03-02-Qualifikationsrahmen/2017_Qualifikationsrahmen_HQR.pdf

Johnson, C. I. & Priest, H. A. (2014). The feedback principle in multimedia learning. In R. E. Mayer (Hrsg.), *The Cambridge handbook of multimedia learning* (S. 449–463). Cambridge University Press.

Jonsson, A. & Svingby, G. (2007). The use of scoring rubrics: Reliability, validity, and educational consequences. *Educational Research Review, 2*(2), 130–144.

Klapproth, F. (2023). *Von den Lehrzielen zur schriftlichen Prüfung. Ein Leitfaden für Lehrende der Psychologie.* Hogrefe.

Kluger, A. & DeNisi, A. (1996). The effects of feedback interventions on performance: A historical review, a meta-analysis, and a preliminary feedback intervention theory. *Psychological Bulletin, 119*(2), 254–284.

Krathwohl, D. R. (2002). A revision of Bloom's taxonomy: An overview. *Theory Into Practice, 41*(4), 212–218.

Meister, D. & Oevel, G. (2017). *E-Assessment in der Hochschulpraxis. Empfehlungen zur Verankerung von E-Assessment in NRW.* Universität Paderborn. https://www.dh.nrw/fileadmin/user_upload/dh-nrw/e-assessment/pdf/E-Assessment_in_der_Hochschulpraxis.pdf

Metzger, C. & Nüesch, C. (2004). *Fair prüfen. Ein Qualitätsleitfaden für Prüfende an Hochschulen*. Institut für Wirtschaftspädagogik St. Gallen.

Miller, T. (2009). Formative computer-based assessment in higher education: The effectiveness of feedback in supporting student learning. *Assessment & Evaluation in Higher Education, 34*(2), 181–192.

Narciss, S. (2006). *Informatives tutorielles Feedback*. Waxmann.

Narciss, S. (2014). Modelle zu den Bedingungen und Wirkungen von Feedback in Lehr-Lernsituationen. In A. Müller & H. Ditton (Hrsg.), *Rückmeldungen und Feedback: Theoretische Grundlagen, empirische Befunde, praktische Anwendungsfelder* (S. 43–82). Waxmann.

Nicol, D. (2010). From monologue to dialogue: Improving written feedback processes in mass higher education. *Assessment & Evaluation in Higher Education, 35*(5), 501–517. https://doi.org/10.1080/02602931003786559

Nikendei, C. & Jünger, J. (2006). OSCE – praktische Tipps zur Implementierung einer klinisch-praktischen Prüfung. *GMS Journal for Medical Education, 23*(3), 1–8.

Paetz, N.-V., Ceylan, F., Fiehn, J., Schworm, S. & Harteis, C. (2011). *Kompetenz in der Hochschuldidaktik: Ergebnisse einer Delphi-Studie über die Zukunft der Hochschullehre*. VS Verlag für Sozialwissenschaften.

Reis, O. (2014). *Systematische Theologie für eine kompetenzorientierte Religionslehrer/innenausbildung. Ein Lehrmodell und seine kompetenzdiagnostische Auswertung im Rahmen der Studienreform*. LIT.

Reis, O. (2018). Lehre und Prüfung aufeinander ausrichten. *Deutsche Universitätszeitung DUZ, 3*, 67–69.

Schaper, N. (2024). Konzeption schriftlicher Prüfungsaufgaben auf Basis der Lernzieltaxonomie von Anderson & Krathwohl. In N. Schaper & C. Vogelsang (Hrsg.), *Prüfen in der Hochschullehre – konzeptionell fundiert, evidenzbasiert und qualitätsorientiert*. TH Köln.

Schaper, N. (2021). Prüfen in der Hochschullehre. In R. Kordts-Freudinger, N. Schaper, A. Scholkmann & B. Szczyrba (Hrsg.), *Handbuch Hochschuldidaktik* (S. 87–102). wbv/utb.

Schaper, N. (2014). Validitätsaspekte von Kompetenzmodellen und -tests für hochschulische Kompetenzdomänen. In F. Musekamp & G. Spöttl (Hrsg.), *Kompetenz im Studium und in der Arbeitswelt. Nationale und internationale Ansätze zur Erfassung von Ingenieurkompetenzen* (S. 178–203). Peter Lang.

Schaper, N. & Hilkenmeier, F. (2013). *Umsetzungshilfen für kompetenzorientiertes Prüfen. Fachgutachten für die Hochschulrektorenkonferenz (HRK), Projekt nexus*. HRK nexus.

Schaper, N., Reis, O., Wildt, J., Horvath, E. & Bender, E. (2012). *Fachgutachten zur Kompetenzorientierung in Studium und Lehre*. Hochschulrektorenkonferenz.

Schaper, N. & Soyka, C. (2021). Kompetenzorientiertes Prüfen. Grundlagen, präsenz- und onlinegestützte Formate, Bewertung und Rückmeldung kompetenzorientierter Prüfungsleistungen. *Neues Handbuch Hochschullehre, H 6.8*.

Schindler, C. (2015). *Herausforderung Prüfen: Eine fallbasierte Untersuchung der Prüfungspraxis von Hochschullehrenden im Rahmen eines Qualitätsentwicklungsprogramms.* Technische Universität München. https://mediatum.ub.tum.de/node?id=1271273

Schindler, C., Bauer, J., Strasser, A., Schlomske-Bodenstein, N., Seidel, T. & Prenzel, M. (2015). Prüfungen als Indikatoren für Studienerfolg. In C. Berthold, B. Jorzik & V. Meyer-Guckel (Hrsg.), *Handbuch Studienerfolg* (S. 62–79). Stifterverband für die Deutsche Wissenschaft.

Schlomske-Bodenstein, N., Strasser, A., Schindler, C. & Schultz, F. (o.D.). *Handreichungen zum kompetenzorientierten Prüfen (ProLehre).* Technische Universität München. https://portal.mytum.de/archiv/komp_ssz/ArchiveFolder_20210325_150056/20210325_163316/0

Shute, V. J. (2008). Focus on formative feedback. *Review of Educational Research, 78*(1), 153–189.

Stevens, D. D. & Levi, A. J. (2012). *Introduction to rubrics: An assessment tool to save grading time, convey effective feedback, and promote student learning.* Stylus Publishing.

Walzik, S. (2012). *Kompetenzorientiert prüfen. Leistungsbewertung an der Hochschule in Theorie und Praxis.* utb.

Wisniewski, B., Zierer, K. & Hattie, J. (2020). The power of feedback revisited: A meta-analysis of educational feedback research. *Frontiers in Psychology, 10*, 1–14. https://doi.org/10.3389/fpsyg.2019.03087

Wunderlich, A. & Szczyrba, B. (2018). Kompetenzorientiertes Prüfen – transparent, komplex und fair. *Neues Handbuch Hochschullehre, H 6.5.*

SCHRIFTLICHE PRÜFUNGEN

Sebastian Walzik

Schlagworte

Schriftliche Prüfungsformen, Kompetenzorientierung, KI, in Prüfungen, Leistungsbewertung

Orientierung

In diesem Kapitel werden Möglichkeiten und Grenzen verschiedener schriftlicher Prüfungsformen beleuchtet. Ausgangspunkte sind evaluationstheoretische Prinzipien der Leistungsbewertung sowie ein Kompetenzmodell. Darauf aufbauend werden klassische Klausuren (mit einem Exkurs zu Multiple Choice), Fallbearbeitungen, Hausarbeiten und Abschlussarbeiten sowie Projektarbeiten und Lernjournale als zentrale Formate schriftlicher Prüfungen genauer betrachtet. Den Abschluss bilden Überlegungen, inwieweit schriftliche Prüfungsformen durch die aktuellen Entwicklungen Künstlicher Intelligenz (KI) betroffen sind und wie damit an Hochschulen sinnvoll umzugehen ist.

Leitfragen

Welche Möglichkeiten und Grenzen gibt es, bestimmte Handlungsdimensionen (Denken, Können, Wollen) schriftlich zu prüfen?
Welche schriftlichen Formate für Prüfungen an Hochschulen sind sinnvoll und welche Möglichkeiten und Grenzen bieten sie?
Wie sind schriftliche Prüfungen durch KI wie ChatGPT betroffen?

1. Ausgangspunkte

Jede Form von Prüfung oder Leistungsbewertung ist immer ein Vergleich von ›Soll‹ mit ›Ist‹. Für schriftliche Prüfungen an Hochschulen bedeutet dies, dass der von den Studierenden erzeugte Text – auch Grafiken und Veranschaulichungen etc. – mit Bewertungskriterien verglichen wird, um so zu einer Beurteilung zu gelangen. Nachfolgend wird zunächst erläutert, wie diese Sollvorstellungen als Kriterien etabliert werden können und wie diese mit Lernzielen und Kompetenzen der Lehrveranstaltung zusammenhängen. Im zweiten Teil dieses Kapitels wird darauf eingegangen, welche Möglichkeiten und Grenzen bestehen, mit schriftlichen Prüfungsformen tatsächlich Kompetenzen zu prüfen.

1.1 Prinzipien

Bewertungskriterien sind nichts anderes als eine verfeinerte Form der Lernziele[1] der entsprechenden Lehrveranstaltung, in der die schriftliche Leistung erbracht wird. Für Studierende sind sie Vorgaben oder Ansprüche, die an ihre Leistungen gestellt werden, für Lehrende sind sie Erkennungsmerkmale, mit deren Hilfe sie ›gute‹ von ›schlechten‹ Leistungen unterscheiden können. Ein Kriterienkatalog für eine Hausarbeit kann in diesem Sinn auch als Antwort auf die Frage »Was macht eine gute Hausarbeit aus?« gelesen werden. Je nach Kontext erfolgt diese Präzisierung mehr oder weniger explizit. Wenn es beispielsweise in den Ingenieurwissenschaften darum geht, eine technische Zeichnung interpretieren zu können, würde eine adäquate Prüfung dieses Ziels darin bestehen, den Studierenden eine Zeichnung vorzugeben und diese erläutern zu lassen. Je nach Lernvoraussetzungen, Möglichkeiten in der Veranstaltung, Position und Funktion der Lehrveranstaltung im Rahmen des gesamten Studiengangs könnte man durchaus unterschiedlich anspruchsvolle Interpretationen als ›gute Leistung‹ erwarten. Bei fairen Prüfungen wird dieser Erwartungshorizont zielgruppenspezifisch durch das gemeinsame Tun in der Veranstaltung geklärt oder ausdrücklich ausgewiesen (Stichwort ›Constructive Alignment‹; Biggs & Tang, 2011, S. 95-110; Wildt & Wildt, 2011). Im gegebenen Beispiel würde man also klären, worauf Studierende bei dieser Interpretation im Einzelnen eingehen sollen oder sogar welche Struktur solch eine Interpretation sinnvollerweise hat.

---

1 Gemeint sind hier Lernziele im didaktischen Sinn, also die Beschreibung beobachtbarer, vollständiger Handlungen (zum Beispiel Euler & Hahn, 2004, S. 132-142; Walzik, 2006, S. 133), die als Ziel des Lernprozesses angestrebt werden (im Gegensatz beispielsweise zu einer einfachen Nennung von Inhalten oder Themen; siehe auch Kap. 3.1 in Band I des Praxishandbuchs).

Tipp

Beispiele für Kriterienraster & Hinweise, um Kriterien zu erstellen
Im Internet finden sich unter den entsprechenden Suchbegriffen immer wieder Kriterienraster, aber auch Hinweise zur Erstellung sinnvoller Kriterien (exemplarisch):

Zusatzmaterial: Einschätzungsskala für Fall-Lösungen und Checkliste »gute« Bewertungskriterien
https://www.walzik.de/seminare/_workshops/mat_raster.pdf sowie
https://www.walzik.de/seminare/_workshops/mat_bewertungskriterien-entwickeln.pdf

Diese Kriterien beziehen sich nicht nur auf das textliche Lernprodukt, sondern immer auch auf die zugrundeliegenden kognitiven Prozesse. Genau genommen ist der Text einer schriftlichen Prüfung die Manifestation eines Gedankenprozesses, welcher der eigentliche Gegenstand der Prüfung ist.

1.2 Möglichkeiten und Grenzen schriftlicher Formate

Die Aufgabenstellung »Übernehmen Sie Verantwortung im Team, Sie haben dafür eine halbe Seite.« funktioniert wohl kaum als schriftliche Klausuraufgabe. Es gibt also Bereiche und Inhalte, die sich nur bedingt oder überhaupt nicht schriftlich prüfen lassen. Gleichzeitig eröffnet die schriftliche Form Möglichkeiten, die über das bloße Abfragen von Wissen, das Bewerten von Situationen oder das Verfassen von Texten hinausgehen. Als Ausgangspunkt für solche Überlegungen eignet sich ein Modell, welches Kompetenzen als das Zusammenwirken von Denken, Fühlen und Handeln versteht (zum Beispiel Erpenbeck, 2003, S. 365-376; Walzik, 2012, S. 24-27; Weinert, 2001, S. 17-22).

Abb. 1: Kompetenzen als das Zusammenwirken von Denken, Fühlen und Handeln

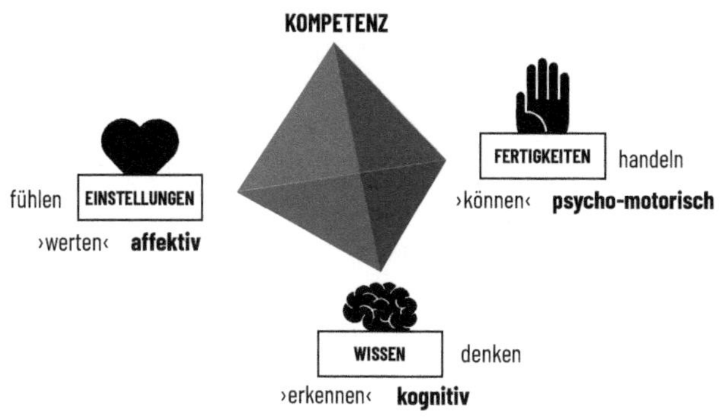

Quelle: eigene Darstellung Walzik, in Anlehnung an Ferrari, 2011

Die einzelnen Ecken dieses Dreiecks nennen Euler und Hahn (2004) »Handlungsdimensionen« (S. 130-131). ›Erkennen‹, ›Werten‹ und ›Können‹ sind in diesem Sinn drei unterschiedliche Dimensionen menschlichen Handelns. Hiervon ausgehend lässt sich zunächst schriftlich alles prüfen, was das reine Denken, die **Kognitionen,** betrifft. Dass es in diesem Bereich nicht nur um das reine Wiedergeben von Wissen geht, beschreibt beispielsweise die sehr bekannte Taxonomie von Bloom (Anderson & Krathwohl, 2001), es gibt aber auch weniger geläufige Ansätze, die hier auch Anregungen geben können, beispielsweise die Taxonomie von Biggs und Tang (2011, S. 88-91) oder jene von Marzano und Kendall (2007). All diesen Taxonomien ist gemein, dass sie verschiedene Anspruchsniveaus kognitiver Prozesse sehr präzise differenzieren und in diesem Zusammenhang auch Verben liefern, um die unterschiedlichen Niveaus dieser Denkhandlungen exakt zu beschreiben. Sie bieten also gleichzeitig Lernziele wie Aufgabenstellungen für schriftliche Prüfungen (siehe Beispiel).

Beispiel

Kognitiv anspruchsvolles Lernziel mit entsprechender Prüfungsaufgabe

Kognitives **Lernziel**: Die Studierenden interpretieren die Bilanz einer Unternehmung, um auf dieser Basis eine Stellungnahme zu einer betriebswirtschaftlichen Entscheidung zu begründen. (Das wäre das Niveau »Evaluieren« nach der Lernzieltaxonomie von Anderson und Krathwohl, 2001).

Im Sinne des Constructive Alignment könnte eine entsprechende **Prüfungsaufgabe** dann lauten: »Interpretieren Sie folgende Bilanz und verfassen Sie eine kurze Stellungnahme zu dem Vorschlag, dass diese Unternehmung weitere Aktien im Wert von 10 Mio. € ausgeben will.« (Wobei ein Abdruck der entsprechenden – gegebenfalls reduzierten – Bilanz Teil der Aufgabenstellung ist.) Je nach Lernsituation würde diese Prüfungsaufgabe noch Hinweise enthalten, wie ausführlich diese Stellungnahme vorzunehmen und auf welche Aspekte dabei einzugehen ist. Gegebenenfalls würden diese Erwartungen an die Prüfungsleistung aber auch durch das Tun während der Veranstaltung geklärt werden.

Des Weiteren lässt sich schriftlich jede Reflexion über Einstellungen oder Fertigkeiten prüfen. Man prüft dann sozusagen die Kante »Wissen-Einstellungen« (Wissen/Reflexion über Werte) oder »Wissen-Fertigkeiten« (Wissen/Reflexion über Können). Je nach Lernvoraussetzungen und Zielgruppe kann dies frei oder modellgeleitet erfolgen.

Für die **Reflexion von Einstellungen** bieten sich in diesem Zusammenhang verschiedene Modelle an, die Werte oder Haltungen reflektieren. Typische Beispiele sind hier Dilemmata oder Situationen, in denen mehrere Werte konkurrierend zueinander auftreten. In einer schriftlichen Prüfung könnte dann verlangt werden, dass diese Situation beispielsweise anhand eines Wertequadrats (Schulz von Thun, 2000, S. 38-53) die Art des Miteinander-Schaffens und Zuschaffen-Machens für ein, zwei oder mehrere Tage unter Anleitung eines neutralen und kundigen Moderators oder Klärungshelfers(Thomann und Schulz von Thun, 1988 oder der Struktur eines Tetralemmas (Sparrer, 2009, S. 60-71) beschrieben und analysiert wird. Es ist aber auch denkbar, einfach eine Situation zu schildern und die Studierenden einordnen zu lassen, auf welcher Entwicklungsstufe moralischen Handelns im Sinne des Modells von Kohlberg (1987) diese Situation anzusiedeln ist. Kriterien für solche Aufgabenstellungen wären dann, ob die einzelnen Aspekte des Wertequadrats oder die Positionen des Tetralemmas passend zur beschriebenen Situation gewählt wurden und das Modell kohärent auf die Situation angewendet wird. Ob Studierende in den jeweiligen Situationen tatsächlich so handeln würden, lässt sich selbstverständlich schriftlich nicht prüfen[2], gleichwohl lassen sich Werte und Haltungen auf diese Weise jedoch schriftlich in Prüfungen gezielt thematisieren und bewerten.

Ähnliches gilt für die **Reflexion des Handelns.** Die tatsächliche agentive Interaktion mit der Umwelt lässt sich im Rahmen einer schriftlichen Prüfung nicht abbilden, wohl aber die Kognition bezüglich solcher Handlungen. Zum einen gibt es auch hier Taxonomien (exemplarisch Kennedy, 2007; Möller, 1973), sodass man beschriebene Handlungen in einer schriftlichen Prüfung diesen Taxonomiestufen zuordnen oder auch Handlungen in einem bestimmten Fachgebiet entlang der Taxonomiestufen beschreiben lassen kann. Prüfungskriterium wäre dann, wie gut die jeweilige Einordnung vorgenommen bzw. gezielt angewendet werden kann. Zudem lässt sich das Niveau der Reflexion selbst differenzieren. So bieten beispielsweise Hatton und Smith (1995) eine eigene Taxonomie für das Niveau von Reflexionen. Das einfache Darstellen von Ereignissen ist nach diesem Modell noch keine Reflexion (Stufe 1: »Beschreibendes Schreiben«; S. 48). Werden Ursachen und Wirkungen identifiziert, jedoch eher musterhaft aus anderen Zusammenhängen übertragen, wäre das eine »Beschreibende Reflexion« (Stufe 2); werden Ursachen untersucht und das ›Für und Wider‹ von Entscheidungen erwogen, wäre das eine »Dialogische Reflexion« (Stufe 3); werden Entscheidungen begründet und die Ziele dieser Entscheidungen selbst reflektiert, wäre dieses eine »Kritische Reflexion« (Stufe 4).

Ansprüche und Erwartungen an Handlungsreflexionen der Studierenden lassen sich mithilfe solcher Taxonomien also klar kommunizieren.

---

2 An dieser Stelle sei bemerkt, dass Prüfungen ohnehin keinen Prognosewert haben. Sie treffen eine Aussage darüber, welche Leistung zum Zeitpunkt der Prüfung vorlag, und können nicht vorhersehen, was eine Person in der Zukunft tun wird.

Reflexionsfragen

Fragen entlang der Beziehungen im Constructive Alignment:
Inwieweit bezieht sich das Curriculum (Modulhandbuch) Ihrer Lehrveranstaltungen auf spätere mögliche Anwendungskontexte?
Inwieweit bildet Ihre Prüfung diese Anwendungskontexte ab?
Inwieweit hat Ihre Lehrveranstaltung spätere Anwendungskontexte im Blick?
Inwieweit prüft Ihre Prüfung das, was im Curriculum (Modulhandbuch) steht?
Inwieweit (oder wie genau) bezieht sich Ihre Lehrveranstaltung auf das Curriculum (Modulhandbuch)?
Inwieweit bereitet Ihre Lehrveranstaltung sinnvoll auf die Prüfung vor?

Didaktische Leitfragen für Kompetenzen, Lernziele, Aufgabenstellungen und Kriterien:
Erfordert die Bearbeitung der gestellten Aufgabe die Kompetenzen, die geprüft werden sollen?
Haben Sie für die Prüfungsaufgabe praxisrelevante, repräsentative und realistische Kontexte/Situationen gewählt?
Erfordert die Bearbeitung der Aufgabe mehr als das Wiedergeben von Wissen, also auch das Anwenden von Wissen auf konkrete Situationen, echtes Problemlösen und Handlungsgliederungen?
Beschreiben Ihre Bewertungskriterien in ihrer Gesamtheit hinreichend vollständig, was eine ›gute‹ Leistung ausmacht?
Sind Ihre Kriterien beobachtbar formuliert und so formuliert, dass sie mit den Studierenden besprechbar sind (Stichworte ›Fairness‹ und ›Transparenz‹)?
Ist Ihre gestellte Aufgabe repräsentativ und relevant für die zu prüfenden Kompetenzen?

Leitfragen zur Wahl der Prüfungsform:
Haben Sie die Möglichkeit, eine Prüfungsform zu wählen, sodass sie wirklich prozessorientiert prüfen kann, ob und wie bestimmte Haltungen konkret im Handeln gezeigt werden (Handlungsdimension ›Einstellungen‹)?
Handelt es sich also um eine schriftliche Aufgabe, bei der der Akt des Schreibens selbst eine Handlung darstellt, welche bestimmte Haltungen zeigt? (Das ist beispielsweise der Fall, wenn ein Businessplan, ein Essay oder Ähnliches geschrieben werden soll: wenn es um den Umgang mit Symbolen geht und keine physische Interaktion mit der Umwelt erforderlich ist.)
Soll ›nur‹ die Fähigkeit geprüft werden, wie bestimmtes Verhalten reflektiert wird (die gerichtete Verbindung der Handlungsdimensionen von ›Wissen‹ nach ›Einstellungen‹ → Reflexion über Einstellungen)?
Inwieweit soll geprüft werden, wie bestimmtes Handeln (Handlungsdimension ›Fertigkeiten‹) reflektiert wird (die gerichtete Verbindung der Handlungsdimensionen von ›Wissen‹ nach ›Fertigkeiten‹)?

2. Formate schriftlicher Prüfungen

Beim Stichwort ›schriftliche Prüfung‹ denken viele zunächst nur an die klassische Klausur. Oft steht dahinter auch die Vorstellung vieler einzelner Fragen und Antworten. Dass dies so sein kann, aber nicht muss, sollen die Ausführungen dieses Kapitels zeigen. Zunächst wird auf mehr oder weniger ›klassische‹ Klausuren eingegangen, mit einem Exkurs zu den Möglichkeiten und Grenzen von Multiple-Choice-Tests. Danach folgen in eigenen Unterkapiteln weitere schriftliche Prüfungsformen. Der Fokus liegt bei allen Ausführungen darauf, wie man die Möglichkeit der jeweiligen Formen didaktisch sinnvoll und über das Gängige hinaus nutzen kann. Wie die Leistungen kreativerer Prüfungsformate bewertet werden können, ist Gegenstand eines eigenen Beitrags dieses Handbuchs (siehe den Beitrag von Eickhoff in diese Band), ein paar Prinzipien werden kurz im Rahmen des Abschnitts 2.2 dargestellt.

2.1 ›Klassische‹ Klausuren

Zunächst kann mittels Klausurfragen kognitiv mehr erreicht werden als das reine Abfragen von Wissen. Entlang der Taxonomie von Anderson und Kolleg:innen (2001) beispielsweise lassen sich auf den einzelnen Stufen kognitiv durchaus sehr anspruchsvolle Fragen formulieren. Die nachfolgende Tabelle gibt dafür einen ersten Überblick. Prinzipiell können auch alle anderen kognitiven Taxonomien als Anregung zur Gestaltung ähnlicher schriftlicher Fragen herangezogen werden.

Gerne wird übersehen, dass sich mit schriftlichen Fragen durchaus auch **Lernprozesse** reflektieren lassen. Auch wenn die Prüfungsordnung die Benotung eines Lerntagebuchs oder einer Projektdokumentation ausschließen würde, kann man den Lernprozess über ein Semester so gestalten, dass man den Studierenden Möglichkeiten gibt, den eigenen Lernprozess immer wieder (beispielsweise entlang von Leitfragen) zu reflektieren. In der Klausur kann man dann entsprechende Reflexionsfragen mit Bezug auf das individuelle Lernen stellen. Inhaltlich lässt sich dann zwar nicht verifizieren, ob das Geschriebene den erlebten Tatsachen entspricht, jedoch lässt sich ein solcher Text durchaus danach bewerten, auf welchem Reflexionsniveau er sich bewegt (siehe Hatton & Smith, 1995) und wie differenziert er in die Details geht.

Tab. 1: Mögliche schriftliche Fragen entlang der Taxonomie von Bloom[3]

Vergleichen	**Zusammenfassen**
• Beschreiben Sie die Ähnlichkeiten und Unterschiede zwischen ... • Vergleichen Sie die folgenden zwei Methoden hinsichtlich ...	• Halten Sie die Hauptpunkte fest, die in ... enthalten sind. Fassen Sie kurz den Inhalt des ... zusammen.
Ursache und Wirkung in Beziehung setzen	**Verallgemeinern**
• Was sind die wesentlichen Gründe für ...? • Was wären die wahrscheinlichsten Auswirkungen, wenn ...?	• Formulieren Sie mehrere nachvollziehbare/gültige Verallgemeinerungen aus den folgenden Daten. • Formulieren Sie eine Reihe von Prinzipien, die folgende Ereignisse erklären können.
Rechtfertigen/Stellung nehmen	**Schlussfolgern**
• Welche der folgenden Alternativen ziehen Sie vor? Warum? • Erklären Sie, warum Sie mit der nachfolgenden Aussage einverstanden oder nicht einverstanden sind.	• Was wird angesichts der Fakten am ehesten geschehen?
Klassifizieren	**Analysieren**
• Gruppieren Sie die folgenden Aussagen nach ... • Was haben die folgenden Aussagen gemeinsam?	• Beschreiben Sie die Denkfehler im folgenden Abschnitt. • Listen Sie die Haupteigenschaften des ... auf und beschreiben Sie diese.
Eigene Ideen/Gedanken entwickeln	**Auswerten und Bewerten**
• Listen Sie möglichst viele Vorgehensweisen/Möglichkeiten auf ... • Erfinden Sie einen Fall, der beschreibt, was passieren würde, wenn ...	• Beschreiben Sie die Stärken und Schwächen von ... • Ausgehend von den gegebenen Kriterien, schreiben Sie eine Beurteilung über ...
Anwenden	**Kreieren: einzelne Elemente zu einem sinnvollen Ganzen verbinden**
• Benutzen Sie die Prinzipien des ... als Grundlage, beschreiben Sie, wie Sie das folgende Problem lösen würden. • Beschreiben Sie eine Situation, welche die Prinzipien des ... illustriert.	• Beschreiben Sie einen Plan, der beweist, dass ... • Schreiben Sie einen gut strukturierten Bericht, der zeigt, ...

3 Darstellung in Anlehnung an (Metzger & Nüesch, 2004, S. 21). Die fettgedruckten Gruppierungen beziehen sich auf die Unterstufen nach Anderson & Krathwohl (2001) – bekannt sind oft nur die sechs groben Stufen, die Autoren haben allerdings jede Stufe noch weiter differenziert.

Ein weiterer Aspekt, der oft bei der Gestaltung schriftlicher Klausuraufgaben übersehen wird, ist der **Zeitanteil**, der von den Studierenden für das Schreiben verwendet werden soll, im Verhältnis zum Zeitanteil, der für das Aufnehmen von Informationen oder das Entwickeln von Ideen geplant werden kann. Wenn es beispielsweise in den Geisteswissenschaften darum geht, hermeneutisch mit Texten arbeiten zu können, kann man eine Klausur von 90 Minuten durchaus so anlegen, dass zunächst zwei (für die Studierenden neue) Texte gelesen und verstanden werden sollen, um diese dann zu vergleichen oder in Hinblick auf eine Fragestellung zu bewerten. Von den anderthalb Stunden könnte die Hälfte der Zeit für das Lesen zur Verfügung stehen, während der Erwartungsrahmen für den Antworttext so gewählt wäre, dass die Zielgruppe ihn in etwa einer halben Stunde niederschreiben kann. Dieses Prinzip lässt sich auf alle anderen Fachbereiche übertragen, beispielsweise das Bewerten und Vergleichen von Programmcodes, technischen Zeichnungen, chemischen Analyseverfahren, Bauplanungen, – prinzipiell auf alles, was sich schriftlich darstellen lässt. Je nach technischen Möglichkeiten im Rahmen der Prüfung kann das Material, das Teil der Aufgabenstellung ist, auch um weitere Medien (wie Tonaufnahmen, Videos, CAD-Konzepte etc.) ergänzt werden. So lassen sich beispielsweise unterschiedliche musikalische Interpretationen vergleichen – was ja an Schulen teilweise im Rahmen des Fachs Musik schon lange praktiziert wird.

Reflexionsfragen

Inwieweit möchten Sie lediglich Wissen abfragen oder das Wissen auch auf bestimmte Kontexte und Situationen anwenden (höhere Taxonomien)?
Inwieweit können Sie die Aufgabenstellungen der Klausur auf Lernprozesse während des vergangenen Semesters beziehen (prozessorientierte Aufgaben)?
Wie viel Zeit sollen Ihre Student:innen zur Formulierung ihrer Antworten verwenden?
Wie viel Zeit soll gegeben werden, um zunächst neue Informationen aufzunehmen und zu verarbeiten?
Soll die schriftliche Bearbeitung in vollständigen Sätzen oder in Stichpunkten erfolgen?

2.2 Exkurs: Möglichkeiten und Grenzen von Multiple Choice

Im Gegensatz zum ersten Reflex lässt sich mit Auswahlaufgaben[4] nicht nur Faktenwissen (wiederholend) abfragen (unterste Stufe nach Anderson & Krathwohl, 2001), sondern es lassen sich durchaus kognitiv anspruchsvolle Lernziele prüfen. Das bekannteste Beispiel sind hier IQ-Tests (so umstritten sie sonst sein mögen), die meist in

4 Genau genommen bedeutet ›Multiple Choice‹, dass mehrere Antwortmöglichkeiten zur Auswahl stehen und auch gleichzeitig korrekt sein können, und ›Single Choice‹, dass von mehreren Möglichkeiten eine die richtige ist. Der Begriff ›Auswahlaufgaben‹ umfasst semantisch beides, ist aber kaum

Form von Multiple Choice erfolgen und höhere Denkprozesse messen. Im Kontext von Prüfungen an Hochschulen kann man beispielsweise komplexere Texte oder Zeichnungen darbieten und dann Aussagen zu diesen formulieren, bei denen die Studierenden bewerten müssen, ob diese zutreffen oder nicht. Kognitionspsychologisch prüft man dann einen Vergleichsprozess, also das ›Evaluieren‹: Die Prüflinge müssen das Material verstehen und analysieren, mit einer anderen Aussage vergleichen und bewerten, ob diese wahr oder falsch ist.

Höhere Stufen (wie ›Kreieren‹) sind allerdings kaum möglich, da prinzipiell Wahlmöglichkeiten vorgegeben werden müssen. Hierin begründen sich auch wesentliche Kritikpunkte an diesem Format: Sobald Wahlmöglichkeiten vorgegeben werden, muss eine Annahme über das Niveau der zu prüfenden Zielgruppe getroffen werden, damit die Auswahlmöglichkeiten auch sinnvoll (nicht zu anspruchsvoll und nicht zu leicht) sind. Die Liste der sich daraus ergebenden kritischen Aspekte ist durchaus lang und kann hier nicht vollständig wiedergegeben werden. Ein Link für weitere Informationen findet sich im folgenden Tipp.

Literaturtipp

Einen Überblick über acht zentrale Kritikpunkte am Multiple-/Single-Choice-Format finden Sie in

Walzik, S. (o.D.). *Kritik an Auswahlaufgaben als Prüfungsform. Seminarunterlagen*. Abgerufen am 24.04.2024 von https://www.walzik.de/seminare/_workshops/mat_sw_kritik an mc.pdf.

Die prinzipielle Grenze dieses Formats liegt allerdings in der Kompetenz-Performanz-Problematik (ursprünglich bei Chomsky, 1965; exemplarisch bei Meyer, 2007, S. 147). Kompetenzen selbst sind beim Menschen verfügbare Potenziale oder Verhaltensdispositionen. In diesem Sinn können sie nicht direkt beobachtet werden, sondern aktualisieren in konkreten Situationen als Performanz. Wird eine Kompetenz in einer spezifischen Situation nicht gezeigt, bedeutet das nicht, dass sie nicht grundsätzlich vorliegen kann. Jemand, der eine Sprache perfekt spricht, kann sich entscheiden, viele Aussprache- und Grammatikfehler während seines Sprechens zu machen. Damit wäre bei gegebener hoher Kompetenz die gezeigte Performanz sehr schwach. In Prüfungen wird dieser Zusammenhang vor allem bei stressbedingten Denkblockaden (Prüfungsangst) relevant. Dann liegt eine Kompetenz vor, kann aber nicht gezeigt werden. Je nach Definition der Situation, die geprüft werden soll, kann Stress jedoch gewollter Bestandteil der zu prüfenden Kompetenz sein (zum Beispiel bei der Ausbildung von Rettungssanitäter:innen). Es kann aber auch sein, dass eine Performanz zufällig ge-

---

gebräuchlich, weshalb in diesem Text ›Multiple Choice‹ gleichbedeutend mit ›Auswahlaufgaben‹ genutzt wird.

zeigt wurde, wenn in der Realität gar keine Kompetenz zugrunde liegt. Jede Prüfung muss in diesem Sinn eine Situation schaffen, in der eine Performanz gezeigt werden kann, die einen Rückschluss auf die zu prüfende Kompetenz zulässt, sodass es sinnvoll ist, anzunehmen, dass die Leistung nicht zufällig erbracht wurde, sondern auf der entsprechenden Kompetenz gründet. Dies ist bei Multiple-Choice-Tests grundsätzlich nicht gegeben, denn die korrekte Antwort kann immer zufällig gewählt sein. Daher werden bei hochwertigen Multiple-Choice-Tests Antwortmöglichkeiten, Distraktoren und Niveau aufwendig mit großen Gruppen getestet, um diese Zufallsmöglichkeit zu reduzieren. Ausgeschlossen werden kann diese letztlich jedoch nicht.

Reflexionsfragen

?

Welche guten Gründe haben Sie, beim Multiple-Choice-Format die entstehende Kompetenz-Performanz-Problematik in Kauf zu nehmen?
Können Sie die Fragestellungen in einer Multiple-Choice-Aufgabe so formulieren, dass höhere kognitive Prozesse, wie beispielsweise ›Evaluieren‹, geprüft werden?

2.3 Fallbearbeitungen – und ihre Bewertung

Das schriftliche Klausurformat bietet die Möglichkeit, komplexere Situationen reflektieren oder entwickeln zu lassen. Typische Beispiele sind hier: einen Businessplan entwickeln/skizzieren (Wirtschaftswissenschaften), ein Unterrichtskonzept für eine konkrete Zielgruppe entwerfen (Erziehungswissenschaften), Essays und Textinterpretationen (Literaturwissenschaften), Skizzen und Konzepte für Analyse- oder Syntheseverfahren (gewisse Naturwissenschaften), Situationsreflexionen und Interventionsplanungen (Sozialwissenschaften), Übersetzungen (Sprachwissenschaften), Theoriediskurse (verschiedene Geistes- und Gesellschaftswissenschaften). Der Fantasie sind kaum Grenzen gesetzt. All diesen Fallbearbeitungen ist gemein, dass eine Situation aus der jeweiligen Praxis, die schriftlich repräsentiert werden kann, in der Klausur dargestellt wird und die Prüflinge auf dieser Grundlage etwas reflektieren, analysieren oder entwickeln müssen. In der Regel kommt dieses Prüfungsformat den Situationen, auf die im Rahmen des Studiums vorbereitet werden soll, sehr nahe. Es handelt sich damit – evaluationstheoretisch betrachtet – um prinzipiell gültige Prüfungsformate, weil die Prüfung prüft, was sie zu prüfen vorgibt (Stichwort ›Reliabilität‹). Den meisten Dozierenden an Hochschulen fällt es daher auch nicht schwer, solche Fälle ausfindig zu machen. Das Problem besteht vielmehr in der fairen Bewertung dieser Formate, weil Antworten, die als ›richtig‹ oder ›gut‹ gewertet werden müssen, sehr unterschiedlich ausfallen können, teilweise so sehr, dass verschiedene ›sehr gute‹ Ergebnisse nicht direkt vergleichbar erscheinen. Es gilt daher bei der Bewertung, dieses große Spektrum ›sehr guter‹ Antworten transparent zu erfassen. Welche Kriterien sind also für den Soll-Ist-Vergleich anzulegen? Der Schlüssel liegt hier in Metakriterien bzw. Verbalmarken, also verbalen Beschreibungen von beobachtbaren Handlungen auf verschiedenen Niveaustufen. Zwar lässt sich nicht im Detail voraussagen, welches die Inhalte einer ›guten‹ Antwort sind, allerdings lässt sich sprachlich beschreiben, was eine gute Antwort ausmacht. Grundsätzlich kennt man dies von Kriterienkatalogen für Seminararbeiten. Auch hier geben die Kriterien nicht vor, was im Einzelnen inhaltlich zu schreiben ist, sondern sie beschreiben, was einen guten Text kennzeichnet. Zudem müssen einzelne Punkte, die bei Erfüllung bestimmter Kriterien angerechnet werden, nicht notwendigerweise immer zu einer Summe aufaddiert werden. Auf diese beiden Aspekte wird nachfolgend eingegangen.

2.3.1 Metakriterien und Verbalmarken

Im Wesentlichen geht es darum, im Sinne der Kompetenz-Performanz-Problematik mit Worten zu beschreiben, an welchen Merkmalen eine ›sehr gute‹ (›gute‹/›befriedigende‹/›ausreichende‹) Lösung zu erkennen ist.

Literaturtipp

Im Internet findet man unter dem Suchbegriff »Universität + Bewertungsraster« oft sehr gute Anregungen, um solche Metakriterien und Verbalmarken für die eigene Lehrveranstaltung zu entwickeln. Vertiefende Hinweise dafür, was man bei der Erstellung beachten kann, finden Sie unter

Walzik, S. (o.D.). *»Gute« Bewertungskriterien erstellen. Seminarunterlagen.* Abgerufen am 24.04.2024 von https://www.walzik.de/seminare/_workshops/mat_bewertungskriterien-entwickeln.pdf.

Zwei Prinzipien sind beim Erstellen solcher Raster besonders wichtig. Zum Ersten kann man sich an der Leitfrage orientieren: »Was macht (vor dem Hintergrund der Lehrveranstaltung, der Lernvoraussetzungen etc.) eigentlich genau eine gute Leistung aus?« So kann man sich vorstellen, wie wohl die Lösungen von Studierenden aussehen würden, die man mit ›sehr gut‹ bewerten würde. Welche Aspekte des Falls würden beleuchtet werden? Wie würden diese miteinander in Beziehung gesetzt werden? Gibt es vielleicht eine Reihenfolge, welche die Argumentation besonders hochwertig machen würde? An welchen Stellen würden vielleicht einzelne Aspekte im Sinne eines Diskurses abzuwägen sein? An welchen Stellen wäre es so, dass bestimmte Fakten und Zusammenhänge genannt werden müssten? Wo wäre es weniger wichtig, was im Einzelfall entschieden wird, sondern dass die Entscheidung gut begründet ist? Was wiederum würde dann eine ›gute‹ Begründung im Einzelnen von einer ›schlechten‹ unterscheiden? Durch Antworten auf solche und ähnliche Fragen erhält man eine große Anzahl von Verbalmarken, die man nach Bedarf auch noch reduzieren oder gewichten kann. Zum Zweiten kann es sinnvoll sein, diese Verbalmarken entlang eines

Handlungsprozesses im Sinne der pädagogischen Handlungsorientierung zu gliedern (zum Beispiel Aebli, 1980; Leenders et al., 2001, S. 61-63). Die meisten Analysen, Bewertungen oder Entscheidungen lassen sich nach einer grundlegenden Heuristik prinzipiell in verschiedene aufeinanderfolgende Einzelphasen gliedern. Soll beispielsweise für ein gegebenes Problem eine Lösung entwickelt und begründet werden, könnten folgende fünf Phasen regelmäßig durchlaufen werden:

1. Das Problem in seinen relevanten Aspekten erfassen.
2. Verschiedene Lösungsalternativen skizzieren.
3. Diese Alternativen anhand von Kriterien abwägen.
4. Entscheiden mit Bezug auf die vorgängigen Überlegungen.
5. Die gewählte Alternative fachlich korrekt auf das Problem anwenden.

Je nach Struktur des gegebenen Falls können die Phasen/die Anzahl der Phasen variieren. Sie können noch völlig anders lauten und je nach Inhalt können die einzelnen Phasen weiter differenziert oder um konkrete fachliche/inhaltliche Aspekte ergänzt werden.

Will man besonders transparent arbeiten, würde man nun für jede dieser Phasen verbal beschreiben, wann der jeweils dahinterliegende Denkprozess ›mangelhaft‹, ›ausreichend‹, ›befriedigend‹, ›gut‹ oder ›sehr gut‹ erfüllt wurde. Zuweilen genügt es aber auch, direkt so etwas wie eine Note für jede dieser Phasen zu vergeben. Zudem kann man die einzelnen Phasen unterschiedlich stark gewichten: So könnte es einmal mehr auf die Erfassung des Problems ankommen und in einem anderen Kontext könnte es wichtiger sein, Alternativen differenziert abzuwägen. Hier gibt es keine allgemeingültigen Regeln, diese Entscheidungen müssen in Abhängigkeit von Lernvoraussetzungen, Zielgruppe, Lernzielen etc. getroffen werden.

2.3.2 Mehr als Punkteaddition: Systemische Verknüpfung von Teilleistungen

Jede Benotung von Kompetenz ist der Versuch, Qualitäten mit Quantitäten auszudrücken. Dies muss problematisch sein, weil sich Qualitäten nicht zählen lassen, Quantitäten hingegen schon (Walzik, 2012, S. 91). Daher ist es sinnvoll, zunächst eine gewisse Zuordnung vorzunehmen. Ausgehend von einer maximalen Punktzahl legt man fest, ab welcher Punktzahl welche Note zu vergeben ist. Viele Hochschulen haben einen solchen **Notenschlüssel** von Prozentpunkten zu ihrer Notenskala in ihrer Prüfungsordnung verankert. Dabei sollte man sich bewusst sein, dass diese eine normative, also grundsätzlich beliebige Setzung ist, die auch mit guten Gründen anders entschieden werden könnte. Solche Notenschlüssel lassen Prüfenden allerdings völlige Freiheit bezüglich der Frage, auf welche (Teil-)Leistung wie viele Punkte vergeben werden. Für einzelne Prüfungen muss dies jeweils von den Prüfungsverantwortlichen festgelegt werden: Werden alle Teilaufgaben gleich stark gewichtet oder gibt es bestimmte Aspekte oder Wissensgebiete, die eine stärkere Bewertung erfahren sollten? Dies betrifft bereits die Frage der Auswahl der Inhalte. Inhalte, die in der Lehrveranstaltung behandelt wurden, jedoch im gewählten Fall nicht vorkommen, sind solche, die nicht gewichtet werden.

Gerade bei Fallbearbeitungen kann es zudem relevant sein, zu überlegen, inwieweit innere Konsistenz einer Bearbeitung bewertet werden soll. Wird von Studierenden beispielsweise ein relevanter problematischer Aspekt in der Problemanalyse aufgezeigt, später aber nicht mehr aufgenommen, sollte dies in der Benotung abgebildet werden. Drastischer werden dergleichen Situationen noch, wenn bei der Reflexion eines Falls zunächst ein bestimmter Analyseansatz herangezogen wird, dieser später aber mit anderen Ansätzen vermischt wird. Betrachtet man dann einzelne Aussagen dieses Texts separat, sind sie nicht falsch, passen jedoch nicht zusammen. Daher verhalten sich Punkte bei Fallbearbeitungen unter Umständen anders als bei reinen ›Faktenabfragetests‹. Die genannten Aspekte müssen also nicht nur in sich korrekt sein, sondern sich auch sinnvoll aufeinander beziehen. Bewertet werden also nicht nur Entitäten, sondern auch die Qualität der Beziehungen zwischen diesen Entitäten. Dies sollte der Transparenz halber in die Punkteplanung mit aufgenommen werden.

Darüber hinaus kann es bei Fallbearbeitungen vorkommen, dass wesentliche Aspekte eines Falls von einem Prüfling nicht erkannt werden. Besonders bedeutsam kann dies bei medizinischen Diagnosen werden, wenn das Nichterkennen eines bestimmten Zusammenhangs zu einer Fehldiagnose oder gar Patientengefährdung führen würde. Gegebenenfalls ist dann bei der Punkteplanung darauf zu achten, dass solche Aspekte zu Ausschlusskriterien erklärt werden oder zu Kriterien, die, unabhängig von der Qualität der restlichen Fallbearbeitung, dazu führen, dass vielleicht die Maximalnote nicht mehr erreicht werden kann. Die einzelnen Teilleistungen sind dann nicht mehr – wie bei unabhängigen Fragen – additiv verknüpft, sondern systemisch oder konjunktiv, sodass Defizite nicht beliebig kompensiert werden können. Bekannt sind solche Bewertungen aus der praktischen Führerscheinprüfung: Wer hier eine rote Ampel überfährt, kann dies durch kein anderes Fahrverhalten ausgleichen und ist in jedem Fall durchgefallen. Grundsätzlich sinnvoll sind sie auch bei schriftlichen Prüfungen, wenn es um derlei Zusammenhänge geht. Wer beispielsweise im Rahmen einer Fallbearbeitung in den Wirtschaftswissenschaften einer OHG (Offene Handelsgesellschaft) vorschlagen würde, zur Kapitalerhöhung mehr Aktien auszugeben, und damit zeigt, dass grundlegende Konzepte nicht verstanden werden, könnte dann prinzipiell nicht mehr die Maximalnote erreichen, unabhängig davon, wie ›richtig‹ alle anderen Aussagen der Bearbeitung sind. In der Punkteplanung würden dann nicht einfach nur bestimmte Punkte nicht vergeben, sondern es würde ausdrückliche Regeln geben, bei welchen inneren logischen Brüchen und Widersprüchen der Bearbeitung welche Note noch erreichbar wäre – ähnlich dem Überfahren einer roten Ampel.

In Einzelfällen kann es passieren, dass ein striktes Vorgehen nach Kriterien und Punkten zu einer erstaunlich ›guten‹ oder auch ›schlechten‹ Note führt. Dies kann gerechtfertigt sein, doch sollte reflektiert werden, ob eine solche Note dadurch entsteht, dass die zugrunde gelegten Kriterien und Punkte nur schlecht auf die Struktur der Antwort passen. Es gilt also, sowohl die Gesamtleistung im Blick zu haben als auch im Detail transparent zu arbeiten. Dies ist ein grundsätzliches Problem und (wie oben beschrieben) der Tatsache geschuldet, dass man Qualitäten in Quantitäten überführen will. Um hier weder das eine noch das andere zu übertreiben, kann ein Wertequadrat (zum Prinzip des Wertequadrats siehe beispielsweise Schulz von Thun, 2000, S. 38-53) die Art des Miteinander-Schaffens und Zuschaffen-Machens für ein, zwei oder mehrere Tage unter Anleitung eines neutralen und kundigen Moderators oder Klärungshelfers(Thomann und Schulz von Thun, 1988 dienen, wie es in Abbildung 2 dargestellt ist.

Abb. 2: Vorschlag für ein Balancieren bei der Quantisierung von qualitativen Leistungen

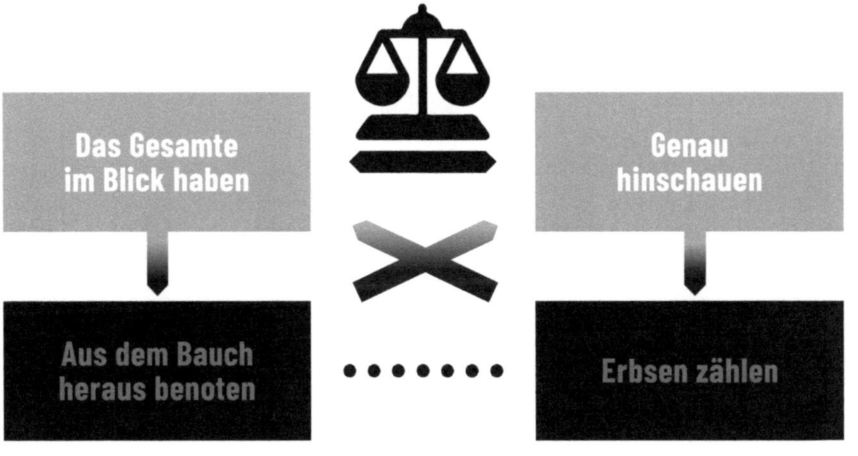

Quelle: eigene Darstellung Walzik

Insgesamt ist das Ziel der Punkteverteilung, zu einer fairen Bewertung zu gelangen, die sowohl dem Gesamteindruck beim Lesen der Antworten entspricht als auch auf Ebene der Kriterien im Detail transparent ist. Erkennt man beim Korrigieren, dass man zu pauschal Punkte vergibt, ist man gut beraten, sich stringenter an den eigenen Punkteschlüssel zu halten. Bemerkt man eine sehr strenge und hochdifferenzierte Erwartung (indem man sich zum Beispiel fragt, ob ein Teilpunkt nun zu geben ist oder nicht), kann es gerechtfertigt sein, die gesamte Antwort in den Blick zu nehmen und zu überlegen, welcher verbalen Beurteilung (›gut‹, ›befriedigend‹ etc.) sie entsprechen würde, um zu entscheiden, ob die Teilpunkte vergeben werden sollten oder nicht.

Reflexionsfragen

Wie können Sie im Sinne von Verbalmarken oder Metakriterien eine ›gute‹ Bearbeitung einer Fallaufgabe sinnvoll beschreiben?
Gibt es in diesem Zusammenhang typische Handlungsabläufe oder Lösungsphasen, nach denen Sie die Beurteilung gliedern können?
Gibt es bestimmte Kriterien oder Aspekte, die ›sine qua non‹ beachtet werden müssten, die also sinnvollerweise nicht additiv in eine Bepunktung einfließen, sondern konjunktiv?

2.4 Umfangreichere Texte: Hausarbeiten und Abschlussarbeiten

Für Hausarbeiten und Abschlussarbeiten gilt zunächst das gleiche wie für Fallbearbeitungen (siehe Abschnitt 2.3). Auch hier geht es um komplexe Zusammenhänge, Kriterienraster, Verbalmarken und das Quantifizieren von Qualitäten. Hinzu kommen in der Regel weitere Kriterien, die sich auf die Tätigkeiten des wissenschaftlichen Arbeitens, Forschens und Schreibens beziehen. Auch für diese zusätzlichen Kriterien gilt, dass man sich sie nicht allgemeingültig für jede akademische Ausbildung (zum Beispiel fächer- und semesterübergreifend) definieren kann. Wie bei jeder guten Lehre wird es darauf ankommen, passende Kriterien für den jeweiligen Lehr-Lern-Kontext zu finden. So mögen vielleicht Ausdrucksweise und Orthografie zu Beginn der akademischen Ausbildung noch eine gewisse Gewichtung erfahren, während sie gegen Ende der Ausbildung eher vorausgesetzt werden. Einige Universitäten weisen beispielsweise Abschlussarbeiten einfach zurück und verlängern die Abgabefrist, wenn sie zu viele Rechtschreib- und Zeichensetzungsfehler enthalten.

Literaturtipps

Bewertungsbögen für Haus- und Abschlussarbeiten finden sich im Internet an vielen Lehrstühlen unter den entsprechenden Suchbegriffen. Eine exemplarische Zusammenstellung gibt es unter
Walzik, S. (o.D.). *Beispiele für Bewertungsraster. Seminarunterlagen.* Abgerufen am 24.04.2024 von https://www.walzik.de/seminare/_workshops/mat_raster.pdf.

Der ›Researcher Skill Development Framework (RSD7)‹ (Willison et al., 2018) beschreibt für sechs Facetten wissenschaftlichen Arbeitens jeweils sieben Taxonomiestufen und liefert damit taxonomische Verbalmarken für sechs wissenschaftliche Handlungsfelder.
Willison, J., O'Regan, K. & Kuhn, S. K. (2018). Researcher Skill Development Framework (US English Edition). *Open Educational Resources, 5*(2). https://commons.und.edu/oers/5.

Ähnlich wie bei Fallbearbeitungen können auch Forschungsprozesse nach generischen Handlungsphasen beschrieben werden. Leenders und Kolleg:innen (2001, S. 60-63) schlagen beispielsweise folgende Phasen vor: »(1) sich informieren; (2) analysieren und planen; (3) entscheiden; (4) ausführen; (5) kontrollieren; (6) bewerten« (S. 60-63). Diese Phasen sind keine strikten Vorgaben, die zwingend befolgt werden müssen. Vielmehr handelt es sich um eine Art Heuristik, die sich mehr oder weniger deutlich in jedem Forschungsprozess widerspiegelt.

Zwei Bewertungsbereiche von Abschlussarbeiten werden gerne übersehen, können im Einzelfall aber sehr sinnvoll sein. Zum Ersten ist dies der Bereich der Haltungen oder Einstellungen, mit denen sich Prüflinge dem Thema, dem Schreiben oder dem Forschungsprozess widmen. Jedes Verhalten zeigt eine Haltung, jede Haltung begünstigt oder vermeidet ein bestimmtes Verhalten. So kann die Art und Weise (auch die Sprache), wie ein Forschungsdesign entwickelt wurde und auf welche Aspekte hierbei besonders/weniger viel Wert gelegt wurde, zum Gegenstand der Bewertung werden. Wenn dies kritisch erscheint, weil beispielsweise die persönlichen Präferenzen und Neigungen der Studierenden nicht beurteilt werden sollen, kann zumindest die Qualität der Reflexion über die eigenen Werthaltungen Gegenstand der Benotung werden. Gerade in den Geisteswissenschaften gehört es zum Standard, die eigene Werthaltung transparent zu machen, damit sie die Interpretation der Ergebnisse nicht unnötig verzerrt.

Zum Zweiten sind je nach Hochschule die zeitlichen Rahmen für Abschlussarbeiten durchaus eng. Bisweilen bleiben nur wenige Wochen für eine Masterarbeit, ein Zeitraum, in dem echte Forschung manchmal nicht möglich ist. In solchen Kontexten kommt es insbesondere darauf an, die Ergebnisreflexion zu thematisieren. Es geht dann in der Masterarbeit weniger darum, ob die Arbeit selbst dem ›Goldstandard‹ der Forschung entspricht, sondern ob der:die Autor:in prinzipiell in der Lage ist, Forschungsprozesse zu planen und Ergebnisse adäquat zu reflektieren und zu kontextualisieren. Dies ist insbesondere im Bereich der qualitativen Sozialforschung oft der Fall, zuweilen auch, wenn Abschlussarbeiten Teil von komplexeren naturwissenschaftlichen Forschungsprojekten sind. In besonderen Fällen kann darüber hinaus auch noch der Aspekt der Bildung (im Gegensatz zum ›einfachen Lernen‹) thematisiert werden[5]. So kann man es bei einer Abschlussarbeit zur Aufgabe machen, dass der:die Kandidat:in in einem separaten Kapitel darüber reflektiert, inwieweit die Beschäftigung mit dem Thema im Sinne einer Persönlichkeitsentwicklung auf ihn oder sie gewirkt hat. Auch hier kann es nicht darum gehen, die einzelnen Inhalte zu bewerten, die genannt werden. Sehr wohl kann man jedoch die Qualität und den Detaillierungsgrad dieser Reflexionen benoten (beispielsweise entlang der oben skizzierten Taxonomie für Reflexionen von Hatton und Smith (1995).

---

5 Bildung umfasst in der Regel die bewusste Persönlichkeitsentwicklung, die Auseinandersetzung der gesamten Person mit den entsprechenden Themen und Inhalten. Das ist nicht gegeben, wenn ich etwas mehr oder weniger nur auswendig lerne (auch gerne höhere Taxonomiestufen) und im Sinne einer sozialen Erwünschtheit handele, während ich mich innerlich davon distanziere (Klafki, 1985, S. 43).

Reflexionsfragen zu wissenschaftlichen Arbeiten

Welche typisch wissenschaftlichen Handlungen möchte ich mit der Arbeit bewerten?
Wie gewichte ich vor dem Hintergrund der Zielgruppe und dem Lernstand der Prüflinge Aspekte wie Sprache, roter Faden, Strukturierung, wissenschaftliche Reflexion etc.?
Inwieweit könnte der RSD7 mit seinen Verbalmarken für Tätigkeitsfelder (Facetten) und Taxonomien Anregung für Lernziele und Kriterien der Bewertung des wissenschaftlichen Arbeitens für mich sein?
Gibt es hier Kriterien, die Voraussetzungen für die Abgabe sein sollen? Gibt es hier Kriterien, die in Hinblick auf den Lernstand in bestimmten Semestern stärker oder schwächer gewichtet werden sollen?
Inwieweit sollen Kriterien gelten, die über das reine Lernen hinausgehen und die tiefere persönliche Auseinandersetzung mit den Inhalten umfassen (Stichwort ›Bildung‹)?

2.5 Prozessreflexionen: Projektarbeiten und Lernjournale

Während Klausuren meist auf eine Leistung zu einem bestimmten Zeitpunkt fokussieren, sind Projektarbeiten und Lernjournale schriftliche Prüfungsformate, die einen längeren Entwicklungsprozess zum Gegenstand der Bewertung machen. Sie können prinzipiell Teil von Haus- und Abschlussarbeiten sein oder auch, wie oben beschrieben, im Rahmen einer Klausur geprüft werden. Sie sollen hier in einem separaten Abschnitt kurz beleuchtet werden.

Zu Zeiten, in denen sich Wissensbestände immer schneller verdoppeln (Stichwort ›Wissensgesellschaft‹), scheint es besonders angebracht, in allgemeiner, beruflicher und akademischer Bildung das eigene Lernen zum Gegenstand des Lernens zu machen. Schlüsselbegriffe wären hier beispielsweise ›Lebenslanges Lernen‹, ›Selbstgesteuertes Lernen‹ oder ›Selbstorganisiertes Lernen‹. Wenn am Anfang einer Ausbildung nicht vollständig absehbar ist, welches die Handlungsanforderungen am Ende der Ausbildung genau sein werden, weil sich die Umwelten zu schnell verändern, wird es wichtig, das Kultivieren des individuellen Lernstils von Studierenden zu fördern. Dabei vollzieht sich Lernen stets in mehr oder weniger bewussten Feedback-Schleifen von Handlung und Reflexion. Man tut etwas, bewertet den Erfolg dieses Tuns und passt dann gegebenenfalls die folgenden Handlungen an, bis vielleicht am Ende so etwas wie eine ›perfektionierte Handlung‹ steht[6]. Projektarbeiten und Lernjournale bieten Möglichkeiten, solche Prozesse zu unterstützen.

Im einfachsten Fall würde ein Reflexionsauftrag für ein semesterbegleitendes Projekt darin bestehen, dass zu festgelegten Zeitpunkten simple Reflexionsfragen zu beantworten sind, wie beispielsweise: »Was lief bisher sehr gut, was lief schlecht?«, »Was war

6 Unter dem Begriff ›Handlungen‹ sind in diesem Zusammenhang Handlungen aller Handlungsdimensionen, also ›Erkennen‹, ›Werten‹ und ›Können‹, zu verstehen.

förderlich, was hinderlich für das Projekt?« oder »Was soll im nächsten Arbeitsschritt beibehalten, was verändert werden?«. Die Reflexionen und Dokumentationen lassen sich aber auch fachspezifisch präzisieren, wobei vielleicht separate Reflexionsprozesse für die Arbeitsplanung und für die fachlich-inhaltliche Arbeit angeregt werden können. Je nachdem, inwieweit bestimmte Arbeitsschritte im Vorhinein absehbar sind, können diese Phasen entsprechend vorgegeben werden, es kann aber auch verlangt werden, dass diese Arbeitsplanung von den Studierenden selbst vorgenommen und reflektiert wird.

Literaturtipps

Ausführliche Betrachtungen und Variationen der Möglichkeiten und Grenzen des Lernjournals finden sich bei

Zeder, A. (2006). *Das Lernjournal: ein Instrument zur Förderung metakognitiver und fachlicher Kompetenzen*. Eusl.

Viele konkrete Beispiele aus der Allgemeinbildung, die sich auch gut auf hochschulische Kontexte übertragen lassen, bietet

Klippert, H. (2015). *Unterrichtsvorbereitung leicht gemacht 80 Bausteine zur Förderung selbstständigen Lernens* (3., unver. Aufl.). Beltz.

Im einfachsten Fall erfolgt eine Benotung solcher Prozesse mit der Frage, ob die Dokumentation oder Reflexion stattgefunden hat oder nicht. Steigt man inhaltlich in die Reflexionsausführungen ein, erhebt sich häufig die Kritik, dass Prüfende, weil sie beim Arbeitsprozess nicht dabei waren, nicht beurteilen können, ob die Ausführungen den Erlebnissen entsprechen oder frei erfunden sind. Dies ist ein grundsätzliches Problem dieser Formate. Als Gegenargument kann jedoch gelten, dass fachlich richtige Ausführungen bereits zeigen, dass die Inhalte verstanden wurden. Studierende, die die Arbeitsprozesse dabei selbst erlebt haben, haben es in diesem Zusammenhang auch einfacher, eine entsprechende Reflexion oder Dokumentation zu verfassen.

Abschließend bleibt zu bemerken, dass bei solchen Formaten Lehren und Prüfen verschmelzen. Wer seinen eigenen Lernprozess dokumentiert und reflektiert, lernt bereits besser, da er:sie bewusster mit dem Stoff umgeht. Zuweilen genügt also das Vorhandensein einer guten Reflexion, weil diese bereits effektiv zum Lernen beigetragen hat.

Reflexionsfragen

Inwieweit bieten sich für Projekte oder andere semesterbegleitende Tätigkeiten Prozessreflexionen und Lernjournale an?
Inwieweit können hier sinnvollerweise Prozesse des Arbeitens, des Lernens oder des Reflektierens selbst zum Gegenstand der Reflexion werden?

3. ChatGPT und Künstliche Intelligenz (KI)

Seit Ende 2022 stehen kostenlos immer mehr Werkzeuge zum Verfassen von Texten zur Verfügung, die Künstliche Intelligenz nutzen. Ohne das Thema an dieser Stelle in Gänze aufzurollen, soll hier kurz betrachtet werden, inwieweit diese Entwicklung schriftliche Prüfungsformen an Hochschulen betrifft und wie man sinnvoll darauf reagieren kann.

Zunächst wäre festzustellen, dass tatsächlich nur solche Leistungsnachweise tangiert sind, deren Erstellung sich der Kontrolle entzieht. Alle schriftlichen Formate, die unter Aufsicht in einem Prüfungsraum gestellt werden, bleiben unangetastet. Betroffen sind also nur Seminararbeiten und Abschlussarbeiten (Projektarbeiten, Lernjournale etc.), die wesentlich in selbstständiger unbeaufsichtigter Arbeit erstellt werden.

Kernaussage: KI beim Prüfen – Überblick in Kürze

Selbstständigkeit: Die Frage, ob Texte wie Hausarbeiten von dem:der angegebenen Autor:in persönlich erstellt wurden, ist grundsätzlich nicht neu. Trotz Eigenständigkeitserklärungen kann niemals ausgeschlossen werden, ob ›Ghostwriter‹ hinzugezogen wurden.
Autor:innenschaft: Texte, die von der KI erstellt wurden, sind juristisch keine Plagiate, sie sind nur keine selbstständig erzeugte Leistung. Software kann im Sinne des Gesetzes nicht als Urheber:in oder Autor:in von Texten gelten. Nutzer:innen von KI können Autor:innen sein, sofern eine in erheblichem Maß geistige Eigenleistung vorliegt. Eigenleistung ist von Fall zu Fall zu beurteilen, daher sind entsprechend angepasste Eigenständigkeitserklärungen sinnvoll (Weßels & Gottschalk, 2022, siehe Abb. 2).
Leistungsbewertung durch KI: Prüfungsleistungen sind urheberrechtlich geschützt, dürften mindestens dann nicht in eine KI-Software eingegeben werden, wenn diese die Daten als Trainingsdaten weiterverwendet oder anderweitig nutzt. Mindestens ist ein Einverständnis des:der Autor:in erforderlich. Eine Bewertung muss durch Prüfungsverantwortliche persönlich erfolgen, nicht durch Software.
Nutzung für Prüfungsleistungen: Auf Grundlage der Datenschutz-Grundverordnung (DSGVO) kann man Studierenden den Gebrauch dieser Angebote nicht vorschreiben. Sollte man die Nutzung von KI also didaktisch rahmen wollen (um beispielsweise in einer Hausarbeit Möglichkeiten und Grenzen von KI-Systemen bezüglich des jeweiligen Fachs reflektieren zu lassen), kann dies zurzeit nur mit Einverständnis der Prüflinge erfolgen.
Inhaltliche Richtigkeit: Ein GPT (»Generative Pre-Trained Transformer« mit der Benutzungsschnittstelle ChatGPT) ist ein Sprachmodell, kein Wissensmodell. KI-Werkzeuge wie GPT nehmen also nicht für sich in Anspruch, inhaltlich korrekte Informationen zu liefern, sondern nur, einen menschenähnlichen Dialog zu führen und Texte zu erzeugen, die wie von Menschen geschrieben anmuten.

Mediendidaktisch betrachtet handelt es sich bei den Möglichkeiten der KI um Instrumente, deren Umgang und Gebrauch durchaus sinnvollerweise an einer Hochschule gefördert und geprüft werden sollte. Insbesondere bei Werkzeugen, die Text erstellen (wie beispielsweise ChatGPT), ist es also didaktisch wichtig, zu differenzieren, ob das Erstellen von Texten selbst (die Kompetenz ›wissenschaftliches Schreiben‹) ein wesentliches Prüfungsziel ist oder nicht. Die Situation ist strukturell ähnlich zu der in den 1980er Jahren bei der Einführung des Taschenrechners: Um einen Taschenrechner gezielt nutzen zu können, muss man Grundbegriffe des Rechnens verstehen, insbesondere Operatoren beherrschen und Größenvorstellungen von Zahlen haben, damit man einschätzen kann, ob das Resultat plausibel ist. Wer dies beherrscht, dem kann ein Taschenrechner Arbeit ersparen und zuverlässige Ergebnisse liefern. Ähnlich ist dies beim Schreiben von Texten mithilfe von KI: Wer bereits stilsicher verschiedene Texttypen und verschiedene Textstile erzeugen und überarbeiten kann, dem bringen Werkzeuge wie ChatGPT eine Arbeitserleichterung. Hat man also eine Studierendengruppe, bei der man davon ausgeht, dass sie bereits wissenschaftliches Schreiben beherrscht, und hat man entschieden, dass eben dies nicht zentrales Prüfungslernziel ist, ist aus didaktischer Sicht nichts dagegen einzuwenden, wenn Prüflinge sich dieser Instrumente bedienen.

Das Problem mit der KI bei längeren schriftlichen Arbeiten besteht also zum Ersten dann, wenn wissenschaftliches Schreiben selbst das Prüfungsziel ist. Dies lässt sich beim Prüfen (und Lehren) über entsprechende Kriterien einfangen. Zumindest zurzeit scheint es so zu sein, dass Texte, die von Künstlicher Intelligenz erzeugt wurden, nicht sonderlich präzise auf den Punkt geschrieben sind und dass beispielsweise, wenn es darum geht, einen theoretischen Hintergrund für eine Forschungsfrage aufzuarbeiten, bei solchen Textteilen der Bezug zur spezifischen Fragestellung etwas verschwommen bleibt – die Texte scheinen eher generisch.

Merke !!

Entsprechend kann man Texte beispielsweise anhand folgender Kriterien bewerten: stringenter roter Faden im Aufbau des Texts, kontinuierlicher Bezug von dargestellten Grundlagen, Methoden und Ergebnissen auf die Forschungsfrage, gezielte Führung des:der Leser:in durch klare moderative und inhaltliche Textabschnitte.

Zum Zweiten wird es bei Texten auch immer darum gehen, Quellen und Ergebnisse der Recherche im Rahmen des wissenschaftlichen Arbeitens kritisch zu reflektieren – letzteres vor allem, weil die Ergebnisse der KI in ihrer Anmutung eine Verstehensillusion erzeugen (»feeling of knowing«; Betsch et al., 2011, S. 54); »feeling of reliability«; Shea, im Druck, S. 10-14) und dazu einladen, sie für wahr zu halten. Dem kann man zum einen damit begegnen, dass man Aufgabenstellungen so stellt, dass sich die Forschung auf ein möglichst individuelles Feld, eine möglichst konkrete Situation bezieht, sodass Artefakte aus dem Forschungskontext (die von der KI nicht gewusst und recherchiert werden können) Teil des zu erzeugenden Texts sein müssen. Dies können Interviews, aber auch Fotos, Audioaufnahmen oder sogar Videos sein. Ganz besonders ist dies bei Projekten, Praxisarbeiten und Lernjournalen sinnvoll.

Darüber hinaus kann im Sinne der Förderung von Metakognition die Qualität der KI-Werkzeuge im Rahmen der Arbeit selbst reflektiert werden. So ist denkbar, dass im Rahmen einer Vorabsprache der:die Kandidat:in auch die Rechercheergebnisse mitbringt, die mithilfe von KI gefunden wurden. Hier kann der:die Dozent:in parallel recherchieren, um sich einen Eindruck zu verschaffen, wie qualitativ hochwertig die Recherche des:der Kandidat:in erfolgt ist. Zudem ist denkbar, dass in einem separaten Teil der schriftlichen Arbeit die Möglichkeiten und Grenzen von KI-Werkzeugen zu dem betreffenden Thema im Vergleich zu menschlicher Recherche und Forschung ausdrücklich vertieft reflektiert werden (sollen). Die Arbeit wird sozusagen um ein Gutachten erweitert, welches Leser:innen einen Überblick darüber verschaffen soll, welche inhaltliche Qualität Werkzeuge der Künstlichen Intelligenz bezüglich des Forschungsthemas zum aktuellen Zeitpunkt bereits erzeugen können.

Üblicherweise werden Abschlussarbeiten häufig schon als PDF-Dokument eingereicht, sodass die Seitenzahl eines Anhangs prinzipiell keine Rolle spielen sollte. In solch einem Fall könnten die inhaltlichen Rechercheergebnisse, die von der KI geliefert werden, in einem entsprechenden Abschnitt des Anhangs dargestellt werden, damit Leser:innen nachvollziehen können, auf welchen Quellen und Grundlagen der Text entstanden ist. Dies ist prinzipiell ähnlich zu betrachten wie der Abdruck von Transkriptionen von Interviews oder ähnlichen Forschungsartefakten. Die Aufgabe von Dozierenden bestünde dann nicht darin, auch all diese Quellen ausführlich zu lesen. Sie hätten jedoch die Möglichkeit, sich einen Eindruck zu verschaffen, auf welchem Niveau mit der Künstlichen Intelligenz gearbeitet wurde, wie ›Prompts‹ (Anfragen an die KI) formuliert wurden und welche Ergebnisse entsprechend erzeugt wurden. Auf diese Weise wird die Reflexion von Forschung mithilfe von Werkzeugen der Künstlichen Intelligenz selbst zum Gegenstand der jeweiligen Arbeit gemacht.

Ob ein bestimmter Inhalt oder ein ›Theorie-Praxis-Bezug‹ tatsächlich von dem:der Autor:in eines schriftlichen Texts verstanden wurde, lässt sich mit letzter Sicherheit anhand des Texts selbst nicht feststellen. Will man dies sicherstellen, kommt man um eine zusätzliche mündliche Prüfung nicht herum. Eine solche mündliche Prüfung würde dann allerdings nicht verlangen, die Forschung im Sinne einer Präsentation nochmals vorzutragen. Sie sollte darauf fokussieren, dass der:die Prüfer:in nach der eigenen Lektüre nochmals die Möglichkeit hat, an bestimmten Stellen in die Tiefe zu gehen. Insbesondere wenn der Text den Eindruck macht, als wäre er ohne inhaltliches Verstehen formuliert worden, können Kandidat:innen aufgefordert werden, solche Zusammenhänge nochmals in eigenen Worten zu beschreiben. Auch kann man als

Prüfer:in feststellen, ob dem:der Kandidat:in inhaltliche Verbindungen, Kontrastierung oder Vergleiche zu seinem:ihrem Text möglich sind.

Reflexionsfragen

Inwieweit ist Ihre Prüfung überhaupt negativ durch die Möglichkeiten der Nutzung von KI-Angeboten (Literaturrecherche, Text verfassen etc.) beeinflusst?
Wird die zu prüfende kognitive Leistung der Studierenden also dadurch abgewertet, dass sie KI-Instrumente benutzen?
Inwieweit können Sie die Aufgabenstellung der wissenschaftlichen Arbeit so konkretisieren, dass die Benutzung der KI unerheblich wird?
Inwieweit kann die Nutzung von Instrumenten der KI in der Arbeit selbst reflektiert werden und diese Reflexion zum Gegenstand der Bewertung gemacht werden?

4. Zusammenfassung

Prüfen ist immer ein Soll-Ist-Vergleich. Das ›Soll‹ umfasst dabei die angestrebten zu fördernden und zu prüfenden Kompetenzen, das ›Ist‹ die gezeigte (schriftliche) Leistung der Prüflinge. Eine Prüfung ist dann fair und transparent, wenn die Kriterien (Soll) klar und verständlich gegenüber den Studierenden ausgewiesen sind und auch der Soll-Ist-Vergleich von den Studierenden klar nachvollzogen werden kann. Eine Prüfung ist dann gültig, wenn sie prüft, was sie zu prüfen vorgibt, wenn sie also Aufgaben stellt, zu deren Bewältigung die zu prüfenden Kompetenzen notwendig sind, und wenn diese Aufgaben anhand von Kriterien beurteilt werden, die zu den zu prüfenden Kompetenzen passen. Eine Prüfung ist dann kompetenzorientiert, wenn sie nicht nur Wissen abfragt oder das Anwenden von Wissensinhalten auf bestimmte Kontexte behandelt, sondern wenn sie auf das Zusammenspiel von Wissen, Einstellungen und Fertigkeiten abzielt und damit Lernziele auf allen drei Handlungsdimensionen in ihrem Zusammenwirken prüft.

Auch schriftliche Prüfungen können Kompetenzen prüfen. Wenn es – wie beispielsweise beim Erstellen eines Businessplans, einer juristischen Bewertung oder Ähnlichem – um den Umgang mit Symbolen (und nicht um den Umgang mit physischen Gegenständen) geht, ist eine Unterscheidung zwischen den Handlungsdimensionen ›Erkennen‹ und ›Können‹ ohnehin nur bedingt sinnvoll. In den übrigen Fällen kann zumindest die Reflexion von ›Werten‹ und ›Können‹ schriftlich thematisiert werden. ›Klassische‹ Klausuren können nicht nur das Beantworten von Fragen umfassen, sondern auch so gestaltet werden, dass komplexere Handlungsprozesse abgebildet werden, in denen beispielsweise auch längere Texte oder größere Informationseinheiten verarbeitet werden müssen. Die wesentliche Zeit beim Bearbeiten von Klausuren muss sich damit also nicht auf das Niederschreiben der Antworten beschränken.

Multiple-Choice-Aufgaben haben prinzipiell das evaluationstheoretische Problem, dass sie einen sauberen Rückschluss von der beobachteten Performanz auf die zugrundeliegende Kompetenz nicht zuverlässig zulassen. Dennoch können Multiple-Choice-Aufgaben auch taxonomisch höhere Stufen als nur ›Erinnern‹ prüfen. Offenere Aufgabentypen, wie beispielsweise Fallbearbeitungen, eignen sich besonders für die Prüfung und Bewertung von Kompetenzen. Der Erwartungsrahmen kann hier mithilfe von Verbalmarken und Metakriterien transparent beschrieben werden, sodass eine faire Bewertung möglich wird. In diesem Zusammenhang bietet es sich auch an, bestimmte Handlungsabschnitte oder Prozessschritte zu definieren.

Jede Benotung von Kompetenzen ist der Versuch, Qualitäten mit Quantitäten auszudrücken. Dies ist ein prinzipiell normativer Prozess, d.h. hier gibt es stets mehrere sinnvolle (›gute‹) Möglichkeiten. Im Sinne einer fairen Prüfung sollte daher dieser Prozess möglichst transparent ausgewiesen werden. Bei komplexeren Zusammenhängen ergibt eine rein additive Behandlung von Teilleistungen zuweilen wenig Sinn: Da sich die einzelnen Aspekte einer Lösung aufeinander beziehen können, sollten auch diese Bezüge separat mitbewertet werden. Entsprechend kann es auch sinnvoll sein, bestimmte Aspekte ›sine qua non‹ zu bewerten. Bei umfangreicheren Hausarbeiten und Abschlussarbeiten werden zudem Kompetenzen im Bereich des wissenschaftlichen Arbeitens relevant. Der ›Researcher Skill Development Framework‹ (RSD7) beschreibt hierfür einschlägige Taxonomiestufen. Längere wissenschaftliche Arbeiten und Projektarbeiten bieten zudem die Möglichkeit, Lernprozesse und damit auch selbstgesteuertes Lernen und Arbeiten abzubilden.

Von den Möglichkeiten der KI sind zunächst nur jene Prüfungsformen betroffen, bei denen die Bearbeitung der Kontrolle durch Prüfende vollständig entzogen ist. Das sind vor allem Projektarbeiten und Hausarbeiten. Prinzipiell ist es durchaus sinnvoll, den bewussten Gebrauch dieser Instrumente als Teil der Leistungserstellung mit einzuplanen und auch zu bewerten. Um ergänzende mündliche Prüfungen wird man nicht umhinkommen, wenn man feststellen will, ob die in der schriftlichen Arbeit dargelegten Denkleistungen tatsächlich von der Autorin oder dem Autor persönlich durchdrungen wurden. Dennoch lassen sich Aufgabenstellungen auch in Haus- und Projektarbeiten so gestalten, dass die Verwendung von KI-Instrumenten keinen oder kaum einen qualitativen Mehrwert mit sich bringen kann. Dies ist insbesondere dann der Fall, wenn ganz konkrete Lern- und Arbeitsartefakte erstellt und reflektiert werden sollen (die Arbeit sich also nicht nur darauf beläuft, vorhandene Fakten zusammenzufassen).

5. Literatur

Aebli, H. (1980). *Denken: das Ordnen des Tuns: Band I. Kognitive Aspekte der Handlungstheorie*. Klett-Cotta.

Anderson, L. W. & Krathwohl, D. R. (Hrsg.) (2001). *A taxonomy for learning, teaching, and assessing. A revision of Bloom's taxonomy of educational objectives*. Longman.

Betsch, T., Funke, J. & Plessner, H. (2011). *Allgemeine Psychologie für Bachelor: Denken – Urteilen, Entscheiden, Problemlösen* (1. Aufl.). Springer.

Biggs, J. & Tang, C. (2011). *Teaching for quality learning at university* (4. Aufl.). Open University Press.

Chomsky, N. (1965). *Aspects of the theory of syntax*. MIT.

Erpenbeck, J. (2003). KODE – Kompetenz-Diagnostik und -Entwicklung. In J. Erpenbeck & L.v. Rosenstiel (Hrsg.), *Handbuch Kompetenzmessung erkennen, verstehen und bewerten von Kompetenzen in der betrieblichen, pädagogischen und psychologischen Praxis* (S. 365–375). Schäffer-Poeschel.

Euler, D. & Hahn, A. (2004). *Wirtschaftsdidaktik*. utb.

Ferrari, E. (2011). *Führung im Raum der Werte: das GPA-Schema nach SySt®*. Ferrari MEDIA.

Hatton, N. & Smith, D. (1995). Reflection in teacher education: Towards definition and implementation. *Teaching & Teacher Education, 11*(1), 33–49. https://doi.org/10.1016/0742-051X(94)00012-U

Kennedy, D. (2007). *Writing and using learning outcomes: A practical guide*. University College Cork.

Klafki, W. (1985). *Neue Studien zur Bildungstheorie und Didaktik: Beiträge zur kritisch-konstruktiven Didaktik*. Beltz.

Kohlberg, L. (1987). *Child psychology and childhood education: A cognitive-developmental view*. Longman.

Leenders, M. R. Mauffette-Leenders, L. A. & Erskine, J. A. (2001). *Writing cases* (4. Aufl.). Ivey.

Marzano, R. T. & Kendall, J. S. (2007). *The new taxonomy of educational objectives* (2. Aufl). Corwin Press.

Metzger, C. & Nüesch, C. (2004). *Fair prüfen. Ein Qualitätsleitfaden für Prüfende an Hochschulen*. Institut für Wirtschaftspädagogik Universität St. Gallen.

Meyer, H. (2007). *Der neue Leitfaden zur Unterrichtsvorbereitung* (überarb. 1. Aufl.). Cornelsen Scriptor.

Möller, C. (1973). *Technik der Lernplanung: Methoden und Probleme der Lernzielerstellung* (4. Aufl.). Beltz.

Schulz von Thun, F. (2000). *Miteinander reden: Bd. 2. Stile, Werte und Persönlichkeitsentwicklung: Differentielle Psychologie der Kommunikation*. Weltbild Verlag.

Shea, N. (2024). Metacognition of inferential transitions. *Journal of Philosophy*. https://doi.org/10.5840/jphil20246202

Sparrer, I. (2009). *Systemische Strukturaufstellungen: Theorie und Praxis* (2., überarb. Aufl.). Auer.

Walzik, S. (2006). *Sozialkompetenzen an der Hochschule fördern: Theoriegeleitete Entwicklung einer Lernumgebung und deren Evaluierung in Hinblick auf die Förderung sozialer Kompetenzen in Kooperations- und Teamsituationen*. Eusl Verlagsgesellschaft mbH.

Walzik, S. (2012). *Kompetenzorientiert prüfen: Leistungsbewertung an der Hochschule in Theorie und Praxis*. Verlag Barbara Budrich/utb.

Walzik, S. (o.D.). *Beispiele für Bewertungsraster. Seminarunterlagen*. Abgerufen am 24.04.2024 von https://www.walzik.de/seminare/_workshops/mat_raster.pdf

Walzik, S. (o.D.). *»Gute« Bewertungskriterien erstellen. Seminarunterlagen*. Abgerufen am 24.04.2024 von https://www.walzik.de/seminare/_workshops/mat_bewertungskriterien-entwickeln.pdf

Walzik, S. (o.D.). *Kritik an Auswahlaufgaben als Prüfungsform. Seminarunterlagen*. Abgerufen am 24.04.2024 von https://www.walzik.de/seminare/_workshops/mat_sw_kritik an mc.pdf

Weinert, F. E. (2001). *Leistungsmessungen in Schulen*. Beltz.

Weßels, D. & Gottschalk, O. (2022, 14. Juli). *Hochschullehre unter dem Einfluss des KI-gestützten Schreibens*. https://hochschulforumdigitalisierung.de/hochschullehre-unter-dem-einfluss-des-ki-gestuetzten-schreibens/

Wildt, J. & Wildt, B. (2011). Lernprozessorientiertes Prüfen im »Constructive Alignment«. *Neues Handbuch Hochschullehre, H 6.1.*

Willison, J., O'Regan, K. & Kuhn, S. K. (2018). Researcher Skill Development Framework (US English Edition). *Open Educational Resources, 5*(2). https://commons.und.edu/oers/5

Zeder, A. (2006). *Das Lernjournal: ein Instrument zur Förderung metakognitiver und fachlicher Kompetenzen*. Eusl Verlagsgesellschaft mbH.

MÜNDLICHE PRÜFUNGEN

Susanne Frölich-Steffen

Schlagworte

Mündliche Prüfungen, Constructive Alignment, Kompetenzorientierung

Orientierung

Mündliche Prüfungen sind zentraler Bestandteil nahezu jeder universitären Ausbildung. In diesem Beitrag wird dieses Prüfungsverfahren vorgestellt und seine Limitationen und Chancen werden diskutiert. Dabei steht im Vordergrund, welchen Mehrwert dieses doch zeitaufwendige Verfahren gegenüber anderen Praxen universitärer Lernstandsmessungen hat, welche Risiken dieses Testverfahren in sich trägt und wie sich diese durch einen didaktisch durchdachten Prozess minimieren lassen.

Leitfragen

Welche Chancen und welche Risiken bieten mündliche Prüfungen an Hochschulen? Welche didaktischen Schritte tragen dazu bei, diese Form universitärer Lernstandserhebung ideal zu nutzen?

1. Mündliche Prüfungen als zentraler Bestandteil universitärer Ausbildung

Die Kritik an mündlichen Prüfungen ist so alt wie das Prüfungsformat selbst. Doch wenngleich mündliche Prüfungen wiederkehrend stets aufs Neue wegen ihrer Schwächen kritisiert werden, so erfährt dieses Prüfungsformat in ebensolchen Rhythmen immer wieder viel Befürworterschaft. Ob es jetzt die Plagiatsskandale in den 2010er Jahren waren, die Covid-19-Pandemie oder auch das Aufkommen neuer Technologien wie ChatGPT (Farazouli et al., 2023): Mündliche Prüfungen waren und sind immer wieder eine gerne gewählte ›Allzweckwaffe‹ im Kampf gegen jedwede Form studentischer Täuschungsversuche und drohenden Kompetenzverlust. In all diesen universitären Prüfungskrisen gab es immer wieder ein Credo, das hier wie dort zu hören war: Die mündliche Prüfung sei die einzig wahre Prüfungsform, die komplett täuschungssicher sei. Die baden-württembergische Kultusministerin Theresa Schopper fasste diese generelle Linie im Bildungsbereich im August 2023 wie folgt zusammen: »Wir werden voraussichtlich deutlich mehr zu mündlichen Prüfungen übergehen, weil man nur so herausfinden kann, ob etwas wirklich verstanden worden ist.« (Wegen KI, 2023)

Damit verweist Schopper auf zwei zentrale Vorteile dieses Prüfungsverfahrens: die Verständnisklärung und die Täuschungssicherheit. Es sieht also danach aus, dass eines der ältesten Prüfungsformate überhaupt auch in Zukunft nicht an Bedeutung verlieren und sogar eine Renaissance erleben wird (Sohn, 1994; Stray, 2001). Umso relevanter erscheint es, sich damit grundlegend auseinanderzusetzen.

Chancen und Risiken sowie Handlungsempfehlungen zu mündlichen Prüfverfahren stehen im Fokus dieses Beitrags. Dazu werden zunächst die häufigsten Formen mündlicher Prüfungen dargestellt. Anschließend geht es darum, zu überprüfen, inwieweit mündliche Prüfungen den zentralen Testgütekriterien Objektivität, Reliabilität und Validität gerecht werden können, um drittens zu diskutieren, welche intendierten Lernergebnisse (kurz auch ›ILO‹, für »Intended Learning Outcomes«) sich besonders gut oder weniger gut mit mündlichen Prüfungsverfahren testen lassen. In einem dritten Schritt werden dann die zuvor diskutierten Vor- und Nachteile mündlicher Prüfungsformate in didaktischen Empfehlungen zur Vorbereitung und Durchführung mündlicher Prüfungsverfahren zusammengeführt.

Es lassen sich zwei große Formate universitären Prüfens unterscheiden: das **summative** und das **formative Prüfen** (Black & William, 1998). Als **formatives Prüfen** werden all jene Lernstandsrückmeldungen bezeichnet, die Studierende erhalten, wenn sie von Lehrenden im Rahmen des laufenden Semesters Rückmeldungen zu ihrem individuellen Lernfortschritt erhalten (Philipp, 2020).

Beispiel

Formatives Prüfen in einer Mathematikvorlesung
Um Studierende ideal auf die bevorstehende Klausur am Ende des Semesters vorzubereiten, erhalten sie beispielsweise im Verlauf des Semesters während einer Mathematikvorlesung regelmäßig Übungsaufgaben, die sich von Woche zu Woche im Schwierigkeitsgrad steigern. Die Lösungen werden zu Beginn der Folgewoche besprochen und eine begleitende Übung gibt den Studierenden die Möglichkeit, zu überprüfen, ob und inwieweit der Lernstoff der vergangenen Vorlesungseinheit verstanden wurde. Die Rückmeldung der Lehrenden auf die geleistete Aufgabe stellt eine formative Lernstandsrückmeldung dar. Dies muss nicht zwingend individuell erfolgen, auch die Bereitstellung der Musterlösung kann ein formatives Feedback sein.

Summativ messen Universitäten den Lernstand der Studierenden mit Prüfungen am Ende eines Lehr-Lern-Prozesses, sie ermitteln also, was Studierende über den gesamten Lehr-Lern-Prozess hinweg an Kompetenzzuwachs gewonnen haben. Dies passiert idealerweise mithilfe sehr unterschiedlicher Verfahren, da die Ausbildung an Universitäten eine Vielfalt an Kompetenzen fördern soll. Die am häufigsten verwendeten Prüfungsformate sind mündliche Prüfungen, Klausuren – wobei E-Klausuren und Präsenzklausuren (gerade im Kontext von Chatbots) als unterschiedliche Formate zu betrachten sind –, praktische Prüfungen und Arbeiten, die zu Hause erstellt werden, wie Portfolios, Hausarbeiten, Protokolle, Abschlussarbeiten etc. (Frölich-Steffen & den Ouden, 2019).

1.1 Formen mündlicher Prüfungen

Die mündlichen Prüfungen wiederum lassen sich in folgende Formate einteilen: Zu den formativen Lernstandsrückmeldungen zählen Referate, Präsentationen oder auch mündliche Abfragen, Fallvorstellungen sowie in den Life Sciences Fallvorstellungen, bei denen die Studierenden in Bezug auf die Diagnose und die empfohlenen Maßnahmen in einer simulierten klinischen Umgebung bewertet werden (Joughin, 1998). Unter den summativen mündlichen Prüfungen lassen sich grundsätzlich drei Modelle unterscheiden (siehe Abb. 1).

Ein verbreitetes Modell ist das **Kolloquium**, das sich in nahezu allen Studiengängen am Ende des Studiums findet. In Bereichen, wo schriftliche Abschlussarbeiten geschrieben werden, gibt es in der Regel das Format der mündlichen Verteidigung, bei der Studierende ihre Thesen, Methoden und Ergebnisse vor einem Prüfungsausschuss vorstellen und sich einer kritischen Diskussion dazu stellen müssen.

Die zweite Form stellt das **Frage-Antwort-Modell** dar. Hier werden Fragen zu einem mehr oder weniger eng begrenzten Prüfungsstoff gestellt, der im Rahmen des Studiums erlernt wurde. Joughin (1998) unterscheidet zwischen der »geschlossenen

Struktur«, bei der die Prüfung in der Regel streng strukturiert ist, und der »offenen Struktur«. Bei der geschlossenen Form stellt die Prüfperson nahezu ausschließlich festgelegte Fragen in einer bestimmten Reihenfolge und folgt dabei häufig einem sorgfältig ausgearbeiteten Plan. Die Fragen, die Reihenfolge, in der sie gestellt werden, und die Art und Weise, wie sie gestellt werden, werden nicht oder nur kaum durch das Verhalten der Lernenden beeinflusst. In der offenen Struktur folgt die Bewertung einem lockereren Ablauf. Die Studierenden haben deutlich mehr Gestaltungsspielraum, wie sie ihre Ideen präsentieren; die Prüfung erhält eher den Charakter eines Dialogs.

Abb. 1: Unterschiedliche Formate mündlicher Prüfungen

Quelle: eigene Darstellung Frölich-Steffen

Das dritte Modell mischt diese beiden Typen. Nach einer zeitlich begrenzten ›Einsprechphase‹, in der die Studierenden einen vorbereiteten Anteil präsentieren, beginnt das klassische Frage-Antwort-Format.

Beispiel

Pädagogische Modulabschlussprüfung

Am Ende eines Moduls im Fachbereich Pädagogik sind Studierende aufgefordert, zu Beginn der Prüfung ein von ihnen im Vorfeld erarbeitetes Unterrichtskonzept vorzustellen und dieses dann gegenüber kritischen Nachfragen durch die Prüfpersonen zu verteidigen. An diese Verteidigungsphase, die je nach Prüfungsordnung einen unterschiedlich großen Anteil an der Gesamtprüfung haben kann, schließt sich ein klassischer Frage-Antwort-Teil an.

Alle drei Formate sind sowohl als Einzelprüfungen denkbar oder auch als Prüfungen, bei denen mehrere Kandidat:innen gleichzeitig geprüft werden. Zu beachten ist jedoch, dass Studierende stets Anspruch auf eine individuelle, von anderen Prüfungskandidat:innen unabhängige Leistungsbewertung haben (Hirdina, 2019). Mündliche Prüfungen sind außerdem inzwischen auch als Online-Prüfungen umsetzbar. In bisherigen Untersuchungen zeigt sich, dass die Online-Prüfung der Präsenzprüfung sowohl in der Abbildung der intendierten Lernergebnisse als auch in der Performanz der Studierenden ähnelt (Akimov & Malin, 2020).

1.2 Rechtliche Rahmenanforderungen für mündliche Prüfungen

Wie alle Prüfungen unterliegen auch mündliche Prüfungen an Universitäten den Anforderungen der **Nachvollziehbarkeit** und **Rechtssicherheit**. Es gelten für alle an staatlichen Hochschulen abgehaltenen Prüfungen europarechtliche, verfassungsrechtliche, bundesgesetzliche Rahmenanforderungen sowie landesrechtliche Rahmenbedingungen. Den Schwerpunkt bilden gemäß der Kulturhoheit der Länder die **landesrechtlichen Vorgaben** (Hirdina, 2019). Trotz des bundesdeutschen Föderalismus lassen sich einige Grundzüge feststellen, die bundesweit für mündliche Prüfungen von Bedeutung sind. Zunächst müssen Prüfungen einen sachbezogenen Zusammenhang zu dem Berufsfeld haben, für das sie ausbilden. Konkret bedeutet dies beispielsweise, dass sich die Prüfenden auch in mündlichen Prüfungen stets an die Lerninhalte des Studiengangs zu halten haben und nicht zu sehr in ihren eigenen Themenfeldern prüfen dürfen. Den Prüfungsstoff legen auch nicht die Prüfenden, sondern die Prüfungsordnungen und die ihnen zugeordneten Studien- und/oder Modulordnungen fest. Da Prüfungen an staatlichen Hochschulen als Akte öffentlichen Handelns zu werten sind, gilt für sie immer das Prinzip der **Rechtssicherheit**, woraus sich beispielsweise die Aufgabe ergibt, bei mündlichen Prüfungen stets ein Protokoll zu führen, um sicherzustellen, dass die Situationen auch nachträglich noch nachvollziehbar sind. Auch müssen Prüflinge auf Basis der eigenen Leistung bewertet werden und nicht auf Basis einer unklar zustande gekommenen Gruppenleistung. Und natürlich gilt für alle Prüfungen das **Nichtdiskriminierungs- und Gleichbehandlungsgebot** aller Studierender. Das führt beispielsweise auch dazu, dass mündliche Prüfungen gleich lang zu sein haben und nicht maßgeblich voneinander abweichen dürfen, dass für alle Studierenden die gleiche Prüfungssprache gilt und dass stets die gleichen äußeren Prüfungsbedingungen (Raum, Dauer etc.) gelten sollten (Hirdina, 2019). Dies alles zu gewährleisten, bedeutet im Detail mitunter eine gute Prüfungsplanung.

Zwischenfazit

Mündliche Prüfungen sind ein sehr traditionsreiches und weit verbreitetes Prüfungsformat, das über alle Fachbereiche hinweg Anwendung findet. Es weist durch unterschiedliche Formate ein hohes Maß an Flexibilität auf und ist sowohl in Präsenz als auch als Online-Format realisierbar.

Reflexionsfragen

Welche Regelungen sind an Ihrer Fakultät gültig?
Wie sind die Prüfungsauflagen, die Sie berücksichtigen müssen?

2. Anforderungen an Testverfahren: Mündliche Prüfungen im Licht der Gütekriterien

Universitäre Prüfungen sind Tests, die mit einem besonders hohen Verantwortungsbewusstsein durchgeführt werden sollten, haben sie doch ganz erheblichen Einfluss auf die Karrierechancen der Studierenden. Bei der Konstruktion, Durchführung und Bewertung einer fairen Prüfung ist es deshalb von entscheidender Bedeutung, von Beginn an darauf zu achten, dass die Prüfung bzw. deren Bewertung wichtigen Gütekriterien entspricht: Objektivität, Reliabilität (oder Zuverlässigkeit) und Validität (oder Gültigkeit; Gerrig & Zimbardo, 2015).

Kernaussage

Damit Prüfungen zwar ihre Anforderung der Leistungsmessung und Lernstandsüberprüfung erfüllen, aber darüber hinaus Studierende nicht daran hindern, ihr grundgesetzmäßig zugestandenes Recht auf freie Berufswahl auszuüben, sind Universitäten und Prüfpersonen stets in der Pflicht, danach zu streben, auf eine größtmögliche Umsetzung der drei Haupttestgütekriterien **Objektivität, Validität und Reliabilität** zu achten (Hirdina, 2019).

2.1 Validität

Definition

Validität bedeutet vereinfacht gesagt, dass eine Prüfung misst, was sie messen soll. Eine Prüfung ist dann valide, wenn die gestellten Prüfungsfragen das Prüfungsthema repräsentieren (»Inhalts-Validität«), also wenn die Prüfung allein durch die Durchdringung des Lernstoffs und durch Aneignung der vorgegebenen Kompetenzen zu meistern ist. Es gilt darüber hinaus, dass es eine hohe Aussagekraft zwischen der erreichten Note in der Prüfung und der weiteren Bewährung der Studierenden in Studium und Beruf besteht (»Prognostische Validität«) sowie – unter Ausschluss von Störvariablen – eine Passung zwischen der Einzelnote mit der Gesamtnote (»Übereinstimmungs-Validität«; Frölich-Steffen & den Ouden, 2019, S. 23).

So sollte ein Test im Kontext des Hochschulstudiums auch nur das messen, was in der Studienordnung bzw. den Modulhandbüchern als Inhalt vorgesehen ist. Bezogen auf einzelne Lehrveranstaltungen heißt das, dass sich Lehrende immer daran orientieren müssen, was auch tatsächlich als Learning Outcomes für ihre Veranstaltungen vorgesehen ist (Akimov & Malin, 2020). Die mündliche Prüfung ist ein Format, das aufgrund der hohen Flexibilität der Prüfung und der großen Gestaltungsmöglichkeiten über ein hohes Maß an Validität verfügt. Die Validität ist immer dort hoch, wo Lehrende das Format nutzen, um die intendierten Lernziele einer Veranstaltung, eines Moduls oder eines Studiengangs möglichst gut abzubilden. Durch das hohe Maß an Flexibilität der mündlichen Prüfung lassen sich einerseits mehr Kompetenzen abbilden als bei schriftlichen Prüfungsverfahren, andererseits ermöglicht diese Form auch die Überprüfung einer breiteren Palette von Lernniveaus. Auch prognostisch erscheint die mündliche Prüfung für viele Studiengänge ein sehr gutes Instrument zu sein, den Lernstand der Studierenden zu messen, da diese auch im späteren Beruf Sachverhalte im Alltag in kommunikativen Situationen darlegen und sich in einem Dialog bewähren müssen (Finke, 2019). **Validitätsfehler** entstehen beispielsweise dann, wenn Prüfungen nur einen sehr kleinen Teilausschnitt des Prüfungsstoffs zur Basis der Fragenauswahl heranziehen und diese dann nicht so zentral im Prüfungsstoff verankert sind und wenn Prüfungssprache oder -format die Prüfung unnötig erschweren oder verfälschen. Bei mündlichen Prüfungen könnte beispielsweise der kurzfristige Wechsel von Präsenzprüfung zu Online-Prüfung zu einer Verlagerung der Prüfziele führen.

Beispiel

Validitätsfehler in einer mündlichen Online-Prüfung
Eine Prüfung ist als Präsenzprüfung angesetzt. Kurz vor dem Prüfungstermin kommt es zu einem Streik im öffentlichen Fernverkehr und eine der drei Prüfpersonen schafft es nicht, zum Prüfungsort zu kommen. Kurzerhand wird entschieden, die Prüfung als Online-Prüfung abzuhalten. Der:die Student:in wird kurzfristig aufgefordert, sich in ein Online-Meeting einzuloggen. Doch die Internetverbindung bei dem:der Student:in ist nicht stabil und der Laptop veraltet. Auch verfügt die zu prüfende Person über keinen ungestörten Arbeitsplatz und muss die Prüfung nun in ihrer WG in der Küche abhalten. Sie fürchtet eine nachteilige Bewertung aufgrund des unordentlichen Hintergrunds in ihrer Wohnung. Zusätzlich wird die Prüfung erschwert, weil eine der Prüfpersonen ohne Kamera in die Prüfung eingewählt ist und die zu prüfende Person also kein Gesicht zu der Prüfperson sieht. Die Nervosi-

tät belastet die Leistungsfähigkeit des:der Student:in und führt so zu Validitätseinbußen. Geprüft wird nämlich nun nebenbei auch, oft unbeabsichtigt, wie souverän Studierende mit Online-Meetings zurechtkommen.

Es würden dann nicht mehr nur die Inhalte geprüft, sondern auch der Umgang der Studierenden mit der Technik implizit mitbewertet. Ein weiterer Fehler kann durch den Umgang der Prüfenden mit den Studierenden entstehen: Je konfrontativer eine Prüfungssituation konzipiert und ausgestaltet wird, umso stärker stehen nicht Inhalte im Fokus, sondern soziale Kompetenzen oder Selbstbewusstsein der Studierenden. Wenn Lehrende das Prüfungsverfahren im Vorfeld wenig transparent gestalten und dann eine ›Atmosphäre der Angst‹ schaffen, könnte das die Validität der Prüfung mindern, sofern nicht genau dieser Aspekt den Kern der Prüfungsleistung darstellt. Bei Gruppenprüfungen ist der soziale Konkurrenzdruck unter den Peers oftmals eine Belastung, die Prüfungsergebnisse verfälschen kann (Frölich-Steffen & den Ouden, 2019). Um dennoch ein hohes Maß an Validität zu erreichen, ist es unerlässlich, dass Prüfer:innen im Vorfeld sehr gut reflektieren, welche intendierten Lernergebnisse sie mit der Prüfung verfolgen, diese auch im Unterricht vermitteln, Studierende über ihre Anforderungen aufklären und die intendierten Lernergebnisse dann wirklich auch in den Fokus der Prüfung stellen.

2.2 Objektivität

Definition

Ein zweites zentrales Testgütekriterium ist die **Objektivität**, die in der Regel als ›Fairness‹ bezeichnet wird.
Eine Prüfung ist dann objektiv, wenn das Prüfungsergebnis für alle Studierenden unter gleichen Durchführungsbedingungen durchgeführt wird und sowohl von der Persönlichkeit der beurteilenden Person als auch von äußeren Rahmenbedingungen unabhängig ist (Frölich-Steffen & den Ouden, 2019, S. 21).

Konkret bedeutet dies, dass Studierende weder in der Vorbereitung auf eine Prüfung noch in der Durchführung der Prüfung oder bei der Auswertung ihrer Prüfung unterschiedliche Bedingungen vorfinden sollten. So sollten alle Studierenden die gleichen Informationsquellen zur Prüfungsvorbereitung und dieselben Informationen über Ablauf und Bewertung der Prüfungen erhalten (»**Vorbereitungs-Objektivität**«), während der Prüfung ähnliche Bedingungen haben (»**Durchführungs-Objektivität**«) und nach der Prüfung – auf Basis vorher definierter Kriterien in standardisierter Form – bewertet werden (»**Auswertungs-Objektivität**«; Frölich-Steffen & den Ouden, 2019, S. 21). Für mündliche Prüfungen ist insbesondere die Durchführungs-Objektivität kaum zu erreichen. Selbst wenn alle Studierenden von derselben Person geprüft werden, besteht die

Gefahr, dass die ersten Kandidat:innen den späteren Kandidat:innen relevante Informationen über Prüfungsatmosphäre, Art und Weise der Fragen etc. zukommen lassen. Bei unterschiedlichen Prüfpersonen ist selten ein komplett gleiches Prüfungsverfahren realisierbar. Hinzu kommen **persönliche Einflussfaktoren** wie Sympathie und Antipathie, die sich schwerlich komplett ausblenden lassen. Im Gegensatz zu Klausuren gelten mündliche Prüfungen als die am wenigsten objektiven Verfahren überhaupt. Denn je größer der individuelle Beurteilungsspielraum der Prüfpersonen ist, desto stärker leidet die Objektivität (Wigton, 1980). Eine Möglichkeit, den Mangel an Objektivität zu mindern, stellen eine größtmögliche Standardisierung des Verfahrens auf der einen Seite (Göbel, 2019) und größtmögliche Transparenz im Vorfeld und im Nachgang der mündlichen Prüfung (Meyer, 2019) auf der anderen Seite dar.

2.3 Reliabilität

Definition

Eng mit Validität und Objektivität verknüpft ist die **Reliabilität**, die Zuverlässigkeit von Prüfungen. Die Reliabilität einer Prüfung gibt die Genauigkeit an, mit der gemessen wird.

Für eine Prüfung an der Hochschule bedeutet dies: Je mehr voneinander unabhängige Einzelaufgaben zu einem Lernziel oder Lernbereich gestellt werden, desto zuverlässiger ist das Testergebnis. Eine Prüfung ist also dann reliabel, wenn eine zweite Prüfung mit ähnlichen Fragen ein ähnliches Prüfungsergebnis produzieren würde, weil genügend Stichproben (also Fragen) in der Prüfung gestellt werden (»**Paralleltest-Reliabilität**«), oder wenn bei der Wiederholung der Prüfung mit vergleichbaren Fragen auf inhaltlichem Niveau und im vergleichbaren Schwierigkeitsgrad ein ähnliches Ergebnis zustande käme (»**Retest-Reliabilität**«; Frölich-Steffen & den Ouden, 2019, S. 21).

Die Reliabilität der mündlichen Prüfung könnte in erster Linie durch ein zu kurz gewähltes Zeitfenster beeinträchtigt werden, wenn nicht genügend Fragen gestellt werden können, um ein zuverlässiges Ergebnis zu erzielen. Auch Prüfungen, die zwar länger dauern, bei denen die Prüfenden jedoch zu weitschweifig bei einem Thema bleiben und so quasi zu wenig Stichproben genommen werden, um den Wissensbestand des zu Prüfenden zu beurteilen, sind nicht ausreichend reliabel.

Beispiel

Geschichtswissenschaftliche Prüfung

In einer geschichtswissenschaftlichen Prüfung wird der Lernfortschritt der Studierenden zu Themen zweier Jahrhunderte abgeprüft. Die Prüfung dauert aber nur 15 Minuten. Die Prüfperson wählt für alle Studierenden ein kleines Thema aus, bei dem in die Tiefe gegangen wird. Zwar ist die Themenauswahl passend zum Unterricht, doch die Auswahl der Themen ist zu klein, um ein zuverlässiges Ergebnis zu ermitteln.

Um die Reliabilität einer mündlichen Prüfung zu erhöhen, gilt es, ebenso wie zur Verbesserung der Objektivität, trotz der positiv zu bewertenden Flexibilität des Verfahrens, Rahmenbedingungen ideal zu konzipieren und zu standardisieren. Die folgenden Abschnitte werden Verfahrensschritte entwickeln, die geeignet sind, die Testgütekriterien mündlicher Prüfungen zu optimieren.

Zwischenfazit

Während die Validität als eines der stärksten Merkmale der mündlichen Bewertung angesehen wird, können Objektivität und Zuverlässigkeit als unter Umständen schwach ausgeprägt betrachtet werden (Evans et al., 1996). Insbesondere die Objektivität, also das Erzielen gleicher Ergebnisse bei unterschiedlichen Prüfenden, wird durch subjektive Einflüsse stark eingeschränkt. Auch die Zuverlässigkeit der unstrukturierten mündlichen Prüfung ist stark von dem Setting des Verfahrens und der Prüfperson beeinflusst. Dies trifft in erster Linie auf unstrukturierte mündliche Prüfungen zu. Insgesamt erweist sich die mündliche Prüfung jedoch als qualitativ hochwertiges Bewertungselement mit starken Validitätsmerkmalen. Die Objektivitätsmängel und Validitätsrisiken können durch ein sorgfältiges Prüfungsdesign gemindert werden (Akimov & Malin, 2020).

3. Mündliche Prüfungen und Constructive Alignment

Wie sich im letzten Abschnitt gezeigt hat, ist einer der bestechenden Vorteile der mündlichen Prüfung gegenüber anderen Prüfungsverfahren das hohe Maß an Inhalts- und prognostischer Validität. Dieser Vorteil wird aber nur dort wirksam, wo es eine gute Passung zwischen intendierten Lernergebnissen und Prüfung gibt und Lehrende die intendierten Lernergebnisse reflektiert abbilden sowie ihre Studierenden auf die Prüfung adäquat vorbereiten (Bachmann, 2011). Es gilt also im ersten Schritt zu überprüfen, welche intendierten Lernziele mit einer geplanten Prüfung verknüpft sind, inwieweit der eigene Unterricht darauf auch gut vorbereitet ist und schließlich wie gut die Prüfung die intendierten Lernziele abbildet. Diese Überlegungen fußen auf dem etablierten Konzept des Constructive Alignment.

Definition

Unter ›**Constructive Alignment**‹ versteht man das gut abgestimmte Zusammenspiel von Learning Outcomes, Lehr-Lern-Aktivitäten und Prüfung (eine ausführlichere Definition findet sich im Beitrag von Friede & Szczyrba in Band I des Praxishandbuchs).

Abb. 2: Constructive Alignment

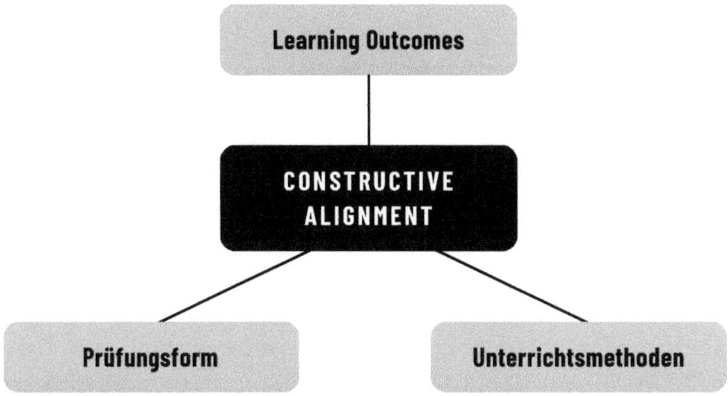

Quelle: eigene Darstellung Frölich-Steffen, in Anlehnung an Biggs und Tang, 2011

In diesem Sinn stehen drei Kernfragen im Fokus gelungener Lehre:

Reflexionsfragen

Welche intendierten Lernergebnisse sollen Ihre Studierenden am Ende des Lernens erreicht haben?
Mit welchen didaktischen Werkzeugen möchten Sie diesen Lernerfolg ermöglichen?
Wie können Sie die Lernerträge idealerweise formativ und summativ abprüfen?

3.1 Intendierte Lernergebnisse

Am Anfang des didaktischen Prozesses stehen Überlegungen zu den intendierten Lernergebnissen. Diese sind niedergelegt in den Studienordnungen und Modulbeschreibungen der Fachbereiche und Institute. In aller Regel obliegt jedoch den Lehrenden die detaillierte Ausgestaltung der allgemeinen Vorgaben.

Definition

Intendierte Lernergebnisse oder auch ›Learning Outcomes‹ geben Auskunft darüber, welche Kompetenzen, welches Wissen und welche Einstellungen (im Sinne von Werthaltungen) am Ende einer Lerneinheit, einer Lehrveranstaltung oder eines Moduls in einem Studiengang von den Studierenden erwartet werden (siehe auch den Beitrag von Friede & Szczyrba in Band I des Praxishandbuchs).

Im Detail lassen sich Learning Outcomes zum einen nach ihrer Art in Fachkompetenz, Methodenkompetenz, Sozial- und Individualkompetenz unterscheiden (siehe Abs. 2.3; Anderson & Krathwohl, 2001; Arbeitsstelle Hochschuldidaktik der Universität Zürich, 2010). Jeder der Kompetenzbereiche lässt sich darüber hinaus nach Schwierigkeitsgrad hierarchisieren (Bloom et al., 1956), die in unterschiedlichem Maß für die Abfrage in mündlichen Prüfungen geeignet sind (Frölich-Steffen & den Ouden, 2019). Im Folgenden sind diese aufgeführt:

1. **Erinnern**: Mündliche Prüfungen sind sicher nicht das geeignetste Format, um das rein reproduktive Wiedergeben von Erlerntem effektiv abzuprüfen. Dafür sind mündliche Prüfungen zu zeitintensiv. Da, wo es um die Überprüfung von richtig und falsch geht, lässt sich das sehr viel zeiteffizienter in Klausuren, beispielsweise in Multiple-Choice-Klausuren, abprüfen. Den einzig bestechenden Vorteil, den die mündliche Prüfung auf diesem Leistungsniveau bietet, ist ihre **Täuschungssicherheit** (Akimov & Malin, 2020). Vor diesem Hintergrund kann es durchaus sinnvoll sein, besonders wichtige Wissensgebiete dann mündlich abzuprüfen, wenn sie auf jeden Fall als Voraussetzung für den nächsten akademischen Schritt gewusst werden müssen. Die medizinischen Examina beispielsweise sind zum Teil mündlich, auch um sicherzustellen, dass wichtige Inhalte gewusst werden, bevor Studierende oder Assistenzärzt:innen Patient:innenkontakt haben.
2. **Verstehen**: Das Verständnis neu erlernter Sachverhalte hingegen bildet häufig einen der Schwerpunkte mündlicher Leistungsabfragen, da hier gezielt nachgefragt werden kann, was Studierende wirklich verstanden haben. Der:die Prüfende kann so sicherstellen, dass nichts einfach nur auswendig gelernt wurde oder gar abgeschrieben, wie das bei einer schriftlichen Prüfung möglich wäre. Dieses Kompetenzniveau kann dementsprechend unter Umständen auch den Schwerpunkt einer mündlichen Prüfung darstellen.
3. **Anwenden**: Die Anwendung des Gelernten auf konkrete oder neue Sachverhalte stellt den nächsten Schritt des Wissenserwerbs dar. Hierfür werden in aller Regel vor allem in jenen Themenfeldern, wo es um konkrete Fertigkeiten geht, praktische Prüfungen zur Anwendung kommen. In sprachpraktischen Fächern jedoch sowie in Fachgebieten, in denen die kommunikativen Aspekte der Wissensdarstellung zum späteren Anwendungsbereich des Fachs gehören/relevant sind, erweisen sich

mündliche Prüfungen auch auf diesem Schwierigkeitsniveau als besonders nützlich. Das betrifft beispielsweise die sprachwissenschaftlichen Fachgebiete, die Sprachpraxis oder eben auch Fächer, in denen auch im späteren Berufsfeld die mündliche Kommunikation stark gefordert sein wird (beispielsweise pädagogische Fächer, Jura).

4. **Analysieren/Synthetisieren**: Der differenzierte Umgang mit dem Neuerlernten geht über die bloße Anwendung hinaus. Auch dieser Bereich kann, je nach Fachbereich, gut in mündlichen Prüfungen abgebildet werden.
5. **Bewerten**: Der kritische Umgang mit dem Fachwissen zählt zu den höchsten Anforderungen akademischer Ausbildung. Dieser Bereich wird oft auch in der Erstellung wissenschaftlicher Arbeiten abgebildet. Aber auch mündliche Prüfungen können, bei ausreichendem zeitlichen Rahmen, gut genutzt werden, um kritisch reflektiertes Denken zu überprüfen. Denn es ist ja die Kritikfähigkeit, der Umgang mit Widerspruch u.Ä., die sich über Fragen und dazu passende Antworten sehr viel differenzierter abbilden lassen als das in einer wissenschaftlichen Arbeit der Fall wäre.
6. **Haltungsentwicklung**: Schließlich ist die Entwicklung eigener Positionen und Haltungen auf Basis reflektierter Argumente die höchste Schwierigkeit, die im akademischen Lehr-Lern-Prozess erreicht werden soll. Wie schon der Bereich des Bewertens zeigt, eignen sich mündliche Prüfungen, schriftliche Essays oder auch wissenschaftliche Arbeiten besonders gut, um diese Komplexitätsstufe zu prüfen.

Tipp

Mündliche Prüfungen haben breite Einsatzmöglichkeiten

Grundsätzlich hat die mündliche Prüfung einen großen Aktionsradius und eignet sich aufgrund ihrer großen Flexibilität gut für nahezu alle Komplexitätsstufen. Allerdings lassen sich das Verständnis von Erlerntem sowie das absolut täuschungssichere Erinnern von Wissen am besten mit mündlichen Prüfungsverfahren testen. Darüber hinaus gibt die mündliche Prüfung den Prüfpersonen bei genügend Zeit auch die Möglichkeit, das Analysieren, Synthetisieren, Bewerten und Entwickeln im diskursiven Austausch zu überprüfen.

3.2 Kompetenzerwerb

Intendierte Lernergebnisse lassen sich neben dem Schwierigkeitsgrad auch noch in Fachkompetenz, Methodenkompetenz, Sozial- und Individualkompetenz differenzieren (siehe den Beitrag von Schaper in diesem Band). Betrachten wir die unterschiedlichen Kompetenzbereiche, stellen wir ebenfalls fest, dass es zahlreiche Kompetenzbereiche gibt, die wir nur mündlich ermitteln können. Insbesondere die **Sozialkompetenz** steht hier im Fokus. Darunter fallen zum einen kommunikative Fähigkeiten, sei es Aussprache in den Sprachwissenschaften, andere Menschen gemäß ihres Sachstands zu informieren, oder auch die soziale Kompetenz, beispielsweise die Fähigkeit, auf Rückfragen zu reagieren, Standpunkte gegenüber Dritten zu verteidigen oder der Umgang mit Nervosität in Gesprächssituationen etc. Die Fähigkeit zu kommunizieren ist eine der zentralen Kompetenzen, die Absolvent:innen mitbringen müssen, um im wettbewerbsorientierten und globalen Arbeitsumfeld erfolgreich zu sein (Murillo-Zamorano & Montanero, 2018). Da die Fähigkeit zur Interaktion zwischen Prüflingen und Prüfer:innen einer der Hauptvorteile des Formats der mündlichen Bewertung ist, ist es nicht überraschend, dass die meisten mündlichen Prüfungen eine bedeutende interaktive Komponente enthalten. Mündliche Prüfungen können so im Sinne des Constructive Alignment einen guten Beitrag dazu leisten, Studierende auf diese Anforderungen vorzubereiten, indem sie ihnen frühzeitig Rückmeldung darüber geben, welche sozialen Fähigkeiten sie schon erlangt haben und welche ihnen noch fehlen. Auch **Sprachfertigkeiten** wie Aussprache, Artikulation, Stimmmodulation, Sprechtempo oder Übersetzungsfähigkeiten etc. lassen sich nur mithilfe mündlicher Prüfungen abbilden (Joughin, 1998). Die Literatur zeigt, dass die Einführung einer mündlichen Prüfung als Prüfungsstrategie zu einer Verbesserung der Kommunikationsfähigkeiten, des Wissens und des Selbstbewusstseins der Studierenden führt und die Wahrscheinlichkeit von Täuschungsversuchen verringert ist. Jedoch führt das Format mitunter auch zu einem hohen Maß an Angst und Stress, den die Studierenden empfinden. Um bei den Lernenden Stress zu reduzieren, müssen Lehrkräfte viel Zeit in die Planung und Durchführung der Prüfungen aufwenden. Sie können durch Transparenz der intendierten Lernziele und des Verfahrens, durch geeignete Übungssituationen und Gespräche mit Studierenden die Nervosität bei Studierenden reduzieren, sodass dann nicht länger Stressresilienz geprüft wird, sondern wirklich die intendierten Lernergebnisse. So können dann Zuverlässigkeit, Validität und Objektivität dennoch hochgehalten werden. Denn die soziale Interaktion zwischen Prüfer:innen und Prüflingen führt auch zu möglichen **Verzerrungseffekten**, was die Wahrnehmung der Leistung der Kandidat:innen beeinflussen kann und so vor allem die Objektivität der Prüfung beeinträchtigen kann (Moon, 1988). Es könnte beispielsweise passieren, dass Prüfer:innen durch eigenes abschätziges Auftreten oder Übellaunigkeit bei dem:der Studierenden eine Verunsicherung erzeugen, die dann aber wiederum von dem:der Prüfenden selbst unter Umständen als mangelndes Wissen interpretiert werden könnte. Auch die Überprüfung der Sozialkompetenz stellt viele Prüfende vor besondere Herausforderungen. Wie gelingt es Prüfer:innen, persönliche Antipathien und Sympathien auszublenden und möglichst gleichwertige Prüfungsbedingungen herzustellen? Die Frage stellt sich, ob Prüfende tatsächlich so erfahren sind, dass sie differenzieren können, ob eine unzureichende Antwort tatsächlich auf mangelndes Wissen, Prüfungsangst oder etwa auf eine unklare Gesprächsführung des Prüflings zurückzuführen ist. Wie bewerten Prüfer:innen Prüfungsleistungen, die aufgrund von Prüfungsangst des:der Studierenden zu einem schwachen Ergebnis führen? Die

Frage nach der Belastbarkeit der Leistungsbewertung stellt sich angesichts der zahlreichen situativen Umstände, die mündliche Prüfungen (unbewusst) beeinflussen können, auch insbesondere dann, wenn sie online durchgeführt werden. Ein aufmunternder Blick, ein Nicken, ein virtuelles ›Daumenhoch‹ sowie ein Kopfschütteln oder ein strenger Blick seitens des:der Prüfenden sind dabei Faktoren, die die Bewertung beeinflussen können, ohne dass sie messbar sind. Umso wichtiger erscheint es, dieses Format mit Bedacht einzusetzen und gut vorzubereiten (Walzik, 2012).

Zwischenfazit

Neben der praktischen Prüfung stellt die mündliche Prüfung die unmittelbarste Form der Leistungsbewertung dar. Sie eignet sich deshalb besonders, um das Verständniswissen von Studierenden abzuprüfen. Ein weiterer Vorteil dieses Formats besteht darin, dass hier mit erhöhter Sicherheit festgestellt werden kann, ob die Leistung der Studierenden wirklich ihrer Eigenleistung entspricht. Täuschungsmöglichkeiten sind nahezu ausgeschlossen. Ein dritter Vorteil ist darüber hinaus, dass neben dem Verständnis von fachlichen Inhalten auch Transferfragen besonders gut in mündlichen Fragen abgefragt werden können. Wenn Prüfende soziale und kommunikative Kompetenzen abbilden möchten, ist die mündliche Prüfung ein besonders geeignetes Format. Denn Prüfperson und Studierende interagieren direkt miteinander, was auf beiden Seiten ein hohes Maß an Sozialkompetenz erfordert. Die Überprüfung der Sozialkompetenz von Studierenden kann (gerade) ein Teil der gewünschten Prüfungsleistung sein, insbesondere in Fachbereichen, in denen ein Großteil des späteren Berufslebens ebenfalls in der direkten Interaktion mit anderen Menschen stattfinden wird, wie beispielsweise in den Lehramtsberufen. Das macht die mündliche Prüfung als Lernstandsmessung jedoch zugleich auch weniger objektiv, da die persönliche Interaktion zwischen Prüfperson und Prüfling schwieriger zu objektivieren/subjektiver ist als eine rein auf Sachebene fokussierte Prüfung. Es gilt deshalb, die Prüfung sorgfältig zu durchdenken und vorzubereiten.

3.3 Unterrichtsgestaltung

In Lehrveranstaltungen, die mit einer mündlichen Prüfung abschließen, erscheint es nur logisch, dass der Unterricht auch gezielt auf dieses Prüfungsformat vorbereitet. Es erscheint zielführend, solche Unterrichtsmethoden einzusetzen, die auf das eigenständige mündliche Ausformulieren von Wissen hinführen. Dort, wo es Lehrenden auch darum geht, dass Studierende einen kritisch reflektierten Umgang mit Fachwissen erlernen, könnten Podiums-, Gruppendiskussionen oder auch Posterpräsentationen geeignet sein, um die notwendigen sozialen und kommunikativen Kompetenzen zu erlernen, die in diesem Prüfungsformat erforderlich werden (Macke, 2016).

Zwischenfazit

Gerade die Flexibilität der mündlichen Prüfung und die Möglichkeit, dass Studierende auch höhere Wissenstaxonomien sowie soziale und kommunikative Kompetenzen unter Beweis stellen können, erfordert von Lehrenden ein reflektiertes Vorgehen. Zunächst sollten Prüfer:innen gut erwägen, welche Lernziele sie in den Fokus des Lernprozesses stellen möchten, und die Studierenden entsprechend didaktisch darauf vorbereiten. Dort, wo eine umfassende Vorbereitung aufgrund hoher Studierendenzahlen nicht effektiv umsetzbar ist, sollten Fachbereiche ergänzende Tutorien oder Übungen bereitstellen. Dadurch erhalten Studierende die Möglichkeit, die erforderlichen Softskills und Kommunikationsfähigkeiten zu erlernen und sich auf die Prüfung auch in diesem Aspekt angemessen vorzubereiten.

Reflexionsfragen

Welche Kompetenzen stehen im Fokus Ihrer Lehrveranstaltung? Und welche davon lassen sich gut mithilfe mündlicher Prüfungen abbilden?
Leiten Sie diese gemäß des Constructive Alignment adäquat an? Also geben Sie den Studierenden in Ihrer Veranstaltung ausreichend Gelegenheit, ihre kommunikativen Fähigkeiten einzuüben?
Wie gut ist die Passung der intendierten Lernergebnisse mit der geplanten Prüfungsform? Stehen Verständniswissen, Reflexionswissen und kommunikative Kompetenz wirklich im Fokus oder sind es andere Lernziele, die sich, sofern möglich, vielleicht besser mit einer anderen Prüfungsform abbilden ließen?

4. Didaktische Implikationen: Wie lassen sich mündliche Prüfungen gelungen gestalten?

In diesem abschließenden Abschnitt fließen didaktische Schlussfolgerungen aus den vorangegangenen Überlegungen zusammen. Wir betrachten dazu die Prüfungsvorbereitung, -durchführung und -nachbereitung.

Einige (folgende) Schritte ganz zu Beginn des Lehr-Lern-Prozesses können erfolgreich dazu beitragen, Prüfungen am Ende gut durchführen zu können: Zunächst sollten Prüfer:innen im **Modulhandbuch die inhaltlichen Hinweise** einsehen, um festzustellen, was in der Veranstaltung geprüft werden soll und wie viele ECTS-Punkte dafür vergeben werden. Nicht selten besteht eine Diskrepanz zwischen dem Anspruch der Prüfung und den zu erreichenden ECTS-Punkten. Studiengangskoordinator:innen sind häufig gerade für Neueinsteiger:innen gute Ansprechpartner:innen bei Unklarheiten in der Studienplanung. Im zweiten Schritt wird von den Prüfer:innen im Rahmen der von der Modulordnung vorgeschriebenen Themenfelder festgelegt, welche **intendierten Lernziele** sie konkret abbilden möchten. Im Vorfeld einer mündlichen

Prüfung ist es entscheidend, Studierende in der Lehre didaktisch angemessen auf das Verfahren vorzubereiten. Dazu zählen eine passgenaue Auswahl geeigneter vorbereitender Unterrichtsmethoden sowie größtmögliche Transparenz über Prüfungsablauf, -inhalte und -ziele. Die Zuverlässigkeit der Prüfung kann des Weiteren verbessert werden, wenn Lehrende vor mündlichen Prüfungen einen umfangreichen **Fragenkatalog erarbeiten** und unter Umständen dabei sogar ein erfahrenes Gremium von Prüfer:innen einbinden. Es gilt darauf zu achten, eine ausgewogene Auswahl aus dem kompletten Stoffgebiet vorzunehmen, um die Reliabilität der Prüfung zu erhöhen. Prüfende sollten dabei genau reflektieren, wie sie die mündliche Prüfung im Detail ausgestalten wollen. Neben der **Auswahl des geeigneten Prüfungsformats** (siehe Abb. 1) können auch Teilfragen wie die folgenden Einfluss auf die abgeprüften Lernziele haben:

Reflexionsfragen

Lassen Sie als Prüfer:in zu, dass Studierende beispielsweise Mitschriften mitbringen, um ihre Nervosität abzubauen?
Wie viel Einfluss auf den Verlauf der Prüfung sollen die Studierenden Ihrer Meinung nach haben?
Dürfen Themen vor der Prüfung in Absprache mit Ihnen als Prüfperson ausgeschlossen werden?

Ebenso wichtig ist es, dass die Lehrkräfte darin geschult werden, mündliche Prüfungen in einer freundlichen, gesprächigen Art und (Prüfungs-)Weise abzulegen, die die Studierenden ermutigt, ihr Bestes zu geben (Akimov & Malin, 2020). Dazu sind hochschuldidaktische Schulungen geeignet, aber auch ein offener Austausch unter Kolleg:innen kann helfen, das eigene Prüfverhalten zu professionalisieren. **Gezielte Angebote** der Fachbereiche oder von Prüfpersonen vor der Prüfung können dazu beitragen, dass Prüflinge weniger Prüfungsangst verspüren, und vermeiden, dass die Selbstsicherheit der Studierenden allein zum Garanten für gute Leistung wird. Abschließend sollten Prüfende noch einmal überprüfen, ob die formalen Anforderungen der Prüfung das Prüfungsergebnis verfälschen könnten.

Reflexionsfragen

Findet die Prüfung beispielsweise als Online-Prüfung statt, auf die Sie die Studierenden im Besonderen vorbereiten sollten?
Sind die Studierenden (von Ihnen) darüber informiert, dass es einen förmlichen, ihnen mitunter unbekannten Prüfungsbeisitz geben wird etc.?

Nach der Auswahl der zu überprüfenden Learning Outcomes sowie der Entscheidung für eine geeignete Prüfungsform kommen **Unterrichtsmethodik und Transparenz im Vorfeld der Prüfung** eine große Rolle zu. Folgende Schritte gilt es zu beachten.

Prüfer:innen sollten Unterrichtsmethoden auswählen, die die Studierenden gezielt auf das Prüfungsformat vorbereiten. Darüber hinaus ist es aus Validitätsgesichtspunkten notwendig, dass Lehrende die Studierenden genau darüber aufklären, welche Anforderungen auf sie in der Prüfung zukommen. Dazu eignen sich nicht nur Merkblätter und persönliche Vorgespräche mit den Prüfenden, auch Prüfungssimulationen können einen guten Beitrag leisten, um Transparenz herzustellen. Prüfer:innen können im Vorfeld auch einen Ablaufplan entwickeln. Sie sollten dabei berücksichtigen, wie viele Themen pro Kandidat:in idealerweise abzuprüfen sind, wie viele Fragen gestellt werden sollen und auf welchem Schwierigkeitsgrad. Ein grober Ablaufplan führt zwar zu einer gewissen Einschränkung an Flexibilität, erhöht aber die Objektivität.

In der Prüfungsdurchführung gibt es ebenfalls einige Stolperfallen, die sich vermeiden lassen. Durch eine klare Fragenformulierung – idealerweise durch Verwendung sogenannter ›Frageoperatoren‹ – werden Prüfungen präziser. Die Frageoperatoren geben einen klaren Hinweis darauf, was von den Studierenden erwartet wird. **Eine gute Fragenformulierung** will mitunter vor allem für ganz neue Prüfer:innen im Vorfeld mit Kolleg:innen geübt werden, damit mögliche Ungenauigkeiten bei der Fragestellung nicht den Studierenden zum Nachteil werden. Ein gut **geeigneter Prüfungsbeisitz** kann darüber hinaus helfen, das Prüfungsgeschehen im Nachgang noch einmal präzise Revue passieren lassen zu können. In jedem Fall muss ein **gutes und detailliertes Prüfungsprotokoll** angefertigt werden, damit sich die Prüfpersonen bei der Prüfungsbewertung durch das Protokoll noch einmal versichern können, dass die Notengebung fair und auf Basis der Antworten und nicht auf der Basis von subjektiven Eindrücken passiert. Speziell vorbereitete Evaluationsbögen können die Auswertungssicherheit weiter verbessern (Yang & Laube, 1983). Das Protokoll ist auch für Studierende und aus rechtlicher Sicht ein notwendiger Dokumentationsschritt (Hirdina, 2019).

Reflexionsfragen

Wird die Prüfung durch geeignete Fragestellungen präzise und unmissverständlich geleitet? Wird ein Protokoll angefertigt, das es ermöglicht, dass Sie bzw. die Prüfperson und Prüfling im Nachhinein das Prüfungsgeschehen nachvollziehen und reflektieren können?

Schließlich rundet eine gute Prüfungsnachbereitung das Prüfgeschehen gelungen ab. Neben der Einhaltung der universitär vorgegebenen Rechtsanforderungen, über die die Prüfungsämter Auskunft geben können, sollten Prüfer:innen auch den Studierenden die Chance geben, **Feedback zu ihrer Prüfungsleistung** zu bekommen. Nur so können die Studierenden aus ihren Fehlern lernen oder gute Leistungen weiter festigen. Des Weiteren ist es hilfreich, wenn Prüfer:innen sich über das eigene Prüfverhalten Rechenschaft ablegen. Einige Prüfer:innen nutzen dazu auch **Studierenden-Feedback-Bögen**, die sie nach mündlichen Prüfungen an ihre geprüften Studierenden versenden (Meyer,

2019). Eine weitere Möglichkeit besteht darin, die beisitzenden Kolleg:innen um ehrliches Feedback zu bitten. Prüfer:innen könnten auch im Nachgang all jene Fragen aus dem Fragenpool entfernen, die sich als ungeeignet erwiesen haben, und stattdessen neue Fragen hinzufügen, wenn sie den Eindruck haben, es hätten Fragen gefehlt. Schließlich kann eine **reflektierte Nachbereitung** auch dazu beitragen, die Lehr-Lern-Ziele für die nächste Veranstaltung oder auch die Unterrichtsmethodik abzuwandeln, wenn Prüfer:innen festgestellt haben, dass einzelne Lernziele kaum oder nicht erreicht wurden.

Wenn Prüfer:innen all diese Schritte berücksichtigen, können mündliche Prüfungen angesichts ihrer Sonderstellung im Prüfalltag einen wichtigen Beitrag zur summativen Lernstandsmessung auf der einen Seite und zur Berufsvorbereitung auf der anderen Seite leisten. Es erscheint auch – nach den Jahren der Covid-19-Pandemie und vor dem Hintergrund der neuen technischen Innovationen von ChatGPT und anderen Werkzeugen Künstlicher Intelligenz – sogar wahrscheinlich, dass eines der ältesten Prüfungsformate überhaupt noch lange Anwendung finden wird.

Reflexionsfragen

Findet eine gute Nachbereitung der Prüfung statt?
Werden gegebenenfalls ungeeignete Prüfungsfragen für die Zukunft adaptiert oder eliminiert?
Passen Sie gegebenenfalls die Lernziele und Unterrichtsmethodik für kommende Veranstaltungen an, um die Studierenden besser auf die mündliche Prüfung vorzubereiten?

5. Zusammenfassung

Mündliche Prüfungen haben ein großes Potenzial. Um dieses ideal entfalten zu können, braucht es eine didaktisch reflektierte Vorbereitung, eine kompetente Durchführung und eine gründliche Nachbereitung der Prüfung. So lassen sich auch mögliche Schwächen des Prüfungsformats vermeiden oder zumindest abmildern.

6. Literatur

Akimov, A. & Malin, M. (2020). When old becomes new: A case study of oral examination as an online assessment tool. *Assessment & Evaluation in Higher Education, 45*, 1205–1221. https://doi.org/10.1080/02602938.2020.1730301

Anderson, L. W. & Krathwohl, D. R. (Hrsg.) (2001). *A taxonomy for learning, teaching and assessing. A revision of Bloom's taxonomy of educational objectives*. Longman.

Arbeitsstelle für Hochschuldidaktik der Universität Zürich (2010). *Leistungsnachweise in modularisierten Studiengängen*. https://assessment.unibe.ch/uploads/attachments/dossier_leistungsnachweise.pdf

Bachmann, H. (2011). Formulieren von Lernergebnissen – learning outcomes. In H. Bachmann (Hrsg.), *Kompetenzorientierte Hochschullehre – Die Notwendigkeit von Kohärenz zwischen Lernzielen, Prüfungsformen und Lehr-Lern-Methoden* (S. 34–50). hep.

Biggs, J. & Tang, C. (2011). *Teaching for quality learning at university (4. Aufl.)*. Open University Press.

Black, P. & Wiliam, D. (1998). Assessment and classroom learning. *Assessment in Education, 5*(1), 7–74.

Bloom, B. S., Engelhart, M. D., Frust, E. J., Hill, W. H. & Krathwohl, D. R. (1956). *Taxonomy of educational objectives: Handbook I: Cognitive domain*. McKay.

Evans, L. R., Ingersoll, R. W. & Smith, E. J. (1996). The reliability, validity, and taxonomic structure of the oral examination. *Journal of Medical Education, 41*(7), 651–657.

Farazouli, A., Cerratto-Pargman, T., Bolander-Laksov, K. & McGrath, C. (2023). Hello GPT! Goodbye home examination? An exploratory study of AI chatbots impact on university teachers' assessment practices. *Assessment & Evaluation in Higher Education, 49*(3), 363–375. https://doi.org/10.1080/02602938.2023.2241676

Finke, J. (2019). Praxisbeispiel Jura: Moot Courts in der juristischen Ausbildung. In S. Frölich-Steffen, H. den Ouden & U. Gießmann (Hrsg.), *Kompetenzorientiert prüfen und bewerten an Universitäten* (S. 171–180). Verlag Barbara Budrich.

Frölich-Steffen, S. & den Ouden, H. (2019). Hochschulprüfungen im Fokus. Vom autodidaktischen Abschauen zu didaktisch-gereifter Prüfungskompetenz. In S. Frölich-Steffen, H. den Ouden & U. Gießmann (Hrsg.), *Kompetenzorientiert prüfen und bewerten an Universitäten* (S. 11–27). Verlag Barbara Budrich.

Gerrig, R. & Zimbardo, P. (2015). *Psychologie* (20. aktual. Aufl.). Pearson Deutschland.

Göbel, T. (2019). Praxisbeispiel Medizin: Sind mündliche Prüfungen noch zeitgemäß? Erfahrungen bei der Etablierung und Durchführung einer strukturierten mündlichen Prüfung im Fach Tierphysiologie. In S. Frölich-Steffen, H. den Ouden & U. Gießmann (Hrsg.), *Kompetenzorientiert prüfen und bewerten an Universitäten* (S. 64–71). Verlag Barbara Budrich.

Hirdina, R. (2019). Ausgewählte Rechtsaspekte des Prüfens. In S. Frölich-Steffen, H. den Ouden & U. Gießmann (Hrsg.), *Kompetenzorientiert prüfen und bewerten an Universitäten* (S. 39–60). Verlag Barbara Budrich.

Joughin, G. (1998). Dimensions of oral assessment. *Assessment & Evaluation in Higher Education, 23*(4), 367–378. https://doi.org/10.1080/0260293980230404

Macke, H. (2016). *Kompetenzorientierte Hochschuldidaktik. Lehren – vortragen – prüfen – beraten*. Beltz.

Meyer, B. (2019). Praxisbeispiel Geisteswissenschaft: Mündliche Prüfung in den Erziehungswissenschaftlichen Studien. In S. Frölich-Steffen, H. den Ouden & U. Gießmann (Hrsg.), *Kompetenzorientiert prüfen und bewerten an Universitäten* (S. 85–98). Verlag Barbara Budrich.

Moon, R. (1988). Oral assessment in GSCE economics. *Research Papers in Economics, 14.*

Murillo-Zamorano, L. R. & Montanero, M. (2018). Oral presentations in higher education: A comparison of the impact of peer and teacher feedback. *Assessment & Evaluation in Higher Education, 43,* 138–150. https://doi.org/10.1080/02602938.2017.1303032

Philipp, J. (2020, 7. Januar). Formatives Prüfen. *Lehre Laden. Downloadcenter für inspirierte Lehre.* Ruhr-Universität Bochum. https://lehreladen.rub.de/planung-durch fuehrung-kompetenzorientierter-lehre/formatives-pruefen/

Sohn, A. P. (1994). 19th-century academic examinations for physicians in the United States Army Medical Department. *The Western journal of medicine, 160*(5), 472–474.

Stray, C. (2001). The shift from oral to written examination: Cambridge and Oxford 1700-1900. *Assessment in Education: Principles, Policy & Practice, 8,* 33–50. https://doi.org/10.1080/09695940120033243

Walzik, S. (2012). *Kompetenzorientiert prüfen. Leistungsbewertung an der Hochschule in Theorie und Praxis.* Verlag Barbara Budrich/utb.

Wegen KI: BW-Kultusministerin will mehr mündliche Prüfungen. SWR4 BW am Morgen (2023, 04. August). SWR4 Baden-Württemberg, https://www.swr.de/swraktuell/baden-wuerttemberg/kultusministerin-will-mehr-muendliche-pruefungen-wegen-ki-100.html

Wigton, R. S. (1980). The effects of student personal characteristics on the evaluation of clinical performance. *Journal of Medical Education, 55,* 423–427. https://doi.org/10.1097/00001888-198005000-00006

Yang, J. C. & Laube, D. W. (1983). Improvement of reliability of an oral examination by a structured evaluation instrument. *Journal of Medical Education, 58,* 864–872. https://doi.org/10.1097/00001888-198311000-00005

PRAKTISCHE PRÜFUNGEN

Anke Manukjan, Michelle Bachmann, Fabian Neumann

Schlagworte

Praktische Prüfungsformen, Simulation beruflicher Aufgabenbereiche, berufsunabhängige Prüfungsformen, kompetenzorientiertes Prüfen

Orientierung

Praktische Prüfungen als Form der Leistungsbeurteilung im Hochschulkontext ermöglichen eine Überprüfung der erlernten Fähigkeiten und Fertigkeiten der Studierenden durch praktische Anwendungen in realen oder simulierten Situationen. Sie fördern praktische Erfahrungen, Problemlösungskompetenz und kritisches Denken und tragen dazu bei, die Vorbereitung der Studierenden auf die Anforderungen der Arbeitswelt zu verbessern und ihre Fähigkeit zur Anwendung des erlernten Wissens zu stärken.

Leitfragen

Wann sind praktische Prüfungen sinnvoll?
Welche Vorteile haben praktische Prüfungen?
Welche praktischen Prüfungsformen gibt es?
Wie können praktische Prüfungen konkret umgesetzt werden?

1. Einordnung praktischer Prüfungen

Um das Wissen und die Fähigkeiten der Studierenden zu bewerten und sicherzustellen, dass die Studierenden die vordefinierten Lernziele erreicht haben, gibt es verschiedene Möglichkeiten. Praktische Prüfungen stellen neben mündlichen und schriftlichen Prüfungen eine der drei gängigen Gruppen von Prüfungsformen dar. Im Folgenden wird eine kurze Einordnung dieser Prüfungsform in den Gesamtdiskurs des kompetenzorientierten Prüfens gegeben.

Praktische Prüfungen sind eine geeignete Form der **kompetenzorientierten Prüfungsgestaltung**. Seit der Bologna-Reform ist Kompetenzorientierung ein wesentlicher Bestandteil der Gestaltung von Studiengängen, Lehrveranstaltungen und Prüfungen (Schaper et al., 2012). Übliche Prüfungsformen wie mündliche Frontalprüfungen oder Multiple-Choice-Klausuren werden dieser kompetenzorientierten Gestaltung nicht in jedem Fall gerecht, weil sie erlernte Kompetenzen nicht immer adäquat abbilden (Manukjan & Wendt, 2016). Eine mit dieser Kompetenzorientierung einhergehende konkrete Abstimmung von Lernergebnissen, Lehr-Lern-Prozess und Prüfungen im Sinne des Constructive Alignment (Hochschulrektorenkonferenz, 2010; Wildt & Wildt, 2011) bedingt daher auch eine Ausweitung der Prüfungsformate, um zu gewährleisten, dass tatsächlich die erworbenen Kompetenzen und nicht nur theoretisches Wissen abgefragt werden. Praktische Prüfungsformate stellen dabei eine wichtige Form der Ergänzung zu eher theoretischen Prüfungen (primär schriftliche und mündliche Prüfungen) dar.

Praktische Prüfungen zur **Überprüfung aller Kompetenzbereiche und Niveaustufen** sollten mit den Lernergebnissen abgestimmt werden, um den Fokus der Prüfungen festzulegen und eine geeignete Prüfungsform zu wählen. Diese müssen klar definiert werden, um die zu prüfenden Kenntnisse, Fertigkeiten und Fähigkeiten festlegen zu können (Metzger & Nüesch, 2004). Neben fachlichen Kompetenzen sollen im Sinne der Kompetenzorientierung auch Methodenkompetenz, Selbstkompetenz und Sozialkompetenz im Rahmen des Studiums vermittelt werden (Hochschulrektorenkonferenz & Kultusministerkonferenz, 2017). Praktische Prüfungen decken aufgrund ihrer Vielseitigkeit alle vier Kompetenzbereiche sehr gut ab und ermöglichen damit eine umfassende Überprüfung dieser (Manukjan & Wendt, 2016).

Die Formulierung der Lernergebnisse erfolgt auf Basis verschiedener aufeinander aufbauender **Niveaustufen**, denen Verben zugeordnet werden. Diese Verben dienen dazu, Lernaktivitäten zu beschreiben und zu klassifizieren. Die wohl bekannteste Zuordnung wird durch das Bloom'sche Taxonomiemodell (Bloom et al., 1956) vorgenommen (zum Beispiel Gröblinghoff, 2015). Die Prozesskategorien umfassen die Stufen in folgender Reihenfolge: Erinnern, Verstehen, Anwenden, Analysieren, Beurteilen und (Er-)Schaffen (Arbeitsstelle für Hochschuldidaktik, 2010; Anderson & Krathwohl, 2001; Gröblinghoff, 2015). Die verschiedenen Stufen können nicht mit allen Prüfungsformen gleichermaßen abgebildet werden, es muss entsprechend eine Prüfungsform gefunden werden, die den Studierenden den Nachweis der erworbenen Kompetenzen ermöglicht (Manukjan & Wendt, 2016; Rapp, 2014; Schröder, 2015). Aufgrund ihrer Komplexität ermöglichen praktische Prüfungen in der Regel eine Überprüfung höherer Niveaustufen (Manukjan & Wendt, 2016).

Praktische Prüfungen können die **Beschäftigungsfähigkeit** (»Employability«) unterstützen, die seit der Bologna-Reform als Studienziel verankert ist (Hochschulrektorenkonferenz, 2010; Schaper, 2016). Obwohl dies kontrovers diskutiert wird (zum Beispiel in Eimer et al., 2019; Schubarth, 2015; Wolter & Banscherus, 2012), bleibt die kompetenzorientierte Gestaltung wesentlich. Praktische Prüfungen setzen an dieser Stelle an; sie ermöglichen eine umfassendere Bewertung der Studierenden auch in Bezug auf zukünftige berufliche Tätigkeiten und unterstützen deren Erwerb.

2. Formen praktischen Prüfens

Praktische Prüfungen können je nach Fachbereich und Studiengang in unterschiedlichen Formen auftreten. In Abbildung 1 ist eine Übersicht verschiedener Formen zu finden. Diese Auflistung erhebt keinen Anspruch auf Vollständigkeit. Vielmehr wird in diesem Beitrag ein detaillierter Einblick in einzelne ausgewählte Prüfungsformen gegeben. Sie werden unterteilt in Prüfungen, die eher die Simulation beruflicher Aufgabenbereiche betreffen (wobei gesondert auf Wissenschaftspraktische Tätigkeiten eingegangen wird), sowie berufsunabhängige Prüfungsformen, die kreativitätsbasiert und durch einen aufbauenden, prozesshaften Charakter gekennzeichnet sind.

Reflexionsfragen

Haben Sie in Ihrer Lehrpraxis bereits praktische Prüfungen eingesetzt? Wenn ja, welche Formen haben Sie verwendet?
Welche Gründe haben dazu geführt, praktische Prüfungen einzusetzen?
Welche Ziele wurden damit verfolgt?
Wie wurden die praktischen Prüfungen gestaltet und welche Vorteile sehen Sie in ihrer Verwendung im Vergleich zu rein theoretischen Prüfungsformen?

Abb. 1: Übersicht zu Formen praktischen Prüfens

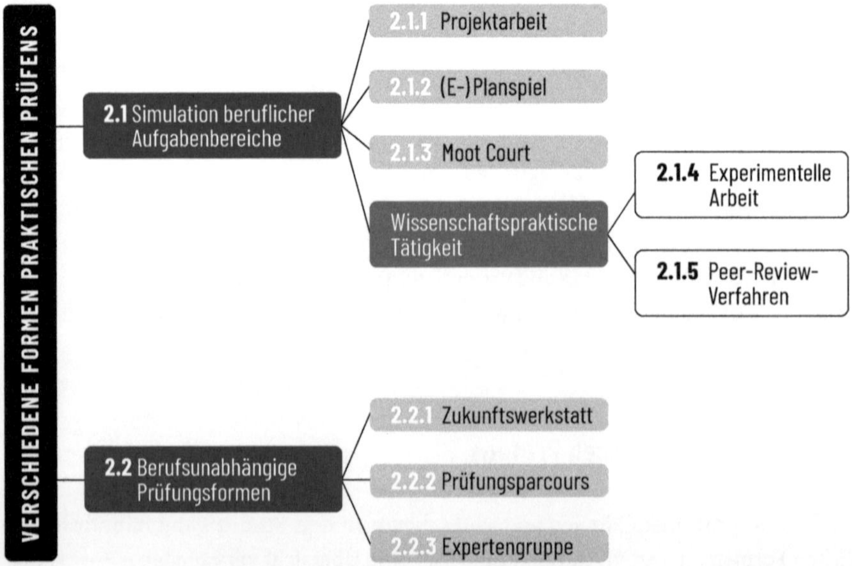

Quelle: eigene Darstellung Manjukan et al.

2.1 Allgemeine Hinweise zur Planung und Durchführung

Die Umsetzung praktischer (und anderer) Prüfungsformen an Hochschulen erfordert eine sorgfältige Planung und Organisation auf verschiedenen Ebenen.

Die Gestaltung der Prüfung und somit die **Entscheidung für die jeweilige Prüfungsform** sollte im Sinne des Constructive Alignment auf Basis der Inhalte sowie der gesetzten Lernziele der Veranstaltung erfolgen. Eine eindeutige und verständliche **Aufgabenstellung** unterstützt Studierende darin, zu wissen, welche Erwartungen die Lehrenden an sie haben. Die Aufgaben sollten die Lernziele der Veranstaltung widerspiegeln.

Für die Durchführung der praktischen Prüfung ist ein angemessener **Zeitrahmen** festzulegen, um Stress unter den Studierenden zu vermeiden. Außerdem sollte praktischen Prüfungen mit einem hohen Maß an **Flexibilität** begegnet werden, um auf unerwartete Probleme und Bedürfnisse der Studierenden eingehen zu können. Um ein erfolgreiches Abschließen der Prüfungen zu ermöglichen, ist sicherzustellen, dass die Studierenden über die notwendigen **Ressourcen** und Materialien verfügen und diese gegebenenfalls bereitgestellt werden. Eine **inklusive Prüfungsumgebung** erfordert, dass die Vielfalt der Studierenden und ihre unterschiedlichen Bedürfnisse stets berücksichtigt werden. Subjektive Bewertungen sollten vermieden werden, es sei denn, sie sind eindeutig als solche gekennzeichnet.

Die Definition klarer **Bewertungskriterien** im Voraus der Prüfung fördert die Transparenz und Fairness bei der Bewertung. Die Begutachtungskriterien sollten den Studierenden stets offengelegt werden. Ist ein Peer-Review (siehe den Beitrag von Hercher in diesem Band) Teil der Prüfung, sollten klare Anweisungen zur Erstellung von konstruktivem Feedback gegeben werden, dabei kann auch Feedback der Studierenden in die Bewertung einfließen, denn dadurch wird eine geeignete **Feedback-Kultur** ermöglicht.

Nach Abschluss der Prüfungen sollten sich die Lehrenden Zeit für die Evaluation nehmen. Die in Abschnitt 2.2 und 2.3 genannten Prüfungsformen sind prinzipiell sowohl in Einzel- als auch in Gruppenprüfungen umsetzbar. Bei Gruppenprüfungen müssen die Beiträge jedes:jeder Einzelnen sichtbar sein.

Es werden zum Teil verschiedene Prüfungsformen kombiniert. Der Einsatz von Teilprüfungen ist rechtlich nicht uneingeschränkt möglich. Entsprechend der Vorgaben für die Akkreditierung dürfen zur Reduzierung der Prüfungslast Module nur mit einer Prüfung abgeschlossen werden (Schaper, 2016). Schaper (2016) beschreibt jedoch eine Ausnahme: »Abweichungen von der Regel, dass Module mit einer Prüfung abgeschlossen werden, sind also dann möglich, wenn damit das intendierte Ziel einer angemessenen Prüfungsbelastung unter Wahrung der Grundsätze kompetenzorientierten Prüfens erreicht wird« (Auslegung der ländergemeinsamen Strukturvorgaben durch den Akkreditierungsrat AR 48/2013; zitiert nach Schaper, 2016, S. 8).

2.2 Simulation beruflicher Aufgabenbereiche

Die Demonstration praktischer Fähigkeiten und Kompetenzen der Studierenden in einem konkreten Anwendungskontext ist ein zentraler Fokus praktischer Prüfungen. Entsprechend spielt die Simulation, also die Nachbildung und Modellierung eines realen oder hypothetischen Systems und demnach einer beruflichen Situation, eine wesentliche Rolle. Das Studium soll Studierende auch auf die Berufspraxis vorbereiten und praktische Prüfungen bieten die Möglichkeit, diese Vorbereitung zu unterstützen und zu überprüfen (Hochschulrektorenkonferenz, 2010; Schaper et al., 2012).

Je nach Fachdisziplin können unterschiedliche berufliche Simulationsszenarien von Bedeutung sein und in verschiedene praktische Prüfungsformen übertragen werden. Die Projektarbeit (siehe Abschnitt 2.2.1) ist in vielen beruflichen Kontexten von Bedeutung und auch im Rahmen des E-Planspiels (siehe Abschnitt 2.2.2) können verschiedene berufliche Szenarien aufgegriffen werden. »Moot Courts« (siehe Abschnitt 2.2.3) – simulierte Gerichtsverhandlungen – sind hingegen vor allem in den Rechtswissenschaften von Bedeutung. In Form Wissenschaftspraktischer Tätigkeiten (siehe Abschnitt 2.2.4 und 2.2.5) werden Prüfungsformen aufgegriffen, die die wissenschaftliche Arbeit betreffen. Sie umfassen praktische Anwendungen, Experimente und Analysen in einem wissenschaftlichen Kontext und verfolgen das Ziel, die Durchführung einer im Fachgebiet üblichen wissenschaftlichen Tätigkeit zu prüfen. Diese kann je nach Disziplin eine andere Ausrichtung haben. In den Naturwissenschaften können beispielsweise Laborversuche oder Feldexperimente durchgeführt werden (Manukjan & Wendt, 2016). Hierbei können Hypothesen getestet sowie Daten gesammelt und ausgewertet werden. In den Sozialwissenschaften kann die Beantwortung einer empirischen Fragestellung und die Dokumentation der Ergebnisse sowie deren schriftliche Zusammenfassung oder Präsentation als wissenschaftliche Tätigkeit gelten (Manukjan & Wendt, 2016). Auch die Durchführung einer Befragung, von Interviews oder Beobachtungen kann in diesem Zusammenhang Teil der Prüfung sein. Dabei sollen stets statistische Verfahren zur Auswertung von Daten, das Anwenden von mathematischen Modellen zur Modellierung von Phänomenen oder das Anwenden von Computeralgorithmen zur Datenanalyse Berücksichtigung finden.

Reflexionsfragen

Inwiefern können Sie praktische Prüfungen unterstützend einsetzen, um die Entwicklung berufsrelevanter Fähigkeiten und die Vorbereitung Ihrer Studierenden auf ihre zukünftigen Tätigkeiten zu fördern?
Wie können Sie sicherstellen, dass praktische Prüfungen die aktuellen Anforderungen des Arbeitsmarktes widerspiegeln und authentische Simulationsszenarien enthalten?

2.2.1 Projektarbeit

Definition

Eine **Projektarbeit** ist eine Form der Wissensvermittlung und -anwendung, bei der Studierende ein konkretes Projekt entwickeln, planen, durchführen und dokumentieren. Studierende erhalten eine praxis- und prozessorientierte Aufgabenstellung, die sich an den zukünftigen betrieblichen Einsatzfeldern der Studierenden orientiert und in Kooperation mit einem Unternehmen durchgeführt werden kann (Blumenfeld et al., 1991). Um eine Projektarbeit als praktische Prüfung einzusetzen, können die Studierenden ein eigenes Projekt oder ein vorgegebenes Thema auswählen und in einem bestimmten Zeitrahmen bearbeiten.

Eine Projektarbeit beginnt mit der Festlegung eines klaren Ziels und einer konkreten Problemstellung. Ein Zeitplan wird erstellt, der Meilensteine und Aufgaben des Projekts definiert. Die Genehmigung des Themas erfolgt durch die Bildungseinrichtung. Bei Gruppenarbeiten wird anschließend das Team gebildet, das das Projekt gemeinsam angeht.

Der Ablauf gliedert sich in verschiedene Phasen: Zunächst wird ein geeignetes Projekt bestimmt und danach dessen Ziele und Erwartungen festgelegt. Anschließend erfolgt die Planung, in der ein detaillierter Projektablauf mit Arbeitspaketen, Ressourcen- und Zeitplanung entwickelt wird. Die Durchführung beinhaltet die Umsetzung der geplanten Schritte sowie die Sammlung von Daten und Erfahrungen. Ein weiterer wichtiger Aspekt ist die Dokumentation in Form einer ausführlichen Beschreibung des Projekts, inklusive Vorgehensweise, Ergebnissen, Problemen und Lösungen. Abschließend erfolgen die Präsentation vor einer Prüfungskommission sowie die Diskussion der Ergebnisse.

Die Projektarbeit wird anhand unterschiedlicher Kriterien bewertet: Dazu gehören die Qualität der Umsetzung, die Tiefe der Analyse und Reflexion, die Originalität der Ideen, die Teamarbeit, die Kommunikations- und Präsentationsfähigkeit sowie die Einhaltung des Zeitplans.

Projektarbeiten ermöglichen eine ganzheitliche Bewertung der Studierenden, da sowohl das Ergebnis als auch der gesamte Prozess der Arbeit bewertet werden können. Die Studierenden erlernen und erfahren die Anwendung ihres Wissens in realitätsnahen Situationen. Sie arbeiten eigenständig an ihrem Projekt und entwickeln ihre Problemlösungsfähigkeiten weiter. Projektarbeiten ermöglichen das Arbeiten in Teams, wodurch die Fähigkeit zur Zusammenarbeit und Kommunikation verbessert wird. Da Projektarbeiten zeitlich begrenzt sind, lernen die Studierenden, ihre Zeit effizient einzuteilen und Fristen einzuhalten. Zudem sind Studierende oft motivierter, sich selbstständig und aktiv mit einem Projektthema auseinanderzusetzen, als bei rein theoretischen Prüfungsformen (Blumenfeld et al., 1991).

2.2.2 (E-)Planspiel

Definition

(E-)Planspiele sind interaktive Lernmethoden, bei denen die Teilnehmenden in einer simulierten Umgebung realistische Entscheidungen treffen und deren Auswirkungen erleben können. Dabei werden meist komplexe betriebswirtschaftliche, politische oder strategische Situationen nachgestellt. Im Bereich der Hochschullehre können Planspiele als praktische Prüfungen eingesetzt werden, um den Studierenden die Möglichkeit zu geben, ihr theoretisches Wissen in einer realitätsnahen Umgebung anzuwenden, komplexe Problemstellungen zu analysieren, Entscheidungen zu treffen und die Konsequenzen zu erleben.

Für die Vorbereitung von (E-)Planspielen müssen Lehrkräfte die Regeln und den Ablauf festlegen.

Der Ablauf eines (E-)Planspiels beinhaltet, dass die Studierenden vorgegebene Rollen übernehmen und bestimmte Interessen vertreten. Sie interagieren mit anderen

Teilnehmer:innen und handeln in Bezug auf das vorgegebene Problem. Diese Simulationen sollen die Studierenden auf die Komplexität praktischer Situationen vorbereiten. Planspiele ermöglichen das Ausprobieren, Experimentieren und Treffen von Entscheidungen ohne größere negative Auswirkungen in der realen Welt (Manukjan & Wendt, 2016). Die Bewertung eines (E-)Planspiels erfolgt anhand der Qualität der getroffenen Entscheidungen, der Fähigkeit zur Anwendung des Wissens und der Reflexion über den Verlauf der Simulation.

Planspiele können in der Hochschullehre als praktische Prüfungen verwendet werden, um den Studierenden die Anwendung ihres theoretischen Wissens in realitätsnahen Umgebungen zu ermöglichen (Kriz, 2000). Dabei können sie nicht nur komplexe Problemstellungen analysieren und Entscheidungen treffen, sondern auch Soft Skills wie Teamarbeit, Kommunikation und Entscheidungsfähigkeit entwickeln. Die Verwendung von Planspielen als alternative Form der Leistungsbewertung kann von den Studierenden als motivierender empfunden werden als klassische Klausuren oder Hausarbeiten (Trautwein, 2011). Zudem bieten Planspiele eine praxisnahe Vorbereitung auf zukünftige berufliche Herausforderungen und fördern die Zusammenarbeit mit Unternehmen aus der Praxis.

Literaturtipp

Für weitere Informationen zum Planspiel siehe

Kriz, W. (2009). Planspiel. In S. Kühl, P. Strodtholz & A. Taffertshofer (Hrsg.), *Handbuch Methoden der Organisationsforschung* (S. 558-578). VS Verlag für Sozialwissenschaften.

2.2.3 Moot Court

Definition

Ein **Moot Court** ist eine Art von Übungssimulation, bei der Studierende rechtliche Fälle nachstellen und vor einem fiktiven Gericht verhandeln (Guliuzza, 1991; Ringel, 2004). Dabei übernehmen die Studierenden die Rolle von Anwält:innen oder Richter:innen und präsentieren ihre Argumentation vor einer Jury oder einem:einer Dozent:in. Ziel ist es, juristisches Wissen in der Praxis zu erproben. Dabei kann der Moot Court auch auf andere Bereiche übertragen werden, um Verhandlungen und Besprechungen zu erproben.

Voraussetzung für die Durchführung eines Moot Court ist zunächst die Entscheidung, wer an dem Wettbewerb teilnehmen soll. Anschließend werden Fachleute eingeladen und die inhaltliche Gestaltung festgelegt.

Der Ablauf eines Moot Courts gliedert sich in mehrere Phasen: Zunächst wird ein konkreter Fall vorgegeben, auf den sich die Teams vorbereiten. Dann beginnt die mündliche Verhandlung vor einem:einer Richter:in oder einem Richter:innengremium, in der die Teams ihre Argumente vortragen. Die Gegenseite hat die Möglichkeit, darauf zu reagieren und Gegenargumente vorzubringen. Währenddessen stellt der:die Richter:in oder das Richter:innengremium Fragen, um die Argumente zu überprüfen. Abschließend wird das Urteil verkündet und das beste Team ausgezeichnet.

Die Bewertung basiert auf der juristischen Recherche und der Fähigkeit der Studierenden, Gesetze und Präzedenzfälle anzuwenden. Die Bewertung in den anderen Fachbereichen kann auf der Grundlage verschiedener Kriterien wie Inhalt, Argumentation, Präsentation und Verhandlungsführung erfolgen.

Im Bereich der Hochschullehre kann ein Moot Court als praktische Prüfung eingesetzt werden, um den Studierenden eine **realitätsnahe Erfahrung** zu bieten und ihr Verständnis für die praktische Anwendung des gelernten Rechtsstoffs zu verbessern. Die Studierenden haben die Möglichkeit, ihre Fähigkeiten in der Recherche, der Präsentation von rechtlichen Argumenten und der Entwicklung von Rechtsstrategien zu demonstrieren. Der Einsatz eines Moot Courts ermöglicht den Studierenden, auch interaktives Lernen und Teamarbeit zu praktizieren, da sie in Gruppen arbeiten und lernen müssen, einander zu unterstützen. Durch die praktische Anwendung des Rechtsstoffs können die Studierenden ihr kritisches Denken und ihre Problemlösungsfähigkeiten verbessern. Darüber hinaus fördert ein Moot Court auch das Selbstvertrauen der Studierenden und bereitet sie auf zukünftige berufliche Herausforderungen vor, insbesondere für eine Tätigkeit als Anwalt oder Anwältin oder Richter:in. Obwohl es schwierig sein kann, den Moot Court direkt in andere Fachbereiche zu übertragen, können einige Elemente des Moot-Court-Konzepts angepasst und angewendet werden, um ähnliche Ziele zu erreichen. Im Folgenden sind einige Möglichkeiten aufgeführt, wie ein Moot Court in andere Fachbereiche integriert werden kann.

Beispiel

Verschiedene Möglichkeiten der Umsetzung eines Moot Courts

Case Studies und Präsentationen: Anstelle einer Simulation eines vollständigen Gerichtsverfahrens können in anderen Fachbereichen Fallstudien oder Präsentationen zu spezifischen Themen erstellt werden. Studierende könnten Fallstudien analysieren, strukturierte Argumentationen entwickeln und ihre Argumente in Form von Präsentationen oder Diskussionen vortragen.

Verhandlungen: Bei einer Verhandlungssimulation nehmen Studierende die Rolle von Verhandlungsteilnehmenden ein. Sie müssen Verhandlungsgeschick zeigen, um Konflikte zu lösen und eine Einigung zu erzielen. Dies fördert mündliche Kommunikationsfähigkeiten und die Fähigkeit, Konsens in Konfliktsituationen in einem realen Kontext zu lösen.

Pro- und Kontra-Debatten: In einer Debatte müssen Studierende verschiedene Standpunkte zu einem Thema vertreten und auf Gegenargumente reagieren. Dies fördert das argumentative Denken und die mündliche Kommunikation, da sie ihre Position überzeugend darstellen und auf die Argumente anderer Teilnehmenden reagieren müssen.
Schriftliche Ausarbeitungen mit mündlicher Verteidigung: Studierende verfassen schriftliche Ausarbeitungen zu einem Thema und präsentieren ihre Argumentation mündlich vor einer Prüfungskommission. Dies fördert die Fähigkeit, komplexe Sachverhalte schriftlich zu analysieren und mündlich zu präsentieren, sowie das argumentative Denken.

2.2.4 Wissenschaftspraktische Tätigkeit – Experimentelle Arbeit

Definition

Das **Experiment** beschreibt einen wissenschaftlichen Versuch mit dem Ziel des Erkenntnisgewinns unter Veränderung verschiedener Parameter. Experimentelle Arbeit findet in vielen Disziplinen Anwendung.

Eine experimentelle Arbeit beginnt mit der Vorbereitung von Experimenten oder Versuchen, einschließlich der Bereitstellung von Anweisungen und Materialien und der Unterstützung der Studierenden bei Fragen oder Problemen.

Während der Durchführung sollen die Studierenden das Experiment sowohl theoretisch vorbereiten als auch den Versuchsaufbau planen und durchführen. Die Arbeitsschritte, der Versuchsablauf und die Ergebnisse sind in einer schriftlichen Arbeit detailliert darzustellen und kritisch zu bewerten (Manukjan & Wendt, 2016). In den Lehrveranstaltungen sollen die notwendigen theoretischen Grundlagen vermittelt werden und es soll ein Angebot an praktischen Laborversuchen und Forschungsprojekten geben, um die Fähigkeiten der Studierenden in der Durchführung und Auswertung von Experimenten zu verbessern. Ein Prüfungsraum muss die Durchführung der Experimente ermöglichen und über die notwendige Laborausstattung verfügen, die den wissenschaftlichen Anforderungen des jeweiligen Fachgebiets entspricht.

Die Bewertung erfolgt auf Grundlage der Qualität der durchgeführten Experimente, der Datenanalyse, der Schlussfolgerungen und des wissenschaftlichen Ansatzes.

Diese Art der Prüfung ermöglicht es den Studierenden, ihre Fähigkeiten in der Forschung, im Experimentieren und im Problemlösen zu demonstrieren. Sie bietet auch eine Hands-on-Erfahrung, die den Studierenden dabei hilft, ihre praktischen Fertigkeiten und ihr Verständnis der theoretischen Konzepte zu verbessern.

2.2.5 Wissenschaftspraktische Tätigkeiten - Peer-Review-Verfahren

Definition

Ein **Peer-Review-Verfahren** ist ein Evaluationsverfahren, bei dem Fachleute einer bestimmten Disziplin (Peers) wissenschaftliche Arbeiten, Forschungsprojekte oder andere Arbeiten innerhalb der eigenen Disziplin begutachten und bewerten (Spier, 2002).
Im Bereich der Hochschullehre kann das Peer-Review-Verfahren als praktische Prüfung eingesetzt werden, um die Fähigkeiten der Studierenden in den Bereichen Forschung, Kritikfähigkeit und wissenschaftliches Schreiben zu fördern und zu bewerten (Baker, 2016). Sowohl die formative Beurteilung während des Semesters als auch der Perspektivwechsel, den die Studierenden in ihren Rollen als Begutachtete und Gutachter:innen einnehmen, wirken sich förderlich auf die Motivation und den Lernerfolg der Studierenden aus (Manukjan & Wendt, 2016; Serrano-Aguilera et al., 2021).

Ein Peer-Review-Verfahren beginnt mit einer klaren Formulierung der Lernziele und der Aufgabenstellung sowie dem Zugang zu Ressourcen wie Literatur, Forschungsdaten und Softwaretools.

Während des Verfahrens erarbeiten die Studierenden ein Produkt, das Texte, Medienprodukte, Hausarbeiten, Videos o.Ä. umfassen kann. Anschließend begutachten die Studierenden gegenseitig ihre Leistungen und geben sich Feedback, auf dessen Grundlage das Ergebnis dann überarbeitet wird.

Die Bewertung erfolgt auf der Grundlage der Qualität der durchgeführten Peer-Reviews, der konstruktiven Rückmeldungen und der Fähigkeit zur kritischen Beurteilung.

Durch den Austausch und die gegenseitige Bewertung von Arbeiten wie Hausarbeiten, Essays oder Projekten erhalten die Studierenden konstruktives Feedback und lernen von ihren Peers. Die Beteiligung an Peer-Reviews trägt zum Diskurs und einem intensiveren Engagement der Studierenden bei und ermöglicht ihnen, ihre Meinungen und Ideen mit anderen Studierenden zu teilen. Das Peer-Review-Verfahren ermöglicht zudem eine breitere Perspektive auf die Qualität und den wissenschaftlichen Wert der Arbeiten, da das Feedback der Peers zusätzliche Aspekte oder Sichtweisen liefern kann. Insgesamt trägt das Peer-Review-Verfahren dazu bei, dass Studierende ihre Fähigkeiten verbessern, von anderen lernen und eine aktivere Rolle in ihrem eigenen Lernprozess einnehmen. Dabei zeigen Serrano-Aguilera und Kolleg:innen (2021), dass die Studierenden ihre Peers verlässlich (im ähnlichen Maß der Lehrenden) bewerten.

Literaturtipp

Für eine Schritt-für-Schritt-Anleitung eines Peer-Review-Verfahrens siehe

Wichmann, A. (2020, 4. Oktober). Online-Peer-Feedback-Verfahren. *Lehre Laden. Downloadcenter für inspirierte Lehre*. Ruhr-Universität Bochum. https://lehreladen.rub.de/planung-durchfuehrung-kompetenzorientierter-lehre/formatives-pruefen/online-peer-feedback/.

2.3 Berufsunabhängige Prüfungsformen

Berufsunabhängige Prüfungsformen haben zwar berufsbezogene Teilaspekte, fokussieren aber in ihrer Gesamtmethodik und Durchführung alternative Vorgehensweisen.

Reflexionsfragen

Welche kreativen und alternativen Vorgehensweisen haben Sie in Prüfungen bereits angewendet und wie haben sich diese auf das Lernen und die Leistungen der Lernenden ausgewirkt?
Wie können berufsunabhängige Prüfungsformen dazu beitragen, verschiedene Lernstile und -fähigkeiten der Studierenden zu berücksichtigen und zu unterstützen?

2.3.1 Zukunftswerkstatt

Definition

Eine **Zukunftswerkstatt** ist eine von Jungk und Müllert (1989) entwickelte Methode, welche in Form eines partizipatorischen Workshops verschiedene Menschen gemeinsam innovative Lösungen für aktuelle Probleme entwickeln und umsetzen lässt. Die Zukunftswerkstatt als Prüfungsform dient als Experimentierraum zur Nutzung von Lernergebnissen, um zunächst unlösbare Probleme zu planen und zu gestalten (Manukjan & Wendt, 2016).

Eine Zukunftswerkstatt beginnt mit der Festlegung eines Themas oder einer Fragestellung und der Bereitstellung von Ressourcen für die kreative Ideenentwicklung.

Der Ablauf gliedert sich in mehrere Schritte: Zunächst erfolgt die Einführung, in der das Thema und der Zweck der Zukunftswerkstatt vorgestellt werden. Danach folgt die Problemanalyse, bei der die Teilnehmenden in Gruppenarbeit das Problem analysieren und ein umfassendes Verständnis entwickeln. Anschließend werden im Ideenfindungsprozess Lösungsideen entwickelt, wobei alle Ideen gesammelt werden, ohne sie zu bewerten. Nach der Ideenfindung werden die Lösungsideen präsentiert, diskutiert und die besten Ideen ausgewählt. Es folgt die Umsetzungsplanung, in der die ausgewählten Ideen detailliert ausgearbeitet und Maßnahmen zur Umsetzung festgelegt werden. Abschließend werden die Lösungskonzepte präsentiert und diskutiert (Manukjan & Wendt, 2016).

Die Bewertung erfolgt anhand verschiedener Kriterien wie der Zusammenarbeit des Teams, der Umsetzbarkeit der Lösung, der Einzigartigkeit der Ideen, der Präsentationsfähigkeit und der Reflexionsfähigkeit der Studierenden sowie der praktischen Relevanz der Lösungen.

Eine Zukunftswerkstatt als praktische Prüfung bietet den Studierenden die Möglichkeit, ihre Problemlösungskompetenz, Kreativität und Teamarbeit in einem realen Kontext zu demonstrieren. Gleichzeitig ermöglicht sie eine aktive Auseinandersetzung mit relevanten Themen sowie die Förderung innovativen Denkens.

Merke

Es ist wichtig, dass alle Teilnehmenden aktiv eingebunden werden und die Möglichkeit haben, ihre Ideen und Meinungen einzubringen. Außerdem sollten im Ideenfindungsprozess alle Ideen zugelassen und gesammelt werden, ohne sie zu bewerten.

2.3.2 Prüfungsparcours

Definition

Prüfungsparcours sind praktische Prüfungen, bei denen Studierende verschiedene Aufgaben oder Stationen absolvieren müssen, um ihre Fähigkeiten und Kenntnisse in einem bestimmten Fachbereich zu zeigen.
Ein Prüfungsparcours kann je nach Fachbereich und getesteten Fähigkeiten verschiedene Formen annehmen. Beispielsweise könnten sich die Stationen auf verschiedene praktische Aufgaben, Experimente, Fallstudien, Simulationen, Rollenspiele, aber auch Fragebogen- oder Wissenstests beziehen. Die Studierenden müssen jede Station einzeln abschließen und können je nach Fachbereich beispielsweise schriftliche Berichte, mündliche Präsentationen oder praktische Umsetzungen abgeben.

Ein Prüfungsparcours erfordert eine gründliche Vorbereitung der Aufgabenstellung und Stationen, die entsprechend der Lernziele und des Lehrstoffs verschiedene Aspekte des Themas abdecken und unterschiedliche Fähigkeiten und Kompetenzen testen. Dafür sind geeignete Räumlichkeiten und Materialien erforderlich, ebenso wie ausreichend Zeit, um den Parcours ohne übermäßigen Zeitdruck abzuschließen. Aufgrund des intensiven Vorbereitungsaufwands und des hohen Bedarfs an Personal können weitere Lehrkräfte, Fachkräfte oder Studierende für die Betreuung der einzelnen Stationen einbezogen werden (Manukjan & Wendt, 2016). Während des Ablaufs werden den Studierenden sechs bis 20 Aufgaben oder Stationen gestellt, die sie in einer vorgegebenen Zeit lösen müssen. Die Studierenden durchlaufen die verschiedenen Stationen rotierend und erhalten die Aufgabenstellung entweder mündlich vorgelesen oder schriftlich ausgehändigt. Die Festlegung klarer Bewertungskriterien und Standards ist für eine objektive Bewertung besonders wichtig. Die einzelnen Prüfungsaufgaben werden mit Punkten bewertet, die am Ende der Station zu einer Gesamtpunktzahl addiert werden (Manukjan & Wendt, 2016).

Beispiel

Simulation von realen Szenarien als Prüfungsparcours

Ein Prüfungsparcours kann entworfen werden, um eine realistische Situation aus dem Arbeitsumfeld des gewünschten Fachbereichs nachzustellen. Durch die Bewältigung der Aufgaben im Parcours können die Studierenden zeigen, dass sie die erforderlichen Fähigkeiten und Kenntnisse besitzen, um in der Praxis erfolgreich zu sein. Prüfungsparcours können als **multidisziplinäre Prüfung** genutzt werden, um das Wissen und die Fähigkeiten der Studierenden in verschiedenen Disziplinen zu überprüfen. An verschiedenen Stationen im Parcours können Aufgaben aus verschiedenen Fachbereichen gestellt werden, um ein umfassendes Verständnis und Fähigkeiten zu bewerten.

Prüfungsparcours können auch als **Gruppenaktivitäten** gestaltet werden, bei denen die Studierenden in Teams zusammenarbeiten, um bestimmte Aufgaben oder Probleme zu lösen. Dies ermöglicht die Bewertung von Teamarbeit, Kommunikation und Problemlösungsfähigkeiten der Studierenden.

Prüfungsparcours bieten die Möglichkeit, die Reaktionsfähigkeit und Stressresistenz der Studierenden zu testen. Indem Zeitlimits für die Aufgaben im Parcours gesetzt werden, können die Studierenden ihre Fähigkeit unter Beweis stellen, effizient unter Druck zu arbeiten (**zeitgesteuerte Prüfungen**).

Darüber hinaus können Prüfungsparcours verwendet werden, um die **praktischen Fertigkeiten** der Studierenden zu bewerten, etwa im Handwerk oder in der Laborarbeit. Beim Absolvieren der verschiedenen Aufgaben im Parcours können die Studierenden zeigen, dass sie die notwendigen praktischen Fähigkeiten beherrschen.

Durch die Integration verschiedener Stationen oder Aufgaben im Parcours können unterschiedliche Aspekte des Lehrstoffs und verschiedene Fähigkeiten getestet werden. Dies ermöglicht eine umfassendere Bewertung der Studierenden. Prüfungsparcours stärken kritische Denk- und Problemlösungsfähigkeiten, da die Studierenden vor verschiedenen Herausforderungen stehen. Sie erfordern Zeitmanagement, Entscheidungsfindung und die Fähigkeit zur Anpassung an wechselnde Anforderungen. Studierende sind während eines Prüfungsparcours aktiv in den Prüfungsprozess involviert. Dies fördert die aktive Teilnahme, Motivation und Engagement, was zu einem vertieften Verständnis und langfristigem Wissenserwerb führen kann. Wenn klare Bewertungskriterien und Aufgabenstellungen für jede Station festgelegt sind, schafft dies Transparenz und Fairness im Prüfungsprozess. Die Studierenden wissen, was von ihnen erwartet wird, und die Bewertung ist nachvollziehbar. Die Vielfalt der Prüfungsstationen kann dazu beitragen, Prüfungsangst zu reduzieren, da die Studierenden verschiedene Chancen haben, ihr Wissen und ihre Fähigkeiten zu zeigen.

Literaturtipp

Für weitere Informationen zu Prüfungsparcours sowie ein Praxisbeispiel aus der Medizin siehe

Burger, A. (2012, 4. November). Theorie und Praxis überprüfbar machen: Parcours-Prüfung in der Medizin (OSCE). *Lehre Laden. Downloadcenter für inspirierte Lehre.* Ruhr-Universität Bochum. https://lehreladen.rub.de/planung-durchfuehrung-kompetenzorientierter-lehre/kompetenz-pruefen/praxisbeispiele-pruefen/parcours-pruefung-in-der-medizin/.

2.3.3 Expert:innengruppe

Definition

Expert:innengruppen oder Gruppenpuzzle sind Kooperationsformen in der Lehre, bei denen die Lernenden in Gruppen zusammenarbeiten, um gemeinsam ein Problem oder eine Aufgabe zu lösen. Das thematische Material wird im Voraus in Expert:innengruppen aufgeteilt. Jedes Gruppenmitglied kann so ein bestimmtes Wissen oder eine bestimmte Fertigkeit entwickeln. Im Anschluss daran werden neue Gruppen gebildet, in denen jedes Mitglied ein:e Expert:in für das jeweilige Thema ist. Diese neuen Gruppen arbeiten dann zusammen, um das gesamte Wissen zusammenzutragen und so das Problem zu lösen oder die Aufgabe zu bearbeiten.

Eine Expert:innengruppe beginnt mit der Verteilung der Themen und stellt sicher, dass die notwendigen Ressourcen und Informationen für die Studierenden zur Verfügung stehen.

Der Ablauf gliedert sich typischerweise in drei Phasen: Zunächst werden die Teilnehmenden in Expert:innengruppen aufgeteilt. Während der Expert:innenarbeit gibt es verschiedene Schritte, die sich je nach Thema und Zielsetzung der Gruppe unterscheiden können. Die Studierenden erarbeiten selbstständig ihr zugewiesenes Thema und erreichen Expert:innenstatus in diesem Bereich. Dabei vertiefen sie ihr Wissen in den Expert:innengruppen und überlegen gemeinsam, wie sie ihr Wissen an ihre Kommiliton:innen weitergeben können. Danach erstellen die Gruppen ein Handout als schriftlichen Leistungsnachweis bevor die Gruppen neu zusammengesetzt werden und jede eine:n Expert:in für verschiedene Themengebiete haben sollte. Abschließend vermittelt jede:r Expert:in ihr oder sein Wissen den anderen als mündlichen Leistungsnachweis (Manukjan & Wendt, 2016). Dieser Prozess kann auch in Form eines Peer-Reviews durchgeführt werden (siehe Abschnitt 2.2.5).

Bei der Bewertung können verschiedene Kriterien herangezogen werden, darunter die inhaltliche Genauigkeit, verständliche Darstellung, Relevanz der Informationen, effektive Kommunikation, Zusammenarbeit und Teamarbeit, Zeitmanagement sowie kritische Reflexion.

Expert:innengruppen oder Gruppenpuzzle werden in der Hochschullehre eingesetzt, um das Wissen der Studierenden anzuwenden und ihre Kooperations- und Teamfähigkeit zu fördern. Die Studierenden arbeiten in Gruppen zu verschiedenen Themen und präsentieren ihre Ergebnisse in einer abschließenden Prüfung. Dies ermöglicht ein besseres Verständnis des Lernstoffs und fördert die Fähigkeit, komplexe Themen zu erklären. Die Prüfung kann in verschiedenen Formaten stattfinden. Der Einsatz von Gruppen ermöglicht den Studierenden, ihr Wissen auf realistische Weise anzuwenden und unterschiedliche Perspektiven zu nutzen, um ganzheitliche Lösungsansätze zu entwickeln. Dies stärkt sowohl das fachliche Wissen als auch die überfachlichen Kompetenzen der Studierenden.

3. Zusammenfassung

Praktische Prüfungen sind eine bedeutende Form der Leistungsbeurteilung im Hochschulkontext, die es ermöglicht, die erworbenen Fähigkeiten und Fertigkeiten der Studierenden durch praktische Anwendungen zu überprüfen. Sie spielen eine wesentliche Rolle bei der Förderung von praktischen Erfahrungen, Problemlösungskompetenz und kritischem Denken. Die Einordnung praktischer Prüfungen in den Gesamtdiskurs des kompetenzorientierten Prüfens zeigt ihre Bedeutung als Ergänzung zu schriftlichen und mündlichen Prüfungen. Sie gewährleisten eine Vielfalt der Prüfungslandschaft sowie eine angemessene Bewertung von erlernten Kompetenzen und ermöglichen eine umfassende Überprüfung von fachlichen, methodischen, sozialen und Selbstkompetenzen auf verschiedenen Niveaustufen.

Unter den verschiedenen Formen praktischen Prüfens werden Simulationen beruflicher Aufgabenbereiche sowie berufsunabhängige Prüfungsformen unterschieden. Diese umfassen eine Vielzahl von Methoden wie Projektarbeiten, Planspiele, Moot Courts, Wissenschaftspraktische Tätigkeiten und Zukunftswerkstätten. Jede dieser Formen bietet spezifische Möglichkeiten zur Demonstration von Fähigkeiten und zur Förderung von Schlüsselkompetenzen wie Teamarbeit, Problemlösung und kritischem Denken.

Die Planung und Durchführung praktischer Prüfungen erfordert sorgfältige Überlegungen zur Gestaltung, Bewertung und Durchführung, um Transparenz, Fairness und Effektivität zu gewährleisten. Klare Bewertungskriterien, eine angemessene Prüfungsumgebung und die Berücksichtigung unterschiedlicher Bedürfnisse der Studierenden sind entscheidend für den Erfolg praktischer Prüfungen. Letztlich tragen diese Prüfungen dazu bei, die Studierenden optimal auf die Anforderungen der Arbeitswelt vorzubereiten und ihre Fähigkeit zur Anwendung des erlernten Wissens zu stärken.

4. Literatur

Anderson, l. W. & Krathwohl, D. R. (Hrsg.) (2001). *A taxonomy for learning, teaching, and assessing. A revision of Bloom's taxonomy of educational objectives*. Longman.

Arbeitsstelle für Hochschuldidaktik der Universität Zürich (2010). Taxonomie-Matrix zur Analyse und Selbstevaluation von Hochschullehre (TAMAS). *Dossier Unididaktik*, 1(10). Universität Zürich. https://fd.phwa.ch/wordpress/wp-content/uploads/2015/02/Taxonomiestufen-Hochschuldidaktik.pdf

Baker, K. M. (2016). Peer review as a strategy for improving students' writing process. *Active Learning in Higher Education*, *17*(3), 179–192.

Bloom, B. S., Engelhart, M. D., Furst, E. J., Hill, W. H. & Krathwohl, D. R. (1956). *Taxonomy of educational objectives: The classification of educational goals. Handbook 1: Cognitive domain* (S. 1103–1133). Longman.

Blumenfeld, P. C., Soloway, E., Marx, R. W., Krajcik, J. S., Guzdial, M. & Palincsar, A. (1991). Motivating project-based learning: Sustaining the doing, supporting the learning. *Educational psychologist*, *26*(3-4), 369–398.

Burger, A. (2012, 4. November). Theorie und Praxis überprüfbar machen: Parcours-Prüfung in der Medizin (OSCE). *Lehre Laden. Downloadcenter für inspirierte Lehre.* Ruhr-Universität Bochum. https://lehreladen.rub.de/planung-durchfuehrung-kompetenzorientierter-lehre/kompetenz-pruefen/praxisbeispiele-pruefen/parcours-pruefung-in-der-medizin/

Eimer, A., Knauer, J., Kremer, I., Nowak, T. & Schröder, A. (2019). *Employability als ein Ziel des Universitätsstudiums: Grundlagen, Methoden, Wirkungsanalyse*. wbv Media.

Gröblinghoff, F. (2015). Lernergebnisse praktisch formulieren. *HRK nexus. Impulse für die Praxis*, *2*(6). https://www.hrk-nexus.de/fileadmin/redaktion/hrk-nexus/07-Downloads/07-02-Publikationen/Lernergebnisse_praktisch_formulieren_01.pdf

Guliuzza, F. (1991). In-class debating in public law classes as a complement to the socratic method. *PS: Political Science & Politics*, *24*(4), 703–705.

Hochschulrektorenkonferenz (2010). *Zum Bologna-Prozess nach 2010. Entschließung der 5. Mitgliederversammlung am 27.01.2009*. https://www.hrk.de/uploads/tx_szconvention/Entschliessung_Bologna.pdf

Hochschulrektorenkonferenz & Kultusministerkonferenz (2017). *Qualifikationsrahmen für deutsche Hochschulabschlüsse*. https://www.hrk.de/fileadmin/redaktion/hrk/02-Dokumente/02-03-Studium/02-03-02-Qualifikationsrahmen/2017_Qualifikationsrahmen_HQR.pdf

Jungk, R. & Müllert, N. R. (1989). *Zukunftswerkstätten*. Heyne.

Jungk, R. & Müllert, N. R. (1989). *Zukunftswerkstätten: Mit Phantasie gegen Routine und Resignation*. Verlag Volk und Welt.

Kriz, W. C. (2009). Planspiel. In S. Kühl, P. Strodtholz & A. Taffertshofer (Hrsg.), *Handbuch Methoden der Organisationsforschung* (S. 558–578). VS Verlag für Sozialwissenschaften.

Kriz, W. C. (2000). »Gestalten« von/in Lernprozessen im Training von Systemkompetenz. *Gestalt Theory, 23*, 185–207.

Manukjan, A. & Wendt, C. (2016). Leitfaden Prüfungsentwicklung: Ein kompetenzorientierter Ansatz. *Magdeburger Beiträge zur Hochschulentwicklung, 5*(7). Otto-von-Guericke-Universität Magdeburg.

Metzger, C. & Nüesch, C. (2004). *Fair prüfen. Ein Qualitätsleitfaden für Prüfende an Hochschulen*. Institut für Wirtschaftspädagogik St. Gallen.

Rapp, S. (2014). Entscheidungshilfen zur Wahl der Prüfungsform. Eine Handreichung zur Prüfungsgestaltung. *zlw working paper, 1*. zlw. https://www.zlw.uni-stuttgart.de/dokumente/Hochschuldidaktik/zlw_working_paper_01.2014.pdf

Ringel, L. S. (2004). Designing a moot court: What to do, what not to do, and suggestions for how to do it. *PS: Political Science & Politics, 37*(3), 459–465.

Schaper, N. (2016). Modularisierung gestalten. Spielräume optimal nutzen. *HRK nexus. Impulse für die Praxis, 10*(2). https://www.hrk-nexus.de/fileadmin/redaktion/hrk-nexus/07-Downloads/07-02-Publikationen/Impuls_Modularisierung_gestal ten.pdf

Schaper, N., Reis, O., Wildt, J., Horvath, E. & Bender, E. (2012). *Fachgutachten zur Kompetenzorientierung in Studium und Lehre*. Hochschulrektorenkonferenz. https://www.hrk-modus.de/media/redaktion/Downloads/Publikationen/nexus/fachgut achten_kompetenzorientierung_schaper.pdf

Schröder, M. (2015). Kompetenzorientiert prüfen: zum Lernergebnis passende Prüfungsaufgaben. *HRK nexus. Impulse für die Praxis, 4*(6). Hochschulrektorenkonferenz. https://www.hrk-nexus.de/fileadmin/redaktion/hrk-nexus/07-Downloads/07-02-Publikationen/HRK_Ausgabe_4_Internet.pdf

Schubarth, W. (2015). Beschäftigungsfähigkeit als Bildungsziel an Hochschulen. *Aus Politik und Zeitgeschichte, 65*, 18–19.

Serrano-Aguilera, J. J., Tocino, A., Fortes, S., Martín, C., Mercadé-Melé, P., Moreno-Sáez, R., Muñoz, A., Palomo-Hierro, S. & Torres, A. (2021). Using peer review for student performance enhancement: Experiences in a multidisciplinary higher education setting. *Education Sciences, 11*(2), 71. https://doi.org/10.3390/educsci11020071

Spier, R. (2002). The history of the peer-review process. *Trends in Biotechnology, 20*(8), 357–358.

Trautwein, C. (2011). *Unternehmensplanspiele im industriebetrieblichen Hochschulstudium: Analyse von Kompetenzerwerb, Motivation und Zufriedenheit am Beispiel des Unternehmensplanspiels TOPSIM*. Springer-Verlag.

Wichmann, A. (2020, 4. Oktober). Online-Peer-Feedback-Verfahren. *Lehre Laden. Downloadcenter für inspirierte Lehre.* Ruhr-Universität Bochum. https://lehreladen.rub.de/planung-durchfuehrung-kompetenzorientierter-lehre/formatives-pruefen/online-peer-feedback/

Wildt, J. & Wildt, B. (2011). Lernprozessorientiertes Prüfen im »Constructive Alignment«. Auf dem Weg zur Entwicklung der Qualität von Lehre und Studium. *Neues Handbuch Hochschullehre, H 6.1.*

Wolter, A. & Banscherus, U. (2012). Praxisbezug und Beschäftigungsfähigkeit im Bologna-Prozess – »A never ending story«? In W. Schubarth, K. Speck, A. Seidel, C. Gottmann, C. Kamm & M. Krohn (Hrsg.), *Studium nach Bologna: Praxisbezüge stärken?! Praktika als Brücke zwischen Hochschule und Arbeitsmarkt* (S. 21–36). Springer VS.

RECHTLICHE DIMENSIONEN DES PRÜFENS

Jörg Aßmann

Schlagworte

Prüfungsrecht, Grundprinzipien des Prüfungsrechts, digitale Prüfungen

Orientierung

Ziel des Beitrags ist es, der Leserschaft die beherrschenden Grundprinzipien im Prüfungsrecht näherzubringen, mit denen sie beurteilen können, ob Leistungserfolgskontrollen den rechtlichen Anforderungen entsprechen. Zu Beginn werden Leistungsermittlungen terminologisch dahingehend abgegrenzt, welche Funktionen sie verfolgen müssen, um vom Prüfungsrecht erfasst zu werden. Die Explikation von grundlegenden Rechtsfragen soll Hochschullehrende im Weiteren in die Lage versetzen, sich im prüfungsrechtlichen Bezugsrahmen zurechtzufinden. Abschließend werden die rechtlichen Prüfungskriterien im Kontext von digitalen Prüfungsvorhaben thematisiert.

Leitfragen

Warum zwängen wir das Prüfungsgeschehen in ein ›formalisiertes Korsett‹?
Welche rechtlichen Rahmenbedingungen müssen Hochschullehrende bei der Konzeption von Prüfungen beachten?
Wie wirken sich die prüfungsrechtlichen Grundsätze auf digitale Prüfungen aus?

1. Warum zwängen wir das Prüfungsgeschehen in ein ›formalisiertes Korsett‹?

1.1 Rechtlich relevante Prüfungen

Prüfungen können unterschiedliche Funktionen zugeschrieben werden (Flechsig, 1976). Während **formative** Lernstandskontrollen hauptsächlich darauf abzielen, Lehrenden und Lernenden ein Feedback und eine Orientierung zu geben, inwieweit intendierte Kompetenzziele bereits erreicht worden sind, und dazu beitragen können, dass Lernmotivation, -anstrengungen, -strategien und Zeitmanagement im Lernprozess beibehalten werden, nehmen **summative** Leistungserhebungen im Hochschulbereich zusätzlich eine Selektionsfunktion ein (Müller & Schmidt, 2009). Ihnen kommt die Aufgabe zu, festzuschreiben, wer weiter studieren darf oder den Studiengang erfolgreich abgeschlossen hat, wem der gewünschte Beruf verschlossen bleibt und wie die Leistungen im Verhältnis zu anderen zu sehen sind. Ihre Essenz besteht aus Sicht von Prüfer:innen darin, Leistungen von Prüfungskandidat:innen abzurufen, aus denen geschlossen werden kann, ob sie die Studien- sowie die daraus abgeleiteten curricularen Lernziele erreicht haben. Aus der Perspektive der Prüflinge bietet die Prüfung die Möglichkeit, ihr Leistungsvermögen unter Beweis zu stellen. Während diese Funktionen Modulabschluss- und deren Teilprüfungen ohne weiteres zugeschrieben werden können, darf es als verfehlt angesehen werden, ausschließlich teilnahmeverpflichtende Studienleistungen als Prüfungen zu statuieren. Auch wenn Studienleistungen naturgemäß nur mit bestanden bzw. nicht bestanden bewertet werden und keine Benotung anstreben, ist es mit dem Grundsatz der Chancengleichheit und dem rechtsstaatlichen Bestimmtheitsgebot nicht zu vereinbaren, ungeregelte Festlegungen einer Mindestpräsenz als Konkretisierung der Bestehensgrenze in die Entscheidungshoheit der jeweiligen Lehrkraft zu stellen (Verwaltungsgerichtshof Baden-Württemberg [VGH Mannheim], 2018). Zum einen hat die Legislative, zu der sowohl die Gesetzgebung als auch die gesetzlich legitimierten außerparlamentarischen Institutionen wie Hochschulen als Selbstverwaltungsorgane gehören, dafür Sorge zu tragen, dass für alle Teilnehmer:innen vergleichbarer Prüfungen so weit wie möglich gleiche Prüfungsbedingungen und Bewertungsmaßstäbe gelten und einheitlich angewandt werden (Bundesverwaltungsgericht [BVerwG], 2020a). Zum anderen ist eine Teilnahmepflicht ohne tiefergehende Spezifizierung, zum Beispiel über Fehlzeiten aus wichtigem Grund oder mögliche Ersatzleistungen, für die Betroffenen wenig greifbar, sodass es ihnen kaum gelingen kann, ihr Prüfungsverhalten danach auszurichten (VGH Mannheim, 2018). Abgesehen davon ist allein die Präsenz in einer Lehrveranstaltung nicht zwangsläufig aussagekräftig für das Erreichen von Lernzielen (VGH Mannheim, 2018). Anstatt auf Anwesenheitspflichten zu bestehen, dürfte es zumindest bei Veranstaltungen, die auf reine Wissensvermittlung ausgelegt sind, verhältnismäßiger sein, auf weniger belastende Lernformen wie das Selbststudium zu setzen. Zusammengefasst gilt das Prüfungsrecht nur für berufsbezogene Prüfungen, die Aufschluss darüber geben, ob Prüflinge über diejenigen Kompetenzen disponieren können, die einen Erfolg der Berufsausbildung und eine einwandfreie Berufsausübung versprechen und die im Fall des endgültigen Nichtbestehens die Fortsetzung des Studiums versperren.

Kernaussage

Charakteristikum von Prüfungen ist ihr Anliegen, den Nachweis über das Erreichen von curricularen Studien- und Lernzielen, die Beherrschung von Kompetenzen, zu führen. Mit bloßen Teilnahmeverpflichtungen ist weder diesem Zweck noch den grundlegenden prüfungsrechtlichen Anforderungen Genüge getan. Die strikte Einhaltung des prüfungsrechtlichen Bezugsrahmens gilt allerdings nur für berufszugangsbeschränkende Leistungskontrollen.

Reflexionsfragen

Welche Ziele verfolgen Sie mit Ihren Prüfungsvorhaben?
Setzen Sie mit der Leistungskontrolle berufsbeschränkende Hindernisse?
Bietet Ihr Prüfungsdesign ein Mindestmaß an Bestimmtheit,
um vorgesehene Lern- und Kompetenzziele chancengleich zu ermitteln und
um Lernenden auf ihren Lernpfaden Anhaltspunkte zu geben?

1.2 Summative Prüfungen im Licht der Berufsfreiheit

Berufsbezogene Prüfungen unterliegen der Berufswahlfreiheit. Danach steht dem:der Einzelnen nach dem GG (2022, Art. 12 Abs. 1 S. 1) das Recht zu, einen Beruf frei zu wählen und zur Grundlage seiner:ihrer Lebensführung zu machen. Doch das **Recht auf Berufswahlfreiheit** ist nicht schrankenlos verbürgt, sondern mit den Interessen der Allgemeinheit in Einklang zu bringen (Bundesverfassungsgericht [BVerfG], 1961). Um dieses zu erreichen, darf die Legislative zur Gewährleistung des Schutzes von besonders wichtigen Gemeinschaftsinteressen regelnd in die Berufsfreiheit eingreifen und Voraussetzungen für die Berufsaufnahme und -ausübung schaffen (BVerfG, 1958). Dabei wird ein weiter Beurteilungsspielraum zugestanden, der es erlaubt, unter einem schutzwürdigen Gemeinschaftsgut jedes öffentliche Interesse zu fassen, welches als besonders förderungswürdig betrachtet werden kann. So werden beispielsweise als Rechtfertigung für die Anforderungen an Mediziner:innen und Heilpraktiker:innen der Schutz der Volksgesundheit (Hessischer Verwaltungsgerichtshof [VGH Kassel], 2009; BVerwG, 1983) und für Ingenieur:innen und Architekt:innen die Sicherung der Qualität ihrer Leistungen (Verwaltungsgericht Regensburg, 2013) herangezogen. Genau genommen steht der Gesetzgebung aus wirtschafts-, sozial- und gesellschaftspolitischen Erwägungen heraus die grundlegende Befugnis zu, Berufsbilder zu fixieren und die freie Berufswahl dahingehend zu verengen (BVerfG, 1961). Über subjektive Zulassungsvoraussetzungen, die in der Person des:der Betreffenden begründet sind und die von ihm:ihr beeinflusst werden können, darf denjenigen Bewerber:innen der Zugang zum angestrebten Beruf verwehrt werden, die dem Berufsbild nach ihrer Qualifikation nicht genügen können (BVerfG, 1989; BVerwG, 2014). Das geht sogar so weit, dass ein sich in vernünftigen Grenzen haltender Überschuss an Ausbildungs- und Prüfungsanforderungen hinzunehmen ist (BVerfG, 1961). Vor allem dann, wenn die Legislative die Studien- und Bestehensanforderungen entschärft, indem sie weitere Wiederholungsmöglichkeiten einräumt, darf sie die Bestehensschranken hochsetzen (Fischer et al., 2022). Solche Beschränkungen beruhen auf der Annahme, dass die meisten Berufe bestimmte erlernbare Kompetenzen erfordern und dass die Ausübung dieser Berufe ansonsten entweder unmöglich oder unsachgemäß wäre oder aber Gefahren für die Allgemeinheit, wenn nicht sogar Schäden, mit sich bringen würde (BVerfG, 1958). Es ist deshalb auch schon allein im Interesse der Berufsbewerber:innen, den Ansprüchen des Berufs gerecht zu werden, wenn sie ihre Aufgaben einwandfrei erledigen wollen (BVerfG, 1958). Obgleich ein weiter Ermessensspielraum existiert und sogar ein gewisser Anforderungsüberschuss legitim ist, entbindet es bei der Erstellung von Prüfungen nicht, zu reflektieren, inwiefern die abgefragten Inhalte und die an ihnen zu messenden Kompetenzen das konkretisierte Berufsbild widerspiegeln. Keineswegs sind Prüfer:innen bei der Auswahl der Prüfungsinhalte auf die in der Vorlesung behandelten Teile beschränkt. Vielmehr sind sie gehalten, die curricularen Vorgaben zu erfüllen. Maßgebend sind dabei die Festlegungen des Prüfungsstoffs auf der Ebene der Prüfungsordnung und nicht Regelwerke außerhalb von Satzungen, beispielsweise Modulhandbücher und Kursordnungen, die jederzeit und ohne Satzungsänderung abänderbar sind (Verwaltungsgericht Würzburg, 2021). Kurz gefasst erfolgt über summative Prüfungen, die am normierten Curriculum zu orientieren sind, eine Festlegung der Anforderungen für den Zugang zum angestrebten Beruf. Lehrenden, denen die Entwicklung von Leistungskontrollen regelhaft in die Hände gelegt wird, kommt in dem Gefüge eine hervorgehobene Rolle zu. Doch ihr Gestaltungsspielraum im Prüfungsgeschehen ist nicht schrankenlos, sondern wird durch die nachstehenden Prüfungsprinzipien bestimmt.

Kernaussage

Berufseröffnende Prüfungen sind am Grundrecht der Berufsfreiheit nach dem GG (2022, Art. 12 Abs. 1 S. 1) zu messen. Der Legislative und ihren Akteur:innen steht ein weitreichender Gestaltungsspielraum zu, Berufsbilder und deren qualitative Anforderungen zum Schutz des Gemeinwohls festzulegen.

Reflexionsfragen

Welchen Prüfungsordnungen haben Sie Ihre summativen Leistungskontrollen zu unterwerfen? Welche Prüfungsinhalte und -anforderungen sind für Ihre Prüfungsvorhaben vorgeschrieben?

2. Welche rechtlichen Rahmenbedingungen müssen Hochschullehrende bei der Konzeption von Prüfungen beachten?

2.1 Limitationen durch den Grundsatz der Verhältnismäßigkeit

Doch obwohl die Legislative Qualifikationsnachweise und/oder Vorkenntnisse verlangen kann, die ein gewisses fachliches Ausbildungsniveau sicherstellen sollen, darf sie den Bogen nicht überspannen (BVerwG, 2017a). Ein Eingriff in die Berufsfreiheit ist nur dann gerechtfertigt, soweit nicht nur ein besonders wichtiger Gemeinschaftswert, der der Freiheit des:der Einzelnen vorgeht, geschützt werden soll, sondern wenn darüber hinaus der **Grundsatz der Verhältnismäßigkeit** strikte Beachtung findet (BVerwG, 1994a).

Definition

Grundsatz der Verhältnismäßigkeit im Prüfungsrecht bedeutet, dass die Leistungskontrolle dem Schutz eines besonders gewichtigen (überragenden) Gemeinschaftsguts zu dienen hat und zur Erreichung des verfolgten Zwecks geeignet, erforderlich und für die Betroffenen zumutbar sein muss. Dabei ist der Schutz der Allgemeinheit umso dringlicher, je größer die Nachteile und Gefahren sind, die aus gänzlich freier Berufsausübung der Gemeinschaft erwachsen könnten (BVerfG, 1958).

Die **Verhältnismäßigkeit** ist zunächst gewahrt, wenn die Einschränkungen überhaupt geeignet sind, das Gemeinschaftsinteresse zu fördern. Zweitens darf kein gleich wirksames, aber weniger einschneidendes Mittel zur Verfügung stehen. Drittens ist eine Gesamtabwägung vorzunehmen. Die Grenze der Zumutbarkeit ist eingehalten, wenn die Schwere des Grundrechtseingriffs mit Gewicht und Dringlichkeit des Gemeinschaftsinteresses überwiegt (BVerwG, 2017a). Danach ist es zulässig, fachliche Maßstäbe anzulegen und entsprechende Kompetenznachweise zu verlangen, solange sie geeignet und erforderlich für die ordnungsgemäße Erfüllung der jeweiligen Berufstätigkeit und für die Betroffenen zumutbar sind (BVerfG, 1959, 1989). Auch wenn es in weitem Umfang der Einschätzung der Legislative obliegt, berufliche und akademische Qualifikationsstandards festzulegen, sollen zwei Beispiele die Grenze des Zumutbaren markieren: Diese ist zum einen überschritten, wenn bei Leistungskontrollen der sachliche Zusammenhang mit den Anforderungen des betreffenden Berufs verloren geht (Verwaltungsgericht Freiburg, 2022). Dies ist der Fall, wenn Prüfungen nicht im Ganzen erbracht werden sollen, sondern in ›abgeschichtete‹ Einzelleistungen zerlegt werden und das Bestehen der einzelnen Teile unabdingbar ist, obwohl sie jeweils für sich genommen nicht mehr eine zuverlässige Beurteilungsgrundlage für die unerlässliche, nicht ausgleichfähig eingestufte Fähigkeit insgesamt sind (BVerwG, 2015, 2017b). Zum anderen sind mehrmonatige Abschlussarbeiten nicht zumutbar, wenn nach den curricularen Rahmenbedingungen die zugestandene Bearbeitungszeit nur rechnerisch, aber nicht unter normalen Bedingungen tatsächlich zur Verfügung steht, zum Beispiel wenn weitere Prüfungen die Bearbeitungsphase durchkreuzen (Verwaltungsgericht Stuttgart [VG Stuttgart], 2017).

Kernaussage

Der Grundsatz der Verhältnismäßigkeit zieht eine Grenze für ungeeignete, nicht erforderliche und unzumutbare Prüfungen.

Reflexionsfragen

Sind Ihre Prüfungsvorhaben geeignet, erforderlich und zumutbar?
Inwiefern könnten Ihre Prüfungsvorhaben den Grundsatz der Verhältnismäßigkeit verlassen?

2.2 Das Prüfungsrecht im Licht des Wesentlichkeitsprinzips

Während der Verhältnismäßigkeitsgrundsatz dafür Sorge trägt, der Legislative und ihren beauftragten Prüfer:innen Grenzen aufzuzeigen, um ungeeignete, übermäßige und unzumutbare Belastungen aus dem Prüfungsgeschehen herauszuhalten, trägt das **Wesentlichkeitsprinzip** dazu bei, dass es auf parlamentarischer Gesetzgebungsebene bleibt, zu entscheiden, welche Gemeinschaftsinteressen so wichtig sind, dass Freiheitsrechte des:der Einzelnen zurücktreten müssen. Nach dem im Rechtsstaats- und Demokratieprinzip (GG, 2022, Art. 20 Abs. 1 Abs. 3) verankerten Grundsatz des Vorbehaltes des Parlamentsgesetzes ist die Legislative gehalten, die wesentlichen Prüfungsentscheidungen selbst zu treffen und sie nicht etwa der Verwaltung bzw. einem Gremium einer Selbstverwaltungskörperschaft zu überlassen (BVerwG, 1997). Die Regelungen sind in erster Linie in den Hochschulgesetzen auf Landesebene, zum Beispiel im Hamburgischen oder Hessischen Hochschulgesetz, anzusiedeln, nachdem das Hochschulrahmengesetz sich für landesrechtliche Abweichungen geöffnet hat. Gleichwohl wird der Wesentlichkeitsdoktrin schon dann Genüge getan, wenn nur die essenziellen Anforderungen an das Prüfungsverfahren auf der Ebene einer gesetzesförmigen Rechtsgrundlage herangetragen werden. Detailfragen wie die Aufstellung des Prüfungsstoffs, das Prüfungssystem, Bewertungsmaßstäbe, Einzelheiten des

Prüfungsverfahrens und Bestehensvoraussetzungen können dagegen aus Gründen des Gebots der Praktikabilität durch untergesetzliche Rechtssetzungen von Verordnungs- und Satzungsgeber:innen übernommen werden, denen eine größere Sachnähe zugesprochen wird (Fischer et al., 2022). Soweit also das Prüfungsgeschehen durch ein untergesetzliches Normgebungsorgan konkretisiert werden soll, genügt es, wenn Ziele und Inhalt auf Gesetzesebene in dem Maße vorgegeben werden, dass die Regelungsbefugnis nach Tendenz und Programm umgrenzt und berechenbar ist (BVerfG, 1976; VG Stuttgart, 2020). Dafür reicht es vollkommen aus, dass Inhalt, Zweck und Ausmaß der Ermächtigung sich aus dem Sinnzusammenhang mit anderen Vorschriften ergeben (Oberverwaltungsgericht Nordrhein-Westfalen [OVG Münster], 2022a). Im Ergebnis verlangen der Gesetzesvorbehalt im Prüfungsrecht und das Wesentlichkeitsprinzip für alle eingriffsintensiven Entscheidungen eine Regelung in einer Prüfungsordnung. Insbesondere bei Prüfungsleistungen, die im Nichtbestehensfall den Zugang zum Beruf versperren, ist ein effektiver Schutz zu fordern, indem das Verfahren normiert wird.

Kernaussagen

Die aus dem Demokratie- und Rechtsstaatsprinzip abgeleitete Wesentlichkeitslehre gebietet es, das Prüfungsverfahren in seinen grundlegenden Zügen durch Prüfungsordnungen zu regeln. Dabei ist nicht nur die Frage berührt, ob die Legislative tätig werden muss, sondern auch wie detailliert ihre Regelung sein muss. Dies bemisst sich vorrangig nach der Intensität, mit welcher die Grundrechte betroffen sind.

Reflexionsfragen

Inwiefern sind Sie mit Ihren Prüfungsvorhaben an die Prüfungsordnung gebunden?
Können Prüfungsregelungen von Hochschulen für Ihre Leistungskontrolle geschaffen, verändert oder sogar aufgeweicht werden?

2.3 Der Grundsatz der Chancengleichheit

Von dem verfassungsrechtlichen Gebot, das Verfahren und die Inhalte von berufsbezogenen Prüfungen in ihren wesentlichen Zügen durch Normen auszugestalten, kann an sich, wie sich gezeigt hat, nicht ohne weiteres abgewichen werden. Dahinter steckt das Anliegen, zum einen für **Rechtssicherheit** (GG, 2022, Art. 20 Abs. 3) und zum anderen für **Chancengleichheit** (GG, 2022, Art. 3 Abs. 1) zu sorgen (Verwaltungsgericht Berlin [VG Berlin], 2022). Mit einer restriktiven Formalisierung des Prüfungsverlaufs nach feststehenden Regeln soll entscheidend dazu beigetragen werden, dass eine weitgehende Gleichbehandlung der Prüflinge umgesetzt wird. Denn ein außerhalb der rechtlich zulässigen Prüfungspraxis liegendes Verfahren würde Berufsbewerber:innen, die in der Regel am Arbeitsmarkt miteinander konkurrieren, nicht die gleichen Zutrittschancen einräumen (Fischer et al., 2022). Vor diesem Hintergrund wiegen Mängel im Prüfungsverfahren und Verstöße gegen die Chancengleichheit schwer. Insbesondere bei Verfahrensfehlern, die während der Prüfung auftreten, ist davon auszugehen, dass sie nicht spurlos an der Prüfungsleistung vorbeigehen, sondern sie erfassen und sich auf das Leistungsbild niederschlagen (BVerwG, 1995). Daher ist selbst dort, wo das Regelwerk bei berufsbezogenen Prüfungen Lücken zurücklässt, noch ein verfassungskonformes, insbesondere chancenwahrendes Verfahren anzustreben (Fischer et al., 2022; Verwaltungsgericht Ansbach, 2020). Prüfungsordnungen sind deshalb als Garanten für möglichst identische Prüfungsbedingungen und gleiche Bewertungsmaßstäbe anzusehen (Redder, 2023). Die Covid-19-Pandemie und der Einzug von digitalen Fernprüfungen haben noch einmal vergegenwärtigt, dass selbst Notsituationen nicht genügen, um Regelungsdefizite auszufüllen (Sandberger, 2020). Zu einer Überbrückung vermag allenfalls das **Gleichbehandlungsgebot** verhelfen, das zur Gleichmäßigkeit der ausgeübten Prüfungspraxis verpflichtet, um Bevorzugungen oder Benachteiligungen einzelner Prüflinge zu verhindern und gleiche Erfolgschancen einzuräumen. Prüflinge können danach grundsätzlich auf die bisherige Prüfungspraxis vertrauen, selbst wenn sie nicht mit der Prüfungsordnung konform gehen. Die Abweichung darf sich allerdings nur innerhalb der Zuständigkeit der Hochschule bewegen, die die seitherige Handhabung eigentlich schon längst mit einer Änderung der Prüfungsordnung hätte harmonisieren können (BVerwG, 2019a; Sächsisches Oberverwaltungsgericht [OVG Bautzen], 2022; Verwaltungsgericht Ansbach, 2011). Ansonsten bleibt der Weg, von prüfungsrechtlichen Vorgaben abzusehen, verschlossen, selbst wenn ein Einvernehmen mit dem Prüfling hergestellt wird. Denn grundsätzlich steht der normierte Verfahrensablauf nicht zur Disposition der Beteiligten (OVG Bautzen, 2023a). Aus Rücksicht auf die Chancengleichheit kann sich ein Prüfling daher nicht rechtsgültig darauf einlassen, die Prüfungsordnung beiseitezuschieben, selbst dann nicht, wenn die Initiative von der Prüfungsbehörde ausgegangen ist. Vereinbarungen über Verlängerungen der im Modulkatalog vorgeschriebenen Prüfungsdauer (OVG Münster, 1992), Umgehungen der vorgesehenen Prüfungsform (VG Berlin, 2022) oder Zusammensetzungen der Prüfungsausschüsse (Niedersächsisches Oberverwaltungsgericht [OVG Lüneburg], 2019) haben daher keinen Bestand. Etwas anderes gilt möglicherweise für Verfahrensregeln, die nicht zwingend vorgeschrieben sind, wie das ›Überdenkungsverfahren‹ (Birnbaum, 2006), oder die nur dazu dienen, die äußeren Prüfungsbedingungen und Details des Prüfungsverlaufs geschäftsmäßig zu ordnen, wie Anmeldefristen, Ladungsmodalitäten, Prüfungstermine, Räumlichkeiten oder Sitzordnungen (Brehm & Zimmerling, 2000; OVG Bautzen, 2023b).

Definition

Das **Überdenkungsverfahren** gibt Prüflingen die Möglichkeit, eine erneute Überprüfung ihrer Ergebnisse durch die jeweiligen Prüfer:innen zu beantragen, falls Zweifel an der Richtigkeit der Bewertung bestehen. Das grundrechtlich geforderte Überdenken der Prüfungsbewertungen im Rahmen eines verwaltungsinternen Kontrollverfahrens ist der Sache nach eine Verfahrensgewährleistung. Als verfahrensrechtliches Instrument der Fehlerkontrolle kommt ihm im Hinblick auf den nur der eingeschränkten gerichtlichen Kontrolle unterliegenden Beurteilungsspielraum der Prüfer:innen hinsichtlich prüfungsspezifischer Wertungen im Rahmen des grundrechtlichen Schutzsystems eine unterstützende Funktion zu (BVerwG, 2022).

Dagegen dürfen schwerwiegende Entscheidungen resp. Bestehensanforderungen in keinem Fall in das Belieben der Beteiligten fallen, wie etwa die Anzahl der Wiederholungschancen, wann nach einem Fehlverhalten in Prüfungen mit einem Ausschluss vom Studium zu rechnen ist oder die Festsetzung der Prüfer:innenzahl einschließlich der Regelungen für Bewertungsdifferenzen (BVerwG, 1993a, 2019b). Ihre essenzielle Bedeutung wird verständlich, wenn sich vor Augen geführt wird, dass Prüflinge sich der nahezu unbegrenzten Letztentscheidungskompetenz von Prüfer:innen unterwerfen. Deren prüfungsspezifischen Bewertungen können sie gerichtlich nur wenig entgegensetzen, sodass der Prüfungserfolg in starker Abhängigkeit von höchstpersönlichen Einschätzungen und Bewertungen steht (Fischer et al., 2022).

Definition

Prüfungsspezifische Bewertungen beruhen auf einem autonomen Bezugssystem des jeweiligen Prüfers oder der Prüferin, dessen:deren Bewertungsvorgang nicht ersetzt werden kann, sodass ein Bewertungsspielraum zuzuerkennen ist, der der gerichtlichen Kontrolle entzogen ist (BVerwG, 2018). Würde das Gericht eigene Bewertungskriterien für die prüfungsspezifische Wertung entwickeln, wären die Maßstäbe verzerrt und die Chancengleichheit gegenüber allen Prüflingen infrage gestellt (OVG Lüneburg, 2015). Grundvoraussetzung für die Zubilligung einer Letztentscheidungskompetenz von Prüfer:innen ist die Gewährleistung einer eigenverantwortlichen Beurteilung der Prüfungsleistung, die selbst, unmittelbar und vollständig wahrgenommen werden muss (Fischer et al., 2022). Vom prüfungsspezifischen Bewertungsspielraum umfasst sind die Bestimmung des Schwierigkeitsgrads der Aufgabe, die Bewertung der Überzeugungskraft der Argumente, die Darstellungsweise, die Folgerichtigkeit des Begründungsgangs und die Bestimmung ihrer Bedeutung für die Notenvergabe (BVerwG, 2018). Demgegenüber wird der prüfungsrechtliche Bewertungsspielraum bei fachlichen Fragen zurückgedrängt. Aus der Berufszugangsfreiheit entspringt der allgemeine Bewertungsgrundsatz, dass eine vertretbare und mit gewichtigen Argumenten folgerichtig begründete Lösung nicht als falsch bewertet werden darf (BVerfG,

1991). Prüflingen ist daher ein angemessener Antwortspielraum bei fachlichen Fragen zuzugestehen, die auf ihre Richtigkeit überprüft werden können (BVerwG, 1998).

Dass in dieser Hinsicht ein Zurückbleiben hinter den Prüfungsbestimmungen oder dem verfassungsrechtlich geforderten Regelungszwang nicht trivial ist, indizieren die in jüngster Zeit gefallenen Gerichtsentscheidungen (BVerwG, 2019a, 2020b; OVG Münster, 2021a; Schleswig-Holsteinisches Oberverwaltungsgericht [OVG Schleswig], 2021a). Von Kollegialprüfungen, die sich dadurch auszeichnen, dass an ihnen mehrere Prüfer:innen mitwirken, wird angenommen, dass sie für die Leistungsbestimmung eine höhere Reliabilität und Objektivität bieten (Verwaltungsgericht Magdeburg, 2023). Denn durch die Einschaltung mehrerer Prüfer:innen liegen der Bewertung nicht nur die Eindrücke einer Einzelentscheidung, sondern vielmehr verschiedene subjektive Wertungen und Gewichtungen zugrunde. Diese können das Ergebnis weitergehend objektivieren und zugleich Bevorzugungen und Benachteiligung einzelner Prüflinge minimieren (Verwaltungsgericht Hamburg, 2020). Es darf deshalb zur Verwirklichung des prüfungsrechtlichen Grundsatzes der Chancengleichheit nicht der Verwaltungspraxis überlassen werden, zu bestimmen, ob mehrere Prüfer:innen zusammenwirken oder nicht (OVG Münster, 2021a; OVG Schleswig, 2021b). Die Erfolgschancen für alle Prüfungsteilnehmer:innen wären nicht die gleichen, wenn die Zahl der Prüfer:innen nicht vorab und vorhersehbar festgelegt werde (Oberverwaltungsgericht Sachsen-Anhalt [OVG Magdeburg], 2022). Dies gilt besonders, je empfindlicher die Berufsfreiheit betroffen ist und je intensiver eine auf Dauer angelegte Lebensentscheidung des:der Einzelnen berührt wird (BVerfG, 1972). Massive Eingriffe in das Grundrecht der Berufsfreiheit, wie etwa Prüfungsentscheidungen, die eine endgültige Berufszugangssperre zur Folge haben, dürfen dementsprechend nicht auf die Bewertung durch nur eine:n Prüfer:in gestützt werden, sondern verlangen eine erhöhte Richtigkeitsgewähr, die beispielsweise durch das ›Zwei-Prüfer:innen-Prinzip‹ erreicht wird (Verwaltungsgericht Stuttgart, 2022).

Kernaussagen

Prüfungsordnungen garantieren möglichst identische Prüfungsbedingungen und gleiche Bewertungsmaßstäbe. Prüfungsrechtliche Regularien stehen deshalb nicht zur Disposition der Beteiligten. Verletzungen der Chancengleichheit wiegen schwer, regelhaft verfälschen sie im Vergleich zu anderen das Leistungsbild, indem Bevorzugungen oder Benachteiligungen in die Leistungserbringung einfließen. Selbst bei Regelungsdefiziten ist ein verfassungskonformes, insbesondere chancenwahrendes Verfahren anzustreben.

Reflexionsfragen

Verspricht mein Prüfungsvorhaben die gleichen Chancen für die Prüfungsteilnehmer:innen? Inwiefern muss ich auf den Vortrag von Prüflingen über Bewertungsfehler eingehen?

2.4 Die Gebote der Fairness und Sachlichkeit sowie der Grundsatz von Treu und Glauben

Nach dem bisher Gesagten wird Prüfer:innen durch ihren prüfungsspezifischen Beurteilungsspielraum eine großzügige Gestaltungsfreiheit für Prüfungen in die Hand gegeben. Dem Verfahrensrecht, das der Leistungsbewertung dienen soll, gebührt daher als kompensierendes Korrektiv besondere Aufmerksamkeit (OVG Bautzen, 2023b; Thietz-Bartram, 2021). Ihm obliegt es, im Rahmen des Möglichen einen Ausgleich für Prüfungsentscheidungen zu schaffen. Denn diese sind von der Zufälligkeit der fachlichen Ausrichtung der Prüfer:innen resp. ihrer persönlichen Erfahrungen, Einschätzungen und Vorstellungen eingenommen, die größtenteils der gerichtlichen Kontrolle nicht zugänglich sind (Fischer et al., 2022; Verwaltungsgericht Karlsruhe, 2014). Aufgrund dessen hat die Legislative den Prüfungszweck zu konkretisieren und den dafür vorgesehenen Prüfungsstoff, einschließlich der geforderten Kompetenzen und deren Anforderungen an den Nachweis, sowie die Art und Dauer der Prüfungen festzuschreiben (BVerwG, 2017b; Thietz-Bartram, 2021). Überdies erfährt das Prüfungsverfahren durch die Gebote zur Fairness und Sachlichkeit eine weitere Absicherung. Sie sind geeignete Kodizes, um unangemessene Verhaltensweisen aus dem Verfahren herauszuhalten, die aus der Sicht eines verständigen Prüflings leistungsverfälschende Verunsicherungen herbeizuführen können – wie beispielsweise herabwürdigende Anmerkungen, Spott, Hohn o.Ä. (Fischer et al., 2022). Der **Grundsatz des fairen Verfahrens** ist dementsprechend als verletzt anzusehen, sobald Stil und Umgangsformen zu einer leistungsverzerrenden Verunsicherung des Prüflings führen (Verwaltungsgericht Köln [VG Köln], 2021).

Definition

Das **Gebot der Fairness** zielt auf einen ordnungsgemäßen, nicht unnötig belastenden Prüfungsablauf ab. Das **Gebot zur Sachlichkeit** ist ein allgemeingültiger Bewertungsgrundsatz, der eine unvoreingenommene Würdigung der Prüfungsleistung ohne Ansehen der Person verlangt und zu einer inneren Distanz zu leistungsirrelevanten Gesichtspunkten aufruft (Fischer et al., 2022).

Die Verantwortung für das Prüfungsverfahren liegt allerdings nicht allein auf den Schultern der Prüfungsorganisation. Zwar kommt der Prüfungsbehörde grundsätzlich die Verfahrensherrschaft zu, sodass sie für ein rechtskonformes und auch ansonsten ordnungsgemäßes Prüfungsverfahren einzustehen habe, doch verpflichten die Grundsätze von Treu und Glauben und der Chancengleichheit den Prüfling zur Mitwirkung (BVerwG, 1994b). Das bedeutet, dass Mängel des Prüfungsverfahrens unverzüglich zu rügen sind und nicht erst abgewartet werden darf, wie das Prüfungsergebnis ausfällt, um sich im Nachhinein bei Nichtgefallen auf einen Verfahrensfehler zu stützen, der einem eine weitere, sich im Verhältnis zu den anderen Prüflingen nicht zustehende Prüfungschance einräumt (OVG Bautzen, 2020).

Definition

Der **Grundsatz von Treu und Glauben** ist im BGB (2024, § 242) niedergelegt. Er besagt im Kontext des Prüfungsrechts, dass die Prüfungskandidat:innen sich nicht widersprüchlich verhalten dürfen. Dies wäre der Fall, wenn sie beispielsweise zunächst einem fehlerhaften Prüfungsverfahren zustimmen und dieses später bei einem Prüfungsmisserfolg beanstanden oder ihre Prüfungsunfähigkeit infolge gesundheitlicher Probleme verschweigen und diese dann geltend machen, um eine weitere Prüfungschance zu erhalten (Fischer et al., 2022).

Von der **Mitwirkungslast** kann sich der Prüfling weder durch Unkenntnis noch wegen mangelnder Inkenntnissetzung über den Verfahrensgang befreien. Vielmehr ist er:sie gehalten, sich mit der einschlägigen Prüfungsordnung mit Aufnahme des Studiums vertraut zu machen und sich bei zuständigen Stellen rechtzeitig zu informieren (OVG Münster, 2022b). Es kann von einem Verschulden gegen sich selbst gesprochen werden (Obliegenheit), wenn sich Prüflinge keine Gewissheit über die prüfungsrechtlichen Regelungen verschaffen. Dies hat zur Folge, dass sie ihr Rügerecht durch widersprüchliches Verhalten verwirken und sich auf eventuelle Prüfungsmängel später nicht mehr berufen können. Selbstwidersprüchliches Verhalten ist beispielsweise gegeben, wenn die Erbringung der Prüfungsleistung durch äußere Einwirkungen gestört ist und eine geringere Chance gegenüber den nicht gestörten Prüflingen, die ihre volle Leistungsfähigkeit entfalten können, hingenommen wird, obwohl es dem Prüfling zumutbar gewesen wäre, die Prüfungsbehörde darüber aufzuklären und darauf zu drängen, dass die Beeinträchtigungen abgestellt werden (BVerwG, 1985). Schließlich soll verhindert werden, dass in Kenntnis des Verfahrensfehlers die Prüfung fortgesetzt und der Prüfungsbehörde die Möglichkeit durch eine nicht unverzüglich geltend gemachte Rüge genommen wird, den Mangel zeitnah aufzuklären, zu korrigieren oder gegebenenfalls zu kompensieren (BVerwG, 1985). Einschränkend setzt eine Obliegenheit zur Rüge wenigstens voraus, dass der Prüfling den Verfahrensfehler gekannt hat oder ihn hätte erkennen können und seine Bedeutung für die anstehende Leistungskontrolle erfasst hat. Abgesehen von konkreten Verpflichtungen, die vonseiten der Prüfungsordnung auferlegt werden, zum Beispiel dem Nachweis der Prüfungsunfähigkeit beim Rücktritt von der Prüfung, oder von subjektiv mehr oder minder empfundenen äußeren Störungen auf die Leistungserbringung, die für die Prüfungsbehörde nicht evident sind, zum Beispiel dem Raumklima während der Prüfung, wäre der Prüfling freilich überfordert, wenn er seine Prüfungssituation immer zeitnah und umfassend rechtlich begutachten müsste (Birnbaum, 2006). Die Verantwortung für die Organisation und Einhaltung der Vorschriften darf nicht einfach auf den Prüfling abgewälzt werden. Dies war zum Beispiel der Fall beim Einzug von Antwort-Wahl-Verfahren und digitalen Fernprüfungen ins Prüfungswesen. Beim Antwort-Wahl-Verfahren wurden die Prüflinge im Unklaren gelassen über die Bestehensgrenzen (VGH Mannheim, 2019) und bei digitalen Fernprüfungen über die Auswirkungen der Verlagerung der räumlichen und technischen Infrastruktur von Leistungskontrollen (Fischer et al., 2022). Einer Rüge bedarf es jedenfalls nicht, wenn ein Mangel während der Prüfung aufgrund seiner Intensität und Erkennbarkeit für die Prüfungsbehörde ohne jeden Zweifel vorliegt und dessen Einfluss auf das Prüfungsergebnis mit der dafür nötigen Sicherheit nicht ausgeschlossen werden kann, beispielsweise bei erheblichen Lärmbelästigungen (BVerwG, 1994b). Auf jeden Fall endet die Mitverantwortung des Prüflings an der **Grenze der Zumutbarkeit**. So kann bei einer mündlichen Prüfung, in der sich Prüflinge auf das Prüfungsgespräch konzentrieren müssen, nicht verlangt werden, sich mit der Erheblichkeit eines Verfahrensfehlers zu befassen (Birnbaum, 2006). Ferner ist eine Mängelrüge nicht angezeigt, wenn sich bei einer mündlichen Prüfung eine nicht zu überwindende Hemmschwelle auftürmt, weil mit einer Rüge über das Verhalten der Prüfer:innen auf Konfrontation mit ihnen gegangen werden müsste und sich Prüfungsteilnehmende hierdurch der Gefahr ausgesetzt sähen, dass das Verhältnis zu den sie prüfenden Personen belastet wird oder sich die Prüfungsatmosphäre zu ihren Nachteil verschlechtert (VG Köln, 2021, 2023).

Kernaussage

Die Prüfungsgestaltung verwirklicht den Schutz der Berufsfreiheit und bietet Gewähr für eine objektive, chancengleiche und faire Leistungsermittlung. Jedoch steht die Prüfungsverwaltung nicht allein in der Verantwortung für das Prüfungsverfahren. Den Prüflingen obliegt eine Rügepflicht, mit der sie die Prüfungsbehörde in die Lage versetzen müssen, auf Verfahrensfehler zu reagieren. Anderenfalls verwirken sie ihr Recht, sich auf einen Prüfungsmangel berufen zu können, wenn sie Verfahrensmängel zuerst hinnehmen, um auf das Ergebnis zu warten.

Reflexionsfragen

Geht es bei Ihren Prüfungen fair und sachlich zu?
Inwiefern hätten Prüflinge Anlass, die Fehlerhaftigkeit Ihrer Prüfung rügen zu müssen?

2.5 Prüfungsrechtliche Dimensionen

Die normative Gestaltung des Prüfungsverfahrens gewährt zuvorderst einen Ausgleich für unvermeidbare Defizite, die sich aus prüfungsspezifischen Wertungen und ihrer eingeschränkten gerichtlichen Kontrolle ergeben. Vor diesem Hintergrund gebührt der Einhaltung der Verfahrensvorschriften ein besonderes Gewicht. Im Licht der Berufsfreiheit und Chancengleichheit hinterlassen Verfahrensmängel meist irreversible Eintrübungen des Leistungsbilds, die regelmäßig zur Verwerfung der Prüfungsergebnisse führen. Gleichwohl muss sich der Prüfling eine fehlerhafte Leistungsermittlung zuschreiben lassen, wenn er:sie seiner:ihrer Rügeobliegenheit nicht nachkommt. Die Ausgestaltung von Prüfungen ist nah am Grundsatz der Chancengleichheit auszurichten, der zur Formalisierung des Prüfungsablaufs verpflichtet, um eine weitgehende Gleichbehandlung der am Arbeitsmarkt miteinander konkurrierenden Prüflinge zu erreichen. Zusätzlich erfährt das Prüfungsgeschehen durch das Gebot zur Fairness und Sachlichkeit eine Grenzziehung, um Leistungsminderungen durch unangemessene Verhaltensweisen von Prüfer:innen auszuschließen.

Zwischenfazit

Bei der rechtssicheren Gestaltung von Hochschulprüfungen sind folgende Aspekte zu beachten:

1. Grundsatz der Verhältnismäßigkeit
2. Wesentlichkeitsprinzip
3. Grundsatz der Chancengleichheit
4. Prüfungsspezifischer Bewertungsspielraum
5. Gebot der Fairness und Sachlichkeit
6. Rügeobliegenheit

3. Wie wirken sich die prüfungsrechtlichen Grundsätze auf digitale Prüfungen aus?

Digitale Prüfungen sind mittlerweile an Hochschulen nichts Neues mehr. Gleichwohl konnte sich im Prüfungsrecht bisweilen kein konsensuales Begriffsverständnis durchsetzen.

3.1 Was sind digitale Prüfungen aus rechtlicher Perspektive?

Auf der einen Seite werden digitale Prüfungen den traditionellen Prüfungsarten zugeordnet, die meist in schriftliche, mündliche und praktische Leistungskontrollen unterteilt sind und sich auf die Art der Leistungserbringung konzentrieren

(Schaper, 2021). Digitale Besonderheiten werden in diesem Verständnis nicht ausreichend berücksichtigt, um der Prüfung ein neues Gesicht zu verleihen. Nach einer anderen Deutung werden Leistungskontrollen danach geordnet, mit welchen Aufgabentypen das Erreichen der intendierten Kompetenzziele an die Oberfläche gebracht werden soll (Schaper et al., 2013; siehe hierzu auch den Beitrag von Schaper in diesem Band). Dementsprechend wären Prüfungsarten in erster Linie nach kompetenz- und nicht formbasierten Kriterien auszuwählen (Dieterich, 2021). Bislang gibt es aber kaum befriedigende Studien, die Aussagen darüber treffen, welche Kompetenzen sich mit welchen Prüfungsformaten am besten nachweisen lassen – geschweige denn, welche Aufgabentypen idealerweise zu welchen Prüfungsarten passen (Reinmann, 2014; Schaper et al., 2013). Dementsprechend sind kompetenzorientierte Hochschulprüfungen, die noch weit entfernt von kompetenzdiagnostischen Gütekriterien sind und hauptsächlich von Lehrenden aller Fachdisziplinen konzipiert werden (Reinmann, 2014; Schaper, 2021), nicht in der Lage, den rechtlichen Charakter von digitalen Leistungsbewertungen festzulegen. Auf der anderen Seite wird digitalen Prüfungen grundsätzlich ein eigenständiger Wesensgehalt zugesprochen, der sie neben die anderen traditionellen Prüfungsarten treten lässt. Dahinter steckt der Gedanke, dass digitale Gestaltungsprinzipien der Prüfung ihren charakteristischen Stempel aufdrücken (Fischer et al., 2022). Entgegen der Einschätzung von Fischer und Kolleg:innen (2022) rücken digitale Prüfungen nach dieser Sichtweise schon allein durch die Verlagerung vom realen in den virtuellen Raum, in dem sich das Prüfungsgeschehen abspielt, zu einer eigenständigen Prüfungsart auf. Aus prüfungsrechtlicher Sicht spricht einiges dafür, sich diesem Grundverständnis von digitalen Prüfungen anzuschließen und mit ihm den Versuch zu unternehmen, Rechtsklarheit und Bestimmtheit über digitale Prüfungen zu gewinnen. Wie bereits angeklungen ist, zeichnet sich ab, dass mit einer prüfungsdidaktischen Begriffsbestimmung, die unter digitalen Prüfungen schon Szenarien subsumiert, deren unmittelbare Durchführung aus Sicht der Studierenden partiell digital verläuft, sich das semantische Begriffsfeld nicht hinreichend rechtssicher einengen lässt. Die Rechtsunterworfenen, respektive Prüfer:innen, Prüfungskandidat:innen und Prüfungsverwaltungen, wären aufgrund von Abgrenzungsschwierigkeiten nicht ausreichend in der Lage, selber zu ersehen, inwiefern es zusätzlich auf Medienkompetenzen im Prüfungsgeschehen ankommt. Wenn nicht schon die Zulassung eines Taschenrechners zur Prüfung die Frage aufwerfen soll, ob es sich um eine digitale Prüfung handelt, bedarf es stattdessen einer prüfungsrechtlichen Definitionsperspektive, die digitale Prüfungen eindeutig identifizierbar macht.

Kernaussage

Digitale Prüfungen haben einen eigenständigen Wesensgehalt und sind den klassischen Prüfungsarten nicht unterzuordnen.

Reflexionsfragen

Worin liegt aus Ihrer Sicht die Schwierigkeit, eine Prüfung als digital zu bestimmen? Welche Gestaltungsaspekte prägen wesentlich Ihren vorgesehenen Prüfungsraum?

3.2 Digitale Prüfungen im Licht der Wesentlichkeitslehre

In Anbetracht der begrifflichen Unschärfe ist es in erster Linie Sache der Legislative, ihren weitreichenden Gestaltungsspielraum auszufüllen, um digitalen Prüfungen eine greifbare Kontur zu geben (Verwaltungsgericht Trier, 2021).

Kernaussage

Dem:der Normgeber:in oder in Delegation seinen:ihren Prüfer:innen steht ein weitreichender Gestaltungsspielraum bei der Auswahl der Prüfungsarten zu (OVG Lüneburg, 2020).

Um Aufschluss darüber zu bekommen, welche von den aufgezeigten Sichtweisen dominiert, bedarf es letzten Endes eines Blicks in die jeweilige Prüfungsordnung. Soweit Prüfungsordnungen nur Aussagen zur digitalen Übermittlung von Prüfungsleistungen machen, verleihen ihre Regelungen der Prüfung zumindest kein eigenes Gepräge. Eine digitalisierte Abgabehandlung verändert das Gesicht einer Prüfung nicht derart, dass es zu einer eigenständigen Prüfungsart avanciert. Prüfungsrechtliche Sonderregelungen für die Digitalisierung der klassischen Prüfungsarten braucht es in diesem Fall nicht. Etwas anderes ist bereits bei Online-Prüfungen anzunehmen, die in manchen Prüfungsordnungen zur selbstständigen Kategorie erhoben wurden. Sie haben sich insbesondere für Antwort-Wahl-Verfahren bewährt und setzen sich von den schriftlichen Prüfungen insoweit ab, dass sie am Computer mittels eines Endgeräts zur Eingabe und Anzeige von Daten (Terminal) angefertigt werden. Häufig werden die Eingaben noch im Laufe der Prüfung automatisiert verarbeitet und am Ende mitunter das Prüfungsergebnis ausgegeben (Fischer et al., 2022). Während im Vordergrund von Online-Prüfungen noch die Verwendung eines Rechners als Hilfsmittel und die elektronische Verarbeitung von Daten stehen, kommt es bei der Einordnung von digitalen Prüfungen nicht nur auf die Digitalisierung des Prüfungsgeschehens an, sondern darüber hinaus auf die Übertragung von Verantwortlichkeiten für Teile des Prüfungsverfahrens. Nicht ausschlaggebend für die Einstufung ist deshalb, ob vorbereitende oder nachbereitende Prozesse wie Aufgabenerstellung, Korrektur, Einsicht oder Archivierung digital umgesetzt oder ob digitale Prüfungen in Präsenz, etwa in Prüfungszentren, oder als Online-Formate aus der Ferne durchgeführt werden. Entscheidend ist hingegen die Übernahme von spezifischen Gefahren bei der Bearbeitung und Abgabe von Prüfungsleistungen in digitaler Form. Bei digitalen Prüfungen obliegt es nicht mehr allein der Prüfungsverwaltung, für den ordnungsgemäßen Ablauf des Prüfungsverfahrens zu sorgen. Vielmehr halten die Prüfungsteilnehmenden aus ihrer Perspektive einen wesentlichen Teil der Durchführung der Prüfung in ihren Händen - dies gilt insbesondere für den Einsatz eigener digitaler Werkzeuge während der Leistungserbringung.

Definition

Digitale Prüfungen zeichnen sich in Abgrenzung zu den klassischen Prüfungsarten im Wesentlichen durch die Erbringung der Prüfungsleistung in digitaler Form und der Teilübernahme der Verantwortung für prüfungsspezifische Risiken durch die Digitalisierung aus der Perspektive der Prüfungsteilnehmenden aus.

Obwohl die Form von digitalen Prüfungen die von Online-Prüfungen einnehmen kann, ist, sind die rechtlichen Anforderungen höher einzustufen. Bereits beim Antwort-Wahl-Verfahren, dem Hauptanwendungsfeld von Online-Prüfungen, war die Festlegung des Prüfungsverfahrens der Prüfungsordnung vorbehalten worden, um der andersartigen Leistungsbewertung gerecht zu werden (BVerfG, 1989). Gleiches dürfte für digitale Prüfungen gelten, wenn berücksichtigt wird, dass die Ablegung und Wahrnehmung der Prüfungsleistung sich durch die Digitalität verändern. In die gleiche Richtung führt die Wesentlichkeitslehre, die dazu anrät, bei digitalen Prüfungen von einer eigenständigen Prüfungsart auszugehen, um sich keine Regelungsdefizite einzuhandeln. Es wäre auch kaum in Einklang mit einem effektiven Schutz der Berufsfreiheit zu bringen, wenn weitgehend auf eigene Bestimmungen für digitale Prüfungen verzichtet und nur auf gegebene Regelungen zurückgegriffen werden würde, die auf die Besonderheiten von digitalen Prüfungen nicht eingehen.

Kernaussage

Digitale Leistungskontrollen sind aufgrund ihrer Eigentümlichkeiten als eine genuine Prüfungsart einzustufen, die grundsätzlich einer normativen Grundlage bedürfen.

Reflexionsfrage

Warum sollten digitale Prüfungen aus Ihrer Sicht in einer Prüfungsordnung geregelt werden?

3.3 Rechtliche Anforderungen an digitale Prüfungen

Bei der Rechtssetzung ist schließlich zweierlei zu beachten: Zum einen ist eine größere Sachnähe im Sinne des Constructive Alignment von Biggs und Tang (2011) über eine rechtsverbindliche Festschreibung der Arten der Leistungsnachweise auf Satzungsebene im Curriculum anzustreben (OVG Münster, 2022a). Denn wenn schon sich prüfungsdidaktisch kaum begründen lässt, warum eine bestimmte Art von Prüfung gewählt wird, sind zumindest Vorschriften einzuziehen, die eine Auswahl der Prüfungsart nach Gutdünken verhindern. Dies erscheint auch deshalb schon angesagt zu sein, weil ungerechtfertigte Eingriffe in die Berufsfreiheit wegen der Art der Ablegung einer Prüfung erst dann Aussicht auf Erfolg haben, wenn ihr die Eignung abgesprochen werden kann, die verfolgten Kompetenzziele messen zu können (OVG Münster, 2022a). Ohne rechtliche Vorgaben liefen Prüflinge Gefahr, vor willkürlichen Wechseln der Prüfungsart nicht geschützt zu sein und ihre Lernerfolge in den Lehr-Lern-Arrangements und in den Prüfungsvorbereitungen der Entwertung preiszugeben. Zum anderen kommt dem Prüfungsverfahren eine grundrechtserhaltende Komplementärfunktion zu (BVerwG, 1993b). Danach vermag nur ein geordnetes Verfahren über digitale Prüfungen sicherzustellen, dass verhältnismäßige und die Chancengleichheit wahrende Verfahrensabläufe dem Zweck der digitalen Prüfung zum Durchbruch verhelfen. Typische Probleme wie Systemausfälle, Übertragungsprobleme, Schwierigkeiten beim Hochladen von Prüfungsaufgaben, Beeinträchtigungen der Bild- und Akustikqualität, Rückkopplung, unterschiedliche Ausstattungen von Hard- und Software, Anwendungsfehler, versperrte Online-Zugänge und sonstige Technik- und Anwendungsdefizite können auf diesem Weg in rechtssichere Bahnen gelenkt und kompensatorische Maßnahmen vorgehalten werden. Alles in allem sind danach für digitale Prüfungen Ordnungen aufzustellen, die Aufklärungspflichten über das Procedere statuieren, über die erforderlichen Datenverarbeitungen informieren, Testmöglichkeiten des Prüfungssystems im Vorfeld einräumen und das Verfahren bei Auftreten von technischen Problemen regeln (Beaucamp, 2022). Der Regelungsraum beinhaltet also deutlich mehr, als es bei Präsenzprüfungen überhaupt erforderlich ist.

Kernaussagen

Die Art der Prüfung ist rechtsverbindlich auf Satzungsebene im Curriculum festzuschreiben. Das Prüfungsverfahren dient dazu, den Zweck der Prüfung zu erreichen. Die Prüfungsbedingungen für digitale Prüfungen sind nicht mit denen der klassischen Prüfungsarten zu vergleichen.

Reflexionsfrage

Welche beiden Punkte sind Ihrer Meinung nach bei der Rechtssetzung von digitalen Prüfungen zwingend zu beachten?

3.3.1 Verhinderung von Täuschungsversuchen bei digitalen Prüfungen

Für die Rechtsauffassung, digitale Prüfungen dezidiert zu regeln, spricht zudem, dass die Prüfungsbedingungen aus Gründen des geringeren Entdeckungsrisikos bei **Täuschungsversuchen** von Grund auf andere sind (Beaucamp, 2022). Das Bestreben einer Gleichbehandlung von Online- und Präsenzprüfungen ist deshalb von vornherein zum Scheitern verurteilt. Dass digitale Leistungskontrollen sich von Präsenzprüfungen unterscheiden, zeigt sich zuvorderst bei Klausuren, die sich von Hausarbeiten oder ›Take-Home-Prüfungen‹ dahingehend abgrenzen, dass ihre Anfertigung unter Aufsicht zu erfolgen hat (Fischer et al., 2022). In den Mittelpunkt des Blickfelds geriet jüngst eine Online-Klausur, die durch das massenhafte Versenden von Lösungen und Antworten von sich reden machte. Infolge unzureichender Videoüberwachung erlagen zahlreiche Prüfungsteilnehmer:innen der Versuchung, während der gesamten Bearbeitungszeit einen Nachrichtenversanddienst zu Hilfe zu nehmen, dessen Verwendung aufgrund der Dauer und Dimension als besonders gravierende Täuschung erachtet wurde und die Exmatrikulation nach sich zog (VG Berlin, 2023). Ziel einer Aufsichtsarbeit muss es sein, Täuschungsversuche zu unterbinden, die über das Leistungsvermögen der Prüfungskandidat:innen hinwegtäuschen und dem prüfungsrechtlichen Gebot der Chancengleichheit zuwiderlaufen, indem sie Wettbewerbsvorteile gegenüber anderen rechtstreuen Prüflingen verschaffen (Oberverwaltungsgericht Berlin-Brandenburg, 2011). Obgleich Hochschulen alle zumutbaren und naheliegenden Möglichkeiten zur effektiven Täuschungsprävention und -aufdeckung auszuschöpfen haben (Fischer et al., 2022) – was nicht heißt, dass alle Täuschungsmöglichkeiten absolut ausgeschlossen sein müssen (Albrecht et al., 2021) –, sind dem Unterfangen bei digitalen Prüfungen gleichwohl rechtliche, technische und zeitliche Grenzen gesetzt (Dieterich, 2021). Zur Unterbindung von täuschungsbedingten Leistungsverfälschungen stehen bei online-überwachten Klausuren zwei wesentliche Präventivmaßnahmen im Raum: die **Identifizierung des Prüflings** aus der Ferne und **die digitalisierte Prüfungsaufsicht** (»Online-Proctoring«). Grundsätzlich kann die Identifizierung per Video als Verpflichtung der Hochschulen und im öffentlichen Interesse des Prüfungswesens datenschutzrechtlich auf die jeweiligen Hochschulgesetze gestützt werden (DSGVO, 2016, Art. 6 Abs. 1 lit. c oder lit. e; DSGVO, 2016, Art. 6 Abs. 3). Es bedarf also insoweit keiner Einwilligung, wenn diese überhaupt mit den datenschutzrechtlichen Anforderungen der Freiwilligkeit eingeholt werden kann (kritisch dazu: Birnbaum, 2021). Ungeachtet des Rechtsetzungsgebots kann aber eine Identitätsprüfung in der digitalen Sphäre nicht mit der analogen Welt mithalten (Britz & Indenhuck, 2023). Selbst starke Authentifizierungsmechanismen, die zwei voneinander unabhängige Faktoren erfordern, leiden daran, dass sie, wenn auch unbefugt, weitergegeben werden können. Eine Identifizierung mittels ›Besitzelement‹, beispielsweise einer Chipkarte oder eines Mobiltelefons, und mittels ›Wissenselement‹, zum Beispiel eines Passworts, bietet daher keine ausreichende Gewähr, dass die Prüfungsleistung selbst erbracht wurde. Eine Identitätskontrolle ist bestenfalls mit ›Inhärenzelementen‹, zum Beispiel mit »Finger ID« oder »Face ID«, oder durch ein Videoidentifizierungsverfahren zu erreichen. Die Identifizierung aus der Ferne, die als medienbruchfreie und hinreichend sichere Brückentechnologie bereits Akzeptanz bei der Überprüfung von Angaben zum Zweck der Identifizierung nach dem Geldwäschegesetz gefunden hat und als Referenz für das Prüfungsverhältnis herhalten könnte, ermöglicht zwar eine sinnliche Wahrnehmung der Prüflinge, doch ist dieses Verfahren auf geschultes Personal angewiesen (Achtelik, 2023). Inwiefern ein gleichbleibendes Niveau mit der Ausweispflicht bei Präsenzprüfungen erreicht werden kann, ist von der üblichen Strenge der jeweiligen Prüfungspraxis abhängig. Durchaus gleichwertig könnte es sein, dass Studierende sich identifizieren, indem sie ihren Personal- oder Studierendenausweis in die an ihrem Endgerät installierte Videokamera halten und einen Abgleich erlauben (Indenhuck et al., 2021). Laienhafte Identifizierungsbemühen dürften allerdings nicht genügen und im Übrigen bei Massenklausuren deutlich zu viel Zeit und Ressourcen in Anspruch nehmen. Es würde zumindest zu weit gehen, den Lichtbildausweis entgegen der Speicherbegrenzung und Datenminimierung aufzuzeichnen (DSGVO, 2016, Art. 5 Abs. 1 lit. e und lit. c), um einen überprüfbaren Identitätsnachweis der Klausur anzuheften, oder eine automatisierte Gesichtserkennungssoftware zuwider der DSGVO (2016, Art. 9 Abs. 1) einzusetzen.

Kernaussagen

Dem Prüfungsverfahren kommt eine grundrechtserhaltende Komplementärfunktion zu. Die Durchführung ist insbesondere von den Grundsätzen der Verhältnismäßigkeit und Chancengleichheit geprägt. Die Verhinderung von Täuschungsversuchen setzt digitalen Prüfungen Grenzen.

Reflexionsfragen

Wie können Sie Täuschungsversuchen bei digitalen Prüfungen vorbeugen?
Wie können Sie Prüfungen unter fremden Namen bei Online-Klausuren umgehen?

3.3.2 Online-Proctoring-Maßnahmen bei digitalen Prüfungen

Doch auch selbst dann ist noch nicht gesagt, dass die jeweiligen Prüfungsleistungen nicht auf verdeckter Gruppenarbeit beruhen (Verwaltungsgericht Frankfurt Oder, 2021). Daher kann selbst eine qualifizierte Identifizierung nicht alleine stehen, sondern müsste von weiteren Aktivitäten zur Täuschungsabwehr begleitet werden. Als Online-Proctoring-Maßnahme käme die automatisierte Aufzeichnung und Auswertung des Verhaltens der Prüflinge und die Nutzung auf dem verwendeten Endgerät während der Prüfung sowie die anlassbezogene Überprüfung durch natürliche Personen auf Täuschungsversuche im Nachgang in Betracht (Indenhuck et al., 2021). Dem könnte aber das Recht auf Gewährleistung der Vertraulichkeit und Integrität informationstechnischer Systeme (›Computergrundrecht‹) als Ausfluss des allgemeinen Persönlichkeitsrechts (GG, 2022, Art. 2 Abs. 1 in Verbindung mit Art. 1 Abs. 1) entgegenstehen. Dieses schützt den:die Einzelne:n vor Zugriffen auf sein:ihr Computersystem, die eine Ausspähung, Überwachung oder Manipulation vorbereiten (Murswiek & Rixen, 2018). Es darf bezweifelt werden, dass die Vertraulichkeit und Integrität von privaten Computersystemen der Prüflinge durch die Pflicht zur Installation von Spähsoftware, wenn auch nur für die Prüfungsphase, in Mitleidenschaft gezogen werden darf. Dieses dürfte wohl kaum verhältnismäßig sein (DSGVO, 2016, Art. 6 Abs. 3 S. 4). Doch selbst wenn es an der Erforderlichkeit und Unangemessenheit einer Befugnisnorm in der Prüfungsordnung nicht mangeln würde, dürfte eine solche Datenverarbeitung nach den Grundsätzen von Treu und Glauben im Sinne eines Fairnessgebots (DSGVO, 2016, Art. 5 Abs. 1 lit. a Var. 2) und Transparenz im Sinne des Gebots der Vorhersehbarkeit und Nachvollziehbarkeit (DSGVO, 2016, Art. 5 Abs. 1 lit. a Var. 3) trotz ausreichender Rechtsgrundlage nicht geboten sein. Danach ist es als technisch intransparent und unfair anzusehen sowie im Widerspruch des von der Datenschutzgrundverordnung angestrebten Kräftegleichgewichts zwischen den betroffenen Prüflingen und der verantwortlichen Hochschule zu werten, eine Prüfung unter Preisgabe des eigenen Computers durch erzwungenes Einspielen manipulativer Software ablegen zu müssen (Frenzel, 2021; Herbst, 2018). In der Judikatur hat sich bereits die Einsicht durchgesetzt, dass die Zurverfügungstellung eines geeigneten Prüfungsorts sich auch auf funktionierende Hardware beziehen muss, wenn es zu den Mindestanforderungen für die Durchführung einer Prüfung gehört (VGH Mannheim, 2020). Eine Lösung für die Überwachung von Täuschungsversuchen, die auch dem Grundsatz der Chancengleichheit entgegenkommen würde, könnte sich daher bei universitätseigenen Tablets abzeichnen, die zur Prüfung ausgehändigt werden. Immerhin wäre damit die möglicherweise differente technische Ausstattung der Prüflinge beseitigt. Über das Ziel einer adäquaten Aufsicht hinaus dürften jedoch die Aufzeichnung und vorübergehende Speicherung der Video- und Tonverbindung schießen. Zwar beschränkt sich die Videoaufsicht meist nur auf die Tisch- und Oberkörperaufnahme sowie auf die Übertragung der Bildschirmansicht des Prüflings und bleibt damit hinter einer Präsenzklausur, bei der das gesamte Geschehen im Prüfungsraum eingesehen und Täuschungsmanöver bei Entdeckung untersucht werden können, zurück. Dieser defizitäre Umstand mag zunächst dazu geführt haben, dass Videografie zur Schließung von Aufsichtslücken im Interesse an der Wahrung der Chancengleichheit als legitim erachtet wurde (OVG Münster, 2021b; OVG Schleswig, 2021c). Vielleicht lag es aber auch an den befristeten Maßnahmen zur Bewältigung der Einschränkungen im Prüfungsbetrieb durch die Covid-19-Pandemie, die in beiden Entscheidungen thematisiert wurden. Ausufernd und mit der Präsenzprüfung nicht zu vergleichen ist gleichwohl eine ständige visuelle und akustische Sichtbarkeit der Personen und des Prüfungsplatzes sowie eine dauerhafte Aufzeichnung der Bild- und Tondateien. Bei den aufgezeigten Unwägbarkeiten stellt sich schließlich die Frage, ob es nicht besser wäre, die Aufsicht bei Online-Klausuren auf ein Mindestmaß zurückzuschrauben und als anspruchsvolle digitale Open-Book-Prüfung zu konzipieren mit denen die Kompetenzziele genauso gut nachgewiesen werden könnten. Eine Gleichbehandlung mit Präsenzklausuren ist vor dem Hintergrund der prüfungsrechtlichen Anforderungen zumindest nicht zu erreichen.

Reflexionsfragen

Inwiefern können Sie Online-Proctoring-Maßnahmen in Ihre Prüfungen einziehen?
Was spricht aus Ihrer Sicht dafür, Online-Klausuren als digitale Open-Book-Prüfungen zu konzipieren?

4. Zusammenfassung

Digitale Prüfungen unterscheiden sich grundsätzlich von den klassischen Prüfungsarten aufgrund ihrer räumlichen Trennung und Kommunikation über Rechnernetze aus der Distanz, sodass sie nach dem Wesentlichkeitsprinzip für ihre Konstitution einer eigenständigen Rechtsgrundlage bedürfen und nicht als digitale Prüfungsvariante unter anderen subsumiert werden dürfen. Ihre Auswahl unterliegt dem weiten Ermessensspielraum des:der Normgeber:in oder seiner:ihrer Prüfer:innen. Die Prüfungsbedingungen für Online-Formate sind von Grund auf anders. Der Grundsatz der Chancengleichheit kann nur gewahrt werden, wenn unerwartet auftretende technische Unwägbarkeiten einen prüfungsrechtlichen Ausgleich finden. Eine Gleichbehandlung mit Präsenzklausuren ist nicht anzustreben. Es lässt sich aufgrund des geringeren Entdeckungsrisikos nicht verhindern, dass einzelne Prüflinge sich durch eine Täuschung über Prüfungsleistungen einen Chancenvorteil gegenüber den rechtstreuen Prüflingen verschaffen. Eine effektive Täuschungsprävention und -aufdeckung ist nur auf hochschuleigenen Geräten zu erreichen. Online-Klausuren sind als digitale Open-Book-Prüfungen, mit denen die Kompetenzziele genauso gut nachgewiesen werden können, besser aufgehoben.

5. Literatur

Achtelik, O. (2023). Gesetz über das Aufspüren von Gewinnen aus schweren Straftaten (Geldwäschegesetz – GwG). In F. Herzog & O. Achtelik (Hrsg.), *Geldwäschegesetz (GwG)* (§ 15 Rn. 47, 5. Aufl.). C. H. Beck.

Albrecht, J., Mc Grath, O. & Uphues, S. (2021). Aufsichtsklausuren aus dem Homeoffice: Datenschutzrechtliche Zulässigkeit der Online-Aufsicht von Studierenden. *Zeitschrift für Datenschutz, 2*, 80–84.

Beaucamp, G. (2022). Rechtsprobleme bei Online-Klausuren. *Die Öffentliche Verwaltung, 7*, 283–291.

BGB (2024). https://www.gesetze-im-internet.de/bgb/BJNR001950896.html

Biggs, J. & Tang, C. (2011). *Teaching for quality learning at university.* (4. Aufl.). Open University Press.

Birnbaum, C. (2006). Die Rügepflicht des Prüflings. *Neue Zeitschrift für Verwaltungsrecht, 3*, 286–296.

Birnbaum, C. (2021). Online-Prüfungen und Prüfungsaufsicht. *Neue Juristische Wochenschrift, 19*, 1356–1359.

Brehm, R. & Zimmerling, W. (2000). Die Entwicklung des Prüfungsrechts seit 1996. *Neue Zeitschrift für Verwaltungsrecht, 8*, 875–883.

Britz, T. & Indenhuck, M. (2023). The rise of the online-you: Auf dem Weg zu digitalen Identitäten. *Recht Digital*, 6, 289–295.

Bundesverfassungsgericht (1958). Niederlassungsfreiheit für Apotheker. *Neue Juristische Wochenschrift, 28*, 1035–1040.

Bundesverfassungsgericht (1959). Verfassungsmäßigkeit der Altersgrenze für Hebammen – Vergleich mit Arztberuf. *Neue Juristische Wochenschrift, 36*, 1579–1581.

Bundesverfassungsgericht (1961). Verfassungsmäßigkeit des Befähigungsnachweises für das Handwerk. *Neue Juristische Wochenschrift, 44*, 2011–2015.

Bundesverfassungsgericht (1972). Zuständigkeit zur Regelung des Facharztwesens; Umfang fachärztlicher Tätigkeit. *Neue Juristische Wochenschrift, 34*, 1504–1509.

Bundesverfassungsgericht (1976). Notwendigkeit einer gesetzlichen Grundlage für Ausschluß aus zweitem Bildungsweg. *Neue Juristische Wochenschrift, 29*, 1309–1311.

Bundesverfassungsgericht (1989). Antwort-Wahl-Verfahren (Multiple-Choice-Verfahren) als Form der Ärztlichen Prüfung. *Neue Zeitschrift für Verwaltungsrecht, 9*, 850–854.

Bundesverfassungsgericht (1991). Gerichtliche Kontrolle von berufsbezogenen Prüfungen. *Neue Juristische Wochenschrift, 32*, 2005–2008.

Bundesverwaltungsgericht (1983). Rechtmäßigkeit des Antwort-Wahl-Verfahrens bei ärztlichen Prüfungen. *Neue Juristische Wochenschrift, 7*, 354–358.

Bundesverwaltungsgericht (1985). Mitwirkungspflicht des Prüflings bei Geltendmachung von Beeinträchtigungen des Prüfungsablaufs. *Neue Juristische Wochenschrift, 8*, 447–448.

Bundesverwaltungsgericht (1993a). Verfassungsmäßigkeit der Bundesnotenverordnung. *Neue Juristische Wochenschrift, 51*, 3340–3343.

Bundesverwaltungsgericht (1993b). Grundrechtsschutz bei berufsbezogenen Prüfungen. *Neue Zeitschrift für Verwaltungsrecht, 7*, 681–686.

Bundesverwaltungsgericht (1994a). Ausschluß von der Ärztlichen Vorprüfung wegen Unwürdigkeit. *Neue Juristische Wochenschrift, 24*, 1601–1604.

Bundesverwaltungsgericht (1994b). Verletzung der Chancengleichheit durch Lärmstörung. *Neue Zeitschrift für Verwaltungsrecht, 5*, 486–489.

Bundesverwaltungsgericht (1995). Rüge von Mängeln im Prüfungsverfahren. *Neue Zeitschrift für Verwaltungsrecht, 5*, 492–494.

Bundesverwaltungsgericht (1997). Erfordernis normativer Regelung einer Laufbahnprüfung. *Neue Zeitschrift für Verwaltungsrecht, 1*, 73–75.

Bundesverwaltungsgericht (1998). Prüfungsspezifische Wertungen. *Neue Zeitschrift für Verwaltungsrecht, 7*, 738.

Bundesverwaltungsgericht (2014). Nichtbestehen einer universitären Schwerpunktbereichsprüfung. *Neue Zeitschrift für Verwaltungsrecht, 1-2*, 86–92.

Bundesverwaltungsgericht (2015). ECLI:DE:BVERWG:2015:300915B2B74.14.0. *Beck'sche Rechtsprechungssammlung*, 53998.

Bundesverwaltungsgericht (2017a). Zulassung zu einem Masterstudiengang. *Neue Juristische Online-Zeitschrift, 24*, 773–776.

Bundesverwaltungsgericht (2017b). Prüfungsbestimmungen in Verwaltungsvorschrift. *NVwZ Rechtssprechungs-Report, 17*, 693–696.

Bundesverwaltungsgericht (2018). Gerichtliche Nachprüfung der Wertungen im juristischen Staatsexamen. *Neue Juristische Wochenschrift, 29*, 2142–2144.

Bundesverwaltungsgericht (2019a). Überdenkensverfahren bei mündlichen berufsbezogenen Abschlussprüfungen. *Neue Juristische Wochenschrift, 39*, 2871–2875.

Bundesverwaltungsgericht (2019b). Anforderungen an die Bestimmtheit und Verhältnismäßigkeit von prüfungsrechtlichen Sanktionen. *Neue Zeitschrift für Verwaltungsrecht, 12*, 890–895.

Bundesverwaltungsgericht (2020a). ECLI:DE:BVerwG:2020:281020U6C8.19.0. *Beck'sche Rechtsprechungssammlung*, 38882.

Bundesverwaltungsgericht (2020b). ECLI:DE:BVerwG:2020:011220B6B44.20.0. *Beck'sche Rechtsprechungssammlung*, 42600.

Bundesverwaltungsgericht (2022). Nichtbestehen der Ersten Juristischen Staatsprüfung – Überdenkungsverfahren. *Neue Juristische Wochenschrift, 15*, 1115–1414.

Dieterich, P. (2021). Von Risiken und Nebenwirkungen – Ein Jahr (Online-)Prüfungen in der Corona-Pandemie. *Neue Zeitschrift für Verwaltungsrecht, 8*, 511–520.

DSGVO (2016). https://eur-lex.europa.eu/eli/reg/2016/679/oj

Fischer, N., Jeremias, C. & Dieterich, P. (2022). *Prüfungsrecht* (8. Aufl.). C. H. Beck.

Flechsig, K.-H. (1976). Prüfungen und Evaluation. In Interdisziplinäres Zentrum der Universität Hamburg bei der Arbeitsgemeinschaft für Hochschuldidaktik (Hrsg.), *Blickpunkt Hochschuldidaktik Bd.* 40 (S. 303–336). Universität Hamburg.

Frenzel, E. M. (2021). Art. 5 DS-GVO. In B. Paal & D. Pauly (Hrsg.), *Datenschutz-Grundverordnung/Bundesdatenschutzgesetz* (3. Aufl.). C. H. Beck.

GG (2022). https://www.gesetze-im-internet.de/gg/BJNR000010949.html

Herbst, T. (2018). Art. 5 DSGVO. In J. Kühling & B. Buchner (Hrsg.), *Datenschutz-Grundverordnung/Bundesdatenschutzgesetz* (2. Aufl.). C. H. Beck.

Hessischer Verwaltungsgerichtshof (2009). ECLI:DE:VGHHE:2009:0618.3C2604.08.0A. *Beck'sche Rechtsprechungssammlung*, 35837.

Indenhuck, M., Britz, T. & Wettlaufer, J. M. (2021). *Proctoring durch KI – Datenschutzrechtliche Anforderungen an den Einsatz von automatisierter Online-Prüfungssoftware im Hochschulbereich.* Deutsche Stiftung für Recht und Informatik. https://dsri.de/wp-content/uploads/britz_indenhuck_wettlaufer.pdf

Müller, A. & Schmidt, B. (2009). Prüfungen als Lernchance: Sinn, Ziele und Formen von Hochschulprüfungen. *Zeitschrift für Hochschulentwicklung*, 4(2), 23-45.

Murswiek, D. & Rixen, S. (2018). Art. 2 GG. In M. Sachs (Hrsg.), *Grundgesetz* (8. Aufl.). C. H. Beck.

Niedersächsisches Oberverwaltungsgericht (2015). ECLI:DE:OVGNI:2014:0702.2LB376.12.0A. *Beck'sche Rechtsprechungssammlung*, 40356.

Niedersächsisches Oberverwaltungsgericht (2019). Änderung des Prüfungsausschusses während laufenden Prüfungsverfahrens. *NVwZ Rechtssprechungs-Report*, 20, 866–867.

Niedersächsisches Oberverwaltungsgericht (2020). Hygienekonzept in Bildungseinrichtungen. *COVID-19 und Recht*, 12, 658–660.

Oberverwaltungsgericht Berlin-Brandenburg (2011). ECLI:DE:OVGBEBB:2011:1107.OVG10N21.09.0A. *Beck'sche Rechtsprechungssammlung*, 55870.

Oberverwaltungsgericht Nordrhein-Westfalen (1992). Überschreitung der Prüfungsdauer. *NVwZ Rechtssprechungs-Report*, 5, 246–247.

Oberverwaltungsgericht Nordrhein-Westfalen (2021a). ECLI:DE:OVGNRW:2021:0514.14B354.21.00. *Beck'sche Rechtsprechungssammlung*, 12974.

Oberverwaltungsgericht Nordrhein-Westfalen (2021b). Online-Prüfungen und Prüfungsaufsicht. *Neue Juristische Wochenschrift*, 19, 1414–1416.

Oberverwaltungsgericht Nordrhein-Westfalen (2022a). ECLI:DE:OVGNRW:2022:0125.6B1352.21.00. *Beck'sche Rechtsprechungssammlung*, 725.

Oberverwaltungsgericht Nordrhein-Westfalen (2022b). ECLI:DE:OVGNRW:2022:1122.6A473.21.00. *Beck'sche Rechtsprechungssammlung*, 32946.

Oberverwaltungsgericht Sachsen-Anhalt (2022). ECLI:DE:OVGST:2022:0322.4L49.21.00. *Beck'sche Rechtsprechungssammlung*, 7447.

Redder, J.-P. (2023). Die gerichtliche Kontrolle von Prüfungsentscheidungen. *Juristische Schulung*, 6, 542–546.

Reinmann, G. (2014). *Kompetenzorientierung und Prüfungspraxis an Universitäten: Ziele heute und früher, Problemanalyse und ein unzeitgemäßer Vorschlag.* https://gabi-reinmann.de/wp-content/uploads/2014/10/Artikel_Berlin_Okt_14.pdf

Sächsisches Oberverwaltungsgericht (2020). ECLI:DE:OVGSN:2020:0730.5A704.18.00. *Beck'sche Rechtsprechungssammlung*, 26089.

Sächsisches Oberverwaltungsgericht (2022). ECLI:DE:OVGSN:2022:0314.2B332.21.00. *Beck'sche Rechtsprechungssammlung*, 8413.

Sächsisches Oberverwaltungsgericht (2023a). ECLI:DE:OVGSN:2023:0829.2A370.22.00. *Beck'sche Rechtsprechungssammlung*, 28609.

Sächsisches Oberverwaltungsgericht (2023b). ECLI:DE:OVGSN:2023:0613.2A301.22.00. *Beck'sche Rechtsprechungssammlung*, 19736.

Sandberger, G. (2020). Rechtsfragen des digitalen Unterrichts, digitaler Prüfungen und virtueller Gremiensitzungen an Hochschulen. *Ordnung der Wissenschaft, 3*, 155–168.

Schaper, N. (2021). Prüfen in der Hochschullehre: Assessment in higher education. In R. Kordts-Freudinger, N. Schaper, A. Scholkmann & B. Szczyrba (Hrsg.), *Handbuch Hochschuldidaktik* (S. 87–101). wbv Media.

Schaper, N., Hilkenmeier, F. & Bender, E. (2013). *Umsetzungshilfen für kompetenzorientiertes Prüfen*. Hochschulrektorenkonferenz. http://www.hrk-nexus.de/fileadmin/redaktion/hrk-nexus/07-Downloads/07-03-Material/zusatzgutachten.pdf

Schleswig-Holsteinisches Oberverwaltungsgericht (2021a). ECLI:DE:OVGSH:2021:0506.2MB31.20.00. *Beck'sche Rechtsprechungssammlung*, 13822.

Schleswig-Holsteinisches Oberverwaltungsgericht (2021b). ECLI:DE:OVGSH:2021:0506.2MB32.20.00. *Beck'sche Rechtsprechungssammlung*, 13824.

Schleswig-Holsteinisches Oberverwaltungsgericht (2021c). Videoaufsicht zur Vermeidung von Täuschungsversuchen bei Prüfungen. *Neue Juristische Wochenschrift, 19*, 1407–1414.

Thietz-Bartram, J. (2021). Rechtswidrigkeit von Prüfungsentscheidungen – Fehlende Festlegung der Anzahl der Prüfer. *Neue Zeitschrift für Verwaltungsrecht, 1-2*, 31–33.

Verwaltungsgericht Ansbach (2011). ECLI:DE:VGANSBA:2011:0420.AN2K10.02328.0A. *Beck'sche Rechtsprechungssammlung*, 33244.

Verwaltungsgericht Berlin (2022). ECLI:DE:VGBE:2022:0419.12K20.21.00. *Beck'sche Rechtsprechungssammlung*, 9345.

Verwaltungsgericht Berlin (2023). ECLI:DE:VGBE:2023:0206.VG12K52.22.00. *Beck'sche Rechtsprechungssammlung*, 2328.

Verwaltungsgericht Frankfurt Oder (2021). Hochschulprüfung als Fernklausur. *COVID-19 und Recht, 8*, 488–493.

Verwaltungsgericht Freiburg (2022). ECLI:DE:VGFREIB:2022:0504.1K1015.20.0A. *Beck'sche Rechtsprechungssammlung*, 21879.

Verwaltungsgericht Hamburg (2020). ECLI:DE:VGHH:2020:0615.2K4808.17.00. *Beck'sche Rechtsprechungssammlung*, 17359.

Verwaltungsgericht Karlsruhe (2014). ECLI:DE:VGKARLS:2014:0902.7K2103.14.0A. *Beck'sche Rechtsprechungssammlung*, 56778.

Verwaltungsgericht Köln (2021). ECLI:DE:VGK:2021:0611.10K1195.19.00. *Beck'sche Rechtsprechungssammlung*, 20439.

Verwaltungsgericht Köln (2023). ECLI:DE:VGK:2023:0425.6K6382.21.00. *Beck'sche Rechtsprechungssammlung*, 15212.

Verwaltungsgericht Magdeburg (2023). ECLI:DE:VGMAGDE:2023:1214.7A350.21MD.0A. *Beck'sche Rechtsprechungssammlung*, 41812.

Verwaltungsgericht Regensburg (2013). ECLI:DE:VGREGEN:2013:0214.5K12.723.0A. *Beck'sche Rechtsprechungssammlung*, 48504.

Verwaltungsgericht Stuttgart (2017). ECLI:DE:VGSTUTT:2017:0427.10K6921.16.0A. *Beck'sche Rechtsprechungssammlung*, 110284.

Verwaltungsgericht Stuttgart (2020). ECLI:DE:VGSTUTT:2020:1208.18K6753.19.0A. *Beck'sche Rechtsprechungssammlung*, 42448.

Verwaltungsgericht Stuttgart (2022). ECLI:DE:VGSTUTT:2022:0407.10K6237.20.0A. *Beck'sche Rechtsprechungssammlung*, 22328.

Verwaltungsgericht Trier (2021). ECLI:DE:VGTRIER:2021:0301.9K3398.20.00. *Beck'sche Rechtsprechungssammlung*, 25468.

Verwaltungsgericht Würzburg (2016). ECLI:DE:VGWUERZ:2015:0713.7K14.1359.0A. *Beck'sche Rechtsprechungssammlung*, 42620.

Verwaltungsgericht Würzburg (2021). ECLI:DE:VGWUERZ:2021:0721.W2K20.869.00. *Beck'sche Rechtsprechungssammlung*, 29614.

Verwaltungsgerichtshof Baden-Württemberg (2018). Grundrechte: Wissenschaftsrecht und Studierfreiheit. Keine Präsenzpflicht in Lehrveranstaltungen allein auf Grund universitärer Prüfungsordnung. *Juristische Schulung*, 4, 402-404.

Verwaltungsgerichtshof Baden-Württemberg (2019). ECLI:DE:VGHBW:2019:0626.9S1209.18.00. *Beck'sche Rechtsprechungssammlung*, 16077.

Verwaltungsgerichtshof Baden-Württemberg (2020). ECLI:DE:VGHBW:2020:0615.9S1116.20.00. *Beck'sche Rechtsprechungssammlung*, 16545.

DIGITALES PRÜFEN

Antonia Bonaccorso, Tobias Halbherr

Schlagworte

Digitalisierung, Authentisches Prüfen, Praxisnähe, Zuverlässigkeit, Sicherheit

Orientierung

Die Digitalisierung hat in den letzten Jahren alle Lebensbereiche durchdrungen und viele, auch die Hochschulbildung, grundlegend verändert. Prüfungen wurden vergleichsweise spät erreicht: Viele Dozent:innen haben erst durch die Covid-19-Pandemie Erfahrungen mit digitalen Prüfungen gesammelt. Dieses Kapitel bietet eine Übersicht der didaktischen Möglichkeiten digitaler Prüfungen sowie der wichtigsten technischen und organisatorischen Herausforderungen und Erfolgsfaktoren. Wir beleuchten Praxis, Technik und innovative Ansätze im Umgang mit digitalen Prüfungen. Damit möchten wir zur Reflexion anregen und dazu ermutigen, digitale Prüfungen als Chance zur Weiterentwicklung der Hochschulbildung zu begreifen.

Leitfragen

Könnte die Überprüfung Ihrer Lernziele von einer Digitalisierung profitieren? Wenn ja, wie?
Was gilt es bei digitalen Prüfungen zu beachten?

1. Digitale Prüfungen aus Sicht der Didaktik

Grundsätzlich kann man die didaktische Gestaltung von Papierprüfungen auch auf digitale Prüfungen anwenden. Zusätzlich eröffnen digitale Prüfungen zahlreiche neue Möglichkeiten zur Gestaltung von Prüfungsszenarien. Dieses Kapitel stellt solche innovativen Gestaltungsmöglichkeiten zusammen mit den entsprechenden didaktischen Überlegungen vor.

Definition

Digitale Prüfungen sind Prüfungen, bei welchen die Bearbeitung der Prüfungsaufgaben sowie die Erfassung der Prüfungsarbeiten ganz oder in Teilen mithilfe digitaler Arbeitsgeräte, meist Personal Computern in Kombination mit einem geeigneten Prüfungssystem, stattfindet. Digitale Prüfungen umfassen sowohl Prüfungen unter Aufsicht vor Ort als auch digitale Fernprüfungen.

1.1 Wann eignet sich ein digitales Format?

Die meisten Aufgabenformate, die bisher auf Papier eingesetzt wurden, lassen sich gut digitalisieren. Die etablierte, für papierbasierte Prüfungen entwickelte Prüfungsdidaktik (siehe der Beitrag von Schaper in diesem Band) bleibt für solche **herkömmlichen Prüfungen** in digitaler Form relevant und die Digitalisierung kann substanzielle qualitative Verbesserungen, wie leserliche Texte, oder Effizienzgewinne, wie Autokorrektur, ermöglichen. Andererseits ist es in einer zunehmend digitalisierten Welt wichtig, Prüfungen so zu gestalten, dass sie die Anforderungen der digitalen Fachpraxis angemessen abdecken. Dies erfordert die Entwicklung einer digitalen Prüfungspraxis, welche über die etablierte Praxis papierbasierter Prüfungen hinausgeht. Tatsächlich betonen **didaktische Frameworks** wie das »Constructive Alignment« (Biggs, 1996; siehe der Beitrag von Friede & Szczyrba in Band I des Praxishandbuchs), die ›Kompetenzorientierung‹ (Halbherr et al., 2016; Weinert, 2001) oder ›Authentisches Prüfen‹ (Gulikers et al., 2004; Wiggins, 1990) die Notwendigkeit, fachliche Praxis möglichst authentisch in Prüfungssituationen widerzuspiegeln. Neben der Digitalisierung bewährter Prüfungspraxis geht es also insbesondere darum, **digitale Fachpraxis** sinnvoll in (digitalen) Prüfungen abzubilden. Diese neue Prüfungspraxis erfordert teilweise neue didaktische Ansätze. Bei einer solchen Neugestaltung sollten zwei Qualitätskriterien im Fokus liegen: Validität und ›Lerndienlichkeit‹. **Validität** meint das Ausmaß, ob wir tatsächlich das messen, was wir zu messen beanspruchen. Sie kann weder direkt noch allein quantitativ erfasst werden, sondern muss letztlich immer argumentativ begründet werden (Kane, 2006; Messick, 1989). Falls die Validität einer Prüfung im Konflikt mit ihrer Reliabilität oder Objektivität steht, sollten zunächst Überlegungen zur Validität Vorrang haben und erst danach geschaut werden, wie die vorgesehene Prüfung möglichst reliabel und objektiv gestaltet werden kann. Prüfungen messen nicht nur Kompetenzen, sondern sie beeinflussen auch maßgeblich, was, wie und in welchem Umfang gelernt wird (Baird et al., 2017; Sambell et al., 1997). Die **Lerndienlichkeit** sollte in der Prüfungsgestaltung deshalb einen gleichwertigen Stellenwert wie die Validität einnehmen.

Beispiel

Der ›**Streetlight-Effekt**‹ gründet auf der folgenden Anekdote: Ein Polizist sieht einen Betrunkenen unter einer Straßenlaterne umherirren und fragt ihn, was er suche. Der Betrunkene antwortet, dass er seine Schlüssel verloren habe. Der Polizist fragt, ob er sicher sei, dass er sie genau dort verloren habe, worauf der Betrunkene antwortet: »Nein, ich habe sie dort im dunklen Gebüsch verloren, aber hier ist das Licht besser«.

Der ›Streetlight-Effekt‹ illustriert die menschliche Neigung, sich auf leicht zugängliche oder vertraute Informationen zu konzentrieren, anstatt nach den relevantesten oder aussagekräftigsten zu suchen. Dies gilt auch für Prüfungen. Reliabilität (und Objektivität) sind Maße für die Zuverlässigkeit einer Prüfung. Ist eine Prüfung reliabel, beleuchtet sie ihren Straßenabschnitt gut. Reliabilität und Objektivität sind notwendige (aber nicht hinreichende) Voraussetzungen für Validität. Die Reliabilität sagt also nichts darüber aus, ob eine Prüfung den richtigen Straßenabschnitt beleuchtet, dies tut die Validität, und nicht alle Straßenabschnitte lassen sich gleich gut beleuchten. Entsprechend kann man die Validität einer Prüfung gefährden, wenn man blind versucht, Objektivität und Reliabilität zu maximieren – zum Beispiel indem man auf Freitextaufgaben verzichtet, nur weil eine objektive Bewertung schwierig zu gewährleisten ist.

Reflexionsfragen

In welcher Beziehung stehen Objektivität und Reliabilität zur Validität Ihrer Prüfung?

Wo könnte eine Verbesserung der Validität möglicherweise Kompromisse bei Objektivität und Reliabilität erfordern?

Wie können Sie das rechtfertigen?

Kernaussage

Beim Wechsel von papierbasierten zu digitalen Prüfungen ist die Versuchung groß, etablierte Prüfungspraxis in digital erweiterter Form abzubilden. Die Digitalisierung bietet aber zusätzlich die Möglichkeit, neue digitale Kompetenzen zu prüfen sowie neue digitale Prüfungsmethoden einzusetzen, welche die Validität und Lerndienlichkeit der Prüfung verbessern können.

Tipp

Beziehen Sie die Lerndienlichkeit in die Planung Ihrer Prüfung ein und stellen Sie sich die Frage: Wie wird die Gestaltung Ihrer Prüfung das Lernen Ihrer Studierenden beeinflussen?

1.1.1 SAMR-Modell

Das »SAMR-Modell« bietet eine einfache Möglichkeit, über den Einfluss der Digitalisierung auf die pädagogische Praxis nachzudenken (siehe der Beitrag von Neiske & Spannagel in diesem Band; Bedenlier et al., 2021; Puentedura, 2006). Das Modell unterscheidet vier Stufen von qualitativen Veränderungen durch Digitalisierung: »Ersetzung«, »Erweiterung«, »Änderung« und »Neudefinition« (»**S**ubstitution«, »**A**ugmentation«, »**M**odification«, »**R**edefinition«). »Ersetzung« und »Erweiterung« werden im »SAMR-Modell« unter dem Begriff ›Verbesserung‹ zusammengefasst, »Änderung« und »Neudefinition« unter dem Begriff ›Umgestaltung‹.

Von ›**Ersetzung**‹ spricht man, wenn analoge Praxis ohne wesentliche Änderungen digital reproduziert wird. Dabei wird bewährte Praxis im digitalen Kontext fortgeführt und erste einfache Digitalisierungsgewinne, meist in Form von Effizienzgewinnen, werden realisiert. Ein Beispiel hierfür ist die Umstellung von Multiple-Choice-Aufgaben von Papier auf den Computer und ein damit verbundener Effizienzgewinn durch die automatisierte Bewertung.

›**Erweiterung**‹ geht über die ›Ersetzung‹ hinaus, indem die Gestaltungs- und Interaktionsmöglichkeiten einer zuvor papierbasierten Praxis erweitert und neben Effizienzgewinnen auch qualitative Verbesserungen erzielt werden. Zum Beispiel kann das Verfassen eines Essays am Computer zu einem flexibleren und iterativen Prozess werden, der – zusätzlich zu Zeitersparnissen bei der Bewertung – zu besser strukturierten und umfangreicheren Texten führt.

›**Änderung**‹ bedeutet, dass die Digitalisierung Prozesse derart verändert, dass sie kaum noch an die analoge Praxis erinnern. Ein Beispiel ist die Verwendung von Suchmaschinen mit integrierter Volltextsuche in der Literaturrecherche. In entsprechend gestalteten digitalen Open-Book-Prüfungen ermöglichen sie komplexe Aufgabenstellungen, die in papierbasierten Open-Book-Prüfungen undenkbar sind.

›**Neudefinition**‹ bezieht sich auf grundlegend neue Praktiken, für welche es in der analogen Welt keine Entsprechung gibt. Ein Beispiel sind Fachgebiete wie Informatik oder Computerlinguistik.

1.2 Struktur digitaler Prüfungsaufgaben

Digitale Prüfungsaufgaben können nach drei Hauptmerkmalen kategorisiert werden: Die Art der **Aufgabenstellung**, die Art der **digitalen Arbeitsumgebung** und der darin verfügbaren digitalen Ressourcen sowie das **Antwortformat**. Die Kategorisierung von Prüfungsaufgaben nach Aufgabenstellung sowie Antwortformat ist aus der herkömmlichen Prüfungsdidaktik bekannt und wird im Folgenden vorgestellt. Die Unterscheidung von Prüfungsaufgaben aufgrund der verfügbaren digitalen Arbeitsumgebungen und Ressourcen ist neu und wird in Abschnitt 1.3 ausführlich besprochen.

Abb. 1: Struktur digitaler Prüfungsaufgaben

Quelle: eigene Darstellung Bonaccorso & Halbherr

1.2.1 Aufgabenstellung

Ein verbreitetes Konzept zur Kategorisierung von Aufgabenstellungen sind **Lernzieltaxonomien** wie jene nach Anderson und Krathwohl (2001) oder die SOLO-Taxonomie nach Biggs und Tang (2002). Lernzieltaxonomien sind pädagogische Heuristiken, welche Lernziele einer Idee zunehmender kognitiver Komplexität folgend kategorisieren. Wie wir in Abschnitt 1.3 ausführen, führt der Zugang zu digitalen Ressourcen häufig auch zu einer Umgestaltung der möglichen Aufgabenstellungen. Dabei gewinnt die situierte Interaktion mit den digitalen Ressourcen und deren Nutzung zur Problemlösung gegenüber einer rein kognitiven Problemlösung deutlich an Bedeutung. Die Lernzieltaxonomien mit ihrem kognitiven Fokus scheitern daran, wichtige Unterscheidungsmerkmale dieser situierten Handlungsebene ausreichend sichtbar zu machen.

Das Transferkonzept (Barnett & Ceci, 2002; Bedenlier et al., 2021) bietet eine alternative Art, Aufgabenstellungen zu kategorisieren, die der situierten Natur digitaler Problemlösungen besser Rechnung trägt. ›**Transfer**‹ bezeichnet die Fähigkeit, Gelerntes erfolgreich in neuen Situationen und Problemlösungen anzuwenden. ›**Naher Transfer**‹ und ›**ferner Transfer**‹ unterscheiden dabei das Ausmaß der Neuartigkeit. Transferaufgaben haben häufig einen hohen Schwierigkeitsgrad, sodass eine Mehrzahl der Lernenden daran scheitert. Hier helfen ›**Doppeltransferaufgaben**‹ (Halbherr, 2020; Schwartz & Martin, 2004) weiter. Sie machen sich zunutze, dass Vorwissen einer der besten Prädiktoren für erfolgreiches neues Lernen ist. Die Studierenden erhalten zur Lösung der Transferaufgabe eine Unterstützung in Form einer in die Prüfung eingebetteten Lerngelegenheit. Diese baut auf den Lernzielen auf und geht darüber hinaus. Zum Beispiel müssen Studierende sich anhand der Python-Dokumentation ein neues Package mit neuen Programmierfunktionen aneignen, das sie im Unterricht zuvor noch nie benutzt hatten, und dieses dann direkt anwenden. Haben Studierende die Lernziele gut erreicht, verfügen sie über das erforderliche Vorwissen, um die eingebettete Lerngelegenheit zur Problemlösung erfolgreich zu nutzen. Fallstudien, Open-Book- und Open-Internet-Prüfungen eignen sich besonders gut zur Einbettung von Lerngelegenheiten in Doppeltransferaufgaben. Die Funktion einer Lerngelegenheit im weiteren Sinn können auch viele weitere digitale Ressourcen einnehmen, wie empirische Datensätze, welche zur Beantwortung einer Forschungsfrage analysiert werden sollen, oder Arbeitsvorlagen wie unvollständig ausgearbeiteter Programmcode.

Schließlich kann auch eine Kategorisierung nach Komplexität und Vorstrukturierung der Aufgabenstellung hilfreich sein, ebenso wie nach ihrer Kompetenzorientierung, Authentizität oder Nähe zur Fachpraxis (Halbherr et al., 2021; Spector, 2006; Weinert, 2001). Durch die Einbindung digitaler Ressourcen steigt die **Komplexität** möglicher Prüfungsaufgaben – und damit die Aufgabenschwierigkeit sowie die zur Problemlösung erforderliche Prüfungszeit – häufig dramatisch. Durch eine gezielte **Vorstrukturierung** der Aufgaben kann diese Komplexität reduziert und auf die relevanten Aspekte der zu prüfenden Lernziele fokussiert werden.

Authentische und **fachnahe** Aufgabenstellungen spiegeln die Anwendung der Lernziele in der fachlichen Praxis hinsichtlich Komplexität, erforderlicher Integration von Fachwissen, Fachkompetenzen sowie motivationaler und volitionaler Bereitschaften (Gulikers et al., 2004). Dadurch erfordert ihre Bearbeitung in den meisten Fällen viel Zeit. Um die Prüfungszeit in einem realistischen Rahmen zu halten, kann eine Unterteilung der Prüfung sinnvoll sein: Wenige, komplexe fachnahe Aufgaben prüfen dabei die Lernzielerreichung in ihrer **Tiefe**, kürzere Aufgaben in ihrer **Breite**.

1.2.2 Antwortformat

In der herkömmlichen Prüfungspraxis hat sich die Kategorisierung von **Antwortformaten** nach ihren Freiheitsgraden etabliert: geschlossen, halboffen und offen. Die meisten dieser Antwortformate lassen sich digital gut abbilden und bieten sowohl bei der Beantwortung als auch bei der Korrektur erhebliche Vorteile. **Geschlossene Aufgaben** wie Zuordnungs-, Mehrfach- oder Einfachwahlaufgaben (Multiple-Choice-Aufgaben) erfordern die Auswahl der richtigen Antwort aus einer begrenzten Anzahl vorgegebener Antwortmöglichkeiten. Sind diese digital umgesetzt, können Studierende ihre Antworten vor der Abgabe einfach und beliebig oft ändern, die Antworten werden automatisiert ausgewertet und Item-Statistiken – gerade bei geschlossenen Aufgaben ein wichtiges Instrument zur Qualitätssicherung – stehen den Dozierenden bei Verwendung entsprechender Prüfungssysteme sofort nach Prüfungsende zur Verfügung.

Tipp

Ergänzen Sie Prüfungen mit geschlossenen Antwortformaten um wenige offene Aufgaben. Dies erhöht die Akzeptanz bei Studierenden sowie die Lerndienlichkeit der Prüfung.

Bei **halboffenen Antwortformaten** wie numerischen oder textbasierten Kurzantworten werden einfache Stichworte, numerische Werte oder Koordinaten auf einer Abbildung eingetragen. Sie profitieren digitalisiert von denselben Vorteilen wie geschlossene Aufgaben. In der Autokorrektur als falsch bewertete Aufgaben sollten manuell überprüft werden, um zu verhindern, dass inhaltlich richtige Antworten aufgrund nicht bedeutungstragender Eingabefehler als falsch bewertet werden. Numerische Kurzantwortaufgaben können zudem einfach parametrisiert werden, sodass die Studierenden Aufgaben mit je unterschiedlichen numerischen Werten erhalten.

Offene Antwortformate wie Freitextaufgaben beinhalten die Erstellung komplexer Artefakte, wie Texte, mathematische Herleitungen oder Handskizzen. Viele Dozierende berichten, dass am Computer verfasste Texte umfangreicher, inhaltlich besser und prägnanter sind. Dadurch können gute, mittelmäßige und schlechte Antworten besser differenziert werden. Auch das Problem unleserlicher Handschriften entfällt. Zusammengenommen erleichtert dies die Korrektur enorm, macht sie schneller, objektiver und valider. Mittels spezialisierter Eingabegeräte wie Digitizer-Stiften können Handskizzen, Handschriften und handgeschriebene mathematische Formeln elektronisch erfasst werden. Letztere können mittels Texterkennungssoftware schon während der Eingabe digitalisiert und digital bearbeitet werden. Fehlen geeignete Eingabegeräte oder geeignete digitale Workflows (zum Beispiel bei komplexen mathematischen Herleitungen), kann es sinnvoll sein, einzelne Aufgaben oder die gesamte Prüfung auf Papier zu belassen.

Die herkömmlichen Antwortformate lassen sich auch gut mit neuartigen, digitalen Arbeitsumgebungen (siehe Abschnitt 1.3) kombinieren. Studierende können zum Beispiel in einer Statistikprüfung empirische Datensätze mithilfe von Statistiksoftware auswerten, um Antwortoptionen einer Mehrfachwahlaufgabe als wahr oder falsch zu bewerten, um statistische Kennwerte als numerische Kurzantworten einzugeben oder um einen Text zur Diskussion von Forschungsergebnissen zu verfassen.

Neben den herkömmlichen Antwortformaten entstanden **neue digitale Antwortformate**. Ein Beispiel dafür ist die **Dateiabgabe**: Studierende erarbeiten digitale Artefakte mit einer Drittapplikation und geben ihre Antwort in Form einer Datei ab. Artefakte umfassen Texte, Grafiken, Screenshots und fachspezifische Dateien wie Architekturmodelle. Für die Korrektur wird das Artefakt in der entsprechenden Drittapplikation betrachtet und bewertet. Gewisse Artefakte wie Programmcode können zur Korrektur automatisiert gegen vordefinierte Testfälle geprüft werden. Manche digitale Antwortformate nutzen **Computeralgebrasysteme** wie »STACK« (Sangwin et al., o.D.; Sangwin & Köcher, 2016), welche algebraische Ausdrücke aufgrund ihrer mathematischen Eigenschaften automatisiert bewerten und darauf basierend Punkte oder individuelles Feedback vergeben.

1.3 Ressourcen in digitalen Arbeitsumgebungen

Die Integration fachspezifischer digitaler Ressourcen und die daraus resultierenden fachnahen Arbeitsumgebungen im Prüfungs-Setting ermöglichen weitreichende und häufig grundlegend neue Gestaltungsmöglichkeiten. Wir können drei nicht immer trennscharf abgrenzbare Arten von digitalen Ressourcen unterscheiden (Halbherr, 2020): **Informationsressourcen** wie Vorlesungsunterlagen oder Forschungsdatenbanken, digitale **Werkzeuge** wie fachspezifische Software sowie die Interaktion mit komplexen, teilautonomen **digitalen Agenten** wie Chatbots. Analog zu Werkbank und Werkzeugen in einer Schreinerei charakterisiert die Summe der verfügbaren Ressourcen die digitale Arbeitsumgebung, in der eine Prüfungsleistung erbracht wird. Aufgabenstellung, digitale Arbeitsumgebung und Antwortformat stehen in der Gestaltung von digitalen Prüfungsaufgaben in einer komplexen Wechselbeziehung, lassen sich aber weitgehend frei kombinieren. Prüfungen mit digitalen Ressourcen ergeben gemäß des Constructive Alignment nur dann Sinn, wenn Studierende in Unterricht und Prüfungsvorbereitung die Möglichkeit haben, die Arbeit mit diesen Ressourcen ausreichend zu üben und zu lernen.

Beispiele

Digitale Ressourcen

Informationsressourcen: Vorlesungsunterlagen, Fachbücher, Formelsammlungen, Forschungsdatenbanken, Wikis, Online-Bibliotheken, Rechtssammlungen, Dokumentationen, studentische Projektarbeiten, Semesterübungen, statistische Datensätze

Werkzeuge (Dritt- und Webapplikationen): Programmierumgebungen, CAD-Programme (›Computer Aided Design‹), Geoinformationssysteme, Solarrechner, Tabellenkalkulationssoftware, Übersetzungs-Tools, Computeralgebrasysteme, Taschenrechner, Statistiksoftware, virtuelle Labore, Grafikprogramme

Digitale Agenten: KI-Agenten wie Chatbots, Patient:innen-Simulationen

Ein wesentliches neues Merkmal digitaler Prüfungsumgebungen ist die interaktive Natur der darin stattfindenden Problemlösungen (Bedenlier et al., 2021). Diese **Interaktivität** lädt zu einem Perspektivenwechsel ein, der in den Lernwissenschaften unter

Begriffen wie »Embodiment«, ›situierte Kognition‹ oder ›Enaktivismus‹ rege diskutiert und erforscht wird (zum Beispiel Jacobson et al., 2016). Traditionell betrachten wir den menschlichen Geist, bzw. das Gehirn, als die denkende und problemlösende Einheit in einer Prüfung: Wenn ein:e Mathematiker:in ein mathematisches Problem mit Papier und Stift löst, dann erachten wir Stift und Papier traditionell lediglich als externale Hilfsmittel. In der neuen Perspektive hingegen betrachten wir nicht das Gehirn allein als die denkende und problemlösende Einheit, sondern vielmehr das gesamte System, bestehend aus Mathematiker:innen-Gehirn, -Körper, Papier und Stift sowie dem komplexen Netz an Interaktionen zwischen diesen mehr oder minder lose gekoppelten Komponenten (Clark, 2011; Pfeifer & Bongard, 2007). Auf digitale Kompetenzen übertragen bedeutet dies, den Computer mit seinen digitalen Ressourcen als **kognitive Erweiterung** unserer eigenen Fähigkeiten zu begreifen. Demzufolge stellen Mathematikprüfungen mit Papier oder am Computer nicht einfach verschiedene Methoden zur Messung derselben Kompetenzen dar. Stattdessen erheben sie fundamental unterschiedliche kognitive Prozesse, da die zugrundeliegenden kognitiven Systeme – der: die Mathematiker:in in Interaktion mit den fachspezifischen Ressourcen – jeweils unterschiedlich zusammengesetzt sind. Für valide Prüfungen sind daher **Interaktionsszenarien** und Workflows erforderlich, die möglichst authentisch abbilden, wie in der Fachpraxis unter Verwendung von Ressourcen gearbeitet wird.

Reflexionsfragen

?

Welche digitalen Ressourcen werden in Ihrem Fachgebiet häufig genutzt und was sind charakteristische Interaktionsszenarien mit ihnen? Wie könnten Sie diese in Ihrer Prüfung abbilden?

1.3.1 Open-Book-Prüfungen

Bei Open-Book-Prüfungen erhalten Studierende freien Zugang zu Informationsressourcen wie Vorlesungsunterlagen, Formelsammlungen oder Fachliteratur. Der Zugang zu eigenen Notizen oder in Projekt- oder Gruppenarbeit erstellten elektronischen Unterlagen während der Prüfung ermöglicht in Lehrveranstaltungen mit Fokus auf Projektbasiertes Lernen ein besseres Alignment zwischen Unterricht und Prüfung. Da reine Wissensabfragen in Open-Book-Prüfungen wenig Sinn ergeben, bedingen sie die Gestaltung komplexerer Aufgabenstellungen, welche von den Studierenden verlangen, ihr erworbenes Wissen anzuwenden (Durning et al., 2016).

Es gibt zwei Grundformen von Open-Book-Prüfungen: Prüfungen, bei welchen die Open-Book-Inhalte in Umfang und Detailgrad den Lerninhalten entsprechen, und Prüfungen, bei welchen diese in Umfang und/oder Detailgrad deutlich über die Lerninhalte hinausgehen. Während Erstere durch das Verfügbarmachen der Lerninhalte Studierende ermutigen, zugunsten einer vertieften Auseinandersetzung mit den Lernzielen auf reines Auswendiglernen zu verzichten, ermöglichen Letztere zusätzlich das Prüfen fachbezogener Informationskompetenzen sowie den (Doppel-)Transfer des Erlernten auf neue Aufgabenstellungen (siehe Abschnitt 1.2.1).

Tipp

Betrachten Sie in digitalen Open-Book- und Open-Internet-Prüfungen die Informationsressourcen als Ressource, welche die Studierenden zur Lösung der Aufgaben nutzen müssen.

1.3.2 Open-Internet-Prüfungen

In Open-Internet-Prüfungen dürfen Studierende über das Internet verfügbare Informationsressourcen, Werkzeuge oder digitale Agenten nutzen. Der Zugang zu Online-Werkzeugen und -Agenten (siehe Beispielbox: Digitale Ressourcen) führt dazu, dass Open-Internet-Prüfungen sich oft wesentlich von reinen Open-Book-Prüfungen unterscheiden. Da insbesondere Open-Internet-Prüfungen den Zugang zu umfangreichen Hilfsmitteln ermöglichen, kann in Verbindung mit offenen Antwortformaten das Thema **Plagiate** relevant werden. Die Festlegung klarer Zitierregeln kann hier Abhilfe schaffen. Bei allen Arten von Open-Book- und Open-Internet-Prüfungen bleibt in der Regel der Wunsch bestehen, dass man **Eigenleistungen** der Studierenden bewertet und die Studierenden die Prüfungsaufgaben nicht an Dritte zur Bearbeitung weitergeben. Das Thema ›Ghostwriting‹ muss entsprechend wirksam angegangen werden. Deshalb ist auch bei Open-Book- und Open-Internet-Prüfungen eine angemessene Überwachung der Studierenden erforderlich, zum Beispiel durch Beaufsichtigung vor Ort sowie idealerweise unterstützt durch geeignete technische Maßnahmen wie ›Lockdown-Browser‹ (siehe Abschnitt 2.2.3) oder Bildschirmüberwachung.

1.3.3 Werkzeuge

Viele digitale Fachkompetenzen beinhalten die sachkundige Arbeit mit fachspezifischer Software. Diese Software kann zusätzlich zum eigentlichen Prüfungssystem, das zur Übermittlung der Aufgabenstellung und Erfassung der Antworten dient, als **Drittapplikation** oder **Webapplikation** in die Prüfungsumgebung integriert werden. Ebenso besteht die Möglichkeit, **periphere Hardware** einzubeziehen. Zum Beispiel können Studierende mithilfe von USB-Okularen echte biologische Proben mikroskopieren, digital annotieren und einreichen (Halbherr et al., 2016).

Definition

Eine **Drittapplikation** ist eine auf dem Prüfungsrechner lokal installierte Software, welche nicht Teil des eigentlichen Prüfungssystems ist. Eine **Webapplikation** ist eine über das Internet verfügbare Software, auf die mittels Browser zugegriffen wird.

Durch die Integration fachspezifischer digitaler Werkzeuge wird die Gestaltung authentischer, fachnaher Aufgabenstellungen erleichtert oder – im Fall der digitalen ›Neudefinition‹ fachlicher Praxis – überhaupt erst ermöglicht. Dabei ist es wichtig, zwischen der Fähigkeit, ein Werkzeug erfolgreich zu bedienen, und der Fähigkeit, ein Werkzeug erfolgreich für eine Problemlösung zu nutzen, zu unterscheiden. Nur durch den zweiten Ansatz werden digitale Kompetenzen im Sinne einer ›Erweiterung‹, ›Änderung‹ oder ›Neudefinition‹ fachlicher Praxis sinnvoll prüfbar.

Tipp

Wenn Sie in einer Prüfung erstmals Drittapplikationen einsetzen, vergeben Sie weiterhin mindestens 50 % der Punkte durch herkömmliche Aufgaben und verlängern Sie die Prüfungszeit um 50 %.

Bei den meisten Werkzeugen, welche in Hochschulprüfungen zum Einsatz kommen, handelt es sich um **fachspezifische Software** wie Statistikprogramme und CAD-Software oder um spezialisierte **Lernapplikationen** wie vereinfachte Programmierumgebungen oder Wirtschaftssimulationen. Lernapplikationen sind meist Webapplikationen und verfügen über einen eigenen Prüfungsmodus oder eine Integration von Lernmanagementsystemen.

Bei der Gestaltung von Aufgaben mit fachspezifischer Software muss die Arbeit nicht auf das **Erstellen von digitalen Artefakten** – also das Programmieren von Code, Entwerfen eines Bauteiles etc. – begrenzt bleiben. Solche minimal vorstrukturierten Aufgaben sind häufig sehr zeitaufwendig und anspruchsvoll. Oft ergibt es Sinn, das softwarespezifische Äquivalent einer Lückentextaufgabe zu erstellen – d.h. vorstrukturierte, aber noch unvollständige ›**Skelett-Artefakte**‹ vorzubereiten, welche die Studierenden in der Prüfung vervollständigen. **Debugging-Aufgaben** enthalten fehlerhafte Artefakte, die analysiert und korrigiert werden müssen. Schließlich können auch fertige digitale Artefakte zur **Analyse** vorgelegt werden und Dritt- und Webapplikationen können für die **Simulation** von nicht-digitalen Arbeitssituationen oder Aufgabenstellungen genutzt werden.

Aufgaben mit digitalen Werkzeugen zeichnen sich durch ein hohes Maß an **Interaktivität** aus. Studierende schreiben zum Beispiel Programmcode, kompilieren diesen, überprüfen das kompilierte Programm sowie ausgegebene Fehlermeldungen und überarbeiten und verbessern anschließend ihren Code weiter. Interaktionen können auch gezielt zur pädagogischen Verfeinerung von Prüfungsaufgaben eingesetzt werden. Zum Beispiel können für Programmierprüfungen Testfälle in »Code-Judges« vorgängig definiert und den Studierenden in der Prüfung zur Verfügung gestellt werden. So erhalten die Studierenden bereits während der Prüfung unterstützendes, vorstrukturiertes **Feedback** und können zu jedem Zeitpunkt die bereits erreichte Punktzahl einschätzen.

1.3.4 Digitale Agenten

Digitale Agenten, wie auf **generativer Künstlicher Intelligenz** basierende Chatbots, sind als breit einsetzbare Technologie noch sehr neu und werden kaum in Prüfungen eingesetzt. Sie bieten aber großes Potenzial für die Gestaltung authentischer, fachnaher Prüfungsaufgaben. Es ist zu erwarten, dass sie einerseits die Praxis vieler Fachgebiete transformieren werden, wodurch ein Bedarf an entsprechenden Prüfungen entsteht. Schon heute nutzen viele Programmierer:innen intensiv generative Künstliche Intelligenzen, um Code schneller entwickeln oder debuggen zu können. Andererseits gehen digitale Agenten als teilautonome soziotechnische **Akteur:innen** weit über die reaktive Interaktivität herkömmlicher digitaler Werkzeuge hinaus. Dies eröffnet vielversprechende Möglichkeiten, zum Beispiel für das bessere Prüfen sozialer Fachkompetenzen, wie die Durchführung anamnestischer Gespräche mit virtuellen Patient:innen.

1.3.5 Mehrphasenprüfungen

Möchte man die Verfügbarkeit von Ressourcen für bestimmte Aufgaben ermöglichen, für andere hingegen beschränken, ist es sinnvoll, die Prüfung in mehrere Phasen zu unterteilen. Zum Beispiel kann eine erste **ressourcenarme** Prüfungsphase ohne Zugang zu weiteren Ressourcen (»Closed-Book«) mit geschlossenen Antwortformaten und Fokus auf Wissensabfragen durchgeführt werden. In einer zweiten **ressourcenreichen** Phase können die Studierenden digitalen Zugang zu den Vorlesungsunterlagen sowie zu im Internet verfügbaren Ressourcen erhalten, um komplexe Fallstudien zu bearbeiten (Halbherr, 2020).

Die meisten digitalen Prüfungssysteme sowie Absicherungstechnologien bieten Möglichkeiten zur Gestaltung solcher **Mehrphasenprüfungen**, bei denen sich die Verfügbarkeit digitaler Ressourcen im Verlauf der Prüfung ändert. Entscheidet man sich für eine Mehrphasenprüfung, hat es sich bewährt, mit den ressourcenarmen Phasen zu starten und dabei sicherzustellen, dass die Studierenden nach Wechsel in eine ressourcenreichere Prüfungsphase nicht zur ressourcenarmen Phase zurückkehren können.

1.4 Weitere digitale Prüfungsformate

Neben den in diesem Kapitel fokussierten summativen, ›schriftlichen‹ digitalen Prüfungen in Präsenz gibt es zahlreiche andere Formen digitaler Prüfungen. **Digitale mündliche Fernprüfungen** mittels Videokonferenzsoftware fanden während der Covid-19-Pandemie große Verbreitung und haben sich weitgehend als Alternative bewährt, wenn eine mündliche Prüfung in Präsenz nicht möglich ist. Ein großer Vorteil dieser Prüfungen ist, dass die interaktive Gesprächssituation deutlich weniger attraktiv für Täuschungen ist als schriftliche digitale Fernprüfungen. **Schriftliche digitale Fernprüfungen** fanden mangels Alternativen ebenfalls sehr große Verbreitung während der Covid-19-Pandemie. Dabei zeigte sich häufig, dass diese Prüfungsform trotz technischer Absicherungen wie ›Lockdown-Browsern‹ und ›Online-Proctoring-Systemen‹, welche per Webcam die Studierenden überwachen, deutlich anfälliger für Täuschungsversuche ist als Prüfungen in Präsenz. Die Herausforderung besteht darin, die Aktivitäten der Studierenden sowohl am Computer als auch außerhalb des erfassten Videoausschnitts zu überwachen.

Professionell entwickelte digitale Prüfungen für sehr große Kohorten von zehntausenden Testnehmer:innen oder mehr verwenden häufig psychometrische Verfahren wie die Rasch-Skalierung und Item-Response-Theorie, um **adaptive Prüfungen** mit Wahlantwortaufgaben zu gestalten (Baker, 2001). Ebenfalls weit verbreitet sind **formative digitale Prüfungen**. Indem Dozierende zum Beispiel bei formativen Tests im Wahlantwortverfahren häufig auftretende Fehlvorstellungen der Studierenden als falsche Antwortmöglichkeiten verwenden, können sie eine unkomplizierte Methode zur Durchführung von Lernstandskontrollen mit standardisiertem individuellem Feedback bereitstellen. Ganz allgemein unterstützen viele digitale Lern- und Prüfungsumgebungen Workflows für strukturiertes Feedback.

2. Digitale Prüfungen aus Sicht der Technik

Prüfungen gehören mit zu den anspruchsvollsten Anwendungsbereichen digitaler Lehr-Lern-Technologien. Entsprechend hoch sind die **Anforderungen** an Performanz, Datensicherheit, Flexibilität bezüglich Softwarekombinationen, Prozessunterstützung, Nutzer:innenfreundlichkeit und Betrugssicherheit. Diverse, teilweise miteinander interagierende **technische Komponenten** decken diese Anforderungen ab und werden zu Prüfungssetups zusammengebaut. Diese **Prüfungssetups** entsprechen einem didaktischen Prüfungsszenario. Sie stellen Studierenden während der Prüfung die benötigten Ressourcen zur Verfügung, schränken die Nutzung unerlaubter Ressourcen ein und beinhalten Prozesse für Verteilung, Zwischenspeicherung und Abgabe von Prüfungen. Schließlich müssen die Prüfungssetups auf geeignete physische **Prüfungsgeräte** verteilt werden.

2.1 Anforderungen

Prüfungssituationen sind für alle Beteiligten Stresssituationen. Das Risiko für menschliche Fehler ist hoch, die Toleranz für umständliche Prüfungssetups gering. Deshalb ist ein möglichst **nutzer:innenfreundliches Prüfungssetup**, das menschlichen Fehlern wo möglich vorbeugt, zentral. Werden zusätzliche Ressourcen wie Drittapplikationen eingesetzt oder Prüfungen in mehrere Phasen mit unterschiedlichem Zugang zu Ressourcen aufgeteilt, ist eine gewisse Komplexität unvermeidlich. Diese gilt es so weit wie möglich zu reduzieren.

Tipp

Geben Sie Ihren Studierenden die Gelegenheit, den Umgang mit einem komplexen **Prüfungssetup** zu üben – in einer Probeprüfung oder gleichartigen Übungen während des Semesters. Führen Sie die Studierenden vor Prüfungsbeginn in das **Prüfungssetup** ein.

Insbesondere bei digitalen Prüfungen mit Internetzugang rückt das Thema **Betrugssicherheit** in den Fokus. Studierende sollen ausschließlich auf erlaubte Werkzeuge und Informationsressourcen zugreifen können. Kommunikationskanäle möchte man in der Regel ganz ausschalten, um Ghostwriting oder anders geartete Unterstützung bei der Beantwortung von Fragen zu unterbinden. Ebenso wichtig sind **Performanz, Daten- und Ausfallsicherheit**. Prüfungssetups sollten so gebaut sein, dass sie schnell und unterbrechungsfrei laufen und die Prüfungsresultate zu jedem Zeitpunkt sicher gespeichert sind, sodass selbst bei einem Komplettausfall eines Prüfungsgeräts die Prüfungsresultate in der laufenden Prüfung wiederhergestellt werden können. Zusätzlich wird von Prüfungssetups eine gewisse **Prozessunterstützung** in der Abwicklung von Prüfungen erwartet. Dies betrifft insbesondere die Verteilung von Prüfungsfragen an Studierende, die Zwischenspeicherung der Prüfungsresultate sowie einen Mechanismus zur automatisierten Einsammlung der Prüfungsresultate. Die beschriebenen Anforderungen können einander ergänzen oder einschränken. Es ist daher wichtig, bei der Erstellung von Prüfungssetups alle Anforderungen zu berücksichtigen.

Tipp

Klären Sie die Anforderungen Ihrer digitalen Prüfung bereits in der Planung. Evaluieren Sie sorgfältig, ob die zum Einsatz kommenden technischen Komponenten diese erfüllen können. Bedenken Sie dabei auch Aspekte wie Datensicherheit, Ausfallsicherheit und langfristige Verfügbarkeit der technischen Komponenten. Ziehen Sie in Betracht, technische Mängel durch organisatorische Prozesse abzufangen.

2.2 Technische Komponenten

Ein spezifisches Set von Anforderungen wird auf technischer Ebene von einem Prüfungssetup abgedeckt. Dieses besteht aus unterschiedlichen technischen Komponenten wie Internetzugang, Prüfungssystem, Informationsressourcen oder Drittapplikationen. Einige dieser technischen Komponenten wie Informationsressourcen können flexibel und ohne große Auswirkungen auf das gesamte Setup integriert werden. Andere wie der Internetzugang haben weitreichende Implikationen. So ist es beispielsweise nur mit Internetzugang möglich, ein webbasiertes Prüfungssystem oder Online-Informationsressourcen zu nutzen. Ist der Internetzugang vorhanden, hat die

Einbindung einer einzelnen Online-Informationsressource hingegen keinen weiteren Einfluss auf das gesamte Prüfungssetup.

2.2.1 Prüfungsgeräte

Grundsätzlich eignen sich verschiedene technische Geräte, vom Tablet bis zum Desktopcomputer, mit integrierten oder externen Eingabegeräten und Bildschirmen, für Prüfungen. Bei der Wahl sollte auf Ergonomie und ausreichende Leistungsfähigkeit geachtet werden. Bestimmte Prüfungsszenarien können spezielle Anforderungen an die Prüfungsgeräte stellen. Fehlen bestimmte **Hardwarekomponenten** wie leistungsstarke Grafikkarten, kann dies den Einsatz spezieller Drittapplikationen verhindern und bei ›BYOD-Prüfungen‹ Fairnessfragen aufwerfen. Organisatorische Maßnahmen wie die Bereitstellung von Ersatzgeräten können in solchen Fällen hilfreich sein. Andere Szenarien können spezielle oder qualitativ besonders hochwertige Ein- und Ausgabegeräte erfordern.

Definition

BYOD steht für »Bring Your Own Device«. So werden Prüfungen bezeichnet, die Studierende auf ihren eigenen Geräten schreiben.

Beispiel

Einfluss von Hardwarekomponenten auf die Eignung für ein Prüfungsszenario
Kleine Bildschirme reduzieren die Übersichtlichkeit, vor allem beim Einsatz großer Bilder, Dritt- und Webapplikationen, parallelen Fenstern oder Bildschirmtastaturen. Tablet-Bildschirmtastaturen sind für schreibintensive Essay- und Programmieraufgaben nicht geeignet.

Prüfungsgeräte können fix installiert und an Strom und Netzwerk angeschlossen sein oder vor der Prüfung auf die Arbeitsplätze verteilt werden, mit oder ohne Strom- und Netzwerkkabel. Die fixe **Installation** der Prüfungsgeräte ermöglicht eine kürzere Prüfungsvorbereitung am Prüfungstag, ist aber raum- und kostenintensiv. Werden die Geräte verteilt und verkabelt, braucht dies viel Zeit. Ein Teil dieser Zeit kann mit dem Verzicht auf Strom- und Netzwerkkabel gespart werden. Dafür müssen die Akkulaufzeit sowie die Zeit, welche zwischen Prüfungen für das Wiederaufladen der Akkus benötigt wird, bedacht werden.

2.2.2 Prüfungssystem

Über das **Prüfungssystem** erhalten die Studierenden die Aufgabenstellungen, erfassen ihre Antworten und reichen ihre Arbeiten ein. Als Prüfungssystem eignen sich sowohl dedizierte Prüfungssysteme als auch breiter einsetzbare Lernmanagementsysteme

(LMS). In beiden Varianten sind Prozesse zur Verteilung, Zwischenspeicherung und Einsammlung von Prüfungsarbeiten sowie weitere Funktionen wie Zeitmanagement- oder Lesehilfen integriert. **Dedizierte Prüfungssysteme** bieten zusätzlich dazu Unterstützung prüfungsspezifischer Prozesse wie Fragenerstellung, Prüfungsdurchführung, Korrektur und Qualitätssicherung. Es sind Expert:innensysteme, die oft hochspezialisiertes Know-how erfordern und kostenintensiv sein können. **Lernmanagementsysteme** bieten meist ähnliche Funktionalitäten, aber in vereinfachtem Umfang. Sie haben den Vorteil, dass sie auch für die Lehre genutzt werden können. Dies vereinfacht die Einarbeitung für Dozierende und Studierende sowie die Durchführung von Probeprüfungen und Übungen, welche dem Prüfungsszenario inhaltlich und formal ähnlich sind.

2.2.3 Internetzugang und Absicherungslösungen

Ob Studierende während einer digitalen Prüfung Internetzugang haben, hat grundlegende Auswirkungen auf das gesamte Prüfungssetup. Damit verbunden ist auch die Frage, wie Studierende gehindert werden können, unerlaubte Off- und Online-Ressourcen oder Ghostwriting zu nutzen. Die technische Antwort auf diese Frage wird als ›**Absicherungslösung**‹ bezeichnet. Die wichtigsten Sicherheitsmaßnahmen zur Verhinderung von unehrlichem Verhalten in Prüfungen bleiben dabei die **Identitätskontrolle** der Prüfungskandidat:innen sowie eine geeignete **Aufsicht vor Ort**.

Digitale **Offline-Prüfungen** verfügen über eine Absicherung auf Netzwerkebene. Studierende haben während der Prüfung keinen Netzwerkzugang. Ein Zugriff auf Online-Ressourcen ist somit nicht möglich. Dies schließt neben Webapplikationen und Online-Informationsressourcen auch webbasierte Prüfungssysteme aus. Prüfungsresultate werden lokal gespeichert und können bei Ausfall des Prüfungsgeräts verloren gehen. Auch Verteilung und Einsammlung der Prüfungen erfolgen offline. Alternativ können dafür stark eingeschränkte Prüfungsnetzwerke eingesetzt werden (Bedenlier et al., 2021).

Definition

Online-Prüfungen sind digitale Prüfungen, bei welchen die Prüfungsrechner über eine aktive Internetverbindung verfügen und die Arbeit der Studierenden bereits während der Prüfung serverseitig gespeichert wird. Online-Prüfungen finden in Präsenz oder als Fernprüfungen statt. Seit der Covid-19-Pandemie wird der Begriff Online-Prüfung allerdings häufig synonym mit digitalen Fernprüfungen verwendet.

Prüfungen mit uneingeschränktem Internetzugang ermöglichen den Einsatz von Online-Ressourcen, webbasierten Prüfungssystemen und damit verbunden integrierte Lösungen für Verteilung, Speicherung und Einsammlung der Prüfung. Ein weiterer großer Vorteil von solchen **Online-Prüfungen** ist, dass die Prüfung bei Komplikationen jederzeit auf einem Ersatzgerät fortgesetzt werden kann, da alle relevanten Daten serverseitig gespeichert werden. Die zentralen Fragen bei Online-Prüfungen sind jene nach der Absicherung gegenüber der Nutzung unerlaubter Ressourcen sowie Ghostwriting, denn auch in Open-Book- und Open-Internet-Prüfungen ist eine gewisse Einschränkung von Ressourcen häufig erwünscht. Dies kann mithilfe spezieller Browserapplikationen, sogenannter ›**Lockdown-Browser**‹, effektiv umgesetzt werden. Im Basissetup ist nur der Zugriff auf die Prüfung auf dem Prüfungssystem möglich. Über erweiterte Konfigurationen können zusätzlich Informationsressourcen, Dritt- und Webapplikationen freigegeben werden (Safe Exam Browser, kurz SEB, 2010). Spezielle ›**Screen-Proctoring-Software**‹ kann eine unabhängige Aufzeichnung der individuellen Prüfungsverläufe erstellen, welche in Bedarfsfällen, wie zum Beispiel Rekursen, eine transparente Aufklärung der Vorkommnisse unterstützt.

Zusatzmaterial: »Dokumentation Safe Exam Browser«
https://safeexambrowser.org/about_overview_de.html

Definition

›**Lockdown-Browser**‹ sind spezialisierte Browser, die lokal auf dem Prüfungsgerät installiert werden, den Zugriff auf eine spezifische Prüfung auf einem Prüfungssystem erlauben und den Zugriff auf weitere Ressourcen verhindern bzw. steuern.

2.3 Verteilung eines Prüfungssetups

Prüfungssetups können **lokal** auf den Prüfungsgeräten installiert werden. Werden die Prüfungsgeräte zentral verwaltet, können vor der Prüfung eine Absicherungslösung und Drittapplikationen auf die Prüfungsgeräte verteilt werden. Bei BYOD-Prüfungen hingegen liegt die Kontrolle, welche Drittapplikationen installiert sind, bei den Studierenden und eine Einschränkung des Netzwerkzugriffs ist schwierig und nur mit dem Einverständnis der Studierenden möglich. Über lokal installierte ›Lockdown-Browser‹ wird es möglich, nur ausgewählte Ressourcen freizugeben. Die Schwierigkeit besteht darin, dass Studierende dabei über die lokal installierten Drittapplikationen auf ihre Dateien zugreifen können. Ist zum Beispiel der Zugriff auf Excel erlaubt, ermöglicht dies Studierenden auf technischer Ebene den Zugang auf alle privaten Excel-Dateien. Diese Absicherungslücke kann über eine aufmerksame Prüfungsaufsicht und kompetenzorientierte, praxisnahe Prüfungsfragen stark reduziert werden.

Alternativ können **Boot-Medium-Lösungen** (zum Beispiel ein USB-Stick) eingesetzt werden: Bei Prüfungsbeginn schließen Studierende das Boot-Medium am Prüfungsgerät an und laden das Prüfungssetup über das Boot-Medium. Die Prüfung wird komplett auf dem Boot-Medium gelöst, gespeichert und zusammen mit dem Boot-Medium abgegeben. Der Zugang zum Internet kann ein- oder ausgeschaltet, bei manchen Boot-Medien auch spezifischer konfiguriert werden. Ein Zugriff auf das Betriebssystem des Prüfungsgeräts findet nicht statt (CAMPLA/Lernstick, o.D.).

Eine dritte Möglichkeit, ein Prüfungssetup auf hochschuleigene und studentische Prüfungsgeräte zu verteilen, sind **virtuelle Desktops**, welche ausschließlich erlaubte Drittapplikationen, Dateien und einen ›Lockdown-Browser‹ mit den freigegebenen Online-Ressourcen sowie einem Zugang zum Prüfungssystem enthalten. Virtuelle Desktops bieten dadurch und durch die Abwesenheit studentischer Dateien eine zusätzliche Sicherheitsebene. Der Einsatz Virtueller Desktops erfordert zwingend einen stabilen Internetzugang, bietet eine hohe Flexibilität und Sicherheit, ist aber kostenintensiv (Lüthi et al., 2023).

3. Digitale Prüfungen aus Sicht der Prüfungsorganisation

Die Organisation einer digitalen Prüfung gleicht stark der Organisation einer papierbasierten Prüfung. Die Gewichtung der organisatorischen Aspekte und der sich daraus ergebenden Verantwortung der Examinator:innen hängen wesentlich davon ab, ob digitale Prüfungen selbstorganisiert oder von der Hochschule als Service betrieben werden. Nachfolgend sind diese beiden Organisationsformen in Reinform beschrieben. In der Praxis existiert eine Vielzahl von Mischformen, die nicht alle diskutiert werden können.

Tipp

Informieren Sie sich bereits während der Entscheidung für oder gegen eine digitale Prüfung darüber, wie digitale Prüfungen an Ihrer Hochschule organisiert sind, wofür Sie verantwortlich sind, an welche Regelungen Sie sich halten müssen und welche Möglichkeiten und Unterstützungsangebote Ihnen offenstehen.

3.1 Selbstorganisierte digitale Prüfungen

Selbstorganisierte digitale Prüfungen werden vollumfänglich von den Examinator:innen verantwortet. Es gibt weder ein zentral verwaltetes Prüfungssystem noch speziell für Prüfungen aufgesetzte Computerräume, prüfungsspezifischen, technischen und didaktischen Support oder zentral organisierte unterstützende Prozesse für Planung und Durchführung digitaler Prüfungen.

Hochschuleigene Infrastruktur (LMS, Räume, Prüfungsgeräte, Softwarelizenzen etc.) kann in der Regel genutzt werden, ist jedoch häufig auf das Lehr-Setting ausgerichtet. Die nötigen prüfungsspezifischen Anpassungen sind aufgrund zeitlicher und finanzieller Ressourcen oder entstehender Inkompatibilitäten mit dem Lehr-Setting nicht immer erwünscht oder möglich. Häufig werden selbstorganisierte digitale Prüfungen als **BYOD-Prüfungen** organisiert. Der Einsatz studentischer Geräte führt zu technisch unterschiedlich ausgestatteten Prüfungsgeräten. Dies erschwert die technische Unterstützung der Studierenden vor und während der Prüfung und kann die Fairness der Prüfung gefährden; beispielsweise dann, wenn die Studierenden bei rechenintensiven Prüfungsszenarien mit unterschiedlicher Rechenleistung arbeiten müssen. Teilweise können diese Schwierigkeiten durch Vorgaben bezüglich der Mindestausstattung von Geräten oder durch Ersatzgeräte abgefedert werden.

Tipp

Falls Sie in der Prüfung studentische Geräte einsetzen, nutzen Sie das technische Prüfungssetup in Übungen und Probeprüfungen, um sicherzustellen, dass die studentischen Geräte über die benötigten Applikationen und Konfigurationen verfügen.

Eine Herausforderung von BYOD-Prüfungen ist, dass oft die rechtliche Handhabe für den Einsatz von Software zur Überwachung und manchmal auch zur Absicherung der studentischen Geräte fehlt. Erschwerend kommt hinzu, dass diverse Softwares nicht mit allen Betriebssystemen kompatibel sind. Weitere Schwierigkeiten ergeben sich in Bezug auf die Stromversorgung der Geräte, einen stabilen Netzwerkzugang, die fehlende Kontrolle bezüglich Update-Fenstern der eingesetzten Software und der Tatsache, dass komplexe didaktische Szenarien oft komplexe technische Setups erfordern, deren Installation ein hohes Maß an technischer Kompetenz erfordert.

Tipp

Beginnen Sie mit technisch einfachen Szenarien (zum Beispiel LMS und Lockdown-Browser), um Erfahrung mit der Durchführung digitaler Prüfungen zu sammeln, bevor Sie didaktisch und technisch komplexere Prüfungen (zum Beispiel LMS, Lockdown-Browser und Drittapplikation) in Angriff nehmen.

3.2 Digitale Prüfungen als zentral organisierter Service

Aufgrund der Einschränkungen selbstorganisierter digitaler Prüfungen sind zentral organisierte Services für digitale Prüfungen verbreitet. Die Ausgestaltung der Services ist zwischen den Hochschulen sehr unterschiedlich. Manche beschränken sich auf die Bereitstellung von Prüfungssoftware, -geräten sowie technischem Support. Andere erweitern dieses Angebot um organisatorische Unterstützung, Schulung und Beratung der Examinator:innen auf technischer wie didaktischer Ebene. Auch bezüglich der eingesetzten Hardware gibt es Unterschiede: Einige Services nutzen studentische Geräte, andere betreiben hochschuleigene Computerräume – wobei manche Hochschulen deren Einsatz auf technisch und didaktisch anspruchsvolle Setups beschränken.

Unabhängig von der Ausgestaltung des Services, hängt dessen Erfolg stark davon ab, dass dieser von der Hochschulleitung explizit erwünscht ist. Die **strategische Entscheidung** einer Hochschule, digitale Prüfungen als Service anzubieten, schafft klare Verantwortlichkeiten, erleichtert die Beschaffung finanzieller Mittel und ermöglicht eine langfristige Ausrichtung des Services, unabhängig von befristeten Projektstellen. Letzteres unterstützt den Aufbau von servicespezifischem Know-how und stabilen Prozessen sowie eine beständige Weiterentwicklung und Skalierung der eingesetzten Prüfungssetups.

Eine langfristig angelegte Servicestrategie vereinfacht die Erfassung spezifischer Anforderungen, die Erkennung und Lösung technischer »**Incidents**« (d.h. technischer Unregelmäßigkeiten) sowie die **Standardisierung** von Prozessen und Technik. Je größer der Service wird, desto spezifischere Anforderungen und Incidents werden erkannt und können umgesetzt resp. behoben werden. Dasselbe gilt für spezielle didaktische Szenarien, die komplexe technische Setups erfordern: Je größer die Nutzer:innenbasis, desto eher lohnt sich die Entwicklung komplexer technischer Setups. Diese **Skaleneffekte** führen in einem gut betriebenen Service dazu, dass digitale Prüfungen an Stabilität gewinnen und der Service zur Verbesserung der Prüfungsqualität und Lehre an einer Hochschule beiträgt. Um bei vertretbaren Kosten möglichst vielen Examinator:innen einen qualitativ hochwertigen Service mit breitem Portfolio an Prüfungssetups bieten zu können, müssen gewisse organisatorische Nachteile, wie frühzeitige Deadlines oder die Einschränkung auf die bestehenden Setups, in Kauf genommen werden. Diese Nachteile können insbesondere in der Anfangsphase eines Services vermehrt auftreten. Je stabiler ein Service wird und je stärker er den spezifischen Bedürfnissen einer Hochschule angepasst ist, desto weniger störende Restriktionen werden jedoch verbleiben.

3.3 Prüfungsplanung und -durchführung

Prüfungen finden immer unter landes- und hochschulspezifischen Rahmenbedingungen statt. Diese gilt es bei der Prüfungsplanung frühzeitig zu berücksichtigen und die sich daraus ergebenden Gestaltungsspielräume im Sinne einer qualitativ möglichst hochwertigen Prüfung zu nutzen. Neben diesen Rahmenbedingungen spielen bei der Planung einer digitalen Prüfung das didaktische Szenario, bestehende Unterstützungsangebote, Infrastruktur, die Anzahl der Studierenden sowie verschiedene technische Aspekte eine wichtige Rolle.

3.3.1 Planung digitaler Prüfungen

Soll mit der Digitalisierung einer Prüfung ein gutes Alignment mit Lehre und Lernzielen sowie eine valide, lerndienliche Prüfung erreicht werden, sollte das **didaktische Konzept** (und nicht die technischen Möglichkeiten) Treiber der digitalen Umsetzung der Prüfung sein. Sind technische Überlegungen der Treiber, entsteht gerne eine Prüfung mit technisch anspruchsvollem Setup, aber bescheidenem didaktischem Mehrwert.

In einem zweiten Schritt ist eine Analyse der rechtlichen, organisatorischen und technischen **Rahmenbedingungen** ratsam. So wird klar, welche Möglichkeiten zur Verfügung stehen und welche nicht. Gerade bei komplexen didaktischen Szenarien kann die Digitalisierung zeitintensiv werden und es ist möglicherweise hilfreich, diese auf mehrere Semester zu verteilen, indem man mit technisch einfachen Setups beginnt und die Komplexität schrittweise erhöht. Technikspezialist:innen sollten dabei von Anfang an einbezogen werden. Ein wichtiger Meilenstein ist die Definition eines **technischen Setups** sowie die eines grundsätzlichen **Funktionstests**. Anschließend werden die technischen Feinheiten ausgearbeitet und getestet. In diesem Prozess werden mögliche technische Bugs sowie Incidents, die in der Prüfung störend auftreten könnten, identifiziert. Sie werden entweder technisch behoben oder es werden einfach zu handhabende organisatorisch-technische **Workarounds** erarbeitet, zum Beispiel in Form der Bereitstellung von Ersatzgeräten. Ziel sollte stets sein, dass betroffene Studierende schnellstmöglich und ohne Datenverlust weiterarbeiten können.

Bei jedem technischen Setup gibt es Faktoren, die nicht kontrollierbar sind oder erst im Rückblick als relevant erscheinen. Eine gute Prüfungsvorbereitung beinhaltet daher auch das Erstellen eines **Notfallplans** für den Fall, dass eine Prüfung unter- oder abgebrochen werden muss. Das wichtigste Leitprinzip eines Notfallplans ist die **Gleichbehandlung** aller Studierenden und der Erhalt der Prüfungsdaten. Ist beides gewährleistet, bleibt eine Prüfung trotz Zwischenfällen rechtssicher. Für eine zukünftige Durchführung der Prüfung mit einem vergleichbaren technischen Setup müssen die verursachenden Faktoren wirksam adressiert werden.

3.3.2 Prüfungsdurchführung

Die Durchführung digitaler Prüfungen weist nur geringfügige Unterschiede zur Durchführung papierbasierter Prüfungen auf. **Prüfungsräume** müssen über spezifische Infrastruktur wie Computer, Strom- und Netzwerkanschlüsse oder WLAN verfügen. Für die Verteilung und Einsammlung von Prüfungssetups oder -geräten sowie für technische Incidents vor, während oder nach der Prüfung sollten ausreichende **Zeitpuffer** eingeplant werden. Diese Faktoren können die Raumsuche während des Semesters erschweren.

Tipp

Planen Sie Ihre Prüfung wenn möglich außerhalb der Vorlesungszeiten, um Raumengpässe zu vermeiden.

Während einer digitalen Prüfung können technische **Incidents** auftreten, welche Studierende an der Weiterarbeit hindern. Für diesen Fall sollten Studierende instruiert werden, umgehend ihre Hand zu heben und Unterstützung anzufordern. Die Uhrzeit wird notiert, das Problem wird ursächlich oder mittels Workarounds behoben. Der:die betroffene Student:in überprüft, ob alle Arbeit weiterhin vorhanden und das Setup wieder funktionstüchtig ist, und bestätigt dies. Anschließend wird die Uhrzeit erneut notiert und eine entsprechende **individuelle Zeitverlängerung** gewährt.

Tipp

Protokollieren Sie kleine technische Incidents mit Bildschirmfotos und Notizen. Dies erleichtert die Identifikation und Behebung wiederkehrender Incidents. Verfassen Sie bei größeren technischen Incidents, bei denen Sie mit Beschwerden rechnen, zusätzlich chronologisch geordnete Gedankenprotokolle der Geschehnisse.

3.4 Nacharbeiten: Korrektur, Einsicht, Archivierung, Qualitätssicherung

Die Nacharbeiten von Prüfungen werden bei der Entscheidung für oder gegen ein bestimmtes Prüfungssetup oft vernachlässigt. Sie können jedoch einen erheblichen Effizienzgewinn bieten oder unerwartet Restriktionen mit sich bringen. Beispielsweise dann, wenn gewisse technische Setups aufgrund fehlender, aber vorgeschriebener Archivierungsformen nicht infrage kommen.

3.4.1 Korrektur

Zusätzlich zu Vorteilen wie Autokorrektur und leserlicheren Texten (siehe Abschnitt 1.2.2) bieten digitale Prüfungssysteme häufig Unterstützung in der Gestaltung von Korrektur-Workflows. Die Aufgaben können einfach auf mehrere Prüfende aufgeteilt werden, stichprobenartig oder im vollen Umfang im Vieraugenprinzip korrigiert oder direkt mit Musterlösungen verglichen werden.

3.4.2 Prüfungseinsicht

Die technisch einfachste und gleichzeitig organisatorisch aufwendigste Art der digitalen Prüfungseinsicht ist ein **Eins-zu-eins-Setting**, in dem Professor:in und Student:in gemeinsam die Prüfung anschauen. Diese Form ist selbst dann möglich, wenn die Prüfungsresultate während der Einsicht bearbeitbar sind. Erlaubt die Technik eine Einschränkung der Einsicht auf die berechtigte Studierendengruppe und können die

Antworten nicht mehr bearbeitet werden, kann die **Einsicht in der Gruppe** erfolgen. Dies kann zeitlich und örtlich begrenzt unter Aufsicht erfolgen, was den Vorteil einer gewissen Kontrolle über die Weiterverbreitung von Prüfungsfragen bietet. Diese Art der Prüfungseinsicht bietet sich auch für hybride Prüfungen an, da so analoge und digitale Prüfungsteile gleichzeitig eingesehen werden können. Auch eine unbeaufsichtigte, **ortsunabhängige Prüfungseinsicht** ist möglich, wobei Studierende eine Möglichkeit haben sollten, zeitnah Antworten auf ihre Fragen zu erhalten.

3.4.3 Archivierung

Die Archivierung digitaler Prüfungen ist häufig stark von Regulierungen betroffen. Insbesondere bei Prüfungen, welche die Digitalisierung im Sinne einer ›Umgestaltung‹ des Prüfungsszenarios einsetzen, kann es sein, dass die bestehenden Regularien der neuen Prüfungspraxis noch nicht angemessen Rechnung tragen. Die Entwicklung einer rechtssicheren Archivierungslösung kann deshalb viel Zeit in Anspruch nehmen. Beispielsweise dann, wenn die Regularien eine Archivierung im PDF-Format verlangen.

3.4.4 Qualitätssicherung

Bei papierbasierten Prüfungen ist Qualitätssicherung eine mühselige, zeitaufwendige Arbeit, da die Daten für **statistische Analysen** manuell erfasst werden müssen. Kommen digitale Prüfungssysteme zum Einsatz, stehen die gewünschten Daten direkt digital zur Verfügung und können in geeigneter Form heruntergeladen werden. Viele Prüfungssysteme verfügen zudem über integrierte Item-Statistiken. Auch Qualitätssicherungsprozesse, wie **studentisches Feedback** zur Prüfung oder ein Peer-Review, können meist einfach in den Prüfungs-Workflow eingebaut werden.

4. Zusammenfassung

Digitale Prüfungen fördern flexible und authentische Prüfungen. Auf didaktischer Ebene greifen sie auf bestehende didaktische Frameworks wie Kompetenzorientierung, Constructive Alignment und Authentisches Prüfen zurück. Da die Digitalisierung neue Möglichkeiten der Prüfungsgestaltung eröffnet, sind außerdem neue didaktische Überlegungen entstanden, welche sich insbesondere auf die Gestaltungsmöglichkeiten der digitalen Arbeitsumgebungen und Ressourcen in Prüfungen beziehen sowie auf sich daraus ergebende neue, komplexere und fachnähere Arten von Aufgabenstellungen. Prüfungen können dadurch deutlich valider und lerndienlicher werden, nicht selten aber auch zeitaufwendiger und anspruchsvoller.

Zusätzlich zu den generell für Prüfungen geltenden Anforderungen muss auch die eingesetzte Technik vielfältigen, hohen Anforderungen genügen: Sie soll unterschiedlichste didaktische Szenarien abbilden, performant, ausfallsicher und benutzer:innenfreundlich sein. Fragen der Datensicherheit sowie der Absicherung gegenüber unerlaubten (Internet-)Ressourcen und Kommunikationskanälen – Stichwort ›Ghostwriting‹ – werden relevant und erfordern eine Lösung. Diese Lösung findet sich meist nicht allein auf technischer Ebene, sondern muss im Zusammenspiel zwischen Technik und Organisation erarbeitet werden. Ob digitale Prüfungen an einer Hochschule als zentraler Service oder selbstorganisiert durchgeführt werden, beeinflusst maßgeblich die Verfügbarkeit von fachlichen und technischen Ressourcen und somit die Etablierung und Skalierung komplexer, didaktisch anspruchsvoller Prüfungsszenarien. Die Planung und Durchführung von digitalen und papierbasierten Prüfungen unterscheiden sich nur in wenigen Punkten. Diese betreffen die Abklärung bezüglich des Einsatzes von Soft-, Hardware und Internetanbindung, die Prävention von sowie den Umgang mit technischen Incidents.

Mit ihren hohen Anforderungen an Didaktik, Technik und Organisation gehören digitale Prüfungen zu den anspruchsvollsten Anwendungsbereichen von Lehr-Lern-Technologien. Gleichzeitig bestimmen Prüfungen als Selektionsinstrument, wer studieren darf und wer nicht, und beeinflussen maßgeblich, was und wie gelernt wird. Digitale Prüfungen bieten damit neben großen Herausforderungen auch einzigartige Möglichkeiten für eine fachnähere, validere und lerndienlichere Prüfungspraxis sowie Hochschulbildung.

5. Literatur

Anderson, L. W. & Krathwohl, D. R. (Hrsg.) (2001). *A taxonomy for learning, teaching, and assessing. A revision of Bloom's taxonomy of educational objectives*. Longman.

Baird, J.-A., Andrich, D., Hopfenbeck, T. N. & Stobart, G. (2017). Assessment and learning: Fields apart? *Assessment in Education: Principles, Policy & Practice*, 24(3), 317–350. https://doi.org/10.1080/0969594X.2017.1319337

Baker, F. B. (2001). *The Basics of Item Response Theory* (2. Aufl.). Office of Educational Research and Improvement (ED).

Barnett, S. M. & Ceci, S. J. (2002). When and where do we apply what we learn? A taxonomy for far transfer. *Psychological Bulletin*, *128*(4), 612–637. https://doi.org/10.1037//0033-2909.128.4.612

Bedenlier, S., Bandtel, M., Boom, K.-D., Gerl, S., Halbherr, T., Hebel, A.-L., Jeremias, X., Kehr, H., Mecklenburg, L., Mersch, A., Molter, K., Paffenholz, A., Reinmann, G., Riebe, K. & Treeck, T. (2021). Prüfungen aus Perspektive der Prüfungsdidaktik. In M. Bandtel, M. Baume, E. Brinkmann, S. Bedenlier, J. Budde, B. Eugster, A. Ghoneim, T. Halbherr, M. Persike, F. Rampelt, G. Reinmann, Z. Sari & A. Schulz (Hrsg.), *Digitale Prüfungen in der Hochschule: Whitepaper einer Community Working Group aus Deutschland, Österreich und der Schweiz* (S. 30–42). Hochschulforum Digitalisierung. https://hochschulforumdigitalisierung.de/sites/default/files/dateien/HFD_Whitepaper_Digitale_Pruefungen_Hochschule.pdf

Biggs, J. (1996). Enhancing teaching through constructive alignment. *Higher Education, 32*(3), 347–364. https://doi.org/10.1007/BF00138871

Biggs, J. & Tang, C. (2002). *Teaching for quality learning at university.* Open University Press.

CAMPLA/Lernstick [Software]. (o.D.). Fachhochschule Nordwestschweiz. https://campla.github.io/

Clark, A. (2011). *Supersizing the mind: Embodiment, action, and cognitive extension.* Oxford University Press.

Durning, S. J., Dong, T., Ratcliffe, T., Schuwirth, L., Artino, A. R., Boulet, J. R. & Eva, K. (2016). Comparing open-book and closed-book examinations: A systematic review. *Academic Medicine, 91*(4), 583–599. https://doi.org/10.1097/ACM.0000000000000977

Gulikers, J. T. M., Bastiaens, T. J. & Kirschner, P. A. (2004). A five-dimensional framework for authentic assessment. *Educational Technology Research and Development, 52*(3), 67–86. https://doi.org/10.1007/BF02504676

Halbherr, T. (2020). *Resource-rich assessment in higher education.* ETH Zürich. https://doi.org/10.3929/ETHZ-B-000461219

Halbherr, T., Dittmann-Domenichini, N., Piendl, T. & Schlienger, C. (2016). Authentische, kompetenzorientierte Online-Prüfungen an der ETH Zürich. *Zeitschrift für Hochschulentwicklung, 11*(2), 247–269. https://doi.org/10.3217/zfhe-11-02/15

Halbherr, T., Mosböck, F., Piecha, K., Spillner, J., Meyer, M., Braun, G. & Hoffmann, K. (2021). Praktische Prüfungen mit Drittapplikationen. In M. Bandtel, M. Baume, E. Brinkmann, S. Bedenlier, J. Budde, B. Eugster, A. Ghoneim, T. Halbherr, M. Persike, F. Rampelt, G. Reinmann, Z. Sari & A. Schulz (Hrsg.), *Digitale Prüfungen in der Hochschule: Whitepaper einer Community Working Group aus Deutschland, Österreich und der Schweiz* (S. 63–81). Hochschulforum Digitalisierung. https://hochschulforumdigitalisierung.de/sites/default/files/dateien/HFD_Whitepaper_Digitale_Pruefungen_Hochschule.pdf

Jacobson, M. J., Kapur, M. & Reimann, P. (2016). Conceptualizing debates in learning and educational research: Toward a complex systems conceptual framework of learning. *Educational Psychologist, 51*(2), 210–218. https://doi.org/10.1080/00461520.2016.1166963

Kane, M. T. (2006). Validation. In R. B. Brennan (Hrsg.), *Educational measurement* (S. 17–64). American Council on Education.

Lüthi, T., Steger, F., Kern, M., Reuter, K., Halbherr, T. & Piendl, T. (2023). *Competence-oriented exams using virtual desktop infrastructure (VDI).* ETH Zürich. https://safeexambrowser.org/vdi/Competence-Oriented_Exams_VDI+SEB_ETH-LET_2023_05.pdf

Messick, S. (1989). Validity. In R. B. Brennan (Hrsg.), *Educational measurement* (S. 13–100). American Council on Education.

Pfeifer, R. & Bongard, J. (2007). *How the body shapes the way we think: A new view of intelligence*. MIT Press.

Puentedura, R. R. (2006). Transformation, technology, and education. *Hippasus*. http://hippasus.com/resources/tte/

Sambell, K., McDowell, L. & Brown, S. (1997). »But is it fair?« An exploratory study of student perceptions of the consequential validity of assessment. *Studies in Educational Evaluation*, *23*(4), 349–371. https://doi.org/10.1016/S0191-491X(97)86215-3

Sangwin, C. J. & Köcher, N. (2016). Automation of mathematics examinations. *Computers & Education*, *94*, 215–227. https://doi.org/10.1016/j.compedu.2015.11.014

Schwartz, D. L. & Martin, T. (2004). Inventing to prepare for future learning: The hidden efficiency of encouraging original student production in statistics instruction. *Cognition and Instruction*, *22*(2), 129–184. https://doi.org/10.1207/s1532690xci2202_1

SEB Alliance. (2010). *Safe Exam Browser (SEB)* [Software]. ETH Zürich. https://safeexambrowser.org

Spector, J. M. (2006). A methodology for assessing learning in complex and ill-structured task domains. *Innovations in Education and Teaching International*, *43*(2), 109–120. https://doi.org/10.1080/14703290600650368

STACK [Software]. (o.D.). C. J. Sangwin, T. Hunt, M. Harjula & T. Lutz. https://stack-assessment.org/

Weinert, F. E. (2001). Vergleichende Leistungsmessung in Schulen – eine umstrittene Selbstverständlichkeit. In F. E. Weinert (Hrsg.), *Leistungsmessungen in Schulen* (S. 17–32). Beltz.

Wiggins, G. (1990). The case for authentic assessment. *Practical Assessment, Research & Evaluation*, *2*(2), 1–6.

LEISTUNGSBEWERTUNG

Verena Eickhoff

Schlagworte

Bewerten, Leistungsbeurteilung, Feedback, Prüfungen

Orientierung

Die Bewertung von Studierendenleistungen hat eine wichtige didaktische Funktion im Lernprozess. Durch sie erhalten Lehrende und Studierende Rückmeldung zum Leistungsstand sowie zu Stärken und Verbesserungspotenzialen. Dadurch können sie den bisherigen Erfolg des Lehr-Lern-Prozesses einschätzen und nächste Lehr-Lern-Schritte planen. Der Beitrag stellt grundlegende Elemente der Leistungsbewertung vor und fragt, wie sich die Qualität von Bewertungen beurteilen lässt, wie sich diese lernförderlich gestalten lassen und welche Bewertungsinstrumente genutzt werden können. Im zweiten, stark praxisorientierten Teil liegt der Fokus darauf, wie Bewertungsbögen konstruiert und wie Bewertungen sinnvoll und effektiv durchgeführt werden können.

Leitfragen

Was sind zentrale Elemente des Bewertens und wie können Bewertungen lernförderlich gestaltet werden?
Welche Bewertungsinstrumente gibt es, wie kann ich diese selbst erstellen und wie kann ich den Bewertungsprozess gestalten?

1. Einleitung

Prüfungen und Leistungsbewertungen haben für Studierende einen zentralen Stellenwert. Sie dienen ihnen als **Orientierungspunkt**, an dem sie ihr Lernen ausrichten und aus dem sie extrinsische Motivation ziehen (Larson, 2018; Schaper, 2021). Ob etwas prüfungsrelevant ist, wie genau eine Studienleistung zu gestalten ist und nach welchen Kriterien sie bewertet wird, sind von Studierenden gern gestellte Fragen. Für die meisten Lehrenden ist die Bewertung von Studierendenleistungen dagegen eine wenig geliebte Pflicht (Reinmann, 2022). Die Durchsicht von Prüfungsleistungen, ob analog oder digital, erfordert erhebliche Zeit. Der Anspruch, alle Leistungen gerecht und fair nach einheitlichen Kriterien und Maßstäben zu bewerten, stellt eine anspruchsvolle Aufgabe dar. Lehrende können zudem einen Rollenkonflikt erleben, der sich zwischen ihrem Selbstverständnis als Lernbegleiter:in einerseits und der Aufgabe, als Prüfer:in Leistungen zu kategorisieren und zu hierarchisieren, andererseits ergibt (Schaper, 2021; siehe auch den Beitrag von Schaper in diesem Band).

Die Praxis der Leistungsbewertung ist wenig formalisiert, studiengangs- oder fakultätsweite Bewertungsrichtlinien, die systematisch auf die im Studiengang zu erwerbenden Kompetenzen ausgerichtet sind und eine einheitliche Bewertung über verschiedene Lehrveranstaltungen hinweg fördern, sind bislang nicht die Regel (Schaper, 2021). Wahrgenommen wird das Thema Leistungsbewertung häufiger in seiner **Selektionsfunktion** als in seiner didaktischen Funktion (Reinmann, 2022). Dass Bewertungen eine wichtige Quelle für Rückmeldungen zum Erfolg des Lernens, aber auch des Lehrens sind und dabei helfen, die nächsten Lern- und Lehrschritte zu bestimmen, rückt so in den Hintergrund. Um das didaktische Potenzial von Leistungsbewertungen auszuschöpfen, sind passende Bewertungsinstrumente und eine reflektierte Bewertungspraxis wichtig.

Genau diese Themen greift der vorliegende Beitrag auf, mit dem Ziel, über grundlegende Aspekte der Leistungsbewertung sowie damit verbundene Herausforderungen zu informieren und praktische Tipps für die Gestaltung von Bewertungsinstrumenten zu geben. Orientiert sind die Vorschläge und Tipps an dem Anspruch, Bewertungen für Studierende motivierend und lernförderlich zu gestalten und das Potenzial von Bewertungen zur Verbesserung des Lehr-Lern-Prozesses zu nutzen. Zunächst wird der Begriff der ›Bewertung‹ näher erläutert. Im Anschluss stehen Funktionen von und Einflussfaktoren auf Bewertungen sowie Aspekte der Qualität und lernförderlichen Gestaltung im Fokus. Danach werden verschiedene Elemente von Bewertungsinstrumenten beschrieben und dazu angeleitet, eigene Bewertungsbögen zu erstellen. Abschließend erfolgt eine Auseinandersetzung mit dem Prozess des Bewertens, bei der mögliche Bewertungsfehler sowie Potenziale digitaler Technologien für das Bewerten erläutert werden.

Reflexionsfragen

Können Sie sich an eine Leistungsbewertung erinnern, die Sie selbst erhalten haben und besonders hilfreich fanden? Was zeichnete diese Bewertung aus?
Wie gehen Sie beim Bewerten von Studienarbeiten bisher vor? Welche Aspekte des Bewertens fallen Ihnen leicht, welche schwer?

2. Leistungsbewertung - Bestimmung und Eingrenzung

Was wird unter Leistungsbewertung verstanden? In diesem Beitrag geht es um die Leistungsbewertung studentischer Arbeiten im Kontext von Lehr-Lern-Prozessen. Im Fokus steht die Bewertung als kriteriengeleiteter, reflektierter Prozess, der sich auf ein klar definiertes Bewertungsobjekt richtet. Dieses Objekt ist eine Studien- bzw. Prüfungsleistung, die Studierende im Wissen um deren Bewertung erstellen und deren Erstellung sowie Bewertung üblicherweise verbindlich sind.[1] Ein zentrales Ziel der Bewertung ist, das Leistungsniveau zu bestimmen. Im Bewertungsvorgang wird die Studienleistung auf Basis von zuvor festgelegten Kriterien beobachtet, mit einer Norm verglichen und so das Niveau bestimmt.

Leistungsbewertung kann als eine **Form von Feedback** begriffen werden, letzteres ist jedoch breiter zu verstehen. Es kann zum Beispiel globale Einschätzungen des Lernverhaltens über einen längeren Zeitraum umfassen, spontan erfolgen und/oder dialogisch und prozessual angelegt sein, beispielsweise als ad-hoc-Rückmeldung im Rahmen eines Lehrgesprächs.

Abzugrenzen ist die Leistungs**bewertung** von Studienarbeiten von Leistungs**messungen** im Sinne von Kompetenzmessungen, wie sie etwa in Schulleistungsstudien wie PISA oder in Assessment Centern im beruflichen Kontext erfolgen. Diese finden außerhalb eines konkreten Lehr-Lern-Prozesses und mit anderer Zielsetzung statt. In solchen Messungen geht es darum, Kompetenz nach außen, losgelöst von einem spezifischen Kontext sichtbar und – zum Teil über Länder hinweg – vergleichbar zu machen. Dafür werden aufwendige, validierte Messinstrumente zur Datenerhebung (Aufgabenstellungen) und Datenauswertung (Bewertungsbögen und -anleitungen) konstruiert und das Personal für den Einsatz speziell geschult. Die Messgüte solcher Erhebungen ist bei der Leistungserhebung und -bewertung im Hochschulalltag nicht erreichbar – in der Regel sind weder die passenden Messinstrumente vorhanden noch Bewerter:innen entsprechend qualifiziert (Bohl, 2009).

---

1 Um zu betonen, dass sich Leistungsbewertung keinesfalls auf Prüfungsleistungen beschränkt, wird im Folgenden bewusst nur selten von Prüfungsleistungen, sondern allgemeiner von Studierendenarbeiten, Leistungen, Aufgaben oder Aufgabenlösungen gesprochen.

3. Funktionen, Einflussfaktoren und Bewertungsqualität

Im nächsten Schritt wird genauer betrachtet, welche Funktionen Leistungsbewertungen in Hochschulen haben, welche Faktoren Bewertungen beeinflussen, mithilfe welcher Kriterien die Qualität von Bewertungen beurteilt wird und wie Bewertungen lernförderlich gestaltet werden können.

3.1 Funktionen von Leistungsbewertungen in Hochschulen

Leistungsbewertungen kommen verschiedene Funktionen zu (Larson, 2018; Müller & Schmidt, 2009), die sich drei Perspektiven zuordnen lassen: einer didaktischen, organisationalen und gesellschaftlichen. Aus **didaktischer Perspektive** ist ihr Potenzial zur Steuerung des Lehr-Lern-Prozesses am bedeutsamsten (Müller & Schmidt, 2009; Tremp & Reusser, 2007). Leistungsbewertungen sind Anlässe, auf die Studierende ihr Lernen ausrichten (Schaper, 2021). Eine klare Kommunikation der Anforderungen und der Bewertungsgrundlage unterstützt Studierende darin, ihr Lernen entsprechend zu fokussieren. Das Wissen um die Bewertungen ihrer Leistung kann sie (extrinsisch) zum Lernen motivieren. Eine gute Bewertung oder Leistungsverbesserung kann als Anerkennung der Lernleistung fungieren und die Lernmotivation fördern, schlechte Resultate können dazu anspornen, die Lernintensität zu erhöhen (Larson, 2018); wenn sie nicht nachvollziehbar sind, können schlechte Bewertungsergebnisse jedoch auch demotivieren. Die Leistungsbewertung gibt Auskunft über den Lernstand Einzelner und den der gesamten Gruppe sowie über die Position Einzelner innerhalb der Gruppe. Sie zeigt auf, wo sowohl Einzelne als auch die Gruppe Stärken haben und wo Verbesserungsbedarf besteht. Damit kommt ihr eine wichtige Feedback-Funktion zu (Larson, 2018; Walzik, 2012) Lernende können so einschätzen, wie erfolgreich ihre bisherigen Lernaktivitäten waren und wo sie bei zukünftigen Lernschritten ansetzen können; Lehrende erfahren, worauf sie bei der Planung der nächsten Lehreinheiten aufbauen können, wo Studierende mehr Unterstützung benötigen und welche Lehr-Lern-Aktivitäten als nächstes geeignet sind. Bewertungsergebnisse stellen eine wichtige Grundlage zur Reflexion der Lehre dar und können in die Evaluation eingebunden werden (Schaper, 2021).

Auf **organisationaler Ebene** kommt Leistungsbewertungen eine Selektionsfunktion zu: Sie sind die Grundlage für Entscheidungen über ›bestanden‹/›nicht bestanden‹ oder über ›Zugang‹/›kein Zugang‹. Auf ihrer Basis wird festgelegt, wer ein Modul erfolgreich absolviert hat, wer das nächste Modul belegen darf oder wer bei wiederholtem Nicht-Bestehen exmatrikuliert wird (Müller & Schmidt, 2009). Zudem lassen sich Bewertungsergebnisse im Qualitätsmanagement auf Studiengangs- und Fakultätsebene nutzen, um zu beobachten, ob ein Studiengang tatsächlich die avisierten Kompetenzen vermittelt oder das Curriculum verändert werden sollte (Schaper, 2021).

Solch eine Nutzung ist im englischsprachigen Hochschulraum wesentlich verbreiteter als in Deutschland.[2]

Schließlich kommt Leistungsbewertungen aus **gesellschaftlicher Perspektive** eine Informationsfunktion zu (Jürgens & Lissmann, 2015). Sie fungieren nach außen – etwa in Form von Abschlusszeugnissen oder Transcript of Records – als Nachweis, über welches Wissen und Können die Studierenden verfügen (sollten). Diese Information kann, wie auf Organisationsebene, für Auswahlentscheidungen genutzt werden (zum Beispiel Vergabe eines Jobs oder Stipendiums). In diesem Kontext wird Leistungsbewertungen häufig eine Prognosefunktion zugeschrieben und von der Qualität bereits erbrachter Leistungen auf die von künftigen Leistungen geschlossen.

3.2 Welche Faktoren beeinflussen Bewertungen?

Der Prozess des Bewertens und die Wirkungen, die Bewertungsergebnisse haben, werden durch verschiedene Faktoren beeinflusst, über die im Folgenden ein Überblick gegeben wird. Dazu gehören der Anlass und Gegenstand der Bewertung, die Qualifikation des:der Bewerter:in, die Art der genutzten Bezugsnorm und des Bewertungsinstruments sowie Aspekte der Gestaltung des Bewertungsprozesses und Bewertungsergebnisses.

Relevant für die Gestaltung von Bewertungen ist, aus welchem **(Bewertungs-)Anlass** die Leistungserhebung erfolgt, wann sie eingesetzt wird und was genau bewertet werden soll: Wird sie formativ, also lernbegleitend eingesetzt, liegt der Fokus darauf, den Lernenden Rückmeldungen für den zukünftigen Lernprozess zu geben (im Sinne eines »feed forward« und als »assessment for learning«; Christ & Kiss, 2018, S. 692). Bei summativen Aufgaben steht die Erhebung des aktuellen Lernstands stärker im Vordergrund (»assessment of learning«; Dixson & Worrell, 2016, S. 156), doch auch sie sollte Ansatzpunkte für künftige Verbesserungen aufzeigen.[3]

Summative Leistungen werden häufig umfassend, anhand einer größeren Anzahl und zudem verbindlicher Kriterien bewertet. Das Bewertungsergebnis ist zumeist prüfungsrelevant und wird zu einem Gesamtfazit kondensiert, das Grundlage für die Entscheidung über das Bestehen ist und das ermöglicht, Leistungen innerhalb einer Gruppe zu vergleichen (Dixson & Worrell, 2016). Bei der Bewertung formativer Leistungen kann es sinnvoll sein, sich auf wenige Kriterien und Verbesserungsvorschläge zu beschränken und aus einem Kriterienkatalog diejenigen zu wählen, die im kon-

---

2 Ein Beispiel ist das Konzept des »Assurance of Learning«, welches in die angesehene AACSB-Akkreditierung von Business Schools integriert ist (AACSB, 2019).

3 Summative Aufgaben sollten sich allerdings idealerweise nicht auf das »assessment of learning« beschränken, sondern ebenso das »assessment for learning« zum Ziel haben. Der teils dichotomen Gegenüberstellung von summativen Aufgaben als »assessment of learning« und formativen Aufgaben als »assessment for learning« wird hier nicht gefolgt (Wiliam, 2011, S. 10).

kreten Fall besonders lernrelevant erscheinen. Der Fokus liegt stärker darauf, individuelle Empfehlungen für das zukünftige Lernen zu geben. Die Kondensation der Bewertung zu einer Note sowie die Vergleichbarkeit der Leistungen sind häufig nicht erforderlich. Sind diese Aufgaben prüfungsrelevant, werden sie zumeist nur in ›bestanden‹ oder ›nicht bestanden‹ bilanziert.

In den meisten Fällen werden Bewertungen durch das Lehrpersonal vorgenommen, gegebenenfalls durch diese unterstützende Personen wie Tutor:innen. Für die **Eignung des:der Bewerter:in** ist neben einer ausreichenden fachlichen Qualifikation relevant, ob er:sie gegenüber potenziellen Bewertungsfehlern sensibilisiert ist und welche Haltung er:sie mitbringt. Bewertungen können zudem von Studierenden durchgeführt werden, wenn diese ihre eigene Leistung (Self-Assessment) oder die von Peers bewerten, was primär im Rahmen von formativen Aufgaben erfolgt (Schaper, 2021) und durch die Lehrperson angeleitet werden sollte, gerade da Studierende nicht als Expert:innen bewerten (Gielen et al., 2010).

Um Aussagen über den Lernstand und Verbesserungspotenziale treffen zu können, muss die **Eignung des Bewertungsgegenstands** gegeben sein. Der Bewertungsgegenstand muss so beschaffen sein, dass das zu Bewertende tatsächlich beobachtet werden kann. Anhand der Antworten auf Multiple-Choice-Fragen lässt sich beispielsweise nicht bewerten, ob Studierende in der Lage sind, eine eigene Argumentation zu entwickeln. Die Aufgabenstellung muss also die Handlungen evozieren, die bzw. deren Ergebnis bewertet werden sollen, und beeinflusst dadurch die Aussagekraft der Bewertung.

Bewertungen umfassen den Vergleich des Bewertungsgegenstands mit einer Norm (Schaper, 2021; Walzik, 2012): Soll der individuelle Lernfortschritt bewertet werden, dient als Norm eine vorausgegangene Leistung des gleichen **Individuums**. Geht es um den Vergleich innerhalb einer **sozialen Gruppe**, dienen die Leistungen der anderen Gruppenmitglieder bzw. die Durchschnittsleistung als Norm. In beiden Fällen kann die **Bezugsnorm** stark schwanken und die Beurteilung ist davon abhängig, welche Leistungen zuvor bzw. von anderen erbracht wurden. Eine stabile Bezugsnorm stellen dagegen **fachliche Standards** dar. Sie bilden die wichtigste und akzeptierteste Bezugsnorm in Hochschulen. Der Abschluss eines Moduls oder des Studiums soll gewährleisten, dass ein bestimmtes fachliches Mindestniveau erreicht wurde. Wie sehr sich die Einzelnen gegenüber dem Beginn des Moduls oder Studiums verbessert haben, steht nicht im Vordergrund. Die Verortung einer Leistung innerhalb der Kohorte dient eher als Zusatzinformation, wenn zum Beispiel eine Notenübersicht bereitgestellt wird.[4] Der Bezug auf die Individualnorm ist bei formativen Bewertungen verbreiteter (Walzik, 2012). Im ›Massenbetrieb‹ an Hochschulen mit zudem ständig

4 Der Leistungsvergleich innerhalb einer Bezugsgruppe kann allerdings dann relevant werden, wenn es um Selektionsentscheidungen geht.

wechselnden Studierendengruppen fehlt es jedoch häufig an den nötigen Vergleichsleistungen, um individuelle Fortschritte beurteilen zu können. Die Bewertung in Relation zur Gruppenleistung ist zwar häufig nicht gewünscht, in einem gewissen Maß jedoch gängig und akzeptiert, sodass die gleiche Leistung in einer schwachen Gruppe manchmal besser bewertet wird als in einer starken Gruppe.

Zentrales Element von Bewertungen sind die Bewertungskriterien inklusive des Bezugsniveaus und der Bewertungsskala: Sie bestimmen, was bewertet wird, wie das Niveau eingeordnet wird und wie verschiedene Bewertungsurteile differenziert werden. Zusammen bilden sie das **Bewertungsinstrument**, das häufig als Bewertungsbogen vorliegt und idealerweise eine Bewertungsanleitung umfasst.

Weitere Einflussfaktoren lassen sich unterscheiden, wenn die Umstände des Bewertungsvorgangs bzw. der Bewertungssituation einbezogen werden. So ist relevant, wie viel Zeit pro Bewertung zur Verfügung steht und ob diese, wie bei der Live-Präsentation sportlicher Leistungen oder mündlicher Vorträge, synchron zur Leistungserbringung erfolgt, sodass die Leistung nicht wiederholt betrachtet werden kann, oder ob die Bewertung versetzt stattfindet und die Leistung als beliebig häufig betrachtbares Dokument vorliegt. Die Effektivität des **Bewertungsprozesses** lässt sich durch eine geeignete Strukturierung des Prozesses und passende Annotations- und Feedback-Strategien beeinflussen. Verzerrungen der Bewertung können durch Wahrnehmungs- und Bewertungsfehler sowie Beurteilungstendenzen entstehen. Gibt es mehrere Bewerter:innen, ist eine Abstimmung der Bewertungsweise sehr wichtig, insbesondere wenn nicht – wie bei mündlichen Prüfungen gängig – gemeinsam die gleiche Leistung bewertet wird, sondern wenn die zu bewertenden Leistungen auf mehrere Personen aufgeteilt werden.

Um den Anspruch einzulösen, Bewertungen lernförderlich zu gestalten, ist es wichtig, das **Bewertungsergebnis** nachvollziehbar und verständlich zu kommunizieren. Die alleinige Mitteilung einer Endnote oder Gesamtpunktzahl erfüllt diese Anforderung nicht (Reinmann, 2022). Empfehlenswert sind das Aushändigen des Bewertungsbogens, individuelle Kommentare sowie der Einblick in die korrigierte und annotierte Leistung.

3.3 Wie lässt sich die Bewertungsqualität beurteilen?

Um die Qualität von Bewertungen zu beurteilen, braucht es passende Gütekriterien.[5] Häufig genannt werden Gütekriterien aus der Testtheorie, wie **Objektivität** – die Bewertung ist unabhängig von dem:der Bewerter:in, verschiedene Bewerter:innen

5 Beeinflusst wird die Bewertungsqualität immer durch die Qualität der Aufgaben: Von dieser hängt ab, ob Leistungen erbracht werden, anhand derer sich tatsächlich das bewerten lässt, was bewertet werden soll.

kommen zum gleichen Ergebnis. **Validität**: Es wird mit einem Bewertungskriterium tatsächlich das bewertet, was bewertet werden soll – und nicht ein anderer Aspekt. **Reliabilität:** das Ausmaß der Genauigkeit und Stabilität. Mehrere Bewertungsdurchgänge sollten das gleiche Ergebnis zeigen und der Messfehler möglichst gering sein (Bohl, 2009; Jürgens & Lissmann, 2015; Ulrich, 2020).

Eignen sich diese etablierten Kriterien dafür, die Qualität von Leistungsbewertungen im Hochschulalltag zu beurteilen? Und reichen sie aus, um Bewertungen fair und lernförderlich zu gestalten?

Ein Güteanspruch wie für psychometrische **Kompetenzmessungen** erscheint für die alltägliche Leistungsbeurteilung in Hochschulen kaum einlösbar: Zum einen unterscheiden sich die Ziele, zum anderen stehen die Voraussetzungen des Hochschulalltags solch einem Anspruch entgegen (Bohl, 2009). So werden höchst unterschiedliche Aufgaben gestellt, die sich in der Bandbreite angemessener Lösungen stark unterscheiden. Die Bewertung solcher Leistungen ist komplex und bedeutet in weiten Teilen, die erbrachten Leistungen zu interpretieren, und nicht, sie durch Abgleich mit einem genau definierbaren Standard in ›falsch‹ und ›richtig‹ zu unterteilen. Hinzu kommt, dass Leistungsbewertung in der Regel als Individualleistung des:der Bewerter:in ohne spezifische Schulung erfolgt: Es gibt keine systematische, verbindliche Ausbildung von Hochschullehrenden und selten institutionalisierten Austausch über Bewertungsmaßstäbe und Zielniveaus. Darüber hinaus ist die Zeit zum Bewerten oft knapp bemessen, bei Lehraufträgen wird sie teils nicht einmal vergütet.

Es kann verschiedene Gründe geben, um Bewertungen nicht nach einem fixen Standard, sondern situativ angepasst zu beurteilen: Da eine Kohorte weniger Vorwissen hat als vorherige, müssen Inhalte gekürzt werden, obwohl die Studierenden sich engagiert zeigen. Der Dozent nutzt zwar die gleichen Aufgaben wie in anderen Semestern, benotet aber etwas milder, um die Kohorte nicht zu demotivieren. Oder eine Dozentin rechnet einer Studentin an, dass sie besonders schwere Theorien gewählt hat, und sieht daher bei ihr über kleine inhaltliche Ungenauigkeiten hinweg. Ist so ein Verhalten fair und aus wessen Sicht?

Die Beispielsituationen verdeutlichen, dass Bewertungen, die als objektiv, valide und reliabel gelten, nicht unbedingt immer als fair und gerecht wahrgenommen werden. Diese drei traditionellen Kriterien können zur Beurteilung der Bewertungsqualität herangezogen werden, sind jedoch nicht immer die am besten geeigneten und nicht die einzig denkbaren Gütekriterien. Angeregt von der qualitativen Forschung werden als Alternativen etwa Transparenz, Beteiligung, Gegenstands- und Zielangemessenheit, kommunikative sowie argumentative Validierung genannt (Bohl, 2009; Jürgens & Lissmann, 2015). Bernstein (2023) stellt ans Benotungssystem den Anspruch, dass dieses akkurat, fair, als fair wahrgenommen, stabil und verteidigbar ist. Diese Vorschläge zeigen, dass die Qualität von Bewertungen nicht abstrakt ›von außen‹ definiert werden sollte, sondern dass es wichtig ist, die Perspektive derer, die bewertet werden, einzubeziehen. Diese sollen die Bewertung nachvollziehen können, sie akzeptieren und als fair wahrnehmen.

Dafür ist es wichtig, dass transparent ist, wie die Bewertung zustande kommt, dass die Kriterien den Studierenden vor Leistungserbringung vertraut und sie ihnen verständlich sind, zum Beispiel dadurch, dass sie gemeinsam besprochen wurden. Für ihre Nachvollziehbarkeit ist wichtig, dass die Kriterien und der Bewertungsmaßstab angemessen für den Gegenstand und das Ziel der Bewertung sind. Auch eine adäquate Detailschärfe sowie die Anzahl und Gewichtung der Kriterien sind bedeutsam. Grundsätzlich sollten für alle Leistungen die gleichen Kriterien und der gleiche Maßstab genutzt werden: Sie sollten auch über mehrere Kohorten hinweg stabil bleiben. Die obigen Beispielsituationen verdeutlichen jedoch, dass es in begründeten Fällen legitim sein kann, diese situationsbezogen nachzujustieren – weil die Bedingungen der Leistungserbringung eben nicht immer die gleichen sind. Bewertungsfehler gilt es so weit wie möglich zu minimieren. Je nach Zweck der Bewertung kann ein weiteres Qualitätskriterium sein, dass die Bewertung lernförderlich ist. Wie dieses Ziel erreicht werden kann, ist Gegenstand des nächsten Abschnitts.

3.4 Wie können Bewertungen lernförderlich gestaltet werden?

Aus pädagogisch-didaktischer Sicht stellt sich die Frage, wie Leistungsbewertungen so gestaltet werden können, dass sie lernförderlich wirken. Dafür ist erstens bedeutsam, wie Leistungserhebungen als Anlass für die Bewertung ins Lehr-Lern-Konzept integriert werden, und zweitens, wie bewertet und wie das Ergebnis kommuniziert wird. Mit ›lernförderlich‹ ist gemeint, dass die Lernmotivation gestärkt, zumindest aber aufrechterhalten wird und Studierende Ansatzpunkte finden, wie sie ihre Leistung verbessern und ihr künftiges Lernen gestalten können. Grundsätzlich ist das lernförderliche Potenzial größer, wenn Leistungen formativ und auf das **Üben** fokussiert erbracht und bewertet werden, sodass die Gelegenheit besteht, die erhaltene Rückmeldung in den nachfolgenden Lehr-Lern-Prozess zu integrieren (Reinmann, 2022). Bei summativen Bewertungsanlässen ist der Transfer der gewonnenen Erkenntnisse in der Regel nur verzögert und indirekt möglich (zum Beispiel im nächsten Modul), wodurch der Anreiz, Feedback aufzugreifen, für die Studierenden geringer ist und stärkere Eigeninitiative erfordert.[6]

---

6 Das lernförderliche Potenzial von Bewertungen hängt letztlich davon ab, ob Studierende tatsächlich an Feedback, und nicht nur an ihrer Note, interessiert sind, was wiederum durch die Art der Lern-, Prüfungs- und Feedback-Kultur beeinflusst wird. Erfolgen Bewertungen primär summativ und bieten sich Studierenden wenig Anreize, um Feedback aufzugreifen, kann dies dazu führen, dass sie wenig Interesse an fundierten Rückmeldungen zeigen und sich auf die Noten fixieren (Jönsson & Panadero, 2017; Reinmann, 2022).

Wichtige **Grundlage lernförderlicher Bewertungen** ist, dass die Bewertung auf Basis angemessener, an den Lernzielen orientierter Kriterien und mittels aussagekräftiger Bewertungsskalen erfolgt, dass Studierende die Kriterien vor der Leistungserbringung kennen und dass sie diese nachvollziehen können. Es ist ratsam, den Bewertungsbogen mit den Kriterien am Veranstaltungsbeginn, spätestens jedoch mit der Aufgabenstellung zur Verfügung zu stellen, sodass sich Studierende an diesen beim Lernen orientieren können. Empfehlenswert ist, die Kriterien als Aussagen zu formulieren, die den erwarteten Standard beschreiben, gegebenenfalls sogar verschiedene Niveaustufen differenzieren.

Die Akzeptanz der Kriterien kann erhöht werden, wenn diese gemeinsam besprochen oder ganz bzw. teilweise zusammen mit den Studierenden erarbeitet werden (Fraile et al., 2017). Sich gemeinsam zu überlegen, wie fachliche Leistungen bewertet werden können, fördert das Verständnis dafür, was in dem jeweiligen Gegenstandsbereich ›sehr gute‹ Leistungen kennzeichnet und wie dies beobachtbar ist.

Die Bewertung selbst sollte möglichst zeitnah erfolgen und den Studierenden **elaboriertes Feedback** geben (Roelle et al., 2023). D.h. die Rückmeldung sollte Informationen umfassen, inwieweit der erwartete Standard erreicht wurde, sowie aufzeigen, was verbessert werden kann und wo zukünftige Lernschritte ansetzen können (Roelle et al., 2023; Schaper, 2021).

Verschiedene Elemente erleichtern solche elaborierten Rückmeldungen. Individuelle Kommentare im Bewertungsbogen sowie als Annotation in der zu bewertenden Leistung erlauben besonders präzise Rückmeldungen, sind allerdings aufwendig. Zudem muss gewährleistet sein, dass Studierende Einblick in ihre annotierte Leistung erhalten und diese nicht direkt archiviert wird. Wichtig ist zudem, wertschätzendes und pointiertes Feedback zu geben, sodass Studierende Anerkennung für gute Leistungen erfahren und ihre dringendsten Baustellen erkennen, statt durch lange Mängellisten womöglich demotiviert und desorientiert zu werden. Durch aussagekräftige Bewertungsbögen kann der Bewertungsaufwand reduziert werden: So ermöglichen etwa Bewertungsraster detaillierte Einschätzungen der Leistung, ohne individuelle Kommentare zu erstellen.

Elaborierte Rückmeldungen müssen zudem nicht immer individuell, sondern können auch gebündelt erfolgen. Bei klassischen Tests mit primär geschlossenen oder offenen Fragen, die auf eher kurze Antworten zielen, kann eine Musterlösung zur Verfügung gestellt werden, in der die korrekten Lösungen nicht nur genannt, sondern auch begründet und gegebenenfalls typische Fehler erläutert werden.[7] Bei komplexen offenen Aufgaben mit eigenen Ausarbeitungen der Studierenden kann Sammel-Feedback gegeben werden, das zusammenfasst, was über alle Leistungen hinweg gut ge-

7 Bei digitalen Tests kann solches Feedback im genutzten System hinterlegt und abhängig vom Antwortverhalten angezeigt werden.

lungen ist und wo Ausbaubedarf besteht. Beides kann durch Beispiele illustriert werden, im Fall von ›Baustellen‹ am besten samt verbesserter Version.[8] Zudem können Empfehlungen für geeignete nächste Lernschritte und passende Lernressourcen auf Gruppenebene ausgesprochen werden.

Für den Fall, dass Bewertungen einmal nicht nachvollzogen werden können, ist es empfehlenswert, Dialogbereitschaft zu signalisieren, beispielsweise durch entsprechende Sprechstundenangebote.

Eine weitere Variante, um das lernförderliche Potenzial von Bewertungen zu entfalten, ist, den **Bewertungsauftrag als Lernaktivität zu nutzen** und an Studierende zu übergeben (Juwah et al., 2004). Es ist wichtig, dass Studierende selbst Bewertungskompetenz aufbauen. Dies hilft ihnen, ihre eigene Leistung realistisch einzuschätzen, was wiederum die Grundlage dafür ist, den eigenen Lernprozess erfolgreich zu regulieren, zum Beispiel durch Wahl und Adaption passender Lernstrategien (Carless & Boud, 2018; Zimmerman, 2000). Self-Assessment zeigte in einer Metaanalyse von Panadero und Kolleg:innen (2017) positive Effekte auf das selbstregulierte Lernen und die Selbstwirksamkeit. Peer-Feedback zu erhalten, kann sich nachweislich positiv auf die Lernleistung auswirken und zeigte in einigen Studien sogar einen größeren Effekt als Lehrenden-Feedback (Wisniewski et al., 2020).

Reflexionsfragen

Welche Funktionen von Leistungsbewertungen stehen für Sie im Vordergrund und warum? An welchen Qualitätskriterien orientieren Sie sich und wie stellen Sie deren Einhaltung sicher? Reflektieren Sie Ihre bisherige Bewertungspraxis: Wo gestalten Sie Bewertungen bereits lernförderlich? Wie könnten Sie Ihre Bewertungen noch lernförderlicher gestalten?

4. Bewertungsinstrumente

Wichtige Grundlage von Bewertungen sind Bewertungsinstrumente. Diese unterscheiden sich je nach Aufgabentyp. Zentrale Elemente solcher Instrumente sind die Bewertungskriterien, Bewertungsskalen sowie die Bepunktung und Gewichtung der Elemente. Diese verschiedenen Aspekte werden im Folgenden vorgestellt.

8 Werden Auszüge von Studierendenleistungen zur Illustration genutzt, sollte vorher das Einverständnis der Studierenden eingeholt werden.

4.1 Art des Aufgabentyps

Bewertungsinstrumente müssen an den jeweiligen Aufgabentyp angepasst sein. Aufgaben lassen sich in drei zentrale Typen unterteilen:

1. **geschlossene Fragen**, deren Antworten sich eindeutig in falsch und richtig kategorisieren lassen;
2. **offene Fragen**, bei denen sich die Anforderungen an die Antwort (zum Beispiel Aspekte, die eine zu formulierende Definition umfassen muss) relativ genau bestimmen lassen und die sich daher auf Basis ihres Grads der Vollständigkeit/Korrektheit bewerten lassen (zum Beispiel durch den Vergleich mit einer Musterlösung);
3. **komplexe Aufgabenstellungen**, bei denen eine große Bandbreite an Lösungen denkbar ist und die sich nur mithilfe verschiedener Kriterien, nicht primär auf Basis ihrer Korrektheit/Vollständigkeit bewerten lassen.

Die beiden ersten Fragetypen kommen vor allem in Tests und Klausuren vor und lassen sich verhältnismäßig schnell und einfach bewerten. Bei geschlossenen Fragen werden direkt bei der Aufgabenkonstruktion richtige Antworten und falsche, sogenannte Distraktoren, konstruiert. Bei der Bewertung wird letztlich nur überprüft, ob die Studierenden die korrekten Lösungen gewählt haben, was eine zügige oder sogar automatisierte Bewertung (bei digitalen Prozessen) erlaubt.

Abb. 1: Bewertungsschema für eine offene Testfrage

FRAGE 1
Was sind Nocizeptoren, wo kommen diese vor und worin unterscheiden sie sich von anderen Sinnen? *(3 Punkte möglich)*
MUSTERLÖSUNG
Nocizeptoren sind Schmerzrezeptoren, die sich im gesamten Körper außer im Gehirn und in der Lunge befinden. Im Gegensatz zu anderen Sinnen tritt bei Wiederholung oder Andauern von Schmerzreizen keine Adaptation ein, sondern das Gegenteil, eine Sensibilisierung.
(MÖGLICHE) KRITERIEN FÜR DAS BEURTEILEN DER ANTWORTEN
• Es wird erklärt, was Nocizeptoren sind *(1 Punkt)* • Es wird darauf hingewiesen, wo Nocizeptoren vorkommen *(1 Punkt)* • Der Unterschied zu anderen Sinnen wird erklärt *(1 Punkt; wenn nur Adaptation oder nur Sensibilisierung genannt wird ½ Punkt)* • Weitere nicht direkt erfragte, aber relevante Anmerkungen *(1 Punkt)*

Quelle: Schott, 2018

Bei offenen Fragen mit eher kurzen Antworten lassen sich die Anforderungen an vollständige Antworten in der Regel ebenfalls recht genau bestimmen und werden im Zuge der Aufgabenkonstruktion festgelegt, zum Beispiel durch Musterlösungen oder Checklisten der erforderlichen Inhaltspunkte inklusive Hinweisen zur Bewertung (siehe Abb. 1). Durch den Abgleich mit diesen kann die Lösung ebenfalls zügig bewertet werden und erfordert wenig Interpretationsleistung. Solche Bewertungskriterien sind in der Regel aufgabenspezifisch und nicht auf andere Aufgaben übertragbar. Wird die Auswertung nicht elektronisch durchgeführt, ist es empfehlenswert, eine Musterlösung des gesamten Tests zusammenzustellen und Bewertungsinstruktionen zu ergänzen (Schlomske-Bodenstein et al., o.D.). Wenn der Test komplett digital durchgeführt oder mithilfe von Scans zumindest digital ausgewertet wird, werden die korrekten Antworten, Musterlösungen, Punkte, Anleitungen sowie Notenstufen meist direkt im genutzten Test- oder Lernmanagementsystem abgelegt.

Bei komplexen Aufgabenlösungen, zu denen etwa Hausarbeiten, komplexe Antworten auf offene Klausurfragen, Präsentationen oder Portfolios gehören, ist eine Bewertung durch einfachen Abgleich mit einer Checkliste oder Prüfung auf Vollständigkeit nicht mehr möglich, da die Aufgabenstellung eine große Bandbreite an Lösungen erlaubt und diese sehr umfangreich ausfallen können. Das verlangt Kriterien, die sich auf viele verschiedene Lösungen anwenden lassen und die sich weniger auf eng gesteckte Inhalte als auf Kompetenzen (bzw. deren Performanz) richten. Die Bewertungskriterien explizieren zugleich die Erwartungen, die an die Lösung gestellt werden, und gegebenenfalls das erwartete Ausführungsniveau. Die Bewertung erfolgt nicht durch einen simplen Abgleich, sondern erfordert, die Leistung zu interpretieren, um das erreichte Niveau einzuschätzen. Empfehlenswert ist, die Anforderungen in Form eines Bewertungsbogens zusammenzustellen, den zum einen Studierende vorab erhalten und an dem sie ihre Lösung ausrichten können und der zum anderen dem:der Bewerter:in als Bewertungsinstrument dient.

4.2 Kriterien

Lehr-Lern-Ziele, Aufgabenstellung und Bewertungskriterien sollten aufeinander abgestimmt sein: Die Aufgabe sollte den Studierenden abverlangen, die Kompetenzen einzusetzen, die Lehr-Lern-Ziel sind (summative Aufgaben) bzw. die zum Aufbau dieser Kompetenzen beitragen (formative Aufgaben), und die Kriterien sollten darauf gerichtet sein, zu beurteilen, wie gut diese Kompetenzen eingesetzt wurden. Sie können als Operationalisierung dieser Zielkompetenzen verstanden werden. Wie bei der Formulierung der Lehr-Lern-Ziele ist zu empfehlen, Kriterien nicht lediglich als Stichwort aufzulisten, sondern als beobachtbare Aussagen zu formulieren, sodass sie beschreiben, was zu sehen ist, wenn das Kriterium erfüllt wird (zum Beispiel »Die Argumentation ist durchgängig logisch und nachvollziehbar strukturiert und zeigt eine angemessene Tiefe; alle Argumente werden mit adäquater Literatur unterlegt und in Bezug zueinander gesetzt.«).

Solche Deskriptionen erleichtern Lehrpersonen die Bewertung und den Studierenden die Verständlichkeit dessen, was von ihnen erwartet wird. Statt nur das Kriterium auszuformulieren, können auch verschiedene Niveaustufen beschrieben werden, wie es bei Bewertungsrastern (»Rubrics«) üblich ist. Zu bedenken ist, dass sich nicht alle Lehr-Lern-Ziele gleich gut in beobachtbaren Aussagen abbilden lassen: Für die affektive Dimension ist dies deutlich schwieriger als für die kognitive und motorische (Volk, 2020).

Bei der **Wahl der Kriterien** können neben den Lehr-Lern-Zielen Spezifika der Aufgabenstellung und des Formats der Leistung einbezogen werden: Dies können etwa bei Präsentationen Körpersprache oder Foliengestaltung, bei Portfolios die Reflexion der Artefakte, bei Hausarbeiten inhaltliche Anforderungen, wie Darstellung des Forschungsstands und Ableitung der Forschungsfrage aus dem Forschungsstand, oder formale Vorgaben hinsichtlich Umfang und Formatierung sein.

Insgesamt sollten die Kriterien angemessen, ausreichend spezifisch, möglichst trennscharf und vom Umfang her händelbar sein. Es lohnt sich, **Kriterienbereiche**, die besonders wichtig sind, stärker zu differenzieren als weniger wichtige, bei denen ein Kriterium gegebenenfalls mehrere Aspekte zusammenfassen kann. Bedacht werden sollte, dass die Bewertungskriterien die Leistungserbringung steuern. Falls sehr offene Aufgaben mit dem Wunsch nach kreativen Lösungen gestellt werden, sollte sich dies in den Kriterien widerspiegeln und Raum für Unerwartetes gelassen werden. Kriterien könnten dann situativ angepasst, dies gegenüber den Studierenden entsprechend kommuniziert und ihnen zum Beispiel ein Pool statt einer feststehenden Liste an Kriterien vorgestellt werden. Eine andere Option ist, im Bewertungsbogen ein Kriterium ›Sonstiges‹ zu platzieren, sodass bei Bedarf ein individuelles Kriterium ergänzt werden kann.[9]

Reflexionsfragen

Wie viele Bewertungskriterien benutzen Sie bislang? Unterscheidet sich die Anzahl abhängig vom Format, in dem die Leistung vorliegt?
Welche Aspekte einer Leistung finden Sie schwierig oder zeitaufwendig zu bewerten, welche einfach? Können Sie identifizieren, woran dies liegt?
Haben Sie sich schon einmal mit Kolleg:innen über Bewertungskriterien ausgetauscht?

9 Steht Feedback durch die Bewertung im Vordergrund, ist ein solches Vorgehen unproblematisch. Bei benoteten Leistungen ist abzuwägen, ob die selektive Anwendung von Kriterien angemessen ist und eine ausreichende Vergleichbarkeit der Bewertung gewahrt bleibt.

4.3 Skalen und Raster

Neben den inhaltlichen Kriterien, die das »Was« der Bewertung definieren, benötigt ein Bewertungsinstrument eine Skala. Entweder wird im Sinne einer Checkliste nur bewertet, ob ein Kriterium erfüllt wurde oder nicht (dichotome Skala), oder differenziert, auf welchem Niveau das Kriterium erfüllt wurde (Brookhart, 2018). Dafür können mehrfachgestufte einfache Ordinalskalen, detaillierte Bewertungsraster, flexible Ein-Stufen-Raster sowie alternativ oder ergänzend Freitextkommentare genutzt werden.

Eine **dichotome Skala** besteht aus nur zwei Kategorien, zum Beispiel ›trifft zu‹ oder ›trifft nicht zu‹. Sie eignet sich, um eine Checkliste zu erstellen, mit der das Erreichen eines Mindeststandards kontrolliert werden kann, und ist dann passend, wenn es nicht erforderlich ist, den Grad der Erfüllung eines Kriteriums genauer zu differenzieren. Ein solches Kriterium könnte zum Beispiel sein: »Es wurden mindestens fünf verschiedene Literaturquellen genutzt.« Die Skala ›trifft zu‹ oder ›trifft nicht zu‹ ist geeignet, wenn egal ist, ob fünf, acht oder 15 Quellen genutzt wurden. Die Einhaltung formaler Vorgaben lässt sich mit dichotomen Skalen gut bewerten, wenn jede Vorgabe als eigenes Kriterium fungiert (siehe Abb. 2). Die Verfügbarkeit von nur zwei Kategorien kann den Bewertungsvorgang erleichtern und beschleunigen (Larson, 2018).

Abb. 2: Kriterien mit dichotomer Skala

TRIFFT ZU	TRIFFT NICHT ZU	KRITERIUM
☐	☐	Die Seitenvorgabe wurde eingehalten.
☐	☐	Die Seiten sind nummeriert.
☐	☐	Der Seitenrand entspricht den Vorgaben.

Quelle: eigene Darstellung Eickhoff, Lizenz: CC BY 4.0

Um eine Gesamtbewertung zu erstellen, ist es grundsätzlich denkbar, die Anzahl erfüllter und nicht erfüllter Kriterien zu summieren. Dies ist allerdings nur sinnvoll, wenn zum Bestehen nicht die Erfüllung aller Kriterien erforderlich ist. Auf Basis der Summierung eine Note zu bilden, ist bei der Bewertung komplexer Aufgabenlösungen nicht ideal, da zuvor nur überprüft wurde, ob ein Mindeststandard eingehalten wurde und verschiedene Qualitäten oberhalb des Mindeststandards nicht differenziert wurden. Für eine Benotung und die Vergleichbarkeit verschiedener Leistungen wäre diese jedoch erstrebenswert.

Um verschiedene Qualitätsstufen oberhalb des Mindeststandards zu differenzieren, eignen sich **einfache mehrfachgestufte Ordinalskalen** (siehe Abb. 3). Diese ordnen die Leistung einem Rang zu. Der Abstand zwischen den verschiedenen Rängen wird gern als identisch imaginiert, faktisch gibt es dafür jedoch keinen Maßstab, weil es sich gerade nicht um eine metrische Skala handelt.

Abb. 3: Kriterien mit Ordinalskala

KRITERIUM	😀	🙂	😐	☹
Das Praxisbeispiel wird anschaulich und ausreichend detailliert dargestellt.	☐	☐	☐	☐
Die Theorie wird systematisch und kriterienbasiert auf das Beispiel angewendet.	☐	☐	☐	☐
Aus der Analyse des Beispiels werden plausible Handlungsempfehlungen abgeleitet.	☐	☐	☐	☐

LEGENDE

😀 Die Leistung erfüllt die Erwartungen voll und ganz.

🙂 Die Leistung erfüllt die Erwartungen gut. An einigen Stellen besteht noch Verbesserungspotenzial.

😐 Die Leistung erfüllt die Mindestanforderungen und weist einiges an Verbesserungsbedarf auf.

☹ Die Leistung bleibt unter den Mindestanforderungen und weist erheblichen Verbesserungsbedarf auf.

Quelle: eigene Darstellung Eickhoff, Lizenz: CC BY 4.0

Für die Benennung der Skalenkategorien gibt es viele Optionen (Brookhart, 2018), beispielsweise:

- Standard übertroffen, Standard erfüllt, Standard teilweise erfüllt, Standard nicht erfüllt
- sehr gut gelungen, gut gelungen, verbesserungswürdig, dringend verbesserungswürdig
- vorbildlich, kompetent, in Entwicklung
- hervorragend, zufriedenstellend, unzureichend
- sehr gut, gut, befriedigend, ausreichend, ungenügend
- trifft voll und ganz zu, trifft eher zu, trifft eher nicht zu, trifft gar nicht zu
- ++, +, 0, –, ––
- 🙂, 😐, ☹
- A, B, C, D
- 4, 3, 2, 1, 0[10]

Wenn die Kategorien nicht selbsterklärend sind, ist es ratsam, diese in einer Legende zu erläutern. Welche und wie viele Kategorien gewählt werden, hängt vom Bewertungszweck und dem gewünschten Differenzierungsgrad ab. Ein trauriger Smiley oder ›dringend verbesserungswürdig‹ wirken gegebenenfalls weniger demotivierend

10 Auch wenn hier Zahlen genutzt werden, handelt es sich weiterhin um eine Rangordnung, bei der der Abstand zwischen vier und drei nicht dem zwischen drei und zwei entsprechen muss.

als ein ›ungenügend‹. Praktikabel sind in den meisten Fällen drei bis fünf Kategorien (Stevens & Levi, 2023). Gibt es zu viele Kategorien, kann es schwierig werden, über alle zu bewertenden Leistungen hinweg bei gleicher Qualität immer die identische Kategorie zu wählen (Bohl, 2009).

Mehrfachgestufte Skalen sind für Studierende aussagekräftiger als dichotome, da sie rückgemeldet bekommen, wie gut ein Kriterium erfüllt wurde und bei welchen Kriterien der größte Verbesserungsbedarf besteht. Unklar bleibt allerdings, anhand welcher Merkmale entschieden wird, ob etwa ein ›gut‹ oder ›befriedigend‹ vergeben wird, und damit auch, was genau die Studierenden verbessern können, um zukünftig eine bessere Leistung zu erzielen (Brookhart, 2018; Larson, 2018). Durch ihre stärkere Differenzierung sind mehrfachgestufte Skalen besser als dichotome dazu geeignet, Leistungen miteinander zu vergleichen und als Basis für eine Benotung zu dienen. Für letztere werden die verschiedenen Ränge in der Regel in Punkte übersetzt, aus deren Summierung sich dann eine Gesamtpunktzahl ergibt.

Tab. 1: Bewertungsraster für das Kriterium ›Argumentation‹

	ausgezeichnet	**gut**	**verbesserungsbedürftig**	**stark verbesserungsbedürftig**
Argumentation	Die Argumentation ist durchgängig logisch und sehr gut nachvollziehbar strukturiert und zeigt eine angemessene Tiefe. Alle Argumente werden umfangreich mit adäquater Literatur unterlegt und in Bezug zueinander gesetzt.	Die Argumentation ist logisch und gut nachvollziehbar strukturiert und zeigt ausreichend Tiefe. Argumente werden durch adäquate Literatur unterlegt und weitestgehend in Bezug zueinander gesetzt.	Die Argumentation ist erkennbar strukturiert und legt verschiedene Argumente dar. Literaturbezüge sind vorhanden, aber nicht immer passend oder ausreichend. Die Bezüge zwischen den Argumenten sind gering ausgeprägt und/oder nicht leicht nachvollziehbar.	Die Argumentation ist nicht ausreichend und/oder schwer nachvollziehbar strukturiert. Die Argumente bleiben oberflächlich und werden nicht angemessen durch Literatur unterlegt. Bezüge zwischen den Argumenten fehlen oder sind nicht ausreichend nachvollziehbar.

Eine dritte Option sind **Bewertungsraster mit Stufenbeschreibungen** (sogenannte »Rubrics«; siehe Tab. 1; zum Beispiel Boer et al., 2021; Brown, 2018). Grundlage ist eine Ordinalskala, die aus verschiedenen Niveaustufen besteht, von denen jede mithilfe einiger Aussagen so erläutert wird, dass die Unterschiede zwischen den Niveaustufen deutlich werden. Diese Aussagen sollten deskriptiv, nicht evaluativ sein (Brookhart, 2018). Zudem ist es wichtig, dass die Beschreibungen einem realistischen Lernniveau entsprechen: Zum Beispiel sollte ein Raster für Master-Studierende ein höheres Erwartungsniveau haben als eines für Bachelor-Studierende. Bei der Bewertung wird die zutreffende Niveaustufe markiert, zum Beispiel durch umkringeln oder farbliche Markierung. Für den Fall, dass eine Bewertung in zwei Niveaustufen fällt, ist es denkbar, dass nicht die ganze Tabellenzelle, sondern gezielt einzelne zutreffende Sätze markiert werden (Stevens & Levi, 2023). Gleiches gilt für Aussagen wie: »Die Argumentation ist nicht ausreichend und/oder schwer nachvollziehbar strukturiert.« Trifft nur ein Aspekt zu, kann dieser per Markierung hervorgehoben werden.

Lehrende müssen bei der Erstellung solcher Raster genau explizieren, woran sie Qualitätsunterschiede festmachen. Diese umfangreiche Vorarbeit erleichtert beim Bewerten die Zuordnung zum passenden Niveau, was insbesondere von Vorteil ist, wenn es mehrere bewertende Personen gibt oder das Bewertungsraster zum Self-Assessment durch Studierende genutzt wird (Jönsson & Panadero, 2017; Krebs et al., 2022). Die Detailliertheit sorgt zudem dafür, dass die Anforderungen an die Leistung gut nachvollziehbar für Studierende sind und diese durch die Bewertung Anhaltspunkte erhalten, was zukünftig je Kriterium verbessert werden kann (durch Blick auf die bislang nicht erreichten Niveaustufen). Mehrere Studien zeigen einen positiven Effekt des Gebrauchs von Bewertungsrastern auf Lernerfolg, Motivation sowie selbstreguliertes Lernen (Brookhart, 2018; Jönsson & Panadero, 2017). Allerdings eignen sie sich nur für eine begrenzte Anzahl an Kriterien. Zudem ist die Ausformulierung der Niveaustufen aufwendig und es kann herausfordernd sein, alle Kriterien in kohärenten Stufenabständen zu differenzieren.

Eine vereinfachte Variante eines Bewertungsrasters ist das **Ein-Stufen-Raster**[11] (»Single-Point-Rubric«), das ebenfalls Tabellenform aufweist. Statt verschiedener Niveaustufen wird jedoch nur der zu erreichende Standard beschrieben, die Spalten links und rechts dieser Niveaustufe bleiben frei und werden dann mit individuellen Kommentaren gefüllt, wenn die Leistung den Standard nicht erreicht oder übertrifft (St. Jean et al., 2023). Im ersten Fall werden Verbesserungsoptionen genannt, im zweiten Fall die überdurchschnittlichen Elemente gewürdigt (siehe Abb. 4). Durch die Art der Darstellung sind beide sehr schnell erfassbar. Zugleich ist dieses Raster sehr flexibel und erlaubt, auf Spezifika einzelner Leistungen einzugehen.

Der Konstruktionsaufwand ist gegenüber klassischen Bewertungsrastern geringer, die Bewertung mit ihnen durch die individuelle Kommentierung dagegen aufwendiger. Die Vergleichbarkeit verschiedener Leistungen wird durch die Individualisierung erschwert, ebenso eine Übersetzung in Punkte und eine Gesamtnote (was jedoch beides denkbar ist). Dies sehen manche durchaus als Vorteil, um der nicht immer lernförderlichen Fokussierung von Studierenden auf Benotung und kompetitiven Vergleich entgegenzuwirken (Hashem, 2017). Besonders gut eignen sich Ein-Stufen-Raster für formative Leistungen. Soll die Leistung benotet werden, kann ein Bewertungsbogen mit mehrstufiger Ordinalskala und einem zusätzlichen Kommentarfeld je Kriterium eine Alternative sein.

---

11 Dieses Raster ist im deutschsprachigen Raum bisher wenig populär und es hat sich noch kein deutscher Begriff etabliert. Da der Fokus im Vergleich zu klassischen Rubrics darauf liegt, mit nur einer Niveaustufe zu arbeiten, wurde ›Ein-Stufen-Raster‹ statt ›Einzelpunktraster‹ als deutscher Begriff gewählt.

Abb. 4: Exemplarisch ausgefülltes Ein-Stufen-Raster

	VERBESSERUNGSBEDARF unterhalb der Erwartungen	**KRITERIUMSTANDARD** erfüllt Erwartungen	**STÄRKEN** übertrifft Erwartungen
STRUKTUR	In der Einleitung sollte ein Ausblick auf den Aufbau gegeben werden und die Bezüge zwischen den Kapiteln klarer benannt werden.*	Die Einleitung führt ins Thema ein und gibt einen Ausblick auf den Aufbau. Der Text ist sinnvoll strukturiert, in nachvollziehbare Abschnitte unterteilt, die aufeinander Bezug nehmen. Als Leser:in wird man gut durch den Text geführt. Überschriften geben Orientierung. Der Schlussteil greift die Fragestellung auf und fasst zentrale Erkenntnisse zusammen.	
ARGUMENTATION		Die Argumentation ist logisch und gut nachvollziehbar strukturiert und zeigt ausreichend Tiefe. Argumente werden durch adäquate Literatur unterlegt und weitestgehend in Bezug zueinander gesetzt.	Die Argumentation ist durchgängig logisch, kohärent und sehr nachvollziehbar strukturiert und zeigt eine überdurchschnittliche Tiefe. Alle Argumente werden umfangreich mit adäquater Literatur unterlegt und sinnvoll in Bezug zueinander gesetzt.*
AUSDRUCK		Der Text ist wissenschaftlich angemessen, präzise und anschaulich formuliert und dadurch flüssig zu lesen und gut verständlich.	
ZITATION & QUELLEN	Den Zitierstil auf Einheitlichkeit kontrollieren.*	Fremdaussagen werden primär als Paraphrase, nicht als Zitat, mit korrekter und einheitlicher Quellenangabe wiedergegeben. Sie sind sinnvoll in den Text integriert und deutlich von eigenen Gedankengängen zu unterscheiden. Das Literaturverzeichnis ist vollständig.	Paraphrasen und eigene Gedanken sind sehr gut unterscheidbar, die Mischung zwischen beiden sehr ausgewogen. Verschiedene Quellen werden sehr gelungen kombiniert und für die Entwicklung origineller eigener Gedankengänge genutzt.*

* Handschriftlich dargestellte Texte symbolisieren individuelle Kommentare und sind nicht Teil des Ein-Stufen-Rasters.

Quelle: eigene Darstellung Eickhoff, Lizenz: CC BY 4.0

Eine Alternative oder Ergänzung zur Bewertungsskala sind **Freitextkommentare** zu jedem Kriterium. Diese erlauben sehr individuelle Rückmeldungen, machen das Bewerten jedoch aufwendig. Effektiver ist es, Freitextkommentare lediglich als optionale Ergänzung zu einer Skala zu nutzen (siehe Bohl, 2009), um auf Besonderheiten der jeweiligen Leistung einzugehen oder die Einstufung zu erklären. Falls ein Kriterium beispielsweise über eine Hausarbeit hinweg sehr unterschiedliche Qualität aufweist, ist es hilfreich zu erläutern, welche Kapitel gelungen und welche verbesserungswürdig sind. Eine Sammlung an Textbausteinen als Grundlage für die Kommentare kann den Bewertungsprozess erleichtern. Eine weitere Einsatzoption für Freitextkommentare ist das Gesamtfazit.

Reflexionsfragen

Welche Skala und wie viele Abstufungen benutzen Sie am liebsten resp. finden Sie am hilfreichsten zum Bewerten? Wird Ihre Präferenz durch das Format der Leistung (Live-Präsentation oder als Dokument vorliegend) beeinflusst?
Entspricht Ihre Erfahrung den genannten Vor- und Nachteilen der verschiedenen Skalen? Fallen Ihnen weitere ein?

4.4 Bepunktung, Gewichtung und Benotung

Um Leistungen benoten zu können, erfolgt eine Quantifizierung der Bewertung. Diese lässt sich am einfachsten umsetzen, indem den Bewertungen Punkte zugeordnet werden. Um ein Punkte- und Notenschema zu erstellen, ist es relevant:

- wie viel Prozent der insgesamt möglichen Punkte für das Bestehen mindestens erreicht werden müssen,
- welche prozentualen Punktspannen der Gesamtpunktzahl welcher Note zugeordnet und wie fein die Noten abgestuft werden,
- wie die verschiedenen Kriterienbereiche und/oder Aufgaben zueinander gewichtet werden,
- wie die Punkte innerhalb eines Kriteriums oder einer Aufgabe verteilt werden.

Insbesondere für die beiden ersten Aspekte, gegebenenfalls auch für den dritten, kann es institutionelle Vorgaben geben, die zu berücksichtigen sind.

Bei Leistungen, die aus mehreren Aufgaben bestehen, werden die Aufgaben zueinander gewichtet. Empfehlenswert ist es, die Punkte abhängig vom Kompetenzniveau und der fachlichen Relevanz der Aufgabe zu verteilen und mehr Punkte zu vergeben, wenn diese hoch sind. Dies gilt auch für geschlossene Fragen. Abzuraten ist dagegen davon, bei diesen pro richtige Antwort immer einen Punkt zu geben oder die Punktzahl allein an den zeitlichen Bearbeitungsaufwand zu koppeln (Schlomske-Bodenstein et al., o.D.).

Bei kriterienbasierten Bewertungen werden die Kriterienbereiche zueinander gewichtet (zum Beispiel Gliederung und roter Faden 15 %, Inhalt 45 %, Sprache & Ausdruck 15 %, Literatur & Zitation 15 %, Formalia 10 %). Zusätzlich kann es vorkommen, dass die Kriterien innerhalb eines Bereichs ebenfalls gewichtet werden, zum Beispiel könnte Kriterium 1 »Zitationsstil korrekt und einheitlich« höher gewichtet werden als das Kriterium 2 »Literaturliste vollständig«. Dafür werden dann entweder direkt pro Skalenkategorie mehr Punkte vergeben oder die Kriterien faktorisiert, d.h. die Punktzahl für Kriterium 1 wird zum Beispiel mit dem Faktor 1,5 multipliziert, Kriterium 2 dagegen nur einfach gewertet.

Neben der Gewichtung ist ein weiterer Aspekt, wie viele Punkte den einzelnen Skalenkategorien eines Kriteriums zugeordnet werden. Es mag auf den ersten Blick naheliegen, bei zum Beispiel einer vierstufigen Skala ein bis vier oder null bis drei Punkte zu vergeben, also zwischen den Kategorien einen Abstand von einem Punkt zu nutzen. Damit wird die Ordinalskala quasi in eine metrische Skala überführt und imaginiert, dass die Abstände zwischen den Skalenkategorien identisch sind, was jedoch faktisch nicht der Fall ist, da es kein Maß gibt, um den Abstand genau zu bestimmen. Statt die Punkte in Ein-Punkt-Schritten zu verteilen, ist es ebenso denkbar, ungleichmäßige Abstände zu nutzen (zum Beispiel 0, 2, 4, 6, 7) oder den Kategorien Punktspannen zuzuordnen (z zum Beispiel 0-6, 7-8, 9-10, 11-12). Letztere führen dazu, dass die Abstufung feingradiger wird: Das letzte Beispiel eröffnet insgesamt 13 Optionen der Punktevergabe, was die Handhabung erschweren kann. Denkbar ist zudem, dass die Punkte nicht den einzelnen Skalenkategorien zugeordnet werden, sondern blockweise für jeweils mehrere Kriterien vergeben werden. Dies erlaubt zum Beispiel die Gewichtung der Kriterien flexibler zu handhaben, was bei offenen Aufgaben mit sehr heterogenen Lösungsmöglichkeiten sinnvoll sein kann.

4.5 Bewertungsanleitungen

Bewertungsbögen sind nicht immer selbsterklärend. Insbesondere im Fall von mehreren Bewerter:innen ist eine Anleitung zur Nutzung des Bogens von Vorteil. Diese kann zum Beispiel Begriffserläuterungen, Hinweise zur Strategie der Punktevergabe oder Detailhinweise zu ausgewählten Kriterien enthalten. Hilfreich ist die beispielhafte Bewertung von Ankerbeispielen. Ist ein Bogen schon länger in Benutzung, können Erfahrungswerte in die Anleitung einfließen. Für die Bewertung von Abschlussarbeiten mögen ausführliche Anleitungen angemessen sein, auf Modulebene führen sie in einem meist stressigen Hochschulalltag gegebenenfalls eher dazu, dass sie übergangen werden. Weniger kann hier mehr sein.

Literaturtipps

Im Internet finden sich zahlreiche Sammlungen von Bewertungsrastern, darunter die folgenden: Die VALUE Rubrics der American Association of Colleges and Universities (AAC&U) zu 16 verschiedenen Kompetenzen können nach Registrierung auf deren Webseite heruntergeladen werden. Kopien dieser finden sich zudem per Suchmaschine frei zugänglich im Netz.

American Association of Colleges and Universities (2024). *VALUE rubrics.* https://www.aacu.org/value/rubrics/.

Die University of Wisconsin-Stout hat eine Sammlung mit Links zu mehr als 70 Bewertungsrastern für eine große Bandbreite an Einsatzzwecken zusammengestellt, darunter solche für Forschungsprozesse, Concept Maps, Poster, Wikis oder Videos.

University of Wisconsin (2024). *Creating and using rubrics for assessment.* https://www.uwstout.edu/academics/online-distance-education/online-professional-development/educational-resources-rubrics/creating-and-using-rubrics-assessment.

In den frei verfügbaren Seminarunterlagen eines Workshops zum kompetenzorientierten Prüfen von Sebastian Walzik finden sich Beispiele für Kriterien für Präsentationen, Gruppenarbeiten und Hausarbeiten sowie ein fünfstufiges Bewertungsraster für Fall-Lösungen.

Walzik, S. (2016). *Handreichung zum Seminar »Kompetenzorientiert prüfen«.* https://www.walzik.de/downloads/sw_kompetenzorientiert_pruefen_muster_wz_red_cw.pdf.

5. Bewertungsbögen erstellen

Mit jeder Aufgabe und Prüfung, die durchgeführt wird, stellt sich die Frage, wie diese bewertet wird und welche Kriterien dafür geeignet sind. Um den passenden Bewertungsbogen zu erstellen, muss in der Regel nicht bei null angefangen werden. In Fachliteratur und Internet finden sich Sammlungen möglicher Kriterien und Beispiele für Bewertungsbögen, die als Vorlage oder Inspiration genutzt werden können. Je besser der Bewertungsbogen nicht nur zur zu bewertenden Aufgabe, sondern auch den Präferenzen des:der Bewerter:in passt, desto leichter wird prinzipiell die Nutzung fallen. Es lohnt sich also durchaus, sich seinen eigenen Bewertungsbogen zu erstellen. Im Folgenden wird ein Vorschlag zum Vorgehen bei der Konstruktion von Bewertungsbögen für komplexe Aufgaben vorgestellt, der als Orientierungsrahmen genutzt werden kann. Die Reihenfolge der Schritte ist exemplarisch und kann zum Teil modifiziert werden.

5.1 Vorbereitung

Bevor Sie mit dem konkreten Erstellen des Bewertungsbogens beginnen, rufen Sie sich noch einmal ins Bewusstsein,

- was die Lernziele der Lehrveranstaltung bzw. des Moduls sind,
- wie die Aufgabenstellung lautet,
- welche Kompetenzen die Studierenden bei der Lösung der Aufgabe einsetzen sollen,
- für welche Art von Studienleistung der Bogen genutzt werden soll (zum Beispiel Hausarbeit, Projektpräsentation, Thesis, Lernportfolio) und ob diese formativ oder summativ erbracht wird,
- auf welches Studienniveau sich die Bewertung richtet (zum Beispiel Studienanfang, Ende des Masters),
- wer den Bogen nutzen wird (primär Sie, alle Lehrenden eines Moduls, Tutor:innen, Studierende für Self-Assessment/Peer-Review),

- ob eine Kondensation in ein Gesamturteil erforderlich ist (Note oder ›bestanden‹/›nicht bestanden‹),
- ob es formale Vorgaben gibt; diese können zum Beispiel die Notenabstufung betreffen oder die Bestehensgrenze (zum Beispiel mind. 50 % der Punkte für ein ›ausreichend‹),
- ob Sie den Bogen allein oder gemeinsam mit Kolleg:innen, Tutor:innen oder den Studierenden entwickeln wollen.

Ebenso lohnt sich zu prüfen, ob und welche Bewertungsbögen in Ihrem Bereich bereits verbindlich oder fakultativ genutzt werden. Ein weiterer wichtiger Aspekt ist, wie viel Zeit für die Bewertung zur Verfügung steht.

5.2 Kriterien zusammenstellen

Kernelemente eines Bewertungsbogens für komplexe Aufgaben sind die Bewertungskriterien. Hier gilt es die richtige Mischung an Kriterien zu finden, sodass Ihr Bewertungsbogen sowohl aussagekräftig als auch praktikabel anzuwenden ist. Ein inhaltlich perfekter Bewertungsbogen bringt wenig, wenn er überdimensioniert und damit nicht praxistauglich ist. Im Folgenden wird gezeigt, wie Sie einen Pool passender Kriterien erstellen, daraus die relevantesten kombinieren und diese so formulieren, dass sie eindeutig und nachvollziehbar sind.

Tipp

Wenn Sie bisher wenig Bewertungserfahrung haben oder das erste Mal einen Bewertungsbogen erstellen, kann es hilfreich sein, den Erstellungsprozess als Lern- und Reflexionsgelegenheit zu begreifen und zunächst ausführlich Kriterien zu sammeln. Später können Sie diese hierarchisieren und überflüssige Kriterien aussortieren. Auf diesem Weg schärfen Sie Ihr Bewusstsein für die Vielfalt möglicher Bewertungsaspekte und reflektieren, welche Ihnen besonders wichtig sind.

Das **Sammeln von Kriterien** ist wichtig, da der zentrale Bezugspunkt für diese immer die Lernziele sind, auf welche die Lehrveranstaltung und die konkrete Aufgabenstellung gerichtet sind (siehe hierzu auch den Beitrag von Friede & Szczyrba in Band I des Praxishandbuchs). Denn Ziel der Bewertung sollte sein, zu erheben, in welchem Maß diese Ziele bereits erreicht wurden und/oder was nächste Schritte auf dem Weg zu diesen sein könnten. In der Regel können mit einer Aufgabe nicht alle Lernziele einer Lehrveranstaltung überprüft werden oder zumindest nicht alle im gleichen Maß, weshalb die konkrete Aufgabenstellung im Blick behalten werden sollte.

Die Suche nach passenden Kriterien lässt sich auf verschiedenen Wegen starten. Hier sind einige Vorschläge:

- Nehmen Sie die Lernziele und Aufgabenstellung zur Hand und erstellen Sie daraus eine Kriterienliste. Sie können diese systematisch aus beiden ableiten oder mit offenerem Blick und Kreativmethoden wie Brainstorming oder Mindmapping starten, um zunächst möglichst viele Ideen für Kriterien zu sammeln.
- Erstellen Sie einen Text, der beschreibt, wie eine ›gute‹ oder ›sehr gute‹ Aufgabenlösung für Sie aussieht. Anschließend leiten Sie aus dieser Beschreibung Kriterien ab. Zusätzlich können Sie überlegen, was für Sie die ›schlechtestmögliche‹ Aufgabenlösung kennzeichnet.
- Recherchieren Sie im Internet nach Bewertungsbögen, die zu Ihrem Aufgabenformat und Ihren Aufgabeninhalten passen, und evaluieren Sie, inwiefern die dort genutzten Kriterien auf Ihren Fall übertragbar sind.
- Fragen Sie eine generative KI wie ChatGPT, Co-Pilot oder Gemini nach einer Liste passender Kriterien für Ihre Aufgabenstellung und Lernziele.

Sie können diese Vorgehensweisen gut kombinieren, um ausreichend Kriterien zu sammeln.

Im nächsten Schritt bietet es sich an, die **Kriterien auszuwählen, zu gewichten**, zu clustern, zu kondensieren und dort, wo mehr Detailreichtum gewünscht wird, fehlende Kriterien zu ergänzen. Die Kriterien können thematisch sortiert und den Clustern Oberkategorien zugeordnet werden. Es ist sinnvoll, die Kriterien jeder Kategorie daraufhin zu prüfen, ob sie trennscharf, verständlich, eindeutig und angemessen sind. Ähnliche Kriterien können zusammengefasst und verzichtbare gestrichen werden.

Schließlich gilt es, die Bewertungsbereiche und einzelnen Kriterien zu gewichten. Dabei sollten die Lernziele sowie Spezifika des Moduls im Blick behalten werden. Beispielsweise liegt es nahe, in einem Modul zu Forschungsmethoden Kriterien zur ›Darstellung, Auswahl und Anwendung von Forschungsmethoden‹ höher zu gewichten als allgemeine Kriterien wie ›Leser:innenführung‹ oder ›Umgang mit Quellen‹. Es kann sinnvoll sein, wichtige Kriterienbereiche differenzierter und weniger wichtige komprimierter zu erfassen. Neben der Relevanz der Kriterien sollte die Umsetzbarkeit im Blick behalten werden. Die Gewichtung kann helfen, Kriterien zu streichen oder mehrere zusammenzufassen, damit der Umfang handhabbar bleibt. Gegebenenfalls fallen Gewichtung, Priorisierung und Komprimierung leichter, wenn die Kriterien bereits ausformuliert wurden.

Tipp

Wenn die Aufgabenstellung auf kreative Lösungen zielt, kann es passieren, dass die gewählten Kriterien nicht für alle Lösungen optimal passen. Raum für Unerwartetes können Sie schaffen, indem Sie Platz für ein zusätzliches Kriterium lassen, zum Beispiel mit dem Platzhalter ›Sonstiges‹. Eine andere Option, die sich vor allem für formative Aufgaben eignet, ist,

Studierenden zu ermöglichen, selbst ein zusätzliches Kriterium zu bestimmen, zu dem sie sich eine Bewertung/Feedback wünschen.

Damit die **Kriterien** gut verständlich und eindeutig sind, sollten sie in beobachtbare Aussagen **transformiert und ausformuliert** werden. Empfehlenswert sind Aussagen, die jeweils ein ›gutes‹ oder ›sehr gutes‹ Niveau der Ausführung beschreiben und damit den Bewertungsmaßstab festlegen. Dadurch erhalten Studierende Einblick in das erwartete Niveau und können sich an diesem orientieren (Brookhart, 2018). Kognitive und motorische Lernziele lassen sich in der Regel gut durch beobachtbare Tätigkeiten abbilden, bei der affektiven Dimension von Kompetenzen ist dies deutlich schwieriger (Volk, 2020). Deren Bewertung wird zudem dadurch erschwert, dass viele Prüfungs- und Aufgabenformate an Hochschulen schriftfixiert und stark auf die kognitive Dimension ausgerichtet sind (siehe hierzu auch den Beitrag von Schaper in diesem Band).

5.3 Skalenwahl und Punkteschema

Um die Bewertungskriterien in einen Bewertungsbogen zu transformieren, müssen Sie eine passende Bewertungsskala wählen. Soll die Bewertung zudem zusammenfassend bilanziert werden, um eine Gesamtnote oder ein Gesamturteil in ›bestanden‹ oder ›nicht bestanden‹ zu bilden, ist zudem ein Bepunktungs- und Notenschema erforderlich. Bevor Sie diese Schritte vornehmen, ist es ratsam, sich bereits (im Voraus) zu überlegen, welches Format der Bewertungsbogen am Ende haben soll. Eine besonders relevante Frage ist, ob er frei gestaltet werden kann oder in ein Prüfungs- oder Lernmanagementsystem eingebunden wird. Im letzteren Fall ist die Gestaltung teilweise durch technische Vorgaben des Systems eingeschränkt, weshalb es lohnt, sich frühzeitig mit diesen vertraut zu machen und diese mitzudenken.[12]

Um auf Basis der Kriterien eine Bewertung vollziehen zu können, muss eine passende **Bewertungsskala** gewählt werden. Welche Skala und wie viele Abstufungen gewählt werden, hängt vom jeweiligen Einsatzzweck (u.a. formative/summative Aufgaben, benotete/unbenotete Leistung) und persönlichen Präferenzen des:der Bewerter:in ab. Es gibt hier nicht die eine perfekte Lösung. Manchen fällt die Zuordnung bei wenigen Kategorien leichter, manchen erschweren zu wenige Abstufungen die Zuordnung. Im Blick behalten werden sollte bei der Auswahl der Skala, welche Art von Informationen den Studierenden mit der Bewertung rückgemeldet werden soll. Dies ist auch im Hinblick darauf relevant, ob und an welcher Stelle Freitextkommentare eingesetzt werden, zum Beispiel für jedes Kriterium, pro Kriterienbereich oder nur im Gesamtfazit. Bei der Entscheidung für Bewertungsraster ist zu bedenken, dass

12 Zum Beispiel ist es möglich, dass solche Systeme nur erlauben, Kategorien eine fixe Punktzahl, nicht aber Punktspannen zuzuordnen.

sich diese nur für eine begrenzte Anzahl an Kriterien eignen, ansonsten wird das Raster schnell unübersichtlich. Idealerweise passt das Raster auf eine Seite, zwei Seiten sollten nicht überschritten werden. Zu umfangreiche Bewertungsbögen begünstigen zudem, dass Studierende diese im Voraus nicht oder nur oberflächlich lesen. Neben der Anzahl an Abstufungen müssen Sie Namen für die verschiedenen Kategorien festlegen. Behalten Sie dabei im Blick, welche Wirkung der Kategorienname, vor allem am unteren Skalenende, auf Studierende haben kann, und vermeiden Sie abwertend klingende Labels.

Tipp

Falls Sie sich für ein Bewertungsraster entscheiden, ist es auch möglich, dieses mit einfacheren Skalen zu kombinieren. Nutzen Sie zum Beispiel für besonders wichtige, spezifische oder anspruchsvolle Kompetenzbereiche (etwa Problemlösung) ein Bewertungsraster, für allgemeinere Kriterien (etwa Formalia, Sprache) eine einfache Ordinalskala oder Checkliste.

Zur Festlegung von **Punkteschema und Notenstufen** ist es empfehlenswert, als erstes zu bestimmen, wie ermittelt wird, ob eine Leistung als ›bestanden‹ oder ›nicht bestanden‹ eingestuft wird. Dafür wird in der Regel eine Bestehensgrenze festgelegt, beispielsweise dass mindestens 50 % der möglichen Punkte erreicht werden müssen. Zusätzlich können bestimmte Mindestanforderungen festgelegt werden. Dazu kann die Eigenständigkeit der Leistung zählen oder ein Kriterium, das definiert, ob die Aufgabenstellung ausreichend erfüllt wurde. So ist es grundsätzlich denkbar, dass eine Leistung abgegeben wird, die zwar hinsichtlich Struktur, Argumentation, Stil und Formalia ausgezeichnet ist, aber die Aufgabenstellung komplett verfehlt. Es liegt nahe, solche Abgaben unabhängig von der Ausführungsqualität als ›nicht bestanden‹ zu werten. Ein anderer Fall wäre, dass eine Arbeit sprachlich so ›schwach‹ ist, dass es quasi nicht möglich ist, ihren Inhalt zu beurteilen, und sie daher als ›nicht bestanden‹ gewertet wird. Neben der Bestehensgrenze gilt es zu entscheiden, welche Spanne der Gesamtpunktzahl welcher Note zugeordnet wird und wie viele Notenstufen unterschieden werden. Möglicherweise sind hierfür, wie für die Bestehensgrenze, institutionelle Vorgaben zu berücksichtigen.

Tipp

Bestimmen Sie die Bestehensgrenze und Notenstufen zunächst prozentual und errechnen die absoluten Punktbereiche erst, nachdem Sie allen Kriterien(-bereichen) Punkte zugeordnet haben.

Eine erste Gewichtung der Kriterien haben Sie in der Regel bereits bei der Auswahl der Kriterien vorgenommen. Nun empfiehlt es sich, zunächst die verschiedenen Kriterienbereiche zueinander zu gewichten und zu entscheiden, mit wie viel Prozent jeder Kriterienbereich in die Gesamtbewertung eingehen soll. Behalten Sie dabei die Lernziele und das Studienniveau im Blick. In einem Masterstudium werden Punkte in der Regel vor allem durch inhaltliche Kriterien und eine sichtbare Eigenleistung gesammelt, nicht durch Basiskompetenzen im wissenschaftlichen Arbeiten wie dem Umgang mit Quellen oder der Verwendung der korrekten Formatierung. Zu Beginn des Bachelorstudiums kann es dagegen sinnvoll sein, solche Basiskompetenzen höher zu gewichten und noch weniger Wert auf originelle Argumentationen zu setzen.

Im nächsten Schritt gilt es, den unterschiedlichen Skalenkategorien Punkte (gegebenenfalls Punktspannen) zuzuordnen. Möglicherweise möchten Sie zudem noch die Kriterien innerhalb eines Bewertungsbereichs zueinander gewichten. Bei der Verteilung der Punkte auf die Skalenkategorien ist es wichtig, Bewertungsvorgaben im Blick zu behalten. Liegt die Bestehensgrenze der Gesamtleistung bei 50 % der möglichen Punkte, kann es sinnvoll sein, den Punktabstand zwischen den beiden untersten Kategorien, die für das ›Nicht-Erfüllen‹ und das ›Erfüllen‹ der Mindestanforderung stehen, größer anzusetzen als den Punktabstand zwischen den oberen Kategorien. Dazu ein kleines Beispiel:

Beispiel

Relation von Punktabstufungen und Bestehensgrenze

Angenommen es gibt fünf Kriterien mit je vier Kategorien (zum Beispiel ›nicht ausreichend‹, ›ausreichend‹, ›gut‹, ›hervorragend‹). Werden den Kategorien die Punkte 0, 1, 2, 3 zugeteilt, erhält eine Leistung, die bei allen vier Kriterien als ›ausreichend‹ eingestuft wird und damit die Mindestanforderung erfüllt, jeweils einen Punkt und in Summe fünf Punkte. Maximal erreichbar wären 20 Punkte (5 × 4). Die betreffende Person hätte also nur 25 % der möglichen Punkte erreicht und würde bei einer Gesamtbestehensgrenze von 50 % durchfallen. Das wäre aber nicht plausibel, da alle Mindestanforderungen erreicht wurden. Das Problem ist lösbar, wenn den vier Kategorien folgende Punkte zugeordnet werden: 0, 2, 3, 4. Dann erhält die Beispielperson zehn Gesamtpunkte (5 × 2) von 20 möglichen, was dem Mindestniveau von 50 % entspricht.

Wenn Kriterien, Skala und Punkteschema feststehen, empfiehlt es sich zu überlegen, ob der Bewertungsbogen selbsterklärend ist oder es sinnvoll erscheint, Hinweise zu seiner Nutzung zu ergänzen.

5.4 Differenzierung von Niveaustufen für Bewertungsraster

Falls ein mehrstufiges Bewertungsraster erstellt wird, müssen pro Kriterium mehrere Niveaustufen differenziert werden. Wie bei jeder Skala muss zunächst entschieden werden, wie viele Stufen unterschieden und wie die Stufen betitelt werden. Da Bewertungsraster bei vielen Kriterien schnell unübersichtlich und zudem sehr textlastig werden, kann es erforderlich sein, die Zahl der Kriterien noch einmal kritisch zu prüfen und gegebenenfalls zu reduzieren. Bei der Ausformulierung der Niveaustufen ist es empfehlenswert, wie bei der Formulierung kompetenzorientierter Lernziele Verben zu nutzen, um beobachtbare Handlungen zu beschreiben und die Ausführungsqualität dieser Handlungen durch aussagekräftige Adverbien oder die Spezifikation von Inhaltselementen zu präzisieren. Zu vermeiden sind wertende Formulierungen (Brookhart, 2018) wie »Theoriedarstellung und Beispiel sind gut gelungen.«, denn hier wird nicht deutlich, was das Kriterium für ›gut‹ ist. Eine bessere Formulierung ist: »Die Theorie wird nachvollziehbar, in angemessener Tiefe dargestellt und anhand mehrerer geeigneter Beispiele illustriert, durch welche der Text an Anschaulichkeit gewinnt.« Das Urteil ›gut‹ wird hier durch die Merkmale ›Nachvollziehbarkeit‹, ›Detailgrad‹ (»Tiefe«) in Relation zur Aufgabe (»angemessen«), die ›Anzahl‹ (»mehrere«) und ›Adäquatheit‹ (»geeignet«) der Beispiele sowie die ›Funktion‹ dieser (»Anschaulichkeit«) beobachtbar.

Eine Differenzierung des Niveaus kann durch veränderte **Quantifizierung** und **Qualifizierung** erfolgen:

mehrere Beispiele | **ein** Beispiel
durchgängig nachvollziehbar | **weitestgehend** nachvollziehbar
originelle Beispiele | **geeignete** Beispiele | **skizzenhafte** Beispiele
durch Beispiele **anschaulich illustriert** | um Beispiele **ergänzt**.

Tabelle 2 bietet Wortlisten mit Vorschlägen zur differenzierten Beschreibung der verschiedenen Niveaustufen. Die Zuordnung versteht sich als Vorschlag und kann auch anders erfolgen. Wichtig ist, mit den Begriffen nicht zwischen den Stufen zu springen, sondern jeden Begriff nur für eine Stufe zu verwenden.

Tab. 2: Vorschläge von Wörtern zur Niveaudifferenzierung

ausgezeichnet	gut	befriedigend	ausreichend
innovativ	prägnant	plausibel	andeutend
ausgereift	durchdacht	nachvollziehbar	oberflächlich
tiefgehend	fundiert	passend	vage
detailreich	präzise	grundlegend	schemenhaft
schlagkräftig	logisch	verständlich	grob
hochsignifikant	relevant	zutreffend	annehmbar
außergewöhnlich	ausgereift	standardmäßig	einfach
erfrischend	interessant	gebräuchlich	basal
kenntnisreich	umfassend	angemessen	skizzenhaft
ansprechend	überzeugend	korrekt	akzeptabel

Quelle: eigene Darstellung Eickhoff, Lizenz: CC BY 4.0

Empfehlenswert ist, zunächst die Niveaustufen für ›gut‹ oder ›sehr gut‹ auszuformulieren, danach die für den Mindeststandard. Orientiert an diesen Polen können die verbleibenden Stufen beschrieben werden. Um Unterscheidungsmerkmale für die Niveaustufen zu finden, kann es hilfreich sein, noch einmal einen Blick auf die Kriterien zu werfen, die am Anfang aussortiert wurden. Manche von diesen könnten sich als Teilmerkmal eines Kriteriums eignen. Wenn alle Stufen ausformuliert sind, werden am besten sowohl alle Stufen eines Kriteriums als auch identische Niveaustufen verschiedener Kriterien miteinander abgeglichen und gegebenenfalls nachjustiert. Zudem ist es ratsam zu kontrollieren, dass die Niveaustufen dem jeweiligen Studienniveau angemessen sind.

Für die Darstellung von Bewertungsrastern hat sich die Tabellenform bewährt. Zeilen- und Spaltenköpfe werden mit den Namen der Kategorien und der Niveaustufen beschriftet. Optional kann die letzte Spalte für Kommentare freigelassen werden. Unterhalb der Tabelle bietet es sich an, Platz für einen Gesamtkommentar zu reservieren.

Tipps

Erstellung von Bewertungsrastern

- Versuchen Sie möglichst positiv zu formulieren, was beobachtbar ist, statt den Fokus auf das zu legen, was nicht vorhanden ist. Vermeiden Sie auf jeden Fall abwertend und damit demotivierend klingende Beschreibungen (zum Beispiel einfallslos, chaotisch).
- Bei der visuellen Anordnung der Niveaustufen ist es empfehlenswert, mit der höchsten Stufe zu beginnen, diese also von links nach rechts absteigend anzuordnen. Denn das Bewertungsraster erfüllt auch die Funktion, Studierenden Orientierung zu geben, was von ihnen erwartet wird. Hierbei sollten Sie sich zuerst auf das höchste Niveau konzentrieren, nicht das niedrigste.
- Die Erstellung des Rasters kann vereinfacht werden, indem bestehende Raster aus der (vor allem englischsprachigen) Literatur und dem Internet einbezogen werden.

- Für die Ausformulierung der Niveaustufen können Sie sich zudem Vorschläge von einer generativen KI wie ChatGPT erstellen lassen. Inkludieren Sie dazu in Ihren Prompt eine ausformulierte Niveaustufe und die Namen der übrigen Niveaustufen sowie die Information, dass es sich um ein Bewertungsraster (Rubric) handelt.

5.5 Überprüfung und letzter Feinschliff

Die Kriterien stehen fest, eine Skala ist gewählt, Punkte sind zugeordnet, der Bewertungsbogen ist formatiert, mit einer Anleitung versehen und soll nun den letzten Feinschliff bekommen? Folgende Vorschläge können Sie dabei unterstützen:

- Um den Bewertungsbogen auf Vollständigkeit zu prüfen, können Sie quasi im Rückwärtsgang aus den Kriterien eine Liste der Elemente erstellen, auf die sich die Kriterien beziehen. Umfasst diese Liste alle Elemente, die Sie von einer ›sehr guten‹ Studienarbeit erwarten, und berücksichtigt sie alle Lernziele, die mit der Leistung überprüft werden sollen? Oder fehlen noch Elemente?
- Falls Sie bisher keine Bewertungsbögen anderer einbezogen haben, können Sie nun einen Abgleich mit existenten Bögen vornehmen. Recherchieren Sie gegebenenfalls erneut unter Eingabe Ihrer eigenen Kriterien im Internet. So erhalten Sie andere Ergebnisse, als wenn Sie global suchen.
- Holen Sie sich Feedback, zum Beispiel von Kolleg:innen, einer generativen KI oder Studierenden, entweder von einem:einer studentischen Mitarbeiter:in oder diskutieren Sie den Bewertungsbogen in Ihrer Lehrveranstaltung.
- Wenn Ihnen bereits eine Studienarbeit vorliegt, die in etwa der Aufgabenstellung entspricht, für die Sie den Bogen erstellen, können Sie einen Testdurchlauf vornehmen und diese anhand Ihres Bogens bewerten. Falls Sie ausreichend Zeit haben, bewerten Sie am besten zwei Leistungen auf unterschiedlichem Niveau. Vielleicht finden Sie eine:n Kolleg:in, der:die ebenfalls zu einem Testdurchlauf bereit ist, sodass Sie Ihre Ergebnisse vergleichen können.

Nutzen Sie Ihre Erfahrungen und das erhaltene Feedback, um den Bewertungsbogen bei Bedarf zu überarbeiten.

Literaturtipp

Eine Checkliste, mittels derer Sie Bewertungsbögen hinsichtlich fünf verschiedener Themenbereiche evaluieren können, finden Sie bei

Stevens, D. D. & Levi, A. (2023). *Introduction to rubrics: An assessment tool to save grading time, convey effective feedback, and promote student learning* (2. Aufl.). Routledge, S. 94.

Tipp

Bewertungsbögen teilen

Sie haben Ihren Bewertungsbogen erfolgreich eingesetzt und für gut befunden? Warum nicht mit anderen teilen? Stellen Sie ihn Ihren Kolleg:innen vor oder veröffentlichen Sie ihn im Internet, vielleicht als »Open Educational Ressource«, was anderen die Weiterverwendung erleichtert. Möglicherweise gibt es an Ihrer Hochschule eine zentrale hochschuldidaktische Einrichtung, auf deren Webseite der Bogen für andere gut sichtbar ist.

6. Bewertungen durchführen

Was ist bei der Durchführung von Bewertungen zu beachten und wie lässt sich der Bewertungsprozess sinnvoll und effektiv gestalten? Darauf wird im Folgenden eingegangen, indem Vorschläge zur Strukturierung des Vorgehens gemacht werden, auf Optionen zur Vermeidung von Bewertungsfehlern eingegangen sowie erläutert wird, wie der Einsatz digitaler Technologien den Bewertungsprozess unterstützen und bereichern kann. Der Fokus liegt darauf, Ideen für die praktische Umsetzung von Bewertungen zu geben und dabei sowohl deren effektive als auch lernförderliche Gestaltung im Blick zu behalten. Im Vordergrund steht die Bewertung komplexer Aufgabenlösungen. Auch wenn im Folgenden häufig von Texten gesprochen wird, sind die meisten der Ausführungen nicht auf diese beschränkt und lassen sich auf multimediale Formate, wie zum Beispiel Videos, übertragen.

Reflexionsfragen

Wie gehen Sie bisher bei Bewertungen vor? Haben Sie bestimmte Routinen oder legen Sie Ihr Vorgehen eher situativ fest?

Gibt es Bewertungssituationen, die Sie besonders herausfordernd finden? Wodurch entstehen diese Herausforderungen?

6.1 Bewertungsprozesse strukturieren

Statt einfach mit dem Bewerten loszulegen, kann es hilfreich sein, sich vorher zu überlegen, wie der Bewertungsprozess strukturiert werden kann und unter welchen Rahmenbedingungen er stattfindet. Es lohnt zu reflektieren, was zentrales Ziel der Bewertung ist (Lernstand erheben, Feedback geben, benoten, …), wie umfangreich die Rückmeldungen an die Studierenden sein sollen, wie viele Arbeiten bewertet werden müssen und wie viel Zeit zur Verfügung steht. Ausgangspunkt des Bewertungsprozesses sind die Bewertungskriterien sowie der Bewertungsmaßstab. Sie sollten vor der Bewertung ausreichend verinnerlicht und dabei am besten auch ihre Gewichtung im Blick behalten werden. Zudem kann es hilfreich sein, sich noch einmal zu vergegenwärtigen, wie es zu Fehlern der Wahrnehmung und Bewertung kommen kann.

Für das Vorgehen gibt es nicht ›den einen richtigen Weg‹. Die Vorschläge in den folgenden Abschnitten sind daher genau das: Vorschläge. Letztlich muss jede:r Bewerter:in den für ihn:sie am besten geeigneten Weg selbst erkunden. Im Folgenden finden Sie Vorschläge zur Strukturierung des Bewertungsprozesses:

- Bevor mit dem konkreten Bewerten begonnen wird, ist es empfehlenswert, sich zunächst einen Überblick über die Art und Spannbreite der Leistungen zu verschaffen, indem einige Leistungen überflogen werden, ohne diese bereits zu bewerten (Niederkofler, 2022).
- Bei Klausuren oder anderen Leistungen, die aus mehreren Aufgaben bestehen, sollte die Bewertung aufgabenweise erfolgen, also sollten zunächst alle Lösungen zu Aufgabe A betrachtet werden, dann alle Lösungen zu Aufgabe B usw. (Niederkofler, 2022). Beim Übergang von einer zur nächsten Aufgabe kann die Reihenfolge der Arbeiten neu gemischt werden, um Gewöhnungs- oder Erwartungseffekte zu vermeiden.
- Idealerweise umfasst der Bewertungsprozess zwei Durchsichten der Leistung. Eine Option ist, die Lösung zunächst im Schnelldurchlauf durchzusehen (globales Lesen), ohne sie zu kommentieren, und danach den ersten Eindruck zu notieren. Erst im zweiten Durchlauf werden die Lösung annotiert und Beobachtungen beschrieben, um darauf aufbauend die Bewertung vorzunehmen.
- Bei umfangreichen Arbeiten kann es sinnvoll sein, Teilbewertungen vorzunehmen, zum Beispiel für Einleitung, Hauptteil und Schluss, bei Qualifikationsarbeiten auch für jedes Kapitel, und diese am Ende zusammenzuführen.
- Überspringen Sie Passagen, deren Bewertungen Sie schwierig finden, gegebenenfalls zunächst und wenden sich diesen am Ende erneut zu. Fragen Sie sich dann, inwieweit die Qualität dieser Passagen dazu beiträgt, den bisherigen Gesamteindruck noch zu verändern. Das kann das Bewerten manchmal erleichtern.
- Falls eine komplette Lösung herausfordernd zu bewerten ist, bewerten Sie diese erst am Ende. Meist geht das Bewerten nach etlichen abgeschlossenen Durchläu-

fen leichter von der Hand, da die Kriterien stärker verinnerlicht wurden und der Vergleich mit anderen Lösungen möglich ist.
- Wenn alle Arbeiten bewertet sind, sollten die Bewertungen daraufhin verglichen werden, ob sie tatsächlich nach einheitlichem Maß erfolgt sind.
- Die Kondensation der Bewertung zu einer Note, insofern sie erforderlich ist, sollte den letzten Schritt darstellen.

6.2 Bewertungsfehler vermeiden

Bewertungen können durch verschiedene Wahrnehmungs- und Bewertungsfehler beeinträchtigt werden. Diese können entstehen, wenn einzelne Eindrücke die gesamte Bewertung überblenden, wenn Annahmen über Zusammenhänge zu Fehlwahrnehmungen führen oder wenn andere unerwünschte Faktoren die Bewertung beeinflussen. Ein weiterer zu vermeidender Einfluss sind **Beurteilungstendenzen** (Jürgens & Lissmann, 2015):[13]

- So kann es passieren, dass der erste und/oder letzte Eindruck (**Primacy-/Recency-Effekt**) stärker erinnert und berücksichtigt wird, etwa dass eine sehr gute Einleitung oder ein sehr prägnanter Schlussteil Unzulänglichkeiten im Mittelteil überstrahlt. Gerade direkt zu bewertende Leistungen wie Präsentationen sind dafür anfällig.
- Vom **Halo-Effekt** wird gesprochen, wenn ein einzelnes Merkmal die Wahrnehmung anderer Merkmale überstrahlt, beispielsweise wenn durch sehr gute rhetorische Fähigkeiten inhaltliche Schwächen nicht wahrgenommen werden.
- Ein weiterer Denkfehler ist, wenn **von einem Merkmal auf ein anderes** geschlossen wird, zum Beispiel eine sehr ruhige Person als unsicher wahrgenommen wird oder wenn aufgrund von Schwierigkeiten im sprachlichen Ausdruck eine geringe inhaltliche Qualität erwartet wird. Solche Zusammenhänge können zwar im Einzelfall zutreffen (ein sperriger Ausdruck kann die Folge dessen sein, dass der Inhalt nicht ausreichend durchdrungen wurde)[14], solche Folgerungen beeinträchtigen jedoch den Blick auf die tatsächliche Leistung und damit eine valide Bewertung.
- Zudem können **Vorurteile, Anti-/Sympathien oder Ähnlichkeiten** zwischen Bewerter:in und Lernenden zu günstigeren oder ungünstigeren Bewertungen führen. Menschen, die uns ähnlich sind, werden von uns oft positiver wahrgenommen. Wählen Studierende Theorien, die wir selbst wenig wertschätzen, kann das zu unbewusster Ablehnung führen. Auch Vorurteile sind oft unbewusst wirksam

---

13 Für ausführlichere Darstellungen der Wahrnehmungs- und Bewertungsfehler/-tendenzen siehe Bohl (2009, S. 66-68), Jürgens und Lissmann (2015, S. 73-74), Ulrich (2020, S. 188-191), an denen die vorliegende orientiert ist.

14 Die Schlussfolgerung von der sprachlichen auf die inhaltliche Qualität kann jedoch gerade dann trügen, wenn eine Fremdsprache genutzt wird und die fremdsprachlichen Fähigkeiten unterhalb der fachlichen liegen.

und können zum Beispiel unsere Kompetenzzuschreibungen beeinflussen (Vollmer, 2015), zum Beispiel abhängig davon, welcher Habitus Studierenden zugeschrieben wird.

- Auch die Reihenfolge kann unerwünschten Einfluss nehmen: Nach einer sehr guten Leistung kann eine mittelmäßige Leistung schlechter wahrgenommen werden als nach einer ebenfalls mittelmäßigen (**Reihenfolgen-/Kontrast-Effekt**).
- Zu den Beurteilungstendenzen gehört die Tendenz zu einem Bewertungsbereich, etwa zur Mitte oder den Randbereichen, sodass das Bewertungsspektrum nicht ausgeschöpft wird. Ähnliches passiert, wenn generell sehr milde oder streng bewertet wird (**Milde-/Strengefehler**). Zudem können rhythmische Schwankungen unerwünschten Einfluss nehmen, bei denen zum Beispiel vermieden wird, die gleiche Kategorie zu oft hintereinander zu vergeben.
- Auch das **Wissen um die Folgen** kann Bewertungen beeinflussen, insbesondere im unteren Notenbereich. Wenn aber eine Note bewusst etwas angehoben wird, damit die Leistung noch als bestanden gilt, muss dies nicht zwangsläufig als Fehler gesehen werden, da dies oft eine bewusste, pädagogisch motivierte Entscheidung ist (Bohl, 2009).

Tipp

Vermeidung von Bewertungsfehlern

- Auseinandersetzung mit möglichen Wahrnehmungs- und Bewertungsfehlern
- Reflexion eigener Präferenzen (Bewertungstendenzen, Theorievorlieben, Persönlichkeitsmerkmale, Sympathien)
- während des Bewertungsprozesses wiederholte Reflexion unerwünschter Einflüsse
- Nutzung ausreichend detaillierter Bewertungsbögen
- Bewerten als Zwei-Schritt: erst beobachten, danach beurteilen (dazwischen gegebenenfalls eine Pause einlegen)
- Beobachtungsnotizen erstellen (bei mündlichen/praktischen Prüfungen mit Protokollbogen)
- nach Möglichkeit anonymisiert bewerten; Vorwissen zur Person ausblenden
- ausreichend Zeit fürs Bewerten mit regelmäßigen Pausen
- Bewerten im Team mit Bewertungsabgleich
- Bewertungstraining im Kollegium (Bohl, 2009; Schott, 2018; Ulrich, 2020)

6.3 Einsatz digitaler Technologien

Der Einsatz digitaler Technologien kann das Bewerten und die Übermittlung aussagekräftiger Bewertungen vereinfachen. Mit den mittlerweile an allen Hochschulen verfügbaren Lernmanagementsystemen (zum Beispiel Moodle, Ilias, OpenOLAT) sowie zusätzlichen dezidierten Prüfungsplattformen (zum Beispiel EvaExam, LPLUS) können Tests und Klausuren digital durchgeführt und (teils automatisiert) ausgewertet werden. Einige bieten zusätzlich die Option, Tests digital zu erstellen, dann papierbasiert durchzuführen, die Testbögen anschließend zu scannen und sie so ebenfalls digital auswerten zu können. Des Weiteren erlauben viele Systeme, Aufgabenlösungen in verschiedenen Dateiformaten (zum Beispiel PDFs oder Videos) webbasiert einzusammeln und direkt im System zu bewerten und zu annotieren. Bewertungen und auch Annotationen lassen sich schnell und effizient für Studierende freischalten. Die folgende Liste zeigt – ohne Anspruch auf Vollständigkeit – Funktionen und Vorteile digital gestützter Bewertungen:[15]

- automatisierte Auswertung geschlossener Fragen sowie offener Fragen mit Kurzantwort
- Hinterlegen von antwortspezifischem Feedback bei Testfragen (zum Beispiel Erläuterungen zu jeder Antwortoption, Musterlösungen, Hinweise auf Lernressourcen)
- Erstellen und Nutzung von Bewertungsrichtlinien oder Bewertungsrastern sowie Import/Export dieser; entweder auf Ebene von Einzelkursen, Kursbereichen (zum Beispiel je Studiengang) oder des Systems und dadurch gemeinsame Nutzung und Austausch von Bewertungsinstrumenten
- digitales Self-Assessment
- anonymisierte Bewertung
- Annotationsfunktion für Aufgabenlösung (ähnlich den Funktionen von PDF-Programmen)
- Verwaltung des Bewertungsprozesses (zum Beispiel Zuweisung von Bewertungsaufträgen an ausgewählte Bewerter:innen, Kennzeichnung des Arbeitsstatus, wie ›offen‹, ›in Bearbeitung‹, ›abgeschlossen‹)
- reichhaltigere Feedback-Optionen durch Aufnahmefunktion für Audio-/Videokommentare inklusive Screencasts
- leichte Übermittlung des Bewertungsergebnisses an Studierende inklusive Feedback und optionaler Einsicht in die annotierte Studienleistung
- Optionen zur digitalen Archivierung von Studienleistung und Bewertung
- Umsetzung von Peer-Review auf verschiedenen Wegen (zum Beispiel per Aktivität Forum oder Pinnwand), eigene Peer-Review-Funktionen mit Optionen wie Hinterlegung von Bewertungskriterien und Anleitungen oder Zuordnung der Peers (zum Beispiel Aktivität Gegenseitige Beurteilung in Moodle)
- statistische Auswertung der Bewertungsergebnisse

15 Bei der Nutzung digitaler Tools muss immer die Konformität mit dem Datenschutz und anderen Regularien im Blick behalten werden. Insbesondere wenn es sich um die Bewertung verbindlicher Prüfungen handelt, sollten Sie im Zweifel nachfragen, ob zum Beispiel die webbasierte Durchführung und damit auch Speicherung von Bewertungen erlaubt ist.

- Nutzung von Bewertungsergebnissen für Learning Analytics
- diverse weitere spezielle Bewertungsfunktionen durch Installation von Zusatz-Plug-ins

Reflexionsfragen

Vergleichen Sie die Vorschläge zur Strukturierung des Bewertungsprozesses mit Ihrem bisherigen Vorgehen: Wo sehen Sie Ähnlichkeiten, wo Unterschiede? Gibt es Aspekte, die Sie in Zukunft anders machen möchten als bisher?
Werfen Sie noch einmal einen Blick auf die Liste der Bewertungsfehler und reflektieren, welche zu vermeiden Ihnen bereits gut gelingt und auf welche Fehler Sie zukünftig noch mehr achtgeben könnten.
Welche Funktionen digitaler Bewertung haben Sie bereits genutzt? Welche gefallen Ihnen besonders gut?
Kennen Sie alle Optionen zum Bewerten, die das Lernmanagement- und/oder Prüfungssystem Ihrer Hochschule bietet?

7. Zusammenfassung

In diesem Beitrag haben Sie erfahren, wodurch Leistungsbewertungen im Hochschulkontext gekennzeichnet sind, welche Funktionen Leistungsbewertungen haben, welche Faktoren Bewertungen beeinflussen, mithilfe welcher Kriterien die Qualität von Bewertungen beurteilt und wie Bewertungen lernförderlich gestaltet werden können. Sie kennen nun die zentralen Elemente von Bewertungsinstrumenten sowie verschiedene Varianten dieser Elemente. Dieses Wissen hilft Ihnen, eigene Bewertungsbögen zu erstellen. Welche Schritte die Erstellung solcher Bögen umfasst, haben Sie in Abschnitt 5 des Beitrags kennengelernt. Im letzten Abschnitt ging es um die Durchführung von Bewertungen: Hier haben Sie viele Empfehlungen und Tipps erhalten, um Bewertungsprozesse sinnvoll zu strukturieren, Bewertungsfehler zu vermeiden und das Potenzial digitaler Technologien beim Bewerten zu nutzen.

8. Literatur

AACSB (2019). *Accreditation standard 8 (2013 business standards): Curricula management and assurance of learning. An interpretation.* https://www.aacsb.edu/-/media/documents/accreditation/aol_white_paper_standard_8.pdf

American Association of Colleges and Universities (2024). *Value rubrics.* https://www.aacu.org/value/rubrics

Bernstein, D. A. (2023). Basic principles and procedures for effective teaching in psychology. In J. Zumbach, D. A. Bernstein, S. Narciss & G. Marsico (Hrsg.), *International handbook of psychology learning and teaching* (S. 1173–1199). Springer.

Boer, I. de, Vegt, F. de, Pluk, H. & Latijnhouwers, M. (2021). *Rubrics – a tool for feedback and assessment viewed from different perspectives: Enhancing learning and assessment quality.* Springer.

Bohl, T. (2009). *Prüfen und Bewerten im Offenen Unterricht* (4., neu ausgest. Aufl.). Beltz.

Brookhart, S. M. (2018). Appropriate criteria: Key to effective rubrics. *Frontiers in Education, 3*, 1–12. https://doi.org/10.3389/feduc.2018.00022

Brown, J. D. (2018). Rubrics. In B. B. Frey (Hrsg.), *The Sage encyclopedia of educational research, measurement, and evaluation* (S. 1436–1440). Sage.

Carless, D. & Boud, D. (2018). The development of student feedback literacy: Enabling uptake of feedback. *Assessment & Evaluation in Higher Education, 43*(8), 1315–1325. https://doi.org/10.1080/02602938.2018.1463354

Christ, T. J. & Kiss, A. J. (2018). Formative Assessment. In B. B. Frey (Hrsg.), *The Sage encyclopedia of educational research, measurement, and evaluation* (S. 692–696). Sage.

Dixson, D. D. & Worrell, F. C. (2016). Formative and summative assessment in the classroom. *Theory Into Practice, 55*(2), 153–159. https://doi.org/10.1080/00405841.2016.1148989

Fraile, J., Panadero, E. & Pardo, R. (2017). Co-creating rubrics: The effects on self-regulated learning, self-efficacy and performance of establishing assessment criteria with students. *Studies in Educational Evaluation, 53*(3), 69–76. https://doi.org/10.1016/j.stueduc.2017.03.003

Gielen, S., Peeters, E., Dochy, F., Onghena, P. & Struyven, K. (2010). Improving the effectiveness of peer feedback for learning. *Learning and Instruction, 20*(4), 304–315. https://doi.org/10.1016/j.learninstruc.2009.08.007

Hashem, D. (2017). *6 reasons to try a single-point rubric: A format that provides students with personalized feedback and works to keep them from focusing solely on their grade.* https://www.edutopia.org/article/6-reasons-try-single-point-rubric

Jönsson, A. & Panadero, E. (2017). The use and design of rubrics to support assessment for learning. In D. Carless, S. Bridges, C. L. W. Chan & R. Glofcheski (Hrsg.), *Scaling up assessment for learning in higher education* (S. 99–111). Springer.

Jürgens, E. & Lissmann, U. (2015). *Pädagogische Diagnostik: Grundlagen und Methoden der Leistungsbeurteilung in der Schule.* Beltz.

Juwah, C., Macfarlane-Dick, D., Matthew, B., Nicol, D., Ross, D. & Smith, B. (2004). *Enhancing student learning through effective formative feedback.* The Higher Education Academy. https://www.advance-he.ac.uk/knowledge-hub/enhancing-student-learning-through-effective-formative-feedback

Krebs, R., Rothstein, B. & Roelle, J. (2022). Rubrics enhance accuracy and reduce cognitive load in self-assessment. *Metacognition and Learning, 17*(2), 627–650. https://doi.org/10.1007/s11409-022-09302-1

Larson, L. C. (2018). Grading. In B. B. Frey (Hrsg.), *The Sage encyclopedia of educational research, measurement, and evaluation* (S. 743–746). Sage.

Müller, A. & Schmidt, B. (2009). Prüfungen als Lernchance: Sinn, Ziele und Formen von Hochschulprüfungen. *Zeitschrift für Hochschulentwicklung, 4*(1), 23–45.

Niederkofler, H. (2022). Schriftliche Prüfung mit offenem Antwortformat. *Infopool besser lehren*. Universität Wien. https://infopool.univie.ac.at/startseite/pruefen-beurteilen/schriftliche-pruefungen-mit-offenem-antwortformat/

Panadero, E., Jonsson, A. & Botella, J. (2017). Effects of self-assessment on self-regulated learning and self-efficacy: Four meta-analyses. *Educational Research Review, 22*, 74–98. https://doi.org/10.1016/j.edurev.2017.08.004

Reinmann, G. (2022). Prüfung oder Assessment an Hochschulen? Thesen für einen Wandel der Prüfungskultur. In J. Gerick, A. Sommer & G. Zimmermann (Hrsg.), *Kompetent Prüfungen gestalten. 60 Prüfungsformate für die Hochschullehre* (2., überarb. u. erw. Aufl., S. 22–36). Waxmann.

Roelle, J., Lachner, A. & Heitmann, S. (2023). *Lernen: Theorien und Techniken*. Brill Schöningh.

Schaper, N. (2021). Prüfen in der Hochschullehre. In R. Kordts-Freudinger, N. Schaper, A. Scholkmann & B. Szczyrba (Hrsg.), *Handbuch Hochschuldidaktik* (S. 87–101). wbv.

Schlomske-Bodenstein, N., Strasser, A., Schindler, C. & Schultz, F. (o.D.). *Handreichungen zum kompetenzorientierten Prüfen* (ProLehre). Technische Universität München. https://portal.mytum.de/archiv/komp_ssz/ArchiveFolder_20210325_150056/20210325_163316/0

Schott, R. (2018). Beurteilen von Prüfungen. *Infopool besser lehren*. Universität Wien. https://infopool.univie.ac.at/startseite/pruefen-beurteilen/beurteilen-von-pruefungen/

St. Jean, C. R., King, S. & Roduta Roberts, M. (2023). Validity evidence for the use of a single-point rubric to support interprofessional teaching and learning. *Journal of Interprofessional Education & Practice, 32*(3), 1–8. https://doi.org/10.1016/j.xjep.2023.100631

Stevens, D. D. & Levi, A. (2023). *Introduction to rubrics: An assessment tool to save grading time, convey effective feedback, and promote student learning* (2. Aufl.). Routledge.

Tremp, P. & Reusser, K. (2007). Leistungsbeurteilung und Leistungsnachweise in Hochschule und Lehrerbildung – Trends und Diskussionsfelder. *Beiträge zur Lehrerbildung, 25*(1), 5–13.

Ulrich, I. (2020). *Gute Lehre in der Hochschule: Praxistipps zur Planung und Gestaltung von Lehrveranstaltungen* (2. Aufl.). Springer.

University of Wisconsin (2024). *Creating and using rubrics for assessment.* https://www.uwstout.edu/academics/online-distance-education/online-professional-development/educational-resources-rubrics/creating-and-using-rubrics-assessment

Volk, B. (2020). Ordnung von Lernzielen – Ordnung des Wissens: Die Bedeutung der Taxonomie von Bloom für die Wissenschaftlichkeit und Praxis der Hochschuldidaktik. In P. Tremp & B. Eugster (Hrsg.), *Klassiker der Hochschuldidaktik? Kartografie einer Landschaft* (S. 219–233). Springer VS.

Vollmer, L. (2015). Unbewusstes Diskriminieren: Sozialpsychologische Effekte und mögliche Lösungsansätze. In M. Klemisch (Hrsg.), *Gender- und Diversity-Management in der Forschung. Stuttgart 7. und 8. Mai 2015. Konferenzband* (S. 52–59). Fraunhofer.

Walzik, S. (2012). *Kompetenzorientiert prüfen: Leistungsbewertung an der Hochschule in Theorie und Praxis.* Verlag Barbara Budrich/utb.

Walzik, S. (2016). *Handreichung zum Seminar »Kompetenzorientiert prüfen«.* https://www.walzik.de/downloads/sw_kompetenzorientiert_pruefen_muster_wz_red_cw.pdf

Wiliam, D. (2011). What is assessment for learning? *Studies in Educational Evaluation, 37,* 3–14. https://doi.org/10.1016/j.stueduc.2011.03.001

Wisniewski, B., Zierer, K. & Hattie, J. (2020). The power of feedback revisited: A meta-analysis of educational feedback research. *Frontiers in Psychology, 10,* 1–14. https://doi.org/10.3389/fpsyg.2019.03087

Zimmerman, B. J. (2000). Attaining self-regulation: A social cognitive perspective. In M. Boekaerts, P. R. Pintrich & M. Zeidner (Hrsg.), *Handbook of self-regulation* (S. 13–41). Academic Press.

FEEDBACK GEBEN

LERNENDEN FEEDBACK GEBEN – EINE AUSLEGEORDNUNG

Nora Dainton

Schlagworte

Rückkopplung, konstruktive Rückmeldung, kontinuierlicher Verbesserungsprozess, Lernerfolg

Orientierung

In diesem Beitrag geht es um das Geben von Feedback durch Lehrende an Lernende. Grundlagen und Hinweise rund um das Thema Feedback-Geben in der Lehre werden mit Praxis-Beispielen, Praxis-Tipps und passenden Methoden ergänzt. Dieser Beitrag bietet unterschiedliche Zugänge, um dem vielschichtigen Thema Feedback in stetig individueller werdenden Lehrszenarien gerecht zu werden.
Folgende Fragen werden in diesem Beitrag aus unterschiedlichen Perspektiven beleuchtet:

Leitfragen

Worin liegt das Potenzial von Feedback?
Wie kann Feedback effektiv und konstruktiv angebracht werden?
Welche Methoden passen zu welcher Art von Feedback?

1. Feedback geben – ein zentrales Element der Lehre

Der Paradigmenwechsel des »Shift from Teaching to Learning« drückt eine zentrale Forderung für die didaktische Gestaltung der Hochschullehre aus. Die Ausrichtung der Lehre auf die Lernenden und ihre Bedürfnisse ist dabei wesentlich. Die Lehrperson wandelt sich von ›wissensvermittelnd‹ zu ›ermöglichend‹ (Waldherr & Walter, 2021, S. 170). Aus dieser Perspektive betrachtet muss Feedback sehr viel mehr leisten als das Rückmelden einer Note am Ende des Semesters. Was bedeutet dies nun für das Geben von Feedback an Lernende? Um diese Frage dreht sich dieser Beitrag.

Als Grundlage für das facettenreiche Thema Feedback-Geben werden der Begriff ›Feedback‹ in Abschnitt 2 betrachtet und mögliche Chancen von Feedback für die Lehre dargelegt. Weiter geht es darum, zu motivieren und Begeisterung dafür zu wecken, sich trotz zusätzlichem Aufwand auf das Geben von Feedback einzulassen. Im 3. Abschnitt werden unterschiedliche Aspekte zum Umgang mit Feedback aufgefächert, eine Grundlage für das Geben von Feedback wird entwickelt.

Der 4. Abschnitt fokussiert auf die Umsetzung: Wie kann eine passende Methode gewählt werden, welche Methoden gibt es und zu welchem Zeitpunkt wird Feedback gegeben?

Dieser Abschnitt legt den Fokus auf das Geben von Feedback durch Lehrende an Lernende. Hervorgehoben werden soll an dieser Stelle, dass auch Feedback von Studierenden an Lehrende für die Lehre von großem Wert ist (Dainton, 2018; siehe auch den Beitrag von Philipp in diesem Band).

Abb. 1: Von der Einordnung des Begriffs ›Feedback‹ zum wirkungsvollen Geben von Feedback

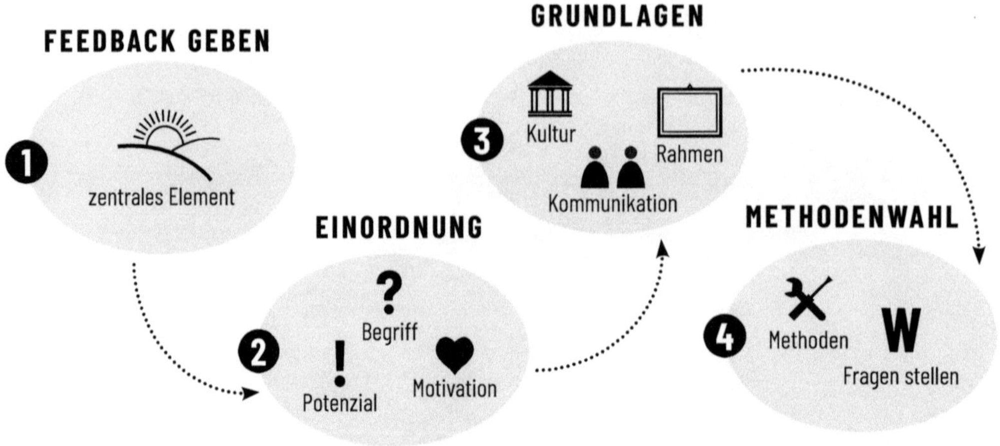

Quelle: eigene Darstellung Dainton

2. Feedback: Begriff, Potenzial, Motivation

Feedback ist eine Form von Information. Eine blinkende Warnleuchte klärt darüber auf, dass etwas nicht stimmt. Ein strahlendes Nicken informiert über eine freudige Zusage. Auch in der Lehre geht es bei Feedback um das Weitergeben von Informationen. Dazu bedarf es eines vorherigen Sammelns von Informationen. Feedback in der Lehre ist ein wechselseitiger Prozess: von Lernenden zu Lehrenden, wie auch von Lehrenden zu Lernenden. Abschnitt 2.1 vertieft das Verständnis von Feedback und dessen Bedeutung.

Feedback ist ein für das erfolgreiche Lernen bedeutendes Element der Lehre. Dies weist Hattie (2020) mit seiner breit angelegten Metastudie, zusammengefasst im Buch »Lernen sichtbar machen«, eindrücklich nach. Er betrachtet Einflussgrößen auf den Lernerfolg und leitet daraus Effektstärken einzelner Faktoren ab. Feedback, so Hattie (2020), kann große Bedeutung für den Lernerfolg haben. Kurzum, Feedback birgt großes Potenzial für den Lernerfolg von Studierenden (siehe Abschnitt 2.2).

In der Praxis zeigt sich, dass Feedback von Lehrenden mitunter als belastend und herausfordernd empfunden wird. Der Akt des Feedback-Gebens wird häufig als Verpflichtung wahrgenommen. Das gesamte Abschnitt, insbesondere 2.3, motiviert dazu, das Thema des Feedback-Gebens als eine Bereicherung zu sehen, und regt dazu an, sich mit der Thematik des Feedbacks intensiv auseinanderzusetzen.

2.1 Was ist Feedback?

»Feedback ist Output, der auf Input folgt und in Form von Input wiederum Output erzeugt«, so Dainton (2018, S. 13). Feedback funktioniert als eine Art Kreislauf, hat das Potenzial, Entwicklung anzustoßen, und ist Teil eines Prozesses. Mit dem Einfluss, den Feedback auf eine Entwicklung haben kann, hat sich Beetz (2021) intensiv auseinandergesetzt. Er zeigt mehrfach auf, dass das Verhalten eines Systems von seiner Vergangenheit beeinflusst wird. D.h. Input beeinflusst den neu entstehenden Output, eine Rückkopplung entsteht. Darum ist es relevant, Feedback nicht als einzelnes Element, sondern als Teil eines Lernprozesses zu betrachten.

Lehrende geben in schriftlicher oder mündlicher Form Informationen (Output) an Studierende ab. Damit dies möglich ist, muss zuerst Information gesammelt werden. Zum Beispiel aus der Teilnahme am Unterricht, eingereichter schriftlicher Arbeiten oder einer Prüfung. Feedback ist hier eine Reaktion (Input) auf eine Aktion (Output) eines:einer Lernenden.

Lernenden Feedback zu geben, bedeutet, durch Rückmeldung Signale zu senden, Zeichen zu setzen und Hinweise anzubringen. Es bedeutet, dem Gegenüber Input zu geben, welcher Einfluss auf dessen:deren späteren Output hat. Feedback ist dementsprechend eine Intervention. Feedback kann Rückkopplung zur Folge haben und die kann sowohl positiv als auch negativ sein.

Beispiel

Selbstverstärkende Eigenschaft von Feedback

Nach einem herausfordernden Semestereinstieg (Fehlen im Unterricht, ungenügender Leistungsnachweis) erhält eine Studentin Feedback: Input zur ungenügenden Leistung, verbunden mit Hinweisen und Angeboten zur Verbesserung der Situation. Gemeinsam wird das weitere Vorgehen besprochen. In der Folge erhält die Studentin wiederholt kurzes mündliches Feedback, welches gelungene Verbesserungen hervorhebt. Ihr Lernerfolg motiviert sie ungemein. Sie ist nun regelmäßig anwesend und der nächste Leistungsnachweis ist deutlich besser. Die selbstverstärkende Eigenschaft von Feedback führt in diesem Fall zu einer Aufwärtsspirale. Die andere Richtung ist zugegebenermaßen auch möglich; Feedback kann sehr demotivierend wirken.

Weiter ist Feedback, ob in mündlicher oder schriftlicher Form, eine Art von Kommunikation. Verständigung beinhaltet stets das Risiko von Missverständnissen. Für das Geben von Feedback ist gerade darum die Auseinandersetzung mit den Tücken der Kommunikation relevant (siehe Abschnitt 3.2).

Abb. 2: Input und Output als Grundlage von Feedback und als Teil eines Lernprozesses verstanden

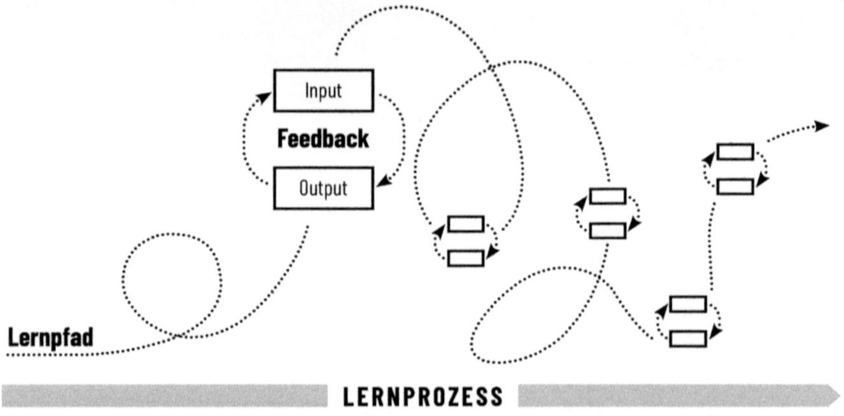

Quelle: eigene Darstellung Dainton

2.2 Potenzial von Feedback

Vielseitige Praxiserfahrung und die eingehende Beschäftigung mit dem Themenfeld Feedback haben deutlich gemacht, dass im Geben von Feedback erhebliches Potenzial liegt, was sich u.a. in Hatties Metastudie (2020) zeigt.

Feedback in seinen verschiedenen Formen hat einen erheblichen Einfluss auf den Lernerfolg, was deutlich aus einer Liste der Einflüsse auf die Lernleistung hervorgeht

(Hattie, 2021). Doch wie kommt dieser Einfluss zustande? Die nachfolgenden Beispiele benennen einige Einflüsse auf den Lernerfolg und die Qualität der Lehre.

Beispiel

Steigerung der Lehrqualität durch Rückmeldung
Ein Student liefert einen umfangreichen Text ab, der völlig an der gestellten Aufgabe vorbeischießt. Das Feedback lautet: »Ihr Text entspricht nicht den Vorgaben. Warum haben Sie sich nicht an diese gehalten?« Der Student erhält somit das Feedback, dass der Text nicht der Aufgabe entspricht, und durch die Nachfrage erhält die Lehrperson ebenfalls die Chance auf Feedback. Die Feststellung, dass eine Aufgabe unklar formuliert war und somit eigentlich nicht der abgelieferte Text, sondern die Vorgaben ungenügend waren, ist eine mögliche Antwort auf die gestellte Frage. Bei diesem Beispiel kommt ›das Plus‹ an gesammeltem Wissen auch den nächsten Studierenden zugute: Die Aufgabe wird überarbeitet und die Qualität der Aufgabe, und somit auch jene der Lehre, steigt.

Qualitätssicherung und **Qualitätssteigerung** stehen im Fokus, indem wir den Blick zurückwerfen, um nach vorne zu schauen. Beim Geben von Feedback wird die Qualität der Leistungen der Studierenden betrachtet und bewertet. Durch die Begutachtung des Geleisteten erhalten wir die Grundlage, passendes Feedback zu geben. Zusätzlich besteht hier das Potenzial, nach vorne zu schauen und anzuerkennen, was zur Steigerung der Qualität und somit zum Lernerfolg beitragen könnte.

Feedback dient als **Orientierungshilfe** für den Lernerfolg. Wenn Lernende Feedback erhalten, erhalten sie Signale zu bereits Erreichtem oder zu noch zu Erreichendem. Als Lehrende geben wir Signale und setzen Zeichen für die Lernenden. Diese können bei der Orientierung helfen, indem sie aufzeigen, wo Lernleistungen ungenügend sind, fachliche Schwächen bestehen und wo Stärken vorhanden sind. Basierend auf diesen Rückmeldungen können Lernende Entscheidungen darüber treffen, wie sie ihren Lernpfad weiter gestalten möchten. Orientierung hat das Potenzial, den Lernerfolg zu stärken. Um dieses Potenzial voll auszuschöpfen, ist jedoch sorgfältig reflektiertes Feedback erforderlich.

Beispiel

Unterschiedliche Betrachtungswinkel liefern wertvolle Hinweise
Gibt eine Studentin einen unerwartet guten Leistungsnachweis ab, lassen sich daraus unterschiedliche Rückschlüsse ziehen: So könnte der Leistungsnachweis auf eine erfolgreiche Umstellung beim Lernen hindeuten oder aber auch darauf, dass das Resultat durch den Einsatz von fremder Hilfe erzielt wurde. Ein Feedback-Gespräch kann helfen, Vermutungen zu bestätigen, und zu erweiterten Rückmeldungen führen.

Ein weiterer wichtiger Aspekt ist **Vertrauen**. Feedback, idealerweise in eine funktionierende Feedback-Kultur (siehe Abschnitt 3.1) eingebettet, kann Vertrauen zwischen Lernenden und Lehrenden fördern. Der Zusammenhang zwischen Vertrauen und Lernen wird seit vielen Jahren untersucht. Der positive Einfluss auf den Lernerfolg konnte deutlich nachgewiesen werden (Schipperheijn, 2022). Des Weiteren kann Feedback **blinde Flecken** aufdecken und darüber den Handlungsspielraum erweitern, nach dem Motto: »Ich kann aus mir herausschauen, aber nicht an mich ran.« Um das eigene Gesicht zu sehen, braucht es das Hilfsmittel ›Spiegel‹. Geben wir einer anderen Person Feedback, so sind wir das Hilfsmittel. Aus unserer Perspektive sehen wir Dinge, die das Gegenüber nicht sieht. Hier besteht das Potenzial, ›blinde Flecken‹ aufzudecken und dem Gegenüber wertvolle Informationen zu liefern. Dies birgt ein beträchtliches Potenzial, denn die Auseinandersetzung mit einer anderen Perspektive (dem erhaltenen Feedback) kann zu neuer Erkenntnis führen und den eigenen Handlungsspielraum erweitern. Studierende erkennen etwas, auf dem sie aufbauen können, was sich positiv auf den Lernerfolg auswirken kann.

Das Geben von Feedback kann beim Gegenüber **Selbstreflexion** auslösen. Beim Reflektieren werden Erlebtes und Gelerntes nochmals bedacht. Reflexion ist somit auch Repetition. D.h. Feedback regt zum Reflektieren und somit auch zum Repetieren an, was Wissen festigt und auf den Lerneffekt und somit den Lernerfolg einen positiven Einfluss hat. Auch für Lehrende besteht beim Geben von Feedback Potenzial: Um Feedback geben zu können, werden Informationen gesammelt. Bewusst oder unbewusst hat dieses Sammeln einen selbstreflexiven Effekt. Das obige Beispiel mit der Aufgabe, die nicht klar genug formuliert war, zeigt auf, dass durch Rückmeldung die Qualität der Lernmaterialien reflektiert und für die qualitative Steigerung der Lehre genutzt werden kann.

Das Geben von Feedback eröffnet Möglichkeiten, **Wertschätzung** auszudrücken. Arbeit kann wertgeschätzt werden, auch wenn das Resultat nicht gut war. Feedback-Geben heißt im besten Fall auch, sich Zeit für Beratung und Unterstützung zu nehmen. Wertschätzung ist motivationsförderlich und Motivation spornt zu Einsatz an, was sich wiederum positiv auf den Lernerfolg auswirkt. Wenn Lernende motiviert sind und sich kontinuierlich verbessern, dann geht es gefühlt oft wie von selbst. Lernerfolg ist garantiert.

Beim Thema Geben von Feedback an Lernende scheint erstmal nur ein:e Akteur:in betroffen, der:die Lernende. Wie oben aufgeführt, besteht aber auch für Lehrende das Potenzial, aus Feedback Mehrwert zu schöpfen. Über diese beiden Gruppen (Lehrende und Lernende) hinaus gibt es noch weitere nennenswerte **Stakeholder**, die indirekt profitieren, wenn das Potenzial von Feedback genutzt wird. Wenn durch das Geben von Feedback Lerneffekt, Lernqualität und Lernerfolg gesteigert werden, nutzt das auch dem Studiengang, dem Institut und der Hochschule. Erfolgreiche Studienabgänger:innen in die Praxis zu entlassen, steigert das Ansehen und bringt Mehrwert für alle Beteiligten.

2.3 Motivation

Für das Geben von Feedback ist die Motivation der Lehrenden wichtig. Es braucht diese, um ab und an die ›Extrameile‹ zu gehen. Denn qualitativ hochwertiges Feedback zu geben, bedeutet Mehraufwand.

Aus eigenen Beobachtungen und Erfahrungen mit Feedback-Geben konnte ich feststellen, dass sich Feedback-Geben für alle Beteiligten lohnt: Wenn das Gegenüber durch meine Rückmeldung weiterkommt und ich dabei etwas lerne und mich und meine Lehre weiterentwickeln kann, so ist das eine klassische Win-win-Situation. Meine Erfahrung wird Sie jedoch nicht motivieren, dazu brauchen Sie eigene positive Erfahrungen beim Geben von Feedback. Folgende Übung kann dazu beitragen. Mit wenig Aufwand erhalten Sie Inspiration.

Tipp

Übung zum Beobachten und Sammeln

Nehmen Sie für die nächste Lektion Notizmaterial mit. Beobachten Sie die Lernenden genau: Analysieren Sie ihre Aktivitäten, ihre sprachlichen Kompetenzen, ihr Fachwissen und identifizieren Sie Bereiche, in denen häufig Fehler auftreten. Versuchen Sie, unterschiedliche Stärken, Schwächen oder Auffälligkeiten stichwortartig zu notieren. Lassen Sie sich unmittelbar nach der Lektion einige Minuten Zeit und ergänzen Sie Ihre Notizen.

Zur Verarbeitung Ihrer Notizen erstellen Sie eine dreispaltige Tabelle: In die erste Spalte übertragen Sie das Notierte, pro Zeile einen Punkt, und überlegen zu jedem Punkt, welche Rückmeldung den Lernerfolg derjenigen Person steigern könnte. Diese notieren Sie in der zweiten Spalte, dabei können Sie mehrere Ideen festhalten, experimentieren Sie gerne ein bisschen. In der dritten Spalte bewerten Sie die gesammelten Punkte nach Relevanz für den Lernerfolg der jeweiligen Person.

Finden Sie in Ihrer ausgefüllten Tabelle Punkte, die Sie motivieren, Feedback zu geben? Dann los, sammeln Sie Erfahrungen. Hilfreich könnte sein, wenn Sie vorher den Rest dieses Beitrags lesen, denn es erwarten Sie einige Hinweise und Ideen, wie Sie Feedback anbringen könnten.

Beispiel zur Übung »Beobachten und Sammeln«

Stärken, Schwächen, Auffälliges	Feedback für Lernerfolg	Relevanz Lernerfolg
Den korrigierten, ungenügenden Leistungsnachweis kommentiert Dominique mit: »Das war halt nicht mein Tag.« Antworten bei der Prüfungsbesprechung sind ungenau oder falsch.	Ich stelle bei Ihnen Wissenslücken fest. Weiter vermute ich, Sie sehen das nicht so. Gerne nehme ich mir Zeit, dies ausführlich zu besprechen.	Hoch (das Potenzial wie auch die Dringlichkeit scheinen mir hoch).
Eike kam auch heute (wie immer) zu spät zur Lektion.	Mir fällt auf, dass Sie große Mühe haben, pünktlich anwesend zu sein. Woran liegt das?	Niedrig (viel wird nicht verpasst, aber es ist für mich und die Klasse ärgerlich).
Die sprachliche Fertigkeit von Daniele hat sich deutlich verbessert. Die Antworten wirken dennoch unsicher.	Ihre sprachlichen Möglichkeiten sind besser, Sie haben Fortschritte gemacht. Gleichzeitig fällt auf, dass Sie trotzdem unsicher wirken und sich selten zu Wort melden.	Mittel (das ehrlich gemeinte Lob könnte motivierend wirken/ich setze ein Zeichen, dass aktivere Teilnahme erwartet wird).

Zusammenfassung

Feedback ist ein stetiger Prozess, bei dem sich Input und Output abwechseln. Das Sammeln von Informationen ist dabei als Grundlage, um Feedback geben zu können, wesentlich.
Die Relevanz von Feedback für die Lehre ist hoch, Potenzial ist vielschichtig vorhanden. Feedback-Geben unterstützt den Lern- und Lehrprozess; es fördert Wahrnehmung, ermöglicht Veränderung und unterstützt den Lernerfolg. Durch das Geben von Feedback ist eine Steigerung von Wissen, Lernqualität wie auch Motivation und Identifikation möglich. Insgesamt erweitert das Geben von Feedback den Horizont.
Die eigene Motivation ist für das Geben von Feedback wichtig. Hintergrundwissen zu Feedback, wie auch positive Erfahrungen mit Feedback, können Treiber für Motivation sein.

Reflexionsfragen

Welchen Stellenwert hat Feedback für Sie in Ihrer Lehre?
Welches spezifische Potenzial von Feedback interessiert und motiviert Sie?
Was nehmen Sie aus der Übung »Beobachten und Sammeln« (Abschnitt 2.3.1) mit?

3. Grundlagen für das Geben von Feedback

Qualitativ hochwertige Hochschullehre bedingt, dass Lehrende Mitverantwortung für den Lernprozess von Lernenden übernehmen (Pfäffli, 2015). Feedback als Teil des Lernprozesses ist dementsprechend mitzuverantworten und folglich, wie die Lehre selbst, auch zu gestalten. Nun, wie kann das Geben von Feedback gestaltet werden? Unterschiedliche Aspekte haben Einfluss auf die Qualität und somit den Effekt von Feedback, einige dieser Aspekte werden im Folgenden beleuchtet. Es besteht dabei kein Anspruch auf Vollständigkeit, vielmehr sollen Hinweise und Handreichungen den Umgang mit dem Geben von Feedback eröffnen oder erweitern. Das Ziel dabei ist, Grundlagen zu schaffen, die helfen, das Potenzial, das Feedback innehat, auszuschöpfen.

Die Feedback-Kultur wird in Abschnitt 3.1 als Grundlage für das Geben von Feedback eingeführt. Weil Kommunikation zentral für das erfolgreiche Geben von Feedback ist, bietet Abschnitt 3.2 einen kleinen Exkurs ins weite Feld der Kommunikation, benennt Stolpersteine und Hürden sowie mögliche Abhilfen. Schließlich ergänzt Abschnitt 3.3 mit dem Setzen von Rahmenbedingungen Aspekte rund um das Geben von Feedback.

Abb. 3: Faktoren beim Umgang mit Feedback sind zahlreich

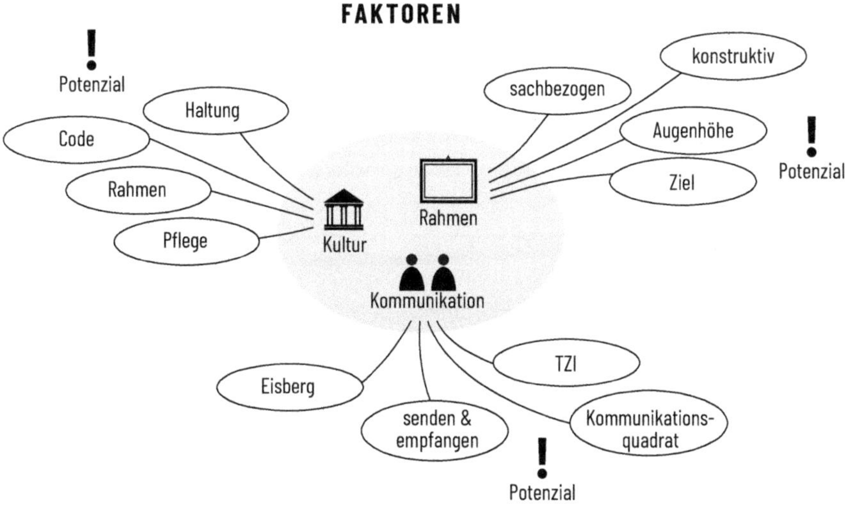

Quelle: eigene Darstellung Dainton

3.1 Feedback-Kultur – eine nötige Grundlage

Feedback-Geben betrifft mehrere Akteur:innen. Damit dies erfolgreich gestaltet werden kann, brauchen diese Akteur:innen eine verbindende Grundlage; eine Feedback-Kultur, ein gemeinsames Verständnis für den Umgang mit Feedback. Ein gemeinsames Verständnis kann jedoch nicht einfach angeordnet, es muss von allen Beteiligten gepflegt werden (Dainton, 2018). Vier Elemente können als relevant für eine funktionierende Feedback-Kultur gesehen werden: Haltung, gemeinsamer Code, Rahmenbedingungen und Pflege. Im Folgenden werden diese näher erläutert.

Die **Haltung** der Institution und der Dozierenden sorgt dafür, dass die Feedback-Kultur als wichtiges Element der Lehre wahrgenommen wird. Dozierende betrachten das Feedback-Geben als Teil ihrer Verantwortung. Studierende erkennen den Wert von Feedback und nehmen dieses daher als elementaren Teil ihres Lernprozesses wahr. Gemeinsam wird eine Fehlerkultur gepflegt. Hierzu gehören auch das Einnehmen einer positiven Haltung gegenüber Feedback und die Bereitschaft, sich mit dem Geben von Feedback auseinanderzusetzen.

Ein **gemeinsamer Code** kann helfen, Missverständnisse im Austausch zu minimieren (siehe Abschnitt 3.2), da Feedback Kommunikation ist und Kommunikation störungsanfällig sein kann. Vorgaben oder Regeln zum Geben und Annehmen von Feedback erleichtern den Umgang damit. Allerdings sind Regeln oder Handlungsanweisungen nur dann nützlich, wenn sie allen bekannt sind und von allen Beteiligten verstanden werden. Lehrende können nicht voraussetzen, dass Studierende den Wert von Feedback kennen und bereit sind, sich auf das Annehmen von Feedback einzulassen.

Allen Beteiligten sind die **Rahmenbedingungen** rund um das Geben und Annehmen von Feedback vertraut. Sie haben eine gemeinsame Grundlage in einem lernförderlichen Klima. Eckpunkte rund um das Geben von Feedback sind klar gesteckt: Feedback erfolgt auf Augenhöhe, verfolgt ein klares Ziel, zielt auf die Sache (nie auf die Person) und ist konstruktiv (siehe Abschnitt 3.3).

Die **Pflege** einer Feedback-Kultur braucht nicht nur Anschub, um zu entstehen, sondern auch Pflege, um bestehen zu bleiben. Das Thematisieren von Haltung, Code und Rahmenbedingungen sowie das Justieren dieser sind entscheidend dafür. Zu beachten ist, dass in einem Lehrbetrieb stets Studierende dazukommen oder abgehen. Hier bedarf es auf übergeordneter Ebene eines Prozesses und Maßnahmen, die diesen stetigen Wandel bei der Pflege der Feedback-Kultur beachten.

!! **Merke**

Folgende paradoxe Feedback-Schleife zum Thema Feedback-Kultur ist bezeichnend: »Das Sein bestimmt das Bewusstsein – und das Bewusstsein bestimmt das Sein.« (Beetz, 2021, S. 179) Die Bedeutung vom Bewusstsein auf ›das Sein‹ und umgekehrt bedeutet für die

Feedback-Kultur, dass der Wert von Feedback von Lehrenden erkannt und wertgeschätzt werden muss, damit die Studierenden dies auch tun können. Soll Feedback angenommen und genutzt werden, so muss die Art, wie dies erfolgt, ein Annehmen ermöglichen. Aus Bewusstsein und Sein entsteht Kultur.

3.2 Kommunikation: Achtung Stolperstein

Feedback-Geben ist Kommunikation und hier lauern einige Tücken. Feedback-Geben, insbesondere wenn es um negative Rückmeldung geht, ist herausfordernd. Nachfolgender, etwas überzeichneter Satz dient in der Folge als Beispiel, um Stolpersteine und den möglichen Umgang mit diesen zu erläutern: »Wenn man Ihre Prüfung so anschaut, kann man nur sagen, dass Sie gar nichts gelernt haben.«

Beim Geben von Feedback gehört die Wahrnehmung des Gegenübers dazu. Das bedeutet, sich in das Gegenüber hineinzuversetzen, Beobachtungen und Informationen kritisch zu hinterfragen oder zu relativieren. Um Beobachtungen und Informationen auf einfache Art zu relativieren, ist das Bild, welches das **Eisbergmodell** zeichnet, hilfreich. Es beleuchtet das Ausmaß an unbekannten Informationen, die den bekannten gegenüberstehen. In Bezug auf das obige Beispiel ergibt sich die Frage: Kann anhand einer schlechten Prüfung wirklich beurteilt werden, dass das Gegenüber nichts gelernt hat? Das schlechte Resultat soll zurückgemeldet werden. Dass jedoch nur ein Teil der Sachlage bekannt ist, kann im Feedback Ausdruck finden: »Ihre Prüfung ist ungenügend ausgefallen. Es scheint, als hätten Sie den Lerninhalt nicht vollständig verstanden.«

Ein mächtiger Stolperstein beim Geben von Feedback ist, dass es anders aufgenommen werden kann, als es gemeint ist, und somit sein Ziel verfehlt. Das 1948 von Shannon und Weaver entwickelte Kommunikations-Modell besagt, dass eine Information von einem:einer Sender:in zu einem:einer Empfänger:in geht und dabei Störungen eintreten können (1998). Auf Feedback bezogen zeigt das Modell auf: Es gibt eine die Botschaft sendende und eine sie empfangende Person; aber die Botschaft kann gestört werden. Tritt eine Störung auf, verändert sich die Botschaft und Missverständnisse sind die Folge davon. Was in diesem **Sender-Empfänger-Modell** so einfach beschrieben wird, ist in der Praxis äußerst komplex: Kommunikation erfolgt verbal wie auch nonverbal. Der:die Sender:in codiert seine:ihre Botschaft, der:die Empfänger:in decodiert diese und in diesem Prozess können unterschiedlichste Störungen auftreten.

So beim Praxisbeispiel: Das Prüfungsresultat kann als nonverbale Nachricht bei der Lehrperson ankommen. Diese decodiert die Botschaft im Sinne eines »Es wurde nichts gelernt«. Wüsste die Lehrperson, dass das Gegenüber in Wahrheit die ganze Nacht gelernt hat und todmüde und folglich unkonzentriert zur Prüfung erschienen ist, wäre die Decodierung wohl anders ausgefallen. Zum Beispiel als ein »Es wurde zum falschen Zeitpunkt gelernt«. Das Bewusstsein, dass nur ein Teil der Informationen sichtbar ist (Eisbergmodell) sowie dass Kommunikation störungsanfällig ist (Sender-Empfänger-Modell), hilft, um das Geben von Feedback erfolgreich zu gestalten.

Abb. 4: Grundlagen der Kommunikation für das Geben von Feedback nutzen

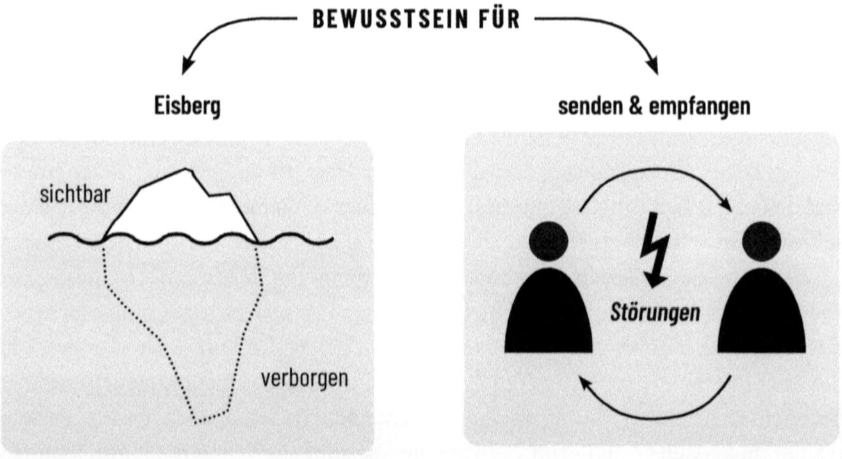

Quelle: eigene Darstellung Dainton

Das Sender-Empfänger-Modell nach Shannon und Weaver (1998) wurde von Schulz von Thun (o.D.) für sein Kommunikationsquadrat adaptiert. Dieses zeigt unterschiedliche Störungen einer Nachricht auf, die zwischen Sender:in und Empfänger:in entstehen können. Dieses Verständnis kann helfen, Missverständnisse zu erkennen und aufzudecken. Die Thematik der Störung wird durch vier Aspekte, bzw. vier Seiten einer Nachricht, differenziert. Diese vier Seiten sind: Sachinhalt, Selbstkundgabe, Beziehung und Appell; sie bestehen sowohl auf der Sender:in- als auch auf der Empfänger:in-Seite. Wird eine Botschaft nun nicht auf der gleichen Seite empfangen, auf der sie gesendet wurde, entsteht eine Störung der Botschaft. Beispielsweise kann eine Nachricht als Sachinhalt gesendet, von Empfangenden aber als Appell aufgenommen werden. Störungen können ebenfalls auftreten, wenn Senden und Empfangen auf gleicher Seite stattfinden, die Nachricht jedoch anders als gemeint decodiert wird. Missverständnisse in der Kommunikation sind die Folge.

Beispiel

Kommunikationsquadrat
Betrachtung der Aussage: »Warum ist Ihr Leistungsnachweis so schlecht?«

Seite der Nachricht	Lehrperson meint	Studierende Person versteht
Sachinhalt (objektive Information)	Der Leistungsnachweis ist ungenügend.	Der Leistungsnachweis ist ungenügend.
Selbstkundgabe (der eigene Eindruck)	Ich weiß nicht, wo das Problem liegt.	Ich habe ein Problem.
	Ich denke, es wurde zu wenig für den Nachweis geleistet.	Ich habe mir zu wenig Mühe gegeben.
Beziehung (Wie stehe ich zum Gegenüber?)	Ich würde gerne helfen.	Du möchtest mir helfen.
	Das Gegenüber enttäuscht mich.	Du bist ein:e schlechte:r Studierende:r.
Appell (Was will ich bewirken?)	Ich möchte Sie unterstützen.	Ich erhalte Hilfe.
	Ich erwarte, dass Sie lernen.	Ich muss mehr lernen.

Aus der Tabelle lassen sich verschiedene Störungen ableiten. Zum Beispiel unterschiedliche Seiten einer Nachricht:
Die Lehrperson meint sachlich: »Der Leistungsnachweis ist ungenügend.« Das Gegenüber versteht: »Ich bin ein:e schlechte:r Studierende:r.«
Oder eine andere Decodierung der Nachricht: Die Lehrperson möchte ausdrücken: »Ich möchte Sie unterstützen.« Das Gegenüber versteht: »Ich muss mehr lernen.«

Cohn (2021) hat sich in ihrer Arbeit mit Störungen in der Kommunikation auseinandergesetzt und das Handlungskonzept der Themenzentrierten Interaktion (TZI) entwickelt. Daraus stammt auch das bekannte Postulat »Störungen haben Vorrang«. Vereinfacht gesagt geht es darum, Störungen anzusprechen und aufzulösen. Für das Auflösen von Störungen hat Cohn (2021) im Rahmen von TZI Feedback-Regeln aufgestellt. Schumacher (2022) hat diese wie folgt zusammengefasst (S. 36):

1. In der Ich-Form sprechen.
2. Hintergrund einer Frage erläutern.
3. Wahrnehmung und Interpretation trennen.
4. Keine Verallgemeinerungen verwenden.
5. Persönliche Eindrücke klar trennen.
6. Nur eine Person spricht.

Feedback-Konzepte, die heute verwendet werden, haben ihren Ursprung oft in den im Rahmen von TZI formulierten Feedback-Regeln. Auch für das Geben von Feedback an Lernende bieten sich diese Regeln an, denn sie unterstützen eine klare, transparente und zielführende Kommunikation.

Tipp

Übung zum Umgestalten von Aussagen
Nehmen Sie den Beispielsatz: »Wenn man Ihre Prüfung so anschaut, kann man nur sagen, dass Sie gar nichts gelernt haben.« Passen Sie diesen so an, dass er die TZI-Feedback-Regeln berücksichtigt (eine mögliche Lösung findet sich am Ende des Abschnitts).
Nehmen Sie nun das letzte schriftliche Feedback, die letzte Würdigung oder Rückmeldung zu einer Arbeit, die Sie abgegeben haben, hervor. Finden Sie Sätze, die nicht den obigen Regeln folgen? Formulieren Sie diese entlang den TZI-Feedback-Regeln um.
Wie verändern sich die umformulierten Sätze in Ihrer Wahrnehmung?
Lösung: »Wenn ~~man~~ ich (1.) Ihre Prüfung ~~so~~ (4.) anschaue, ~~kann man nur sagen~~ (1., 3., 4., 5.) interpretiere ich, dass Sie ~~gar nichts~~ (4.) die abgefragten Inhalte nicht gelernt haben.«

3.3 Rahmenbedingungen: Klettergerüst für qualitativ hochwertiges Feedback

Gesetzte Bedingungen unterstützen die Orientierung, indem sie Anhaltspunkte liefern, auf die geachtet werden sollte. In diesem Sinne sind Rahmenbedingungen vergleichbar mit einem Klettergerüst, das als Hilfsmittel dient, um ein Ziel zu erreichen. In Abschnitt 3.1 sind folgende Rahmenbedingungen für das Geben von Feedback formuliert: »Feedback erfolgt auf Augenhöhe, verfolgt ein klares Ziel, zielt auf die Sache (nie auf die Person) und ist konstruktiv.« Im Folgenden werden die einzelnen Bedingungen aus diesem Satz beleuchtet, um deren Bedeutung und deren Wirkung in Bezug auf Feedback aufzuzeigen.

Feedback **erfolgt auf Augenhöhe**, das bedeutet, dass das Begegnen auf gleicher Ebene respektvoll und mit geteilter Verantwortung erfolgt. Diese Prinzipien sind Eckpfeiler zeitgemäßer Lehre und Elemente einer Kultur, die u.a. im Rahmen des Zukunftsbilds Hochschullehre 2025 gefordert werden (Bandtel et al., 2022, S. 4). Für das Geben von Feedback ist es wertvoll, dass die Begegnung auf Augenhöhe stattfindet, ohne dass das Feedback ›von oben‹ kommt.

Feedback **verfolgt ein Ziel**, d.h., dass die Absicht hinter dem Feedback klar sein sollte. Lehrpersonen sollten sich fragen: Warum gebe ich dieses Feedback, was möchte ich damit erreichen? Eine klare Absicht hilft dabei, das Feedback passend zu gestalten und Handlungsmöglichkeiten abzuleiten.

Feedback **zielt auf die Sache**, das bedeutet, dass Feedback sich auf messbare Fakten und konkret auf die Sachebene beziehen sollte. Gerade beim Geben von negativem

Feedback lohnt es sich, darauf zu achten, stets sachbezogen zu formulieren. Wird auf die Person bezogen formuliert, begibt sich das Gegenüber in Schutzhaltung oder geht sogar zum Gegenangriff über. Zum Beispiel: »Wenn man Ihre Prüfung so anschaut, kann man nur sagen, dass Sie gar nichts gelernt haben.« und »Tja, so chaotisch wie Sie sind, hat ein vernünftiger Mensch ja auch keine Chance, den Stoff aufzunehmen.«

Anders, auf der Sachebene formuliert, könnte das Beispiel lauten: »Die abgefragten Inhalte wurden nicht korrekt beantwortet, das hat zu einem schlechten Prüfungsresultat geführt.« Vielleicht wird durch die Lehrperson zusätzlich nachgefragt, wo das Problem vermutet wird. Nun kann das Gegenüber auch anders in die Diskussion einsteigen. Vielleicht so: »Ich merke, ich habe Mühe, mich beim Stoff zu orientieren. Eine klarere Reihenfolge und Ablage von Unterrichtsmaterialien würden mich unterstützen.« Sachbezogenes Feedback ist objektiver. Es kann sich auf messbare Fakten stützen. Die Diagnose »gar nichts gelernt« lässt sich durch eine Prüfung nicht stellen. Die abgefragten Inhalte können jedoch gemessen und objektiv beurteilt werden.

Feedback **ist konstruktiv**, das bedeutet, dass es darauf abzielt, Lernprozesse zu unterstützen und den Lernerfolg zu fördern. Dieses Ziel wird eher erreicht, wenn das gegebene Feedback Möglichkeiten zur Weiterentwicklung aufzeigt.

Konstruktives Feedback hilft dabei, das Wissensgebäude zu konstruieren und den Lernprozess zu formen. Beispielsweise könnte eine konstruktive Rückmeldung zu einer misslungenen Prüfung nicht nur das Ergebnis bewerten, sondern auch Hinweise für den Lernprozess geben und eine Folgeaufgabe vorschlagen, um den Lernfortschritt zu fördern. Es soll helfen, das ›Wissensgebäude‹ zu konstruieren. Wiederum, beim Beispiel der misslungenen Prüfung angesetzt, könnte ›konstruktiv‹ bedeuten, dem Gegenüber nicht nur eine als ungenügend bewertete Prüfung abzugeben, sondern zusätzliche Hinweise für den Lernprozess zu geben. Vielleicht besteht ein spezifisches Problem, das mehrfach aufgetreten ist? Auch eine Folgeaufgabe kann konstruktiv sein, beispielsweise: »Schauen Sie sich Abschnitte A und B im Skript genau an, danach versuchen Sie, Aufgabe 5 nochmals zu lösen.« Diese Art von Rückmeldung, die auf Lernfortschritt, Entwicklung und das Formen des Lernprozesses fokussiert, wird auch als ›formatives Feedback‹ bezeichnet.

Zwischenfazit

Eine Feedback-Kultur, die auf diesen Prinzipien basiert, fördert nicht nur das Lernen und den Wissenserwerb, sondern unterstützt auch eine offene und konstruktive Kommunikation zwischen Lehrpersonen und Studierenden.

Die genannten Rahmenbedingungen (siehe Abschnitt 3.3), ergänzt mit adäquater Kommunikation (siehe Abschnitt 3.2) und einer gemeinsam gelebten Feedback-Kultur (siehe Abschnitt 3.1), sind die Grundlagen für qualitativ hochwertiges Feedback.

Vertiefende Verstehens- und konkrete Problemlösungsprozesse werden ermöglicht.

Reflexionsfragen

Welche Art von Feedback-Kultur pflegen Sie in der Lehre?
Was möchten Sie mit dem Geben von Feedback erreichen?

4. Passende Methoden wählen

Feedback, so legen die vorausgegangenen Abschnitte nahe, muss Teil vom Lehr- und Lernprozess sein, insbesondere weil Studierende durch Feedback während Semesterphasen Sicherheit und Orientierung erhalten (Pfäffli, 2015). Daher sind vielfältige Gelegenheiten für Feedback notwendig, da jede Rückmeldung eine Intervention darstellt und das Potenzial hat, den Lernprozess zu beeinflussen. Nun stellt sich die Frage: Wie wählt man eine passende Methode? Abschnitt 4.1 schlägt ein Vorgehen entlang von Fragen vor; unter Abschnitt 4.2 werden einige Methoden und der mögliche Einsatz dieser aufgeführt.

4.1 Umsetzung: Herantasten mit Fragen

Um das Setting und die Methode für das Geben von Feedback festzulegen, hilft es, **Fragen zu stellen**. Das Beantworten der nachfolgenden Fragen führt schrittweise zur Wahl passender Feedback-Methoden.

Besteht Unsicherheit über das Ziel und warum Feedback gegeben werden soll, kann der Einstieg mit Fragen zu Vergangenheit, Gegenwart und Zukunft helfen:

- Was ist in Zusammenhang mit der aktuellen Situation bereits geschehen?
- Was ist in Zusammenhang mit der aktuellen Situation der Stand der Dinge?
- Wo sehe ich Chancen?
- Was ist die Vision, die sich aus Vergangenheit und Gegenwart ergeben soll?

Beispiel

Ziel des Feedbacks

Vergangenheit, Gegenwart und Zukunft Im Vorjahr war die Klasse in ihrer Leistung auffällig heterogen. In der Folge wurden die Leistungsschwachen abgehängt, die ›Überflieger:innen‹ konnten ihr Potenzial nicht ausschöpfen. Feedback wurde im Rahmen einer Zwischen- und einer Abschlussprüfung anhand von Noten erteilt (Vergangenheit). In der Planung für das kommende Semester werden allgemeine wie auch individuelle Bewertungen berücksichtigt, um auf die wiederum erwartete Heterogenität einzugehen (Gegenwart). Durch individuelle Rückmeldung soll auf die unterschiedlichen Lernniveaus und Lernwege eingegangen werden. Der individuelle Lernprozess wird gefördert, ›Lernschwache‹ erhalten Unterstützung und Überflieger:innen erhalten die Chance auf Lernerfolg (Zukunft).

Ziele, die dieses Beispiel offenlegt, sind: Eingehen auf erwartete Heterogenität und Unterstützen von individuellem Lernprozess.

Ein wichtiger Aspekt für die Wahl der Methode ist der **passende Zeitpunkt**. Feedback-Geben ist vor einer Einheit (proaktiv), laufend im Semester (während) und am Ende (abschließend) möglich (Dainton, 2018).

Geplant ist beispielsweise einerseits eine Zwischen- und eine Abschlussprüfung (für alle gleich) und andererseits das individuelle Begleiten des Lernprozesses. Um den Lernprozess möglichst früh zu starten, wird ein Einstiegsquiz (vor Beginn) erste Orientierung geben. Ergebnisse daraus könnten wertvolle Hinweise für ein (individuelles) Feedback liefern. Vor der Zwischenprüfung sowie auch danach sind weitere passende Momente für Feedback (während). Nach der Abschlussprüfung könnte ein abschließendes, schriftliches Feedback letzte Hinweise liefern (nach). Wann und wie oft das passend ist, lässt sich einerseits aus dem Ziel ableiten, ist aber auch von anderen Faktoren (zum Beispiel Ressourcen) beeinflusst.

Feedback-Geben braucht **(zeitliche) Ressourcen** für Vorbereitung, Durchführung und Nachbereitung. Mit etwas Anpassung lassen sich ressourcenschonende Wege finden. Für das Einstiegsquiz können beispielsweise Fragen aus der letztjährigen Zwischenprüfung angepasst und verwendet werden. Ist das Quiz online aufgesetzt, kann das System ein erstes Feedback übernehmen (automatisches Feedback; siehe auch Abschnitt 4.2). Weiter kann den Studierenden ein automatisch bewertetes Ergebnis zusammen mit einem Reflexionsbogen (siehe Abschnitt 4.2) und dem Auftrag, Feedback selbst zu erstellen, abgegeben werden. Ergänzend können individuelle Gespräche geführt werden. Ist die Gruppe dazu zu groß, kann Feedback gebündelt, zum Beispiel in Vierergruppen, erfolgen.

Das Geben von Feedback kann in unterschiedlichen Formen erfolgen. Zwei Paare, die in der Regel als entweder-oder vorkommen, sind 1) **schriftlich** oder **mündlich** sowie 2) **vorbereitet oder spontan**. 1) Feedback wird in schriftlicher Form abgegeben oder mündlich angebracht. Schriftliches Feedback zu erfassen, ist zeitintensiver, bedeutet dafür aber eine klare Orientierung, auf die zurückgegriffen werden kann. Mündliches Feedback lässt sich während des Gesprächs flexibel gestalten. 2) Wird Feedback geplant und werden passende Fragen oder eine Würdigung erstellt, so ist dies vorbereitet. Entsteht nach einer Lektion der Impuls, dem Gegenüber etwas mitzugeben, so wird diese Form als ›spontan‹ verstanden. Vorbereitung beansprucht mehr Ressourcen, bietet dafür aber eine reflektierte Rückmeldung.

Sind grundsätzliche Fragen, wie jene in den Beispielen oben, beantwortet, kann eine passende Methode abgeleitet oder gesucht werden. Wichtig ist, stets kritisch zu reflektieren, ob eine gewählte Methode passt oder durch **Anpassung** noch geeigneter wird. Das ›Lerntagebuch‹ (siehe Abschnitt 4.2) passt zu den Zielen »Lernprozess begleiten« und »Selbstreflexion fördern«. Es passt jedoch nicht zu knappen Zeitressourcen. Die Methode könnte nun dahingehend angepasst werden, dass sich die Studierenden gegenseitig Feedback auf ihre Lerntagebuch-Einträge geben. In der Mitte des Semesters wird dies durch das Feedback der lehrenden Person ergänzt.

4.2 Passende Methoden

Im Folgenden sind zehn Methoden aufgeführt, die sich für das Feedback-Geben von Lehrenden an Lernende eignen. Die Angaben sind als exemplarisch zu verstehen und für den Einsatz im eigenen Kontext zu reflektieren. Für ihr spezielles Setting kann zum Beispiel ein anderer Zeitpunkt oder eine andere Form passender sein.

Automatisches Feedback

Durchführung: Rückmeldung, die automatisch durch ein aufgesetztes System (zum Beispiel auf einer Lernplattform) erfolgt, ist automatisches Feedback. Dies kann beispielsweise im Rahmen eines Quiz genutzt werden. Studierende beantworten Fragen und erhalten automatisch generiertes Feedback, welches Hinweise zu bestehenden Wissenslücken liefert. Die Auswertung des Quiz ist von der Lehrperson einsehbar und kann für weitere Rückmeldungen genutzt werden. Zum Beispiel mit der Methode ›Stand der Dinge‹.
Hinweis: Der Nutzen von automatischem Feedback hängt von einer sorgfältigen Vorbereitung ab. Das Feedback muss zum gesetzten Ziel passen. Automatisches Feedback ist in der Varianz beschränkt, gegebenenfalls sollte es mit weiteren Feedback-Methoden ergänzt werden.
Zeitpunkt: proaktiv, während
Passende Form: schriftlich, vorbereitet
Standard-Situation: Lernprozess begleiten, Zwischenstand beleuchten, Lernzielkontrolle durchführen
Potenzial: erweitert die Möglichkeiten, in großen Gruppen oder vermehrt Feedback zu geben
Herausforderung: Die Varianz der Rückmeldung ist beschränkt, individuelles Eingehen auf Lernende ist nicht möglich.

Beratungsgespräch

Durchführung: Eine lehrende und eine lernende Person finden sich für ein Gespräch zusammen. Der Rahmen des Gesprächs (Dauer, Kernpunkte, Ziel) ist beiden bekannt. Fragen oder Themenpunkte sind vorbereitet. Das Trio ›Vergangenheit-Gegenwart-Zukunft‹ bietet eine gute Grundstruktur dafür.
Hinweis: Ein Beratungsgespräch dient der Begleitung des Lernprozesses. Es sollte offen für Bedürfnisse der lernenden Person gestaltet sein.
Zeitpunkt: während

Passende Form: mündlich, vorbereitet
Standard-Situation: Lernprozess begleiten, Umgang mit ungenügender Leistung ansprechen, verunsicherten Studierenden Orientierung bieten
Potenzial: ermöglicht individuelle Begleitung des Lernprozesses, bietet dem Gegenüber erweiterte Perspektive, hilft der Orientierung, kann Sicherheit geben
Herausforderung: zeitaufwendig; in schwierigen Situationen sind eine sorgfältige Vorbereitung und Kommunikation besonders wichtig (siehe auch Abschnitt 3.2).

Bilanz ziehen

Durchführung: Die lehrende Person zieht entlang von wenigen Punkten (zum Beispiel aktive Teilnahme, Leistungsnachweis, Entwicklung, Potenzial) eine Bilanz für die lernende Person. Beispiel: »Die zu Beginn überzeugende Leistung hat sich im Laufe des Semesters abgeschwächt. Zu Beginn des Moduls wurde aktive Teilnahme vermerkt, im mittleren Teil war wenig aktive Teilnahme festzustellen, gegen Ende hin war die Teilnahme wieder deutlich besser. Die in der Mitte des Moduls gemeinsam besprochenen Potenziale konnten im Laufe des restlichen Moduls nur wenig ausgeschöpft werden. Die aktive Teilnahme scheint jedoch eine positive Auswirkung zu haben.«
Hinweis: Es empfiehlt sich, dass die Lehrperson für jede studierende Person zu Beginn des Semesters eine Vorlage mit den zu bilanzierenden Punkten bereitstellt und diese laufend nachführt.
Zeitpunkt: abschließend
Passende Form: schriftlich oder mündlich, vorbereitet
Standard-Situation: zum Abschluss einer Lerneinheit, rückblickend am Ende des Semesters
Potenzial: kompakt Orientierung geben, die auch über ein Modul hinaus den Lernerfolg positiv beeinflussen kann
Herausforderung: Die passenden Daten zu sammeln und zusammenzustellen, kostet Zeit, vor allem bei einer großen Gruppe.
Quelle: in Anlehnung an Langmaack & Braune-Krickau, 2010, S. 218

Checkliste

Durchführung: Die Lernenden erhalten eine Checkliste. Darauf sind zu erreichende Ziele und Fertigkeiten aufgeführt und mit Check-Boxen versehen. Lernende werden während des Semesters aufgefordert, auf der Liste jeweils abzuhaken, was sie erfüllt haben. Die Liste kann zusätzlich mit einer Wertung (zum Beispiel vollumfänglich erreicht, teilweise erreicht) ergänzt werden. Die Liste kann unkommentiert bleiben oder für ein Zwischengespräch genutzt werden. Auch als Teil eines Lerntagebuchs kann sie dienen. Als Variante kann eine Checkliste vor dem Modul ausgefüllt werden, um den Stand der Teilnehmenden im Voraus zu erfassen.

Hinweis: Die Checkliste eignet sich auch, um in automatisierter Form durchgeführt zu werden.
Zeitpunkt: proaktiv, während, abschließend
Passende Form: schriftlich, vorbereitet
Standard-Situation: Wissensstand erfassen, Lernprozess begleiten, Selbstreflexion auslösen, Lücken im Stoff aufzeigen
Potenzial: stößt Selbstverantwortung und Selbstreflexion bei der lernenden Person an, macht Lernfortschritt sichtbar und bietet Orientierung, kann die Lehrperson beim Feedback-Geben entlasten, eignet sich auch für große Gruppen
Herausforderung: Wird die Checkliste nicht sauber und regelmäßig geführt, so bringt sie wenig Mehrwert.
Quelle: Dainton, 2018, S. 90

Classroom Assessment Techniques

Durchführung: Lernende erhalten während eines Moduls formatives Feedback. Die Rückmeldung erfolgt aufgrund/basierend auf einer passend zur Veranstaltung gewählten Methode, zum Beispiel einer Mini-Umfrage zu Schlüsselelementen der Lerneinheit. Das Ausfüllen der Umfrage aktiviert im Sinne einer zusätzlichen Auseinandersetzung mit dem Thema und legt Lernlücken offen.
Hinweis: »Classroom Assessment Techniques« bezeichnen eine ganze Gruppe von möglichen Methoden (wie das gleichnamige Buch von Angelo und Cross, 1993 zeigt), welche eingesetzt werden, um eine kontinuierliche Verbesserung im Lernprozess zu fördern.
Zeitpunkt: während
Passende Form: schriftlich oder mündlich, vorbereitet
Standard-Situation: Wissensstand erfassen, Lernprozess begleiten, Selbstreflexion auslösen, Lücken im Stoff aufzeigen
Potenzial: stößt Selbstreflexion bei der lernenden Person an und bietet Orientierung zum Lernstand, kann einzeln oder in Gruppen, mündlich oder schriftlich, während der Lektion oder über eine Lernplattform erfolgen und bietet somit unzählige Variationen an
Herausforderung: Es fällt ein zusätzlicher Aufwand an. Eine zum Inhalt und den Rahmenbedingungen der Lehrveranstaltung passende Methode muss gewählt, vorab geplant und eingesetzt werden.

Kurztest

Durchführung: ein kurzer Test, der zum Beispiel offene Fragen, Multiple-Choice oder Textaufgaben enthält. Bestenfalls ist er analog zu einem eventuell folgenden Abschlusstest gestaltet, um Lernende auf einen solchen vorzubereiten, oder wird zu Beginn als Standortbestimmung genutzt.

Hinweis: Es ist darauf zu achten, den Kurztest passend zum Ziel zu kommunizieren: Ist es eine Lernhilfe oder eine Leistungsbeurteilung? Der Kurztest eignet sich auch, um in automatisierter Form durchgeführt zu werden. Das automatische Feedback kann zudem mit persönlichem ergänzt werden.
Zeitpunkt: proaktiv, während
Passende Form: schriftlich, vorbereitet
Standard-Situation: Selbstreflexion auslösen, Lernprozess begleiten, Standortbestimmung, Prüfungsvorbereitung unterstützen, Lernzielkontrolle durchführen
Potenzial: Werden Fehler aufgedeckt und kann zusätzlich ein konstruktives Feedback mitgegeben werden, so verstärkt dies den Lerneffekt und steigert somit den Lernerfolg. In automatisierter Form eignet sich der Kurztest auch für große Gruppen.
Herausforderung: Ein Kurztest gibt einen beschränkten Einblick bzw. Feedback zum Wissensstand. Es empfiehlt sich, weitere Methoden in Kombination mit diesem anzuwenden.

Lerntagebuch

Durchführung: Um den eigenen Lernprozess zu fördern, führen Lernende begleitend zu einem Modul ein Lerntagebuch. Dabei erfassen und reflektieren sie den Unterricht aus ihrer Perspektive. Parameter könnten sein: Lerninhalte, Lernergebnisse, Lernbedarf, Kompetenzen etc. Die lehrende Person gibt in gesetzten Abständen ein Feedback zur erfassten Reflexion.
Hinweis: Die Rahmenbedingungen (Häufigkeit, Umfang etc.) sowie eine Aufgabenstellung müssen von der lehrenden Person klar formuliert sein. Als ein Element des Lerntagebuchs bietet sich eine Checkliste an.
Zeitpunkt: während
Passende Form: schriftlich, vorbereitet
Standard-Situation: Lernprozess begleiten, Selbstreflexion fördern
Potenzial: Diese Methode regt zum Reflektieren und somit zum Repetieren an. Dies wiederum verstärkt den Lerneffekt, was sich auf den Lernerfolg positiv auswirken kann.
Herausforderung: Der Begriff ›Tagebuch‹ kann bei Studierenden eine falsche Idee oder Erwartung hervorrufen, wenn sie ihn als persönliches und privates Mittel zur Aufzeichnung von Gedanken betrachten. Je nach Umfang ist der Aufwand für die Lehrperson groß, es empfiehlt sich, den Umfang von Einträgen klar zu beschränken.

Lösungsorientierte Nachfrage

Durchführung: Ein:e Lernende:r will oder kann etwas nicht verstehen oder keine Antwort geben. Auf diese ›Störung‹ folgt seitens Lehrperson eine Intervention, die aus zwei Elementen besteht: wertschätzendem Verstehen und konkretisierendem, lösungsorientierten Nachfragen. Der Einstieg erfolgt über paraphrasieren: »Verstehe ich Sie richtig, dass …«, ergänzt mit Wertschätzung: »… dieser Zustand verärgert Sie.«

Danach wird konkretisierend und lösungsorientiert nachgefragt: »Was fehlt Ihnen für den nächsten Schritt?« oder »Wie müsste die Aufgabe formuliert sein, um für Sie logisch zu erscheinen?«
Hinweis: Das lösungsorientierte Nachfragen soll als Gesprächsmethode für eine gemeinsame Lösungssuche verstanden werden. Die Wertschätzung und das Begegnen auf Augenhöhe sind zentral.
Zeitpunkt: jederzeit
Passende Form: mündlich, spontan
Standard-Situation: schwierige Situationen in der Lehre, verfahrene Gespräche, Umgang mit negativem Feedback
Potenzial: Der Aufwand ist gering. In schwierigen Situationen wird das Finden von Lösungsansätzen unterstützt, Auswege aus verzwickten Situationen eröffnen sich.
Herausforderung: kann nur punktuell für einzelne Personen eingesetzt werden und eignet sich darum nur als zusätzliche Feedback-Methode
Quelle: Schumacher, 2022, S. 100

Noten

Durchführung: Lernende lösen eine Prüfung oder schreiben eine Arbeit. Diese wird entlang eines Rasters (Punktevergabe) bewertet und entsprechend benotet (siehe hierzu auch den Beitrag von Eickhoff in diesem Band). Lernende erhalten dadurch Feedback, welches Orientierung für die weitere Gestaltung des Lernprozesses geben kann.
Hinweis: Noten bringen durch ihre Codierung Informationsverlust mit sich. Um diesem entgegenzuwirken, ist eine Ergänzung, zum Beispiel mit einer Würdigung oder mit konstruktiven Hinweisen für den Lernprozess, wertvoll.
Zeitpunkt: während, abschließend
Passende Form: schriftlich, vorbereitet
Standard-Situation: abschließende, zusammenfassende Bewertung, zum Abschluss einer Lerneinheit
Potenzial: Noten sind eine kompakte Form, um Orientierung zum Erfolg oder Misserfolg einer Leistung zu geben.
Herausforderung: Noten sind, vor allem wenn nicht auf einem klaren Punktesystem basierend, wenig objektiv. Speziell ausgeprägt ist dies bei freieren Formen von Leistungsnachweisen (Textarbeit, Projektarbeit), bei denen unterschiedliche Resultate entstehen. Bei einer heterogenen Gruppe fällt weiter ins Gewicht, dass Personen mit unterschiedlichem Wissensstand auf der gleichen Skala gemessen werden, was die Aussage für Einzelne verzerrt. Das Ziel einer konstruktiven Kritik kann mit einer Note allein wenig gewährleistet werden. Auf den Lernprozess wirken sich Noten nachweislich wenig aus (Hattie, 2020).

Reflexionsbogen

Durchführung: Am Ende einer Lerneinheit erhalten Studierende Reflexionsfragen zur Beantwortung. Fragen könnten sein: »Was ist unklar geblieben?«, »Was waren wichtige Erkenntnisse?«

Hinweis: Nach Waldherr und Walter (2021) dient der Reflexionsbogen der Eigenreflexion der Teilnehmenden und wird deshalb nicht eingesammelt und besprochen. Dennoch kann es für den Einsatz der Methode Sinn ergeben, die Reflexionsbögen zu sammeln und zu sichten. Dann ist eine vorgängige, transparente Kommunikation wichtig. Der Reflexionsbogen kann als Teil eines Lerntagebuchs genutzt werden.

Zeitpunkt: während, abschließend

Passende Form: schriftlich, vorbereitet

Standard-Situation: Lernprozess begleiten, Selbstreflexion auslösen, Lerneinheit abschließen

Potenzial: regt Reflexion, Repetition und somit Vertiefung von Lernstoff an. Der Arbeitsaufwand ist bei der nicht eingesammelten Version gering.

Herausforderung: Lernende erhalten (bei der unkommentierten Version) kein Feedback aus externer Perspektive.

Quelle: Waldherr & Walter, 2021, S. 87

Stand der Dinge

Durchführung: Um Informationen für eine Rückmeldung zum Lernerfolg zu erhalten, wird eine Zwischenprüfung durchgeführt. Basierend auf den Resultaten soll nun konstruktives Feedback gegeben werden. Das Feedback wird rund um Fragen zum ›Stand der Dinge‹ zusammengestellt und jeweils mit Hinweisen zu Potenzial und konstruktiven Lösungsansätzen für den Lernprozess ergänzt. Mögliche Fragen sind: »Was war gut/erfolgreich/besser als das letzte Mal?«, »Wo bestehen Lücken?«, »Was konnte nicht umgesetzt werden bzw. hat sich nicht verbessert?« Das Gegenüber kann mit Rückfragen zu Lösungsansätzen aktiviert werden.

Hinweis: Die Methode lässt sich als Teil des Ansatzes »Formative Assessment«, welcher über eine Lernstandserhebung hinaus eine formende, regelmäßige Lernstandsdiagnose zum Ziel hat (u.a. Schneider et al., 2023, S. 79-81), nutzen.

Zeitpunkt: während, abschließend

Passende Form: schriftlich (mündlich), vorbereitet

Standard-Situation: Lernprozess begleiten, Selbstreflexion auslösen

Potenzial: Durch individuelles Feedback ist das Eingehen auf einzelne Personen und individuelle Lernprozesse möglich.

Herausforderung: Der Zeitaufwand für die Vorbereitung und Durchführung ist (vor allem bei großen Gruppen) umfangreich.

Würdigung

Durchführung: Die Projektarbeit wird abschließend mittels eines kompakten Texts bewertet, der sowohl einzelne Elemente als auch die Arbeit als Ganzes würdigt. Dabei soll die Würdigung entlang eines Rasters, das für alle Rückmeldungen in einer Gruppe gleich ist, aufgebaut werden. Zum Beispiel erfolgt der Einstieg über eine zusammenfassende Einschätzung, wie »Insgesamt handelt es sich um eine gute Arbeit«. Danach werden Teilbereiche (zum Beispiel Prozess, Dokumentation, Präsentation) und Kompetenzen gewürdigt. Die Wertungen bewegen sich entlang einer verbalen Rating-Skala (zum Beispiel sehr gut, gut, genügend, ungenügend), um Orientierung zu bieten. Die Würdigung hebt Erreichtes hervor.
Hinweis: Eine Würdigung ist eine gute Ergänzung zu einer Note.
Zeitpunkt: abschließend
Passende Form: schriftlich, vorbereitet
Standard-Situation: Abschluss einer Projektarbeit oder einer Thesis
Potenzial: ein Feedback-Instrument, das zu einer wertschätzenden Feedback-Kultur passt, den geleisteten Einsatz würdigt und Orientierung für weitere Lernpfade bietet
Herausforderung: Das Verfassen einer Würdigung ist zeitaufwendig.

Tipp

Methodenwahl zum Feedback-Geben

Nutzen Sie die Fragen aus Abschnitt 4.1, um sich an eine passende Methode heranzutasten. Starten Sie mit der ›obligatorischen Frage‹ – »Was ist das Ziel des Feedbacks?« – und setzen Sie sich mit den weiteren Fragen auseinander. Machen Sie sich Notizen.

Überlegen Sie, welche Methoden Sie für das Geben von Feedback kennen. Erstellen Sie eine Liste und markieren Sie passende Methoden. Legen Sie nun fest, welche Sie verwenden wollen. Testen Sie Ihre Wahl in der Praxis.

Feedback-Geben ist ein sich mit Erfahrung entwickelnder Prozess, der Teil der Lehre ist.

Abb. 5: Feedback-Kultur braucht Pflege – effektives Feedback hat ein Ziel – gesammelte Erfahrung fließt beim erneuten Feedback-Geben mit ein

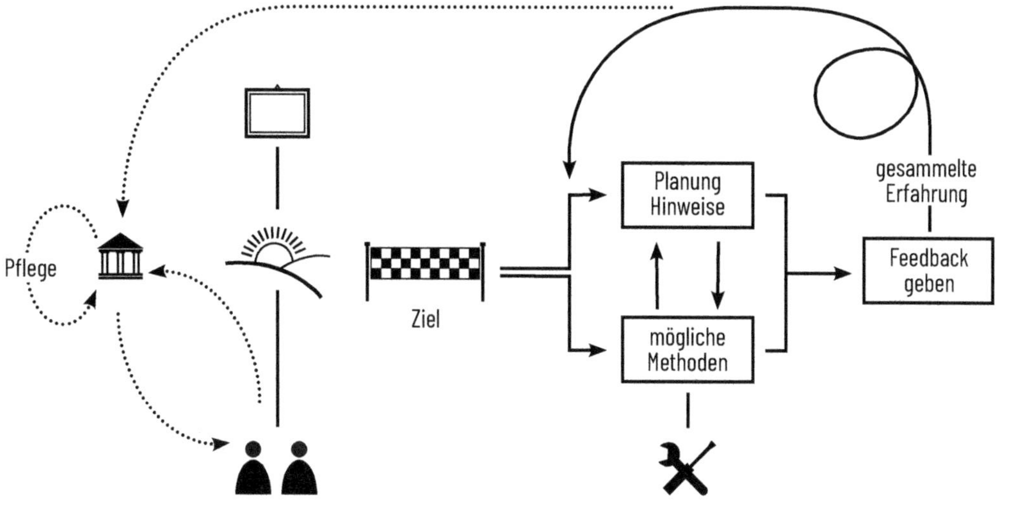

Quelle: eigene Darstellung Dainton

Zwischenfazit

Passend zum gesetzten Ziel, welches durch das Feedback erreicht werden soll, und unter Einbezug bestehender Rahmenbedingungen wird eine Methode für das Geben von Feedback ausgesucht.

Gerade wenn es gilt, bestehende Rahmenbedingungen zu beachten, und eine Methode, zum Beispiel aufgrund der Klassengröße, vordergründig nicht passend scheint, hilft vielleicht eine Anpassung oder Weiterentwicklung der Methoden weiter.

Reflexionsfragen

Wie haben Sie das Geben von Feedback erlebt?
Würden Sie die gewählte(n) Methode(n) so wieder nutzen?
Was hat sich für Sie im Vergleich zu anderen Erfahrungen mit Feedback-Geben verändert?

5. Zusammenfassung

Eine Kultur, die Fehler als Chance sieht, und eine wertschätzende Kommunikation sind wertvolle Grundlagen für das Geben von qualitativ hochwertigem Feedback.

Ziele zu setzen, die offenlegen, was mit dem geplanten Feedback erreicht werden soll, ist zentral, um den Lernprozess von Lernenden zielgerichtet zu unterstützen.

Es lohnt sich, im Hinterkopf zu behalten, dass die eigene Lehre auch von Feedback profitiert. Zusätzlich ist es wertvoll, die Erfahrung, die beim Geben von Feedback gesammelt wird, zu reflektieren, denn dies beeinflusst den eigenen Umgang mit Feedback.

6. Literatur

Angelo, T. A. & Cross, K. P. (1993). *Classroom assessment techniques: A handbook for college teachers* (2. Aufl.). Jossey-Bass.

Bandtel, M., Bergmann, P., Eichenauer, U., England, P., Ewald, L., Fleischmann, A., Hachenberg, S., König, L., Lanwert, D., Matthes, W., Pfaendner, B., Richter, F., Saukel, K., Schleiss, J., Schnieders, B., Schröder, A., Sexauer, A., Sigismund, M., Springhorn, J., Urban, A. & Ziethen, S. (2022). *Zukunftsbild Hochschullehre 2025*. Hochschulforum Digitalisierung. https://publikationen.bibliothek.kit.edu/1000150855

Beetz, J. (2021). *Feedback: Wie Rückkopplung unser Leben bestimmt und Natur, Technik, Gesellschaft und Wirtschaft beherrscht* (2. Aufl.). Springer.

Cohn, R. C. (2021). *Von der Psychoanalyse zur themenzentrierten Interaktion: Von der Behandlung einzelner zu einer Pädagogik für alle* (20. Aufl.). Klett-Cotta.

Dainton, N. (2018). *Feedback in der Hochschullehre*. Haupt Verlag.

Hattie, J. (2020). *Lernen sichtbar machen: mit Index und Glossar* (5., erw. Aufl.). Schneider Hohengehren.

Hattie, J. (2021). *Lernen sichtbar machen für Lehrpersonen* (5., unver. Aufl.). Schneider Hohengehren.

Langmaack, B. & Braune-Krickau, M. (2010). *Wie die Gruppe laufen lernt: Anregungen zum Planen und Leiten von Gruppen; ein praktisches Lehrbuch* (8., überarb. Aufl.). Beltz.

Pfäffli, B. K. (2015). *Lehren an Hochschulen: eine Hochschuldidaktik für den Aufbau von Wissen und Kompetenzen* (2. Aufl.). Haupt Verlag.

Schipperheijn, K. (2022). *Learning ecosystems: Creating innovative, lean and tech-driven learning strategies*. Kogan Page.

Schneider, M., Grabner, R., Saalbach, H., Schalk, L. & Stern, E. (Hrsg.) (2023). *Wie guter Unterricht intelligentes Wissen schafft: Handlungswissen aus der Lehr-Lernforschung: eine Festschrift für Elsbeth Stern*. Verlag W. Kohlhammer.

Schulz von Thun Institut (o.D.). *Das Kommunikationsquadrat.* https://www.schulz-von-thun.de/die-modelle/das-kommunikationsquadrat.

Schumacher, E.-M. (2022). *Schwierige Situationen in der Lehre: Methoden der Kommunikation und Didaktik für die Lehrpraxis: mit Hinweisen zur Online-Lehre* (2., aktual. u. erw. Aufl.). Verlag Barbara Budrich.

Shannon, C. E. & Weaver, W. (1998). *The mathematical theory of communication.* University of Illinois Press.

Waldherr, F. & Walter, C. (2021). *didaktisch und praktisch: Methoden und Medien für die Präsenz- und Onlinelehre.* Schäffer-Poeschel.

MIT PEER-FEEDBACK LERNEN

Sophia Hercher

Schlagworte

Peer-Feedback, Feedback, Kompetenzen der Zukunft

Orientierung

Dieser Beitrag orientiert sich am typischen Ablauf eines Peer-Feedback-Prozesses, der die Erstellung eines Produkts, den Erhalt von Feedback durch Peers und die Überarbeitung des Produkts umfasst. Es werden Fragen vorgestellt, die sich Lehrende in der Implementierung und Anleitung von Peer-Feedback stellen können. Die Beantwortung der Fragen soll durch Einblicke in den Forschungsstand und mithilfe von Praxistipps erleichtert werden. Im Ausblick wird ein Blick auf die Kompetenzen der Zukunft gewagt, die mit Peer-Feedback gefördert werden können.

Leitfragen

Wie trägt Peer-Feedback zum Lernen bei?

Welche Entscheidungen sind zu treffen, wenn Lehrende Peer-Feedback-Prozesse durchführen möchten?

Was sollten Lehrende beim Einsatz von Peer-Feedback in ihrer Lehre beachten?

1. Peer-Feedback: Vom Produkt zum Kompetenzerwerb

Es gibt viele gute Gründe für den Einsatz von Peer-Feedback. Spätestens seit den 1980er und 1990er Jahren werden diese auch umfänglich erforscht (Falchikov, 1995; Topping, 1998). In den ersten Untersuchungen der Effekte von Peer-Feedback standen Aspekte der Verbesserung der Studierendenprodukte (vor allem schriftliche Arbeiten, aber auch Referate und andere Ergebnisse) und die Zuverlässigkeit der Peer-Bewertungen (Falchikov, 1995) eher im Vordergrund. Mittlerweile ist bekannt, dass das Potenzial weit über die Verbesserung der Produkte hinausgeht, indem durch den Einsatz von Peer-Feedback zahlreiche Kompetenzen gefördert werden können (u.a. Pearce et al., 2009; van Popta et al., 2016).

Im Folgenden werden auf der Grundlage der begrifflichen Eingrenzung verschiedene mögliche Zielsetzungen von Peer-Feedback-Prozessen erläutert. Anschließend führt der Beitrag durch den typischen Ablauf eines Peer-Feedback-Prozesses – von der Vorbereitung über die Einführung und Durchführung bis hin zu einer möglichen Bewertung. In den verschiedenen Schritten werden Reflexionsfragen für Lehrende gestellt, deren Beantwortung durch wissenschaftliche Hintergründe und Praxistipps in den verschiedenen Abschnitten erleichtert werden soll. Abschließend wird in einem Ausblick die Rolle von Peer-Feedback im Zusammenhang mit den Kompetenzen der Zukunft reflektiert.

1.1 Begriffliche Eingrenzung

Peer-Feedback ist vor allem eines: vielseitig. Um den Begriff für die folgenden Ausführungen einzugrenzen, seien hier ein paar Klärungen für den Kontext des Beitrags vorgenommen:

- Grundsätzlich ist Peer-Feedback eine Interaktion, in der sich Menschen, die sich in einer ähnlichen Situierung ihrer (wissenschaftlichen) Tätigkeit befinden, gegenseitig Rückmeldung geben (Center for Teaching and Learning, 2017). In diesem Beitrag wird vor allem Peer-Feedback besprochen, welches sich Studierende einer Lerngruppe im Hochschulkontext geben.
- Peer-Feedback kann für alle Beiträge Studierender genutzt werden. Somit begegnet es uns etwa bei der Besprechung von Referaten oder in der Ausarbeitung wissenschaftlicher Texte, um nur zwei Beispiele zu nennen. Es ist keine Methode im klassischen Sinn, sondern Element unterschiedlicher Methoden. Am häufigsten wird in der Literatur die Rückmeldung auf schriftliche Arbeiten besprochen. In diesem Beitrag liegt der Fokus auf **Peer-Feedback-Prozessen**, in denen die Überarbeitung eines Produkts vorgesehen ist.

- Peer-Feedback hat verschiedene Dimensionen, zum Beispiel sind auch Aushandlungsprozesse in Gruppenarbeiten eine Form von Peer-Feedback. Hier wird der Fokus auf diejenigen Lehr-Lern-Szenarien gelegt, in welchen das Peer-Feedback explizit durch die Lehrperson angeregt und angeleitet wird.
- Es gibt verwandte Begriffe, die aufgrund unterschiedlicher Nutzung nicht klar voneinander abgegrenzt werden. Am häufigsten ist von »Peer-Assessment« die Rede, wenn die gegenseitige Bewertung im Vordergrund steht (u.a. Falchikov, 1995), oder der Begriff des »Peer-Review« wird in Anlehnung an das wissenschaftliche Peer-Review-Verfahren verwendet (u.a. Lu & Bol, 2007). Die Begriffe spiegeln Nuancen wider, die die Vielseitigkeit von Peer-Feedback-Prozessen zeigen. Aus den Ausführungen zu diesen Konzepten können Rückschlüsse für die Gestaltung von Peer-Feedback allgemein gezogen werden.

Die gegenseitige Rückmeldung im Peer-Feedback hat unmittelbare und langfristige Effekte (Topping, 2017), die als Ziel für ein solches Verfahren gewählt werden können. Kurzfristig kann es das Produkt eines Lernprozesses verbessern und langfristig zum Erwerb von (Schlüssel-)Kompetenzen führen. Zudem ist die Zahl der Faktoren in einem typischen Peer-Feedback-Prozess sehr groß (Li et al., 2019), sodass sich diese nicht gut isolieren lassen und auch deren Wechselwirkung kaum zu ermitteln ist. So identifizierte Topping (2017) zum Beispiel 43 verschiedene Faktoren, die sich in einem Peer-Feedback-Szenario unterscheiden können. Es wird deutlich, dass im Zusammenhang mit Peer-Feedback die didaktische Kompetenz der Lehrenden besonders stark gefragt ist. Es gibt keine Musterregeln, mit denen das Gelingen von Peer-Feedback garantiert ist, weil Lehrende viele Entscheidungen in der Gestaltung treffen müssen, die insbesondere von den Zielen des Prozesses abhängig sind.

2. Ziele des Peer-Feedbacks

Feedback ist ein essenzieller Bestandteil des Lernens (Hattie & Timperley, 2007). Zeitnahes und häufiges Feedback kann durch Lehrende, insbesondere in großen Gruppen, nicht immer ausreichend gewährleistet werden. Deshalb bietet sich Peer-Feedback zunächst als eine elegante Lösung an, bei der Lernende regelmäßiges und umfangreiches Feedback erhalten (Liu & Carless, 2006; Pearce et al., 2009) und Lehrende Zeit sparen, wenn die Bewertung von Arbeiten durch die Peers erfolgt (Lu & Bol, 2007; Nilson, 2003; Wu & Schunn, 2020). Diese Zielsetzungen sollen im Folgenden näher beschrieben und um weiterreichende Zielsetzungen ergänzt werden.

Feedback wird oft daraufhin untersucht, ob es die Leistung bzw. die Produkte der Studierenden verbessert. Idealerweise nehmen Lernende auf der Grundlage von erhaltenem Feedback Anpassungen vor, die ihnen ein besseres Produkt bescheren, zum

Beispiel in der Überarbeitung eines Texts oder in der Berücksichtigung von Anmerkungen für das nächste Referat. Wenn eine Überarbeitung einer abgegebenen Arbeit stattfindet, stellt dies in der Regel auch einen Schritt dar, der zum Beispiel bei der regulären Abgabe einer Hausarbeit bei einer Lehrperson oftmals nicht geschieht (Nicol et al., 2014). Ein typischer Peer-Feedback-Prozess stellt sich demnach etwa so dar:

Abb. 1: Mögliche Integration von Peer-Feedback in die Erstellung eines Produkts für eine Prüfungsleistung

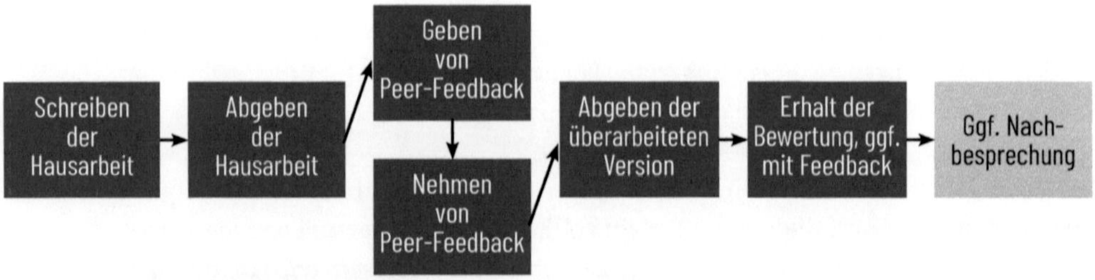

Quelle: eigene Darstellung Hercher

Peer-Feedback in Form von Peer-Review ist auch ein wesentlicher Bestandteil wissenschaftlicher Praxis, insbesondere bei wissenschaftlichen Veröffentlichungen. Auf diesen Prozess können Studierende in der Durchführung von Peer-Feedback vorbereitet werden. Allein das Veröffentlichen ihrer Ergebnisse hält Studierende dazu an, ihr Verständnis zu formulieren und sich dem Austausch mit anderen zu unterziehen (Liu & Carless, 2006), also ein Bewusstsein für die Perspektive der Lesenden zu entwickeln (Nicol et al., 2014). Zum einen erleben sie sich als Teil einer wissenschaftlichen Gemeinschaft (Bostock, 2006) und zum anderen bereiten sie sich auf die Praxis jenseits des Studiums vor (van Popta et al., 2016).

Tipp

Ziele für Feedback-Szenarien in Lerngruppen festlegen?

Bevor Sie in Ihrer Lerngruppe ein spezifisches Feedback-Szenario anleiten, sollten Sie sich fragen, welche Ziele Sie damit verfolgen. Mögliche Zielsetzungen sind:

Zeitersparnis bei der Bewertung von Arbeiten

Verbesserung der Produkte Studierender

Vorbereitung Studierender auf die wissenschaftliche Praxis

Verbesserung des Lernprozesses

Förderung einer konstruktiven Feedback- und Lernkultur

Förderung von Kompetenzen der Zukunft

Hiervon werden viele weitere Entscheidungen abhängig sein, die auch im Folgenden angesprochen werden. Teilweise werden die Ziele sich überschneiden und gleichzeitig erfüllbar sein, jedoch werden Sie merken, dass ein Fokus Ihnen die Gestaltung des Lernszenarios mit Peer-Feedback erleichtern wird.

Im Folgenden werden die Schritte eines Peer-Feedback-Prozesses dargestellt. Diese werden durch Reflexionsfragen strukturiert, die sich zu den jeweiligen Zeitpunkten im Prozess stellen.

3. Begleitung des Prozesses

3.1 Vorbereitung eines Peer-Feedback-Szenarios

Nach der Entscheidung für die Zielsetzung erfolgt die Planung des Feedback-Prozesses. In diesem Zusammenhang werden Fragen vor allem zur Lerngruppe relevant. Für das Durchführen eines Peer-Feedback-Szenarios können Lehrende fachliches Vorwissen, Erfahrung mit den Produkten und Kompetenzen im Zusammenhang mit der Durchführung von Peer-Feedback berücksichtigen.

Reflexionsfragen

Welches fachliche Vorwissen und welche Erfahrungen bringen die Studierenden mit? Welche Vorerfahrungen haben Studierende mit dem Geben und Nehmen von Peer-Feedback? Wie können Sie Ihre Lerngruppe auf das Geben von Feedback vorbereiten?

3.1.1 Welches fachliche Vorwissen und welche Erfahrungen bringen die Studierenden mit?

Studierende haben unterschiedlich viel Vorwissen. Fachwissen ist zwar keine Voraussetzung für die Durchführung eines Peer-Feedback-Szenarios, gibt Studierenden bei der Bewertung ihrer Peers jedoch Sicherheit. Damit das Feedback sich nicht nur auf Formalia bezieht, sondern auch auf Inhalte, ist es ratsam, Produkte zum Gegenstand eines Peer-Feedback-Prozesses zu machen, die Studierende auch inhaltlich beurteilen können. Idealerweise vertiefen sie dann ihr Vorwissen im Prozess.

Die positiven Effekte auf die Produkte Studierender scheinen auch von der Art des Produkts abhängig zu sein. Dmoshinskaia und Kolleg:innen (2021) fanden heraus, dass die Rückmeldungen auf geschriebene Texte eine größere Auswirkung auf das finale Produkt hatten als etwa auf Concept Maps. Die Autor:innen schlossen daraus, dass es Studierenden leichter fällt, Feedback auf Produkte zu geben, mit denen sie vertrauter sind.

3.1.2 Welche Vorerfahrungen haben Studierende mit dem Geben und Nehmen von Peer-Feedback? Wie kann ich meine Lerngruppe auf das Geben von Feedback vorbereiten?

Auch wenn Studierende in Bezug auf das Fach keine Anfänger:innen mehr sind, so sind sie es öfter in Bezug auf Peer-Feedback-Prozesse. Lehrpersonen können sie unterstützen, indem sie Studierenden deutlich zeigen, worauf sie beim Feedback-Geben und -Nehmen achten sollen. Durch klare Kriterienlisten erlangen Studierende ein besseres Verständnis der Anforderungen, die sie zudem auch auf ihr eigenes Produkt übertragen können (Pearce et al., 2009). Gielen und De Wever (2015) fanden zudem heraus, dass die Bereitstellung von strukturierten Feedback-Bögen zu umfangreicheren Ausführungen seitens der Bewertenden führte. Für die Zuverlässigkeit der Bewertung haben unterschiedliche Autor:innen gute Erfahrungen mit Bewertungsrastern (»Rubrics«) gemacht, die in ihrer Formulierung Qualitätsunterschiede hinsichtlich bestimmter Aspekte deutlich hervorheben (Wu & Schunn, 2020). Gielen und Kolleg:innen (2010) stellten jedoch auch fest, dass zu starke Vorgaben die Gefahr bergen, dass vorgegebene Kommunikationsstrukturen zum Beispiel in Formulierungshilfen, die natürliche Kommunikation ablösen können, welche dem Peer-Feedback zuträglich ist (s.u.).

Tipp

Erarbeiten von Kriterien für Peer-Feedback

Kommunizieren Sie die Kriterien klar. Sie sollten sowohl die Rückmeldung zur erbrachten Leistung als auch Vorschläge für die Weiterentwicklung (»feed-forward«) enthalten (Gielen & De Wever, 2015). Wichtig ist auch, die gestellten Fragen möglichst offen zu halten. Das bedeutet, dass Ja-/Nein-Fragen zu vermeiden und offene Fragen zu wählen sind, die zur ausführlichen Kommentierung einladen (Li et al., 2019). Nilson (2003) schlägt vor, das Feedback als Aufgabenkatalog zu gestalten, in dem Studierende dann zum Beispiel nicht gefragt werden: »Wird die zentrale Idee deutlich?«, sondern »Markiere im Text die zentrale Idee« (S. 36). Solche Handlungsaufforderungen kommunizieren eine klare Anforderung und lassen sich nicht mit einem einfachen »Ja« oder »Nein« beantworten. Schließlich stellten Wooley und Kolleg:innen (2008) fest, dass Studierende, die ihr Feedback erklären mussten, in der Bewertung des finalen Produkts besser abschnitten als diejenigen, die es nicht mussten. Idealerweise können Studierende sich über ihr Verständnis der Kriterien, zum Beispiel im Kontext eines speziell dafür angebotenen Trainings oder einer dazu vorgesehenen Sitzung, verständigen (Boase-Jelinek et al., 2013).

Zudem empfiehlt es sich, die Kriterien von Anfang an gemeinsam mit Studierenden zu entwickeln. Auf diese Weise dürfte das größtmögliche Verständnis der Kriterien gewährleistet werden (Nicol et al., 2014; Topping, 1998) und die Reflexion der Kriterien sich bereits positiv auf das erste Produkt auswirken. Ermitteln Sie gemeinsam mit der Lerngruppe den Detailgrad der Vorgaben, damit Studierende gut damit arbeiten können, ohne eigene Ideen für das

Feedback aufgeben zu müssen. Führen Sie Übungsdurchgänge durch, anhand derer Sie und die Studierenden herausfinden, wie sie den Prozess möglichst produktiv gestalten können.

3.2 Begleitung des Gebens von Peer-Feedback

Bewertungskriterien sind im Hochschulkontext nicht immer eindeutig. Durch die Bereitstellung oder gemeinsame Erarbeitung von Kriterien für das Geben von Feedback kann in diesem Bereich mehr Transparenz geschaffen werden. Wenn Studierende die Kriterien im Geben von Feedback anwenden, können sie aus der Anwendung Rückschlüsse für ihr eigenes Verständnis ziehen (Liu & Carless, 2006; Nicol et al., 2014).

In der Anwendung von **Feedback-Kriterien** reflektieren die Studierenden ihr eigenes Produkt, indem sie die Arbeit der Peers mental mit ihrer eigenen Leistung vergleichen (Nicol et al., 2014). Das Peer-Assessment wird somit im gleichen Zug zu einem »Self Assessment« (Li & Grion, 2019) Das Formen einer ausgearbeiteten Bewertung ist Teil des konstruktiven Prozesses, indem ein tieferes Verständnis der Materie erlangt wird (Cho & Cho, 2011; van Popta et al., 2016). Roscoe und Chi (2008) nutzen den Begriff des »reflective knowledge building« (S. 321), um den Prozess des Lernens durch Erklärung zu beschreiben. Beim Geben von Feedback müssen Studierende mit den vorgegebenen Kriterien umgehen und diese auf die Arbeit ihrer Peers anwenden, sie müssen die Arbeit bewerten und ein wertvolles Feedback formulieren (Gielen & De Wever, 2015). Sie können Objektivität in Bezug auf Standards (Liu & Carless, 2006), Reflexions- und Analysekompetenzen sowie die Fähigkeit zu diplomatischer Kritik (Falchikov, 1995) entwickeln.

Das Geben und Nehmen von Feedback ist ein sozialer Prozess. Im **Sozialkonstruktivismus** geht man davon aus, dass Lernen durch den Austausch, das Teilen von und Verhandeln von Ideen geschieht (Liu et al., 2001; Nicol & Macfarlane-Dick, 2006). Kompetenzen im Bereich der verbalen oder schriftlichen Kommunikation, Verhandlungskompetenzen, Diplomatie sowie der Umgang mit Kritik werden gefördert, wenn Studierende in den feedbackförmigen Austausch treten (Pearce et al., 2009). Darüber hinaus kann Peer-Feedback Beziehungen in der Gruppe stärken, das Selbstbewusstsein und die Empathie fördern und somit ein Lernklima gemeinsamen Lernens mit und von Peers schaffen (Pearce et al., 2009; van Popta et al., 2016). Der Austausch geschieht auf Augenhöhe und wird dadurch teilweise besser angenommen als das Feedback der Lehrperson (Pearce et al., 2009). Fragen, die Lehrende sich bei der Begleitung des Gebens von Peer-Feedback in der Lerngruppe stellen sollten, sind:

Reflexionsfragen

Welche Dynamiken sollten Sie in Ihrer Lerngruppe kennen und berücksichtigen und wie gestalten Sie die Zuordnung der Peer-Feedback-Gruppen?
Wie viele Feedbacks sollen Studierende geben?
Wie gehen Sie damit um, wenn Studierende kein Feedback geben oder es nicht rechtzeitig geben?

3.2.1 Welche Dynamiken sollte ich in meiner Lerngruppe kennen und berücksichtigen und wie gestalte ich die Zuordnung der Peer-Feedback-Gruppen?

Auch wenn das Lernen davon profitiert, dass Peer-Feedback ein sozialer Prozess ist, stellt sich die Frage, welche Dynamiken in der Gruppe das Vorgehen beeinflussen. In diesem Zusammenhang wird oft gefragt, ob für das Gelingen notwendig ist, dass Studierende wissen, wem sie Feedback geben und von wem sie es bekommen. Für eine Offenlegung der Namen spricht, dass Studierende für das Arbeiten im Team lernen müssen, sich offen ehrliches und konstruktives Feedback zu geben (Boase-Jelinek et al., 2013). Es ist auch möglich, dass anonymes Feedback sich negativ auf die Bemühung auswirkt, weil es »soziales Faulenzen« (»social loafing«) erleichtert (Lu & Bol, 2007, S. 103). Für die Anonymität im Peer-Feedback spricht jedoch, dass soziale Faktoren wie Freundschaft oder Rivalität, Gruppendynamiken und nicht zuletzt auch Aspekte wie Rassismus keine Rolle spielen sollten (Lu & Bol, 2007; Nilson, 2003), weil das Produkt leichter von der Person losgelöst betrachtet werden kann (Prozess der »Deindividuation«; beschrieben bei Lu & Bol, 2007, S. 102). Darüber hinaus sei es wahrscheinlicher, dass anonymes Feedback auch angenommen und nicht auf der Grundlage sozialer Faktoren zurückgewiesen werde (Cho & Cho, 2011).

Tipp

Gruppenzuweisung und Feedback-Klima

Sowohl das Formen einer konstruktiven Feedback-Kultur als auch das Sensibilisieren für die Trennung von Produkt und Person sind wichtige Vorgänge im Lehrkontext. Schaffen Sie ein respektvolles Klima, bei dem Lernende sich konstruktives Feedback auf Augenhöhe geben können, indem Sie Feedback-Geben regelmäßig üben. Hierzu eignen sich auch kleine Methoden, wie zum Beispiel »Two stars and a wish« (Sloane, 2014), bei der Studierende explizit angeleitet werden, ausgewogenes Feedback zu formulieren.
Ermöglichen Sie es den Studierenden aber auch, den Fokus auf die Produkte zu lenken und typische Peer-Review-Verfahren, bei denen Reviewer:innen in der Regel anonym sind, möglichst authentisch zu erleben. Denkbar ist auch das manuelle Zuweisen von heterogenen Gruppen, in denen keine Freundschaften oder Rivalitäten herrschen. Jedoch bildet dies im Normalfall nicht den typischen wissenschaftlichen Vorgang ab, auf den man die Studierenden gegebenfalls vorbereiten möchte.

Insbesondere wenn das Peer-Feedback einen Teil der Note ausmacht (s.u.), sollten Sie anonymes Feedback wählen, um Gruppendynamiken aus der Bewertung auszuschließen, auch wenn Sie das Klima in der Gruppe allgemein als positiv erleben.
Lernen Sie Ihre Gruppe so gut wie möglich kennen und binden Sie die Studierenden so umfangreich wie möglich in die Gestaltung des Prozesses ein. So können Studierende von Anfang an Verantwortung für ihren Lernprozess übernehmen.

3.2.2 Wie viel Feedback sollen Studierende geben?

Die Wahrscheinlichkeit, dass Studierende unter mehreren Rückmeldungen eine hilfreiche identifizieren können, steigt mit der Zahl der Rückmeldungen (Nicol et al., 2014). Dies könnte darauf zurückzuführen sein, dass Studierende sich besondere Mühe beim Verfassen des Feedbacks geben (Dmoshinskaia et al., 2021). Die zu gebende Menge an Rückmeldungen ist also eine wichtige Frage für die Gestaltung von Peer-Feedback-Prozessen. Nur eine Rückmeldung zu verfassen, ist zeitlich gut umsetzbar, schränkt aber den Lernprozess ein, weil Feedback-Nehmende weniger von der Multiperspektivität profitieren und Feedback-Gebende weniger üben (Pearce et al., 2009). Allerdings würden Studierende weniger früh lernen, dass auch Reviewer:innen unterschiedlicher Meinung sein können (siehe Pearce et al., 2009). Auf der anderen Seite des Spektrums steht eine große Zahl an Rückmeldungen. Durch eine höhere Zahl an Feedbacks kann eine größere Reliabilität und Validität erzielt werden. Cho und Kolleg:innen (2006) fanden, dass bei sechs Rückmeldungen eine hohe Reliabilität erreicht werden konnte. Demgegenüber steht jedoch der Einwand, dass das Verfassen von Feedback auch für die Studierenden einen nennenswerten Arbeitsaufwand bedeutet (Pearce et al., 2009).

Beispiel

Beispielrechnung für zeitlichen Aufwand von Peer-Feedback

Die Rückmeldung auf schriftliche Arbeiten und die daran anschließende Überarbeitung des Texts sind ein typisches Peer-Feedback-Szenario. Stellen wir uns vor, dass das Verfassen eines fünfseitigen Essays etwa zehn bis fünfzehn Stunden in Anspruch nimmt. Für geübte Lehrende wird das Verfassen einer ausführlicheren Rückmeldung zu einem solchen Essay eine knappe Stunde in Anspruch nehmen. Studierende sind in der Regel nicht geübt im Bewerten und Begutachten von Essays und müssen daher deutlich mehr Zeit investieren, um ein konstruktives Feedback zu verfassen. Rechnen wir einmal mit zwei Stunden pro Rückmeldung für einen fünfseitigen Essay. Im Nachgang müssen Studierende die erhaltene Rückmeldung in ihr eigenes Produkt einpflegen. Die Evaluation des Feedbacks sowie die entsprechenden Anpassungen nehmen pro Rückmeldung voraussichtlich eine weitere Stunde in Anspruch. Laut Rechenbeispiel beträgt der Mehraufwand durch Peer-Feedback für Studierende etwa drei Stunden pro Feedback. Der Messung von Cho und Kolleg:innen

(2006) folgend, beläuft sich der Gesamtaufwand für Studierende auf 18 Stunden. Davon ausgehend, dass das Verfassen des Essays nur zehn bis fünfzehn Stunden gedauert hat, würde sich der Gesamtaufwand verdoppeln bis nahezu verdreifachen gegenüber einem Setting, in dem nur ein Essay geschrieben und abgegeben wird. Die hier vorgestellte Rechnung zieht noch nicht weitere mögliche Aktivitäten im Zusammenhang mit dem Peer-Review-Prozess in Betracht, welche weiter unten noch näher vorgestellt werden.

Tipp

Bestimmung der Anzahl der Feedbacks

In erster Linie hängt die Zahl der zu gebenden Rückmeldungen von der gewählten Zielsetzung des Feedbacks ab (s.o.). Peer-Feedback als Selbstzweck, zum Beispiel zum Üben von Feedback und der Förderung der Feedback-Kultur in der Lerngruppe, kann in kleiner Zahl und dafür häufiger eingesetzt werden. Steht die umfangreiche Bearbeitung eines Produkts im Vordergrund, wird man ein umfassendes Bild der zahlreichen Perspektiven bekommen wollen und mehrere Feedbacks einholen wollen. Wenn die Note durch das Peer-Feedback ermittelt werden soll (s.u.), wird man eine größere Zahl wählen, um die Zuverlässigkeit der Rückmeldungen zu erhöhen (Cho et al., 2006).

Wägen Sie ab, wie viel Zeit das Geben ausführlichen und hilfreichen Feedbacks in Anspruch nehmen wird. Dies ist davon abhängig, welche Art von Produkt gewählt wird, wie umfangreich das Produkt ist und wie vertraut Studierende mit dem Format sind. Eine große Zahl an Bewertungen kann Studierende überfordern oder demotivieren. Unterschätzen Sie nicht den Aufwand, den Studierende mit dem Geben von Feedback haben. Denken Sie daran, dass der Lernerfolg mit der investierten Mühe der Studierenden korreliert (Dmoshinskaia et al., 2021) und Sie ihnen den Raum geben sollten, sich diese Mühe zu geben.

Überlegen Sie schließlich, wie oft Sie Peer-Feedback gezielt anleiten möchten. Durch häufigeres Geben von Feedback erlangen Studierende Routine. Gleichzeitig besteht die Gefahr, dass die Qualität des Feedbacks sinkt oder es monoton wird, wenn Studierende zu häufig Feedback auf die gleiche Art von Produkt geben sollen.

3.2.3 Wie gehe ich damit um, wenn Studierende kein Feedback geben oder es nicht rechtzeitig geben?

Der Zeitaufwand für Studierende birgt Potenzial für das Scheitern des Peer-Feedback-Prozesses. Wenn Studierende es nicht schaffen können oder wollen, konstruktives Feedback für ihre Peers zu verfassen, werden diese unter Umständen schlechtes oder kein Feedback bekommen. In der Regel setzen Peer-Review-Verfahren das Einhalten von Fristen voraus, zu denen Produkte gesammelt und auf die Peers verteilt werden. Auch bei technischer Unterstützung muss es einen Zeitpunkt geben, zu dem die zu begutachtenden Produkte verteilt werden. Deadlines können aber nicht immer eingehalten werden, sei es aus Überlastung, Krankheit oder anderen Gründen.

Tipp

Umgang mit Deadlines
Bedenken Sie von Anfang an, dass es Personen geben wird, die nicht zur Deadline abgeben (können). Halten Sie Alternativen für diese Fälle vor. In Lernmanagementsystemen können Sie zum Beispiel das Objekt für das Management des Peer-Feedbacks öfter einrichten, jeweils mit verschiedenen Fristen (zum Beispiel das Objekt »Übung« in einem ILIAS-System und das Objekt »Workshops« in einem Moodle-System). So werden jeweils die Personen, die gleichzeitig abgeben, in Gruppen eingeteilt. Wenn Ihre Lehrveranstaltungsplanung es zulässt, können Sie diesen Prozess beliebig ausdehnen. Wie Sie mit verpassten Deadlines umgehen wollen, wird stark von der Funktion des Prozesses in Ihrer Lehrgestaltung abhängen, beispielsweise ob er Teil der Studien- oder Prüfungsleistung ist.

3.3 Exkurs: Lernen durch Peer-Feedback – vom Geben zum Nehmen

Es herrscht Einigkeit darüber, dass eine Verbesserung des Produkts nur erzielt werden kann, wenn Studierende mit dem Feedback interagieren, es zum Beispiel analysieren, Fragen dazu stellen, es mit anderen diskutieren und es in Verbindung mit ihrem Vorwissen bringen – also konstruktivistisch damit umgehen (Nicol et al., 2014; Topping, 1998). Beim Geben von Peer-Feedback treten Studierende in einen Prozess der aktiven Auseinandersetzung mit dem Produkt ihrer Peers und bilden ein tieferes Verständnis des Gegenstands heraus (Liu & Carless, 2006). Auch dieser Prozess wirkt sich auf die eigene Leistung in der Bearbeitung des eigenen Prozesses aus. Dementsprechend sollte Peer-Feedback immer als ein reziproker Prozess verstanden werden, in dem Studierende sowohl als Peer-Feedback-Gebende als auch als Peer-Feedback-Nehmende agieren.

Um die positiven Effekte von Peer-Feedback zu verstehen, wurde untersucht, welcher Teil des Prozesses sich besonders positiv auf das finale Produkt auswirkt: das Geben von Feedback oder das Nehmen, die Qualität des erhaltenen Feedbacks oder die Qualität des gegebenen Feedbacks (Li et al., 2010, 2019, Li & Grion, 2019). Im Kontext des Lernens wird deutlich, dass sich nicht nur das Nehmen von Feedback, sondern auch die Vorbereitung eines Peer-Feedback-Prozesses sowie das Geben von Feedback positiv auf ein Endprodukt auswirken können. Die Grafik stellt die Einflüsse und Interdependenzen der verschiedenen Schritte des Feedback-Prozesses aufeinander dar. Die gestrichelten Linien weisen dabei auf zukünftige Produkte und die Punkte auf die Wiederholung des Vorgangs. Wenn eine Person sich beispielsweise sehr viel Mühe beim Geben von Feedback gibt, wird sie vermutlich erwarten, dass sie ein ähnlich elaboriertes Feedback erhält, und dieses entsprechend evaluieren und annehmen. Im Beitrag von Wu und Schunn (2020) wird deutlich, dass es nicht trivial ist, den Zusammenhang zwischen einem Peer-Feedback-Prozess und einem Lernerfolg herzustellen, da neben dem Aspekt des Gebens oder Nehmens auch hinzukommt, ob und inwiefern Feedback einbezogen wurde oder durch das Geben schon Selbstreflexions-

Abb. 2: Wirkung der Einzelschritte aufeinander

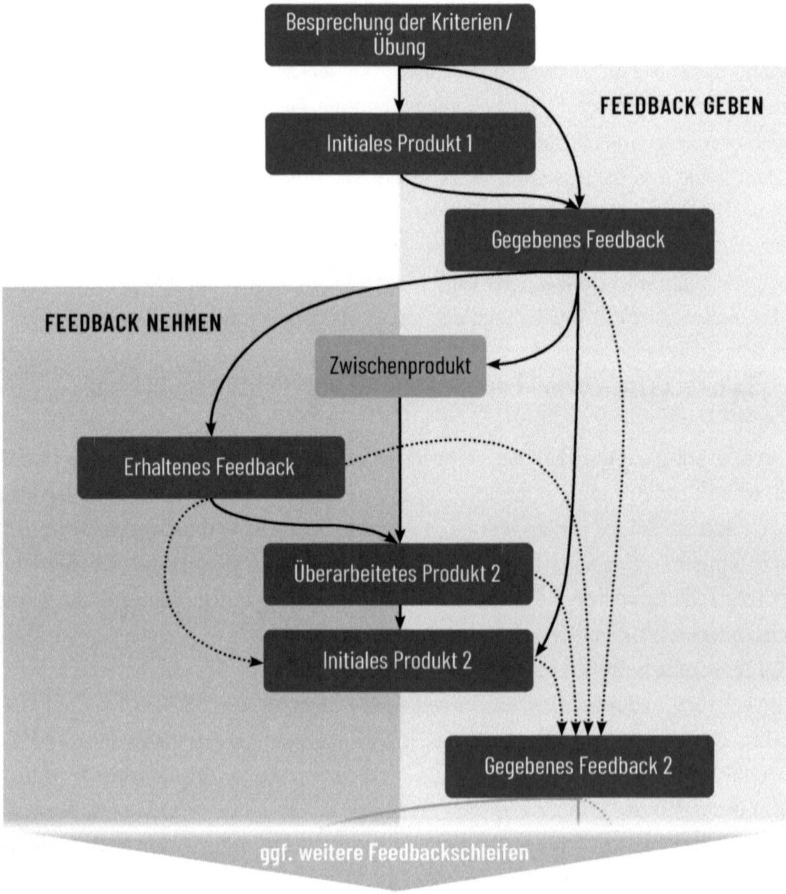

Quelle: eigene Darstellung Hercher, in Anlehnung an Wu & Schunn, 2020

und -Regulationsprozesse eingetreten sind und inwiefern sich das wiederum nur auf das aktuelle Produkt bezieht oder langfristig zu besseren Ergebnissen führt.

Verschiedene Studien kommen zu teils unterschiedlichen Ergebnissen darüber, welcher Teilprozess für den Lernerfolg förderlicher sei (Li et al., 2019). Allen gemeinsam ist jedoch, dass sowohl das Geben als auch das Nehmen von Peer-Feedback eine positive Wirkung hat (Wu & Schunn, 2020) und Studierende immer beide Rollen einnehmen sollten. Durch die intensive Beschäftigung mit dem Material verändert sich der Fokus vom Endprodukt hin zum eigenen Lernprozess. Wenn Studierende ihre Rückmeldung erklären müssen, ist davon auszugehen, dass sie selbst verstanden haben, warum sie einen bestimmten Aspekt für gut oder weniger gelungen halten, und können diese Erkenntnis für ihre eigene Arbeit anwenden (Li & Grion, 2019; Liu & Carless, 2006).

3.4 Begleitung des Nehmens von Peer-Feedback

Die Fähigkeit, mit Feedback umzugehen, ist ein Indikator für die eigene Lernleistung. Beim Nehmen von Feedback müssen Studierende das Feedback für sich auswerten und entsprechend Anpassungen vornehmen (Gielen & De Wever, 2015). D.h., wenn Lernende das konstruktive Feedback gut umsetzen können und das weniger produktive Feedback aussortieren, wirkt sich dies positiv auf den Lernerfolg aus (Li & Grion, 2019; Wu & Schunn, 2020). Das erhaltene Feedback gibt Studierenden Aufschluss darüber, an welchen Stellen Nachbesserungen nötig sein könnten. Es zeigt ihnen die Interpretation ihrer Arbeit durch andere, weist auf Unklarheiten, Fehler und Inkonsistenzen hin (Nicol et al., 2014). Aus der Integration des Feedbacks in ihr Produkt können Studierende auch Strategien für künftige Produkte ableiten (Li & Grion, 2019). Im Peer-Feedback profitieren Studierende von der Perspektive ihrer Peers. Die Einschätzung mehrerer Personen kann für Studierende hilfreicher sein als die einzelne Einschätzung durch die Lehrperson (Wu & Schunn, 2020).

Es ist nicht zu unterschätzen, wie wichtig es ist, Studierende auf das Geben von konstruktivem Feedback vorzubereiten und eine Lernumgebung herzustellen, in der Lernende einander vertrauen können. Pearce und Kolleg:innen (2009) zeigten zum Beispiel, dass nach der ersten Runde Feedback das Vertrauen in die Lerngruppe deutlich sank. Zwar sind die Unterscheidung in qualitativ ›gute‹ und ›schlechte‹ Feedbacks und das entsprechende Einbeziehen in das eigene Produkt zentrale Fähigkeiten, allerdings zeigt Topping (2017), dass zuverlässigeres Feedback auch positivere Effekte generiert. Für die Gestaltung des Prozesses können Lehrende/Sie sich folgende Fragen stellen:

Reflexionsfragen ?

Wie schaffen Sie ein für Peer-Feedback förderliches Lernklima?
Wie können Sie die Qualität des Peer-Feedbacks sichern?
Was möchten Sie im Peer-Feedback-Prozess bewerten?

3.4.1 Wie schaffe ich ein für Peer-Feedback förderliches Lernklima?

Grundlage für gut funktionierendes Peer-Feedback ist ein entsprechendes Kursklima. Die größten Probleme seitens der Studierenden sind Mangel an Motivation und an Kompetenz (Pearce et al., 2009). Auch müssen die Studierenden in der Lerngruppe darauf vertrauen können, dass sie ein konstruktives Feedback erhalten werden (Pearce et al., 2009). Ein solches Klima können Lehrende schaffen, indem man das Geben und Nehmen von Feedback zu einem normalen Bestandteil der Lehrveranstaltung macht und zum Beispiel auch mit kleinen Methoden zwischendurch einübt (Liu & Carless, 2006). Pearce und Kolleg:innen (2009) berichten sogar von Trainings, die Studierende speziell auf das durchgeführte Feedback-Verfahren vorbereiten sollten. Solche Trainings führten als einer von wenigen Faktoren sogar zu einer Leistungssteigerung, der statistische Signifikanz zugeschrieben wurde (Li et al., 2019), bei dem man also davon ausgeht, dass der Effekt nicht durch Zufall entstanden ist.

Tipp

Nutzung vorhandenen Materials
Viele Hochschulen stellen in Einrichtungen der Hochschuldidaktik bereits Materialien bereit, die Sie nutzen können. Das können Lerninhalte zu Feedback sein, aber auch solche, die den Feedback-Prozess unterstützen, zum Beispiel Methodenblätter für Feedback-Methoden, Handreichungen zum Verfassen von Textsorten oder Checklisten zu bestimmten Produkten, anhand derer Sie gemeinsam mit Studierenden Kriterien (siehe Abschnitt 3.1.2) entwickeln können. Sie müssen nicht von vorn anfangen.

Ein wichtiger Aspekt bei der Zufriedenheit der Arbeit mit Peer-Feedback ist die Zielsetzung, speziell die Frage danach, ob das Peer-Feedback in einem formativen oder summativen Kontext geschieht und ob die Rückmeldung oder die Bewertung im Vordergrund steht. Pearce und Kolleg:innen (2009) erklären, dass Studierende ihre Peers nicht gern bewerten, weil dies die Aufgabe der Lehrperson sei oder sie sich bezüglich ihrer eigenen Fähigkeiten nicht sicher genug fühlen. Liu und Carless (2006) konstatierten, dass Studierende es bevorzugen, ihren Peers nur eine formulierte Rückmeldung zu geben, ohne diese mit einer Note zu versehen. Hinzu kommt, dass Studierende der Bewertung durch ihre Peers nicht unbedingt vertrauen (Li et al., 2010, Li & Grion, 2019; Pearce et al., 2009; Wu & Schunn, 2020). Allerdings sind die Befunde hierzu sehr gemischt (Li & Grion, 2019). Bei der Bewertung durch Peers wird eine Tendenz zur Mitte festgestellt, die möglicherweise bedingt durch unterschiedliche Interpretationen der Kriterien oder durch unterschiedliche Vorkenntnisse und Kompetenzen im Fach zu erklären ist (Formanek et al., 2017). So findet Topping (1998) zum Beispiel, dass die Bewertung von gut geschulten oder erfahrenen Peers sehr nah an der Bewertung der Lehrperson liegt, und Cho und Kolleg:innen (2006) stellen fest, dass bei sechs Peer-Bewertungen eine hohe Übereinstimmung mit der Bewertung der Lehrperson festzustellen ist. Insbesondere wenn es um die summative Bewertung von Arbeiten geht, sollte nicht vergessen werden, dass auch die Bewertung durch eine Lehrperson durchaus Unschärfen aufweisen kann (Falchikov & Goldfinch, 2000) und durch eine größere Zahl an Feedbacks eine hilfreichere Rückmeldung und unter Umständen eine angemessenere Bewertung erfolgen können als durch eine Bewertung allein.

Tipp

Nutzung der Perspektivenvielfalt
Nutzen Sie Peer-Feedback, um Ihre eigene Perspektive als Lehrperson zu erweitern. Studierende müssen lernen, dass nicht jedes Feedback ein hilfreiches Feedback ist und dass ihre Rückmeldung nicht immer der Wahrheit letzter oder einziger Schluss ist. Das Gleiche gilt für Lehrende. Auch Sie haben zunächst nur Ihre eigene Perspektive und auch Ihre Einschätzung ist durch viele Faktoren geprägt, die Sie nicht immer unter Kontrolle haben. Gestehen Sie den Lernenden zu, unsicher sein zu dürfen, und erklären Sie, dass sie nicht immer Recht haben müssen (Topping, 2017). Bereichern Sie die Lernkultur Ihrer Gruppe um die Erkenntnis, dass durch eine größere Zahl an Perspektiven alle gemeinsam lernen können. Ziehen Sie in Erwägung, die Beteiligung am Peer-Feedback-Prozess freiwillig zu gestalten. Wenn es verpflichtend ist, könnten Studierende sich stärker für das Geben des Feedbacks verantwortlich fühlen. Mit Freiwilligkeit könnte aber eine stärkere Motivation einhergehen, von der Studierende mehr profitieren (Li et al., 2019).

3.4.2 Wie kann ich die Qualität des Peer-Feedbacks sichern?

Es gibt verschiedene Ansätze, mit der Qualität des Feedbacks umzugehen. Lehrende sollten sich überlegen, wie sie mit den Unsicherheiten der Studierenden, bezogen auf das erhaltene Feedback, umgehen können. Denkbar wäre etwa, die Rückmeldungen der Peers selbst zum Gegenstand der Bewertung durch die Feedback-Nehmenden oder die Lehrenden zu machen. Diese Möglichkeiten sollen im Folgenden näher erläutert werden.

Die **Bewertung des Feedbacks kann durch die Lehrperson** erfolgen. Wenn Peer-Feedback mit dem Ziel eingesetzt wird, die gängige wissenschaftliche Praxis zu üben, wäre zu überlegen, diese Übung auch durch die Vergabe der entsprechenden Leistungspunkte anzuerkennen. Je nach Gestaltung der Studien- und Prüfungsordnung ist denkbar, das Geben von Peer-Feedback als Teil der zu erbringenden Leistung zu bestimmen. Darüber hinaus kann diese Anerkennung zu einer Steigerung der Qualität des Feedbacks führen, weil auch nicht intrinsisch motivierte Studierende einen Anreiz bekommen, sich zu bemühen (Liu & Carless, 2006; Pearce et al., 2009).

Zudem kann in die Bewertung durch Lehrende auch die Perspektive der Feedback-Nehmenden integriert werden, im Sinne einer **Bewertung des Feedbacks durch Peers**. Durch eine solche Bewertung kann der Reflexionsvorgang der Feedback-Nehmenden explizit angestoßen werden. Dies ist natürlich mit einem erhöhten Aufwand durch die Lehrperson verbunden, weil zur Bewertung einer Rückmeldung immer sowohl die Begutachtung des Produkts als auch die der Rückmeldung und der Bewertung der Rückmeldung gehört. Eine andere Möglichkeit ist die **Kalibrierung** der Feedback-Leistung. In einem solchen Prozess erfolgt in der Regel zunächst eine Musterbewertung, auf deren Grundlage ein numerischer Faktor für die Güte der Rückmeldung ermittelt wird, zum Beispiel aufgrund der Abweichung von der Lehrendeneinschätzung. Je nach Güte der Musterbewertung wird das tatsächliche Peer-Feedback der Person prozentual Eingang in die aggregierte Gesamtbewertung aller Peers finden (»calibrated peer review«; näher beschrieben bei Korn & Hercher, 2019, S. 4-5). Ein solches Verfahren kann sich positiv auf die Qualität des Feedbacks auswirken, erfordert aber eine gewisse Routine im Umgang mit Feedback. Das Geben von Noten oder Punkten, welches bei einer Kalibrierung üblicherweise für die Ermittlung von Faktoren gebraucht wird, ist ein Vorgang, mit dem Studierende oft keine oder sehr wenig Erfahrung haben. Auch Pearce und Kolleg:innen (2009) betonen, dass sich ein Kalibrierungsprozess nicht für jede Form der Aufgabenstellung eignen wird.

Schließlich ist auch denkbar, **Expert:innen-Feedback**, beispielsweise von der Lehrperson, in den Feedback-Prozess einzubeziehen, um sicherzustellen, dass jede Person wenigstens ein als verlässlich empfundenes Feedback erhält (Pearce et al., 2009). Um zu vermeiden, dass Studierende negativ wirkendes Feedback erhalten, ist auch denkbar, dass die Lehrperson das Feedback vorsortiert und nur hilfreiches Feedback weiterreicht (Nicol et al., 2014). Letztere Maßnahmen gehen von einem Lehrkontext aus, in dem Peer-Feedback noch kein etabliertes Format ist und in dem nicht mit einem zuverlässigen Ablauf zu rechnen ist.

Tipp

Anerkennung des Aufwands

Finden Sie eine Möglichkeit, die Leistung der Studierenden anzuerkennen. Dies könnte zum Beispiel durch ein Portfolio möglich sein oder indem etwa ein Leistungspunkt für das Verfahren vorgesehen wird. Geben Sie dem Verfahren den Raum, den es braucht. Wenn Ihr Plan zu eng getaktet ist, weichen Sie auf ein weniger umfangreiches Szenario aus, zum Beispiel eines ohne Bewertungsschritte. Verständigen Sie sich mit Kolleg:innen, die im gleichen Modul lehren. Vielleicht bietet es sich an, den Peer-Feedback-Prozess gemeinsam veranstaltungsübergreifend zu gestalten.

3.4.3 Was möchte ich im Peer-Feedback-Prozess bewerten?

Grundsätzlich lassen sich in einem Peer-Feedback-Prozess verschiedene Leistungen bewerten, zum Beispiel das initiale Produkt, das gegebene Feedback, die Reflexion des erhaltenen Feedbacks und das finale Produkt. All diese Teile können auch in Relation zueinander bewertet werden.

Tipp

Qualitätsindikatoren für Peer-Feedback

Zur Planung eines Peer-Feedback-Prozesses wird auch gehören, dass Sie sich überlegen, woran Sie die Qualität von Peer-Feedback festmachen wollen und ob Sie die Qualität des Feedbacks in irgendeiner Weise messen oder bewerten wollen. Mögliche Qualitätskriterien können sein:

- Grad der Elaboration,
- Ausgewogenheit (Gielen et al., 2010 in ihrer Übersicht über verschiedene Ansätze zur Qualitätsmessung
- Bewertung durch die empfangenden Peers als hilfreich/nicht hilfreich,
- Entsprechung mit der Lehrendeneinschätzung,
- Entsprechung mit dem Gruppendurchschnitt,
- Entsprechung mit dem Kriterienkatalog.

Je nachdem, ob und woran Sie die Qualität des Feedbacks messen wollen, werden Sie unterschiedliche Entscheidungen in der Gestaltung des Prozesses treffen. Wenn die Qualität sich an Ihrer Bewertung misst, dann brauchen Sie eine eigene Bewertung, mit der Sie das Feedback vergleichen können. Wenn die Peers selbst entscheiden, ob das Feedback hilfreich war, muss es einen Schritt geben, in dem sie diese Beurteilung vornehmen. Und wenn die Qualität am Durchschnitt bemessen wird, müssen die Feedbacks aller Beteiligten miteinander verglichen und abgeglichen werden. All diese Prozesse erfordern Begleitung und Zeit für die Vorbereitung und Durchführung.

Verfahren, bei denen Studierende ihre Peers bewerten, können **summativ oder formativ** erfolgen. Bei der summativen Bewertung würde die von den Peers erhaltene Note ganz oder anteilig die der Lehrperson ersetzen. Gerade die summative Bewertung wirft die – auch wiederholt untersuchte – Frage nach der Zuverlässigkeit der Peer-Bewertung auf (s.o.). Zentral für die Entscheidung für einen summativen oder formativen Prozess ist die Fähigkeit der Studierenden zu konstruktivem Feedback.

Tipp

Kleine Schritte am Anfang

Fangen Sie klein an. Bewerten Sie nicht von Anfang an alles. Lassen Sie Studierende sich erst einmal an den Peer-Feedback-Prozess gewöhnen, zum Beispiel, indem Sie Probedurchläufe mit Musterprodukten einplanen. Es ist auch vorstellbar, das Bewertungsverfahren mit der Lerngruppe abzustimmen.

4. Peer-Feedback und Kompetenzen der Zukunft

Es wurden bereits einige Kompetenzen erwähnt, die in der Studienlage im Zusammenhang mit Peer-Feedback gesehen werden, zum Beispiel soziale Kompetenzen, Analysekompetenzen und kognitive Kompetenzen (für einen Überblick siehe Pearce et al., 2009). Im Folgenden soll die Rolle von Peer-Feedback besonders im Kontext der Zukunftskompetenzen beleuchtet werden (Ehlers, 2020). Dazu wird zunächst die Digitalkompetenz aufgegriffen, um dann exemplarisch über weitere Zukunftskompetenzen zu sprechen, insbesondere im Zusammenhang mit Künstlicher Intelligenz (KI).

4.1 Digitalkompetenz – oder?

Digitale Kompetenzen sind ein wesentlicher Baustein zahlreicher Modelle für die Kompetenzen der Zukunft (u.a. Stifterverband & McKinsey, 2021). Bis vor wenigen Jahren wurde dem Einsatz digitaler Medien per se das Potenzial zur Förderung digitaler Kompetenzen Studierender zugeschrieben. Die Diskussion um den Einsatz digitaler Medien drehte sich in den 2000er und 2010er Jahren um den Begriff des »digital native« (zum Beispiel bei Prensky, 2001, S. 1), der mit digitalen Medien aufgewachsenen lernenden Person, für die Mediennutzung keine Herausforderung darstelle, oder um Kompetenzförderung durch den selbstverständlichen Einsatz digitaler Medien in der Lehre. Generell wurde in der Beforschung des Peer-Feedbacks bis zuletzt noch zwischen Lehr- und Lernszenarien mit und ohne Einsatz digitaler Technologien unterschieden (Donia et al., 2021; Liu et al., 2001). Nur wenige pandemiegeprägte Jahre später ist das Lernen mit digitalen Medien überwiegend eine Selbstverständlichkeit geworden.

Auch wenn dem Einsatz von digitalen Medien beim Peer-Feedback positive Effekte im Vergleich zur Durchführung ohne digitale Medien zugeschrieben werden (Li et al., 2019), dürfte mittlerweile davon auszugehen sein, dass die meisten Peer-Feedback-Szenarien digital oder digital gestützt durchgeführt werden. Lernmanagementsysteme sind mittlerweile auf Peer-Feedback-Szenarien gut vorbereitet, sodass das Erstellen von Kriterienlisten, anonymes Zuteilen von Peer-Gruppen sowie Dokumentieren und Vergleichen des Feedbacks teilweise vollständig technisch umgesetzt werden können. Manche Autor:innen gehen davon aus, dass im Online-Lernen das Peer-Feedback noch wichtiger ist als in klassischen Lehrveranstaltungskontexten, weil es den Lernenden so gelingt, Kontakt aufrechtzuerhalten (van Popta et al., 2016).

Digitales Feedback kann unabhängig von Ort und Zeit an einem zentralen und leicht zu findenden Ort gegeben werden. Es beschleunigt den Prozess, weil administrative Abläufe erleichtert werden, und bietet für Lehrpersonen viele Anpassungsmöglichkeiten. Allein durch die Erleichterung des Prozesses ist zu erwarten, dass die Erfolgschance eines Peer-Feedback-Szenarios mit digitaler Unterstützung steigt. Bezogen auf den Kompetenzerwerb oder die Qualitätssteigerung des Produkts ist vermutlich nicht mehr von einem Unterschied auszugehen. Genauso wenig ist für die kommenden Jahre damit zu rechnen, dass allein die digitale Umsetzung des Feedback-Prozesses digitale Kompetenzen bei den Lernenden steigert.

4.2 Weitere Kompetenzen der Zukunft

> »The conceptual rationale for peer assessment and peer feedback is that it enables students to take an active role in the management of their own learning.« (Liu & Carless, 2006, S. 280)

Entsprechend der Äußerung kann für die Förderung von Schlüsselkompetenzen oder Kompetenzen der Zukunft festgehalten werden, dass Peer-Feedback Studierenden ermöglicht, eine aktivere Rolle in ihrem Lernprozess zu übernehmen und somit selbstständiger zu werden (Liu & Carless, 2006; van Popta et al., 2016). Der soziale Kontext ermöglicht es ihnen, dies in einer Gemeinschaft zu tun, sodass neben individuellen Fertigkeiten auch Teamfähigkeiten gestärkt werden (Boase-Jelinek et al., 2013), u.a. weil sie mehr Verantwortung für ihren eigenen Lernprozess und den ihrer Peers übernehmen (Pearce et al., 2009). Weiterhin werden besonders häufig Problemlösekompetenzen und Kompetenzen des kritischen Denkens hervorgehoben, die durch die Aushandlungsprozesse beim Geben und Nehmen von Peer-Feedback gefördert werden (Nicol et al., 2014; Pearce et al., 2009; van Popta et al., 2016; Wu & Schunn, 2020). Im Folgenden sollen am Beispiel von KI die Beurteilungskompetenz und die Reflexionskompetenz exemplarisch in den Fokus gerückt werden.

4.3 Ausblick: Künstliche Intelligenz (KI) und Peer-Feedback

Mit dem Einzug textgenerativer KI in die Hochschullandschaft wird der Kompetenzerwerb Studierender insbesondere im Zusammenhang mit schriftlichen Leistungen neu diskutiert (siehe auch den Beitrag von Leschke und Salden in diesem Band). In diesem Zusammenhang kristallisiert sich heraus, dass – stärker als vielleicht bisher – die Fähigkeit der Beurteilung von Texten eine Kernkompetenz darstellt. Wenn das Schreiben von Texten durch eine Maschine geleistet werden kann, braucht es Menschen, um zu beurteilen, ob der entstandene Text den gestellten Anforderungen gerecht wird. Diese Menschen wiederum benötigen Kenntnis der Anforderungen und Beurteilungskompetenz hinsichtlich deren Erfüllung. Texte müssen analysiert und angepasst werden – der Fokus verschiebt sich vom Verfassen zur Beurteilung und Anpassung von Texten.

Wenn das Schreiben von Texten nicht mehr im Zentrum des Kompetenzerwerbs steht, müssen Lernende und Lehrende sich darüber bewusst werden, welche Kompetenzen beim Schreiben eigentlich benötigt und durch das Verfassen von Texten gefördert werden. Ein Schreibprozess ist grundsätzlich auch ein Denkprozess, der in der Strukturierung und Analyse von Gedanken helfen kann. In der Auseinandersetzung mit KI in der Lehre wird deutlich, dass die Reflexionskompetenz möglicherweise eine neue und größere Bedeutung erlangt als noch zuvor. Es wird immer wichtiger, dass Lernende beschreiben können, was ihren Kompetenzerwerb auszeichnet und welche Fähigkeiten sie haben. Diese Form der Reflexion ist integraler Bestandteil gelingender Peer-Feedback-Szenarien, weil Studierende über das Geben und Annehmen von Rückmeldungen ihren eigenen Kompetenzerwerb evaluieren. Somit sollten das Geben und Nehmen von Peer-Feedback Studierende in dieser Hinsicht gut auf den Umgang mit KI vorbereiten.

Tipp

Transparenz der Lernziele in Bezug auf den Kompetenzerwerb
Am Beispiel des Einsatzes von KI wird deutlich, dass Peer-Feedback-Prozesse sehr unterschiedliche Kompetenzen stärken können, die in sehr unterschiedlichen Kontexten zum Tragen kommen. Kommunizieren Sie daher mit den Studierenden über die Zielsetzung des Peer-Feedback-Prozesses. Erklären Sie ihnen, was Sie sich, bezogen auf die Lernziele und den potenziellen Kompetenzerwerb, von dem Vorgang versprechen. Denkbar wäre auch, die Zielsetzungen gemeinsam mit der Lerngruppe zu entwickeln. Je transparenter die Zielsetzung ist und je mehr die Studierenden in die Gestaltung des Prozesses involviert werden, umso höher ist die Chance auf eine Lerngruppe motivierter Studierender.

5. Zusammenfassung

Peer-Feedback-Prozesse sind äußerst vielseitig und vielschichtig. Es gibt zahlreiche Faktoren zu bedenken und Entscheidungen bei der Gestaltung eines Lernszenarios mit Peer-Feedback zu treffen. Für gelingendes Peer-Feedback brauchen Lehrende und Lernende ein gutes Feedback-Klima, in dem konstruktives Feedback gegeben und in produktiver, lernförderlicher Weise angenommen werden kann. Darüber hinaus braucht gutes Peer-Feedback Zeit für die Vorbereitung, die Durchführung und die Nachbereitung, und zwar bei allen Beteiligten. Wenn Lehrende die Mühe aber investieren, schaffen sie für ihre Lerngruppe eine sehr vielversprechende und vielseitige Lerngelegenheit, die es wert sein sollte.

6. Literatur

Boase-Jelinek, D., Parker, J. & Herrington, J. (2013). Student reflection and learning through peer reviews. *Issues in Educational Research, 23*, 119–131.

Bostock, S. (2006). Student peer assessment. *The Higher Education Academy*. https://www.academia.edu/5446625/Student_peer_assessment

Center for Teaching and Learning (2017, August). Peer-Feedback. *Infopool besser lehren*. Universität Wien. https://infopool.univie.ac.at/startseite/feedback/peer-feedback/

Cho, K., Schunn, C. & Wilson, R. (2006). Validity and reliability of scaffolded peer assessment of writing from instructor and student perspectives. *Journal of Educational Psychology, 98*, 891–901. https://doi.org/10.1037/0022-0663.98.4.891

Cho, Y. H. & Cho, K. (2011). Peer reviewers learn from giving comments. *Instructional Science, 39*, 629–643. https://doi.org/10.1007/s11251-010-9146-1

Dmoshinskaia, N., Gijlers, H. & Jong, T. (2021). Does learning from giving feedback depend on the product being reviewed: Concept maps or answers to test questions? *Journal of Science Education and Technology, 31*, 166–176. https://doi.org/10.1007/s10956-021-09939-8

Donia, M., Mach, M., Ronen, S., Brutus, S. & O'Neill, T. (2021). Student satisfaction with use of an online peer feedback system. *Academy of Management Proceedings*, 20759. https://doi.org/10.1080/02602938.2021.1912286

Ehlers, U.-D. (2020). *Future Skills – Lernen der Zukunft – Hochschule der Zukunft*. Springer. https://doi.org/10.1007/978-3-658-29297-3

Falchikov, N. (1995). Peer feedback marking: Developing peer assessment. *Innovations in Education and Training International, 32*, 175–187. https://doi.org/10.1080/1355800950320212

Falchikov, N. & Goldfinch, J. (2000). Student peer assessment in higher education: A meta-analysis comparing peer and teacher marks. *Review of Educational Research, 70*, 287–322. https://doi.org/10.3102/00346543070003287

Formanek, M., Wenger, M., Buxner, S., Impey, C. & Sonam, T. (2017). Insights about large-scale online peer assessment from an analysis of an astronomy MOOC. *Computers & Education, 113*, 243–262. https://doi.org/10.1016/j.compedu.2017.05.019

Gielen, M. & De Wever, B. (2015). Structuring the peer assessment process: A multilevel approach for the impact on product improvement and peer feedback quality. *Journal of Computer Assisted Learning, 31*, 435–449. https://doi.org/10.1111/jcal.12096

Gielen, S., Peeters, E., Dochy, F., Onghena, P. & Struyven, K. (2010). Improving the effectiveness of peer feedback for learning. *Learning and Instruction, 20*, 304–315. https://doi.org/10.1016/j.learninstruc.2009.08.007

Hattie, J. & Timperley, H. (2007). The power of feedback. *Review of Educational Research, 77*, 81–112. https://doi.org/10.3102/003465430298487

Korn, E. & Hercher, S. (2019). Studentisches Peer-Review als Instrument von Lernbegleitung und Bewertung. *Neues Handbuch Hochschullehre, A 3.28*.

Li, H., Xiong, Y., Hunter, C., Guo, X. & Tywoniw, R. (2019). Does peer assessment promote student learning? A meta-analysis. *Assessment & Evaluation in Higher Education, 45*, 1–19. https://doi.org/10.1080/02602938.2019.1620679

Li, L. & Grion, V. (2019). The power of giving feedback and receiving feedback in peer assessment. *AISHE-J: The All Ireland Journal of Teaching and Learning in Higher Education, 11*, 1–17.

Li, L., Liu, X. & Steckelberg, A. L. (2010). Assessor or assessee: How student learning improves by giving and receiving peer feedback. *British Journal of Educational Technology, 41*, 525–536. https://doi.org/10.1111/j.1467-8535.2009.00968.x

Liu, E., Lin, S., Chiu, C.-H. & Yuan, S.-M. (2001). Web-based peer review: The learner as both adapter and reviewer. *IEEE Transactions on Education*, 44, 246–251. https://doi.org/10.1109/13.940995

Liu, N. & Carless, D. (2006). Peer feedback: The learning element of peer assessment. *Teaching in Higher Education, 11*, 279–290. https://doi.org/10.1080/13562510600680582

Lu, R. & Bol, L. (2007). A comparison of anonymous versus identifiable e-peer review on college student writing performance and the extent of critical feedback. *Journal of Interactive Online Learning, 6*, 100–115. http://www.ncolr.org/issues/jiol/v16/n1/1/

Nicol, D. & Macfarlane-Dick, D. (2006). Formative assessment and self-regulated learning: A model and seven principles of good feedback practice. *Studies in Higher Education, 31*, 199–218. https://doi.org/10.1080/03075070600572090

Nicol, D., Thomson, A. & Breslin, C. (2014). Rethinking feedback practices in higher education: A peer review perspective. *Assessment & Evaluation in Higher Education, 39*, 102–122. https://doi.org/10.1080/02602938.2013.795518.

Nilson, L. B. (2003). Improving student peer feedback. *College Teaching, 51*, 34–38. https://doi.org/10.1080/87567550309596408

Pearce, J., Mulder, R. & Baik, C. (2009). *Involving students in peer review: Case studies and practical strategies for university teaching*. Centre for the study of higher education. The University of Melbourne. https://findanexpert.unimelb.edu.au/scholarlywork/321979-involving-students-in-peer-review--case-studies-and-practical-strategies-for-university-teaching

Prensky, M. (2001). Digital natives, digital immigrants. *On the Horizon, 9*(5), 1–6. http://www.marcprensky.com/writing/Prensky%20-%20Digital%20Natives,%20Digital%20Immigrants%20-%20Part1.pdf

Roscoe, R. & Chi, M. (2008). Tutor learning: The role of explaining and responding to questions. *Instructional Science, 36*, 321–350. https://doi.org/10.1007/s11251-007-9034-5

Sloane, P. (2014, 23. April). A great way to give feedback: Two stars and a wish. *Lifehack.* https://www.lifehack.org/articles/communication/great-way-give-feedback-two-stars-and-wish.html

Stifterverband & McKinsey (2021). *Future Skills 2021 – 21 Kompetenzen für eine Welt im Wandel – Diskussionspapier 3.* https://www.stifterverband.org/medien/future-skills-2021

Topping, K. J. (1998). Peer assessment between students in colleges and universities. *Review of Educational Research, 68,* 249–276. https://doi.org/10.3102/00346543068003249

Topping, K. J. (2017). Peer Assessment: Learning by judging and discussing the work of other learners. *Interdisciplinary Education and Psychology,* 1, 1–17. https://doi.org/10.31532/InterdiscipEducPsychol.1.1.007

van Popta, E., Kral, M., Camp, G., Martens, R. & Simons, P. R. J. (2016). Exploring the value of peer feedback in online learning for the provider. *Educational Research Review, 20,* 24–34. https://doi.org/10.1016/j.edurev.2016.10.003

Wooley, R., Was, C. A., Schunn, C. D. & Dalton, D. W. (2008). The effects of feedback elaboration on the giver of feedback. In B. C. Love, K. McRae & V. M. Sloutsky (Hrsg.), *Proceedings of the 30th Annual Conference of the Cognitive Science Society* (S. 2375–2380). Cognitive Science Society.

Wu, Y. & Schunn, C. D. (2020). The effects of providing and receiving peer feedback on writing performance and learning of secondary school students. *American Educational Research Journal, 58,* 492–526. https://doi.org/10.3102/0002831220945266

EVALUATION UND QUALITÄTSSICHERUNG

LEHRVERANSTALTUNGS-EVALUATION

Julia Philipp

Schlagworte

Feedback, Rückmeldegespräch, Lehrentwicklung, Qualitätsentwicklung

Orientierung

Die studentische Veranstaltungsbewertung oder auch Lehrveranstaltungsevaluation bietet einen strukturierten Rahmen zum Austausch über die Lehre. Im Fokus sollte dabei der Dialog zwischen Lehrenden und Studierenden über die Lehrveranstaltung stehen. Deshalb empfiehlt es sich, die Befragung während der zweiten Semesterhälfte vorzunehmen und anhand der Ergebnisse ein Rückmeldegespräch zu führen. Das Ziel ist, eine Feedback-Kultur zu erschaffen, in der die gemeinsame Verantwortung für das Gelingen von Lehre sichtbar (gemacht) und gelebt wird. Rückmeldegespräche können herausfordernd für Lehrende sein. Daher kann es hilfreich sein, sich an Kommunikationsmodellen zu orientieren und gemeinsam mit allen Beteiligten Feedback-Regeln zu vereinbaren.

Leitfragen

Warum sollte ich als Lehrende:r meine Veranstaltung evaluieren lassen?
Wie kann ich mit den Ergebnissen der Lehrveranstaltungsevaluation umgehen?

1. Lehrveranstaltungsbewertung – was und warum?

1.1 Standardisierte Befragungen zur Lehrveranstaltung

Die studentische Bewertung von Lehrveranstaltungen, auch als ›Lehrveranstaltungsevaluation‹ bezeichnet, hat in den 2000er Jahren an deutschen Hochschulen Einzug gehalten. ›Evaluation‹ bezieht sich darauf, Konzepte, Bedingungen, Prozesse und Auswirkungen gezielter Aktivitäten systematisch und empirisch zu untersuchen, um sie zu bewerten und zu modifizieren (Rindermann, 2001). Dies ist für den Hochschul- und Lehrkontext genauer spezifiziert worden:

Definition

»**Lehrveranstaltungsevaluation** ist eine spezifische, systematische Form des lehrbezogenen Feedbacks, bei der (1) Studierende (2) schriftlich, d.h. mittels papierhafter Fragebögen oder online (3) in überwiegend standardisierter, d.h. veranstaltungs-, lehrenden- und themenübergreifender Form (4) anhand eines strukturierten, mehrheitlich geschlossene Items/Fragen umfassenden und um einzelne offene Fragen ergänzten Erhebungsinstruments (5) Einschätzungen zu ausgewählten Aspekten des Verlaufs und der Ergebnisse einer bestimmten Lehrveranstaltung oder eines Moduls abgeben.« (Schmidt & Loßnitzer, 2010, S. 66).

Die studentische Lehrveranstaltungsbewertung wird mithilfe von **standardisierten Fragebögen** durchgeführt, mit denen die Rückmeldungen der Studierenden zur Veranstaltung und zum Vorgehen der Lehrperson erhoben werden. Die Häufigkeit und technische Umsetzung variieren von Hochschule zu Hochschule. In diesem Beitrag werden die Begriffe ›Lehrveranstaltungsevaluation‹ und ›Lehrveranstaltungsbewertung‹ synonym genutzt.

Damit die Lehrveranstaltungsbefragung zielführende Ergebnisse liefert, ist es sinnvoll, dass Fakultäten sich, wenn existent, die Musterfragebögen der Hochschule anschauen und bei Bedarf auf ihre Lehrformate anpassen. So ergibt beispielsweise die Frage nach der Ausstattung des Raums für Online-Lehre wenig Sinn. Bei einer Lehrveranstaltung ohne Präsentationen sollte ein Item dazu nicht auftauchen und für Exkursionen oder Laborlehre sind wiederum andere Parameter von Interesse. Loßnitzer und Brehl (2011, S. 4) bieten **vier Fragen zur Erstellung von Evaluationsbögen** als Reflexionshilfe an:

»1. Wozu, also mit welchem konkreten Ziel sollen Lehrveranstaltungen evaluiert werden?
2. Was genau, also welche Aspekte sollen bewertet werden?
3. Wie wird die Lehrveranstaltungsevaluation durchgeführt, konkret: Wer evaluiert, wie sollte ein Fragebogen und wie ein Ergebnisbericht aussehen?

4. Und was dann – was muss getan werden, damit das unter 1. formulierte Ziel erreicht werden kann?«

1.2 Ziel von Lehrveranstaltungsevaluationen

Rindermann (2001) stellt vier Ebenen vor, auf denen studentische Befragungsergebnisse nützlich sein können (siehe Abb. 1), wovon zwei für den in diesem Beitrag beschriebenen Fall relevant sind. So helfen die Ergebnisse der Lehrveranstaltungsevaluation Dozierenden, Schwächen in der eigenen Lehrveranstaltung und -tätigkeit zu erkennen und diese anzugehen (»Qualifikationsmodell«; Rindermann, 2001, S. 62), und sie befördern den Dialog zwischen Lehrenden und Lernenden (»Kommunikationsmodell«; Rindermann, 2001, S. 62).

Abb. 1: Ebenen und Anwendungsfälle, auf/bei denen Ergebnisse studentischer Befragungen nützlich sein können

QUALIFIKATIONSMODELL	KOMMUNIKATIONSMODELL	TRANSPARENZMODELL	STEUERUNGSMODELL
Dozierende nutzen Ergebnisse, um Schwächen in der eigenen Lehre zu identifizieren und abzustellen.	Dozierende und Studierende sprechen miteinander über die Ergebnisse und befördern so die Kommunikation über die Lehre.	Dozierende und Studierende nutzen öffentliche Ergebnisse zur Kurswahl. Universitäten vergleichen sich anhand der Ergebnisse und Daten über Forschungsleistungen.	Hochschulen nutzen die Ergebnisse in Bleibe-, Gehalts- und Berufungsverhandlungen.

Quelle: eigene Darstellung Philipp, in Anlehnung an Rindermann, 2001

Die Funktionen der Transparenz der Lehrleistung, im Vergleich zum Beispiel mit anderen Lehrenden und der Steuerung im Sinne der Nutzung in Verhandlungen über Stellen, werden in diesem Beitrag nicht beleuchtet und sind zudem kritisch zu betrachten.

Denn die Probleme, die die studentische Bewertung mit sich bringt, beeinträchtigen die Vergleichbarkeit von Ergebnissen. Döring (2006) weist u.a. auf **Bias-Variablen** (verzerrende Faktoren) hin, wie den Umstand, dass Pflichtveranstaltungen (tendenziell) schlechter bewertet werden als Wahlveranstaltungen. Zudem hat die Popularität von Veranstaltungsthemen einen Einfluss auf die Bewertung und das Studierverhalten wirkt sich auf die Bewertung aus. Burzan und Jahnke (2010) betonen, dass subjektive Bewertung und Evaluation nicht dasselbe sind, weshalb auch Rindermann (2001) die Begriffe ›Lehrevaluation‹ und ›Lehrveranstaltungsevaluation‹ voneinander abgrenzt, da Lehrevaluation einen größeren Rahmen beschreibt.

Daraus ergibt sich: Die Ergebnisse der Befragungen sollten ausschließlich der Lehrperson gehören. Sie entscheidet über eine mögliche Veröffentlichung oder Weitergabe, zum Beispiel für den Austausch mit Kolleg:innen; innerhalb von Fakultäten sollten nur aggregierte Daten verwendet werden dürfen. Somit dient die Lehrveranstaltungsbewertung ausdrücklich nicht als Instrument zur Personalbewertung für Lehrstuhlinhaber:innen oder Hochschulleitungen. Solche Regeln werden von Hochschulen in deren Evaluationsordnungen festgeschrieben.

Im oben abgebildeten Modell (Abb. 1) wird auf der Ebene der Kommunikation bereits deutlich: Ziel der Lehrveranstaltungsbewertung ist es, eine **Feedback-Kultur** (siehe den Beitrag von Dainton in diesem Band) zu etablieren, in der die gemeinsame Verantwortung für das Gelingen von Lehre sichtbar und gelebt wird. Die Lehrveranstaltungsevaluation gibt Lehrenden Rückmeldung zur Durchführung ihrer Veranstaltung sowie potenzielle Anhaltspunkte zur Verbesserung ihrer Lehre, sowohl in der aktuellen als auch in künftigen Lehrveranstaltungen.

Zudem bietet die studentische Veranstaltungsbewertung einen strukturierten Rahmen zum Austausch zwischen Lernenden und Lehrenden über die Lehre. Auf Grundlage der Ergebnisberichte werden **Rückmeldegespräche** zwischen Studierenden und Lehrenden geführt, was folgende Vorteile mit sich bringt:

- Lehrende haben die Gelegenheit, differenziertere und über die Fragen des Fragebogens hinausgehende Rückmeldungen zu bekommen,
- die Studierenden erfahren, welche Konsequenzen Lehrende aus ihren Rückmeldungen ziehen,
- Lehrende schaffen Transparenz über den Zweck der Befragungen,
- den Studierenden ist es möglich, ihre persönliche Rückmeldung ins Verhältnis zu den Rückmeldungen ihrer Kommiliton:innen zu setzen.

Merke

Ziel der Lehrveranstaltungsevaluation ist es, eine Feedback-Kultur zwischen Lehrenden und Studierenden zu etablieren. Deshalb sollte sich an die Evaluation ein Rückmeldegespräch zu den Ergebnissen anschließen.

Beispiel

Rückmeldegespräch als obligatorische Aufgabe

An der Ruhr-Universität Bochum (RUB) ist die Lehrveranstaltungsbewertung gemäß Evaluationsordnung von 2022 alle drei Jahre verpflichtend für alle an die Software EvaSys angeschlossenen Fakultäten. Einige Fakultäten der RUB lassen sogar jedes Semester jede Lehrveranstaltung bewerten.

Die technische Unterstützung durch EvaSys erleichtert den Lehrenden die Durchführung, da die Rückmeldungen online erhoben werden und das Programm die Auswertung der Fragebögen übernimmt. Im Ergebnisreport erhalten die Lehrenden zusammengefasste Rückmeldungen, um daraufhin in den Dialog mit den Studierenden zu treten. An der RUB wurde dieses Rückmeldegespräch mit den Studierenden zur obligatorischen Aufgabe der Lehrenden und zum eigentlichen Zweck der studentischen Lehrveranstaltungsbewertung erklärt. Die Ergebnisse der Lehrveranstaltungsbewertung gehören den Lehrenden und dürfen auf Fakultätsebene nur aggregiert verwendet werden, zudem ist die Nutzung zur Personalbewertung durch Vorgesetzte untersagt.

1.3 Aufbau von Fragebögen

Fragebögen zur Lehrveranstaltungsevaluation bestehen üblicherweise aus einer Mischung aus geschlossenen Fragen mit Skalen und offenen Freitext-Fragen. Offene Fragen mit Skalen bitten die Befragten, ihre Antworten auf einer vorgegebenen Skala (zum Beispiel von 1 bis 10) zu bewerten, während Freitext-Fragen den Befragten erlauben, ihre Antworten in eigenen Worten ohne Vorgaben zu formulieren. Sie sollten allgemeine Items zu Bedingungs-, Prozess- und Produktvariablen und Items, die sich lehrform-, fach- und kontextspezifisch verwenden lassen, enthalten (Rindermann, 2001). **Bedingungsvariablen** beschreiben Rahmenbedingungen der Lehrveranstaltung sowie Ressourcen (zum Beispiel räumliche Ausstattung, Vorwissen der Studierenden). Loßnitzer und Brehl (2011) sprechen hier von »Inputqualität« (S. 11-12), die gemessen wird. Unter **Prozessvariablen** werden Aspekte wie die eingesetzten Lehr-Lern-Methoden verstanden, wobei der Fokus auf der Prozessqualität liegt (Rindermann, 2001), d.h. der Lehr-Lern-Prozess wird erfragt. **Produktvariablen** erfassen die Ergebnisebene, zum Beispiel den Kompetenzerwerb und den subjektiven Lernzuwachs der Studierenden, auch als ›Output-‹/›Ergebnisqualität‹ zusammengefasst. Diese drei Variablen ergänzen Loßnitzer und Brehl (2011) um die »transformative Qualität« (S. 11-12) und bezeichnen damit Items, wie beispielsweise die Fähigkeit, erlernte Kompetenzen auch in anderen Situationen anzuwenden. Die vier Qualitätsebenen beeinflussen sich gegenseitig (zum Beispiel kann das Vorwissen von Studierenden einen Einfluss auf den subjektiven Lernzuwachs haben).

Um Aufschluss über spezifische Stärken der Lehrveranstaltung zu erhalten, sollten die Items die **Multidimensionalität** von Einflussfaktoren erfassen. So reicht eine eindimensionale Erhebung zur Zufriedenheit mit der Lehrveranstaltung laut Rindermann (2001) nicht aus, weil die Beschreibung fehlt, die »Aufschluss über spezifische Stärken und Schwächen der Veranstaltung gibt« (S. 66). Vielmehr sollten die Items die Multidimensionalität von Einflussfaktoren auf die Lehre berücksichtigen und alle Items und Skalen sollten hinsichtlich der Testgütekriterien überprüft werden. Grundsätzlich gilt, dass die Fragebögen so kurz wie möglich gehalten werden sollten. So sollte zum Beispiel die Frage nach dem Geschlecht entfallen, wenn keine geschlechtsspezifische Auswertung der Daten für die evaluierte Lehrveranstaltung erfolgt.

1.3.1 Geschlossene Fragen

Geschlossene Fragen sind als Items sinnvoll, wenn es um **standardisierte Variablen** geht, da sie maschinell ausgelesen und ausgewertet werden können. Geschlossene Fragen können mit einer Einfach-Auswahl (Single-Choice) beantwortet werden (zum Beispiel »Ja«/»Nein«), mit der Auswahl einer Zahl bei der Frage nach dem Fachsemester oder mit einer Mehrfach-Auswahl (Multiple-Choice). Eine andere Antwortmöglichkeit bieten Skalen, zum Beispiel mit vier oder fünf Auswahloptionen und gegebenenfalls dem Feld »keine Angabe«, welches immer dann nützlich ist, wenn beispielsweise die Zustimmung zu einer Aussage erfragt wird (Rindermann, 2005).

Beispiel

Geschlossene Fragen in der Veranstaltungsbewertung

Beispiele für geschlossene Fragen sind Fragen nach der Nachvollziehbarkeit des inhaltlichen Aufbaus der Veranstaltung (»Ja« oder »Nein«), dem Tempo der Veranstaltung (zum Beispiel mit fünfteiliger Skala von »viel zu niedrig« bis »viel zu hoch«) oder das Item »Der:die Lehrende bindet die Vorerfahrungen der Studierenden in die Veranstaltung ein.« (mit einer fünfteiligen Skala von »trifft überhaupt nicht zu« bis »trifft voll und ganz zu«), wodurch eine Prozessvariable erfasst wird. Eine Mehrfach-Auswahl könnte zum Beispiel bei der Frage nach den Gründen der Teilnahme gegeben sein.

Bei der **Fragengestaltung** ist wichtig zu bedenken, dass die Fragen nicht auf die vermutete Fachkompetenz der Lehrperson abzielen, sondern auf beobachtbare Faktoren, zum Beispiel »Der:die Lehrende kann komplizierte Inhalte verständlich darstellen.« oder »Der:die Lehrende ordnet Einzelaspekte in einen thematischen Gesamtzusammenhang ein.« (Loßnitzer & Brehl, 2011, S. 13).

Sinnvoll ist es, ergänzend die Relevanz des Lehrveranstaltungsthemas und den Besuchsgrund (zum Beispiel Pflicht-, Wahlpflicht- oder Wahlveranstaltung bzw. Modul) zu erfragen. Denn diese können, wie oben schon angerissen, als Bias-Variablen »die Beurteilung der Lehre verzerren« (Rindermann, 2001, S. 67).

1.3.2 Offene Fragen

Freitext-Fragen eröffnen Lehrenden und Lehrverantwortlichen die Möglichkeit, ein **breiteres Bild an Rückmeldungen** zu bekommen. Eine typische offene Frage mit Freitext-Feldern lautet zum Beispiel »Was ist besonders gut an der Veranstaltung?« oder als Item »Konkrete Verbesserungsvorschläge«. In Fragebögen zur Lehrveranstaltungsevaluation kommen überwiegend geschlossene und oft nur ein oder zwei offene Fragen vor. Sollten in den Antworten Aussagen auftauchen, die unklar bis persönlich verletzend sind, finden sich im weiteren Beitrag Vorschläge zum Umgang damit.

1.4 Lehrveranstaltungsevaluation als Zyklus

Der sogenannte ›Plan-Do-Check-Act-Zyklus‹ (PDCA-Zyklus) aus dem Projektmanagement ist ein Modell zur Qualitätsentwicklung, da er kontinuierliche Verbesserungsprozesse abbildet. Hense (2017) überträgt dieses Modell auf die Lehrveranstaltungsevaluation an Hochschulen (siehe Abb. 2), da diese stets ein Bestandteil des hochschulischen Qualitätsmanagements ist.

Abb. 2: PDCA-Zyklus, angewandt auf die Lehrveranstaltungsevaluation

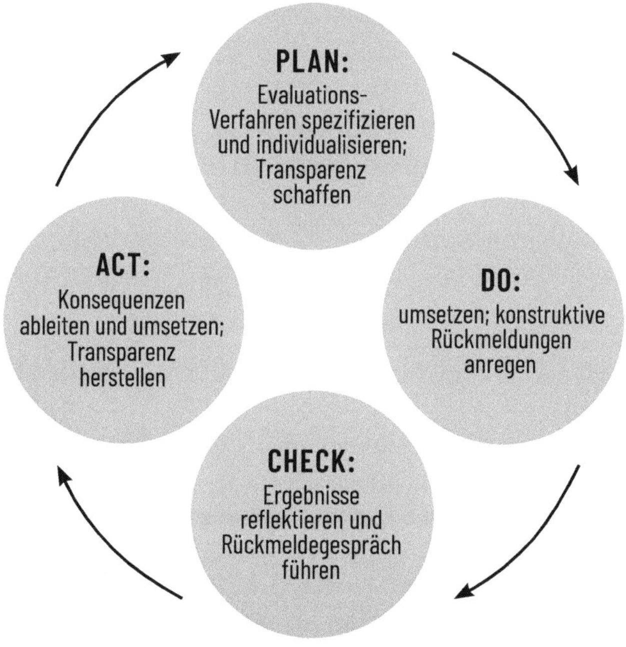

Quelle: eigene Darstellung Philipp, in Anlehnung an Hense, 2017

Hense (2017) konstatiert, dass es meist an zwei Stellen hake: an »fehlenden klaren Zielsetzungen in Bezug auf gute Lehre sowie zwischen den Phasen ›Check‹ und ›Act‹« (Abs. 1). Wenn es im PDCA-Zyklus zwischen der Reflexion der Ergebnisse und der Ableitung von Konsequenzen hakt, liegt es oft daran, dass Lehrende Handlungsoptionen nicht erkennen. Für Hense (2017) liegt die Ursache darin, dass »Lehrende zu wenig Unterstützung im sinnvollen Umgang mit der Evaluation ihrer Lehre erhalten« (Abs. 1). Das schließt an frühere Studien zur Lehrveranstaltungsevaluation an, so äußert beispielsweise Rindermann (2001) dazu: »Weiterbildung und Beratung sind unabdingbar, um substantielle und zeitstabile Veränderungen bewirken zu können.« (S. 79)

Für hochschul- und wissenschaftsdidaktische Einrichtungen bedeutet dies, dass sie Fortbildungsangebote (zum Beispiel zur Durchführung von Rückmeldegesprächen) und individuelle Beratungen (beispielsweise zum Umgang mit kritischen Äußerungen) anbieten sollten (Rindermann 2003, S. 241). Lehrende wiederum sollten diese Form der Unterstützung annehmen bzw. gezielt nachfragen. So wird die Lehrveranstaltungsevaluation als integraler Bestandteil der Lehrentwicklung verstanden (Loßnitzer & Brehl, 2011).

Literaturtipp

Für weitere Informationen zur Erstellung von Fragebögen siehe

Rindermann, H. (2005). *HILVE-II in einer computerbasierten Form mit Normen.* Blubbsoft.

Zwischenfazit

Die Lehrveranstaltungsevaluation ist ausschließlich für die Lehrperson zur Verbesserung ihrer Lehre gedacht, bezogen auf die konkret bewertete Lehrveranstaltung. Sie ist Grundlage des Rückmeldegesprächs. Damit Lehrende die Ergebnisse einordnen und das Rückmeldegespräch führen können, und so letztlich eine Verbesserung der Lehre stattfindet, bedarf es didaktischer Unterstützung.

2. Rückmeldegespräche zur Lehrveranstaltungsevaluation führen

Das Rückmeldegespräch eröffnet Lehrenden die Chance, **differenziertere Rückmeldungen** zu den Ergebnissen ihrer Lehrveranstaltungsevaluation zu bekommen. Denn oft sind weder die quantitativen Auswertungen in Form von Profillinien (diese enthalten die Werte der im Fragebogen vorhandenen Skala-Fragen) im Ergebnisbericht für sich allein aussagekräftig, noch sind alle Freitext-Antworten der Studierenden so formuliert, dass die Lehrperson versteht, was damit gemeint ist.

2.1 Die Vorbereitung

Für das Gespräch mit den Studierenden sollten Lehrende mindestens 20 Minuten in der Lehrveranstaltungssitzung nach der Evaluation einplanen. Damit wird bereits klar: Der letzte Sitzungstermin ist nicht geeignet für die Lehrveranstaltungsevaluation. Besser ist es, die Befragung zwischen der Semestermitte und der vorletzten Sitzung durchzuführen.

Die Lehrperson sollte sich anhand der Ergebnisse vorab überlegen, welche Aspekte ihr besonders wichtig sind, und diese Auswahl im Plenum begründen. Denn die Zeit wird nicht reichen, um jedes Item des Fragebogens und die Antworten durchzugehen. Dabei kann es helfen, wenn die zu besprechenden Ergebnisse medial dargestellt werden, beispielsweise eine Grafik aus den Gesamtergebnissen vorliegt. Besonders wichtig ist es, sicherzustellen, dass die Anonymität der Antworten aus einem offenen Frageteil (insbesondere wenn noch Papierfragebögen mit Handschrift verwendet werden) aus Datenschutzgründen gewährleistet ist (Philipp & Skonetzki, 2022).

Tipp

Feedback-Regeln (siehe auch den Beitrag von Dainton in diesem Band)
Hilfreich kann es sein, wenn Lehrende sich und den Studierenden die Feedback-Regeln vergegenwärtigen, zum Beispiel durch eine Visualisierung. Beim Geben von Feedback ist es hilfreich, folgende Aspekte zu beachten:

- Versuchen Sie, so konkret wie möglich zu sein, und beziehen Sie Ihre Rückmeldung auf eine konkrete Situation.
- Versuchen Sie, nicht zu verallgemeinern, sondern machen Sie Ihre Sichtweise deutlich.
- Geben Sie Feedback auf Situationen und Verhaltensweisen, auf die der:die Empfänger:in Einfluss hat.
- Stellen Sie auch positive Beobachtungen und Einschätzungen heraus.
- Überlegen Sie sich konkrete Verbesserungsvorschläge.

Beim Einholen von Rückmeldungen ist es von Bedeutung, die folgenden Punkte/Aspekte zu berücksichtigen:

- Hören Sie sich die Anregungen in Ruhe an.
- Betrachten Sie konstruktive Kritik als hilfreiches Angebot.
- Kommentieren Sie die Rückmeldungen nicht und verteidigen Sie sich nicht.
- Nehmen Sie sich Zeit und reflektieren Sie nach dem Gespräch, was sie aus dem Feedback für sich mitnehmen wollen (s.u.).

2.2 Die Durchführung

Wesentlich für ein Rückmeldegespräch ist, dass das Feedback, das Lehrende von den Studierenden erhalten möchten, im Vordergrund steht. Zugleich moderiert die Lehrperson den Austauschprozess, sie agiert also in einer Doppelrolle (Philipp & Skonetzki, 2022). Deshalb ist es wichtig, dass die Lehrenden die Studierenden in ihrem Feedback nicht beeinflussen, auch nicht mit suggestiven Fragen oder Äußerungen.

Für den Start ins Rückmeldegespräch empfiehlt sich, dass der:die Lehrende betont, dass ihr:ihm die Rückmeldungen der Studierenden wichtig sind. Auch deshalb lohnt es sich, die Lehrveranstaltungsevaluation vor der vorletzten Sitzung im Semester durchzuführen. Dann kann die Lehrperson kleinere Anpassungen im laufenden Semester vornehmen. Die Lehrperson stellt die vorab ausgewählten Ergebnisse vor und holt aktiv weitere Rückmeldungen zu den angesprochenen Punkten ein. So sammelt sie Einschätzungen und konstruktive Vorschläge. Es wird empfohlen, 20 Minuten der Sitzung nach der Evaluation für das Rückmeldegespräch zu verwenden, und zwar zu Beginn der Sitzung, damit es am Ende nicht aus Zeitnot vertagt oder gar gestrichen werden muss.

2.2.1 Geschlossene Fragen

Es kommt immer wieder vor, dass die Ergebnisgrafiken zu einer geschlossenen Frage ein diverses Bild zeichnen. Zuerst sollten Lehrende die Gesamtzahl der Antworten beachten. Denn auch wenn die Gesamtteilnehmendenzahl der Lehrveranstaltungsevaluation bei n = 30 liegt, heißt das nicht, dass alle Studierenden die Frage beantwortet haben. Wenn zum Beispiel für die Frage nur n = 6 Antworten vorliegen, kann die Lehrperson darauf beruhend entscheiden, ob dieses Item für sie relevant ist. Möglicherweise passte die Frage aus dem Standard-Fragebogen nicht zum gewählten Lehrformat und die sechs Studierenden haben so unterschiedlich geantwortet, weil sie nicht wussten, was im Kontext dieser Lehrveranstaltung mit der Frage gemeint sein könnte, und ihnen nicht klar war, dass sie die Frage offenlassen können (insbesondere wenn »keine Angabe« als Option nicht voreingestellt ist). Eine solche Frage kann beim Rückmeldegespräch und der Reflexion übersprungen werden.

Wenn zu einem Item, welches für die Lehrperson relevant ist, eine große Streuung an Antworten vorliegt, kann es sich für die Lehre lohnen, im Rückmeldegespräch genauer nachzufragen.

Beispiel

Item bzgl. der Lernmaterialien

Im Fragebogen gab es das Item »Der:die Dozent:in stellt hilfreiche und sinnvolle Begleitmaterialien zur Verfügung.« und die Studierenden haben auf einer fünfteiligen Skala ein breites Spektrum aller Antwortoptionen angeklickt. Aus dem heterogenen quantitativen Ergebnis kann sich die Lehrperson kein Bild darüber machen, was sie künftig verbessern kann. Deshalb könnte sie beispielsweise fragen: Welche Begleitmaterialien haben Sie als hilfreich erlebt? Warum? Was hätten Sie sich darüber hinaus für Begleitmaterialien gewünscht?

Lehrende können die Studierenden bitten, ihre Rückmeldungen im Plenum vorzutragen. Wenn nur vereinzelt Antworten eingebracht werden oder es sich um eine Veranstaltung mit hoher Teilnehmendenzahl handelt, können die Lernenden in Kleingruppen diskutieren und anschließend die Ergebnisse vortragen.

Möglicherweise stellt sich im Dialog mit den Kursteilnehmenden hinsichtlich des genannten Beispiel-Items heraus, dass viele Studierende die Begleitmaterialien zumeist hilfreich fanden, jedoch einige keinen Zugang zu der genannten Literatur hatten (beispielsweise, weil diese nur in Präsenzbeständen der Fachbibliotheken zu finden ist). Diese Information könnten Lehrende wiederum gezielt nutzen, um im nächsten Semester einen leichteren Zugang zur Literatur zu schaffen.

2.2.2 Offene Fragen

Bei offenen Rückmeldungen aus Freitext-Feldern – zum Beispiel »Viel zu viele und zu schwere Übungsaufgaben.« – können Lehrende sich erst einmal ein Meinungsbild im Kurs verschaffen. Dazu eignet sich eine anonyme Meinungsumfrage, in der Lehrende die Studierenden bitten, die Frage »Stimmen Sie dieser Aussage zu?« mit »Ja« oder »Nein« zu beantworten. Dabei kann betont werden, dass es um die Wahrung von Anonymität geht und sich niemand dazu äußern soll, ob er:sie diese Antwort verfasst hat.

Die Meinungsumfrage kann sowohl digital mit Voting-Tools als auch mit Papier und Stift oder in der synchronen Online-Lehre mittels Umfrage-Tools der Videokonferenz-Software geschehen. So bekommen Lehrende einen Eindruck darüber, wie viele Studierende diese Meinung teilen. Danach kann bei Bedarf näher nachgefragt werden:

- Gab es Übungsaufgaben, die Sie besonders schwierig fanden? Welche waren das?
- Warum haben Sie diese als schwierig empfunden?
- Gibt es auch andere Meinungen?

In großen Lehrveranstaltungen, wie etwa **Vorlesungen**, ist es mitunter schwieriger, sich Feedback der Studierenden einzuholen. Eine Option: Die Lehrperson bittet die Teilnehmenden, die Ergebnisse einer mehrminütigen Kleingruppen-Diskussion stichpunktartig aufzuschreiben und ihr diese am Ende der Sitzung zu überreichen. Als digitales Hilfsmittel kann zum Beispiel ein Online-Whiteboard zum Einsatz kommen. Alternativ kann die Lehrperson eine Gruppe von Freiwilligen bilden, die nach der Veranstaltung die Ergebnisse mit ihr diskutiert (Philipp & Skonetzki, 2022, S. 5).

Tipp

Gesprächsgestaltung

Neben der Regel, dass Feedback-Gebende nicht beeinflusst werden sollen, gibt es weitere Tipps für Lehrende, um ein Rückmeldegespräch souverän zu führen:

- Versuchen Sie, während des Veranstaltungs-Feedbacks möglichst viele Studierende in das Gespräch einzubeziehen, um eine Vielfalt an Rückmeldungen zu bekommen.
- Lassen Sie die Studierenden ihre Wahrnehmungen und Vorschläge aus ihrer Sicht darstellen.
- Versuchen Sie, konstruktive Rückmeldungen zu bekommen, indem Sie zum Beispiel fragen: »Wie stellen Sie sich eine gute Vorbereitung auf Prüfungen vor?«
- Versuchen Sie, die Rückmeldungen der Studierenden nebeneinander stehenzulassen.
- Kommentieren Sie die Rückmeldungen nicht und verteidigen Sie sich nicht.
- Vergewissern Sie sich, dass Sie die Rückmeldungen richtig verstanden haben.

Es kann vorkommen, dass Studierende in den Freitext-Feldern einer Lehrveranstaltungsbewertung Kommentare hinterlassen, die nichts mit der Veranstaltung zu tun haben. Ein Kommentar nach dem Motto »Die Mensa schließt zu früh.« gehört nicht in den **Verantwortungsbereich von Lehrenden**. Ein Kommentar wie »Ich verstehe nicht, was die Veranstaltung mit meinem Studiengang zu tun hat.«, könnte dagegen ein Hinweis auf ein Informationsdefizit seitens zum Beispiel der Fakultät sein. Dann lohnt es sich, im Rückmeldegespräch Transparenz zu schaffen.

In diesem Fall könnte beispielsweise ein kurzer gemeinsamer Blick auf den Modulplan des Studiengangs oder die Lernziele des Moduls, zu dem die Lehrveranstaltung gehört, helfen, um offene Fragen zu klären. Auch kann es sich für Lehrende lohnen, Ansprechpartner:innen in der eigenen Hochschule zu kennen, die weitergehende Beratungsangebote machen. Bei Problemen mit dem wissenschaftlichen Arbeiten kann zum Beispiel die Schreibberatung Studierende unterstützen.

2.3 Der Abschluss

Die Lehrperson schließt das Rückmeldegespräch ab, indem sie die Ergebnisse des Gesprächs **kurz zusammenfasst** und den Studierenden sagt, was sie für sich mitnimmt. Dies können, müssen aber keine direkten Schlussfolgerungen sein; auch Denkanstöße gehören dazu.

Selbstverständlich bleibt es Lehrenden überlassen, welche Konsequenzen sie ziehen: Sie entscheiden, was für sie wichtig und hilfreich ist. Lehrpersonen sollen reflektieren, inwiefern sie die Rückmeldungen in die Gestaltung ihrer Lehrveranstaltungen einbeziehen können und möchten. Es empfiehlt sich, die Vorhaben schriftlich festzuhalten. Lehrende sollten Veränderungen, die sich aus der Evaluation und dem Rückmeldegespräch ergeben, in der letzten oder in einer der letzten Sitzungen der Lehrveranstaltung an die Studierenden kommunizieren. So zeigen Sie Wertschätzung gegenüber den Studierenden (Philipp & Skonetzki, 2022).

Tipp

Zweischritt der Reflexion

Nehmen Sie sich Zeit zur Reflexion des Feedbacks. Hilfreich ist dabei ein Zweischritt:

1. Unmittelbar nach dem Feedback:

- Welche Rückmeldungen zu inhaltlichen Aspekten bewegen mich?
- Welche Rückmeldungen zu methodischen Aspekten bewegen mich?
- Wie ist meine Wahrnehmung zum Ablauf des Feedbacks?

2. Mit zeitlichem Abstand als Planungshilfe für die nächste Sitzung oder Veranstaltung:
- Welche Aspekte/konstruktiven Verbesserungsvorschläge möchte ich nutzen?
- Wie kann ich diese umsetzen?
- Was oder wer kann mich dabei möglicherweise unterstützen?

Literaturtipp

Für weitere Informationen zur Durchführung des Rückmeldegesprächs siehe

Philipp, J. & Skonetzki, S. (2022). *Aktualisierter Leitfaden »Rückmeldegespräch zur Lehrveranstaltungsevaluation«*. Ruhr-Universität Bochum.

Zwischenfazit

Rückmeldegespräche sollten vorbereitet werden, damit Lehrende in der zur Verfügung stehenden Zeit zielorientiert Rückfragen klären, Unklarheiten beseitigen und in den Dialog mit den Studierenden treten können. Dafür sollten Sie die für Sie relevantesten Items oder Freitext-Antworten vorbereiten. Während des Rückmeldegesprächs agieren Sie in der Doppelrolle der Feedback empfangenden Person und der Moderation. Deshalb sollten sich Lehrende und Studierende die Feedback-Regeln vor Augen führen und darauf achten, dass konstruktive Rückmeldungen zur Lehrveranstaltung gegeben werden.

3. Umgang mit kritischem Feedback

Schwierig ist es für eine:n Lehrende:n oftmals dann, wenn es um sensible Punkte im Rückmeldegespräch geht. So könnte es zum Beispiel passieren, dass Studierende auf eine Freitext-Frage im Evaluationsbogen mit der Aussage geantwortet haben: »Das Zeitmanagement ist nicht gut.« Damit Lehrende dies nicht als persönlichen Angriff verstehen, kann es hilfreich sein, sich das **Modell der Vier Seiten einer Nachricht** von Schulz von Thun (1981) vor Augen zu führen. Die oben getroffene Aussage kann auf vier Ebenen betrachtet werden:

- Lehrende können sich fragen, was die Rückmeldung auf der **Sachebene** bedeuten könnte: – zum Beispiel, dass in der Lehrveranstaltung Zeit für Diskussionen fehlt.
- Möglicherweise schaut die Lehrperson darauf, was die Studierenden mit dieser Aussage als **Selbstoffenbarung** preisgeben, und stellt fest: Die Studierenden haben Angst, nicht alles zu verstehen.
- Lehrende können die **Beziehungsebene** dieser Freitext-Antwort reflektieren: Wünschen sich die Studierenden einen intensiveren Austausch untereinander und mit der Lehrperson?

- Vielleicht steckt auch ein **Appell** in der Aussage, beispielsweise »Bitte planen Sie mehr Zeit für Diskussionen ein.« oder »Machen Sie bitte transparent, was in der Sitzung passieren soll.«.

Abb. 3: Das »Modell der Vier Seiten einer Nachricht«, angewandt auf eine Freitext-Antwort aus einer Lehrveranstaltungsevaluation

Quelle: eigene Darstellung Philipp, in Anlehnung an Schulz von Thun, 1981

Da die Interpretation als persönlichen Angriff bei Freitext-Antworten immer wieder vorkommt, ist es hilfreich, solche Überlegungen zu den vier Ebenen bewusst anzustellen, gegebenenfalls auch mit Unterstützung von Kolleg:innen. Dabei geht es nicht darum, eine mögliche Deutung für jede Ebene zu finden, sondern im Reflexionsprozess zu bemerken: Auch vermeintlich persönliche Kritik müssen Lehrende nicht persönlich nehmen, sie können sich für einen bewusst sachlichen Umgang mit einer Aussage entscheiden, die möglicherweise nur unglücklich formuliert wurde.

Tipp

Nicht persönlich nehmen

»You see the world as you are«, diesen Satz erwähnen wir in hochschuldidaktischen Fortbildungen zum Rückmeldegespräch und zum Umgang mit Feedback immer wieder. Meist illustrieren wir ihn anhand des Bilds eines malenden Nashorns: Welche Landschaft das Nashorn auch malt, es wird sich stets in der Mitte ein kleiner ›Berg‹ zeigen, denn das Nashorn sieht stets sein Horn, wenn es etwas betrachtet. Damit möchten wir ausdrücken, dass jede:r Studierende:r, sowohl in den Evaluationsbögen als auch im Rückmeldegespräch, stets nur seine:ihre Sicht auf die Welt darlegen kann und es nicht ›die eine Wahrheit‹ gibt.

Wenn eine Lehrperson für sich oder im Austausch mit Kolleg:innen unterschiedliche mögliche Ebenen einer Freitext-Antwort identifiziert hat, kann sie reflektieren: Möchte ich diesen Punkt im Rückmeldegespräch ansprechen? Im Beispiel »Das Zeitmanagement ist nicht gut.« könnte sie diese Aussage zum Beispiel mit einem anonymen Stimmungsbild verbinden, indem sie fragt, wie viele Studierende zustimmen, und darauf aufbauend, welche konkreten Veränderungswünsche diese haben.

Wichtig ist dabei, egal ob es sich um eine quantitative oder eine qualitative Antwort im Fragebogen handelt: Lehrende treffen immer eine **Auswahl** von drei bis sechs Punkten, die sie im Rückmeldegespräch besprechen wollen. Sie sind frei in der Auswahl und müssen nicht auf kritische Rückmeldungen eingehen, wenn sie nicht wollen.

In der Beratung und Fortbildung von Lehrenden in der Hochschuldidaktik fällt auf, dass sich Lehrende sehr stark auf kritisches Feedback in der Lehrveranstaltungsevaluation konzentrieren. Einigen Lehrenden entgeht mit diesem Fokus auf Kritik, dass Studierende mitunter viele positive Aspekte der Lehrveranstaltung und Lehrperson erwähnen und mehr positives als negatives Feedback geben. Deshalb empfehlen wir, den Blick zu erweitern: Auch ein »weiter so«, das zum Beispiel in einem Item über die Materialien auf der E-Learning-Plattform oder in einem Lob zur Rhetorik der Lehrperson steckt, ist ein hilfreiches Feedback zur Weiterentwicklung der eigenen Lehre.

Reflexionsfragen

Worauf schauen Sie, wenn Ihnen die Ergebnisse der Lehrveranstaltungsevaluation vorliegen?
Wie gehen Sie bisher mit den Ergebnissen um?
Was ist Ihnen für ein Rückmeldegespräch mit den Studierenden wichtig?

4. Zusammenfassung

Die Lehrveranstaltungsevaluation wird mithilfe standardisierter Fragebögen durchgeführt, wobei die Ergebnisse u.a. aufgrund von Bias-Variablen wie der Beliebtheit von Lehrveranstaltungsthemen nicht als vergleichbar angesehen werden können. Vielmehr dient die Lehrveranstaltungsbewertung der Feedback-Kultur zwischen Lehrenden und Studierenden. Deshalb sollten Lehrende ein Rückmeldegespräch über die Ergebnisse der Veranstaltungsbewertung führen. Dies wird nach bestimmten Aspekten vorbereitet und durchgeführt. Wenn Lehrende auf unklares oder kritisches Feedback stoßen, können sie die Relevanz für sich reflektieren und es mithilfe eines Kommunikationsmodells genauer betrachten. Auch können Lehrende konstruktiv mit dem Feedback umgehen, indem sie es gezielt im Rückmeldegespräch ansprechen. Bei der Vorbereitung eines solchen Feedbackgesprächs mit den Studierenden und der

Umsetzung von Schlussfolgerungen für die Lehre können hochschuldidaktische Einrichtungen Lehrenden durch Fortbildung und Beratung behilflich sein.

5. Literatur

Burzan, N. & Jahnke, I. (2010). Was misst die studentische Lehrkritik? Eine empirische Infragestellung von Lehrevaluationen an Hochschulen. *Soziologie, 39*(4), S. 438–461.

Döring, N. (2006). Für Evaluation und gegen Evaluitis. Warum kann und wie sollte Lehrevaluation an deutschen Hochschulen verbessert werden? *Neues Handbuch Hochschullehre, I 1.7.*

Hense, J. U. (2017, 12. Oktober). *Evaluation: Weniger Gießkanne, mehr Impulse für konkrete Veränderungen.* HRK nexus. https://www.hrk-nexus.de/material/blog/evaluation-prof-dr-jan-ulrich-hense

Loßnitzer, T. & Brehl, A. (2011). Auf dem Weg zu einer anderen Evaluationskultur. Entwicklungsorientierte Lehrveranstaltungsevaluation an der Leuphana Universität Lüneburg. *Neues Handbuch Hochschullehre, I 1.12.*

Philipp, J. & Skonetzki, S. (2022). *Aktualisierter Leitfaden »Rückmeldegespräch zur Lehrveranstaltungsevaluation«.* Ruhr-Universität Bochum. https://einrichtungen.ruhr-uni-bochum.de/sites/einrichtungen.ruhr-uni-bochum.de/files/2024-06/Leitfaden_Rückmeldegespräch_2024.pdf

Rindermann, H. (2001). Die studentische Beurteilung von Lehrveranstaltungen – Forschungsstand und Implikationen. In C. Spiel (Hrsg.), *Evaluation universitärer Lehre – zwischen Qualitätsmanagement und Selbstzweck* (S. 61–88). Waxmann.

Rindermann, H. (2003). Lehrevaluation an Hochschulen. Schlussfolgerungen aus Forschung und Anwendung für Hochschulunterricht und seine Evaluation. *Zeitschrift für Evaluation*, 2, 233–256.

Rindermann, H. (2005). *HILVE-II in einer computerbasierten Form mit Normen.* Blubbsoft.

Schmidt, B. & Loßnitzer, T. (2010). Lehrveranstaltungsevaluation: State of the Art, ein Definitionsvorschlag und Entwicklungslinien. *Zeitschrift für Evaluation, 9*(1), 49–72.

Schulz von Thun, F. (1981). *Miteinander Reden: Bd. 1. Störungen und Klärungen.* Rowohlt.

KOLLEGIALES FEEDBACK IN DER HOCHSCHULLEHRE

Judith Osthushenrich

Schlagworte

Kollegiale Hospitation, Kollegiale Fallberatung, Community of Practice

Orientierung

In diesem Beitrag werden Formen des Kollegialen Feedbacks vorgestellt, welche Rückmeldung und Austausch auf Augenhöhe ermöglichen. Schwerpunkte liegen dabei auf Variationen der Kollegialen Hospitation sowie der Kollegialen Fallberatung. Für beide Konzepte finden sich im Folgenden konkrete Vorschläge zur Umsetzung im eigenen beruflichen Kontext.

Leitfragen

Wie kann Kollegiales Feedback mich in meiner Lehre unterstützen?
Was sollte ich beim Einsatz Kollegialer Hospitationen beachten?
Wie können wir unter Kolleg:innen Fallberatungen gewinnbringend umsetzen?

1. Einführung in Kollegiales Feedback

Im Kontext der Professionalisierung des didaktischen Handelns spielt **Kollegiales Feedback** eine nicht zu unterschätzende Rolle. Schon Hattie (2009, 2012) postulierte die Wirksamkeit von Feedback zur Lehrverbesserung und forderte, dass Lehrende die Wirkung des eigenen Handelns erfragen. Im vorherigen Themenfeld wurden bereits Rückmeldemöglichkeiten an Lernende erarbeitet; bei Rückmeldungen zur eigenen Lehre geht es, wie im Beitrag von Philipp dargestellt, ebenfalls zumeist um Rückmeldungen auf die Lehre vor dem Hintergrund einer studentischen Perspektive. Welche Möglichkeiten aber gibt es, um auf kollegialer Ebene in den Austausch über die eigene Lehre und konkrete Lehrsituationen zu kommen? Und warum ist das sinnvoll? Hier bieten – neben punktuellem Kollegialen Feedback – Formate wie Kollegiale Hospitationen oder Kollegiale Fallberatungen für alle Beteiligten gewinnbringende Möglichkeiten, die eigene Lehre zu reflektieren und zu verbessern.

1.1 Das Verständnis von Feedback in diesem Beitrag

Im ursprünglichen Sinn bedeutet ›Feedback‹ eine Rückmeldung auf einen Zustand oder eine Aktion. Knoll (2008) merkt an, dass der Feedback-Begriff in der Bildungsarbeit häufig viel zu unscharf verwendet wird und stattdessen häufig Bewertungen oder Interpretationen an die Stelle des Feedbacks treten. Diese Trennschärfe ist allerdings wichtig und sie mündet in gewissen Regeln, die jedem Kollegialen Feedback, egal ob ›zwischen Tür und Angel‹ oder ausführlich in einem formalen Setting, zugrunde liegen sollten. Dem Begriffsverständnis Knolls (2008) folgend, ergibt sich daraus folgende Definition.

Definition

Feedback-Geben bedeutet, Wahrnehmungen mitzuteilen, sei es verbal oder nonverbal. Die Wahrnehmungen können äußerlich vorliegen: sinnliche Wahrnehmungen und Beobachtungen (zum Beispiel »Während der Vorlesung hast du die meiste Zeit mit dem Rücken zum Hörsaal gestanden.«). Oder sie liegen innerlich vor, sprich: Befinden, Empfindungen, Einfälle (zum Beispiel »Während der Vorlesung hast du die meiste Zeit mit dem Rücken zum Hörsaal gestanden und ich wusste gar nicht, wie ich mit dir in eine kommunikative Situation eintreten könnte, um Fragen zu stellen.«). Feedback ist abzugrenzen von Beurteilungen, also der Bewertung von Wahrnehmungen (zum Beispiel »Ich finde es gut, dass ...«), sowie von Interpretationen, also der Deutung von Wahrnehmungen (zum Beispiel »Ich glaube, du machst das so, weil ...«; Dainton, 2018; Knoll, 2008).

Nach Funk (2016) liegen Kollegialem Feedback vier relevante Eigenschaften zugrunde, die es von anderen Feedback-Formen unterscheiden:

Tab. 1: »Alleinstellungsmerkmale des kollegialen Feedbacks unter Berücksichtigung relationaler Merkmale« (Funk, 2016, S. 44)

Hierarchiestatus	Wissens- und Informationsstatus	Organisations-einbindung	Aufgaben- und Situationsbezug
Feedback-Geber:in und -Nehmer:in nehmen einen vergleichbaren Status (Weisungs- und Verantwortungsbereich) ein	Feedback-Geber:in und -Nehmer:in verfügen i.d.R. über einen vergleichbaren Status der Expertise	Feedback-Geber:in und -Nehmer:in verfügen in der Regel über eine weitgehend identische organisationsbezogene Informationsbasis	Feedback-Geber:in und -Nehmer:in verfügen über einen gemeinsamen Rahmen beruflicher Handlungen und Aufgabensituationen

Eine weitere Besonderheit, die Kollegiales Feedback im Vergleich zu anderen Lern-Settings für Lehrende charakterisiert, liegt im konkreten Praxisbezug des Feedbacks, welcher sich beispielsweise bei Ausprägungen wie der Kollegialen Hospitation durch die Verknüpfung mit Lehrbeobachtungen deutlich von hypothetischen Lehr-Lern-Settings unterscheidet (Funk, 2016).

1.2 Was macht Kollegiales Feedback eigentlich so spannend für die hochschulische Lehre?

Ein wichtiges Ziel beim Geben und Nehmen von Feedback ist die **Erweiterung des eigenen Horizonts** in Bezug auf die eigene berufliche Tätigkeit. Das kann sich gleichermaßen auf die Lehre wie auf andere berufliche Situationen beziehen, jedoch soll der Fokus in diesem Beitrag konkret auf der hochschulischen Lehre liegen. Spannend ist, dass Feedback-Geber:in sowie (Feedback)-Empfänger:in gleichermaßen einen Mehrwert aus dem Prozess ziehen können. Die Person, die das Feedback empfängt, hat die Chance, eine Außenperspektive auf die eigene Lehre zu erhalten, diese zu reflektieren und die daraus gewonnenen Erkenntnisse in die Lehre einfließen lassen zu können. Feedback bietet damit auch immer wieder die Gelegenheit, die eigene Unterrichtspraxis zu überdenken und sich von eingefahrenen oder auch tradierten Mustern zu lösen und neue, gegebenenfalls kreativere Perspektiven zur Lehre einzunehmen. Das sichert nicht nur die Qualität der eigenen Lehre, sondern kann auch verhindern, dass sich durch mangelnde Abwechslung Monotonie in das eigene Lehrhandeln einschleicht und die Lehre zur reinen Pflichtübung verkommt. Einzelne Studien haben dabei gezeigt, dass in Kollegialen Feedback-Settings nicht nur das eigentliche Feedback-Gespräch Reflexions- und Bewertungsprozesse auslöst, sondern auch dem Kontext (beispielsweise der Lehrbeobachtung während einer Kollegialen Hospitation) eine wichtige Bedeutung zukommt (Funk, 2016). Hier wird insbesondere die Rolle des:der Feedback-Geber:in betont, da hier die Lehrbeobachtung zum Geben von Feedback eine gute Gelegenheit ist, die gemachten Beobachtungen kritisch mit der eigenen Lehrpraxis abzugleichen und darüber auch Erkenntnisse für die eigene Unterrichtsgestaltung zu gewinnen. Auch auf organisationaler Ebene bringt Kollegiales Feedback einige Vorteile mit sich. Es ermöglicht die Ko-Konstruktion von Lehre und erlaubt es Lehrenden, in einen aktiven Austausch über Didaktik, Rahmenbedingungen u. Ä. zu kommen. Dabei werden individuelle Ressourcen und Wissensbestände der einzelnen Lehrpersonen sichtbar und für Kolleg:innen zugänglich (Funk, 2016).

Literaturtipps

Zur Vertiefung des Themas ›Feedback in der Hochschullehre‹ in der praktischen Umsetzung lohnt sich ein Blick in das gleichnamige Buch
Dainton, N. (2018). *Feedback in der Hochschullehre*. utb.

Eine Vielzahl empirischer Befunde im schulischen Kontext findet sich bei Funk (2016) unter dem Titel »Kollegiales Feedback aus der Perspektive von Lehrpersonen«
Funk, M. C. (2016). *Kollegiales Feedback aus der Perspektive von Lehrpersonen*. Springer VS. https://doi.org/10.1007/978-3-658-13062-6.

1.3 Feedback-Kultur

Konkrete Informationen dazu, wie ein Feedback idealerweise aufgebaut wird, sodass es auch eine gewinnbringende Rückmeldung darstellt, lassen sich in diversen Publikationen (zum Beispiel Buhren, 2012; Dainton, 2018; Nitsche, 2014) sowie im Beitrag von Philipp dieses Praxishandbuchs gut begründet finden. Stattdessen soll es daher an dieser Stelle darum gehen, noch einmal die Relevanz von Feedback und der Offenheit dem Feedback gegenüber zu betonen. In Beratungssituationen zeigt sich immer wieder, dass Evaluation und Feedback in der Hochschullehre gerade von Lehreinsteiger:innen mit gemischten Gefühlen betrachtet werden. Es fehlt die Erfahrung damit, dass man sich selbst mit den Rückmeldungen aus einem formalen oder informellen Feedback weiterentwickeln kann, und manchmal kommt auch die Sorge hinzu, eher auf negatives Feedback zu stoßen. Dabei bietet gerade Letzteres das größte Potenzial, Veränderungen und Weiterentwicklungen anzustoßen. Es geht also darum, eine Lern- und Feedback-Kultur zu etablieren, die Feedback nicht nur ermöglicht, sondern es bestenfalls als einen natürlichen Teil des beruflichen Alltags etabliert. Dazu gehört insbesondere eine Grundhaltung, die dem Geben und Nehmen von Feedback zugewandt ist und diesem einen professionellen Rahmen auf der Sachebene gibt. Dieses Commitment sollte sowohl seitens der Feedback-Geber:innen als auch seitens der Feedback-Nehmer:innen gleichermaßen vorhanden sein (Dainton, 2018; Schmid et al., 2013). Dies schafft beste Voraussetzungen, um die Nutzung von Kollegialen Hospitationen oder Kollegialen Fallberatungen als einen Teil des professionellen Selbstverständnisses von Hochschullehrenden zu begreifen und zu nutzen.

Zwischenfazit

Kollegiales Feedback ist ein wirksames Instrument zur Lehrqualitätsverbesserung. Seine besondere Stärke gewinnt es aus der Praxisnähe sowie dem Handeln auf Augenhöhe der am Feedback beteiligten Personen. Bestenfalls entwickelt sich im eigenen Arbeitsbereich eine offene und vertrauensvolle Lern- und Feedback-Kultur.

2. Kollegiale Hospitation - praktische Umsetzung

Im vorherigen Abschnitt wurde bereits angedeutet, dass die **Kollegiale Hospitation** einen nicht zu unterschätzenden Bestandteil der professionellen Weiterentwicklung im Hochschulkontext darstellen kann. Auch der Wissenschaftsrat benennt Lehrveranstaltungsbesuche als probates Mittel zur Lehrkompetenzentwicklung (Linde, 2009), weswegen es nicht verwunderlich ist, dass sie in vielen hochschuldidaktischen Weiterbildungsangeboten mittlerweile einen festen Bestandteil des Programms darstellt (Hochschuldidaktik NRW, 2020). Dies ist nicht nur auf die steigenden Anforderungen an die Qualität der Lehre in modernen Bildungseinrichtungen zurückzuführen, sondern auch auf die Anerkennung der Tatsache, dass der Lehrerfolg nicht isoliert, sondern im kollegialen Austausch und in der Zusammenarbeit entsteht (Buhren, 2012). Indem Lehrende ihre Kolleg:innen in der Lehre beobachten, erhalten sie konstruktives Feedback, das ihnen hilft, ihre eigene Praxis kritisch zu reflektieren und Einblicke in verschiedene Lehr- und Lernmethoden zu erhalten (Buhren, 2012).

Definition

Kollegiale Hospitation kann definiert werden als eine Methode der kollegialen Zusammenarbeit, bei der Lehrende durch teilnehmende Beobachtungen, Feedback und daran anschließende Formen der Selbstevaluation ihre Unterrichtspraxis reflektieren und verbessern (Brenk, 2013; Rohr et al., 2016).

Sie unterstützt den Transfer didaktischer Theorien in die Lehrpraxis, fördert den Austausch von bewährten Praktiken und trägt zur Schaffung einer positiven Lehrkultur bei. Der Zweck dieser Form der Zusammenarbeit liegt somit nicht nur in der individuellen Weiterentwicklung der Lehrenden, sondern auch in der gemeinsamen Förderung von Qualitätsstandards für die Hochschullehre. Im Vergleich zu formelleren Formen der Lehrbeobachtung zeichnet sich die Kollegiale Hospitation durch ihre kooperative und unterstützende Natur aus, was zu einem offenen Austausch zwischen den Lehrenden führen kann. Um dies zu erreichen, ist es sinnvoll, im Vorfeld neben der Auswahl geeigneter Hospitationspartner:innen (Rohr et al., 2016) auch die Ziele und die gegenseitigen Erwartungen zu klären. Darüber hinaus ist es wichtig, dass die

Initiative zur Hospitation nicht als Bewertungsinstrument, sondern als kooperativer Lernprozess verstanden wird. Angestoßen werden kann ein Kollegiales Hospitations-Setting durchaus formal (beispielsweise durch die Einbindung in praxisnahe Weiterbildungsangebote oder durch Vorgesetzte sowie Institute), aber auch informell beim Onboarding neuer Kolleg:innen oder wenn jemand im kommenden Semester zum ersten Mal eine Vorlesung übernehmen soll. Auch wenn im Tandem gelehrt wird – sprich wenn in einem Lehr-Setting ohnehin zwei Personen zur gleichen Zeit am gleichen Ort sind – kann das ein guter Ausgangspunkt für eine Kollegiale Hospitation sein, bei der sich die beiden beteiligten Lehrpersonen gegenseitig in ebendiesem Lehr-Setting hospitieren. In diesem Abschnitt finden sich konkrete Vorschläge zur Organisation und Umsetzung Kollegialer Hospitationen.

2.1 Phasen der Kollegialen Hospitation

2.1.1 Vorbereitungsphase: Planung und Organisation einer erfolgreichen Hospitation

Die Planung und Organisation einer Kollegialen Hospitation bilden den entscheidenden Rahmen für einen erfolgreichen Austausch und die Weiterentwicklung der Lehrpraxis. Es hat sich bewährt, in der Vorbereitung Informationen zum geplanten Lehr-Setting und den relevanten Aspekten wie Lernzielen, Lehrmethoden und gegebenenfalls unterstützende Materialien bereitzustellen. Sie dienen den Hospitant:innen als Orientierungshilfe und ermöglichen eine fundierte Vorbereitung auf die Hospitation. Die Strukturierung der Beobachtung erfolgt durch die Festlegung von Beobachtungsaufträgen (Buhren, 2012). Hierbei werden durch die hospitierte Lehrperson **konkrete Ziele und Fragestellungen** für die Hospitation formuliert, welche den Hospitierenden dabei helfen, den Fokus zu halten und sicherzustellen, dass die Beobachtung systematisch und zielgerichtet erfolgt. Ein klar definierter Fokus erleichtert es den Hospitant:innen außerdem, konstruktives Feedback zu geben. Die Schwerpunkte der Beobachtung können sich auf didaktische Methoden, Interaktion im Hörsaal oder Seminarraum oder auf spezifische Lehrziele beziehen. Dabei können drei Hauptkategorien unterschieden werden, mit jeweiligem individuellen Fokus auf Strukturen und Merkmalen der Lehre, Verhalten der Lehrperson sowie Verhalten der Studierenden (Brenk, 2013; Kutting, 2010). Festgelegt werden die individuellen Schwerpunkte durch die hospitierte Lehrperson (Buhren, 2012). Es gibt verschiedene Varianten an Vorbereitungsbögen, welche ein solches Gespräch unterstützen. Ein Beispiel befindet sich im Zusatzmaterial dieses Handbuchs:

Zusatzmaterial: Vorbereitungsbogen Hospitation
https://www.utb.de/do/10.36198/9783838563305-m01

Neben der Bereitstellung vorausgefüllter Bögen empfiehlt sich erfahrungsgemäß zudem ein Vorbereitungstreffen (in der Regel mit einem Umfang von ca. 20 bis 30 Minuten), in dem die Informationen zur Lehrveranstaltung, die Beobachtungsschwerpunkte und die persönlichen Erwartungen und Ziele gemeinsam besprochen werden können. Nachdem die Kolleg:innen instruiert und die Studierenden über die geplante Hospitation informiert wurden, kann die konkrete Lehrbeobachtung stattfinden.

Merke

Die folgenden Punkte sollten idealerweise vor einer Hospitation erfolgen:
Suche nach geeigneten Hospitant:innen,
Festlegung der Beobachtungsschwerpunkte durch die hospitierte Lehrperson,
Bereitstellung von Informationen zur Lehrveranstaltung,
Vorgespräch mit dem:der Hospitant:in,
Information der Studierenden über die geplante Hospitation.

Tipp

Richtlinien für die Auswahl von Hospitant:innen
Die Auswahl der Hospitant:innen ist ein sensibler Prozess. Es ist wichtig, dass die Partner:innen sich aufeinander verlassen können und eine offene Feedback-Kultur pflegen. Unterschiedliche Fachrichtungen oder Lehrstile können dabei eine bereichernde Komponente darstellen, aber auch Hospitationen innerhalb des gleichen Fachbereichs können sehr gewinnbringend sein. Die Bereitschaft zur Zusammenarbeit und zur konstruktiven Kritik sind Schlüsselfaktoren bei der Auswahl des:der Partner:in (siehe auch Rohr et al., 2016).

Reflexionsfragen

Wenn Sie an Ihre eigene Lehre denken, auf welche Bereiche würden Sie in einer Kollegialen Hospitation den Fokus legen wollen?
Würden Sie sich gerne einmal von einem:einer Kolleg:in aus Ihrem eigenen fachlichen Kontext hospitieren lassen oder bevorzugen Sie jemanden, der völlig fachfremd ist? Welche Vorteile sehen Sie für die beiden Optionen?
Könnten Sie sich eher ein Hospitationstandem vorstellen oder vielleicht sogar mehr als eine hospitierende Person?
In welches Lehr-Setting würden Sie selbst gerne einmal hineinschnuppern und welchen persönlichen Lernzuwachs würden Sie sich davon versprechen?

2.1.2 Durchführungsphase: Die Lehrbeobachtung

Die Hospitation selbst sollte möglichst unauffällig erfolgen und das Lehrgeschehen nicht beeinflussen. Die Auswahl geeigneter **Beobachtungsinstrumente** ist hilfreich für eine fundierte Analyse der Lehrveranstaltung und sie dienen als Orientierungshilfe während des gesamten Prozesses. Es können strukturierte Hospitationsleitfäden oder Checklisten zum Einsatz kommen und die Lehrenden sollten gemeinsam festlegen, welche Instrumente am besten zu den definierten Beobachtungszielen passen. Je nach Zielsetzung kann es daher sinnvoll sein, sich an einzelnen Phasen oder Beobachtungsdimensionen zu orientieren

Zusatzmaterial: Beobachtungsdimensionen Hospitation
https://www.utb.de/do/10.36198/9783838563305-m02

oder zunächst dem zeitlichen Verlauf der Lehrveranstaltung zu folgen:

Zusatzmaterial: Verlaufsprotokoll Hospitation
https://www.utb.de/do/10.36198/9783838563305-m03

Wesentlich ist, dass insbesondere beim Einstieg in die Kollegialen Hospitationen auch nur das beobachtet und notiert wird, was im Vorgespräch festgelegt wurde. Dies schafft Vertrauen und Sicherheit in Bezug auf die Methodik, bevor im Zuge weiterer Hospitationen der Raum häufig erweitert wird hin zu einem »Und was war sonst noch erwähnenswert in meiner Lehre?« (Buhren, 2012). Während der Lehrbeobachtung kommt es darauf an, zunächst einmal möglichst genaue Notizen zu machen und dabei konkret zu beschreiben, was in der Lehre passiert (Kutting, 2010). Es gilt zu beachten, dass an dieser Stelle – ganz im Sinne guten Feedbacks – keine Bewertungen oder Interpretationen vorgenommen werden, sondern das beobachtete/erlebte Verhalten und die Ereignisse notiert werden. Diese äußerlichen Wahrnehmungen können um innerliche Eindrücke, also subjektives Feedback, ergänzt werden. Dabei kann ein und dieselbe Situation oder Handlung bei unterschiedlichen Personen völlig verschiedene subjektive Wahrnehmungen auslösen.

!!

Merke

Es ist wichtig, die beobachtbare Handlung von der innerlichen Wirkung zu trennen.
Die **äußere Wahrnehmung** beschreibt beobachtbare Handlungen. Das betrifft zum Beispiel:
Gestik und Mimik der Lehrperson,
Sprechlautstärke und Ausdruck der Lehrperson,
Interaktionen,
Verhalten der Studierenden,

konkrete Sprachbeiträge usw.
Die **innerliche Wahrnehmung** hingegen fokussiert die Beschreibung der individuellen Wirkung:
Was löst eine bestimmte Lehrhandlung in mir aus?
Sind mir Arbeitsaufträge klar geworden?
Was macht das Verhalten der Studierenden mit mir?

Im Anschluss an den Lehrbesuch werten sowohl die hospitierte Lehrperson als auch die Hospitant:innen ihre Beobachtungen und Wahrnehmungen unter Zuhilfenahme geeigneter Selbstevaluationsmethoden aus. Die hospitierte Lehrperson könnte hierzu beispielsweise einen Fragebogen zur Selbstwahrnehmung des Seminarverlaufs ausfüllen (Rohr et al., 2016) und die Hospitant:innen prüfen ihre Mitschriften auf die Einhaltung der Feedback-Regeln und ergänzen gegebenenfalls noch Aspekte, die sie im Feedback aufgreifen wollen. Basierend auf diesen individuellen Reflexionen und mit einem gewissen zeitlichen Abstand zur Unterstützung einer professionellen Distanz zur Lehrsituation kann dann die Nachbesprechung stattfinden (Hidding-Kalde, 2013; Rohr et al., 2016).

2.1.3 Feedback-Phase: Feedback-Gespräche und gemeinsame Reflexion

Die finale **Auswertung** und Reflexion der Hospitation erfolgen in einem strukturierten Gespräch zwischen den Lehrenden. Dieser Austausch bietet die Gelegenheit, Selbst- und Fremdwahrnehmung miteinander abzugleichen und eine Außenperspektive auf die eigene Lehre zu erhalten. Dabei ist es wichtig, folgende Punkte zu beachten: Was waren die vorab getroffenen Vereinbarungen zu den Beobachtungsschwerpunkten? Werden die Feedback-Regeln beachtet? Gibt es seitens der hospitierten Person den Wunsch nach einem Feedback inklusive gegenseitiger Beratung/Reflexion? Insbesondere wenn letzteres nicht der Fall ist, dann gilt es, sich als Hospitant:in mit Verbesserungsvorschlägen und Hypothesen zurückzuhalten. Gleichzeitig gewinnt die Kollegiale Hospitation einen enormen Mehrwert, wenn neben den reinen Wahrnehmungen auch die jeweils individuellen Hypothesen, Reflexionen, ›Learnings‹ und Erfahrungen miteinfließen können. Hier beginnt Lernen über das Individuum hinaus und Peer-Learning wird ermöglicht (Brenk, 2013; Kutting, 2010; Rohr et al., 2016).

Literaturtipps

Weitere Beschreibungen zur Durchführung von Lehrbeobachtungen und deren Auswertung finden sich u.a. bei

Buhren, C. G. (2012). *Kollegiale Hospitation* (2. Ausg.). Carl Link (vor allem ab Kapitel 5).

Außerdem lohnt ein Blick in Kapitel 6.1 zur ›Kollegialen Hospitation‹ des folgenden Buchs:

Rohr, D., den Ouden, H. & Rottlaender, E.-M. (2016). *Hochschuldidaktik im Fokus von Peer-Learning*. Beltz Juventa.

2.2 Integration der Ergebnisse in die Lehrentwicklung

Nachdem der gemeinsame Teil der Kollegialen Hospitation abgeschlossen wurde, können die gewonnenen Impulse Eingang in die eigene Lehrpraxis finden. Am Anfang steht eine **gründliche Selbstreflexion**, die das erhaltene Feedback sowie die eigenen Erwartungen und Ziele der Hospitation gleichermaßen berücksichtigt. Daraus können konkrete Maßnahmen abgeleitet werden: Es geht darum, Stärken zu identifizieren, die weiter ausgestaltet werden können, ebenso wie Entwicklungspotenziale, die noch individuelles Wachstum erlauben. Ganz im Sinn des Projektmanagements kann es hilfreich sein, »SMARTe-Ziele« (BMI, 2024) für die Umsetzung dieser Maßnahmen zu formulieren und dabei potenzielle Weiterentwicklungen eher sukzessiv anzugehen. Maßnahmen könnten zum Beispiel der Einsatz neuer Lehrmethoden in der eigenen Lehre sein, neue Strategien im Umgang mit den Studierenden, die Arbeit am eigenen Auftreten oder auch der Besuch hochschuldidaktischer Qualifizierungsangebote. Ebenfalls sehr gewinnbringend kann es sein, mit den Studierenden selbst in den Austausch über die Rückmeldungen zur Lehre zu kommen und geplante Veränderungen transparent zu machen. Das Einholen von studentischem Feedback oder der Einsatz kontinuierlicher Evaluationen (siehe auch die Beiträge von Philipp und Hercher in diesem Band) bieten gute Möglichkeiten, die studentische Perspektive in den Prozess miteinzubeziehen. Es ist außerdem sinnvoll, den kollegialen Austausch fortzusetzen, indem regelmäßig Peer-Feedback eingeholt wird. Es geht darum, eigene Erfahrungen mit Kolleg:innen zu teilen und zu einem konstruktiven Austausch zu ermutigen. Die Integration von verschiedenen Feedback-Quellen bietet eine umfassende Perspektive auf die Lehrpraxis. Um den eigenen Entwicklungsprozess und die eigene Professionalisierung sichtbar zu machen, können Lehrportfolios, Entwicklungstagebücher oder vergleichbare Instrumente genutzt werden.

Zwischenfazit

Im vorherigen Abschnitt haben Sie eine Übersicht über Kollegiale Hospitationen erhalten. In diesem Setting wird das Kollegiale Feedback flankiert durch Lehrbeobachtungen sowie Elemente der Selbstreflexion, wodurch der Mehrwert nicht nur für die hospitierte Person steigt, sondern insbesondere auch für die hospitierenden Lehrenden.

3. Kollegiale Fallberatung - Schritt für Schritt

Der Schritt von Kollegialer Hospitation hin zur **Kollegialen Beratung** scheint – vor dem Hintergrund des Kernthemas ›Feedback‹ – möglicherweise zunächst einmal nicht selbsterklärend zu sein. Ursprünglich entwickelt wurde diese Fallberatungsform aus verschiedenen kollegialen Arbeitsformen wie Supervision und »Balint-Gruppen« (Bennewitz & Grabosch, 2017; Fiege & Dollase, 1998; Franz & Kopp, 2003; Lindekamp, 2011). Mittlerweile hat sich die Kollegiale Fallberatung als ein zentrales Konzept in der Lehramtsfortbildung und der Sozialarbeit etabliert, um komplexe professionelle Handlungssituationen zu reflektieren, zu bearbeiten und zu bewältigen. Immer häufiger findet sie außerdem auch Anwendung im Kontext universitären Lehrens und ist auch zum Teil fester Bestandteil hochschuldidaktischer Weiterbildungsprogramme (Hochschuldidaktik NRW, 2020). Die Kollegiale Fallberatung basiert auf dem Gedanken, dass Personen aus einem grundsätzlich ähnlichen beruflichen Bereich einander als Ressourcen bei beruflichen Herausforderungen dienen können. Anders als in Kollegialen Hospitationssituationen, die eine konkrete und zielgerichtete Rückmeldung von einer Lehrperson an eine andere ermöglichen, zielt Kollegiale Beratung darauf ab, gemeinsam als Gruppe Lösungen für konkrete berufliche Herausforderungen zu entwickeln. Es steht also weniger das direkte Feedback im Vordergrund als vielmehr die Erweiterung der individuellen Perspektiven auf bestehende Herausforderungen. Sie geht damit über ein reines Feedback hinaus und eröffnet einen Reflexions- und Lernraum für alle Beteiligten. Zentraler Bestandteil einer Kollegialen Fallberatung ist dabei die Bearbeitung eines durch eine teilnehmende Person (Falleinbringer:in) eingebrachten berufsbezogenen Beratungsanliegens, welches in Kleingruppen strukturiert bearbeitet wird (Bennewitz & Daneshmand, 2010; Tietze, 2010). Dieser Abschnitt geht näher auf die Anwendung der Kollegialen Fallberatung an der Universität ein und nimmt ihre Bedeutung für die Reflexion und Bewältigung komplexer professioneller Situationen im universitären Kontext in den Blick.

Exkurs zu Supervision und Balint-Gruppen

›**Supervision**‹ bezeichnet ein Beratungsformat, das darauf abzielt, die berufliche Praxis von Einzelpersonen oder Gruppen zu reflektieren und zu verbessern. Supervision kann in Form von Einzelsitzungen, Gruppen- oder Teamsitzungen durchgeführt werden und verschiedene Programme wie Fallarbeit, Institutionsanalyse und Selbstthematisierung umfassen. Der Prozess der Supervision wird idealerweise konzeptgeleitet durchgeführt, wobei der:die Supervisor:in die Beratungssitzungen anleitet und geeignete Interventionen einsetzt. Es handelt sich dabei um eine formal asymmetrische Beziehung zwischen dem:der Supervisor:in und dem:der Supervisand:in, die auch über mehrere Beratungssitzungen hinweg aufrechterhalten wird (Tietze, 2010).

›**Balint-Gruppen**‹ sind benannt nach dem ungarischen Psychoanalytiker Michael Balint, der sie in den 1950er Jahren entwickelte. Es handelt sich um spezielle Gruppen für Gesundheitsfachkräfte, insbesondere für Ärzt:innen und Therapeut:innen, in denen sie sich regelmäßig treffen, um Fälle aus ihrer eigenen Praxis zu diskutieren. Das Hauptziel von Balint-Gruppen ist es, den Teilnehmenden zu helfen, ein tieferes Verständnis für die psychodynamischen Aspekte der jeweiligen Patient:innen-Beziehung und -Interaktion zu entwickeln, insbesondere für die Übertragungs- und Gegenübertragungsdynamiken. Die Teilnehmenden bringen Fälle aus ihrer eigenen Praxis ein und tauschen sich darüber aus, wie sie mit den Herausforderungen in der therapeutischen Beziehung umgehen. Durch die Diskussion in der Gruppe sollen die Mitglieder sensibler für die verborgenen emotionalen Prozesse werden, die in der ärztlichen Arbeit auftreten können (Balint, 1957).

3.1 Allgemeine Merkmale der Kollegialen Fallberatung

Es wurde bereits angedeutet, dass es sich bei der Kollegialen Fallberatung nicht einfach nur um einen lockeren Austausch unter Kolleg:innen handelt, sondern gewisse Merkmale diese Form der Beratung von anderen Beratungsformen abgrenzen und ihr eine Struktur geben. Sie ergeben sich aus der Definition nach Tietze (2010) und ermöglichen bereits einen guten ersten Einblick in das Konzept.

Definition

In Anlehnung an Tietze (2010) beschreibt **Kollegiale Beratung** ein Format der personenorientierten Beratung, bei der:

- die Beratung im Gruppenmodus stattfindet,
- die Fälle aus der Berufspraxis der Teilnehmenden kommen,
- der Beratungsprozess durch ein konkretes Vorgehen gekennzeichnet ist
- und die Teilnehmenden ohne konstante Leitung mit wechselnden Rollen agieren.

Im Sinne des **Peer-Gedankens** findet Kollegiale Fallberatung gleichberechtigt unter Kolleg:innen statt (siehe hierzu auch Tab. 1: Alleinstellungsmerkmale Kollegialen Feedbacks); idealerweise haben die Teilnehmenden ein vergleichbares berufliches Tätigkeitsfeld (in unserem Fall die Hochschule), sind einander inhaltlich jedoch nicht so nah, dass sie ›betriebsblind‹ werden (beispielsweise indem sich die Gruppe fakultätsübergreifend zusammensetzt; Schnebel, 2007). Es braucht keine Expertise oder Leitung von außen, da sich die Gruppe mithilfe eines Ablaufschemas selbst organisieren kann. Dies schafft eine offene und möglichst freie Diskussionsumgebung (Gomersall, 1997; Patrzek & Scholer, 2018; Schreiber & Frank, 1983). Ihre Beziehung in der Beratungssituation ist gleichermaßen wechselseitig wie umkehrbar und die Rollen können von Treffen zu Treffen getauscht werden. Alle partizipieren freiwillig an der Kollegialen Fallberatung (Meißner & Greiner, 2022).

Die Anzahl der **Teilnehmenden** einer Kollegialen Fallberatung variiert je nach Umsetzungsvariante, aus der Erfahrung sowie der Literatur heraus empfehlen sich Gruppengrößen von fünf bis acht aktiven Teilnehmenden. Sind die Gruppen zu klein, ist die Beratung häufig nicht sehr ergiebig und die Gruppen neigen dazu, Rollen doppelt zu besetzen, was wiederum zu einer diffusen Ausgestaltung der Rollen führt. Werden die Gruppen zu groß, verliert die Beratungssituation gegebenenfalls den persönlichen und vertraulichen Charakter und es ergibt sich kein flüssiger Diskurs (Kopp & Vonesch, 2003; Patrzek & Scholer, 2018; Rohr et al., 2016; Tietze, 2012).

Das Ziel der Kollegialen Fallberatung liegt in der Entwicklung (kurzfristig) umsetzbarer Lösungen für aktuelle berufliche Herausforderungen, wie beispielsweise interpersonelle Problematiken (zum Beispiel Wahrung eigener Grenzen bei der Betreuung Studierender) oder intrapersonelle Themen (beispielsweise Rollenkonflikte; Gudjons, 1983; Rimmasch, 2003; Schlee, 2019; Thiel, 2000). Auch vergangene Anliegen als **Beratungsfälle** sind denkbar, sofern sie noch immer als problematisch empfunden werden und dadurch ihre Aktualität behalten (Bennewitz & Daneshmand, 2010). Nicht geeignet sind Fälle privater Natur ohne Bezug zum beruflichen Kontext oder solche, welche durch die Grenzen der Organisation oder des Systems ohnehin keine Lösung zulassen (Meißner & Greiner, 2021; Tietze, 2019). Auch fiktive Situationen eignen sich üblicherweise nicht für Kollegiale Fallberatungen, da sie zu viele Spekulationen erlauben.

Der **Beratungsprozess** einer Kollegialen Fallberatung orientiert sich strikt nach Ablaufschemata, welche je nach Variante variieren, aber in der Regel die gleichen Kernelemente aufweisen: Festlegung der Rollen, Schilderung des Anliegens, Erarbeiten von Hypothesen, Erarbeitung von Handlungsoptionen. Dabei macht man sich die verschiedenen Perspektiven der Peer-Gruppe zunutze und schafft bestenfalls einen Mehrwert für alle an der Beratung beteiligten Personen (Meißner & Greiner, 2022; Rimmasch, 2003).

Reflexionsfragen

Gibt es berufliche Herausforderungen in Ihrem Arbeitsbereich, für die Sie sich spontan eine Kollegiale Fallberatung vorstellen könnten?
Haben Sie Kolleg:innen, die Ihnen beruflich nah genug sind, um Sie in Ihren Anliegen beraten zu können?
Wären Sie als Peer-/Kolleg:innen-Gruppe gleichzeitig heterogen genug, um von multiplen Perspektiven profitieren zu können?
Stellen Sie sich eine einmalige Intervention vor oder ist eine feste Gruppe an Peers mit wechselnden Rollen denkbar?

Literaturtipps

Falls Sie sich über die skizzierten einführenden Informationen hinaus mit der Kollegialen Fallberatung und ihrer Abgrenzung von anderen Beratungsformen wie der Supervision oder dem Coaching beschäftigen möchten, siehe

Schlee, J. (2019). *Kollegiale Beratung und Supervision für pädagogische Berufe. Hilfe zur Selbsthilfe – Ein Arbeitsbuch* (4., erw. Aufl.). Kohlhammer.

Bezüge zur Theorie und Forschung finden sich u.a. bei

Tietze, K.-O. (2010). *Wirkprozesse und personenbezogene Wirkung von kollegialer Beratung. Theoretische Entwürfe und empirische Forschung.* VS Verlag für Sozialwissenschaften.

Zwischenfazit

Die Kollegiale Fallberatung hat sich als ein zentrales Konzept in der professionellen Entwicklung etabliert, basierend auf kollegialen Arbeitsformen wie Supervision und Balint-Gruppen, wobei der Fokus weniger auf direktem Feedback liegt, sondern vielmehr auf der gemeinsamen Entwicklung von Lösungen für berufliche Herausforderungen. Sie bietet eine strukturierte Beratung im Gruppenmodus, in der Teilnehmende aus ähnlichen beruflichen Bereichen als Ressourcen fungieren und sich wechselseitig unterstützen, um praktikable Lösungen zu erarbeiten.

3.2 Ist mein Fall überhaupt geeignet?

Es lohnt sich, ein wenig mehr Zeit auf die Auswahl geeigneter Fälle zu verwenden, da sich hier erfahrungsgemäß Noviz:innen dieses Beratungs-Settings etwas schwer mit der Entscheidung tun, ob der eigene Fall überhaupt angemessen ist. Grundsätzlich gilt:

Definition

»Unter einem **Fall** wird in der Literatur zu Supervision und kollegialer Beratung [...] ein konkreter Ausschnitt aus der beruflichen Praxis – eine Episode, ein Ereignis, eine Situation, eine Interaktion, ein Problem – verstanden, der für eine Person subjektiv bedeutsam und in gewisser Hinsicht noch nicht abgeschlossen erscheint.« (Tietze, 2010, S. 67).

Das schließt, wie im vorangegangenen Abschnitt 3.1, private Anliegen ohne Auswirkungen auf die berufliche Situation aus. Konkret würde das bedeuten, dass beispielsweise eine private Trennung an sich kein angemessenes Anliegen darstellt. Die Herausforderungen, trotz einer nun belastenden familiären Situation als Lehrperson oder Kolleg:in weiterhin professionell zu agieren, könnten sich aber durchaus für eine Fallberatung qualifizieren. In beiden Fällen ändert sich etwas im privaten Umfeld, aber nur im zweiten Fall ist es beruflich relevant. Ähnlich verhält es sich mit Fällen, die an organisatorisch bedingte Grenzen stoßen. Wenn es in einer Studien- oder Prüfungsordnung klare Regeln dazu gibt, ob Studierende grundsätzlich die Möglichkeit auf Fristverlängerung haben (selbstverständlich außerhalb legitimer Gründe wie nachgewiesener Krankheit), dann eignet sich ein Einzelfall nicht für eine Beratung, denn die Regelungen sind klar. Gibt es diese jedoch nicht, dann liegt die Entscheidung über den Einzelfall bei der Lehrperson, und diese Entscheidung ist manchmal nicht so einfach zu treffen. Hier könnte eine Kollegiale Beratung beim Entscheidungsprozess unterstützen.

Nicht geeignet zur Besprechung in einer Gruppe sind hingegen Fragen, bei denen alle Berater:innen gleichermaßen vom Problem betroffen sind. Hier ist es schwierig, den nötigen Abstand herzustellen und Lösungen außerhalb der eigenen verinnerlichten Denkmuster zu finden. Schwierig wird es auch, wenn innerhalb der Gruppe Spannungen bestehen. Sie erschweren zum einen die Beratung Dritter und sind zum anderen gänzlich ungeeignet, innerhalb der Gruppe besprochen zu werden (Tietze, 2012).

Beispiel

Momente aus der Praxis

»Eine Studentin hat die eigentlich sehr deutlich kommunizierte Deadline schon zwei Mal gesprengt. Ihre Begründung dafür kann ich durchaus nachvollziehen und es tut mir leid, dass ihre private Situation ihr das Studium gerade so schwer macht. Ich würde sie eigentlich gerne unterstützen. Trotzdem bin ich unsicher, ob ich ihr noch eine Verlängerung zugestehen soll. Irgendwie ist das dann ja auch unfair gegenüber den Kommiliton:innen, die pünktlich eingereicht und eventuell auch private Sorgen haben, von denen ich nur nichts weiß.«

»Ich betreue zurzeit einen Studenten bei seiner Abschlussarbeit. Er tut sich mit dem gesamten Prozess sehr schwer. Ich weiß außerdem, dass in seinem Studiengang wenig Gelegenheiten verankert sind, das Schreiben wissenschaftlicher Arbeiten zu erlernen, und ich finde es unfair, dass die Studierenden an etwas scheitern, was sie eigentlich nicht zu verantworten haben. Trotzdem habe ich langsam das Gefühl, wenn ich noch mehr Hilfestellung leiste, bewerte ich irgendwann mich selbst und nicht den Studenten.«

»Ich arbeite im Bereich DaF/DaZ. Neben den primären inhaltlichen Lernzielen nehmen sekundäre normative Lernziele einen großen Anteil in unseren Seminaren ein. Formal geprüft werden allerdings lediglich die inhaltlichen Lernziele. Ich bin leider immer wieder in der Situation, dass ich Studierenden eine Zusatzqualifikation DaF/DaZ ausstellen muss, diese Studierenden aber die dort attestierten Lernziele zum Diversitätsbewusstsein absolut nicht erreicht haben. Unglücklicherweise sind diese jedoch kein Teil der Prüfung, formal haben sie [die Studierenden] bestanden. Ich kann die doch aber so nicht an die Schule lassen?«

»Wir betreuen lehrstuhlübergreifend ein Modul im Master. Bei uns bin ich die Verantwortliche, am anderen Lehrstuhl ein wissenschaftlicher Mitarbeiter. Die beiden Lehrstühle stehen in großer Konkurrenz zueinander, wer welche Anteile in die Veranstaltung einbringen darf. Die Kommunikation läuft über drei Ecken bzw. über uns als Mitarbeitende und nie direkt über die zuständigen Professor:innen. Demnächst muss ich direkt mit dem Professor des anderen Lehrstuhls kommunizieren und ich befürchte, durch die dann noch stärker werdende Hierarchie völlig ins Hintertreffen zu geraten. Ich weiß einfach nicht, wie ich unsere Lehrstuhlinteressen durchsetzen kann, dabei bin ich die Modulverantwortliche.«

»Vor zwei Wochen ist eine Studentin auf mich zugekommen und hat mir erzählt, dass sie sich als non-binär identifiziert, und mich gebeten, Neopronomen zu nutzen. Das zu sagen, ist mir wirklich unangenehm, aber ich weiß wirklich überhaupt nicht, wie ich damit umgehen soll. Ich komme aus einem sehr konservativen Umfeld, die ganze Queer-Thematik überfordert mich ohnehin, und damit meine ich nicht nur organisatorische Aspekte, wie zum Beispiel die Änderung des Namens bei Prüfungen oder so. Wie gehe ich denn jetzt bloß mit der Situation um?«

»Ich bin vor einer Weile nach Abschluss meines PhDs zur Gruppenleiterin ernannt worden. Dadurch habe ich organisatorisch nun einige PhD-Studierende unter mir, mit denen ich zuvor noch gemeinsam studiert habe. Mit einer von ihnen war ich zuvor auch befreundet, aber seit meinem Positionswechsel kommt sie mit dem beruflichen Rollenwechsel überhaupt nicht klar und ich weiß nicht, wie ich mit den sich daraus ergebenden Schwierigkeiten umgehen soll.«

Sie finden in den Beispielen eine **große Spanne an tatsächlichen Beratungsanliegen** aus der hochschuldidaktischen Praxis. Gemeinsam ist ihnen eine gewisse Komplexität der Sache sowie die Tatsache, dass sie eben nicht mit einem einfachen »Ja« oder »Nein« zu beantworten sind. Häufig schwingt auch eine emotionale Komponente mit oder Haltungen und Werte spielen eine Rolle. Es wird erkennbar, warum Vertraulichkeit in diesen Beratungsprozessen so wichtig ist.

Merke

!!

Geeignete Fälle

- sind akut oder wirken nach und betreffen die falleinbringende Person,
- haben Bezug zu beruflichen Situationen,
- betreffen Personen oder Problemfelder außerhalb der Beratungsgruppe.

Ungeeignete Fälle

- sind nicht beeinflussbarer struktureller Natur,
- beschäftigen sich mit ausschließlich privaten oder sogar therapeutischen Anliegen,
- betreffen alle Teilnehmer:innen gleichermaßen.

Reflexionsfragen

?

Denken Sie an Ihre spontanen Überlegungen zu geeigneten Fällen aus Ihrem Arbeitsbereich zurück: Sind diese mit den erweiterten Informationen zu geeigneten Fällen noch passend? Würden Sie diese immer noch in der zuvor überlegten Gruppenkonstellation besprechen wollen oder müssten Sie entweder den Fall oder die Gruppenzusammensetzung überdenken?

3.3 Wer bin ich – und wenn ja, wie viele?

Im Sinn der Gleichrangigkeit aller Beteiligten gibt es verschiedene Rollen, die verschiedene Aufgaben und Funktionen haben. Das Grundprinzip der Kollegialen Fallberatung besagt, dass jede:r Teilnehmer:in, der:die das Format kennt, jede Rolle einnehmen kann und soll. Diese Rollen werden immer zu Beginn des Beratungsprozesses neu festgelegt und umfassen: Moderation, Falleinbringer:in, Berater:in, Protokollant:in (und gegebenenfalls Zeitwächter:in und Beobachter:innen; Al-Kabbani & Urban, 2019; Kopp & Vonesch, 2003; Schmid et al., 2013; Tietze, 2012).

Die **Moderation** hat die Aufgabe, am Anfang einer Sitzung an die Regeln zu erinnern, die Fälle zu sammeln und gemeinsam mit der Gruppe zu sortieren, welche Fälle in welcher Reihenfolge bearbeitet werden sollen. Weiterhin ist die Moderation dafür verantwortlich, dass die Struktur der Kollegialen Fallberatung und die allgemeinen Gesprächsregeln eingehalten werden. Die Moderation kann während einer Beratungssitzung wechseln. Die Moderation kann bei kleinen Gruppen auch beraten, sollte aber nicht Falleinbringer:in sein. Es empfiehlt sich, dass die Moderation eines Falls möglichst ›weit weg‹ von dem Fall ist, also keinen persönlichen Bezug dazu hat. Sie ist auch häufig ›Time-Keeper‹.

Wie der Name schon sagt, ist der:die **Falleinbringer:in** diejenige Person, die das aktuelle Beratungsanliegen einbringt. Der:die Falleinbringer:in schildert den Fall sachlich sowie persönlich und ist bereit, sich auf einen darauf bezogenen reflexiven Prozess einzulassen. Es geht nicht darum, sich für den aktuellen ›Status quo‹ zu rechtfertigen, sondern die bisherige Sicht infrage zu stellen und die Impulse aus der Kollegialen Beratung als Anregungen zu begreifen (Al-Kabbani & Urban, 2019; Kopp & Vonesch, 2003; Tietze, 2012).

Alle Anwesenden, die nicht moderieren und die nicht den Fall eingebracht haben, sind **Berater:innen**. Sie sollen dem:der Falleinbringer:in dabei helfen, das Problem zu strukturieren, das Anliegen wenn möglich zu klären, und möglichst viele neue Perspektiven bei der Betrachtung des Problems und/oder Lösungsmöglichkeiten anbieten (Preuß et al., 2020). Die Berater:innen sollen nicht Schuld zuweisen, Verhalten werten, zu bestimmten Lösungen überreden/drängen, andere Lösungsvorschläge (be)werten oder kritisieren oder nach Lösungen für eigene Probleme suchen.

Es hat sich bewährt, die Phasen und Ergebnisse der Beratungssitzungen schriftlich festzuhalten – die Rolle des:der **Protokollant:in**. Dies kann auf einem Flipchart geschehen, oder – noch besser – direkt in einem kollaborativen Online-Tool. Wichtig ist, dass die Ergebnisse auch im Nachgang noch verfügbar sind und auch während der Beratung den Teilnehmenden als Gedankenstütze bereitstehen. Die Rolle des:der Protokollant:in kann durch die Moderation übernommen werden, idealerweise ist sie davon jedoch getrennt.

Als weitere Rollen können ein:e **Zeitwächter:in** bestimmt werden oder – zum Beispiel in größeren Gruppen – **Beobachter:innen** (»**Reflecting-Team**«). Insbesondere ersteres kann sinnvoll sein, wenn bereits die Rollen der Moderation und der Schriftführung zusammenfallen (Kopp & Vonesch, 2003; Linderkamp, 2011; Rohr et al., 2016; Tietze, 2012).

!!

Merke

Die Rollen in der Kollegialen Fallberatung sind reversibel und dauern immer nur für den aktuellen Fall an.

Moderation: leitet durch den Prozess unter Berücksichtigung der Einhaltung des Ablaufschemas.

Falleinbringer:in: bringt den aktuellen Fall ein und ist bereit, offen über dessen Facetten zu sprechen sowie neue Perspektiven in Betracht zu ziehen.

Berater:innen: fokussieren sich auf den eingebrachten Fall und entwickeln wertungsfrei Hypothesen und Lösungsansätze.

Weitere Rollen wie **Zeitwächter:innen** oder ein »**Reflecting-Team**« können den Prozess unterstützen.

Reflexionsfragen

Welche Herausforderungen könnten den jeweiligen Rollen inhärent sein?
Welche Chance bietet das deutliche Trennen der Rollen?

Literaturtipps

Vertiefende Beschreibungen zu den einzelnen Rollen und ihren Aufgaben können nachgelesen werden bei

Kopp, R. & Vonesch, L. (2003). Die Methodik der Kollegialen Fallberatung. In H.-W. Franz & R. Kopp (Hrsg.), *Kollegiale Fallberatung. State of the Art und kollegiale Praxis* (S. 53-92). EHP.

sowie bei

Tietze, K.-O. (2012). *Kollegiale Beratung. Problemlösungen gemeinsam entwickeln.* Rowohlt.

Zwischenfazit

Die Kollegiale Fallberatung erfordert eine sorgfältige Auswahl geeigneter Fälle, die aus beruflichen Situationen stammen und eine gewisse Komplexität aufweisen, wobei private Anliegen ohne Berufsbezug ausgeschlossen sind. Die Beratungssitzungen folgen einem strukturierten Ablauf, bei dem verschiedene Rollen wie Moderation, Falleinbringung und Beratung eingenommen werden, um eine vielseitige Perspektive auf die Probleme zu gewährleisten.

3.4 Der konkrete Beratungsprozess

Neben den Rollen der Teilnehmenden bildet ein **festes Ablaufschema** den Kern einer jeden Kollegialen Fallberatung. Dabei gibt es durchaus Unterschiede: a) wie viele Phasen das jeweilige Schema vorsieht, b) wie zeit-diszipliniert diese Phasen durchlaufen werden und c) wie stringent sich eine Gruppe überhaupt an die Phasen hält. Erfahrungsgemäß mag das Beratungsschema von außen zwar sehr kleinschrittig und überstrukturiert wirken, aber Disziplin bei Einhaltung der Phasen führt in der Regel zu deutlich besseren, im Sinne von kreativeren und vielfältigeren, Ergebnissen. Hierfür lassen sich zwei Gründe identifizieren: Zum einen erzwingt die Einhaltung des Schemas, wie es hier gleich vorgestellt wird, eine sehr strikte Trennung von Problemanalyse und Problemlösung. Das ist etwas, was den Teilnehmenden zu Beginn häufig schwerfällt und sich gegebenenfalls auch etwas konstruiert anfühlt, sofern noch die Routine fehlt. Es verhindert aber, dass vorschnell Lösungen gesucht werden, bevor die Gruppe den Fall überhaupt umfangreich durchdrungen hat. Dadurch hilft es dabei, über die üblichen Lösungsideen hinaus den Raum für Perspektiven zu öffnen und nicht unreflektiert zu einem »Das liegt doch ganz klar an …« zu kommen. Zum anderen unterstützt das feste Schema eine gewisse Habitualisierung des Prozesses, sodass sich die Teilnehmenden schon nach kurzer Zeit gänzlich auf die Inhalte des Beratungsprozesses konzentrieren können, ohne ständig über das »Wie?« und das »Was kommt eigentlich als Nächstes?« nachdenken zu müssen. Im Folgenden soll ein genauerer Blick auf die Beratungsphasen geworfen werden, wie sie in der Stabsstelle Bildungsinnovationen und Hochschuldidaktik der Universität Paderborn umgesetzt werden. Dieses Ablaufschema ist angelehnt an Schemata, wie sie im Kern auch bei Macha und Kolleg:innen (2010), Müller (2003), Patrzek und Scholer (2018) sowie Schmid und Kolleg:innen (2013) zu finden sind.

Abb. 1: Ablauf der Kollegialen Fallberatung

Quelle: Stabsstelle Bildungsinnovationen und Hochschuldidaktik (Universität Paderborn)

Zusatzmaterial: Fallberatung Ablaufschema
https://www.utb.de/do/10.36198/9783838563305-m04

3.4.1 Vorbereitung

Bevor die tatsächliche Fallberatung stattfindet, sollten die Rahmenbedingungen geklärt werden:

- Gibt es ein akutes und tatsächliches Anliegen, welches sich für eine Beratung eignet?
- Gibt es eine hinreichende Anzahl an Personen, die an der Fallberatung teilnehmen werden?
- Welches Format soll gewählt werden: digital unter Nutzung eines Videokonferenz-Tools wie Zoom oder lieber in Präsenz vor Ort?
- Falls Letzteres: Gibt es einen geeigneten Raum, der auf dem Campus für die Beratung genutzt werden kann?
- Wie viel Zeit wird für den Termin angesetzt? Soll ein einzelner Fall besprochen werden oder sollen zwei bis drei Fälle besprochen werden? Pro Fall sollten 60 bis 90 Minuten eingeplant werden.

Außerdem ist es wichtig, dass sich alle Teilnehmenden noch einmal die Regeln zur Kollegialen Fallberatung vergegenwärtigen und diese im Beratungsverlauf zu jeder Zeit Berücksichtigung finden. Ein Beispiel zum Download und Ausdrucken findet sich hier:

Zusatzmaterial: Regeln und Rollen einer Kollegialen Fallberatung
https://www.utb.de/do/10.36198/9783838563305-m05

Ebenfalls hat es sich bewährt, die Phasen einer Kollegialen Fallberatung für die Teilnehmenden sichtbar bereitzustellen. Im Vorfeld, aber auch während der ersten Durchführungen kann es hilfreich sein, eine ausführliche Übersicht anzubieten:

Zusatzmaterial: Phasen einer Kollegialen Fallberatung
https://www.utb.de/do/10.36198/9783838563305-m06

Im weiteren Verlauf ist eine knappere visuelle Aufbereitung, wie die oben dargestellte Grafik, als Erinnerungsstütze hilfreicher und völlig ausreichend.

3.4.2 Phase 1 – Themenfindung und Rollenverteilung (5 bis 10 Minuten)

Der eigentliche Termin startet mit der Begrüßung der Teilnehmenden, bei Bedarf gefolgt von einer Erläuterung der Methode. Hier hat es sich bewährt, das **Ablaufschema als Visualisierung** bei jeder Beratung bereitzustellen, sodass es jederzeit als Rückversicherung zur Verfügung steht. Gleiches gilt für die Beratungs- sowie Feedback-Regeln. In dieser Phase findet außerdem die Rollenverteilung statt: Wer bringt den Fall ein, wer moderiert den Prozess, braucht es weitere Rollen? Gibt es mehr als eine Person, die einen Fall einbringen möchte, handelt die Gruppe aus, in welcher Reihenfolge die Fälle bearbeitet werden sollen. Dafür sollten alle potenziellen Fälle mit maximal ein bis zwei Sätzen pointiert umrissen werden, sodass sich die Gruppe für das dringlichste bzw. relevanteste Anliegen entscheiden kann. Es kann hilfreich sein, zu klären, wie die Falleinbringer:innen die Dringlichkeit ihrer jeweiligen Fälle selbst einschätzen, denn oft ergibt sich daraus bereits eine Reihenfolge. Ebenso ist es durchaus möglich, dass Fälle hinreichend ähnlich sind, sodass Personen aus der Bearbeitung eines Falls gleichermaßen für das eigene Anliegen schöpfen können. Sobald der Ablauf feststeht, kann die Gruppe in die konkrete Beratungsschleife wechseln.

Alle folgenden Praxisbeispiele geben – stark verkürzt – Auszüge aus einer tatsächlichen Fallberatung im Rahmen des hochschuldidaktischen Einstiegsworkshops an der Universität Paderborn wieder. Der Sprachduktus kann daher vom Rest dieses Texts abweichen.

Beispiel

Klärung des Beratungsablaufs

Die Teilnehmenden bringen verschiedene Anliegen mit, von denen zeitlich maximal zwei besprochen werden können:

SR bringt kein eigenes Anliegen mit. Er meldet sich freiwillig direkt als Moderation und begleitet die Auswahl der Fälle. JH äußert den Wunsch, dass sein Anliegen im Bereich der Abschlussarbeitsbetreuung auf jeden Fall direkt zu Beginn besprochen wird, da ihn dieses wirklich sehr beschäftigt und er merkt, dass es ihn aktuell viele mentale Ressourcen kostet. Außerdem müsste eine Entscheidung im Betreuungsprozess zeitnah getroffen werden. Die Gruppe stimmt zu, alle anderen haben zwar Beratungsbedarf, sehen diesen aber nicht als so dringlich an. MT stellt ihr Anliegen daraufhin hinten an, da sie hofft, dass bei der Besprechung von JHs Fall auch für sie gute Perspektiven sichtbar werden. Bei den anderen Anliegen diskutiert die Gruppe kurz hin und her und entscheidet sich dann, AWs Fall stellvertretend für AW und LO zu besprechen. Deadlines und die Frage nach der Kulanz betreffen durchaus alle innerhalb der Gruppe mal, sodass dieses Thema insgesamt als relevant angesehen wird. FM treibt deren Thema aktuell nicht zu stark um, dey ist damit einverstanden, es schon einmal für einen Folgetermin festzulegen.[1]

1 In diesem und den folgenden Beispielen werden, für eine möglichst inklusive Ausgestaltung, Initialen und Neopronomen verwendet.

3.4.3 Phase 2 – Spontanerzählung und Befragung (10 Minuten)

Während dieser Phase schildert die falleinbringende Person eine Situation oder ein Problem aus der beruflichen Praxis, zu welcher bzw. welchem sie eine Perspektiverweiterung durch die Kolleg:innen wünscht. Wichtig sind hierbei eine gewisse Offenheit und Bereitschaft der falleinbringenden Person, durchaus persönliche Sichtweisen und Empfindungen zum dargestellten Fall mit der Gruppe zu teilen und sich dann im weiteren Verlauf auf andere Perspektiven einzulassen. Während der **Spontanerzählung** hören die Berater:innen lediglich zu und machen sich bei Bedarf Notizen. Die Moderation stellt dies sicher und protokolliert bei Bedarf die Darstellung. Erfahrungsgemäß haben sich hier auch Visualisierungen als probates Mittel erwiesen, welche durchaus auch von der falleinbringenden Person vorgenommen werden können (siehe hierzu auch Patrzek & Scholer, 2018). Nach der Spontanerzählung haben die Berater:innen die Gelegenheit, Rückfragen zur Schilderung zu stellen und sich somit weitere Informationen zum Fall einzuholen. Dabei sollen keinerlei unterschwellige Bewertungen oder indirekte Lösungsansätze in die aktuelle Phase einfließen, es geht um ein Erfassen der dargestellten Situation (Knoll, 2008).

Beispiel

Fallbeschreibung durch JH

JH schildert die Situation rund um seine Abschlussarbeitsbetreuung:

In seinem Arbeitsbereich reichen Studierende vor Anmeldung der Abschlussarbeit ein Proposal ein, welches auch eine gewisse Qualität haben soll. Sie haben dafür bereits ein bis zwei Monate Zeit, sodass die Einarbeitung ins Thema bereits vor der Anmeldung erfolgen kann. Das akute Problem: Die Bearbeitung bei einem Studenten läuft mehr als schleppend, die Literaturrecherche benötigt viel Unterstützung, die Themenfindung ist schwierig, der erste Entwurf von eher schlechter Qualität. JH fragt sich, ob er noch weitere Bearbeitungsschleifen einbauen soll, was eigentlich nicht vorgesehen ist, oder ob er das Proposal einfach irgendwann zur Anmeldung der Arbeit freigeben soll.

Die Gruppe hat Rückfragen zur vorherigen Begleitung und erfährt durch Nachfragen, dass trotz Besprechung nur Kleinigkeiten am Proposal angepasst wurden und die größeren Probleme nicht bearbeitet wurden. Der Student arbeitet scheinbar auch an der falschen Stelle und beschäftigt sich eher inhaltlich mit Themen, die zwar für die Arbeit relevant sein mögen, aber nicht zu diesem Zeitpunkt. Die Gruppe erfährt auch, dass JH hohe Ansprüche an seine eigene Arbeitsqualität sowie an die Betreuung von Studierenden hat und er sich schon jetzt Sorgen macht, wie er die Arbeit weiter betreuen soll, wenn sie so angenommen wird. Es fällt ihm schwer, seine eigenen Grenzen zu wahren, und er entscheidet häufig lieber zugunsten der Studierenden, ohne Rücksicht auf seine eigenen beruflichen Bedürfnisse.

Reflexionsfragen

Bräuchten Sie aus Ihrer Sicht noch weitere Informationen, um den Fall im weiteren Verlauf beraten zu können?
Wenn ja, welche Fragen würden Sie gerne stellen wollen?

3.4.4 Phase 3 – Schlüsselfrage und Zielorientierung (2 bis 3 Minuten)

In dieser kurzen, aber wichtigen Phase geht es darum, das Anliegen zu konkretisieren und den Rahmen für die Lösungsfindung zu stecken. Die falleinbringende Person formuliert **eine konkrete Schlüsselfrage**, welche auf Verhaltensoptionen des:der Falleinbringer:in abzielt (und nicht auf nicht änderbare äußere Aspekte wie dritte Personen oder Rahmenbedingungen; Patrzek & Scholer, 2018). An dieser Stelle wird der Kern des eingebrachten Falls sichtbar. Neben dieser konkreten Fragestellung ist es sinnvoll, zugleich eine Zielorientierung festzulegen, d.h. einen Zielzustand, bei dem die falleinbringende Person mit dem Outcome des Falls zufrieden ist. Gleichermaßen können dabei auch die Grenzen kommuniziert werden, außerhalb derer die möglichen Lösungen nicht liegen sollten. Ein und dieselbe Schlüsselfrage kann – je nach Bedürfnis des:der Falleinbringer:in – durchaus zu unterschiedlichen Zielorientierungen führen. Im Zusatzmaterial finden Sie ein dezidiertes Praxisbeispiel zur Verdeutlichung.

Zusatzmaterial: Praxisbeispiel Zielorientierung
https://www.utb.de/do/10.36198/9783838563305-m07

Nicht alle Schemata zur Kollegialen Fallberatung inkludieren eine dezidierte Schlüsselfrage/Zielorientierung. Erfahrungsgemäß ist sie jedoch sehr hilfreich für den weiteren Beratungsprozess und hilft den Berater:innen, die Perspektive und die Handlungsoptionen der fallgebenden Person nicht aus den Augen zu verlieren.

Beispiel

Festlegung des Beratungsziels

JH fällt es schwer, sich auf eine Frage und einen Zielzustand festzulegen, da er sich auf der Achse zwischen maximaler Studierendenorientierung und Wahrung der eigenen Grenzen zu verorten versucht.
Als Schlüsselfrage formuliert er schließlich: Wie kann ich den Studenten im weiteren Verlauf angemessen betreuen?
Als Zielzustand formuliert er: Wenn der Student seine Arbeit anmeldet und am Ende abgibt, möchte ich, unabhängig vom erzielten Ergebnis, für mich sicher sein können, dass ich die Betreuung unter Berücksichtigung meiner eigenen Grenzen nach bestem Wissen und Gewissen geleistet habe und ich mich nicht für ein mögliches Scheitern verantwortlich fühle.

Reflexionsfragen

Im vorangegangenen Abschnitt 3.2 zu den Fällen haben Sie gegebenenfalls über eigene mögliche Fälle nachgedacht.
Wie könnten Schlüsselfragen und Zielformulierungen zu den jeweiligen Fällen aussehen?
Sind bei den Fällen verschiedene Zielformulierungen denkbar?
Was würde das für den Beratungsprozess bedeuten?

3.4.5 Phase 4 – Einholen von Assoziationen/»Sharing« (5 Minuten)

Diese Phase ist häufig eine ›Kann‹-Phase und keine ›Muss‹-Phase. Insbesondere in Konstellationen mit hohem Mitteilungsbedürfnis seitens der Berater:innen oder bei emotional aufgeladenen Fällen hilft die **Assoziationsphase** jedoch, diesem Raum zu geben. In einer kurzen Runde können alle Teilnehmenden ihre eigenen Erfahrungen oder Emotionen in und mit ähnlichen Situationen zum Ausdruck bringen. Wichtig ist, dass sich alle dabei wirklich kurzfassen, denn es geht nicht darum, einen zweiten Fall zu eröffnen. Das »Sharing« zeigt aber dem:der Falleinbringer:in, dass er:sie mit seinen:ihren Herausforderungen möglicherweise nicht alleine ist. Gleichzeitig kann es eine Entlastung für die Berater:innen darstellen, die dadurch an eigene Fälle erinnert werden, sodass sie sich im Anschluss auf den eingebrachten Fall konzentrieren können.

Beispiel

Assoziationen der Kolleg:innen

Die Teilnehmenden nehmen insgesamt eine hohe emotionale Belastung wahr. MT stellt fest, dass auch wenn der rechtliche oder organisatorische Rahmen häufig eindeutig sein mag, man doch oft versucht ist, sich von den individuellen Anliegen der Studierenden leiten zu lassen. FM wirft ein, dass es ja auch gar nicht möglich ist, alle möglichen individuellen Einzelfälle in allgemeinen Regeln festzuhalten, und dass das bei denen dann auch an deren Gerechtigkeitssinn appelliert. SR sieht das Anliegen aktuell entspannt, für ihn sind Regeln da, um nicht gebrochen zu werden, und er fühlt sich wenig verantwortlich für das Gelingen oder ›Nicht-Gelingen‹ seitens der Studierenden. Das sei bei ihm aber auch einfach ›Typsache‹.

Reflexionsfrage

Versetzen Sie sich in die Rolle eines:einer Berater:in: Welche Assoziationen haben Sie spontan zu dem eingebrachten Fall und wie würden Sie diese in zwei Sätzen auf den Punkt bringen?

3.4.6 Phase 5 – Problemanalysen und Hypothesen (10 Minuten)

Die Phase der **Hypothesenbildung** ist streng von der Phase der Lösungsfindung zu trennen. Das bedarf einer gewissen Übung und Begleitung durch die Moderation, da es den Berater:innen häufig zu Beginn nicht bewusst wird, wenn sie diese beiden Aspekte mischen. In dieser Phase gilt es jedoch zu vermeiden, sich durch Vorannahmen o.Ä. einschränken zu lassen. Während sich der:die Fallgeber:in hier völlig zurückhält, diskutieren und formulieren die Berater:innen Hypothesen zum eingebrachten Fall. Dies kann frei assoziativ geschehen, aber auch methodisch strukturiert werden durch Mindmaps, »Thinking Hats«, Kopfstandmethoden o.Ä. (Tietze, 2012). Bei der Hypothesengenerierung lohnt es sich, bewusst immer wieder verschiedene Perspektiven und Ebenen in den Blick zu nehmen: Welche Rahmenbedingungen nehmen hier vielleicht Einfluss? Welche Aspekte gilt es bei dem:der Falleinbringer:in zu berücksichtigen? Wie stellt sich die Situation möglicherweise bei beteiligten Dritten dar? Welche Hypothesen entstehen, wenn man mal durch eine positive und mal durch eine negative Brille auf den Fall schaut? Wichtig: Alle Hypothesen sind zunächst gleichwertig; auch scheinbar Abwegiges hat seine Daseinsberechtigung. Hypothesen anderer Personen dürfen aufgegriffen, ergänzt und erweitert werden, sollen an dieser Stelle aber nicht diskutiert und kritisiert werden. Es geht nicht darum, die ›richtige‹ Analyse des Problems zu finden oder die Situation zu bewerten, sondern darum, möglichst viele Denkrichtungen zu erkunden (Patrzek & Scholer, 2018).

Beispiel

Auszug aus tatsächlichen Hypothesen

Die Kolleg:innen formulieren für JHs Anliegen u.a. folgende Hypothesen auf einem Flipchart:

- Dem Studierenden fehlt die Routine beim Verfassen wissenschaftlicher Arbeiten und er ist dadurch grundsätzlich mit dem Anfertigen einer Abschlussarbeit überfordert.
- JH hat hohe Erwartungen an die Qualität der Abschlussarbeit. Eventuell decken sich diese nicht mit den Erwartungen des Studierenden an die Arbeit. Vielleicht hat er einfach nur den Anspruch, die Arbeit als irgendwie bestanden verbuchen zu können, ohne den Wunsch nach einer guten Note.
- JH fällt es schwer, Verantwortung abzugeben und den Dingen ihren Lauf zu lassen.
- Die formalen Regelungen und Gelingensbedingungen sind vielleicht nicht klar genug kommuniziert.

Reflexionsfrage

Fallen Ihnen spontan noch weitere Hypothesen ein, die geeignet sind, den Fall konkreter zu durchdringen?

3.4.7 Phase 6 – Stellungnahme (5 Minuten)

Im Anschluss an die Fallanalyse hat die fallgebende Person die Möglichkeit, zu den Hypothesen Stellung zu beziehen und diese einzuordnen. Welche werden als eher zutreffend eingeschätzt, welche eher nicht (und warum nicht)? Hierdurch erhalten die Berater:innen Hinweise für den weiteren Verlauf der Kollegialen Fallberatung.

Beispiel

Stellungnahme des Falleinbringers

JH teilt die Hypothese zur mangelnden Kommunikation nicht, sowohl der Lehrstuhl als auch er haben an diversen Stellen mündliche und schriftliche Informationen zum Betreuungs- und Bearbeitungsverlauf herausgegeben und auch Gespräche mit dem Studierenden geführt sowie Fragen geklärt. Er sieht aber, dass es ihm selbst schwerfällt, Verantwortung abzugeben, und dass das in Betreuungssituationen nicht immer leicht ist. Die Hypothese zum Anspruch an das Ergebnis der Arbeit hat ihn überrascht, da er noch nie darüber nachgedacht hat, ob jemand eventuell nicht ›gut‹, sondern einfach nur ›gerade so‹ bestehen wollen würde. Aus seiner Sicht könnte an dieser Hypothese durchaus etwas dran sein, da der Studierende bereits eine feste Stelle nach dem Studium in Aussicht hat.

3.4.8 Phase 7 - Lösungsvorschläge (10 bis 15 Minuten)

Im vorletzten Schritt der Kollegialen Fallberatung hält sich der:die Falleinbringer:in wieder zurück und die Berater:innen sammeln mögliche **Lösungsoptionen,** basierend auf den zuvor erarbeiteten Hypothesen und unter Berücksichtigung der vorherigen Stellungnahme. Wichtig ist auch hier, dabei die Perspektive und die Handlungsmöglichkeiten des:der Fallgeber:in einzunehmen. Und, wie bereits in der Hypothesenphase, zählt auch hier wieder die Vielfalt der Optionen und Perspektiven und es findet keine Bewertung statt. Lösungsansätze können dabei durchaus gegensätzlich sein, sie werden dennoch nicht diskutiert. Sie können aber sehr wohl ergänzt oder erweitert werden. Letztlich gilt die Souveränität des:der Fallgeber:in bei der Entscheidung über deren Eignung.

Beispiel

Auszug aus tatsächlichen Lösungsvorschlägen

Die Kolleg:innen halten unter Berücksichtigung von JHs Stellungnahme u.a. folgende Lösungsvorschläge auf einem Flipchart fest:

- Verantwortungsübergabe an den Studierenden klar kommunizieren,
- am Mindset arbeiten: Wir sind nicht für den Text verantwortlich. Die Leistung des Studierenden ist unabhängig von uns. Dafür gegebenenfalls Unterstützung in Anspruch nehmen.
- daran denken, Feedback immer auch schriftlich rauszugeben, um sich selbst zu entlasten (liefert auch Begründung für späteres Gutachten),
- falls noch nicht erfolgt: Bewertungsschema rausgeben und so noch mehr Transparenz erzeugen,
- Exposé/Proposal nicht überinterpretieren,
- Erwartungen an die Arbeit/die Betreuung klären, auch mal völlig informell und ehrlich.

Reflexionsfrage

Fallen Ihnen spontan noch weitere Lösungsansätze ein, die unter Berücksichtigung der eingangs festgelegten Zielformulierung hilfreich sein könnten?

3.4.9 Phase 8 – Perspektiven (5 Minuten)

Zum Abschluss kommt noch einmal alles zusammen: Die fallgebende Person kann Stellung zu den Lösungsoptionen beziehen und andeuten, welche der Vorschläge vielleicht in Zukunft ausprobiert werden oder ob eventuell eine erneute Beratungsschleife notwendig wäre. Anschließend haben die Berater:innen die Möglichkeit, sich an der Reflexion zu beteiligen, und es kann ein gemeinsamer Austausch über den Prozess und die individuellen Erkenntnisse stattfinden. Häufig ist die Kollegiale Fallberatung an dieser Stelle abgeschlossen. Manche Anliegen treten hier aber auch in einen iterativen Prozess ein und der Zyklus startet – in diesem Fall mit identischen Rollen – wieder bei Phase 3: Sind die Fragestellungen und das Ziel noch identisch?

Beispiel

Perspektiven des Falleinbringers

JH hat in unserem Beispiel übrigens beschlossen, sich vor allem zweierlei ›Hausaufgaben‹ mitzunehmen:

Zum einen hat er im Prozess festgestellt, dass die Tatsache, sich immer verantwortlich zu fühlen, nicht nur auf die Abschlussarbeitsbetreuung beschränkt ist, sondern sich auch erschwerend durch andere berufliche Kontexte zieht. Er möchte daher an Strategien arbeiten, wie er ›peu à peu‹ besser loslassen und auf den Prozess vertrauen kann. Damit einher geht für ihn auch die Mindset-Frage: Wenn er nicht für alles verantwortlich ist, dann kann er auch nicht immer schuld sein. Außerdem hat er beschlossen, ein eher informelles Klärungsgespräch mit dem Studenten zu führen, um zu ergründen, was genau denn eigentlich die Erwartungen aneinander, aber auch an die Arbeit sind. Auf dieser Basis möchte er gemeinsam mit dem Studierenden einen Fahrplan erstellen, der die Erwartungen sowie die jeweiligen Verantwortlichkeiten festhält.

4. Zusammenfassung

Die Ausführungen in diesem Beitrag haben gezeigt, dass neben klassischem Feedback auch alternative Formate wie Kollegiale Hospitationen sowie Kollegiale Fallberatungen effektiv eingesetzt werden können, um eine reflektierte Lehrpraxis zu fördern. Durch die gezielte Anwendung dieser Methoden lassen sich wertvolle Einsichten aus Feedback- und Beobachtungsprozessen gewinnen, die wiederum einen bedeutenden Beitrag zur kontinuierlichen Weiterentwicklung der Lehrtätigkeit leisten können. Von zentraler Bedeutung ist dabei die Erkenntnis, dass sowohl Lehrende, die Feedback geben, als auch jene, die Feedback erhalten, von der Öffnung der Lehrveranstaltungen und -situationen für Kolleg:innen profitieren. Vielfältige Instrumente wie Beobachtungsbögen und Ablaufschemata unterstützen diese Prozesse und ermöglichen es, Peer-Feedback über informelle Äußerungen hinaus zu intensivieren und einen substanziellen Mehrwert zu generieren.

5. Literatur

Al-Kabbani, D. & Urban, D. (2019). *Leitfaden zur kollegialen Fallberatung – Handout*. Universität Paderborn.

Balint, M. (1957). *Der Arzt, sein Patient und die Krankheit*. Klett-Cotta.

Bennewitz, H. & Daneshmand, N. (2010). Kollegiale Fallberatung – wie geht das? Praxisbegleitende Kleingruppenarbeit fördert pädagogische Kompetenz. *Friedrich Jahresheft*, *28*, 65–67.

Bennewitz, H. & Grabosch, A. (2017). Kollegiale Fallberatung und multiprofessionelle Kooperation. *Journal für LehrerInnenbildung*, *1*, 49–52.

Brenk, M. (2013). Unterricht beobachten und dokumentieren. In M. Brenk & C. Hidding-Kalde (Hrsg.), *Gemeinsam über Unterricht und Schule nachdenken* (S. 66–85). Cornelsen.

Buhren, C. G. (2012). *Kollegiale Hospitation* (2. Ausg.). Carl Link.

Bundesministerium des Inneren und für Heimat (o.D.). *Organisationshandbuch. SMART-Regel*. Abgerufen am 3. Juni 2024 von https://www.orghandbuch.de/Webs/OHB/DE/OrganisationshandbuchNEU/4_MethodenUndTechniken/Methoden_A_bis_Z/SMART_Regel_Methode/SMART_Regel_Methode_node.html

Dainton, N. (2018). *Feedback in der Hochschullehre*. utb.

Fiege, B. & Dollase, R. (1998). Evaluation Kollegialer Beratung in Gruppen von Lehrern und Lehrerinnen. *Zeitschrift für Pädagogik*, *33*(3), 379–395. https://doi.org/10.25656/01:6823

Franz, H.-W. & Kopp, R. (2003). Die Kollegiale Fallberatung. Ein einfaches und effektives Verfahren zur »Selbstberatung«. *Sozialwissenschaften und Berufspraxis (SuB)*, *26*, 285–294. https://nbn-resolving.org/urn:nbn:de:0168-ssoar-38081

Funk, M. C. (2016). *Kollegiales Feedback aus der Perspektive von Lehrpersonen*. Springer VS. https://doi.org/10.1007/978-3-658-13062-6

Gomersall, J. (1997). Peer group supervision. In G. Shipton (Hrsg.), *Supervision of psychotherapy and counselling: Making a place to think* (S. 107–118). The Open University.

Gudjons, H. (1983). *Spielbuch Interaktionserziehung* (7. Aufl.). Klinkhardt.

Hattie, J. (2009). *Visible Learning: a synthesis of over 800 meta-analyses relating to achievement*. Routledge.

Hattie, J. (2012). *Visible learning for teachers*. Routledge.

Hidding-Kalde, C. (2013). Unterricht nachbesprechen und verbessern. In M. Brenk & C. Hidding-Kalde (Hrsg.), *Gemeinsam über Unterricht und Schule nachdenken* (S. 185–192). Cornelsen.

Hochschuldidaktik NRW (2020). *Hochschuldidaktik NRW. Qualitätsstandards.* https://hd-nrw.de/qualifizierungsprogramm/

Knoll, J. (2008). *Lern- und Bildungsberatung. Professionell beraten in der Weiterbildung.* W. Bertelsmann Verlag.

Kopp, R. & Vonesch, L. (2003). Die Methodik der Kollegialen Fallberatung. In H.-W. Franz & R. Kopp (Hrsg.), *Kollegiale Fallberatung. State of the Art und kollegiale Praxis* (S. 53–92). EHP.

Kutting, D. (2010). *Lehrer und Fallberatung. Kollegiale Selbsthilfe.* Vandenhoeck & Ruprecht.

Linde, F. (2009). Qualitätsverbesserung in der Hochschullehre durch Peer-Besuche. In A. von Richtenhofen & M. Lent (Hrsg.), *Qualitätsentwicklung in Studium und Lehre* (S. 199–207). Bertelsmann.

Linderkamp, R. (2011). *Kollegiale Beratungsformen. Genese, Konzepte und Entwicklung.* wbv.

Macha, H., Lödermann, A.-M. & Bauhofer, W. (2010). *Kollegiale Beratung in der Schule. Theoretische, empirische und didaktische Impulse für die Lehrerfortbildung.* Juventa.

Meißner, S. & Greiner, F. (2021). Kollegiale Fallberatung in inklusiven Settings. In H. Schäfer, C. Rittmeyer, B. Altenrichter, K. Bieritz, K. Bundschuh & R. Kretschmann (Hrsg.), *Handbuch Inklusive Diagnostik: Kompetenzen feststellen – Entwicklungsbedarfe identifizieren – Förderplanung umsetzen* (2. Aufl., S. 646–655). Beltz.

Meißner, S. & Greiner, F. (2022). Was kann Peer-to-Peer-Beratung leisten? Eine empirische Studie zu den Möglichkeiten und Grenzen kollegialer Fallberatung im Lehramtsstudium. *Zeitschrift für Schul- und Professionsentwicklung (PFBL)*, 4(3), 213–232. https://doi.org/10.11576/pflb-5252

Müller, U. (2003). *Weiterbildung der Weiterbildner. Professionalisierung der beruflichen Weiterbildung durch pädagogische Qualifizierung der Mitarbeiter.* Verlag Dr. Kovač.

Nitsche, K. (2014). UNI-Klassen – Reflexion und Feedback über Unterricht in Videolabors an Schulen. [Dissertation, Ludwig-Maximilians-Universität München]. https://doi.org/10.5282/edoc.16637

Patrzek, A. & Scholer, S. (2018). *Systemisches Fragen in der kollegialen Beratung.* Beltz.

Preuß, C., Cordes-Finkenstein, V. & Löw, M. (2020). »Peer to Peer«. Lernbegleitung in den universitären Praxisphasen durch kollegiale Fallberatung. In F. Hesse & W. Lütgert (Hrsg.), *Auf die Lernbegleitung kommt es an! Konzepte und Befunde zu Praxisphasen in der Lehrerbildung* (S. 145–166). Klinkhardt.

Rimmasch, T. (2003). Kollegiale Fallberatung – Was ist das eigentlich? Grundlagen, Herkunft und Einsatzmöglichkeiten des Verfahrens. In H.-W. Franz & R. Kopp (Hrsg.), *Kollegiale Fallberatung – State of The Art und organisationale Praxis* (S. 17–52). EHP.

Rohr, D., den Ouden, H. & Rottlaender, E.-M. (2016). *Hochschuldidaktik im Fokus von Peer-Learning*. Beltz Juventa.

Schlee, J. (2019). *Kollegiale Beratung und Supervision für pädagogische Berufe. Hilfe zur Selbsthilfe – Ein Arbeitsbuch* (4., erw. Aufl.). Kohlhammer.

Schmid, B., Veith, T. & Weidner, I. (2013). *Einführung in die kollegiale Beratung* (2. Ausg.). Carl-Auer Verlag.

Schnebel, S. (2007). *Professionell beraten: Beratungskompetenz in der Schule*. Beltz.

Schreiber, P. & Frank, E. (1983). The use of a peer supervision group by social work clinicians. *The Clinical Supervisor*, 1(1), 29–36. https://doi.org/10.1300/J001v01n01_04

Thiel, H.-U. (2000). Zur Verknüpfung von kollegialer und professioneller Supervision. In H. Pühl (Hrsg.), *Handbuch der Supervision 2* (2. Aufl., S. 184–200). Edition Marhold im Wissenschaftsverlag Volker Spiess.

Tietze, K.-O. (2010). *Wirkprozesse und personenbezogene Wirkung von kollegialer Beratung. Theoretische Entwürfe und empirische Forschung*. VS Verlag für Sozialwissenschaften.

Tietze, K.-O. (2012). *Kollegiale Beratung. Problemlösungen gemeinsam entwickeln*. Rowohlt.

Tietze, K.-O. (2019). Kollegiale Beratung – einfach aus der Ferne, komplex aus der Nähe. *Organisationsberatung, Supervision, Coaching*, 26(4), 439–454. https://doi.org/10.1007/s11613-019-00622-x

SCHOLARSHIP OF TEACHING AND LEARNING

Nerea Vöing, Stefka Weber und Maik Arnold

Schlagworte

Forschendes Lehren, Lehrentwicklung, Qualitätsentwicklung

Orientierung

In diesem Beitrag wird das Scholarship of Teaching and Learning (SoTL) als eine Methode zur Qualitätsentwicklung der eigenen Lehre vorgestellt. Dabei werden die Ziele dieses Ansatzes, die einzelnen Stufen der Durchführung sowie Hinweise für die Umsetzung in der eigenen Lehre thematisiert. Durch die Erforschung der eigenen Lehre können Hochschullehrende ihre Praxis vertiefter reflektieren und im Zuge dessen auch systematisch Feedback auf bestimmte Fragen einholen und auswerten. Zudem liefert der Artikel die mögliche Beantwortung folgender Fragen:

Leitfragen

Wie kann die Erforschung nach dem SoTL-Prinzip zu einer Verbesserung der Hochschullehre führen?
Welche Kompetenzentwicklung findet darüber hinaus statt?

1. Scholarship of Teaching and Learning: Warum, wie und was?

Wenn sich Hochschullehrende mit dem Prinzip des »Scholarship of Teaching and Learning« (kurz: SoTL) beschäftigen, welches im Kern die forschende Auseinandersetzung mit der eigenen Lehre meint, so stellen sich häufig zunächst zwei Fragen: »Warum? Ich evaluiere doch …« und »Wie? Ich bin doch kein:e Lehr-Lern-Forscher:in?«.

Darauf hat die Hochschuldidaktik, welche sich nicht nur im deutschsprachigen Raum, sondern weltweit mit SoTL beschäftigt, folgende Antworten: SoTL kann und will mehr als lediglich Feedback einholen, nämlich Qualitätssicherung und Qualitätsmanagement betreiben. Ein:e Lehr-Lern-Forscher:in muss man auch nicht sein, damit SoTL funktioniert. Im Kontext von SoTL kann jede:r Lehrende zum »scholar« seiner:ihrer eigenen Lehrpraxis werden.

Wie genau das geht, wird im Folgenden beschrieben. Dabei wird das Scholarship of Teaching and Learning zunächst definiert, seine Ziele dargelegt und der inhärente Prozess zur Erforschung der eigenen Lehre beschrieben, das »Warum, wie und was?« beantwortet. Danach geht es um die Gütekriterien von SoTL-Forschung sowie methodische Fragen, ehe wir auf den Aspekt der Kompetenzentwicklung durch SoTL zu sprechen kommen. Der Abschnitt endet mit praktischen Hinweisen zur Umsetzung.

1.1 »Warum soll ich meine Lehre überhaupt beforschen?«

Das Prinzip des **Scholarship of Teaching and Learning** ist ein Ansatz, der es Lehrenden ermöglicht, ihre eigene Lehrtätigkeit zu beforschen und zu verbessern. Dieser Ansatz basiert a) auf der Annahme, dass Lehren und Lernen keine Akte der Wissensvermittlung allein sind, sondern (im konstruktivistischen Sinn sowie im Sinne des »**Shift from Teaching to Learning**«) ein aktiver Prozess der Erkenntnisgewinnung resp. -aneignung ist, sowie b) auf der Idee, dass Lehren und Lernen als wissenschaftlicher Prozess betrachtet werden kann, der es wert ist, untersucht zu werden. Es geht folglich darum, dass Lehrende ihre eigene Praxis erforschen und diese Erforschung als einen wichtigen Beitrag zur akademischen Gemeinschaft betrachten. Das bedeutet, dass Lehrende nicht nur auf ihre Erfahrung und Intuition vertrauen sollten, sondern dass sie ihre Lehrtätigkeit als Forschung verstehen können, die auf methodischen und empirischen Prinzipien beruht.

Kernaussage

Ziel ist es, die Qualität der Lehre zu verbessern, indem durch SoTL Lehrende dazu ermutigt und auch befähigt werden, ihre eigene Lehrtätigkeit zu untersuchen und zu reflektieren.

Ludwig Huber (Professor für Pädagogik an der Universität Bielefeld), der SoTL aus den USA nach Deutschland brachte, definiert das Prinzip wie folgt:

Definition

»**Scholarship of Teaching and Learning** bedeutet, kurz zusammengefasst, die wissenschaftliche Befassung von Hochschullehrenden in den Fachwissenschaften mit der eigenen Lehre und/oder dem Lernen der Studierenden im eigenen institutionellen Umfeld durch Untersuchungen und systematische Reflexionen mit der Absicht, die Erkenntnisse und Ergebnisse der interessierten Öffentlichkeit bekannt und damit dem Erfahrungsaustausch und der Diskussion zugänglich zu machen.« (Huber et al., 2014, S. 7).

Abb. 1: Spektrum ›Lehre‹ – SoTL

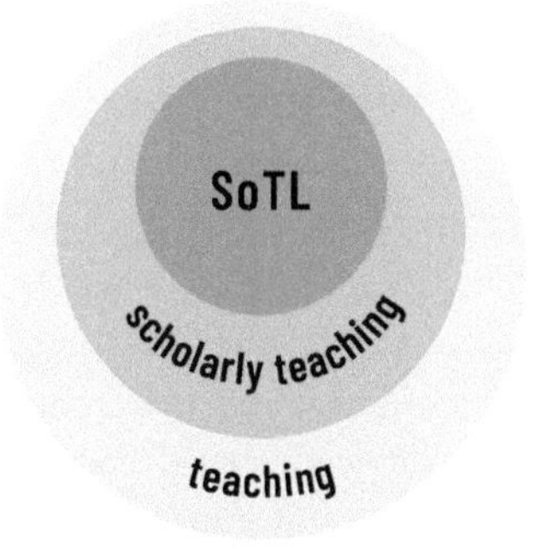

Quelle: eigene Darstellung Vöing et al.

Betrachten wir nun diese Definition genauer: SoTL kann verstanden werden als eine »wissenschaftliche Befassung«, schreiben Huber und Kolleg:innen (2014, S. 7), und sie grenzen damit implizit die Auseinandersetzung mit der eigenen Lehre nach dem SoTL-Prinzip von der ›regulären Beschäftigung‹ mit der eigenen Lehre ab. Folgende Abbildung (siehe Abb. 1) dient zur Erläuterung: Die Basis bildet das ›einfache‹ Lehren, das zwar eine gewisse konzeptionelle, planerische sowie auch evaluierende Tätigkeit als Basis der eigenen Lehrpraxis voraussetzt, aber noch keine vertiefte Beschäftigung beinhaltet. Diese ist im sogenannten »scholarly teaching« vorhanden. »Scholarly teachers« konsultieren Literatur, wählen passende Informationen aus und wenden sie an, um die Lehr-Lern-Settings zu gestalten, und sie evaluieren und analysieren die Ergebnisse, um ihre Lehre weiterzuentwickeln. Die Basis bilden dabei die lehrpraktischen Erfahrungen sowie deren Reflexion. Das Scholarship of Teaching and Learning hingegen geht darüber hinaus und ist getrieben von dem Wunsch, zu verstehen, wie studentisches Lernen effektiv gestaltet werden und wie Lehre diesen Prozess beeinflussen kann. Es ist ein **Forschendes Lehren**, eine systematischere und zielgerichtetere

Gewinnung von Erkenntnissen, die über die eigenen Erfahrungen und Meinungen hinausgeht, mit einem verstärkten Interesse an Validierung, ›allgemeingültigeren‹ Aussagen sowie deren Veröffentlichung bzw. Diskussion. Damit führt SoTL idealerweise zu einer Annäherung der sonst häufig getrennt praktizierten bzw. behandelten Bereiche Forschung und Lehre in der Praxis eines **Forschenden Lehrens**.

Ist eine Abgrenzung zur ›normalen‹, tendenziell nicht forschungsbasierten Lehrtätigkeit wichtig, so betrifft dies auch eine Abgrenzung in die ›andere Richtung‹ hinsichtlich etwa von **Lehr-Lern- oder auch Hochschulbildungsforschung**, denn, wie Huber und Kolleg:innen (2014) definieren, findet SoTL in den Fachwissenschaften statt. Dies bedeutet, dass potenziell alle Lehrenden sich auf diese Art und Weise forschend mit ihrer Lehre auseinandersetzen können, unabhängig von ihrer eigenen Disziplin sowie den Forschungsmethoden ihres Fachs. Weiter eingegrenzt wird der Fokus durch den nächsten Aspekt in der Definition von Huber und Kolleg:innen (2014, S. 7), die Lehrenden beschäftigten sich mit der »**eigenen Lehre** und/oder dem Lernen der Studierenden im eigenen institutionellen Umfeld«. SoTL findet folglich in den Fächern selbst statt und die Lehrenden nehmen ihre eigenen Studierenden in den Fokus des Erkenntnisinteresses (statt sich eher übergreifenden Forschungsfragen zu widmen, wie es bisweilen die Lehr-Lern- und die Hochschulbildungsforschung tun). Wichtig ist dabei, so Huber und Kolleg:innen (2014), dass jedoch das institutionelle Umfeld mitberücksichtigt wird, etwa durch den Blick auf die Zielgruppe der Lehrveranstaltung (welche Studiengänge, welche Fachsemester), sowie auch die curriculare Einbindung. Wie bereits der Passus der wissenschaftlichen Befassung verdeutlicht, fußt die Auseinandersetzung jedoch nicht auf Erfahrungen und/oder Beobachtungen, sondern auf **Untersuchungen und systematischer Reflexion**. Dies bedeutet, es werden Daten erhoben, systematische Beobachtungen gemacht, Interviews und Befragungen durchgeführt, Dokumente analysiert und anschließend mit Bezug zur Forschungsfrage ausgewertet. Die Ergebnisse dieses Prozesses helfen dann idealerweise nicht nur dem:der jeweiligen Lehrenden bei der Weiterentwicklung seiner:ihrer Lehre, sondern sie wirken darüber hinaus, indem sie »bekannt und damit dem Erfahrungsaustausch und der Diskussion zugänglich« (Huber et al., 2014, S. 7) gemacht werden.

Zwischenfazit

Das Scholarship of Teaching and Learning (SoTL) ist ein Ansatz, bei dem Lehrende ihre eigene Lehrtätigkeit erforschen und verbessern. Es beruht auf der Idee, dass Lehren und Lernen als wissenschaftlicher Prozess betrachtet werden kann und somit erforscht werden sollte. Das Ziel ist die Verbesserung der Lehre durch die systematische Untersuchung und Reflexion der eigenen Lehrtätigkeit. Dabei geht es um die Gewinnung von Erkenntnissen, die über die eigenen Erfahrungen hinausgehen, und um die Veröffentlichung und Diskussion der Ergebnisse.

Nachdem wir nun geklärt haben, dass eine wissenschaftlich-systematische Befassung mit der eigenen Lehre von entscheidender Bedeutung ist, wenden wir uns im Folgenden der Frage zu, wie eine SoTL-Forschung praktisch umgesetzt werden kann.

1.2 »Und wie soll ich meine Lehre beforschen?«

Nach Huber und Hutchings (2005, S. 456-574; später ergänzt durch Huber, 2011, S. 120) lassen sich fünf elementare Schritte zur Umsetzung von SoTL unterscheiden: erstens die Entwicklung einer Fragestellung und, verbunden damit, auch die Hypothesenbildung, das »**Questioning**«. Beim Questioning ergibt es Sinn, bei der Formulierung einer Forschungsfrage von Lernhindernissen auszugehen, die man selbst bei den eigenen Studierenden beobachtet. Am Anfang des Projekts steht damit die Reflexion und gegebenenfalls Infragestellung der im eigenen Lehrhandeln oder/und studentischen Lernen gemachten Erfahrungen. Im Sinne eines problemzentrierten Ansatzes wird zunächst das Lernhindernis als »the heart of the investigative process« identifiziert (Huber & Hutchings, 2005, S. 502). Middendorf und Pace (2004, S. 4-5) bezeichnen dies im Rahmen des »Decoding-the-Disciplines«-Ansatzes auch als »Bottleneck«). Auf Grundlage des identifizierten Problems werden dann verschiedene hypothetische Vermutungen angestellt, was Einfluss auf die Lernhindernisse (»Bottleneck« resp. ›Flaschenhals‹) hat und wie diese durch Veränderung der eigenen Lehre überwunden werden können. Auf Basis der entwickelten hypothetischen Zusammenhänge wird eine Fragestellung für das SoTL-Projekt entwickelt. Hilfreich erscheint dabei, danach zu fragen, was den Flaschenhals darstellt, wie es zu diesem in der eigenen Lehre gekommen ist und wie man diesen durch entsprechende Veränderungen in der eigenen Lehre auflösen kann.

In einem zweiten Schritt folgt das Sichten einschlägiger Literatur, das »**Gathering and exploring evidences**«: Hierbei wird im Sinne einer Heuristik nach Beschreibungen und Beobachtungen in anderen Studien bzw. in der bildungswissenschaftlichen und (fach-)didaktischen Forschungsliteratur gesucht (Huber & Hutchings, 2005, S. 638), um damit Daten und Informationen zusammenzutragen, die der Entwicklung neuer Evidenzen, der Bestätigung und Widerlegung der im vorherigen Schritt entwickelten Hypothesen oder der Kreation neuer Hypothesen dienen. Daran anschließend folgt drittens die Gewinnung neuer eigener Einsichten, das »**Trying out and refining new insights**«: In diesem Schritt stehen die unmittelbare Testung und Pilotierung und die in den Lehr- und Lernprozessen gemachten (praktischen) Erfahrungen im Mittelpunkt, um damit die eigene Lehre zu ›verfeinern‹. Die Schritte vier und fünf beschreiben das ›Verfügbar-Machen‹ der eigenen Ergebnisse. Das »**Going public**« bezieht sich auf den vierten Schritt, die Dokumentation der Ergebnisse und Erkenntnisse aus der eigenen Forschung zur Lehre und zum Lernen an Hochschulen mit der breiteren akademischen Gemeinschaft zu teilen (zum Beispiel Veröffentlichung in

Fachzeitschriften, Konferenzen, Workshops, Fachforen etc.). Beim »**Sharing knowledge**« (dem fünften Schritt) stehen der Austausch und die Verbreitung des Wissens und der Erkenntnisse über effektive Lehr- und Lernpraktiken innerhalb von Lerngemeinschaften im Vordergrund (Riegler, 2022), was auch einen kollegialen Austausch und die unmittelbare Verbesserung der Lehrqualität und der Förderung eines unterstützenden Netzwerks für Lehrende einschließen soll (siehe dazu auch den Beitrag von Osthushenrich in diesem Band). Huber (2014) betont in diesem Zusammenhang, dass dabei das »Wissen Einzelner [...] durch SoTL in das Gemeineigentum aller [...] überführt« (S. 23) werden solle.

!!

Merke

Der SoTL-Prozess besteht aus fünf Schritten, die gleichermaßen als Distinktions- und Qualitätsmerkmale für SoTL-Projekte genutzt werden können:

1. Questioning
2. Gathering and exploring evidences
3. Trying out and refining new insights
4. Going public
5. Sharing knowledge

Der SoTL-Prozess führt also von der Entwicklung einer Fragestellung über die Untersuchung der eigenen Lehre und die Reflexion der Erkenntnisse bis hin zum Austausch und zur Publikation der Ergebnisse. Nun stellt sich die Frage, welche Aspekte in der SoTL-Forschung untersucht werden können.

?

Reflexionsfragen

Welche Lernhindernisse beobachten Sie bei Ihren Studierenden? Und können Sie diese an Ihr Lehrkonzept ›rückbinden‹?
Was kann entsprechend zum Gegenstand der Erforschung Ihrer eigenen Lehre werden?

1.3 »Und was genau kann ich als Lehrende:r mithilfe von SoTL beforschen?«

Wurde das Scholarship of Teaching and Learning nun ausführlich definiert und der Forschungsprozess beschrieben, so sollen sich die folgenden Absätze der **Frage nach dem Gegenstand** widmen: »Was genau kann, soll, darf ich mit SoTL beforschen?«

Nelson (2004) unterscheidet fünf Genres von SoTL, die sich teilweise überschneiden und gegebenenfalls miteinander kombiniert werden (können): 1) Lehrberichte (zum Beispiel bezogen auf Lerninhalte, Didaktik oder Prüfungsleistungen), 2) Reflexion der Lehrenden (zum Beispiel Best Practices, Expertisen über Lehrprojekte,

Unterrichtskonzepte), 3) Vergleiche zwischen Lehrveranstaltungen und damit verbundenen studentischen Lernprozessen über längere Zeiträume hinweg (zum Beispiel Vergleich von Lehrmodulen mit gleicher oder unterschiedlicher Prüfungsleistung), 4) Beforschung von Lehre mithilfe disziplinspezifischer Ansätze zur Veröffentlichung in fachdisziplintypischen Publikationsorganen und 5) Zusammenfassung und Analyse von SoTL-Forschung (zum Beispiel Literature Reviews, Metaanalysen, annotierte Bibliographien). Huber (2014) formulierte später, induktiv auf der Grundlage einer Analyse bestehender SoTL-Projekte, folgende Typologie: »Studierendenforschung, Didaktische Diskussion, Didaktische Diskussion und Lehrveranstaltungskonzept, Didaktische Forschung, Innovationsbericht, Begründeter Innovationsbericht, Studiengangsentwicklung« (S. 28). Um diese Typen, die jedoch nicht als trennscharfe oder abgeschlossene Liste zu verstehen sind, ein wenig ›mit Leben zu füllen‹, nennt Huber (2014) folgende Beispiele. Diese zeigen zugleich, wie SoTL-Projekte auf unterschiedlichen didaktischen Ebenen stattfinden können: mit Blick auf eine einzelne Lehrveranstaltung, mit einem lehrveranstaltungsübergreifenden Fokus sowie im Hinblick auf die Curriculum- und Studiengangsentwicklung.

Beispiel

Fragestellungen auf den unterschiedlichen didaktischen Ebenen

Eine Frage auf der Ebene der **Mikrodidaktik** könnte lauten:

»Was genau ist eigentlich schwierig, wenn meine Studierenden klagen, die ihnen zur Lektüre für mein Seminar aufgegebenen Texte seien zu schwierig?« (Huber, 2014, S. 20)

Mit Blick auf **Mesodidaktik** könnte man der Frage nachgehen:

»Wir haben gerade viele der Veranstaltungen unseres Studiengangs auf Problem-Based Learning umgestellt: Welche Möglichkeiten haben wir festzustellen, wie die Studierenden die Lehre vorher und nachher generell bewertet und im Einzelnen beurteilt haben?« (Huber, 2014, S. 20)

Makrodidaktisch könnte sich folgende Frage für ein SoTL-Projekt anbieten:

»Welche Bezugsgrößen muss man kennen bzw. erkunden, um das Curriculum eines Bachelorstudiengangs gründlich zu revidieren, und wie sind diese Kenntnisse zu erlangen?« (Huber, 2014, S. 20).

Die Frage nach dem »Was?« führt uns zurück zu den oben bereits beschriebenen Bottlenecks. Ihre Identifikation kann als **Ausgangspunkt eines SoTL-Projekts** dienen, insofern Ihr SoTL-Projekt das Ziel hat, beobachteten Lernhindernissen Ihrer Studierenden auf den Grund zu gehen. Die schrittweise Bearbeitung folgender Fragen kann Ihnen helfen, einen solchen Bottleneck zu identifizieren, zu erfassen sowie daraus eine Forschungsfrage abzuleiten:

1. **Bottleneck bestimmen**: Welche sind die Punkte, an denen Studierende in Ihrer Lehrveranstaltung oder Ihrem Fach in der Regel steckenbleiben oder sogar scheitern? Welche Lernhindernisse bestehen für die Studierenden in Ihrer Lehrveranstaltung? Wo steigen sie aus? Entscheiden Sie sich für etwas, das Sie wirklich beschäftigt.
2. **Bottleneck klären**: Beschreiben Sie den Bottleneck möglichst genau: Was machen die Studierenden nicht erwartungsgemäß? Was verstehen sie falsch? Wie genau ist das Lernhindernis/der Bottleneck beschaffen?
3. »**Was tun Sie selbst?**«: Beschreiben Sie, was Sie als Expert:in in Ihrem Fach unternehmen, damit Sie an der entsprechenden Stelle nicht ›steckenbleiben‹. Fragen Sie sich beispielsweise: »Wie gehe ich selbst mit diesem Bottleneck um?«
4. **Bottleneck überprüfen**: Schauen Sie sich Ihren Bottleneck an und fragen Sie sich: Ist er zu groß gewählt? Zu klein? Zu vage? Ist er essenziell für mein Fach/meine Lehrveranstaltung? Ist er gegebenenfalls mit Missverständnissen meinem Fach gegenüber verbunden?

Tipp

Vermeiden Sie globale Äußerungen. Machen Sie den Bottleneck ›verhandelbar‹.

1. **Intervention planen**: Wie möchten Sie dem Bottleneck entgegenwirken? Was möchten Sie an diesem Prozess ändern? Welche Veränderung/Intervention möchten Sie ausprobieren und untersuchen? An welchen Hypothesen/Annahmen zu dem beschriebenen Bottleneck möchten Sie arbeiten?
2. **Feedback einholen**: Erklären Sie Ihren Bottleneck sowie die geplante Intervention einem:einer Kolleg:in aus dem eigenen oder auch aus einem anderen Fach (bestenfalls beides). Der:die Kolleg:in sollte nachfragen, wenn er:sie etwas nicht verstanden hat.
3. **Fragestellung formulieren**: Nutzen Sie das Feedback aus Stufe 6 zur Überarbeitung Ihrer bisherigen Planung. Formulieren Sie dann eine vorläufige Fragestellung für Ihr SoTL-Projekt in einem Satz.
4. **Fragestellung überprüfen**: Erweckt die Fragestellung den Eindruck, ›komplett‹ zu sein? Falls dies nicht der Fall sein sollte, so denken Sie darüber nach: Was fehlt? Welche Aspekte sind zu groß/global/unklar? Ergänzen Sie entsprechend.

Richtet sich Ihr Erkenntnisinteresse weniger auf ein beobachtetes Lernhindernis als auf die Untersuchung einer bestimmten **Methode** oder auch einer **didaktischen Innovation**, so könnten Ihnen folgende Impulsfragen dabei helfen, eine Forschungsfrage zu entwickeln:

1. Welchen Lehr-/Lernprozess möchten Sie genauer betrachten und warum?
2. Was möchten Sie an diesem Prozess ändern? Welche Veränderung/Intervention möchten Sie ausprobieren und untersuchen?
3. An welchen Hypothesen/Annahmen zu dem beschriebenen Lernprozess möchten Sie arbeiten?
4. Wie können Sie meine vorläufige Fragestellung in einem Satz formulieren?

Ziel beider Verfahren ist, eine konkrete, ›operative‹ Frage zu formulieren, mit der Sie in den Forschungsprozess starten können.

Tipp

Formulierung einer präzisen Forschungsfrage
Nehmen Sie sich hierfür ausreichend Zeit und holen Sie wenn möglich Feedback ein (gegebenenfalls von der hochschuldidaktischen Einrichtung bei Ihnen vor Ort) – denn wie auch bei ›regulären‹ Forschungsprojekten ist eine gut durchdachte und präzise formulierte Forschungsfrage ein wichtiger Startpunkt.

Zwischenfazit

In diesem Abschnitt wurden nun das »Was« von SoTL-Projekten am Beispiel von Nelsons ›Genres‹ und Hubers ›Typologie‹ beschrieben sowie praktische Leitfragen zum Verfassen einer eigenen Forschungsfrage formuliert. Gemeinsam mit dem »Warum« und dem »Wie« kennen Sie nun das Prinzip ›SoTL‹, wissen, welche Schritte in einem SoTL-Projekt durchlaufen werden, und haben Impulse erhalten, in Ihrer Lehre ein eigenes SoTL-Projekt zu identifizieren und auszugestalten.

2. Gütekriterien von SoTL-Projekten

Wie jede forschende Tätigkeit unterliegen auch SoTL-Projekte gewissen Qualitätskriterien. Einschlägig in diesem Kontext sind die »Principles of Good Practice in SoTL« von Felten (2013, siehe Abb. 2).

Die Untersuchung sollte, Felten (2013) zufolge, erstens auf das **studentische Lernen** fokussiert sein. Zweitens sollte sie im **Kontext** verortet sein, und zwar in zweifacher Hinsicht: zum einen im theoretisch-wissenschaftlichen Kontext durch die Einbeziehung relevanter Literatur, zum anderen im eigenen Lehrkontext.

Abb. 2: Gütekriterien für SoTL-Prozesse

Principles of good practice in SoTL
Inquiry focused on student learning
Grounded in context
Methodologically sound
Conducted in partnership with students
Appropriately public

Quelle: Felten, 2013, S. 122

Beispiel

Kontext im Sinne von SoTL
›Kontext‹ im Sinne von SoTL kann Verschiedenes bedeuten. Folgende Fragen können dabei helfen, den Kontext offenzulegen:
In welchem Fach (mit welcher ›Kultur‹/welchem ›Habitus‹) lehre ich? Wer sind meine Studierenden? Wie ist meine Lehrveranstaltung im Curriculum verortet?

Die Aufforderung nach drittens, **methodologischer ›Tragfähigkeit**‹, kann vermutlich als einer der größten Diskussionspunkte in der SoTL-Community angesehen werden: Zwar formuliert SoTL das Ziel, das Lehren und Lernen innerhalb der eigenen Fachdisziplin zu erforschen, aber dazu braucht es in jedem Fall ein sozialwissenschaftliches Instrumentarium, über welches die meisten Fachwissenschaftler:innen nicht oder nur bedingt verfügen (Felten, 2013; Huber, 2011). Wesentlich unstrittiger ist die forschungsethische Dimension, die der vierte Aspekt beschreibt. Doch zugleich verbirgt sich hinter dem Begriff »Partnership« auch eine ›demokratisierende‹ Tendenz der Lehre – das Teilen der Verantwortung für den Lernprozess im Sinne einer ›universitas‹ und studierendenzentrierter Lehre. Hierin versteckt sich das Konzept des »Students as Partners«, welches wir im Folgenden etwas ausführen möchten, u.a. auch, da es in der Vielzahl der SoTL-Projekte noch unterrepräsentiert ist (siehe dazu auch den Beitrag von Linde & Auferkorte-Michaelis in Band I des Praxishandbuchs).

Exkurs

»Students as Partners« Die Einbindung von Studierenden in SoTL-Aktivitäten wird verstanden als ein »reciprocal process through which all participants have the opportunity to contribute equally, although not necessarily in the same ways, to curricular or pedagogical conceptualization, decision-making, implementation, investigation, or analysis« (Cook-Sather et al., 2014, S. 6-7). Dabei steht nicht allein nur die Beziehungsgestaltung im Rahmen der Studierenden-Lehrenden-Kooperation im Vordergrund, sondern die

partnerschaftliche Co-Produktion und Ko-Kreation zwischen Studierenden und akademischem Lehr- und Forschungspersonal, Mitarbeitenden in der Hochschuldidaktik, Verwaltungsmitarbeitenden, leitenden Angestellten in der Hochschule sowie Studierendenvereinigungen (Healey et al., 2014).
Diese Zusammenarbeit kann nach Healey und Kolleg:innen (2014) auf einer breiten Ebene erfolgen: (1) Gestaltung von Lehre und Lernen sowie Prüfungsleistungen; (2) Curriculumsentwicklung und pädagogische Beratung; (3) Fachspezifische Forschung; (4) im Rahmen des SoTL.

Doch zurück zu Felten (2013): Die Forderung nach fünftens, einer ›Angemessenheit‹ des finalen »**Going public**«, wiederum steht in Zusammenhang mit der methodologischen Tragfähigkeit, deren Spektrum sich zwischen den beiden Polen »Rigor versus Relevance« aufspannt (dazu Schulte et al., 2018). So lassen sich SoTL-Artikel u.a. aufgrund ihrer kontextuellen Verortung, die eine starke individuelle Prägung zur Folge hat, sowie ihres methodologischen Anspruchs nicht unbedingt in den einschlägigen Journals veröffentlichen. Und dennoch solle, so Felten (2013), ein Weg gefunden werden, sowohl die Ergebnisse der Untersuchung als auch den Prozess so zu veröffentlichen, dass sie von Kolleg:innen rezipiert und auch kritisiert werden können.

Zum Abschluss dieses Abschnitts die Gütekriterien noch einmal im Überblick:

Tab. 1: Principles of Good Practice in SoTL (nach Felten 2013, S. 122 sowie Vöing 2022, S. 365)

Begriff bei Felten	Erläuterung
»Inquiry focused on student learning«	Der Fokus der Forschungsfrage liegt auf dem studentischen Lernen mit dem Ziel, Lernprozesse zu beobachten, besser zu verstehen und wirksamer gestalten zu können.
»Grounded in context«	Es ist eine kontextuelle Verortung zum einen im wissenschaftlichen Diskurs und zum anderen durch eine Verortung im jeweiligen Lehr-Lern-Kontext notwendig.
»Methodologically sound«	Die methodologische ›Tragfähigkeit‹ der Forschung ist in ihrem jeweiligen disziplinären Rahmen an wissenschaftlichen Gütekriterien orientiert.
»Conducted in partnership with students«	Es werden ethische Aspekte in der Forschung beachtet sowie gemeinschaftliche Verantwortung für den Lehr-Lern-Prozess übernommen.
»Appropriately public«	Es findet eine Veröffentlichung der Forschungsergebnisse in einem über die lokale Community hinausgehenden Rahmen in vielerlei möglichen Formaten statt, um sie einer interessierten Öffentlichkeit einerseits zur Verfügung zu stellen und andererseits für einen kritischen Diskurs zu öffnen.

Es muss dabei nicht immer gleich eine Journal-Publikation sein. Im deutschsprachigen Raum gibt es zwar Journals, die eigene Rubriken für SoTL-Projekte haben, wie zum Beispiel »die hochschullehre«[1]. Alternativ kann es auch ein regelmäßig stattfindender ›Jour fixe‹ Ihres Fachbereichs oder Instituts oder eine hochschulinterne Veranstaltung wie ein Tag der Lehre sein. Darüber hinaus gibt es aber auch internationale SoTL-Tagungen wie die »EuroSoTL« oder die Jahrestagung der »International Society for the Scholarship of Teaching and Learning« (ISSOTL), die einen Raum für das »Going public« und »Sharing knowledge« eröffnen.

3. SoTL und Methoden: Was eignet sich wofür?

Die Frage nach den geeigneten Methoden für ein SoTL-Projekt ist tatsächlich nicht so einfach zu beantworten. Zwar soll das SoTL-Projekt, um noch einmal die Formulierung von Huber und Kolleg:innen (2014, S. 7) wiederzugeben, »im Fach« stattfinden, aber es eignen sich nicht die **Forschungsmethoden** aller Fachrichtungen für die Erforschung lern- und lehrbezogener Fragen. Zumeist bedarf es hier doch im weitesten Sinne eines Einsatzes von empirischen, sozialwissenschaftlichen Methoden. Ein Pfaddiagramm (siehe Abb. 3) kann hier nur eine erste Übersicht liefern.

Mögliche Forschungsmethoden zur Lehr-Lern-Forschung umfassen eine breite Palette von Ansätzen und Techniken, wie zum Beispiel qualitative Interviews, Fallstudien, Beobachtungen von Lernumgebungen, Fragebögen, Experimente und quantitative Analysen von Daten. Eine Kombination von Methoden wird oft angewendet, um ein vollständigeres Verständnis von Lehr- und Lernprozessen zu erhalten. Einen guten Überblick liefern Aeppli und Kolleg:innen (2016), Bishop-Clark und Dietz-Uhler (2012), Creswell (2014), Daniel und Harland (2018), Johnson und Christensen (2019). Auch ein Blick in deutsche sowie internationale SoTL-Journals lohnt sich sicherlich (siehe Fußnote 1).

Die Auswahl der Forschungsmethoden hängt zum einen von der Fragestellung und dem damit verbundenen Erkenntnisinteresse sowie von der verfügbaren Datenlage ab. Zum anderen variieren die Methoden auch stark je nach Disziplin. Es ist wichtig, die geeignete Methode für die spezifischen Forschungsfragen und Ziele zu wählen und dabei auch die Vor- und Nachteile jeder Methode zu berücksichtigen. Auch ein Blick auf die eigenen Forschungskompetenzen und die Erfahrungen im Umgang mit empirischen Methoden ist sinnvoll. Bei geringen Erfahrungen ergibt es Sinn, wenn möglich etwa die Beratung von Kolleg:innen (im Sinne eines Mentorings) oder aber die Begleitung durch die hochschuldidaktische Einrichtung des eigenen Standorts in Anspruch zu nehmen.

1 Einen Überblick über englischsprachige SoTL-Journals liefern u.a. https://belmont.libguides.com/c.php?g=174362&p=1149193 sowie https://mi.mcmaster.ca/app/uploads/2019/08/Comprehensive-List-of-SoTL-Journals.pdf.

Abb. 3: Übersicht über mögliche methodische Ansätze

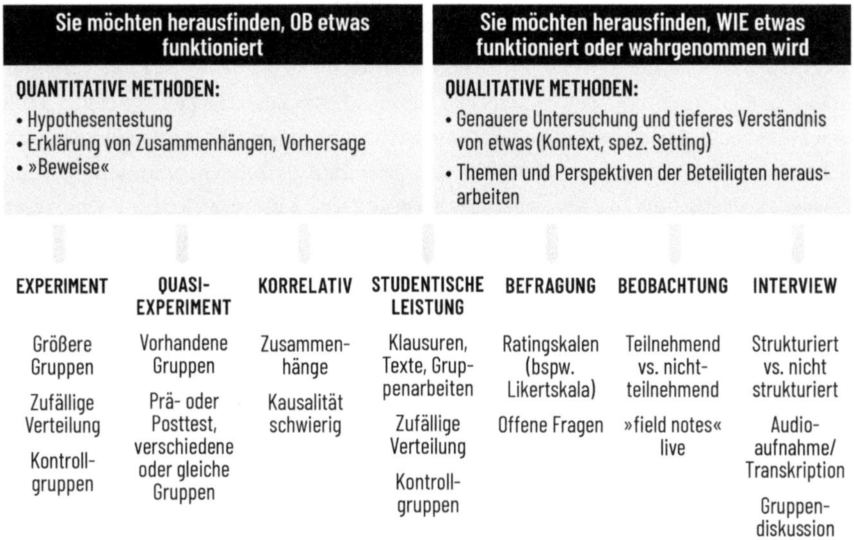

Quelle: eigene Darstellung Vöing et al.

Zwischenfazit

Die Auswahl der geeigneten Forschungsmethoden ist von vielen Faktoren abhängig. Suchen Sie sich bei der Erstellung Ihres Designs, aber auch in den Phasen der Erhebung sowie Auswertung Unterstützung, sollten Sie sich für empirische Methoden entschieden haben und im Umgang mit diesen noch nicht über allzu viel Erfahrung verfügen.

4. »Wie kann ich mit SoTL meine (lehrbezogenen) Kompetenzen verbessern?«

Nach der Klärung des Vorgehens werfen wir nun einen Blick auf die ›Benefits‹ für die Lehrperson und deren (Lehr-)Kompetenzentwicklung. Diesen Begriff möchte ich nicht im Sinne eines Kompetenzmodells (wie etwa beschrieben bei Reinmann, 2011) nutzen, sondern vielmehr mit Fokus auf die Frage, in welchen Bereichen resp. Ebenen der wissenschaftlichen Tätigkeit die Durchführung von Lehrforschungs-Projekten wirken kann. Die Ebenen, auf denen SoTL ›wirkt‹, möchte ich dabei in vier Bereiche aufteilen: die des Lernens, der Lehre, der Forschung sowie des Community Buildings. In diesem Spektrum bildet sich ab, dass man SoTL durchaus als ein ›holistisches‹ Konzept bezeichnen kann, welches zwischen den benannten Bereichen, die bisweilen eher neben- als miteinander existieren, Verbindungen schafft.

Auf der Ebene des **Lernens** geht es vorrangig darum zu verstehen, wie Lernen stattfindet, was durch die Erforschung der eigenen Lehre weiterentwickelt wird (dazu siehe u.a. Albergaria-Almeida et al., 2011; Felten, 2013). Entsprechend sei die überwiegende Anzahl an SoTL-Projekten von dem Wunsch getrieben, ein vertieftes Verständnis dafür zu bekommen, wie Studierende lernen. Dieser Zuwachs impliziert u.a. auch einen Ausbau des pädagogischen Wissens, auch wenn dieses Wissen zumeist im fachlichen Kontext verortet bleibt. Hamilton (2014) benennt als Bereiche des studentischen Lernens, auf die SoTL ›wirke‹, eine verbesserte Erreichung der Learning Outcomes sowie höhere Erwartungen aufseiten der Studierenden; die genauere Dokumentation des Lernprozesses führe zudem zur Weiterentwicklung didaktischer Instruktionen.

Mit Blick auf den Bereich der **Lehre** sind vor allem zwei Teilbereiche zu nennen: die Lehrpraxis sowie die Rolle als Lehrende (siehe u.a. Hamilton, 2014; Hutchings et al., 2011; Trigwell & Shale, 2004). Die (Weiter-)Entwicklung einer reflektierten Lehrpraxis geschieht durch eine Weiterentwicklung des methodischen Repertoires, der genutzten Assessment-Formen, der instruktionalen Praxis sowie des Kurs-Designs. Die Reflexion fokussiert sich wiederum auf drei Aspekte bzw. Ebenen, wie Kreber (2002) konstatiert: »on the content of the problem (what), on the process of problem solving (how), and on the premise or functional relevance of the problem itself (why)« (S. 83). Durch die für SoTL-Projekte so essenzielle Auseinandersetzung mit der vorhandenen Literatur wird wiederum eine Brücke geschlagen zwischen dieser reflektierten Praxis und der theoretischen Ebene im Sinne von bildungswissenschaftlicher, hochschul- oder auch fachdidaktischer Forschung. Durch diesen Konnex zwischen eigener Lehrpraxis und etablierter Forschung, der zu einer selbstreflexiven bis selbstkritischen sowie systematischen Analyse der eigenen Lehre führen kann, passiert etwas, das sich als eine ›**Objektivierung der Lehre**‹ bezeichnen lässt. Die Weiterentwicklung oder auch Professionalisierung der Lehre bleibt entsprechend nicht bei der instruktionalen Praxis stehen, sondern wirkt direkt auch auf die konzeptionelle Ebene des Lehr-/Lernverständnisses; eine stärkere Studierendenzentrierung sowie ein Anstieg partizipativer und kollaborativer Elemente können die Folge sein (Hamilton, 2014; Curran & Davies, 2011). Darin bildet sich nicht nur ein verändertes Rollenverständnis ab, auch kann die vertiefte wie systematische Auseinandersetzung mit der eigenen Lehre positiv auf die (eigene) Motivation wirken, im Sinne einer gesteigerten Begeisterung der Lehre gegenüber einer »energizing experience«, wie Huber und Hutchings (2005, S. 67) beschreiben.

Als dritter Bereich nach Lernen und Lehre lässt sich hier die **Forschungserfahrung** identifizieren (siehe u.a. Curran & Davies, 2011; Hamilton, 2014). Ihre Weiterentwicklung geschieht etwa durch das Ausprobieren neuer Forschungsmethoden, den Prozess der Erhebung sowie Auswertung von Daten und die darauffolgende Entwicklung von Strategien zur Nutzung der Ergebnisse. Und nicht zuletzt ist die **Schreibkompetenz** zu benennen. Die Integration von Forschung in die Gestaltung und Entwicklung von Lehre hat überdies das Potenzial, auf die Reputationsasymmetrie von Forschung und Lehre zu wirken. Dass es sich bei SoTL-Projekten nicht um ›Forschung‹ im klassischen Sinne handelt, ist dabei keineswegs als Manko zu verstehen. Vielmehr ergibt sich gerade dadurch, dass SoTL-Forschung einen starken Fokus auf den individuellen Zugang zur Lehre legt, der Selbstreflexion beinhaltet und sich stark kontextuell verortet sowie aus den Fachdisziplinen heraus betrieben wird (also eben nicht von Bildungswissenschaftler:innen), eine Niedrigschwelligkeit, die den Transfer der Erkenntnisse in die Lehrpraxis der Peers befördert (Bernstein, 2010; Huber & Hutchings, 2005; Rosser, 2008).

Ein vierter Bereich, nach dem Lernen, der Lehre sowie der Forschung, ist derjenige des **Community Buildings** (siehe u.a. Bernstein, 2010; Hamilton, 2014). Die Partizipation an einer solchen Community findet ihren Anfang in der Lektüre relevanter (Forschungs-)Literatur und führt über den dialogischen Austausch mit Kolleg:innen bis hin zu einem »Going public«, inklusive der Bildung einer wissenschaftlichen Öffentlichkeit mit eigenen Tagungen und Publikationsorganen. Die Vergemeinschaftung in einer SoTL-Community ermöglicht wiederum einen Zuwachs an Kollaborationspotenzialen auch über Disziplingrenzen hinweg.

Zwischenfazit

Nun haben wir die Effekte von SoTL-Projekten für die Lehrperson und deren Kompetenzentwicklung beschrieben und dabei vier Ebenen unterschieden, auf denen SoTL ›wirken‹ kann: Lernen, Lehre, Forschung und Community Building. Die Durchführung von SoTL-Projekten kann zu einem verbesserten Verständnis des Lernens führen, die Lehrpraxis und das Lehr-/Lernverständnis weiterentwickeln sowie zur Professionalisierung der Lehre beitragen. Darüber hinaus bietet SoTL die Möglichkeit, neue Forschungsmethoden auszuprobieren und die Forschungserfahrung zu erweitern.

5. Schritte zur Umsetzung eines SoTL-Projekts

Eine allgemein anerkannte Vorgehensweise im Rahmen eines SoTL-Projekts könnte vereinfacht wie folgt aussehen. Erstens **identifizieren Sie die Fragestellung**. Versuchen Sie, nach entsprechender Filterung relevanter Herausforderungen und Erfahrungen in der eigenen Lehre eine spannende und interessante Frage- und Zielstellung im Zusammenhang mit dem Lehren und Lernen in Ihrem Fachgebiet zu finden.

Reflexionsfragen

Welche Fragen haben Sie zu Ihrer Lehrtätigkeit, die Sie untersuchen möchten?
Welchen Teil Ihrer Lehre möchten Sie untersuchen (s.o. Mikro-, Meso-, Makrodidaktik)?
Welche Lehrveranstaltung/Module/Studiengänge betrifft dies (vor allem)?

Als zweiten Schritt machen Sie eine **Literaturrecherche**: Erforschen Sie den aktuellen Forschungsstand zum Kontext Ihrer Fragestellung und überprüfen Sie in der vorhandenen Literatur, welche Aspekte bereits gut erforscht sind und welche Desiderate erschlossen werden müssen.

Reflexionsfragen

Was haben andere bisher im selben Bereich veröffentlicht?
Was gibt die hochschuldidaktische Literatur zu Ihrem Thema her?
Was haben Lehrende von anderen Hochschulen – aus Ihrem Fach, aus verwandten Fächern oder aus anderen Fächern – bisher zu Ihrem Thema geschrieben?

Entscheiden Sie sich im dritten Schritt für eine geeignete, für die eigene Fachdisziplin typische **Forschungsmethode**, um die eigene Fragestellung zu untersuchen. Methoden können in Abhängigkeit von der Art der Frage- und Zielstellung des SoTL-Projekts qualitativ, quantitativ oder experimentell sein. In diesem Zusammenhang ist auch zu entscheiden, welche Forschungspartner einbezogen werden sollen, zum Beispiel Lehrende, Studierende, Praxispartner.

Reflexionsfragen

Welches Forschungsdesign wäre denkbar?
Welche Zielgruppen werden wann und wie eingebunden?
Welche Forschungsinstrumente würden sich für Ihre Fragestellung eignen?
Wer kann Ihnen bei der Erarbeitung und Umsetzung Ihres Designs gegebenenfalls Feedback geben?

Als vierten Schritt **sammeln Sie Daten**, die zur Beantwortung Ihrer Fragestellung relevant sind. Dies kann durch Beobachtungen, Befragungen, Interviews, Dokumentenanalyse, Tests oder andere Methoden erfolgen.

Reflexionsfragen

Welche Daten liegen Ihnen schon vor, welche sollten Sie noch erheben, um Ihre Fragen zu beantworten?
Welche Erhebungszeitpunkte wären denkbar und sinnvoll?

Analysieren Sie die gesammelten Daten hinsichtlich auffälliger Muster, Trends und interessanter neuer Zusammenhänge im fünften Schritt.

Schließen Sie im sechsten Schritt mit einer **Ergebnisinterpretation** an: Diskutieren Sie die Ergebnisse Ihrer Analyse im Kontext der bestehenden Literatur und im eigenen Lehr- und Lernumfeld. Nehmen Sie eine kritische methodische Einschätzung vor und ziehen Sie praktische Schlussfolgerungen für die Lehr- und Lernpraxis.

Als siebten Schritt **verschriftlichen und kommunizieren Sie die gewonnenen Ergebnisse**: Teilen Sie sie mit anderen, wie zum Beispiel durch Veröffentlichungen in Fachzeitschriften, Präsentationen auf Konferenzen oder im informellen Austausch mit Kolleg:innen.

Reflexionsfragen

Gibt es Veranstaltungen auf Instituts-, Universitätsebene, auf denen Sie Ihre Ergebnisse präsentieren können?
Gibt es fachinterne oder auch hochschuldidaktische Journals, in denen Sie publizieren können?
Für wen sind Ihre Ergebnisse noch interessant? Wie können Sie Ihre Ergebnisse teilen und wie können Sie von den Ergebnissen anderer Lehrender profitieren?

Schließen Sie mit einer **Reflexion** ab: Wenn man SoTL als einen interaktiven Forschungs- und Entwicklungsprozess versteht, können Sie auf Basis der Ergebnisse Ihres Projekts überlegen, wie diese weitergenutzt werden können, wie die eigene Lehrpraxis und die anderer verbessert werden kann.

Reflexionsfragen

Welche Implikationen für Ihre Lehrpraxis ziehen Sie aus dem SoTL-Projekt?
Welche neu entstandenen Fragen könnten Ausgangspunkt für neue SoTL-Projekte sein?

Die hier dargestellte Vorgehensweise zur Durchführung von SoTL-Projekten kann nicht nur zur systematischen Untersuchung von Lehr- und Lernpraktiken beitragen, sondern erweitert auch das Wissen und Verständnis darüber, wie eine forschende Haltung als Lehrende und Qualitätsentwicklung der Hochschullehre erreicht werden können.

6. Zusammenfassung

Das Scholarship of Teaching and Learning (SoTL) ist ein Ansatz, bei dem Lehrende ihre eigene Lehrtätigkeit erforschen und verbessern, indem sie Lehren und Lernen als wissenschaftlichen Prozess betrachten und untersuchen. Das Ziel ist die systematische Untersuchung und Reflexion der eigenen Lehrtätigkeit zur Verbesserung der Lehre.

Der Prozessablauf eines SoTL-Projekts umfasst fünf Schritte; beginnend mit der Entwicklung einer Fragestellung zur eigenen Lehre und endend mit der Veröffentlichung und dem Austausch der Ergebnisse mit anderen Lehrenden. SoTL-Projekte können durch die Auswahl geeigneter Forschungsmethoden und (wenn nötig) eine Unterstützung in den Phasen der Erhebung und Auswertung erfolgreich umgesetzt werden. Mit Blick auf die Kompetenzentwicklung von Lehrenden kann die Durchführung von SoTL-Projekten auf vier Ebenen wirken, nämlich auf der des Lernens, der Lehre, der Forschung und des Community Buildings, was zu einem verbesserten Verständnis des Lernens, zur Weiterentwicklung der Lehrpraxis und des Lehr-/Lernverständnisses, zur Professionalisierung der Lehre und zur Erweiterung der Forschungserfahrung führen kann.

7. Literatur

Aeppli, J., Gasser, L., Gutzwiller, E. & Tettenborn Schärer, A. (2016). *Empirisches wissenschaftliches Arbeiten. Ein Studienbuch für die Bildungswissenschaften* (4. durchges. Aufl.). utb.

Albergaria-Almeida, P., Teixeira-Dias, J. J. C., Medina, J. & Martinho, M. (2011). Enhancing SOTL through classroom research: The case of chemistry and geology courses at the University of Aveiro. In J. Fanghanel, D. Bernstein, M. Huber, D. Berthiaume, D. Warren, T. Roxå & N. R. Colet (Hrsg.), *The London scholarship of teaching and learning – 8th international conference proceedings – Disciplines, pedagogies and cultures for SoTL* (S. 17–26). https://www.academia.edu/1839414/Enhancing_the_scholarship_of_teaching_learning_and_supervision_through_undergraduate_research_projects?auto=download

Bernstein, D. (2010). Finding your place in the scholarship of teaching and learning. *International Journal for the Scholarship of Teaching and Learning,* 4(2). https://doi.org/10.20429/ijsotl.2010.040204

Bishop-Clark, C. & Dietz-Uhler, B. (2012). *Engaging in the scholarship of teaching and learning. A guide to the process, and how to develop a project from start to finish.* Stylus.

Cook-Sather, A., Bovill, C. & Felten, P. (2014). *Engaging students as partners in learning and teaching: a guide for faculty.* Jossey-Bass.

Creswell, J. W. (2014). *Research design: Qualitative, quantitative, and mixed methods approaches.* Sage. https://www.ucg.ac.me/skladiste/blog_609332/objava_105202/fajlovi/Creswell.pdf

Curran, R. & Davies, V. (2011). Breaking the mould. An academic for all seasons. In J. Fanghanel, D. Bernstein, M. Huber, D. Berthiaume, D. Warren, T. Roxå & N. R. Colet (Hrsg.), *The London scholarship of teaching and learning – 8th International conference proceedings – Disciplines, pedagogies and cultures for SoTL* (S. 42–54). University of West London. https://www.researchgate.net/publication/312071908_Breaking_the_mould_an_academic_for_all_seasons#fullTextFileContent

Daniel, B. K. & Harland, T. (2018). *Higher education research methodology. A step-by-step guide to the research process.* Routledge.

Felten, P. (2013). Principles of good practice in SoTL. *Teaching and Learning Inquiry, 1*(1), 121–125. https://doi.org/10.20343/teachlearninqu.1.1.121

Hamilton, D. (2014). Building a culture of pedagogical inquiry. Institutional support strategies for developing the scholarship of teaching and learning. *Advances in Scholarship of Teaching & Learning, 1*(1).

Healey, M., Flint, A. & Harrington, K. (2014). *Engagement through partnership: Students as partners in learning and teaching in higher education.* Higher Education Academy. https://www.advance-he.ac.uk/knowledge-hub/engagement-through-partnership-students-partners-learning-and-teaching-higher

Huber, L. (2011). Forschen über (eigenes) Lehren und studentisches Lernen – Scholarship of Teaching and Learning (SoTL): Ein Thema auch hierzulande? *Das Hochschulwesen, 4*, 118–124.

Huber, L. (2014). Scholarship of Teaching and Learning: Konzept, Geschichte, Formen, Entwicklungsaufgaben. In L. Huber, A. Pilniok, R. Sethe, B. Szczyrba & M. Vogel (Hrsg.), *Forschendes Lehren im eigenen Fach: Scholarship of Teaching and Learning in Beispielen* (S. 19–36). Bertelsmann. www.pedocs.de/volltexte/2015/10129/pdf/Huber_2014_Scholarship_of_Teaching_and_Learning

Huber, L., Pilniok, A., Sehte, R., Szczyrba, B. & Vogel, M. (2014). Mehr als ein Vorwort. Typologie des Scholarship of Teaching and Learning. In L. Huber, A. Pilniok, R. Sethe, B. Szczyrba & M. Vogel (Hrsg.), *Forschendes Lehren im eigenen Fach: Scholarship of Teaching and Learning in Beispielen* (S. 7–19). Bertelsmann. https://www.pedocs.de/volltexte/2015/10129/pdf/Huber_2014_Scholarship_of_Teaching_and_Learning.pdf

Huber, M. T. & Hutchings, P. (2005). *The advancement of learning. Building the teaching commons.* Jossey-Bass.

Hutchings, P., Huber, M. T. & Ciccone, A. (2011). Getting there: An integrative vision of the scholarship of teaching and learning. *International Journal for the Scholarship of Teaching and Learning, 5*(1). https://digitalcommons.georgiasouthern.edu/ij-sotl/vol5/iss1/31/

Johnson, R. B. & Christensen, L. (2019). *Educational research: Quantitative, qualitative, and mixed approaches.* Sage.

Kreber, C. (2002). The scholarship of teaching and its implementation in faculty development and graduate education. *New Directions for Teaching and Learning, 86*, 79–88. https://doi.org/10.1002/tl.18

Mercer-Mapstone, L., Dvorakova, S. L., Matthews, K. E., Abbot, S., Cheng, B., Felten, P., Knorr, K., Marquis, E., Shammas, R. & Swaim, K. (2017). A systematic literature review of students as partners in higher education. *International Journal for Students As Partners, 1*(1). https://doi.org/10.15173/ijsap.v1i1.3119

Middendorf, J. & Pace, D. (2004). Decoding the disciplines: A model for helping students learn disciplinary ways of thinking. *New Directions for Teaching and Learning, 98*, 1–12.

Nelson, C. E. (2004). Doing it: Examples of several of the different genres of the scholarship of teaching and learning. *Journal of Excellence in College Teaching, 14*(2/3), 85–94.

Reinmann, G. (2011). Förderung von Lehrkompetenz in der wissenschaftlichen Weiterbildung: Ausgangslage, Anforderungen und erste Ideen. In M. Weil, M. Schiefner, B. Eugster & K. Futter (Hrsg.), *Aktionsfelder der Hochschuldidaktik: Von der Weiterbildung zum Diskurs* (S. 129–150). Waxmann.

Riegler, P. (2022). Lerngemeinschaften von Lehrenden als Ort und Gegenstand von SoTL. In N. Vöing, S. Reisas & M. Arnold (Hrsg.), *Scholarship of Teaching and Learning: Eine forschungsgeleitete Fundierung und Weiterentwicklung hochschul(fach)didaktischen Handelns* (S. 231–242). TH Köln. https://doi.org/10.57684/COS-986

Rosser, M. (2008). The scholarship of teaching and learning: What is it? A personal view. *International Journal for the Scholarship of Teaching and Learning, 2*. https://digitalcommons.georgiasouthern.edu/ij-sotl/vol2/iss2/2/

Schulte, R., Kordts-Freudinger, R. & Leschke, J. (2018). *Rigour versus Relevance – Anspruch und Wirklichkeit des Scholarship of Teaching and Learning* [Konferenzbeitrag]. 47. Jahrestagung der Deutschen Gesellschaft für Hochschuldidaktik (dghd), Karlsruhe, Deutschland.

Trigwell, K. & Shale, S. (2004). Student learning and the scholarship of university teaching. *Studies in Higher Education, 29*(4), 523–536. https://doi.org/10.1080/0307507042000236407

Vöing, N. (2022). Wirksamkeit von SoTL im Rahmen hochschuldidaktischer Weiterbildung auf die Weiterentwicklung der (Lehr-)Kompetenz. Das Vertiefungsmodul im Paderborner Zertifikatsprogramm. In U. Fahr, A. Kenner, H. Angenent & A. Eßer-Lüghausen (Hrsg.), *Hochschullehre erforschen: Innovative Impulse für das Scholarship of Teaching and Learning* (S. 363–386). Springer VS. https://doi.org/10.1007/978-3-658-34185-5_20

STUDIERENDE BERATEN

BERATEN IN DER HOCHSCHULLEHRE

Geri Thomann

Schlagworte

Beratung von Studierenden, Prozessberatung, Gesprächsführung

Orientierung

Dozierende sind zwar keine eigentlichen Beratungsfachleute, benötigen aber in vielen Situationen zunehmend Beratungskompetenzen. In diesem Beitrag werden Modelle und Konzepte der Prozessberatung auf die beratenden Tätigkeiten von Dozierenden bezogen, so zum Beispiel die Phasierung von Beratungen, die Kontraktierung und die Gesprächsführung.

Leitfragen

In welchen Situationen benötigen Dozierende Beratungskompetenzen?
Wie unterscheidet sich die Beratungsrolle von Dozierenden von anderen Rollen?
Wie lässt sich eine Beratung von Studierenden professionell gestalten?

1. Einleitung

Weshalb hat der Themenkreis der Beratung eine offensichtlich steigende Bedeutung für die Hochschullehre? Über das Lernen ist viel geschrieben worden und darüber, dass Lehrangebote das Lernen lediglich anregen können. Wie genau aber ein solcher Paradigmenwechsel (der »Shift from Teaching to Learning«) die lehrende Tätigkeit beeinflusst, diskutiert die (Fach-)Öffentlichkeit bisher eher wenig. Mit dem Begriff ›Dozieren‹ im Hochschulkontext wird spontan nach wie vor noch Unterrichten, Erzählen, Vorzeigen, Halten von Vorlesungen usw. assoziiert. Ein Klischee?

Wir wissen, dass sich Lernprozesse an Hochschulen vielerorts auch anders abspielen: Projektlernen, Laborsituationen, Praktika, begleitete Online-Phasen, »Peergroup Learning«, das Schreiben von Texten, Beratungen von Studierenden ad hoc oder in Sprechstunden. Dozierende sind hierbei nicht nur in ›herkömmlichen‹ Formen, sondern auch beratend oder begleitend tätig. Verfügt diese ›andere‹ Form von Dozieren über weniger Status und Kompetenz als die traditionelle Lehrrolle?

Dass die Spannung zwischen Beraten und Dozieren in den letzten Jahren an Bedeutung gewonnen hat, veranschaulichen folgende Beispiele:

Beispiele

Spannungsfelder zwischen Dozieren und Beraten

- Im Rahmen des begleiteten Selbststudiums an Hochschulen erfordert E-Learning bzw. Digital Learning notwendigerweise beratende Begleitung durch Dozierende. In institutionalisierten E-Learning-Settings zeigt sich hingegen, dass das zur Verfügung stehende Zeitbudget der Dozierenden noch nicht dem steigenden Anteil der Beratungsarbeit entspricht.
- Dank der Bologna-Reform werden mehr schriftliche Arbeiten an Hochschulen geschrieben und überhaupt mehr (schriftliche) Leistungsnachweise verlangt. Die Begleitung und Beurteilung solcher Arbeiten beansprucht Dozierende zunehmend in weiteren Rollen (Beratung und Beurteilung).
- Die Komplexität von Studiengängen steigt stetig; die Beratungen von Studierenden bezüglich ihrer Studiengestaltung nehmen zu.
- Dozierende sind in der Regel als (wissensvermittelnde) Expert:innen beauftragt; die neu in Beratungssituationen geforderte Zurückhaltung stellt mit Sicherheit eine Herausforderung dar.
- Und doch existiert ein Bild des:der Expert:in als ›wissende:r Berater:in‹, es hält sich in einer Art von ›Meister-Novizen-Modell‹ seit der Entstehung der Universitäten im Mittelalter. Hochschuldozierende beraten eigentlich gerne. Handelt es sich bei dieser Art von Beratung jedoch wirklich um die Art von Beratung, die wir meinen, wenn wir gleichzeitig betonen, Studierende seien für ihr Lernen selbst verantwortlich?

Wie sehen nun Beratungssituationen im Hochschulalltag genau aus? Einige Studierende sind am Schreiben ihrer Bachelorarbeit oder in Projekten engagiert und suchen bei Stolpersteinen Ihren Rat als begleitende Fachperson. Andere beißen sich ihre Zähne an Case Studies aus, sind blockiert und fragen Sie im Unterricht um Ihren Rat; wieder andere leiden unter der Komplexität der Studiengangsorganisation und möchten von Ihnen Orientierungshilfe. Einige zweifeln gar an ihrer Studienwahl und wünschen, mit Ihnen darüber ein Gespräch zu führen – sei dies ad hoc oder in einer Sprechstunde.

All diesen Phänomenen kann nicht mit reiner Fachexpertise begegnet werden. Die **Rolle der Dozierenden** erweitert sich aus lernpsychologischen und strukturellen Gründen und enthält immer mehr begleitende und beratende Aspekte. Die Aktivität soll dabei vorwiegend bei den Studierenden liegen. Dadurch eröffnen sich einige Fragen:

- Wo und wann ist die Beratungskompetenz der Dozierenden gefragt?
- Wie strukturieren wir Beratungssituationen, wie unterscheiden sich diese von Instruktionsanlässen?
- Wie sieht ein solches Begleitungs- oder Beratungsverhalten genau aus? Heißt beraten nur noch ›geschehen lassen‹? Wo liegt dabei die Verantwortung der Dozierenden?
- Kann man überhaupt zielorientiert beraten, oder ist das dann eher Instruktion?
- Können wir überhaupt beraten, wenn wir auch parallel beurteilen sollen? Wird dann Beratung sozusagen ein ›Wolf im Schafspelz‹?
- Verhindern wir durch unsere ›lehrende Haltung‹ wirkliches Lernen – indem wir den Studierenden alle Stolpersteine aus dem Weg räumen?
- Erhalten wir zu wenig Aufmerksamkeit, wenn wir lediglich beratend tätig sind – ohne Publikumsapplaus?
- Wollen sich Studierende überhaupt beraten lassen?

Der vorliegende Beitrag beleuchtet obenstehende Fragen und soll Dozierenden in ihrem Alltag mittels Modellen und Reflexionen Unterstützung bieten. Nach einer Einleitung (siehe Abschnitt 1) und einer kurzen lernpsychologischen und strukturellen Analyse zum Thema (siehe Abschnitt 2) werden anhand des ›Rollenstraußes‹ von Dozierenden verschiedene Handlungsfelder beschrieben (siehe Abschnitt 3). Zwei davon – Beraten und Begleiten – werden anschließend näher beleuchtet (siehe Abschnitt 4 und 5). Schließlich werden vier ausgewählte Instrumente der Beratung vorgestellt (siehe Abschnitt 6). Ein kurzer Exkurs zu Online-Beratung schließt den Text ab.

Mit ›Dozierende‹ oder ›Lehrende‹ sind selbstverständlich auch wissenschaftliche Mitarbeitende oder Lehrbeauftragte gemeint. Ist die Rede von ›Lernenden‹, sind damit Studierende bezeichnet. Schließlich werden Beratene in der Beratungssprache gelegentlich als ›Klient:innen‹ bezeichnet und beratene Systeme (einzelne Personen, Teams oder Organisationen) gelegentlich als ›Klientensysteme‹; diese Begriffe aus der Beratungssprache werden im Text hin und wieder benutzt.

2. Lernpsychologische und strukturelle Prämissen

Es wäre ein Widerspruch, unter der Prämisse der Aneignungsperspektive (im Gegensatz zur Vermittlungsperspektive) Lernende als Hauptakteur:innen ihres Lernens zu verstehen und ihnen gleichzeitig die Selbststeuerung ihres Lernens abzusprechen (Siebert, 2008).

Die Motivation der Lernenden steigt mit dem Grad der von den Lernenden wahrgenommenen Selbstbestimmung. Bereitschaft und Wille, sich neue Kenntnisse und Fähigkeiten anzueignen, sind u.a. mit drei grundlegenden **psychologischen Bedürfnissen** des Menschen verbunden: sich als autonom sowie kompetent zu erleben und sich sozial eingebunden zu fühlen. Lernen ist daher ein konstruktiver, aktiver, selbstgesteuerter und sozialer Prozess, der stets in einer bestimmten Situation stattfindet (Mandl & Kopp, 2005). Die Metakognitionsforschung (u.a. Kaiser, 2003) zeigt zudem, dass es die Qualität des Lernens nachhaltig fördert, wenn Studierende über eigene Lernaktivitäten und Lernerfahrungen nachdenken und sich (bzw. ihr Lernen und Arbeiten) dadurch besser verstehen und steuern. Lernen in diesem Sinne können Dozierende lediglich anregen, initiieren, begleiten und so ermöglichen (Arnold, 2018); tun müssen es die Lernenden selbst. Dies bedeutet jedoch nicht, dass Lehrende zur Passivität verdammt sind: Instruktion und Anleitung bleiben nach wie vor unabdingbar, darum beinhalten Beratung und vor allem Begleitung stets auch Steuerungselemente.

Wenn wir einen Blick auf die Hochschulen werfen: Mit der Bologna-Reform wurde die strukturelle Unterscheidung zwischen Präsenzunterricht (Kontaktlektionen), begleitetem Selbststudium und freiem (oder autonomem) Selbststudium geschaffen (Landwehr & Müller, 2008; Thomann et al., 2017). Dies warf und wirft die Frage auf, welches nun die Rolle von Dozierenden gerade beim begleiteten Selbststudium ist. Parallel zur Bologna-Deklaration rückte die Orientierung nach Kompetenzen und Learning Outcomes von Studierenden oder Teilnehmenden ins Zentrum, die wiederum die Implementierung von geeigneten methodischen Ansätzen wie Problembasiertes Lernen u.Ä. nach sich zog. Solche Konzepte bedingen erweiterte Handlungskompetenzen von Dozierenden und Lehrenden, die häufig folgendermaßen umschrieben werden: »from the sage on the stage to the guide on the side« (King, 1993).

Mit diesem Wechsel eröffnen sich neue Handlungsfelder für Lehrende – etwa die Beratung und die Begleitung –, aber auch einige Spannungsfelder – etwa zwischen organisationaler Strukturreform und Studierenden-Orientierung oder zwischen Formalisierung und Selbstorganisation.

3. Der Rollenstrauß von Dozierenden: Beraten und Begleiten

Als Dozierende bewegen wir uns während unserer alltäglichen Arbeit in einer Vielzahl von **Rollen**. Aus soziologischer Sicht wird unter ›Rolle‹ das ›Bündel‹ von expliziten und impliziten Erwartungen verstanden, die beispielsweise an uns in unserer Funktion als Dozent:in gerichtet werden. Die Rolle ist demnach eine Art interpretierbares Bindeglied zwischen Individuum und Organisation: Persönliche Anteile und institutionell-gesellschaftliche Vorgaben treffen sich in der Rolle. Sogenannte Bezugsgruppen ›senden‹ demnach Positionsinhabenden (Dozierenden) Rollen. Das Handeln in ›Rollen‹ lässt jedoch immer einen Interpretationsspielraum zu. Rollenerwartungen führen zu Rollenunklarheiten oder Rollenkonflikten, wenn sich gegenüber Bezugsgruppen (Institution, Studierende, Kollegium) verschiedene Rollenerwartungen widersprechen oder überschneiden (Thomann, 2013, 2019).

Wir skizzieren die einzelnen Handlungsfelder von Dozierenden im Folgenden kurz in Form des Rollenstraußes, um danach die beiden Rollen resp. Handlungsfelder der Beratung und der Begleitung genauer zu beleuchten.

Abb. 1: Der Rollenstrauß von Dozierenden

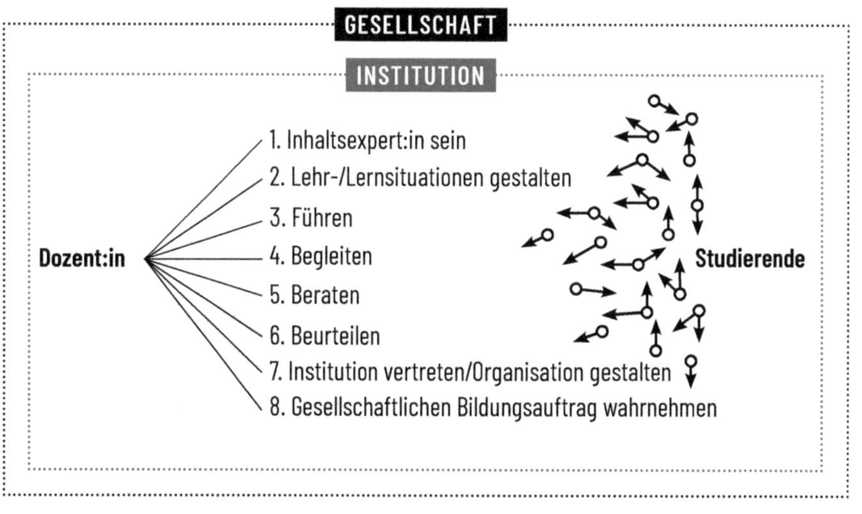

Quelle: Thomann, 2019, S. 31

Folgende Rollen von Dozierenden lassen sich ausmachen:

- **Inhaltsexpert:in sein**: Ursprünglicher Grund des Auftrags von Lehrenden ist ihre Expertise, ihr fachspezifisches Wissen.
- **Lehr-/Lernsituationen planen und gestalten**: Präsenzlehre gestalten, Inszenieren von Fall- und Problembasiertem Lernen, Gestalten von Blended-Learning-Sequenzen, Produzieren von selbsterklärenden Lernmaterialien etc.
- **Leiten**: Leiten von Projektgruppen, Anleiten zum Selbststudium, Moderieren von Plenumsveranstaltungen, Führen von Konfliktgesprächen, Umgang mit schwierigen Situationen und Studierenden, Entscheiden bei Promotionsfragen.
- **Begleiten (längerfristig, Projekte, Gruppen- oder Einzelarbeiten)**: Längere Begleitaktivitäten (Anleitung, Beratung, Controlling) während des Selbststudiums, Begleiten von Bachelor-/Master-/Diplomarbeiten, Begleiten von Praktika/Projekten, Begleiten von Studierenden während ihres Studiums etc.
- **Beraten (kurzfristig, zielorientiert, eher einzelne Studierende)**: Einzelne Studierende (oder allenfalls kleine Gruppen von Studierenden) in ihrem Lernprozess zielorientiert beraten, diagnostisch tätig sein (zum Beispiel während Sequenzen Problembasierten Lernens, bei Stolpersteinen in einem Projekt oder in einer schriftlichen Arbeit, bei ungenügenden Leistungen), Beraten von Studierenden bezüglich Organisation des Studiums und beruflicher Ausrichtung – ad hoc oder in einer Sprechstunde etc.
- **Beurteilen**: Kompetenz- und lernzielorientiert Prüfen, Gestalten von Prüfungssituationen, Formulieren von Prüfungsfragen, Interpretieren und Bewerten von Leistungen, Kommunizieren von Bewertungen etc.
- **Institution vertreten/Organisation gestalten**: Beteiligung an der Entwicklung von Curricula, am Entwerfen von Kompetenzprofilen, an der Konzipierung von Beurteilungskonzepten und an Evaluationen; Kooperation mit dem Kollegium und mit Externen etc.
- **Gesellschaftlichen Bildungsauftrag wahrnehmen**: Als gesellschaftlich anerkannte:r ›öffentliche:r‹ Expert:in auftreten, als Modell wirken, als Türöffner:in für gesellschaftliche Funktionen von Studierenden wirken etc.

Die beschriebenen Rollen überschneiden sich selbstverständlich: Beispielsweise existieren Nahtstellen zwischen der Beurteilungsrolle und derjenigen der Institutionsvertretung oder zwischen der Leitungsrolle und derjenigen der Lehr-/Lernsituationsgestaltung. Es sind jedoch auch Spannungen wirksam, so zwischen der Beratungsrolle und derjenigen der Beurteilung. Die Komplexität des Rollenstraußes erhöht sich zudem durch die spezifischen Rollenerwartungen der Studierenden: Die einen erwarten von den Dozierenden reine Expertise, andere möchten klare Führung, wieder andere begnügen sich mit zurückhaltender Begleitung. Weitere verlangen immer wieder individuelle Beratung oder pochen auf klare Beurteilung, einige sehen die dozierende Person als Vertretung der Institution oder als Modell einer gesellschaftlich anerkannten Funktion. Diese Erwartungshaltungen verschieben sich von Fachgebiet zu Fachgebiet, von Dozent:in zu Dozent:in. Dies bedeutet, dass Dozierende sich dauernd zwischen differierenden Rollenerwartungen bewegen. Sie müssen Prioritäten setzen und Kompromisse zwischen den eigenen Rollenvorlieben und den Rollenerwartungen der Institution und der Studierenden eingehen.

Die beiden Rollen ›Beraten‹ und ›Begleiten‹ unterscheiden sich einerseits durch den zeitlichen Aspekt (Begleitung zieht sich in der Regel über eine längere Zeitspanne hin), andererseits durch die Quantität der Klientel (Beratung ist eher dialogisch und ›Face-to-Face‹ orientiert). Zudem integriert Begleitung immer auch ein Stück ›Leitung‹ (Anleitung, Controlling). Typischerweise werden gerade in Projektbegleitungen häufig verschiedene Rollen vermischt: Anleitung, Controlling und Beurteilung gehören genauso wie Beratung zu den Begleitaufgaben in verschiedenen Phasen von Projekten. Der Begriff ›Betreuung‹ entspricht am ehesten dem der ›Begleitung‹, bezeichnet jedoch eher ein pädagogisch-erzieherisches Verhältnis. Beratung[1] in unserem Sinne ist tendenziell symmetrisch orientierte, gemeinsame Arbeit an Fragestellungen oder Problemen. Begleitung hingegen kann als zurückhaltende Führung mit integriertem Beratungsanteil verstanden werden (Thomann et al., 2017, 2019).

Reflexionsfragen

Wo und wie bewegen Sie sich alltäglich als Dozent:in im sogenannten ›Rollenstrauß‹?
Welche sind Ihre Vorlieben, welche nicht?
Wie würden Sie Ihre Rolle als Berater:in und als Begleiter:in genau beschreiben, welche Erwartungsträger:innen können Sie benennen?
Wie groß ist Ihr Interpretationsspielraum? Nutzen Sie diesen? Wie?
Können Sie Konfliktfelder zwischen den Rollen benennen?

Im Folgenden wird zunächst die Rolle ›Beraten‹ fokussiert. Zuerst wird der Begriff definiert, anschließend werden drei Beratungsmodelle erläutert.

1 Absichtlich wird hier aus Gründen der höheren Trennschärfe zu anderen Rollen ›Beratung‹ als Überbegriff verwendet, nicht etwa ›Coaching‹; Coaching als Beratungsformat zeichnet sich u.a. durch hohe Zielorientierung sowie durch mögliche integrierte Instruktionsanlässe aus (Fröhlich Luini & Thomann, 2004).

4. Beraten

Definition

Beratung definieren wir in unserem Zusammenhang als situationsbezogene und spezifische Hilfestellung bei der Analyse und bei der Lösung von Problemen oder bei auftauchenden komplexen Fragestellungen – wobei Beratung stets auch dialogisches und gemeinsames Denken und Handeln beinhaltet. Eine solche Beratung bezieht sich zudem auf ein professionelles Handlungsmodell. Professionelle Beratung zeichnet sich somit durch bestimmte Kompetenzen der Beratungsperson aus sowie durch deutliche Abgrenzung der Beratung von alltäglichen Situationen.

Das Schwergewicht der Beratungskompetenz liegt bei Formen der **Expert:innenberatung** im jeweilig spezifischen Fachwissen, bei Formen der **Prozessberatung** in Kenntnissen von sozialwissenschaftlichen Theorien und Verfahren (Thomann, 2019). Die meisten Beratungsmodelle basieren auf Theorien und Instrumenten der Prozessberatung, also der Gestaltung von Beratungssituationen mit dem Ziel, die zu Beratenden in ihren Ressourcen und Kompetenzen zu unterstützen, sie möglichst selbstständig werden zu lassen. Selbstverständlich ist dies jedoch – gerade im beschriebenen Kontext der Beratung von Studierenden – ohne Fachexpertise gar nicht möglich. Unter ›Fachberatung‹ wird jedoch oft lediglich die Vermittlung von Wissen und Können verstanden. Fachberatung wird daher in diesem Kontext eher als eine Mischung von Zurverfügungstellung von Expertise und (prozess-)beraterischen Elementen betrachtet. Jede Beratung Studierender bewegt sich zwischen diesen beiden Konzepten, sie schließen sich nie aus, ergänzen einander vielmehr. Wenn sich Studierende in einem bestimmten Fachgebiet wenig auskennen, benötigen sie Informationen zur Verarbeitung, also einerseits Fachwissen, andererseits vielleicht zusätzliches Wissen über das ›Wie‹ und dessen Aneignung; wenn sie hingegen Verarbeitungsprobleme haben, benötigen sie eher Begleitung in der Verarbeitung. Fachberatung ist nahe an Instruktion. Zur Schärfung der Begrifflichkeit orientieren wir uns deshalb vorerst an Konzepten der Prozessberatung (welche die Zurückhaltung der beratenden Personen und die Hauptaktivität der Beratenen betont) – ohne dabei die Fachberatung oder deren Ergänzung abwerten zu wollen (Thomann, 2019).

Eine der bekanntesten und anerkanntesten Definitionen des Begriffs ›Beratung‹ im Sinne der Prozessberatung stammt von Lippitt (1959; zitiert nach Fatzer, 2005, S. 56):

Definition

»**Beratung** [...] ist eine allgemeine Bezeichnung für mancherlei Beziehungsformen. Die allgemeine Definition von Beratung [...] hat folgende Voraussetzungen:
Das Beratungsverhältnis ist eine freiwillige Beziehung zwischen einem professionellen Helfer (Berater) und einem hilfsbedürftigen System (Klient).
Der Berater versucht, dem Klienten bei der Lösung laufender oder potenzieller Probleme behilflich zu sein.
Die Beziehung betrachten beide Partner als zeitlich befristet.
Außerdem ist der Berater ein ›Außenstehender‹, d.h. er ist nicht Teil des hierarchischen Machtsystems, in dem sich der Klient befindet.«

Sie erkennen hier bereits, dass beratende Tätigkeit in zahlreichen Feldern (zum Beispiel der Lehre) gemäß dieser Definition gar keine Beratung wäre, weil die Beziehung in der Regel häufig nicht freiwillig ist, die zeitliche Befristung nur bedingt gilt und Berater:innen nicht immer ›Außenstehende‹ sind, sondern den Klient:innen gegenüber meistens verschiedene Rollen einnehmen. D.h., dass Dozierende eigentlich nicht Berater:innen sind, jedoch über Beratungskompetenzen verfügen sollten. Solche Divergenzen zeigt Schein (2010) in seinen Grundmodellen (S. 25-42):

4.1 Drei Grundmodelle der Beratung

Wenn Sie sich den ›Berater-Jargon‹ (zum Beispiel ›Klient:in‹) wegdenken, bemerken Sie, dass die eigene Beratungstätigkeit sich nicht einfach zu einem der Grundmodelle zuordnen lässt. Mögen Sie Beratung noch so sehr als zurückhaltende und moderierende Prozessberatung verstehen: Wenn Sie etwa als (Fach-)Expert:in beauftragt sind, werden Sie auch so wahrgenommen. Hier ist zu entscheiden, ob Instruktion nicht grundsätzlich adäquater ist als Beratung.

Die ›**Expertenhypothese**‹ des Modells von Schein (2010) setzt interessanterweise ausnehmend selbstbewusste und handlungsfähige Klient:innen voraus. Studierende wissen demnach genau, was sie benötigen, und kontaktieren die Lehrenden mit den ›richtigen‹ Fragen (siehe das fragengeleitete ›Lern-Coaching‹ in Landwehr & Müller, 2008, S. 184-187). Ein Student sucht beispielsweise eine Dozentin auf und macht deutlich, dass er in einer Schreibblockade steckt und Unterstützung wünscht. Nach einer kurzen Abklärung – in fachlicher Hinsicht – scheint der Dozentin diese ›Selbstdiagnose‹ zutreffend und sie delegiert die Bearbeitung des Problems an eine geeignete Person/Stelle oder übernimmt eine Beratung zur Lösung dieser Blockade.

Die ›**Arzt-Patient-Hypothese**‹ fasziniert durch den hohen Machtanteil der Beratenden und kommt einem gewissen Betreuungspotenzial aufseiten der Lehrenden und einem Abhängigkeitsbedürfnis auf Seite der Lernenden entgegen. Gemäß diesem Modell nehmen Lehrende an, dass die Hauptverantwortung für Problemdefinierung und Problemlösung bei ihnen liegt. Beispielsweise verfügt ein Dozent über wenig Zeit und berät eine Studierende voreilig entlang eigener Hypothesen der Problemdefinierung. Die schnell präsentierte Lösung ist vordergründig wirksam, die Studentin steht jedoch eine Woche später mit einer ähnlichen Problemlage wieder vor der Tür. Vielleicht wollte der Dozent lediglich der Studentin in guter Absicht fachlich möglichst viel mitgeben. Die Studentin verlässt sich aber zu stark auf die Expertise und nutzt ihre Ressourcen zur Problemlösung nicht. Wenig Zeit und wenig Vertrauen in die ›Selbstdiagnose‹ Studierender sowie deren schnelle Bereitschaft, Hilfe anzunehmen, sind Gründe für diesen unheilvollen Zirkel, der nicht der Entwicklung von Denk- und Problemlösefähigkeit von Studierenden gerecht wird. Verweigern Dozierende die Unterstützung mit dem Signal ihres Vertrauens in die Fähigkeit der Studierenden, mag dies nicht unbedingt angenehm erscheinen, wirkt jedoch manchmal lernanregend für Studierende. Selbstverständlich ist es jedoch gelegentlich – gerade bei temporären Krisen – notwendig, schnell und unverzüglich zu helfen, – jedoch immer mit dem Hinweis, dass es sich dabei um eine Ausnahmesituation handelt und dass sich in Zukunft der:die Klient:in selbst helfen kann.

Tab. 1: Grundmodelle der Beratung (nach Schein, 2010, dargestellt und modifiziert durch Thomann, 2019)

1. Beratung als Beschaffung von Information und Professionalität, ›Expertenhypothese‹
Der:die Klient:in weiß, was das Problem ist; welche Lösung benötigt wird; woher die Lösung kommen kann. Der:die Berater:in beschafft die benötigten Informationen und erarbeitet die Lösungen.
2. Beratung im Rahmen der ›Arzt-Patient-Hypothese‹
Der:die Klient:in leidet unter bestimmten Unzulänglichkeiten oder Problemen, deren Ursachen sowie mögliche Lösungsansätze ihm:ihr aber unbekannt sind. Der:die Berater:in übernimmt die Verantwortung für eine richtige Diagnose (Erfassung) des Problems und dessen angemessene Lösung. Der:die Klient:in ist im Beratungsprozess von der Beratungsperson abhängig bis zur Lösungsfindung.
3. Das Prozess-Beratungs-Modell (»Process-Consultation«)
Der:die Klient:in hat das Problem und behält während des ganzen Beratungsprozesses die volle Verantwortung dafür. Der:die Berater:in hilft dem:der Klient:in, bestimmte Ereignisse und Vorgänge wahrzunehmen, richtig zu interpretieren und zu verstehen und ihnen angemessen zu begegnen (handeln). Der:die Klient:in weiß sich selbst zu helfen und der:die Berater:in vermeidet, vom Klientel in eines der vorangehenden Modelle gebracht zu werden.

Das Modell der **Prozessberatung** entspricht unserer Einschätzung nach am ehesten den Kriterien einer professionellen Beratung. Bei prozessberaterischem Handeln zeigen sich Lehrende für den Rahmen des Prozesses mitverantwortlich, jedoch nicht für die Problemdefinierung oder die Problemlösung. In solchen Situationen befinden sich Beratende eher oder länger in einem fragenden als einem antwortenden Modus: Sie unterstützen die Reflexion der Studierenden und regen sie an, weiterzudenken oder Verantwortung zu übernehmen. In sämtlichen Fällen, in denen ein Lernzuwachs von Studierenden auch auf der Ebene der Problemlösestrategie intendiert ist, braucht es die prozessberaterische Haltung, obwohl Lehrende dabei stets wiederkehrend zu Instruktionshandlungen oder zur Übernahme von Verantwortung verführt werden oder sich dazu verführen lassen. Der Beratungsdialog baut weniger auf kulturell erlernten (Rollen-)Reflexen auf als auf überlegten und geplanten Interventionen. Dieses Spannungsfeld wirkt gerade im Rahmen der Formen von selbstorganisiertem oder problemorientiertem Lernen sehr stark.

Reflexionsfragen

In welchen Grundmodellen bewegen Sie sich tendenziell in Ihrer Beratungstätigkeit im Rahmen der Lehre?
Würden Sie der These zustimmen, dass Dozierende häufig im Rahmen der Arzt-Patient-Hypothese beraten? Weshalb (nicht)?
Ist Prozessberatung im Lehr-/Lernkontext überhaupt möglich? Wann und wie?
Verfügen Studierende über das Wissen, das es für die von Schein (2010) formulierte Expert:innenberatung braucht?

5. Begleiten

Im Folgenden soll die Begleitungsrolle näher betrachtet werden, die sich insofern von der Beratungsrolle unterscheidet, als dass sie Leitungshandeln integriert (Thomann et al., 2017, 2019).

5.1 Lernen begleiten

Im Zusammenhang mit Lernbegleitungsaktivitäten stehen folgende Aufgaben im Vordergrund:

- die äußere Lernorganisation gestalten: Gruppenbildung, Klärung der Aufgaben, Transparenz der Anforderungen und Ziele, Klären der Rahmenbedingungen sowie Information über Lernmaterialien/Scripts, Lernphasen definieren, Standortgespräche vereinbaren;

- die innere Lernorganisation anleiten: mögliche Vorgehensweisen zur Verfügung stellen, Planungshilfen geben, Optionen des Scheiterns prüfen;
- Lerngruppen und einzelne Studierende beobachten, Lernschwierigkeiten rechtzeitig erkennen und benennen, mit Studierenden Lösungen entwickeln;
- Steuerung zunehmend weglassen, Studierende ihre Lernwege allein gehen lassen, Zurückhaltung üben bei Kontaktnahmen;
- Lernergebnisse mit Studierenden evaluieren, sowohl ergebnis- als auch prozessbezogen;
- Beurteilen der Lernergebnisse.

Obenstehende Aufgaben beinhalten direktive und non-direktive Interventionsformen, die flexibel und situationsadäquat eingesetzt werden. Es zeigt sich, dass hierbei nicht nur Beratungs-, sondern auch Führungs- und Beurteilungskompetenzen notwendig sind. Mit anderen Worten: Es geht dabei um eine flexible Rollengestaltung und um situationsgerechtes ›Management‹ von Lernprozessen.

5.2 Begleitung: Das Kontinuum von Aktivitäten der Lehrenden zwischen Führung und Beratung

Eine Darstellung der Beratungsliteratur (Lippitt & Lippitt, 2015) lässt sich auf die Tätigkeit von Lehrenden übertragen. Sie hilft, sich innerhalb der verschiedenen Rollengestaltungsmöglichkeiten zwischen Führung und Beratung bewusst und transparent zu bewegen. Ziel ist es dabei immer, sich ›nach links‹ zu bewegen (siehe Abb. 2), um die Selbstorganisation der Studierenden zu fördern; bei Bedarf ist es jedoch legitim, oder auch notwendig, sich punktuell und temporär (wieder) ›nach rechts‹ zu bewegen, ohne dadurch in eine bleibende Arzt-Patient-Beziehung abzugleiten. Diese Bewegungstendenz nach links und die notwendigen Abstecher nach rechts benötigen eine Form der grundsätzlichen Rollentransparenz im Rahmen einer Vereinbarung, beispielsweise: »Ich werde mir erlauben – obwohl ich Sie tendenziell eher berate –, Ihnen bei begründeter Notwendigkeit auch Wissen zu vermitteln.« Zudem braucht es eine deutliche Rollentransparenz bei Kategorienwechseln, welche die tendenzielle Bewegung nach links immer einbezieht, etwa »Ich möchte Ihnen jetzt etwas Wichtiges zeigen, was Sie schließlich in Ihrer selbstständigen Arbeit weiterbringen soll.« oder »Ich helfe Ihnen gerne über diese Klippe hinweg, erwarte jedoch, dass Sie danach Ihren Weg möglichst selbstständig weitergehen«. So verdeutlicht die lehrende und beratende Person ihre Erwartung, dass die Studierenden auf ihren eigenen Füßen stehen sollen.

Lehrende sind in der Regel so sozialisiert, dass sie Lernenden (gerne) Stolpersteine aus dem Weg räumen; damit legitimieren sie nicht selten ihre Funktion. Dabei bedenken sie zu wenig, dass Studierende auch durch Misserfolge ihre Kompetenz erweitern. Dies gelingt jedoch nur, wenn die Dozierenden sich mit direkten Interventionen zurückhalten. Gleichzeitig ist es jedoch notwendig, bei zu starker Irritation der Studierenden die Steuerung des Lernprozesses zu beeinflussen, Hinweise zu geben, Rahmen zu schaffen – eben Führung zu übernehmen (oder in der Rolle des Experten oder der Expertin zu agieren). Eine solche adäquate Pendelbewegung zwischen Führung und Beratung gehört zu den komplexesten und zugleich spannendsten Ansprüchen an die Tätigkeit von Dozierenden.

Abb. 2: Rollenkategorien von Dozierenden

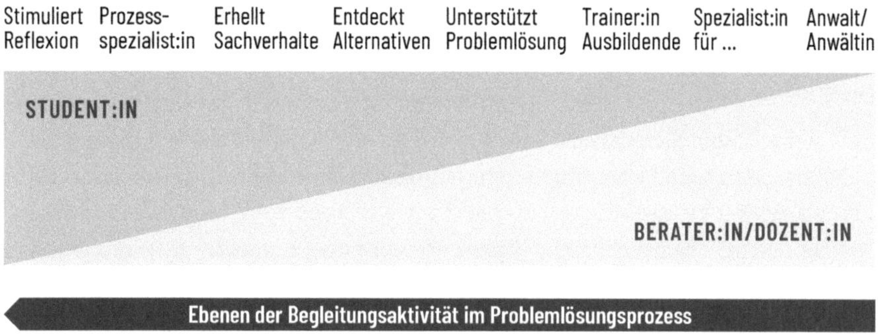

Quelle: Lippitt & Lippitt, 2015, modifiziert durch Thomann, 2019

Reflexionsfragen

Wie schätzen Sie Ihre Neigungen und Kompetenzen ein? Entsprechen Ihnen gewisse Rollen(-kategorien) mehr als andere? Welche?
Besitzen Sie Möglichkeiten, je nach zu beratender Person Ihr Beratungsverhalten durch die Übernahme anderer Rollen anzupassen? Oder muss sich die beratene Person eher Ihnen anpassen?
Wenn Sie Beratungsprozesse im Nachhinein analysieren, wie gestalten Sie die graduelle Abgabe von Verantwortung an Studierende? Fällt Ihnen ein solches »Fading« leicht oder schwer? Tun Sie es eher langsam oder schnell?
Übernehmen Sie eher viel Führung und halten auch daran fest oder mobilisieren Sie diese nach einer Phase der Führungsabgabe im Verlauf einer Beratung problemlos oder gar vorschnell?
Lassen Sie Studierende eher zu schnell ›zappeln‹, indem Sie Führung abgeben und ihre Unsicherheit gut aushalten?

6. Beratungsinstrumente

6.1 Beratungsphasen

Beratung ist ein prozesshaftes Geschehen. Die meisten Darstellungen des Verlaufs von Beratungsprozessen orientieren sich am Problemlöseverfahren. Im Folgenden ist ein Modell dargestellt, welches die einzelnen Phasen beschreibt. Solche Phasen können innerhalb einer einzigen Beratungssitzung relevant sein oder aber in einem längeren Beratungsprozess über mehrere Sitzungen.

Ebenso kann ein solcher Beratungsphasenplan eine Beratung innerhalb eines ›Meta-Phasenplanes‹ (zum Beispiel innerhalb eines Projekts, welches auch andere Handlungsfelder wie Anleitung und Evaluation beinhaltet) strukturieren; das Contracting (siehe Abschnitt 6.2) ist in diesem Fall wahrscheinlich schon im Meta-Phasenplan vorgesehen.

Phasenpläne sind lineare Grundorientierungen, welche nicht rigide gehandhabt werden müssen. Beispielsweise macht es einen Unterschied, ob die zu beratende studierende Person schon mit einem hohen Problembewusstsein oder gar mit klaren Zielsetzungen in die Beratung kommt oder nicht. Zentral in der Phasierung ist, dass keine wirkliche Problemlösung ohne vorherige präzise gemeinsame Problemdefinierung möglich ist.

Beispiel

Phasen einer Beratung im Hochschulalltag[2] (Thomann, 2017)

1. **Anlass/Kontakt (Student:in und/oder Dozent:in):**

- Die Beratung findet in einem schon vereinbarten Setting (begleitetes Selbststudium, Projekt, schriftliche Arbeit, Sprechstunde o.Ä.) statt.
- Der:die Dozent:in wird ad hoc während einer Lehrveranstaltung auf eine Frage oder ein Problem des:der Student:in aufmerksam.
- Ein:e Student:in kontaktiert den:die Dozent:in aufgrund einer spezifischen Frage oder einer Problemstellung – zum Beispiel für die Sprechstunde.

2. **(Methodische) Indikationsklärung/Einstimmung (Dozent:in):**

- Ist Beratung das angemessene Mittel?
- Sind andere methodische Formen angezeigt (Instruktion, Information, Psychotherapie etc.)?
- Bin ich die richtige Ansprechperson? Was muss ich gegebenenfalls delegieren?
- Was ist meine Rolle?
- Was sind meine Vorinformationen?
- Wie ist die Beziehung zur beratenen Person?

---

2 Die beschriebene Phasierung geht der einfacheren Darstellung halber von einem Dialog zwischen Dozent:in und Student:in aus; selbstverständlich kann es sich beim Klientensystem auch um Gruppen von Studierenden handeln.

3. Allgemeine Orientierung, ›Kontrakt‹ (gemeinsam):

- Klärung der Rollen, Ressourcen und Erwartungen,
- Vereinbarung von Zielen und Vorgehensweisen,
- Ansprechen der Vertraulichkeit,
- Abstecken des Rahmens (Datum, Zeit, Ort etc.).

4. Exposition – Darstellung der Frage oder des Problems (Student:in mit Unterstützung durch Dozent:in):

- Die studierende Person erzählt ›die Geschichte‹ und wird dabei möglichst wenig unterbrochen,
- es findet eine gemeinsame Verständnisklärung statt.
- Der:die Dozent:in unterstützt, fragt nach und regt die Selbstreflexion des:der Student:in an.
- Der:die Dozent:in achtet auf die Problemlösungsstrategien, Vorgehensweisen etc. des:der Student:in.

5. Diagnose – Definition und Analyse der Frage/des Problems (gemeinsam):

- Gemeinsames Erkennen von ›springenden Punkten‹, Entscheidung über die definitive Fragestellung,
- gemeinsames Erklären und Schildern besagter Problemlage(n),
- Assoziieren von ähnlichen (schon erfahrenen) Situationen.

6. Suche und Bewertung von Lösungsansätzen (gemeinsam):

- Suche nach verschiedenen Lösungswegen,
- Aufnehmen, Durchdenken und Verwerfen von Lösungsstrategien,
- Erinnern an schon benutzte Lösungsstrategien.

7. Entscheidung bezüglich Vorgehensweise/Planung des Vorgehens (gemeinsam):

- Entscheidung der Vorgehensweise,
- Planung der Vorgehensweise,
- Achten auf zu bewältigende Lernschritte (Unterstützung seitens der dozierenden Person).

8. Vereinbarung von Zielsetzungen (gemeinsam):

- Formulierung von Zielen,
- Klärung der Zielkontrolle,
- Vereinbarung weiterer Gespräche.

6.2 Beratungen kontraktieren

6.2.1 Weshalb? - Gründe und Wirkungen von Kontrakten

Im Folgenden wird die Einstiegsphase in Beratungen, die der Kontraktierung, gelegentlich auch »Contracting«, ›Vereinbarung‹ oder ›Arbeitsbündnis‹ genannt, beleuchtet. Diese ist nicht nur bei Beratungen bedeutsam, sondern beispielsweise auch bei Projekten, für welche Vereinbarungen zu Beginn gute Rahmenbedingungen schaffen. Die Kontraktierungsphase ermöglicht eine endgültige Entscheidung darüber, ob beide Parteien bereit sind, in den Arbeitsprozess einzusteigen. Zudem repräsentiert der Kontrakt einen ritualisierten Start der Beratung (gemeinsames Unterschreiben – manchmal auch nur symbolisch) im Sinne eines Commitments.

Der Einstieg in die Beratung beeinflusst durch die Art und Form der Vereinbarung – oder eben auch dadurch, dass keine Vereinbarung stattfindet – die weiteren Beratungsphasen. Zu große Hilfestellung zu Beginn schafft etwa ›ideale‹ Voraussetzungen für eine typische ›Arzt-Patient-Beziehung‹. Mit einer zurückhaltend motivierenden Haltung und dem Signal, dass die beratene Person Mitverantwortung für die Gestaltung des Beratungsprozesses und die Problemlösung trägt, ist schon zu Beginn eine proaktive Teilnahme möglich.

Grundsätzlich stellt die Kontraktphase somit gegenseitiges Vertrauen und Verbindlichkeit her. Kontrakte werden, wenn immer möglich, schriftlich formuliert (Thomann, 2019).

6.2.2 Was? – Aspekte, die in einem Kontrakt geklärt werden müssen

Es ist wichtig, mit den zu beratenen Personen vor Beginn des Beratungsgesprächs einige Punkte zu klären und Abmachungen ausdrücklich (eventuell schriftlich) zu formulieren:

1. Erwartungen und Ziele und gegebenenfalls, wie die Ziele überprüft werden
2. Methodisches Setting (Gespräch, Visualisierung, Rollenspiel etc.)
3. Vereinbarung: Zeit, Dauer, Ort (am besten ein neutraler Ort)
4. Möglichkeiten und Grenzen (entsprechend den Kompetenzen der beratenden Person und dem Beratungsanlass[3])
5. Abmachungen über Vertraulichkeit oder potenzielle Informationswege (›Dreieckskontrakt‹, siehe Abschnitt 6.2.4)
6. Frage der Zumutbarkeit (zum Beispiel bezüglich ausufernder Kontaktnahmen per Mail)
7. Bei Bedarf: finanzielle Regelung und/oder Ressourcen (zur Verfügung stehendes Zeitkontingent)

---

3 Beispielsweise soll sich die in diesem Text beschriebene Beratung unterscheiden von einer personenzentrierten Unterstützung im Sinne einer psychologischen Beratung; wenn Anlass zur Unklarheit in der Indikation oder der Erwartung seitens der zu beratenden Person besteht, kann dies durchaus im Kontrakt benannt werden. Wenn sich die Indikation im Verlauf des Beratungsprozesses verändert, muss die professionelle Beratungsperson zum Selbstschutz und zum Schutz des:der Klient:in eine Empfehlung zum Wechsel der Unterstützungsform aussprechen können und imstande sein, die Aufgabe zu delegieren; alle Dozierenden beispielsweise sollten von psychologischen Beratungsangeboten an ihrer Hochschule wissen oder aber mindestens über einschlägige Adressen von Fachpersonen verfügen.

Die mündliche Kontraktierung kann auch für ganz kurze Beratungen relevant sein. Die Transparenz über das Zeitkontingent ist nicht nur wegweisend für die Entscheidung, ob Beratung überhaupt möglich ist, sondern ebenso bedeutsam für die Gestaltung der Beratung; denn dadurch entsteht eine gemeinsame Verantwortung für die Problemlösung. So beispielsweise fragt eine Dozentin bei einer anfragenden Studentin zurück: »Wir haben 15 Minuten Zeit. Ist Ihre Frage gemäß Ihrer Einschätzung in so kurzer Zeit zu beantworten? Wenn ja, fragen Sie, wenn nein, vereinbaren wir einen Termin mit mehr Zeit.«

6.2.3 Worüber? – Bestimmen des Beratungsinhalts und der Ziele im Rahmen der Kontraktierung

Nachstehende Fragen helfen, zu eruieren, worum es in der Beratung gehen könnte; je nachdem ist die Phasierung der Beratung anders zu gestalten:

- Geht es um Standortbestimmung oder um Entwicklung von neuen Zielen?
- Sind die Probleme oder Fragestellungen erkannt und sollen Wege und Konzepte zur Veränderung gefunden werden?
- Geht es darum, eine Problemdefinition zu erarbeiten?
- Sollen beispielsweise Gewohnheiten, Haltungen oder Formen der Zusammenarbeit verändert werden, damit Neuerungen ihren Raum erhalten?
- Geht es darum, konkrete neue Fähigkeiten oder Kenntnisse zu erwerben?
- Soll das Ziel darin bestehen, in einem bereits eingeschlagenen Veränderungsprozess Unterstützung und Begleitung zu finden?

6.2.4 Wer? – Am Kontrakt Beteiligte

Wenn wir unter ›Kontrakt‹ ein Arbeitsbündnis verstehen, stehen im Zentrum immer die Beratungsperson und die studierende Person oder die Studierendengruppe. Nun kommt es im Kontext von Organisationen häufig vor, dass – mehr oder weniger offensichtlich – noch andere Personen ausdrücklich in das Arbeitsbündnis miteinbezogen werden müssen. Dies ist immer der Fall, wenn der Anstoß für eine Beratung von einer vorgesetzten Person im System kommt. In Hochschulen trifft dies beispielsweise für die Begleitung von Bachelor- oder Masterarbeiten zu (siehe den Beitrag von Buff Keller in diesem Band), für welche in der Regel institutionelle Leitfäden und Kriterienraster gültig sind. In aller Regel ist es dann sinnvoll, einen sogenannten ›Dreieckskontrakt‹ ins Auge zu fassen, konkret sind das drei untereinander zusammenhängende Kontrakte:

- die Vereinbarung zwischen Institution (zum Beispiel Studiengangsleitung) und Beratungsperson,
- die Vereinbarung zwischen Institution (Hochschule) und studierender Person sowie
- die Vereinbarung zwischen Beratungsperson und Student:in.

Die Beratungsbeziehung zwischen Berater:in und zu beratender Person muss geschützt sein durch transparente Vereinbarungen (Rahmenbedingungen), auf die sich beide Seiten beziehen können. Da Dreieckskontrakte fast immer komplex sind, empfiehlt es sich, sie schriftlich zu regeln.

6.2.5 Was ist bei Dreieckskontrakten zu beachten?

Beratungspersonen sollten im Auge behalten, welche Auswirkungen ihre dialogische Beratungsarbeit innerhalb der Organisation haben kann, und gegebenenfalls die verantwortlichen Personen der Hochschule darauf hinweisen, diesen Aspekt auszuwerten. Es kann beispielsweise sein, dass ein für die ganze Hochschule wichtiges Thema lediglich innerhalb einer Einzelberatung (zum Beispiel das Kontingent an Beratungszeit bei der Begleitung einer Bachelorarbeit) abgehandelt wird und dadurch diesen dialogischen Prozess erschwert. So wird verhindert, dass die Hochschule als System (weiter-)lernt und beispielsweise institutionelle Verfahren – zum Beispiel in Bezug auf die Begleitung und Beurteilung von Arbeiten – überprüft und revidiert werden.

Beispiel

Kontrakt Zusammenarbeit Begleitung Bachelorarbeit[4]
zwischen
Mara Meier und Albert Beispiel
und
Geri Thomann, Hochschule X
Studierende
Mara Meier
Albert Beispiel
Begleitung
Geri Thomann
Musterstr. 10
1234 Musterstadt
mustermail@muster.de

1. Ziele

- Das Praxisprojekt bietet den Studierenden im Rahmen ihrer Bachelorarbeit eine spannende Umsetzungserfahrung und dem:der Praxispartner:in Erkenntnisse für sein:ihr organisationales Weiterlernen.

4 Die einen aufgeführten Aspekte wurden verhandelt (1, 2, 3, z.T. 4, 5 und 6), andere waren gegeben (z.T. 4 und 6-10).

- Die Bachelorarbeit wird erfolgreich abgeschlossen, die Verschriftlichung sowie die Präsentation der Projekterkenntnisse ermöglichen den Verfassenden einen kreativen ›Produktionsakt‹.

2. Erwartungen (gegenseitig)

- Der:die Begleiter:in bietet bei Bedarf Rückhalt, spielt ›Sparringspartner‹, speist seine:ihre theoretischen und praktischen Kenntnisse ein und ist transparent in seiner:ihrer Einschätzung von Produkten und Prozessen; er:sie lässt den Diplomand:innen jedoch auch den notwendigen Freiraum für die Gestaltung und Auswertung ihres Erkenntnisprozesses.
- Die Diplomand:innen planen, organisieren und führen ihre Arbeit selbstständig durch und kontaktieren den:die Begleiter:in bei wegweisenden Entscheidungen, Fragen oder Problemen.

3. Methodisches Setting

- Gespräch, Diskussion, Textfeedback
- Themen und Ziele für ein Treffen werden jeweils entweder traktandiert oder zu Beginn einer Sitzung festgelegt.

4. Rolle des:der Begleiter:in

- Begleitung der Bachelorarbeit,
- Beurteilung der Bachelorarbeit gemäß der formalen Hochschulvorgaben (zusätzliche Vereinbarung: mündliche Prüfung mit beiden Diplomand:innen und derselben Bewertung, getrennte Bewertung von Bachelorarbeit und mündlicher Prüfung),
- Vertretung der Hochschule bei spezifischen Fragen oder Problemen mit dem:der Praxispartner:in.
- Im vorliegenden Rollenmix übernimmt der:die Begleiter:in während des Arbeitsprozesses die Beratungsrolle so weit wie möglich und kommuniziert klar, wenn er:sie prospektiv aus der Beurteilungsrolle argumentiert. Der:die Begleiter:in übernimmt in der Schlussbeurteilung die Beurteilungsrolle professionell und gemäß den Kriterien der Hochschule, die Beurteilung soll für die Studierenden nachvollziehbar und transparent sein.

5. Art und Menge der Kontakte

Ein Schwerpunkt der Kontaktnahmen/Absprachen liegt in der Anfangsphase, der Projektdefinierung mit dem:der Praxispartner:in, ein weiterer eventuell in der Planungsphase der schriftlichen Arbeiten. Die Diplomand:innen nehmen von sich aus Kontakt auf, wenn sie Unterstützung benötigen.

Gespräche werden nach Bedarf terminiert (mindestens drei finden statt); die Kontaktnahmen dazwischen laufen per Mail, Mails werden innerhalb von 24 Stunden beantwortet.

6. Ort der Begleitungstreffen

Hochschule X, Raum Y

7. Vertraulichkeit

- Persönliches wird vertraulich behandelt.
- Informationen werden nur nach Einwilligung beider Vereinbarungspartner:innen/-beteiligten weitergegeben.

8. Kosten

Der:die Begleiter:in wird für seine:ihre Arbeit von der Hochschule bezahlt.

9. Weitere wichtige Dokumente

- Vereinbarungen ›Studierende-Praxispartner:innen-Hochschule‹
- Diplomierungsbestimmungen der Hochschule

10. Kontraktänderung

Dieser Kontrakt kann jederzeit unter Einverständnis und Beteiligung aller ergänzt werden.

Unterschrift Diplomand:in Unterschrift Begleiter:in

Ort und Datum

6.3 Diagnose als gemeinsamer Erkenntnisprozess – Fragen stellen

Berater:innen müssen ›Daten gewinnen‹, um überhaupt beraten zu können. Unter der ›**Diagnose eines Klientensystems**‹ wird in der Beratungssprache die zusammenfassende Beschreibung der wichtigsten Merkmale für das Verstehen des zu beratenden Systems und dessen Anliegen verstanden. Ein solches diagnostisches Vorgehen ist selbstverständlich nicht nur der Diagnosephase im Phasenplan der Beratung (siehe Abschnitt 6.1) vorbehalten; diagnostisch tätig sind Beratungspersonen während des gesamten Beratungsprozesses.

!! **Merke**

Eine Diagnose ist in der Beratung dann tauglich, wenn sie eine gemeinsame Verständnisbasis von Berater:in und zu beratenden Personen bilden kann.

Sinn und Ziel einer Diagnose sind also die vorläufige Formulierung eines Problems oder eines Anliegens, das im Moment im Vordergrund steht. Diese Formulierung muss von Beratungsperson und Student:in als Basis gemeinsam akzeptiert werden.

Darum lohnt es sich, beim Formulieren von Diagnosen folgende Hinweise zu beachten (Fatzer, 2005):

- Reduktion auf das Wesentliche,
- Sprache der zu beratenden Person verwenden,
- Widerstände der zu beratenden Person gegen gewisse Formulierungen beachten und eventuell bearbeiten,
- die Art und Weise, wie die zu beratende Person mit dem Problem umgeht, in die Diagnose einbeziehen,
- Diagnosen sind vorläufig und können sich im Verlauf des Beratungsprozesses verändern.

6.3.1 Vorgehen beim Erstellen einer Diagnose

In der ersten Beratungssequenz wird dem:der Berater:in ein Problem oder eine Fragestellung präsentiert. Der:die Berater:in sammelt Daten mit dem Ziel, das Problem oder den Grund des Problems zu verstehen. Wichtig ist hier eine möglichst präzise innere und äußere Wahrnehmung. ›**Daten sammeln**‹ kann je nach Situation ganz Verschiedenes heißen (Thomann, 2019):

- Fragen stellen,
- eine gemeinsame Visualisierung anfertigen,
- Berichte lesen,
- auf die eigenen Gefühle achten,
- auf Besonderheiten in der Art der Kontaktnahme des:der Student:in mit der Beratungsperson achten.

Der:die Berater:in interpretiert die ›Daten‹, d.h. er oder sie bringt sie in Verbindung mit Modellen und Konzepten, die ihm:ihr zur Verfügung stehen. Je nachdem können Fragen auftauchen, wie beispielsweise:

- Inwiefern geht es hier um Fragen der Arbeitsorganisation?
- Hat der mögliche Widerstand der studierenden Person mit lernstrategischen Aspekten zu tun?
- Gibt es (lern-)hinderliche Normen im Kontext der zu beratenden Person?
- Werden Sachinformationen benötigt? Welche?
- Wie wirkt das Umfeld auf die zu beratende Person und das Problem?
- Der:die Berater:in präsentiert ein Bild über sein oder ihr Verständnis des Problems. In diesem Bild muss auch die am Anfang formulierte Problemsicht der zu beratenden Person enthalten sein.
- Gemeinsam einigen sich Berater:in und Student:in auf eine vorläufige Diagnose resp. ein gemeinsames Problemverständnis. Dieses ist Basis für die weiteren Schritte in Richtung der Problemlösung.

6.3.2 Landkarte des Fragens – ein Instrument der Diagnose

Eine zentrale wirksame diagnostische Technik in Beratungssituationen ist das **Stellen von Fragen**. Fragen beunruhigen, irritieren, geben zu denken und regen an. Leider wird gerade im Bildungskontext mehrheitlich die ›Kenntnisfrage‹, mittels welcher Studierende abgefragt werden, verwendet oder die in der modernen Didaktik häufig kritisierte ›Erarbeitungsfrage‹, die in demotivierender Weise einem Ratespiel gleicht.

Um gerade auch ungewöhnliche Fragen, die divergierendes Denken anregen, näher zu beleuchten, lohnt ein Blick in die Werkzeugkiste von systemisch orientierten

Psychotherapeut:innen (Tomm, 2009). Die Leser:innen können damit ihren eigenen Fragestil reflektieren, überprüfen und planen.

Tomm (2001; siehe auch Thomann, 2010) unterscheidet vier Hauptgruppen von Fragen:

1. **Lineare Fragen** dienen dazu, spezifische Ursachen eines Problems zu lösen. Die Absicht hinter solchen Fragen ist also untersuchender Art. Die fragende Person verhält sich wie ein Detektiv oder eine Detektivin und benutzt meist sogenannte ›W-Fragen‹ (Wer tut was, wo, wann und warum?). Lineare Fragen können problemklärend oder -definierend sein, provozieren in ihrer erwünschten Eindeutigkeit jedoch häufig auch problemerhaltende Wirkung, weil sie tendenziell schnelle und kausale Antworten intendieren.
2. Die Absicht von **zirkulären Fragen** ist exploratorisch; die fragende Person sieht sich in einer forschenden und entdeckenden Rolle. Diese Fragen sollen Muster und Verbindungen freilegen. Tomm (2009) unterscheidet hier »Fragen nach Unterschieden« und »kontextuelle Fragen« (S. 182). Zirkuläre Fragen sind oft ungewöhnlich, zum Beispiel: »Wenn das für Sie problematisch ist, für wen in Ihrem Umfeld ist es unproblematisch?« oder »Wenn Sie selbst als studierende Person in der Beurteilungsrolle wären, wie sähe das aus?« oder »Wäre die Frage von derselben Bedeutsamkeit nach Ihrem Studium?«. Solche Fragen können – durch einen Perspektivenwechsel in Bezug auf Personen oder Kontexte – befreiende, aber auch überfordernde Wirkung zeigen. In der Regel braucht es vonseiten der Studierenden genügend Standfestigkeit und ›Denklust‹, damit Distanzierungsvermögen, um zirkuläre Fragen fruchtbar zu nutzen. Krisen- oder konflikthafte Momente sind dazu nicht geeignet.
3. **Reflexive Fragen** wollen fördern. Die fragende Person agiert in beratendem Sinne so, dass die befragte Person über ihre Wahrnehmungen und Handlungen und deren Wirkung nachdenkt und eigene Möglichkeiten zu Problemlösungen nutzen kann, wie beispielsweise: »Was, denken Sie, hat sich verändert im Laufe Ihres Studiums?« oder »Wie haben Sie ähnliche Hürden schon bewältigt?«. Reflexive Fragen üben produktive Wirkung aus, können aber auch Menschen, die (im Moment) nicht imstande oder gewillt sind, über sich und ihre Situation nachzudenken, überfordern.
4. **Strategische Fragen** können am ehesten als tendenziell ›dozierend‹ oder als suggestiv bezeichnet werden, auch wenn sich dies durch die Frageform nur indirekt zeigt. Die fragende Person versucht, ihrem Gegenüber lenkend oder gar suggerierend bestimmte Sichtweisen nahezulegen. Das Gegenüber kann sich dadurch in die Ecke gedrängt fühlen. Möglicherweise wird solches Frageverhalten jedoch auch gewünscht und kann gelegentlich sogar positive Folgen zeigen, indem festgefahrene Ordnungen aufgebrochen werden können. Es kann durchaus behauptet werden, dass Lehrende – auch wenn sie beraten – dazu neigen, strategische Fra-

gen zu stellen. Wenn dies geschieht, könnte man sich auch überlegen, ob nicht eine Instruktion oder Information an Stelle von Fragen angebrachter wäre. Beispiele von strategischen Fragen sind: »Wäre es Ihnen lieber, sich darüber keine Gedanken mehr machen zu müssen?« oder »Könnte es nicht zutreffen, dass …?«. Solche Fragen neigen dazu, einschränkende Wirkungen zu haben.

Lineare und zirkuläre Fragen könnte man eher als orientierend, strategische und reflexive Fragen als beeinflussend bezeichnen. Lineare und strategische Fragen wiederum zeigen Gemeinsamkeit in ihrer diagnostischen Wirkung, zirkuläre und reflexive Fragen wirken eher informationserzeugend. Keine dieser beschriebenen Fragearten ist von Grund auf ›besser‹. Im Verlauf eines Gesprächs können im Übrigen dieselben Worte Unterschiedliches bedeuten und verschieden wirken, je nachdem, wie kongruent bei der fragenden Person Haltung und Frageverhalten sind oder wie die befragten Personen hinhören. D.h., dass unter Umständen reflexive Fragen eben doch strategisch gemeint sind, oder aber so verstanden werden. Grundsätzlich gilt, dass wir nicht auf gewohnte Art und Weise fragen dürfen, wenn wir ungewöhnliche Antworten suchen.

Abb. 3: Landkarte des Fragens

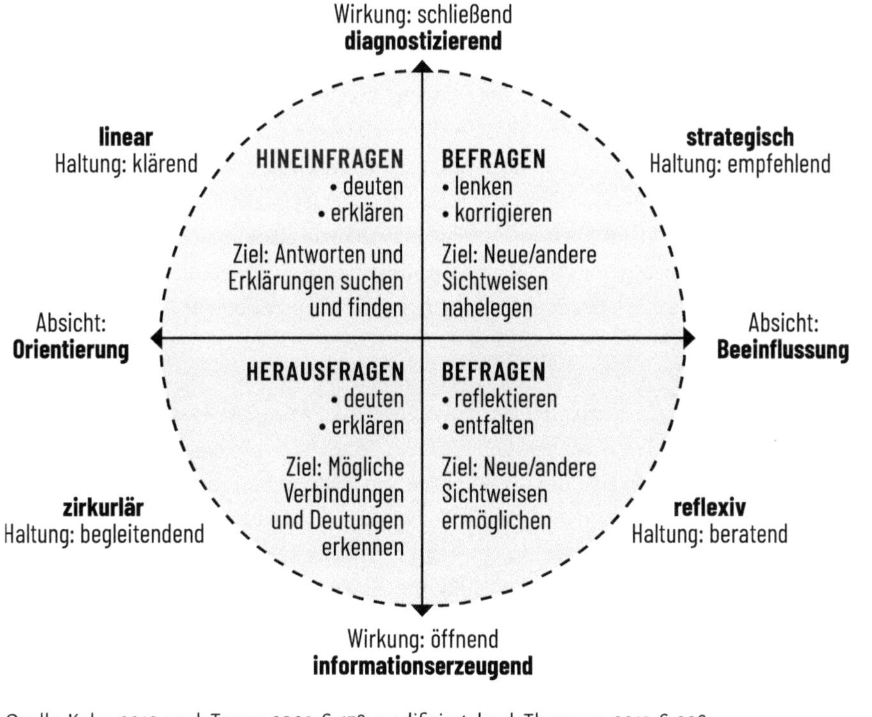

Quelle: Kuhn, 2010, nach Tomm, 2009, S. 178, modifiziert durch Thomann, 2019, S. 308

6.4 Beratungsgespräche führen

Das grundlegende Handwerk der Beratung ist die Gesprächsführung. Erwähnenswert sind hier insbesondere die Formen Feedback-Geben, Zuhören, Fragen stellen, eigene Standpunkte benennen und Hypothesen formulieren. Sie gelten in der Beratung als diagnostische Methoden. Sie finden im Folgenden eine kurze Beschreibung dieser Instrumente zur Gesprächsführung (nach Thomann et al., 2017, S. 125-128).[5]

6.4.1 Geben von Feedback

Ein wichtiger Aspekt der Gesprächsführung ist das **Geben von Feedback**. Unter ›Feedback‹ wird eine Rückmeldung an eine:n Gesprächspartner:in verstanden (siehe dazu die Beiträge von Dainton und Hercher in diesem Band). Das Feedback besteht aus Äußerungen des:der Empfänger:in auf Botschaften des:der Sender:in.

Es ist wichtig, Missverständnisse zwischen ›Sender:innen‹ und ›Empfänger:innen‹ zu klären. Botschaften einer zu beratenden Person können immer unterschiedlich verstanden werden. Deshalb sollte sich eine Beratungsperson durch Rückmeldung vergewissern, ob sie die Botschaft auch wirklich so verstanden hat, wie sie die zu beratende Person gemeint hat. Vor allem in den Anfangssituationen einer Beratung kommt solchen Rückkopplungen zur gemeinsamen Verständnisklärung ein zentraler Stellenwert zu.

Zudem eröffnet Feedback die Möglichkeit zur Schaffung von Lernchancen. Feedback kann sich sehr eng an die Statements des:der Gesprächspartner:in anschließen und primär in der tendenziellen Wiederholung des Gesprochenen bestehen (Paraphrasieren) oder es kann sehr umfassend die Eindrücke der Beratungsperson von dem:der Gesprächspartner:in und seiner:ihrer Wirkung in der Gesamtsituation enthalten. Im zweiten Fall enthält es in hohem Ausmaß Interpretationen (Hypothesen) der Beratungsperson und kann konfrontativen Charakter haben. Ob ein solches Feedback Lernchancen eröffnet, hängt vom Gesprächszeitpunkt und vom Thema ab wie auch von der Beziehung zwischen den Gesprächsführenden und der Intention der Beratungsperson.

6.4.2 Zuhören

Ein weiterer wichtiger Aspekt der Gesprächsführung ist das **Zuhören**, das im Kontext der Beratung zwischen passivem und aktivem Zuhören unterschieden werden kann. Beim passiven Zuhören hört die Beratungsperson konzentriert und schweigend zu, signalisiert höchstens mit einem »hm«, dass sie präsent ist. Für viele Klient:innen ist es eine einmalige Möglichkeit, einem:einer interessierten und ›innerlich‹ beteiligten Gesprächspartner:in ihre Situation zu schildern, ohne dauernd unterbrochen zu werden. Erzählen heißt, Erlebtes in eine sprachliche Form zu bringen. Dies erlaubt eine erste Strukturierung und Mustererkennung. Aktives Zuhören hingegen beinhaltet, dass die

5 Für Ausführungen zu den Fragen siehe Abschnitt 6.3.

Beratungsperson mitteilt, was sie von der zu beratenden Person verstanden hat, was wiederum der Überprüfung des sachlichen Informationsverständnisses dient (Paraphrasieren). Beim Verbalisieren fasst die beratende Person in Worte, was die zu beratende Person zwischen den Zeilen mitzuteilen scheint.

6.4.3 Eigene Standpunkte benennen

Berater:innen können durchaus auch eigene Standpunkte benennen. Entscheidend ist allerdings, wie und bei welchen Gelegenheiten sie dies machen. Es lassen sich drei Möglichkeiten unterscheiden:

1. Statements in fachlichen Belangen: Solche Statements werden in Beratungen am besten als Vorschläge formuliert. Voraussetzung für solche Statements ist ein gemeinsames Problemverständnis. Falls ein ›Instruktionsbedarf‹ auftaucht, ist ein Wechsel des Settings angesagt – von der Beratung hin zur Schulung – und damit auch ein Rollenwechsel der beratenden Person.
2. Statements auf geschilderte Aktionen der beratenen Person in deren Studium: Häufig wird in einer Beratung eine bestimmte Situation antizipiert. Die beratene Person erlebt diese Situation danach und erzählt in der Beratung über ihre Erfahrungen. Hier ist es selbstverständlich, dass der:die Berater:in eine Rückmeldung gibt und sich positioniert.
3. Statements zu Vorgängen im Beratungsprozess, die die zu beratende Person nicht von sich aus thematisiert. Beispiele wären: nicht mehr auf ein angesprochenes Thema zurückkommen; über eine brisante Situation berichten, ohne deren Brisanz wahrzunehmen; über eine Entscheidung sprechen, die der Beratungsperson in irgendeiner Weise problematisch erscheint; oder ein offensichtliches Unwohlsein der zu beratenden Person.

6.4.4 Formulierung von Hypothesen

Diagnostisches Vorgehen heißt immer Hypothesen bilden. Hypothesen werden in der gemeinsamen Analyse und mithilfe von Erfahrungen und/oder theoretischen Modellen verifiziert oder falsifiziert. Je nachdem kann eine Beratungsperson ihre Hypothesen mitteilen oder nicht. Eine solche ›Veröffentlichung‹ ist immer eine wirkungsvolle Intervention und soll geplant werden. Die Art einer solchen ›Zurverfügungstellung‹ von Hypothesen ist von hoher Bedeutung – »Der Ton macht die Musik«.

Im Folgenden sind typische Satzanfänge formuliert, die das Formulieren von Hypothesen der Beratungsperson sorgfältig einleiten, um der beratenen studierenden Person die Anschlussfähigkeit zu ermöglichen:

- »Ich bin mir darin nicht ganz sicher, aber ich biete Ihnen folgende Erklärung an: …«
- »Hier ist eine andere Erklärung, die vielleicht auch noch von Bedeutung ist: …«

- »Lassen Sie mich kurz beschreiben, was ich feststelle: ...«
- »Lassen Sie mich/uns Folgendes ausprobieren: ...«
- »Ich habe das Gefühl, dass ...«
- »Es fällt mir auf, dass ...«
- »Ein Muster, das ich beobachtet habe, ist: ...«
- »Was ich hier erlebe, ist ...«
- »Ich habe die Vermutung, dass ...«
- »Wenn ich das in einem Bild ausdrücke, ...«
- »Im Augenblick wirken Sie auf mich ...«
- »Habe ich recht verstanden, dass ...?«
- »Ich sage Ihnen jetzt, was mir durch den Kopf geht. Sie müssen damit nicht einverstanden sein ...«

Dabei ist die Dosis einer solchen Zurverfügungstellung zentral, da – gerade bei hoher Ungeduld der beratenden Person – die Gefahr besteht, Lösungen zu suggerieren.

Exkurs

Online beraten

Unter ›Online-Beratungsangeboten‹ werden E-Mail-, Videokonferenz- und Chatberatung sowie Beratung in Foren verstanden.

Psychosoziale- und Lebensberatungen werden schon seit Jahrzehnten online angeboten. Pionierarbeit haben hier die traditionellen Telefonseelsorgeinstitutionen geleistet (Kühne & Hintenberger., 2009).

Erfahrungsberichte über Online-Beratungen zeigen, dass paradoxerweise eine ungeahnte Nähe durch Distanz entsteht – gerade bei Tabu-Themen. **Chat- und Mailkommunikation** werden offensichtlich als noch niederschwelliger wahrgenommen als Telefongespräche. Online-Berater:innen sind teilweise anonym, teilweise kommunizieren sie im Netz ihr Profil.

Ein Problem der Online-Beratung liegt in der unverschlüsselten Internetkommunikation (auch bei Zoom oder Teams), was nicht der üblichen Vertraulichkeit im Beratungs-Setting entspricht. Eine Verschlüsselungstechnik (wie zum Beispiel PGP) ist bei Beratungen über das Netz unerlässlich. Chats folgen grundsätzlich den Beratungsphasen, die auch in ›Face-to-Face‹-Beratungen üblich sind (Kontraktierung, Exposition, Diagnose, Problemdefinition, Problemlösung). Selbstverständlich laufen die Phasen auch hier nicht linear ab. Was aber auffällt: Abschweifungen werden in der Schriftlichkeit noch deutlicher, Beratungsperson und Klient:in müssen zudem über gute schriftliche Sprachkompetenzen und eine gute Lesefähigkeit verfügen (Wenzel, 2013). Beratung per E-Mail (asynchrone Form im Gegensatz zur synchronen Skype-Beratung oder dem sogenannten ›Screen-Coaching‹) kann durch die Zeitverzögerung und durch die Schriftlichkeit vertiefte Reflexion anregen. Gleichzeitig fehlen nonverbale Signale, was zu Missverständnissen im Lesen und Interpretieren ›zwischen den Zeilen‹ führen kann. Zudem lässt Schriftlichkeit immer und länger Deutungen zu.

Literaturtipps

Der Schweizer Berufsverband für Supervision, Coaching und Organisationsberatung BSO veröffentlichte 2021 ein Paper zu Formen und Standards von Online-Beratung, die Föderation der Schweizer Psychologinnen und Psychologen FSP formulierte 2017 weitreichend anerkannte »Qualitätsstandards Onlineinterventionen«. Beide Dokumente können Hinweise geben für Richtlinien zur Online-Beratung im Hochschulkontext.

BSO (2021, November). *Information bso Grundlagen Online-Beratung.* https://www.bso.ch/fileadmin/user_upload/02_Beratung_Qualitaet/2021_Grundlagen_Online-Beratung_01.pdf

FSP Arbeitsgruppe Onlineintervention (2017, Oktober). *Qualitätsstandards Onlineinterventionen – Für Fachpersonen Psychotherapie.* Föderation der Schweizer Psychologinnen und Psychologen FSP. https://www.researchgate.net/publication/322578444_FSP_FMPP_Qualitatsstandards_Onlineinterventionen_-_Fur_Fachpersonen_Psychotherapie.

7. Zusammenfassung

Beratung ist bisher grundsätzlich noch unzureichend untersucht und der effektive Erfolg ist empirisch bislang nicht nachgewiesen. Oft werden Aktivitäten gleich von den Akteur:innen evaluiert; dies vermittelt gelegentlich den Eindruck einer »Black Box« (Galdynski & Kühl, 2013), also eines Prozesses, in den man ›von außen‹ nur schwerlich Einblick erhält. Zudem wäre es eine Lüge, zu behaupten, dass wir als Lehrende durch unser Belehren nicht auch gerne tägliche Aufmerksamkeit erhalten wollen. Es wäre ebenso gelogen, zu behaupten, wir würden in unserem Berufsalltag nicht gelegentlich auch unseren eigenen Unterhaltungswert genießen. Es fällt uns mitunter schwer, Zurückhaltung zu üben und Verantwortung zu delegieren, wie dies bei beraterischer Tätigkeit gewährleistet sein müsste. Brecht (1965) meinte mal: »So schlimm es ist, keinen Rat zu bekommen, so schlimm kann es sein, keinen geben zu dürfen.« (S. 69)

Für uns Dozierende sind trotzdem im reichen Hochschulalltag Beratungskompetenzen unabdingbar und dafür lassen sich die Konzepte der Prozessberatung (Grundmodelle nach Schein, 2010; Phasierung und Kontraktierung von Beratungen sowie diagnostisches Arbeiten) gut nutzen.

8. Literatur

Arnold, C. (2018). *Ich lerne, also bin ich: Eine systematisch-konstruktivistische Didaktik* (3. Aufl.). Carl-Auer Verlag.

Brecht, B. (1965). *Me-ti, Buch der Wendungen: Fragment.* Suhrkamp.

BSO (2021, November). *Information bso Grundlagen Online-Beratung.* https://www.bso.ch/fileadmin/user_upload/02_Beratung_Qualitaet/2021_Grundlagen_Online-Beratung_01.pdf

Fatzer, G. (2005). *Supervision und Beratung: Ein Handbuch* (11. Aufl.). EHP Edition.

FSP Arbeitsgruppe Onlineintervention (2017, Oktober). *Qualitätsstandards Onlineinterventionen – Für Fachpersonen Psychotherapie.* Föderation der Schweizer Psychologinnen und Psychologen FSP. https://www.researchgate.net/publication/322578444_FSP_FMPP_Qualitatsstandards_Onlineinterventionen_-_Fur_Fachpersonen_Psychotherapie

Fröhlich Luini, E. & Thomann, G. (2004). *Supervision und Organisationsberatung im Bildungsbereich.* hep.

Galdynski, K. & Kühl, S. (2013). *Black Box Beratung? Empirische Studien zu Coaching und Supervision.* VS Verlag für Sozialwissenschaften.

Kaiser, A. (2003). *Selbstlernkompetenz: Metakognitive Grundlagen selbstregulierten Lernens und ihre Umsetzung.* Luchterhand.

King, A. (1993). From sage on the stage to guide on the side. *College Teaching, 41*(1), 30–35.

Kühne, S. & Hintenberger, G. (2009). *Handbuch Online – Beratung.* Vandenhoeck & Ruprecht.

Landwehr, N. & Müller, E. (2008). *Begleitetes Selbststudium: didaktische Grundlagen und Umsetzungshilfen* (2. Aufl.). hep.

Lippitt, G. & Lippitt, R. (2015). *Beratung als Prozess. Was Berater und ihre Kunden wissen sollten* (5. Aufl.). Springer Gabler.

Mandl, H. & Kopp, B. (2005). *Aspekte didaktischen Handelns von Lehrenden in der Weiterbildung.* Ludwig-Maximilians-Universität München. https://epub.ub.uni-muenchen.de/742/1/Forschungsbericht180.pdf

Schein, E. (2010). *Prozessberatung für die Organisation der Zukunft* (3. Aufl.). EHP.

Siebert, H. (2008). *Konstruktivistisch lehren und lernen.* Ziel.

Thomann, G. (2019). *Ausbildung der Ausbildenden* (5. Aufl.). hep.

Thomann, G., Honegger, M. & Suter, P. (2017). *Zwischen Beraten und Dozieren* (2. Aufl.). hep.

Thomann, G. & Pawelleck, A. (2013). *Studierende beraten.* Verlag Barbara Budrich.

Tomm, K. (2009). *Die Fragen des Beobachters* (5. Aufl.). Carl-Auer Verlag.

Wenzel, J. (2013). *Wandel der Beratung durch Neue Medien.* V&R unipress.

9. Anteilnahme

Mit großer Betroffenheit haben wir im Zuge der Drucklegung des Bandes wir vom Tod von Geri Thomann erfahren. Unsere aufrichtige Anteilnahme gilt seiner Familie und allen, die ihm nahestanden.

Nerea Vöing

BEGLEITEN VON STUDIERENDEN BEI ABSCHLUSSARBEITEN

Eva Buff Keller

Schlagworte

Abschlussarbeiten, Kompetenzen von Dozierenden, Begleiten und Feedback-Geben, Constructive Alignment von Abschlussarbeiten und im Curriculum

Orientierung

In diesem Beitrag wird aufgezeigt, dass die Begleitung und Beratung von Studierenden bei Abschlussarbeiten ein länger dauernder Prozess ist, der von den Betreuenden sowohl fachliche wie überfachliche Kompetenzen erfordert und abhängig von den Rahmenbedingungen des Studiengangs und den von den Studierenden im Studium erwerbbaren Kompetenzen gestaltet werden muss. Besonderes Augenmerk wird auf die Beziehungs- und Prozessgestaltung bei der Begleitung gelegt. Im Artikel werden zudem praktische Tipps zur Begleitung und Beratung, zum Feedback-Geben, zur Prozessbegleitung, zur Reflexion sowie zur Qualitätssicherung gegeben.

Leitfragen

Welche Kompetenzen benötigen Betreuende von Studierenden bei Abschlussarbeiten?
Was sind Gelingensfaktoren einer guten Begleitung bei Abschlussarbeiten?
Wie entwickelt man ein gutes Betreuungskonzept?
Was beinhaltet eine gute Kommunikation (zum Beispiel Feedback-Geben) und Beziehungsgestaltung im Prozess der Begleitung von Abschlussarbeiten?

1. Rahmenkonzept für Abschlussarbeiten

Bachelor- und Masterarbeiten sind Abschlussarbeiten, mit denen Studierende am Ende einer Ausbildungsphase die erlernten Kompetenzen anwenden, vertiefen und nochmals erweitern und unter Beweis stellen (Markowitsch & Rosenberger, 2013). Bei diesem ›letzten großen Projekt‹, der Abschlussarbeit der akademischen Ausbildung, werden die Studierenden je nach Fachdisziplin und Hochschultyp mehr oder weniger intensiv von Dozierenden (damit sind Lehrende, Professor:innen, Postdocs, Doktorand:innen, Assistierende und wissenschaftliche Mitarbeitende gemeint, die mit Betreuungsaufgaben betraut sind) begleitet, beraten und betreut.

Entsprechend dem in der Hochschullehre geltenden Constructive Alignment (Biggs & Tang, 2011) sollten für die Bachelor- und Masterarbeit die fachlichen und überfachlichen Lehr- und Lernziele sowie die Kompetenzen, die dabei erworben bzw. nachgewiesen werden, beschrieben sein. Das Lehr-Lern-Setting, d.h. der Lern- und Arbeitsprozess, in welchem die Abschlussarbeit erstellt wird, sollte entsprechend gestaltet sein, sodass das Assessment (die Bewertung der Abschlussarbeit mit auf die Lernziele abgestimmten Bewertungskriterien) erfolgreich bestanden werden kann.

Bevor wir uns den Kompetenzen zuwenden, die Dozierende für eine gute Begleitung benötigen, wird das **Framework** definiert, in welchem die Begleitung und Beratung stattfinden soll.

Die Struktur eines sinnvollen Frameworks ist in der folgenden Abbildung dargestellt.

Abb. 1: Framework Abschlussarbeiten

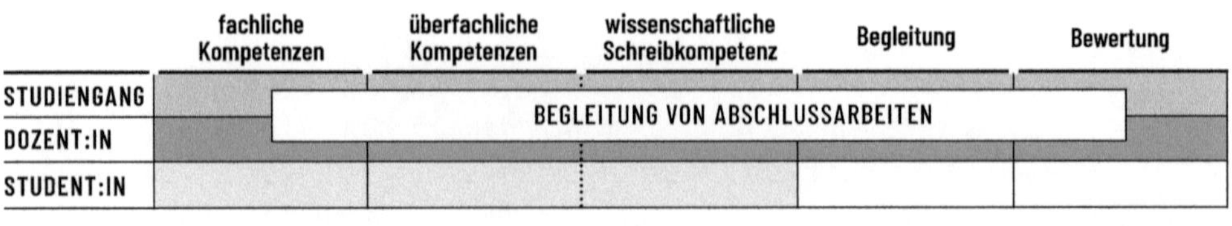

Quelle: Buff Keller & Jörissen, 2015

Es unterscheidet drei personelle Ebenen, die zum Gelingen einer Abschlussarbeit beitragen:

- die **Studierenden**, welche die Abschlussarbeit erstellen,
- die **Dozierenden**, die sie dabei begleiten,
- den **Studiengang**, der für die Lerneinheit, Abschlussarbeit sowie die Zusammenarbeit von Studierenden und Betreuenden sinnvolle Vorgaben macht.

Was die Terminologie betrifft, variiert diese je nach Hochschule. Die im englischsprachigen Raum verwendeten Begriffe »supervising students« und »supervisor« umschreiben die im Deutschen verwendeten Begriffe ›Begleiter:in‹ oder ›Betreuer:in‹ präziser (Buff Keller & Jörissen, 2015).

Damit eine Abschlussarbeit ein didaktisch sinnvoller und umfassender Bestandteil eines Studiums sein kann, wurden die wichtigsten **Dimensionen** (und Kompetenzen) definiert, welche für die drei personellen Ebenen beachtet werden müssen. Diese sind »**fachliche Kompetenzen, überfachliche Kompetenzen, wissenschaftliche Schreibkompetenz** als (für Abschlussarbeiten) besonders relevante überfachliche Kompetenz, die **Begleitung** (und) die **Bewertung**« (Jörissen & Buff Keller, 2020, S. 107). Die überfachlichen Kompetenzen enthalten zudem weitere Kompetenzen von Studierenden und Betreuenden, wie sie in Abschnitt 3 aufgeführt sind. Wie an anderer Stelle bereits ausgeführt, berücksichtigt ...

> »eine gut ausgestaltete Begleitung [...] diese Dimensionen bewusst und systematisch, wobei die Anteile der drei personellen Ebenen unterschiedlich sind. Fachliche und überfachliche Kompetenzen sind für Studierende, Betreuerinnen und Studiengang gleichermaßen relevant. Die Begleitung geht von der Betreuerin aus, wird vom Studiengang mitgeprägt, involviert aber auch die Studierenden. Die Bewertung liegt ausschließlich in der Zuständigkeit von Betreuerin und Studiengang. Diese Systematisierung zeigt auch, dass bei der Betreuerin alle Dimensionen zusammenlaufen: Sie ist die Schnittstelle zwischen den drei personellen Ebenen und den fünf Dimensionen und stellt das Zusammenspiel sicher« (Jörissen & Buff Keller, 2020, S. 107).

2. Vorbereitung auf den Betreuungsprozess

Um sich der eigenen Einstellungen und didaktischen Grundhaltungen, die unser Lehrhandeln maßgeblich prägen, bewusst zu werden, empfiehlt es sich, sich dieser mittels einiger Reflexionsfragen bewusst zu werden, bevor man mit der Betreuungstätigkeit beginnt. Untersuchungen haben gezeigt, dass sich Erfahrungen, die man als Schüler:in und Student:in gemacht hat, auch durch (didaktische) Weiterbildungen nur langsam verändern lassen (Richards & Rogers, 2001).

Reflexionsfragen

Machen Sie sich im Folgenden Gedanken darüber, wie Sie während Ihrer eigenen Bachelor-/Masterarbeit (eventuell Dissertation) betreut wurden und von welchen bewussten und unbewussten Haltungen Sie sich bei der Begleitung von Studierenden leiten lassen.

Wie verlief die Betreuung Ihrer Bachelor-/Masterarbeit?
Welche Elemente waren für Sie fördernd, hilfreich?
Was bei der Betreuung war erschwerend, störend?
Welche zusätzlichen Elemente wären hilfreich gewesen?

Trauen Sie den Studierenden eher (zu) viel oder eher (zu) wenig zu?
Neigen Sie heute dazu, Studierende zu kontrollieren, oder lassen Sie sie eher frei gewähren?
Wie sieht Ihr eigener Lern- und Arbeitsstil bei wissenschaftlichen Arbeiten aus?
Haben Sie überdurchschnittlich hohe Ansprüche an Ihre eigene Arbeit oder können Sie auch einmal mit mäßigen Resultaten zufrieden sein?

Welche Konsequenzen ziehen Sie aus Ihren persönlichen Erfahrungen und Haltungen für Ihre jetzige Aufgabe als Betreuer:in?
Was brauchen Sie noch an Ideen, Methoden, Fertigkeiten usw. für Ihre Tätigkeit als Betreuer:in?

Wenn Sie bereits Erfahrungen bei der Betreuung von Studierenden bei Abschlussarbeiten sammeln konnten, könnten ergänzend noch folgende Reflexionsfragen für Sie interessant sein.

Reflexionsfragen

Was hat sich bis jetzt an Ihrer Art, an Ihrem Konzept bei der Betreuung/Beratung von Studierenden bei Abschlussarbeiten bewährt?
Was davon möchten Sie beibehalten?
Was hat nicht funktioniert? Wo gab es Schwierigkeiten? Wissen Sie, weshalb?
Was möchten Sie für künftige Betreuungen, Beratungen verändern?

3. Kompetenzen von Studierenden und Betreuungspersonen

Das in Abschnitt 1 beschriebene Framework (siehe Abb. 1) beschreibt auf den drei Ebenen ›Studiengang‹, ›Dozierende‹ und ›Studierende‹ die Notwendigkeit von **fachlichen wie auch überfachlichen Kompetenzen** für die Bewältigung und Begleitung von Abschlussarbeiten. Im folgenden Abschnitt wird vor allem auf die Kompetenzen eingegangen, die Dozierende für eine gelingende Begleitung benötigen.

3.1 Kompetenzen, die Studierende für Abschlussarbeiten benötigen

Diverse Autor:innen, wie Buff Keller und Jörissen (2015), Kordts-Freudinger und Geithner (2012) und Wisker (2012), nennen diverse Handlungskompetenzen oder »generic issues«, die Studierende für Abschlussarbeiten benötigen. Sie betonen, dass Zeitmanagement, Problemlösungskompetenz, kritisches Denken, Konzeptualisierung und Durchführung von Projekten, Schreiben für unterschiedliche Zielgruppen, Artikulation, Kohärenz und Verknüpfung von Aussagen sowie gute Textqualität (Wisker, 2012, S. 7-8) notwendig sind. Wie im »Fertigkeiten-Fragebogen für Studierende« von Kordts-Freudinger und Geithner (2012) aufgeführt, benötigen sie dafür u.a. Fachwissen, müssen kreativ und analytisch denken können, wissenschaftliche Texte lesen, Fachliteratur und andere Quellen bewerten, wissenschaftlich schreiben, aber auch Projekte planen und Zeitpläne einhalten können sowie ganz allgemein »etwas fertig bekommen« (S. 6).

Zusatzmaterial: Beratung und Betreuung Abschlussarbeiten
https://www.utb.de/do/10.36198/9783838563305-m08

In der konkreten Begleitung ist oft unklar, welche Kompetenzen von den Studierenden für das Erstellen der Abschlussarbeit erwartet werden und auf welchem Kompetenzniveau sie sich befinden sowie welche Kompetenzen die Studierenden tatsächlich mitbringen. Für die Betreuungsperson stellt sich dann die Frage, wer bei einer Abweichung dafür verantwortlich ist, dass die Kompetenzen noch erworben werden und wie sie nachträglich erworben werden können.

3.2 Kompetenzen der Betreuenden

Das Verfassen einer Abschlussarbeit ist ein Lern- und Qualifikationsprozess, der in seiner Grundstruktur mit anderen Lernprozessen im Studium vergleichbar ist. Entsprechend ist die Betreuung von Qualifikationsarbeiten auch ein didaktisches Handeln, für welches ähnliche Gelingensbedingungen wie für andere Bereiche der Lehre gelten. Dazu zählen etwa die Etablierung eines lernförderlichen und motivierenden Kontexts und die sinnvolle Strukturierung des Lern- und Arbeitsprozesses, aber auch eine transparente und nachvollziehbare Bewertung und die curriculare Anschlussfähigkeit der Arbeiten an vorausgehende und gegebenenfalls folgende Lehrveranstaltungen.

Betreuende sollten daher informiert sein, inwieweit und wo im Studiengang die für Abschlussarbeiten erforderlichen Kompetenzen erworben wurden. Der kohärente Aufbau und Erwerb der fachlichen und überfachlichen Kompetenzen ist beim Design eines Studiengangs konsequent zu berücksichtigen und idealerweise zu visualisieren (zum Beispiel Wieser et al., 2020).

Tipp

Welche Kompetenzen konnten Studierende bisher erwerben?
Informieren Sie sich, welche der für Abschlussarbeiten notwendigen Kompetenzen im Studienprogramm tatsächlich erworben werden können. Es besteht sonst die Gefahr, dass Sie von falschen Annahmen ausgehen, über welche Kompetenzen die Studierenden verfügen. Dies ist insbesondere für Betreuende wichtig, die nicht an der gleichen Hochschule studiert haben, an der sie nun in der Lehre tätig sind.

Da das Erstellen einer Abschlussarbeit vor allem die selbstständige Erarbeitung einer Fragestellung, eines Themas oder die Durchführung eines kleinen Forschungsprojekts und dessen Verschriftlichung enthält, ist es die Aufgabe des oder der Dozierenden, die Studierenden bei diesem Prozess **zu begleiten und zu beraten**. Eine große Herausforderung für die Studierenden stellt oftmals die Verschriftlichung der Argumentationen, des Forschungsprozesses und der Ergebnisse dar. In dieser Phase sind die Dozierenden in ihrer Rolle als Prozessbegleiter:innen besonders gefordert.

Tipp

Schreibprozess begleiten
Machen Sie sich im Vorfeld der Betreuung Gedanken, wie Sie den Prozess des Schreibens begleiten wollen.
Wollen Sie beispielsweise exemplarisch auf einzelne Textentwürfe oder auf Entwürfe verschiedener Dimensionen Feedback geben (Ulmi et al., 2017, S. 47-50)? Wie oft wollen Sie auf Textentwürfe Feedback geben?
Wollen Sie den Studierenden eventuell begleitende Kurse zum wissenschaftlichen Schreiben (Deutsch und/oder Englisch) empfehlen?

Literaturtipp

Für eine Vertiefung zum Thema Texte verfassen und Schreibberatung von Qualifizierungsarbeiten siehe
Ulmi, M., Bürki, G., Verhein-Jarren, A. & Marti, M. (2017). *Textdiagnose und Schreibberatung: Fach- und Qualifizierungsarbeiten begleiten* (2. Aufl.). Verlag Barbara Budrich.

Ausgehend von den Erfahrungen von Teilnehmenden aus diversen Weiterbildungskursen und Ergebnissen aus den Evaluationen sowie verschiedenen Modellen zur Kompetenzorientierung von Fuchs (2015), Kordts-Freudinger und Geithner (2012), Macke und Kolleg:innen (2016) bzw. Fleischmann und Kolleg:innen (2014) und Zimmermann und Buff Keller (2018), fällt die Nähe zu Kompetenzen auf, die allgemein als Grundlage für eine professionelle Tätigkeit in der Hochschullehre genannt werden.

Aufgrund dieser Überlegungen wurde ein Modell für die Kompetenzen, über die Betreuende von Qualifikationsarbeiten idealerweise verfügen sollten, entwickelt (Buff Keller & Jörissen, 2021; siehe Abb. 2). Dieses geht von grundlegenden und übergeordneten Kompetenzen (außen) aus. Zu einzelnen Kompetenzen wurden zudem **Kompetenzfacetten** (innen) formuliert. Darunter werden in Anlehnung an Macke und Kolleg:innen (2016) verfügbare Handlungsoptionen, die zu einer Kompetenz beitragen und beim Erwerb dieser Kompetenz als ›Teilziele‹ erscheinen, verstanden. Insbesondere bei den Kompetenzfacetten ist von großen Überschneidungsbereichen auszugehen. In das konkrete Handeln einer Betreuungsperson fließen unterschiedliche Kompetenzen ein. Zu den **grundlegenden Kompetenzen** (gefetteter Text) werden grundlegende Lehrkompetenzen, Fachkompetenz, Prüfungskompetenz, Kommunikationskompetenz, Beratungs- und Betreuungskompetenz, Schreibdidaktische Kompetenz und Projektmanagementkompetenz gezählt.

Abb. 2: Modell der Kompetenzen von Dozierenden für die Begleitung von Studierenden bei Abschlussarbeiten

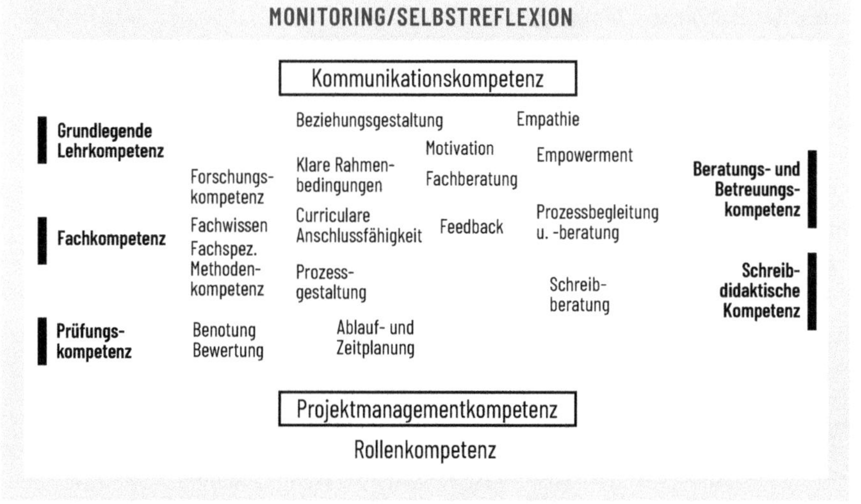

Quelle: Buff Keller & Jörissen, 2021

Daneben bedingt die Betreuung von Abschlussarbeiten Kompetenzen, die auf einer übergeordneten Ebene die (Selbst- und Fremd-)Wahrnehmung der Betreuer:innen lenken und handlungsleitend sind. Dies sind einerseits die **Rollenkompetenz** (siehe Abschnitt 3.3) und andererseits, als umfassender Rahmen, das **Monitoring.** Darunter verstehen die Autor:innen des Modells die Kompetenz, das Agieren der betreuten Studierenden und das eigene Handeln analytisch wahrzunehmen, einzuordnen und daraus das weitere Vorgehen abzuleiten. Es geht also darum, die ganze Betreuung zu überblicken und, gestützt darauf, zu lenken. Dazu gehört einerseits, das Handeln der betreuten Studierenden zu beobachten, zu deuten und mit den genannten Aspekten in Verbindung zu bringen: Es geht darum, zu erkennen, welche Bedürfnisse vordringlich sind und mit welchen Interventionen darauf reagiert werden kann. Andererseits geht es auch darum, das eigene Handeln als wesentlichen Treiber im Betreuungsprozess zu verstehen und die Wirkung der eigenen Interventionen (selbst-)kritisch zu beobachten und zu hinterfragen und gegebenenfalls die eigenen Vorgehensweisen anzupassen. Dieses Vorgehen kann gemäß Schumacher (2011) als eine Art ›Selbstsupervision‹ gesehen werden. Damit wird die **Selbstreflexionskompetenz**, d.h. die Fähigkeit, das eigene Denken und Handeln theoriegestützt und mit rationaler Distanz zu hinterfragen und sich selbst systemisch als einen von mehreren Akteur:innen bei der Entstehung der Abschlussarbeit aufzufassen, weiterentwickelt.

3.3 Rollen von Dozierenden bei der Begleitung von Studierenden

Betrachtet man nun die Rolle von Dozierenden, so wird ersichtlich, dass sie sich im universitären Alltag in unterschiedlichen Rollen bewegen können müssen (siehe Abb. 1 sowie den Beitrag von Thomann in diesem Band).

In diesem Artikel liegt der Fokus vor allem auf den Rollen der Begleitung (und Beratung). Wahrnehmen ist über den ganzen Begleitungsprozess und Beurteilen ist bei der Bewertung der Abschlussarbeit gefragt, sofern die Betreuungsperson auch diejenige ist, welche die Arbeit bewertet. Es wird zudem vorausgesetzt, dass die Betreuungsperson, wie im Framework dargestellt, über die notwendigen Fachkompetenzen für das Thema der Abschlussarbeit verfügt.

Für Dozierende, welche Studierende beim Erstellen einer Abschlussarbeit begleiten und am Schluss das Produkt – die Master- oder Bachelorarbeit – auch summativ bewerten und beurteilen müssen, entsteht durch diese Doppelrolle des Begleitens und Bewertens ein Spannungsfeld und oft ein Rollenkonflikt (Buff Keller & Jörissen, 2015; Thomann et al., 2017). Dieser wird von Dozierenden immer wieder als herausfordernd und belastend beschrieben. Verschärft wird dieser Rollenkonflikt noch, wenn aussagekräftige Bewertungskriterien für Abschlussarbeiten seitens des Studiengangs fehlen.

Tipp

Bewerten von Abschlussarbeiten

Klären Sie gleich zu Beginn, wer am Schluss die Arbeit bewerten wird. Falls mehrere Personen involviert sind, wer trägt welche Verantwortung und wer entscheidet am Schluss? Sind Qualitäts- und Bewertungskriterien für Bachelor- und Masterarbeiten vorhanden? Sind diese für Betreuende und Studierende gut auffindbar und transparent?

Reflexionsfrage

Wie wollen Sie mit einem möglichen Rollenkonflikt ›Begleiten – Beurteilen‹ umgehen?

4. Begleiten und Beraten von Studierenden bei Abschlussarbeiten

Bevor der Ablauf und die einzelnen Elemente des Prozesses einer guten Begleitung ausführlich beschrieben werden, sollen in diesem Abschnitt kurz die Begriffe ›Begleiten‹ und ›Beraten‹ sowie der Verlauf einer Begleitung auf der Prozess- und Beziehungsebene betrachtet werden.

Definition

In diesem Artikel werden die Begriffe **›Begleiten‹** und das aus dem pädagogischen Kontext stammende **›Betreuen‹** synonym verwendet. Sie beschreiben als Oberbegriff eine systematische, längerfristige Unterstützung bei einem komplexen Vorhaben (Buff Keller & Jörissen, 2015; Thomann & Pawelleck, 2013). Darunter gehören etwa die Begleitung bei Abschlussarbeiten, Projekten, Laborarbeiten, Selbststudium, Praktikum, Feldarbeiten etc.
Begleitung ist im Lehr-Setting oft bereits vorgesehen und gehört zur Pflicht der Dozierenden.
›Beratung‹ definieren Thomann und Pawelleck (2013, S. 15) »als situationsbezogene und spezifische Hilfestellung bei der Analyse und Lösung von Problemen oder bei auftauchenden komplexen Fragestellungen – wobei Beratung immer auch dialogisches und gemeinsames Denken und Handeln beinhaltet.«

4.1 Begleitung zwischen Leiten und Beraten

Wie eng soll ich führen, anleiten oder soll ich nur im Hintergrund nach Bedarf begleitend, beratend da sein? Was passiert, wenn die Arbeit misslingt, der:die Student:in scheitert? Wessen Verantwortung ist es dann? Diese Fragen beschäftigen viele Dozierende, die Studierende bei Abschlussarbeiten begleiten. Wie viel Begleitung und Beratung Studierende bei Abschlussarbeiten benötigen, lässt sich nicht exakt sagen. Hilfreich ist in diesem Zusammenhang eine Betrachtung des Kontinuums von Führen und Beraten in Anlehnung an Johner (2011), Lippitt und Lippitt (2015) und Thomann (2017).

Diese Abbildung zeigt auf, wie die Verantwortung für Prozess und Produkt verteilt sein kann. Es wird ersichtlich, dass zu Beginn einer Begleitung eher ein direktives Vorgehen der Dozierenden bzw. Begleitpersonen gefragt ist. Es liegt viel Verantwortung bei Ihnen als Betreuungsperson, beispielsweise in Bezug auf die Realisierbarkeit der Fragestellung, das Bereitstellen von Infrastruktur und/oder Material, die Instruktion bei Experimenten, die Anleitung zum wissenschaftlichen Arbeiten im Labor oder an Maschinen sowie bei Bedarf die Vorgabe von Arbeitsschritten oder inhaltlichen

Vorgaben. Die Entscheidungskompetenz liegt in dieser Phase vor allem bei der Betreuungsperson – Begleitung funktioniert so nach dem ›Bring-Prinzip‹. Im Idealfall geht die Verantwortung jedoch immer mehr an die Studierenden über. Beim Beraten legen die Studierenden die Arbeitsschritte selbst fest und holen sich bei Bedarf Unterstützung. Die Betreuungspersonen gehen non-direktiv vor, stellen Fragen und helfen, Antworten oder Lösungen zu finden. Dies nach dem Konzept ›Hilfe zur Selbsthilfe‹. Betreuende sehen sich der Herausforderung gegenüber, sich in diesem Kontinuum flexibel bewegen zu können, je nach Situation und Persönlichkeit der Studierenden. Dabei kann es je nach Thema und Fachdisziplin auch angebracht sein, vom ›Gewährenlassen‹ wieder in ein eher direktives Betreuen zu wechseln. In diesem Zusammenhang spielt auch die grundlegende Frage eine Rolle, wie die Verantwortung für das Produkt und den Prozess zwischen Betreuungsperson und Studierenden geregelt ist. Wie im Kompetenzmodell für Dozierende (siehe Abb. 2) aufgezeigt, sind eine gut ausgebildete Selbstreflexionskompetenz und ein gutes Monitoring hilfreich.

Abb. 3: Kontinuum zwischen Führen und Beraten

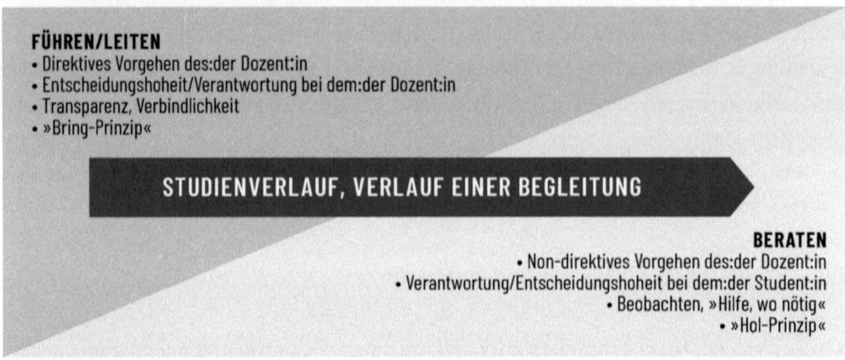

Quelle: Buff Keller & Jörissen, 2015

Wenige Vorgaben bieten den Betreuenden mehr Freiheiten in der Gestaltung, können aber gerade für Doktorand:innen und Assistierende, die erstmals betreuen, auch eine Überforderung sein. Dies gilt besonders dann, wenn sie nicht von ihren Professor:innen angeleitet oder begleitet werden oder die entsprechenden Informationen und Kompetenzen in hochschuldidaktischen Weiterbildungskursen erwerben können. Aus diesen Überlegungen können sich folgende Reflexionsfragen für Sie ergeben:

Reflexionsfragen

Nehmen Sie Ihre Antworten aus dem zweiten Reflexionsblock der Vorbereitungsfragen hervor. Wenn Sie nun das Kontinuum einer Begleitung betrachten:

Was bedeutet das für Ihr Konzept für künftige Betreuung von Studierenden?
Welche Vorlieben, Handlungen leiten Sie daraus ab? Was für Vorgaben bzw. Fragen ergeben sich daraus?
Was brauchen Sie möglicherweise noch an Wissen, Unterstützung (durch Peers, Vorgesetzte, Weiterbildung, Tools etc.) oder an Kompetenzen?
Was ist die vorherrschende Meinung an/in Ihrem Institut/Studiengang, wie eng oder frei man Studierende begleiten sollte?

4.2 Beziehungs- und Gesprächsgestaltung

Wie bereits an anderen Stellen ausführlich dargestellt (zum Beispiel Rogers, 2002; Schulz von Thun, 2011; Thomann & Pawelleck, 2013; Watzlawick, 1990 etc.), sind verschiedene Kommunikationsmodelle und Gesprächsführungstechniken hilfreich für die Gestaltung der Beratungs- und Feedback-Gespräche. Ihnen liegt ein humanistisches Menschenbild zugrunde, das den zu Beratenden die Fähigkeit zuspricht, eigene Lösungen zu finden. Dafür wurden verschiedene Interventionstechniken entwickelt.

Als Grundlage eignet sich das Modell der »vier Seiten einer Nachricht« von Schulz von Thun (2011, S. 33), welches er aus den Ausführungen zur Kommunikation von Watzlawick (1990, S. 53; Inhalts- und Beziehungsaspekt) weiterentwickelt hat. Da wir nicht nur mit verschiedenen ›Schnäbeln‹ sprechen, sondern auch mit vier unterschiedlichen Ohren zuhören, wird leicht ersichtlich, dass es schnell zu Missverständnissen und Missinterpretationen im Gespräch kommen kann. Die Technik des **»Aktiven Zuhörens«**, die Gordon (1977, S. 55) in Anlehnung an Rogers (2002) entwickelte und ausführlich beschrieben hat, ist essenziell als Grundhaltung einer Betreuungsperson, um ihr Gegenüber zu verstehen und eine vertrauensvolle Atmosphäre zu schaffen. Diese Haltung zeichnet sich durch engagiertes Zuhören aus, das sich ganz auf die Person konzentriert, Blickkontakt hält, empathisch Anteil nimmt, unvoreingenommen und akzeptierend ist und die Studierenden ausreden lässt. Ein weiteres grundlegendes Werkzeug bei der Prozessbegleitung und -beratung bilden Fragen. Mithilfe von **Fragen** können Denkprozesse angeregt werden, die beispielsweise zu Lösungen oder zur Reflexion über schwierige Situationen beitragen. Damit Studierende zusammen erarbeitete Lösungen und Vereinbarungen auch mittragen, ist es wichtig, sie mithilfe von Fragen in die Lösungsprozesse einzubeziehen und ein Commitment bei den Lösungswegen und Vereinbarungen zu treffen.

Vertiefende Ausführungen zum Thema ›Fragen stellen‹ finden Sie im Beitrag von Thomann in diesem Band.

Zwischenfazit

Die zentrale Grundlage für gelingende Begleitungen und Beratungen von Studierenden bei Abschlussarbeiten ist eine Beziehungs- und Gesprächsgestaltung, die auf Empathie, Akzeptanz, Aktivem Zuhören, Nähe und Distanz situationsgerecht handhaben, Kongruenz, Fragen stellen können und einer wertschätzenden, konstruktiven und transparenten Kommunikation basiert.

Literaturtipp

Für eine Vertiefung zu Gesprächsführungstechniken mit konkreten Beispielen siehe

Thomann, G. & Pawelleck, A. (2013). *Studierende beraten*. Verlag Barbara Budrich/utb, und hier im Besonderen das Kapitel 6.

5. Gelingensfaktoren einer guten Begleitung

Elemente und mögliche Zeitpunkte einer guten Begleitung können beispielhaft in Form eines Prototyps visualisiert und beschrieben werden. Der nachfolgend dargestellte prototypische Ablauf einer Begleitung bei Abschlussarbeiten orientiert sich, wie das in Abschnitt 1 beschriebene Framework, wiederum an den drei Ebenen (siehe Abschnitte 5.1-5.3), Studiengang, Dozent:in und Student:in. Dargestellt sind die drei Hauptphasen: essenzielle Arbeitsschritte und Gespräche, Anlässe des ganzen Studiengangs sowie Meilensteine, an welchen formatives oder summatives Feedback stattfindet. In den folgenden Ausführungen betrachten wir vorwiegend die Ebene der Betreuungspersonen.

Im Folgenden werden die einzelnen Phasen und dazugehörende Arbeitsschritte und Handlungen beschrieben.

5.1 Erstgespräch

Dem **Erstgespräch** kommt wie bei jedem Projekt große Bedeutung zu. Das Erstgespräch bildet die Basis für die Klärung, wie der folgende Arbeits- und Begleitungsprozess gestaltet werden soll. In diesem Gespräch wird das Thema eingegrenzt. Je nach Fachgebiet ist dieses von den Betreuenden bereits vorgegeben oder die Studierenden wählen ein eigenes Thema und suchen sich dazu eine Betreuungsperson. Das Erstgespräch bietet zudem Gelegenheit, sich kennenzulernen, die Motivation der Studierenden zu ergründen, gegenseitige Erwartungen bezüglich Anforderungen und die Begleitung einer Abschlussarbeit zu klären sowie die Rahmenbedingungen zu thematisieren. Die Betreuungsperson nennt zudem die eigentlichen Lehr- und Lernziele, die mit einer Abschlussarbeit erreicht werden sollen, und thematisiert die Bewertungskriterien. Ebenso können die Studierenden persönliche Lernziele einbringen, die sie mit dieser Arbeit verfolgen möchten.

Abb. 4: Prototypischer Ablauf einer Begleitung

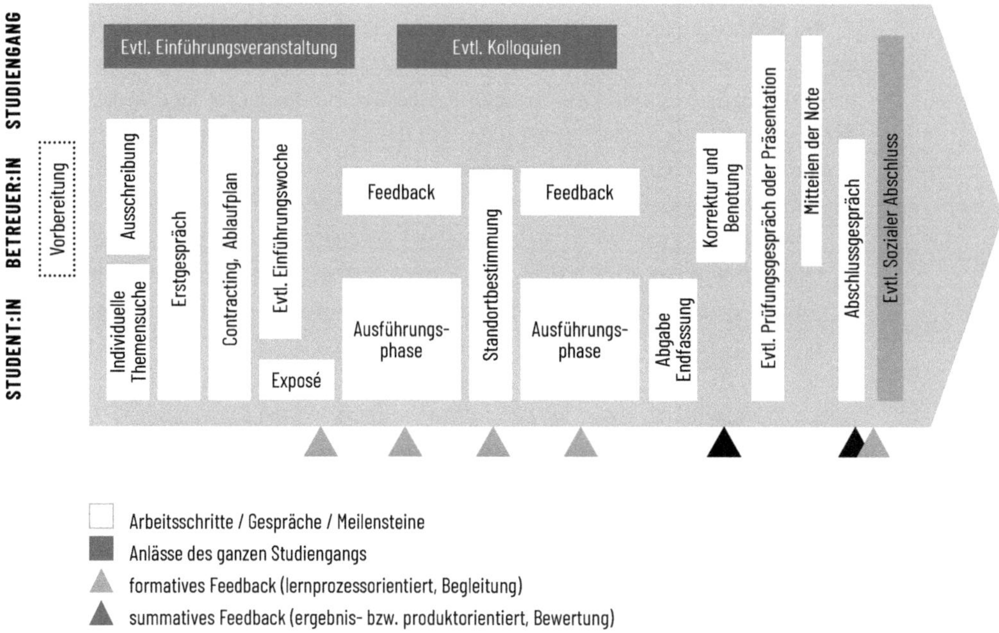

Quelle: Buff Keller & Jörissen, 2015

Tipp

Überprüfung vorhandener Kompetenzen der Studierenden
Klären Sie ab, ob die Studierenden die für das Thema der Arbeit notwendigen fachlichen und methodischen Kompetenzen mitbringen. Lassen Sie beispielsweise nach dem Erstgespräch eine erste Übungsaufgabe lösen, um zu überprüfen, ob zum Beispiel bestimmte Methoden und Techniken beherrscht werden (Statistikprogramme, Labormethoden, qualitative Methoden etc.). Im Anschluss daran kann eventuell der Besuch ausgewählter Veranstaltungen empfohlen bzw. verlangt werden.

Haben sich beide Seiten nach einigen Tagen definitiv für die Betreuung entschieden, empfiehlt es sich, eine schriftliche Vereinbarung, ein »**Contracting**«, zu formulieren. In diesem halten beide Seiten die wichtigsten Eckpunkte der Zusammenarbeit fest. Das Contracting dient dazu, Vertrauen und gegenseitige Verbindlichkeit herzustellen. Diese

Vereinbarung wird in der Praxis bisher nicht immer als Vertrag ausgestaltet. Eine Verschriftlichung empfiehlt sich, da so für beide Seiten mehr Verbindlichkeit hergestellt wird.[1]

Im Rahmen des Contracting können folgende Punkte geregelt werden: offizielle und individuelle Lehr- und Lernziele, gegenseitige Erwartungen, Regelung der Kompetenzen, Aufgaben und Verantwortung, Zeitplan (inklusive Meilensteine), Umfang der Begleitung, Umfang einzusetzender Zeit der Studierenden, formale Bedingungen, Ressourcen (zum Beispiel Labormaterial, Kosten etc.), Bewertungskriterien und Umgang mit generativer KI.

Sind mehrere Personen in die Betreuung involviert, zum Beispiel bei interdisziplinären Projekten, Projekten mit der Industrie, Verwaltung oder anderen Institutionen, ist es wichtig, dass bereits in der Startphase ein **gemeinsames Gespräch mit allen Beteiligten** stattfindet. In diesem wird geklärt, was die Ziele der Arbeit sind und wer welche Aufgaben, Kompetenzen und Verantwortung im Rahmen der Betreuung hat. Dies sollte schriftlich festgehalten werden, zum Beispiel in Form eines Dreiecksvertrags (siehe den Beitrag von Thomann in diesem Band). Es muss geklärt sein, wer die Hauptbetreuungsperson ist. Idealerweise sind bei Zwischen- und Schlusspräsentationen alle Beteiligten anwesend, damit offene Fragen gemeinsam geklärt werden können. Vor allem mit externen Partnerorganisationen ist eine saubere Klärung wichtig, damit die Vorgaben der Hochschule auch umgesetzt werden können und es neben der Arbeit in der Praxis ein Lernprozess für die Studierenden bleibt. In den ersten Wochen der Einführung kann es vor allem in naturwissenschaftlichen Fächern sinnvoll sein, dass neben einem ersten Einlesen in wichtige Literatur zur Thematik eigentliche Einführungswochen im Labor oder für die Feldforschung stattfinden.

Ist die Zusammenarbeit geregelt, kann ein vorläufiger **Ablaufplan** mit den wichtigsten **Meilensteinen** erstellt werden. Es empfiehlt sich, diesen zuerst von den Studierenden erstellen zu lassen und ihn dann gemeinsam zu besprechen und überarbeiten zu lassen. Oft unterschätzen Studierende den Zeitbedarf für die Schreibphase oder für Experimente, statistische Auswertungen oder Programmierungen. Im Ablaufplan sollen auch zentrale Meilensteine wie das Exposé, ein Zwischenstandort und, je nach Thema und Fachrichtung, weitere Meilensteine festgelegt werden.

Auf diesen Meilenstein hin haben die Studierenden nach einer ersten einführenden Arbeitsphase ein **Exposé** (bzw. einen **Forschungsplan**) eingereicht, in welchem sie den vorläufigen Titel, die Frage-/Problemstellung, bereits gesichtete und künftige Literatur sowie das methodische Vorgehen beschrieben haben und den Ablaufplan beilegen. Sie erhalten ein konstruktiv-kritisches Feedback auf ihr Exposé, das in der Regel formativ ist (lernprozessorientiert). Dieses Feedback bedeutet oft die Freigabe für den Start der eigentlichen Arbeit, alternativ müssen die Studierenden das Exposé noch-

1 Ein konkretes Beispiel eines Contracting für Abschlussarbeiten finden Sie in Buff Keller und Jörissen (2015, S. 65-66) oder im Beitrag von Thomann in diesem Band.

mals überarbeiten. Da dieses Feedback zentral für die Machbarkeit und das Gelingen einer Arbeit ist, empfiehlt es sich für wenig erfahrene Betreuende, bei Unsicherheiten über die Umsetzbarkeit der Arbeit oder des Projekts Rücksprache mit ihren Vorgesetzten oder erfahrenen Betreuenden zu halten. Es empfiehlt sich auch, das Feedback auf das Exposé schriftlich festzuhalten, besonders, wenn man Überarbeitungen verlangt. So kann man später darauf zurückkommen, wenn es Schwierigkeiten bei der Arbeit gibt oder das Feedback nicht verstanden oder umgesetzt wurde. Ist das Exposé einmal angenommen, gilt es als verbindliche Grundlage für die weitere Arbeit. Nun kann die eigentliche Ausführungsphase beginnen.

Exkurs

Feedback-Geben ist in Begleitungs- und Beratungsprozessen eine zentrale Kompetenz, über die Dozierende verfügen sollten. Die Rückmeldung von Lehrenden an die Studierenden zur Qualität ihrer Lernergebnisse zeigt ihnen, wo sie Stärken und Schwächen haben, und verhilft ihnen zu einer realistischen Einschätzung ihrer Leistung. Auch das Verhalten von Studierenden im Lernprozess kann mit Feedback angesprochen werden. Obwohl die Lernforschung schon lange aufgezeigt hat, wie wichtig Feedback für den Lernerfolg ist (Hattie, 2015), sagen Studierende immer wieder, dass sie zu wenig Feedback auf ihre Lernleistungen erhalten.

Beim mündlichen Feedback ist nach Thomann und Pawelleck (2013) darauf zu achten, dass Beobachtungen beschreibend, nicht bewertend und so konkret wie möglich benannt werden, sowohl was inhaltliche als auch Verhaltensaspekte betrifft. Sprechen Sie Gefühle in ›Ich-Botschaften‹ aus. Eigene Interpretationen und Bewertungen sollten erst im zweiten und dritten Schritt genannt werden. Wird ein Lernfortschritt oder eine Verhaltensänderung erwartet, kann dies als letzter Satz des Feedbacks formuliert werden.

Tipp

Regelmäßiges Feedback-Geben

Nehmen Sie sich Zeit und geben Sie während des ganzen Betreuungsprozesses, an den Meilenstein-Sitzungen oder bei regelmäßigen Gesprächen zur Arbeit immer wieder konstruktives Feedback. Die Grundhaltung für ein lernförderndes und kritisches Feedback ist die Wertschätzung des Gegenübers. So kann der:die Feedback-Nehmer:in besser zuhören und das Feedback auch annehmen.

5.2 Ausführungsphase

Je nach Fachgebiet ergibt es Sinn, sich 14-tägig, wöchentlich oder fast täglich (bei Experimenten in den Naturwissenschaften) kurz auszutauschen und fortlaufend im Sinne von **(regelmäßigen) Sitzungen während der Ausführungsphase** Feedback zu geben. In Fächern wie den Sozial- und Geisteswissenschaften, die längere Phasen für Recherche, Lesen und Schreiben erfordern, könnte hingegen auch ein Austausch alle ein bis zwei Monate angemessen sein. Es empfiehlt sich, gewisse Sitzungen verbindlich im Ablaufplan festzuhalten. Die Häufigkeit von Sitzungen zur Besprechung der laufenden Aktivitäten ist neben der Fachdisziplin und dem Thema auch abhängig von der Persönlichkeit des:der Student:in. Die Selbstständigkeit der Studierenden variiert: Einige bevorzugen eigenständiges Arbeiten und können dies gut umsetzen, während andere möglicherweise ängstlicher sind und häufiger nachfragen. Es ist nicht immer leicht für die Betreuungsperson, dies zu erkennen und angemessen zu reagieren. Je nach Person und Situation begleitet und berät man direktiver oder eher zurückhaltender. Achten Sie darauf, dass Sie für diese Besprechungen jeweils einen Raum haben, in welchem Sie ungestört sprechen können, und planen Sie genügend Zeit ein.

Sitzungsprotokolle sind ein bewährtes Hilfsmittel, um Missverständnissen vorzubeugen und Klarheit zu schaffen. Es empfiehlt sich, nach Meilenstein-, Feedback- und allgemeinen Beratungsgesprächen zur Arbeit von den Studierenden ein kurzes Protokoll verfassen zu lassen und insbesondere getroffene Vereinbarungen für das weitere Vorgehen festzuhalten. Einerseits kann die Betreuungsperson so erkennen, wenn die Studierenden etwas falsch oder anders verstanden haben, als besprochen und vereinbart wurde. Andererseits können beide Seiten jederzeit einsehen, was die nächsten Schritte sind. Ebenso kann beim nächsten Gespräch auf das Protokoll Bezug genommen werden. Es empfiehlt sich, dass die Studierenden vor den Sitzungen jeweils in einer kurzen schriftlichen Mitteilung ihre Fragen und Anliegen formulieren, damit Sie Ihre zeitlichen Ressourcen als Betreuungsperson optimal nutzen und sich entsprechend vorbereiten können.

Im **Standortgespräch** nach der Hälfte der Arbeitszeit wird besprochen, wie es den Studierenden beim Erstellen der Arbeit geht, was sie bis jetzt bearbeiten konnten, was der aktuelle Stand der Arbeit ist und wo sie sich gemäß Ablaufplan befinden. Eventuell braucht es Anpassungen, weil gewisse Experimente nicht funktionierten, Quellen nicht zur Verfügung standen oder zu wenige Proband:innen gefunden wurden.

Tipp

Vorbereitung Standortgespräch

Für dieses Gespräch sollen sich sowohl die Studierenden als auch die Betreuungspersonen vorbereitend Notizen machen. Mögliche Fragen dazu sind: Was ist bis jetzt gut gelaufen? Was war herausfordernd? Was ist misslungen? Wo stehen wir in der Ablaufplanung? Wo stehe ich an? Wo habe ich Fragen? Wo benötige ich weitere Unterstützung? Was müssen wir noch klären?

Zuerst berichtet der:die Studierende, dann gibt die Betreuungsperson ihre Einschätzung. Dies hilft den Studierenden u.a., ihre Selbsteinschätzung mit der Fremdeinschätzung abzugleichen. Die Betreuungsperson kann auf diese Weise erkennen, wo möglicherweise Gründe für unterschiedliche Einschätzungen oder Schwierigkeiten bestehen. In diesem Gespräch wird auch geklärt, was die nächsten Arbeitsschritte sind. Es empfiehlt sich, auch von diesem Gespräch von den Studierenden ein Kurzprotokoll verfassen zu lassen. Die Betreuungsperson macht sich entsprechende Notizen davon im Betreuungsdossier. Diese können bei Bedarf bei der Bewertung wieder hinzugezogen werden.

Die regelmäßigen Sitzungen sollten **während der Ausführungsphase fortgesetzt werden**. Sie finden wiederum je nach Ablaufplan und Disziplin zu unterschiedlichen Zeitpunkten statt. In dieser Phase kann es sinnvoll sein, dass die Betreuungsperson frühzeitig (vor allem in ›schreib-ungewohnten‹ Fachdisziplinen) die Schreibphase und den Schreibprozess thematisiert, damit die Studierenden genügend Zeit für die Verschriftlichung ihrer Arbeit haben. Idealerweise wird dies zu Beginn beim Erstellen des Ablaufplans bereits thematisiert und gegebenenfalls begleitende Schreibkurse oder Beratung empfohlen.

Spätestens in dieser Phase ergibt es Sinn, dass die Betreuungsperson einen Teil der Arbeit exemplarisch durchsieht und eine Rückmeldung gibt, ob der Text verständlich, gedanklich kohärent und korrekt verfasst ist. Wenn möglich kann diese Rückmeldung bereits in der ersten Ausführungsphase erfolgen, damit genügend Zeit für die Schreibphase und gegebenenfalls begleitende Kurse (von Schreibzentren, Bibliotheken, »Lange Nacht des Schreibens« etc.) bleibt. Als sehr hilfreich in den Ausführungsphasen erweisen sich **Kolloquien und Projektgruppenmeetings**. In diesen Formaten haben die Studierenden Gelegenheit, ihre Fragen, aber auch Teile ihrer Arbeit einem Fachpublikum aus anderen Studierenden und verschiedenen Betreuungspersonen vorzustellen, Feedback zu bekommen und ihre Arbeitsschritte kritisch zu diskutieren. Vielerorts ist es üblich, dass Masterstudierende bereits ihr Exposé (»Research Proposal«), Methoden, Modelle oder vorläufige Resultate in diesen Kolloquien und Projektgruppen vorstellen und zur Diskussion stellen. In diesem Rahmen trainieren sie auch, ihre Arbeit mündlich vorzustellen und eine wissenschaftliche Diskussion zu bestreiten. Dieses Learning von den Peers und den erfahrenen Dozierenden und Forschenden ist für die weitere Forschungstätigkeit wertvoll. Studierende können in diesem Rahmen Lernpartnerschaften bilden und sich gegenseitig mit Peer-Feedback unterstützen. Auch für die Betreuungspersonen sind diese Lehrveranstaltungen hilfreich und oft eine zeitliche und inhaltliche Entlastung.

5.3 Schlussphase

In der Schlussphase stehen die Korrektur und Bewertung der Endfassung auf dem Plan. In dieser Phase erfolgt für die meisten Betreuungspersonen, wenn sie die Arbeit auch bewerten müssen, ein Rollenwechsel von der Begleitung zur Beurteilung. Dieser Rollenwechsel sollte bewusst vorgenommen und auch kommuniziert werden. Die eingereichte Arbeit muss nun korrigiert und bewertet werden. Hier erfolgt eine summative Rückmeldung in Form einer ergebnis- und produktorientierten Bewertung. Diese sollte nach dem offiziellen Kriterien- und Bewertungsraster erfolgen. Die Bewertung wird in der Regel schriftlich mitgeteilt. Je nach Studiengang erfolgt zumindest bei der Masterarbeit auch ein schriftliches Gutachten, das manchmal auch mündlich besprochen wird. An manchen Hochschulen sind zusätzlich mündliche Prüfungsgespräche zur Arbeit oder (Poster-)Präsentationen üblich. Die Note setzt sich aus der schriftlichen Arbeit, oftmals einer Präsentation und manchmal noch einem Prüfungsgespräch zusammen.

Besonders bei Masterarbeiten empfiehlt sich, ein **Abschlussgespräch** durchzuführen, auch wenn dies offiziell nicht vorgesehen ist. In diesem kann die Arbeit nochmals gewürdigt sowie Feedback zu Inhalt, Prozess und Verhalten gegeben werden sowie gegebenenfalls über die künftige Karriere gesprochen werden. Die Betreuungsperson hat die Möglichkeit, in diesem Gespräch ebenfalls ein Feedback zu ihrer Betreuung zu erhalten.

Literaturtipp

Für ergänzende Informationen und Anwendungen zum Begleiten des Schreibprozesses, zum Ablauf und zum Bewerten von schriftlichen Arbeiten siehe

Buff Keller, E. & Jörissen, S. (2015). *Abschlussarbeiten im Studium anleiten, betreuen und bewerten.* Verlag Barbara Budrich/utb, vor allem die Kapitel 3.3, 5 und 6.

Sinnvolle **Zeitpunkte für ein Feedback** an die Studierenden bei der Begleitung ihrer Abschlussarbeiten sind wichtig für eine gelungene Betreuung. Betrachten wir den prototypischen Ablauf (siehe Abb. 4), empfiehlt sich, (mindestens) zu folgenden Zeitpunkten ein differenziertes, konstruktiv-kritisches Feedback zu geben:

- am Ende der Startphase auf das Exposé (resp. Research Proposal), inklusive Ablaufplanung mit Meilensteinen,
- auf mindestens ein exemplarisches Textbeispiel in der Ausführungsphase,
- bei als Meilenstein definierten Sitzungen, wie beispielsweise Methodenbesprechung, Interpretation von Daten und Ergebnissen etc.,
- bei Konflikten, Blockaden, größeren Zeitverzögerungen oder sonstigen Hindernissen (technischer, organisatorischer oder personeller Art) in den Ausführungsphasen,

- auf Präsentationen: gegebenenfalls beim Zwischenstandort, im Rahmen von Kolloquien oder Projektgruppensitzungen, Abschlusspräsentation,
- auf die ganze Arbeit und den Prozess im Abschlussgespräch.

Tipp

Feedback-Gespräche führen

Gehen Sie gut vorbereitet und möglichst unvoreingenommen, was die Gründe für das Problem betrifft, an das Feedback-Gespräch heran. Führen Sie Gespräche zielgerichtet und empathisch. Achten Sie darauf, dass die Studierenden sprechen und ihre Fragen und Bedenken äußern können. Es darf auch Sprechpausen geben. Als Betreuungsperson darf und soll ich/dürfen und sollen Sie ungenügende Leistungen oder schwieriges Verhalten in der Betreuungssituation wertschätzend und klar verständlich ansprechen und nicht erst am Schluss mit einer schlechten Bewertung reagieren. Das konkrete Benennen kann neben Scham auch Erleichterung beim Gegenüber bewirken. Jetzt, da es offen angesprochen wurde, kann man nach Lösungen suchen.

Abb. 5: Phasenmodell Beratung für Feedback-Gespräche

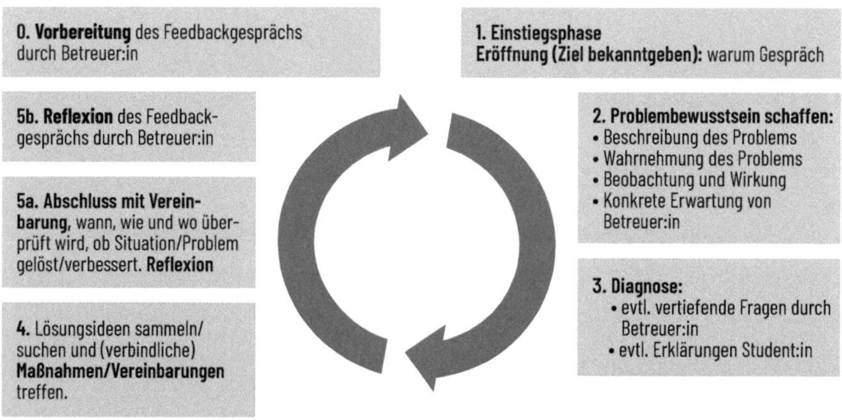

Quelle: Buff Keller & Pawelleck, 2021

Tipp

Beratungsangebote für Studierende

Erkundigen Sie sich vor Beginn der Betreuung, welche Beratungsangebote für Studierende an der Hochschule bestehen (zum Beispiel Schreibberatung, psychologische Beratungsstelle, soziale Beratung etc.). Besonders bei psychischen Problemen wie ADHS, Depressionen, aber auch starken Prüfungsängsten und Schreibblockaden können Sie die Studierenden auf die Hilfsangebote aufmerksam machen und ermutigen, sich dort Hilfe zu holen. Das Phasenmodell Beratung für Feedbackgespräche bietet Ihnen Hilfestellung bei der Vorbereitung und Durchführung von Feedback-Gesprächen, sowohl zur fachlichen Qualität der Leistungen als auch zum Verhalten der Studierenden.

Reflexionsfragen

Können Sie aktiv zuhören, nachfragen und abwarten oder geben Sie lieber rasch die ›richtige‹ Antwort? Wenn nicht, was denken Sie, warum fällt Ihnen das schwer?
Treffen Sie schnell Annahmen, weshalb Studierende sich nicht an Abmachungen halten (zum Beispiel den Zeitplan einhalten, sich bei Schwierigkeiten an Sie wenden)?
Geben Sie regelmäßig Feedback auf Arbeitsschritte, Textentwürfe, Konzepte oder Exposés der Studierenden? Wie geht es Ihnen dabei? Was gelingt Ihnen dabei gut? Was ist schwierig für Sie? Was könnte Ihnen dabei helfen?
Ziehen Sie es vor, mündlich oder schriftlich Feedback zu geben? Weshalb? Kennen Sie die Vor- und Nachteile des mündlichen/schriftlichen Feedbacks?
Wenn Sie selbst Feedback von Peers oder Vorgesetzten erhalten: Wann ist dieses hilfreich für Sie? Wann fühlen Sie sich kritisiert, blockiert, unfair behandelt? Was für Konsequenzen ziehen Sie daraus für sich als Feedback-Geber:in?

6. Persönliches Betreuungskonzept

Wenn Sie regelmäßig Studierende bei Abschlussarbeiten begleiten, empfiehlt es sich, sich entweder ein individuelles Betreuungskonzept anzufertigen oder ein bestehendes vom Institut oder Studiengang zu übernehmen und gegebenenfalls anzupassen. Beachten Sie dabei stets die drei Ebenen des Studiengangs, der Dozierenden/Betreuenden und der Studierenden.

6.1 Betreuungskonzept erstellen – mögliches Vorgehen

Ihr persönliches Betreuungskonzept beinhaltet idealerweise eine Zusammenstellung der vorhandenen Dokumente für die Studierenden (und Betreuenden) bezüglich des Verfassens von Abschlussarbeiten, eine zeitliche und inhaltliche Ablaufplanung, eine Beschreibung der Begleitung und der Rolle der Betreuungsperson sowie einen gewichteten Kriterienkatalog zur Bewertung der Bachelor- und/oder Masterarbeit.

Ein möglicher Ansatz besteht darin, als erstes bereits vorhandene Dokumente, Konzepte, Leitfäden und Checklisten zu suchen und/oder zu sammeln. Sehr oft ist schon einiges an Material vorhanden, aber Ihnen vielleicht nicht bekannt. Vielleicht finden Sie auch bei Kolleg:innen oder anderen Fachrichtungen an Ihrer Hochschule oder in Ihrem Studiengang gute Ideen.

Ein möglicher Ausgangspunkt könnte der Prototyp (siehe Abb. 4) sein, den Sie, je nach Rahmenbedingungen, curricularen und organisatorischen Begebenheiten, Fachdisziplin und weiteren Besonderheiten, auf Ihre Bedürfnisse hin abwandeln und anpassen können.

Tipp

Konkrete Fragen für Konzepterstellung

Mögliche Fragen zum Konzept könnten sein: Welche Lernziele sollen mit dem Verfassen einer Bachelor-/Masterarbeit verfolgt werden? Welches Setting ist am besten für die Betreuung geeignet (Anzahl der Sitzungen, Feedback-Gespräche, Ablaufplanung mit Meilensteinen, Themen etc.)? Welche Projektmanagement-Tools möchten Sie für die Begleitung einsetzen? Wie begleiten Sie den Schreibprozess? Gibt es weitere Beteiligte, die einbezogen werden sollten, und wenn ja, in welcher Form und wann? Wie gehen Sie mit den verschiedenen Rollen, Widersprüchen und Rollenkonflikten um? Wie erleben Sie die Situation ›Begleiten-Beurteilen‹? Was sind Erfolgskriterien einer guten Abschlussarbeit? Welche Kriterien sind sinnvoll für die Bewertung? Wie sollen sie gewichtet werden? Wie reflektieren Sie Ihre Betreuungstätigkeit?

Beispiel

Bachelor-/Masterarbeitsdossier

Thema: Student:in: Betreuer:in:

Start der Arbeit: Folgende Rubriken könnten hilfreich sein:

Ziel, Organisation der Betreuung, Aufgaben, Kompetenzen, Verantwortung, Ressourcen, Termine, Sitzungen/Protokolle, Pendenzen, offene Fragen, Arbeitsfortschritt, Zwischenpräsentationen, Zwischenbewertungen, Umgang mit ChatGPT.

Vor allem für Dozierende, welche viele Studierende gleichzeitig betreuen müssen, kann es hilfreich sein, fortlaufend Dossiers zu führen. So haben Sie jederzeit den Überblick darüber, was den Stand der Arbeit betrifft und was Sie in den letzten Gesprächen vereinbart haben. Ebenso kann Ihnen dieses bei der Bewertung der Arbeit hilfreich sein. Das Dossier enthält teilweise ähnliche Punkte, wie sie auch in einem Contracting vorkommen können.

Tipp

Zeitmanagement für Betreuende

Überlegen Sie sich gut, wie viel Zeit und Ressourcen Sie für eine Betreuung einsetzen können und dürfen. Unerfahrene Betreuende bringen oft (zu) viel Zeit und Engagement für die Studierenden auf. Diese Zeit fehlt ihnen dann für die eigene Dissertation und Forschungsarbeit.

Empfehlung: Notieren Sie sich, wie viel Zeit Sie benötigen, damit Sie dies bei Personalgesprächen mit Ihren Vorgesetzten einbringen können, falls die Zeitbelastung zu hoch ist. Oft ist den Vorgesetzten nicht bewusst, wie viel Zeit eine gute Betreuung in Anspruch nimmt. Vielleicht ist es auch an Ihnen, noch effizientere Tools einzusetzen und die zur Verfügung stehende Zeit gut zu nutzen. Die von Ihnen als Betreuungsperson zur Verfügung stehende Zeit soll auch im Erstgespräch kommuniziert und gegebenenfalls im Contracting festgehalten werden.

Literaturtipp

Für eine Checkliste für Dozierende, die Ihnen hilft, die zentralen Fragen und Elemente einer guten Betreuung umfassend im Auge zu behalten, siehe

Buff Keller, E. & Jörissen, S. (2015). *Abschlussarbeiten im Studium anleiten, betreuen und bewerten*. Verlag Barbara Budrich/utb, vor allem das Kapitel 7.4.

Das Erstellen eines solchen Konzepts für Betreuende ist in der Regel sehr hilfreich. Zudem kann es mit Kolleg:innen am Institut oder im Studiengang diskutiert, ausgetauscht und/oder überarbeitet werden und für alle Betreuenden eines Institutes zur Verfügung gestellt werden. Dies bewirkt auch ein gemeinsames Verständnis darüber, was man unter einer ›guten‹ und ›fairen‹ Betreuung versteht.

6.2 Reflexion zur Qualitätssicherung

Eine regelmäßige **Reflexion Ihrer Betreuungstätigkeit** lohnt sich, wenn Sie eine gute Qualität der Abschlussarbeiten Ihrer Studierenden erreichen möchten. Nicht zuletzt kann eine erfolgreich durchgeführte Begleitung auch für Sie als Betreuungsperson fachlich und menschlich bereichernd sein. Auch Studierende wollen in der Regel am Schluss ihres Studiums zeigen, was sie an Wissen, Kompetenzen, Fähigkeiten und Einstellungen erworben haben und dass sie diese anwenden können. Ein gutes Zusammenspiel von fähigen Studierenden, die eine gute Leistung erbringen wollen, und von bewusst und kompetent begleitenden Dozierenden ermöglicht immer wieder hervorragende Abschlussarbeiten.

Tipp

Selbstreflexion und Qualitätssicherung

- Führen Sie regelmäßig die Betreuungsdossiers zu den einzelnen Studierenden (siehe Beispiel in Abschnitt 6.1).
- Reflektieren Sie die Gespräche und Sitzungen für sich. Führen Sie gegebenenfalls ein Betreuungsjournal, in welchem Sie Ihre Betreuungstätigkeit fortlaufend reflektieren und für sich dokumentieren (beispielsweise integriert im Betreuungsdossier).

- Suchen Sie den Austausch mit Kolleg:innen, die auch Studierende bei Abschlussarbeiten begleiten.
- Organisieren Sie sich in einer kollegialen Beratungsgruppe (»Intervisionsgruppe«; Brunner, 2017, S. 148; siehe auch den Beitrag von Osthushenrich in diesem Band), in welcher Sie Fragen oder Konflikte zur Begleitung reflektieren können (eventuell auch angeboten von der Hochschuldidaktik).
- Besuchen Sie Weiterbildungskurse zu den Themen Abschlussarbeiten, Gesprächsführung, Projektmanagement oder zur Schreibberatung.
- Suchen Sie den Austausch mit Ihren Professor:innen und lassen Sie sich bei den ersten Betreuungen gegebenenfalls von ihnen begleiten.
- Nehmen Sie bei sehr schwierigen Studierenden oder Problemlagen eine professionelle Supervision oder ein Coaching in Anspruch (zum Beispiel bei der Beratungsstelle Ihrer Universität, der Hochschuldidaktik oder extern).

7. Herausforderung ChatGPT

Anwendungen mit generativer Künstlicher Intelligenz (KI) sind 2022 aufgetaucht und entwickeln sich rasend schnell, ebenso deren Anwendung. Die folgenden Überlegungen entsprechen dem Stand der Diskussion vom Herbst 2023.

Innerhalb kürzester Zeit hat **generative KI** Einzug ins Leben der Studierenden gehalten. Textgenerierende Künstliche Intelligenz (sog. »Large Language Models«, kurz LLM) wie ChatGPT oder Elicit ist inzwischen gut verfügbar und wird von vielen Studierenden als Hilfsmittel bei Seminar-, Bachelor- und Masterarbeiten vielseitig eingesetzt. In Zukunft könnten Abschlussarbeiten mindestens teilweise – wenn nicht ganz – durch solche Tools verfasst werden. Universitäten und Hochschulen arbeiten mit Hochdruck daran, wie sie das Prüfungswesen umgestalten können, damit Leistungsnachweise wie Essays oder Abschlussarbeiten nicht nur von LLM verfasst werden können und die Leistungsnachweise fair bleiben, was auch im Interesse der Studierenden liegt. Eine Regelung könnte sein, dass Studierende explizit angeben müssen, wenn sie technische Hilfsmittel wie ChatGPT, DeepL oder Endnote verwendet haben, zum Beispiel indem sie protokollieren und dokumentieren, was sie verwendet haben. Eine solche Forderung könnte auch im Contracting festgehalten werden.

Zusatzmaterial: Eigenständigkeitserklärung
https://www.dghd.de/wp-content/uploads/2023/08/230825Eigenstaendigkeitserklaerung-1.pdf

Im Rahmen von Abschlussarbeiten wird beispielsweise vorgeschlagen, dass in Zukunft vor allem der Prozess des Verfassens stärker gewichtet wird, im Gegensatz zum bisherigen Fokus auf das Endprodukt. Das bedeutet, dass der Entstehungsprozess mit einer guten Ablaufplanung und regelmäßigen Gesprächen und Diskussionen noch größere Bedeutung erhält. In diesen Gesprächen kann verstärkt darüber diskutiert werden, welche konkreten Fortschritte der:die Student:in in der Zwischenzeit gemacht hat, was erfolgreich verlaufen ist, was nicht, und warum. Darüber hinaus kann erörtert werden, wie mögliche nächste Schritte aussehen könnten. Grundsätzlich könnten vermehrt Reflexionsfragen oder begleitende Arbeits- und Reflexionsjournale eine hilfreiche Methode der Prozessbegleitung sein. Für die Betreuenden könnte dies unter Umständen einen Mehraufwand bedeuten. Je nach Fachdisziplin müssten sie mehr Zeit für regelmäßige Diskussionen und Zwischenpräsentationen aufwenden sowie die Thematik gut kennen, um fundierte Fragen zu stellen und zu erkennen, ob die in den Texten verwendeten Aussagen korrekt sind.

Ebenso bedeutet diese Entwicklung, dass sie sich weitere überfachliche Kompetenzen, wie die Anwendung und den Umgang mit KI und weiteren technischen Tools, in kurzer Zeit aneignen müssen. Da LLM inzwischen auch Präsentationen erstellen und kritische Diskussionsfragen beantworten können, werden sie künftig auch bei Abschlusspräsentationen und Verteidigungen von den Studierenden eingesetzt werden. Marchand (2023) postuliert, »eine wichtige von Studierenden zu erwerbende Schlüsselkompetenz im Schreibprozess wird es sein, nach einer ersten Auseinandersetzung mit dem Thema die richtigen Fragen an die LLM zu stellen sowie Texte inhaltlich und formal kritisch zu beurteilen und entsprechend zu verbessern«. Er ist der Meinung, dass die neuen KI-Tools die Universitäten zwar vor große Herausforderungen stellen, aber auch die Chance bieten, die Qualität der Abschlussarbeiten zu steigern. Die Diskussionen sind in vollem Gang und es wird weitere Klärungen, Diskussionen und Anwendungen brauchen, wie man mit diesen neuen Tools umgehen will und kann, damit das Erstellen und Bewerten von Abschlussarbeiten möglich und fair bleibt. Vielleicht wird man die Ziele und den Sinn von Abschlussarbeiten neu denken müssen.

8. Zusammenfassung

Studierende bei ihren Abschlussarbeiten zu begleiten, ist und bleibt eine anspruchsvolle und herausfordernde Aufgabe.

Gelingt eine Begleitung und stimmen die Rahmenbedingungen und das Engagement der Studierenden, so kann dies eine für beide Seiten bereichernde Erfahrung und Begegnung sein. Eine gute Vorbereitung, zum Beispiel mit einem Betreuungskonzept, trägt viel zum Gelingen bei.

Da wir es immer mit Menschen zu tun haben und Sie die Studierenden vielleicht nicht kennen, kann eine Betreuung auch mit unerwarteten, konflikthaften Situationen verbunden sein. Der Austausch mit Kolleg:innen oder Expert:innen hilft in schwierigen fachlichen oder zwischenmenschlichen Phasen, zu erkennen, was dem zugrunde liegt, und Lösungen zu finden. Es kann auch vorkommen, dass eine Begleitung aus ganz unterschiedlichen Gründen scheitert. Das bedeutet nicht zwingend, dass die Betreuungsperson ihre Aufgabe nicht gut wahrgenommen hat. In solchen Fällen können Sie Ihren Anteil daran reflektieren und für sich Konsequenzen daraus für die nächste Betreuung ziehen.

9. Literatur

Biggs, J. & Tang, C. (2011). *Teaching for quality learning at university* (4. Aufl.). Open University Press.

Brunner, H. (2017). Intervision als Instrument der Professionalisierung und Qualitätssicherung. In G. Thomann & M. Honegger (Hrsg.), *Zwischen Beraten und Dozieren* (2. Aufl., S. 137–151). hep.

Buff Keller, E. & Jörissen, S. (2015). *Abschlussarbeiten im Studium anleiten, betreuen und bewerten*. Verlag Barbara Budrich.

Buff Keller, E. & Jörissen, S. (2021). *Studierende bei Abschlussarbeiten begleiten – Kompetenzen von Betreuenden*. Unveröffentlicht.

Buff Keller, E. & Pawelleck, A. (2021). *PPP-Handout zu Modul V: Führen, Beraten, Betreuen vom 28./29.1.2021, CAS Hochschuldidaktik 2019*. Weiterbildung Universität Zürich.

Fleischmann, A., Jäger, C. & Strasser, A. (2014). *Kompetenzmodell Hochschullehre*. Technische Universität München. https://www.prolehre.tum.de/fileadmin/w00btq/www/Angebote_Broschueren_Handreichungen/kompetenzmodell-hochschullehre_de.pdf

Fuchs, S. (2015). Was müssen Lehrkräfte können? Kompetenzanforderungen an Lehrende und pädagogisches Personal in der Weiterbildungspraxis. *Zeitschrift für Erwachsenenbildung, 3*, 27–29. http://www.die-bonn.de/id/31568

Gordon, T. (1977). *Leader effectiveness training L.E.T. The no-lose way to release the productive potential of people* (2. Aufl.). Wyden Books.

Hattie, J. (2015). *Lernen sichtbar machen* (überab. deutschspr. Ausg.). Schneider Verlag Hohengehren GmbH.

Johner, R. (2011). Begleitung von Projekten im Hochschulstudium. In G. Thomann & M. Honegger (Hrsg.), *Zwischen Beraten und Dozieren* (2. Aufl., S. 109–120). hep.

Jörissen, S. & Buff Keller, E. (2020). Abschlussarbeiten im Studium: Einordnung und Prozessgestaltung. In M. Honegger, T. De Vito & D. Bach (Hrsg.), *Mehrsprachigkeiten* (S. 100–116). hep.

Kordts-Freudinger, R. & Geithner, E. (2012). Projektmanagement bei der Betreuung von Abschlussarbeiten. *Neues Handbuch Hochschullehre, F 3.3*.

Lippitt, G. L. & Lippitt, R. (2015). *Beratung als Prozess: Was Berater und ihre Kunden wissen sollten* (5. Aufl.). Springer Gabler. https://doi.org/10.1007/978-3-658-07850-8

Macke, G., Hanke, U., Viehmann-Schweizer, P. & Raether, W. (2016). *Kompetenzorientierte Hochschuldidaktik: lehren – vortragen – prüfen – beraten* (3. Aufl.). Beltz.

Marchand, A. (2023). Künstliche Intelligenz und die Abschlussarbeit. *Forschung & Lehre, 8.* https://www.forschung-und-lehre.de/lehre/kuenstliche-intelligenz-und-die-abschlussarbeit-5819

Markowitsch, J. & Rosenberger, K. (2013). Die akademische Abschlussarbeit in der Lehrerinnen- und Lehrerbildung. Ein Gesellenstück? *Beiträge zur Lehrerinnen- und Lehrerbildung, 31*(3), 333–344. https://doi.org/10.25656/01:13854

Richards, J. & Rogers, T. (2001). *Approaches and methods in language teaching.* Cambridge University Press.

Rogers, C. R. (2002). *Die klientenzentrierte Gesprächspsychotherapie* (15. Aufl.). Fischer Taschenbuch.

Schulz von Thun, F. (2011). *Miteinander reden: Bd. 1. Störungen und Klärungen. Allgemeine Psychologie der Kommunikation.* Rowohlt.

Schumacher, E.-M. (2011). *Schwierige Situationen in der Lehre: Methoden der Kommunikation und Didaktik für die Lehrpraxis.* Verlag Barbara Budrich/utb.

Thomann, G. (2017). Grundlagen der Beratung für die Hochschullehre. In G. Thomann, M. Honegger & P. Suter (Hrsg.), *Zwischen Beraten und Dozieren* (2. Aufl., S. 12–32). hep.

Thomann, G. & Pawelleck, A. (2013). *Studierende beraten.* Verlag Barbara Budrich.

Ulmi, M., Bürki, G., Verhein-Jarren, A. & Marti, M. (2017). *Textdiagnose und Schreibberatung: Fach- und Qualifizierungsarbeiten begleiten* (2. Aufl.). Verlag Barbara Budrich.

Watzlawick, P. (1990). *Menschliche Kommunikation. Formen, Störungen, Paradoxien* (8. unver. Aufl.). Huber.

Wieser, A., Buff Keller, E. & Graf, S. (2020). Integrating transferable skills into an existing curriculum: The example of geospatial engineering at ETH Zurich. *ETH Learning and Teaching Journal, 2*(2), 281–286. https://doi.org/10.16906/lt-eth.v2i2.148

Wisker, G. (2012). *The good supervisor: Supervising postgraduate and undergraduate research for doctoral theses and dissertations* (2. Aufl.). Palgrave Macmillan.

Zimmermann, T. & Buff Keller, E. (2018). Kompetenzprofil für Hochschuldozierende im CAS-Hochschuldidaktik »Winterstart«. In T. Zimmermann, G. Thomann & D. Da Rin (Hrsg.), *Weiterbildung an Hochschulen: über Kurse und Lehrgänge hinaus* (1. Aufl., S. 136–140). hep.

10. Danksagung

Verschiedene Gedanken und Abbildungen dieses Beitrags basieren auf einer langjährigen Zusammenarbeit mit meinem Kollegen Stefan Jörissen, dem ich für den bereichernden Austausch danke.

DIGITALE LEHRE

HOCHSCHULLEHRE IM KONTEXT DER DIGITALISIERUNG

Barbara Getto

Schlagworte

Digitalisierung in der Hochschulbildung, Kritische Mediendidaktik, Medieneinsatz

Orientierung

Die Digitalisierung wirkt in alle gesellschaftlichen Bereiche. Sie ist Bestandteil unseres Alltags und spielt eine wichtige Rolle im Bildungsbereich. Hochschulen stehen vor der Herausforderung, ihr Bildungsangebot auf die Anforderungen einer zunehmend digitalisierten Welt auszurichten. Daraus folgt, dass Lehrende nicht nur digitale Medien als Werkzeuge in ihrer Lehrtätigkeit einsetzen, sondern auch die Fähigkeiten der Lernenden fördern, digitale Medien aktiv zu nutzen.

Leitfragen

Was verbirgt sich hinter dem Konzept Digitaler Hochschulbildung?
Welche Kompetenzen benötigen Lehrende und Lernende?
Welche Rolle spielen Hochschulen im Kontext der Digitalisierung?
Wie verändert sich die Hochschulbildung?

1. Digitalisierung in der Hochschullehre: Was ist damit eigentlich gemeint?

Unter dem Schlagwort ›Digitale Bildung‹ werden oft verschiedene Aspekte der Digitalisierung im Zusammenhang mit Bildung und Bildungsprozessen zusammengefasst. Unter dem Begriff der ›Digitalisierung‹ im Kontext der Lehre wird häufig die Integration digitaler Technologien in Lehr- und Lernprozesse verstanden. Sind mit ›Digitaler Bildung‹ Vermittlungskompetenzen Lehrender oder vielmehr Lehr-Lern-Ziele gemeint, die speziell mit digitalen Methoden erreicht werden sollen? Und wenn ja, um welche Art von Kompetenzen handelt es sich hierbei?
Es ist die **Multiperspektivität** des Themas (Konstruktion, Technisierung, Vernetzung etc.), die diese begriffliche Unschärfe begründet, die aber auch die Gefahr irreführender Narrative in sich birgt. Ein Beispiel: Wird das ›Digitale‹ als eher technisches Thema verstanden, dann liegt der Fokus digitaler Bildung beispielsweise auf der Nutzung entsprechender technischer Geräte (zum Beispiel Notebooks/Laptops im Klassenzimmer resp. Seminarraum). Aus mediendidaktischer Perspektive bleiben jedoch wesentliche Potenziale der Digitalisierung für die Bildung unbeachtet. Aus dieser Perspektive stünde vielmehr die Frage im Vordergrund, welche Lehr- und Lernziele (im Kontext des Digitalen) erreicht werden sollen, und erst nachgelagert die Frage nach der Umsetzung mit digitalen Medien. Die technischen Mittel selbst sind demnach von untergeordnetem Gewicht. Interessanterweise produziert der Suchbegriff ›Digitale Bildung‹ in beliebigen Suchmaschinen im Internet genau diese Bilder: In einem frontalen Instruktions-Setting, wie beispielsweise einem Klassenzimmer, werden Computer bzw. Laptops eingesetzt.

Gleichzeitig werden unter dem Schlagwort ›Digitale Bildung‹ bildungspolitisch und gesellschaftlich Diskurse geführt. Diese spielen wiederum mit den großen Hoffnungen und Ängsten. Urchs und Cole (2013) hofften auf eine »Digitale Aufklärung: Warum das Internet uns klüger macht«. Im Jahr 2015 wurde gleich eine »digitale Bildungsrevolution« (Dräger & Müller-Eiselt, 2015) ausgerufen, die das Bildungssystem grundlegend umkrempeln und die Lösung für zahlreiche (Bildungs-)Probleme bringen sollte. Sie sollte beispielsweise zur Förderung der Bildungsgerechtigkeit beitragen, indem bisherige ›Bildungsverlierer:innen‹ neue Chancen erhalten. Dem gegenüber stehen dystopische Szenarien wie das der »Digitalen Demenz«, so der Titel des gleichnamigen Buchs, oder (in anderen Worten) die Sorge, dass die Digitalisierung dazu beiträgt, dass unsere Kinder das Lernen verlernen (Spitzer, 2012). In Diskussionen zwischen Bildungspolitik und Gesellschaft wird erstaunlich oft auf diese Art von Publikationen Bezug genommen, die allerdings häufig einen eher populärwissenschaftlichen Charakter aufweisen.

Es liegt nahe, dass das Streben nach Orientierung in einem verunsichernden Feld ein Motiv dafür ist. Stalder (2016) greift dies mit einem ganzheitlicheren Ansatz auf und bietet mit einer »Kultur der Digitalität« (S. 5) eine Orientierungshilfe in einer zunehmend vernetzten, diversen und dichten Informationsgesellschaft an. Diese neue Kommunikationsstruktur nutzt digitale und analoge Medien in unterschiedlichen Realitäten. Es handelt sich um ein diverses System, das interdisziplinär, multiperspektivisch und transversal agiert.

2. Was müssen wir über die Digitalisierung wissen?

Brauchen wir spezifische Kompetenzen, um an der durch Digitalisierung geprägten Welt zu partizipieren? Welche Rolle spielen Hochschulen in diesem Zusammenhang und welche Verantwortung trage ich als Lehrperson? Die Beschreibung eines Konzepts für den kompetenten Umgang mit Medien bietet sich im Begriff der ›**Medienkompetenz**‹ an. Passt dieser noch zu den Anforderungen eines digitalen Zeitalters?

Einige kritische Stimmen sehen den Begriff der ›Medienkompetenz‹ als veraltet (zum Beispiel Aufenanger, 2000). Baacke (1973) führte das Konzept in die medienpädagogische Diskussion ein. Medienkompetenz bezieht sich nicht nur auf Medien, sondern findet ihre Wurzeln in der Gesellschaftstheorie unter dem Begriff der ›Kommunikativen Kompetenz‹. In Anlehnung an das gesellschaftstheoretische Modell, das Habermas (1972) in seiner »Theorie der kommunikativen Kompetenz« entwickelte und explizierte. ›Kommunikative Kompetenz‹ bezeichnet hier die Fähigkeit des Subjekts, sich am gesellschaftlichen Diskurs gleichberechtigt zu beteiligen. Die menschliche Fähigkeit, die auf die Gesellschaft und die Welt um den Menschen herum gerichtet ist, wird durch diese Bestimmung deutlich. Mit Bezug auf die Theorie der kommunikativen Kompetenz wird die geforderte Hinwendung zur Welt deutlich. D.h. Medienkompetenz hat den Anspruch, Fähigkeiten zu haben, die sowohl die kritische Aneignung von Medien als auch eine mögliche Distanzierung beinhalten (Schorb, 2009).

D.h. eine Voraussetzung für Partizipation und Gestaltung in einer zunehmend durch Digitalisierung geprägten (Bildungs-)Welt besteht in der **Förderung von Medienkompetenz** bei Lehrenden wie Lernenden. Lehrenden kommt im Kontext der Digitalisierung nicht nur die Rolle als Wissensvermittler:innen, sondern auch als Begleiter:innen im Umgang mit digitalen Informationen zu. Dies schließt die kritische Analyse von Online-Quellen, die Sensibilisierung für Datenschutz und die Förderung von kreativer Mediennutzung ein. Lehren und Lernen mit digitalen Medien kann als eine Schlüsselstrategie gelten, um Hochschulbildung an die Anforderungen einer zunehmend digitalisierten Gesellschaft anzupassen. Dieser Ansatz geht über die bloße Nutzung von Technologie hinaus und zielt darauf ab, Lernende zu befähigen, digitale Medien als Werkzeuge zur Informationsbeschaffung, zum kreativen Ausdruck und kritischen Denken zu nutzen – Fähigkeiten, die in einer digitalen Welt von großem Wert sind.

Kernaussage

Kompetenzen in einer zunehmend durch Digitalisierung geprägten Welt betreffen das Lehren und Lernen mit digitalen Medien, die Digitalisierung von Bildungsprozessen sowie instrumentelle Fähigkeiten im Umgang mit der digitalen Welt und deren kritische Reflexion. Dazu zählt auch, Implikationen der Digitalisierung für Bildung und Gesellschaft zu verstehen.

2.1 Medienbildung, Mediengestaltung, Medienkompetenz – eine Einordnung

In der digitalen Welt erlangen Begriffe wie ›Medienkompetenz‹, ›Medienbildung‹ und ›Mediengestaltung‹ eine neue Bedeutung. Diese Konzepte sind nicht nur Schlagwörter, sondern bilden die Grundlage für das Verständnis und die aktive Teilnahme in der modernen Informations- und Kommunikationsgesellschaft (Spanhel, 2006; Tudolziecki et al., 2021).

Definition

Medienkompetenz, so könnte man sagen, bildet das Fundament für den souveränen Umgang mit Medien. Sie beinhaltet nicht nur die technische Handhabung von Medien, sondern auch die Förderung von kritischem Denken, Medienethik und einem bewussten Umgang mit digitalen Inhalten.

Medienkompetenz bedeutet also nicht nur, die Fähigkeiten zu haben, Informationen aufzunehmen, sondern sie bewerten, filtern und in einen größeren Zusammenhang setzen zu können. Dies schließt beispielsweise die kritische Auseinandersetzung mit Falschinformationen und die Sensibilisierung für Medienethik ein.

Die Förderung von Medienbildung könnte man als eine strategische Antwort auf die Notwendigkeit, Medienkompetenz zu vermitteln, bezeichnen.

Definition

Als pädagogischer Ansatz zielt die **Medienbildung** darauf ab, Lernende in ihrer Fähigkeit zu stärken, Medien bewusst zu nutzen, zu verstehen und kritisch zu reflektieren. Dies umfasst sowohl formelle Bildungsprozesse als auch informelles Lernen im Alltag.

Die Medienbildung ist damit ein wichtiger Grundstein in der Befähigung zur Partizipation an einer zunehmend durch Digitalisierung geprägten Gesellschaft. Medienbildung vermittelt daher nicht nur die technischen Fertigkeiten, sondern auch eine tiefere Sensibilisierung für die sozialen und ethischen Dimensionen der Auswirkungen der Digitalisierung auf individueller und gesellschaftlicher Ebene. Medienbildung trägt somit zur Ermächtigung bei, im Kontext der Digitalisierung verantwortungsbewusst und ethisch handeln zu können.

Definition

Die praxisorientierte Umsetzung dieser Fähigkeiten erfolgt durch **Mediengestaltung**. Dieser Aspekt fokussiert auf die aktive Produktion von Medieninhalten, sei es in Form von Texten, Bildern, Videos oder interaktiven Anwendungen. Mediengestaltung eröffnet die Möglichkeit, kreativ und zielgerichtet zu kommunizieren. Indem Individuen lernen, Medien selbst zu produzieren, entwickeln sie nicht nur technische Fertigkeiten, sondern auch ein Verständnis für die Gestaltung von Botschaften, die zielgruppenorientierte Kommunikation und den kreativen Ausdruck.

Zwischenfazit

In der Verbindung der drei Konzepte liegt die Kraft, Kompetenzen im Kontext einer digitalen Welt zu vermitteln und aufzubauen. Vereinfacht gesagt: Medienkompetenz schafft das Bewusstsein und die analytischen Fähigkeiten, Medienbildung vermittelt das Wissen und die Reflexionskompetenz und Mediengestaltung ermöglicht die praktische Umsetzung.

2.2 Warum es wichtig ist, kritisch zu reflektieren

Eine weitere Disziplin der Medienpädagogik fokussiert die kritische Auseinandersetzung mit Medien: die ›Medienreflexion‹.

Definition

Medienreflexion bezeichnet den proaktiven und kritischen Umgang mit Medieninhalten sowie die bewusste Auseinandersetzung mit ihrer Wirkung auf individueller und gesellschaftlicher Ebene (Hischer, 2017).

Der Begriff reflektiert also die Notwendigkeit, Medien aktiv zu hinterfragen und zu interpretieren. Im Zentrum der Medienreflexion steht die Fähigkeit, Medieninhalte in ihrem Kontext zu verstehen und zu analysieren. Dies schließt die kritische Betrachtung von Nachrichten, Filmen, sozialen Medien und anderen Plattformen ein. Medienreflexion bedeutet beispielsweise, tiefergehende Fragen zu Informationen im Netz zu stellen:

- Wer produziert diese Inhalte?
- Welche Absichten oder Interessen könnten dahinterstehen?
- Wie beeinflussen sie die Meinungsbildung und das Verhalten der Rezipient:innen?

Ein wesentlicher Aspekt der Medienreflexion ist die **Sensibilisierung für Machtstrukturen und -dynamiken.** Dies beinhaltet die Anerkennung von Bias, Stereotypen und Manipulationsversuchen in Medieninhalten. Indem Einzelpersonen die Mechanismen hinter den Medien besser verstehen, können sie informierter Entscheidungen treffen und sich gegenüber möglichen Beeinflussungsversuchen wappnen. Dabei spielt die Frage nach der eigenen Medienkompetenz eine Rolle:

Reflexionsfragen

Welche Rolle spielt Medienkompetenz für Sie und in Ihrer Lehre?
Sind Sie in der Lage, Medien kritisch zu dekodieren und ihre Glaubwürdigkeit einzuschätzen?

Zwischenfazit

Auf gesellschaftlicher Ebene trägt Medienreflexion zur Förderung von Medienkompetenz bei, da sie das Bewusstsein für die Bedeutung einer kritischen Auseinandersetzung mit Medieninhalten stärkt. Bildungseinrichtungen, Medienorganisationen und die Gesellschaft insgesamt können durch die Förderung von Medienreflexion dazu beitragen, eine informierte und kritische Bürgerschaft zu entwickeln. Die kritische Auseinandersetzung mit der Nutzung und Rezeption digitaler Medien und Inhalte erscheint seit der starken Präsenz generativer künstlicher Intelligenz (KI) im Bildungsdiskurs von besonderer Bedeutung. Hochschulen könnten sich darauf konzentrieren, mit Verboten zu reagieren. Zielführender könnte es aber sein, sich mit dem Programm zu befassen und in den Diskurs mit Lehrenden und Lernenden einzusteigen. Eine Aufgabe von Bildungseinrichtungen ist doch auch, zu befähigen, sich mit digitalen Medien auseinanderzusetzen. Akteur:innen an Hochschulen sind aufgerufen, die Chancen und Risiken der Digitalisierung für die Entwicklung von Bildungsorganisationen zu erkennen und sie strategisch weiterzuentwickeln. Dazu gehört auch, dass sie die Implikationen der Veränderungen verstehen und eine verantwortungsvolle Haltung hinsichtlich kultureller und ethischer Fragen des Digitalen entwickeln (siehe dazu auch den Beitrag von Leschke & Salden in diesem Band).

3. Welche Rolle spielen die Hochschulen im Kontext der Digitalisierung?

Digitale Technologien können **neue Rahmenbedingungen für didaktisches Handeln und Potenziale** zur besseren Erreichung pädagogischer Ziele bieten (Euler et al., 2006). In der Praxis zeigt sich jedoch, dass die Implementierung digitaler Elemente in der Hochschule nicht allein durch die Bereitstellung entsprechender Technik geschieht (Bremer, 2004). Die Digitalisierung in der Hochschulbildung umfasst mehr als die Einführung bestimmter Technologien und neuer Unterrichtsverfahren – wie Castañeda und Selwyn (2018) betonen: »more than tools« (S. 1). Es bedarf eines Bündels von Maßnahmen auf mehreren Ebenen, um die Organisation als Ganzes zu erreichen, wobei didaktische Fragen an erster Stelle stehen sollten.

Veränderungsprozesse im Kontext der Digitalisierung beziehen sich auf die Einführung und Verankerung von digitalen Angeboten und Plattformen sowie auf die Entwicklung der Lehrinhalte und -methoden. Darüber hinaus brauchen Hochschulen Rahmenbedingungen, damit Dozierende und Lernende digitale Medien nutzen und gestalten können.

Die Verwendung digitaler Medien im Unterricht kann auf verschiedenen Ebenen erfolgen. Dies umfasst nicht nur den Zugang zu Online-Ressourcen und digitalen Lehrmaterialien, sondern auch die Anwendung von interaktiven Lernplattformen, Simulationen und virtuellen Exkursionen.

Die Digitalisierung eröffnet auch neue Möglichkeiten für individualisiertes Lernen und differenzierte Lehrmethoden. Adaptive Lernplattformen können sich an den individuellen Fortschritt der Lernenden anpassen, um gezielt auf ihre Bedürfnisse einzugehen. Gamification-Elemente und interaktive Lernspiele können motivierende Lernumgebungen schaffen und komplexe Konzepte auf spielerische Weise vermitteln.

In der Literatur werden **Zukunftsszenarien der Digitalisierung** im Kontext des Lehrens und Lernens häufig kontrovers diskutiert und es wird debattiert, ob die Digitalisierung zu einer Verbesserung oder Verschlechterung der Bildung führen wird (Kerres, 2020). Die Erwartung, dass die Digitalisierung automatisch zu besseren Lernergebnissen führt, hat sich nicht als zutreffend erwiesen (Kerres, 2020).

Merke !!

Die Digitalisierung führt nicht automatisch zu bestimmten (positiven oder negativen) Effekten (Kerres, 2020). Chancen eröffnen sich, wenn wir die Digitalisierung als Gestaltungsfeld für Veränderungsprozesse sehen, indem wir aktiv werden.

3.1 Ist die Diskussion um den Einsatz digitaler Medien in der Hochschulbildung denn etwas Neues?

Der Einsatz digitaler Medien in der Hochschulbildung beschäftigt viele Akteur:innen seit vielen Jahren. Der mit dem Einsatz digitaler Medien erhoffte (oder befürchtete) Wandel der Hochschulbildung ist kein neuer Diskurs. Zahlreiche E-Learning-Programme und -Projekte sind im Hochschulbereich seit über zwanzig Jahren wirksam (zum Beispiel Bremer, 2004). Im Kontext der gesellschaftlichen (und wirtschaftlichen) Entwicklungen im Kontext der Digitalisierung, wie ein sich stetig verändernder Arbeitsmarkt, neue Geschäftsmodelle, Produkte und Dienstleistungen, hat die Debatte eine andere Dringlichkeit bekommen (Hofhues &Schiefner-Rohs, 2020). Doch erstmal ein Blick zurück:

Seit Ende der 1990er Jahre lässt sich eine Entwicklung im Bereich digitaler Medien in der Hochschulbildung erkennen. Getto und Kerres (2015) identifizieren diese rückblickend als »Phasen des E-Learning« (S. 148). In der Pionierphase wurden erste technisch fokussierte Lehrinnovationen entwickelt (Getto & Kerres, 2015). Später folgte die Phase der hochschulübergreifenden Kooperationen im Multimediabereich. Dabei stellte sich die Frage, ob E-Learning effektiv ist, Akzeptanz findet und zu gleichen oder besseren Lernergebnissen führt. Methodisch wurden digitale Angebote traditionellen Angeboten ohne Medien gegenübergestellt und verglichen. Die vielen durchgeführten Studien wurden in Metaanalysen und mittlerweile Meta-Metaanalysen zusammengefasst. Die Auswertung von Tamim und Kolleg:innen (2011) zeigt seit der ersten Metaanalyse von Kulik und Kolleg:innen (1980) einen beständigen kleinen bis moderaten Vorteil digitaler Medien – unabhängig von der technologischen Entwicklung. Tamim und Kolleg:innen (2011) stellen fest: »Der durchschnittliche Schüler in einem Klassenzimmer, in dem Technologie eingesetzt wird, erzielt 12 Prozentpunkte höhere Ergebnisse als der durchschnittliche Schüler in der traditionellen Umgebung, die keine Technologie zur Verbesserung des Lernprozesses einsetzt« (S. 17). Die Effekte sind seit Jahrzehnten stabil und stärker in Lehr-Lern-Settings, in denen digitale Medien zusätzlich zu Präsenzangeboten eingesetzt werden (Tamim et al., 2011). In den folgenden Phasen lag der Fokus darauf, die einzelnen Maßnahmen zur Förderung digitaler Lehre nachhaltig zu verankern (»Phase der Dissemination«; S. 17) und entsprechende Digitalisierungsstrategien zu entwickeln (»Phase der Strategieentwicklung«; S. 17).

Die verschiedenen Phasen sind durch bestimmte Trends und Bewegungen gekennzeichnet, die sich auch in den spezifischen Förderschwerpunkten von Bund und Ländern dieser Zeit widerspiegeln. Projekte aus diesen Phasen haben an den Hochschulen Spuren hinterlassen, wie beispielsweise E-Learning-Kurse, Kompetenzen oder Infrastrukturen. In einer Reihe von Projekten wurden die Potenziale digitaler Medien für Innovationen in Studium und Lehre deutlich. Die Forschung zum Change Management an Hochschulen beschäftigt sich mit der Frage, welche Maßnahmen erforderlich sind, um digitale Medien nachhaltig in den Kernprozess von Studium und Lehre zu integrieren (Euler et al., 2006). Es zeigt sich, dass die spezifischen lokalen Bedingungen an einer Hochschule einen maßgeblichen Einfluss auf den Entwicklungsprozess haben.

Zwischenfazit

Die Digitalisierung in der Hochschulbildung ist kein neues Phänomen. Unter dem Schlagwort ›E-Learning‹ wird seit über zwanzig Jahren der Einsatz und die Implementierung digitaler Medien in der Hochschullehre erforscht und umgesetzt. Neu ist, dass Digitalisierung weniger projektbezogen, sondern als ganzheitlicher Ansatz auf verschiedenen Ebenen der Hochschule betrieben wird.

3.2 Wie setzen Hochschulen die Digitalisierung um?

Die Forschung zur Digitalisierung im Kontext des hochschulischen Lernens und Lehrens hat deutlich gemacht, dass die Digitalisierung nicht nur die einzelne Lehrperson in der individuellen Gestaltung ihrer Lehre betrifft, sondern einen organisationalen Veränderungsprozess bedeutet, der eine Reihe von Maßnahmen auf unterschiedlichen Ebenen erforderlich macht. Kerres (2018) definiert folgende vier Felder zur Implementierung mediendidaktischer Innovationen: »Infrastruktur, didaktische Reform, Entwicklung und Medien« (S. 503). Diese stehen wechselseitig in Bezug zueinander und müssen bei der Implementierung digitaler Medien in der Hochschulbildung berücksichtigt werden. Dabei rücken die besonderen Rahmenbedingungen von Hochschulen in den Fokus, die sich im Zusammenspiel von Top-down- und Bottom-up-Elementen in ihren Akteurskonstellationen entwickeln (Bischof et al., 2016; Getto et al., 2018; Getto & Kerres, 2015).

Die Implementierung von Veränderungen im Bereich der Lehre an Hochschulen zeichnet sich durch ein spezifisches Change Management aus. Entsprechende Maßnahmen müssen ausgerichtet auf die individuellen Voraussetzungen der Organisation Hochschule sein. Bogumil und Kolleg:innen (2013) haben einige Spezifika von Hochschulen im deutschsprachigen Raum skizziert, die sowohl die Merkmale einer Institution als auch einer Organisation umfassen. Kehm (2012) beschreibt Hochschulen als »besondere und unvollständige Organisationen« (S. 17). Die weitgehende Unabhängigkeit und Autonomie der Teilbereiche der Hochschule fokussiert Weick (1976) mit der Definition von Bildungsorganisationen als »lose gekoppelte Systeme« (S. 85). Die Form und Art der Entscheidungsprozesse an Hochschulen beschreiben Cohen und Kolleg:innen (1972) als die »organisierter Anarchien« (S. 195). Entscheidungsprozesse folgen keinem definierten einheitlichen Vorgehen, sondern werden häufig kurzfristig ausgearbeitet und ad hoc umgesetzt.

In der mediendidaktischen Diskussion wurde frühzeitig diskutiert, inwieweit Projekte dazu beitragen können, die Transformation der Hochschulbildung und die Etablierung alternativer Lehr-Lern-Kulturen anzustoßen. Projekte sind ein wichtiges Element in diesem Prozess, um neue Wege exemplarisch zu erproben und Lösungen aufzuzeigen. Jedoch kann eine nachhaltige Verankerung in einer Organisation nur entstehen, wenn sie in übergreifende Konzepte des Veränderungsmanagements im Rahmen von Personal- und Organisationsentwicklung eingebettet ist.

Damit wird auf eine Frage verwiesen, die die Hochschulforschung seit langem beschäftigt (Kehm, 2012), und auf die Bedeutung der losen Kopplung der Akteur:innen, die die Wissenschaft in ihren Freiheiten und vor Übergriffen schützt: Inwiefern sind öffentlich finanzierte Hochschulen in Deutschland und Österreich strategiefähige Organisationen, die einen substanziellen Einfluss auf das Handeln ihrer Organisationseinheiten und -mitglieder haben? Oder wird das Handeln der Wissenschaftler:innen stärker von der Vernetzung mit dem hochschulübergreifenden Wissenschaftssystem beeinflusst? Obwohl sich Verschiebungen zugunsten der internen Steuerung abzeichnen (Krücken & Kloke, 2012), definiert sich wissenschaftlicher Erfolg an Hochschulen weiterhin maßgeblich über Sichtbarkeit und Reputation in der Scientific Community.

Um die Entwicklung von Studium und Lehre im Kontext der Digitalität ganzheitlich zu betreiben, wird Hochschulen seit einigen Jahren empfohlen, Strategien zur Digitalisierung zu entwickeln. Anders als bei Projektaktivitäten, liegt der Fokus nicht auf der Erprobung von Innovationen. Stattdessen sollen strategische Ziele für die Digitalisierung formuliert werden, um Zielbilder für die Profilbildung der Einrichtungen zu schaffen und zur Hochschulentwicklung beizutragen. Strategien für die Digitalisierung von Studium und Lehre bündeln Aktivitäten und Maßnahmen und bringen die Akteur:innen hinter einer gemeinsamen Zielvorstellung zusammen, zumindest in der Theorie.

Getto und Buntins (2021) untersuchen die Wirksamkeit von Strategien zur Hochschulentwicklung im Kontext der Digitalisierung. Sie untersuchen, ob die Strategien den Erwartungen gerecht werden und ob sie mehr als nur theoretische Konzepte sind. Die Analyse zeigt, dass es eine Diskrepanz zwischen den formulierten Zielen und den geplanten Maßnahmen gibt (Getto & Buntins, 2021). Es werden selten konkrete Kriterien genannt, anhand derer der Erfolg der Umsetzung der Strategie gemessen werden kann. Offensichtlich sind Indikatoren der Zielerreichung, Aussagen zur zeitlichen Perspektive sowie die Benennung von Meilensteinen zentral für die Umsetzung in der Praxis. Es bleibt jedoch offen, ob Strategien der Digitalisierung das richtige Instrument für die Förderung der Digitalisierung sind und ob sie wirklich einen Beitrag zur Entwicklung innovativer Bildungsorganisationen leisten.

Zwischenfazit

Dieser Abschnitt zeigt die verschiedenen Ebenen der Veränderungen im Kontext der Digitalisierung an Hochschulen auf. Eine besondere Herausforderung für die Umsetzung digitaler Hochschulbildung ist das Spannungsfeld zwischen individuellen Herangehensweisen und Bezügen der einzelnen Akteur:innen und dem Anspruch eines übergreifenden Ansatzes als Gesamtstrategie.

4. Schritte zur Umsetzung eines Digitalisierungsprojekts

Bei der Umsetzung von Lernangeboten mit digitalen Medien gibt es eine Tendenz, von **Präsenzszenarien** auszugehen und diese ins Digitale übersetzen zu wollen. Im Beitrag wurde aufgezeigt, dass wir mit dieser Herangehensweise hinter den Potenzialen der Digitalisierung für die Lehre zurückbleiben. Auch sollte im Zentrum der Entwicklung des Lernangebots nicht die Digitalisierung ›an sich‹ stehen, sondern die Frage, welche Ziele mit dem Angebot erreicht werden sollen. Hier sollte zunächst geklärt werden, welche übergeordneten (didaktischen) Ziele im Fokus stehen.

Reflexionsfragen

Was ist Ihr Bildungsanliegen?
Welche (didaktischen) Ziele verfolgen Sie mit Ihrem Bildungsangebot?

Darauf folgt die Überlegung, welchen Beitrag Digitalisierung für das Bildungsangebot leisten kann. Beispiele für Zielformulierungen für die Umsetzung eines Lernangebots im Kontext der Digitalisierung könnten etwa sein:

- Ich möchte meine Lehrveranstaltung/meinen Studiengang/mein Bildungsangebot zeitlich-räumlich flexibel organisieren, um den Bedürfnissen der Studierenden besser gerecht zu werden.
- Ich möchte innovative, didaktische Konzepte umsetzen (beispielsweise Problemorientiertes Lernen, Selbstgesteuertes Lernen, Kooperatives Lernen), um Lernen effektiver und nachhaltiger zu gestalten.
- Ich möchte meine Studierenden besser vernetzen und dabei Gruppenarbeiten fördern.
- Ich möchte mit digitalen Angeboten neue Zielgruppen erschließen.

Erst im zweiten Schritt stellt sich die Frage, welche Maßnahmen die genannten Ziele einlösen.

Reflexionsfragen

Wie wollen Sie digitale Medien für die Umsetzung nutzen?
Wo und wie können digitale Medien ein Instrument sein, um die genannten Ziele zu erreichen?

Mögliche Ansätze für die Umsetzung der Digitalisierungsziele sind im Folgenden aufgeführt.

Tab. 1: Maßnahmen für die Umsetzung von Digitalisierungszielen

Ziele	Maßnahmen
Zeitliche/räumliche Flexibilisierung ermöglichen	Flexibilisierung der Bildungsangebote, wie zum Beispiel: Ausbau von Blended-Learning-Angeboten, Einsatz von Selbstlern-Angeboten, Flipped-Classroom-Modelle, die Selbstlern-Inhalte in Online-Phasen verlagern (beispielsweise mittels Lernvideos) sowie Austausch und Reflexion in Präsenztermine (siehe hierzu auch den Beitrag von Neiske & Spannagel in diesem Band).
Innovative, didaktische Konzepte umsetzen	Innovative, didaktische Konzepte wie Authentisches Lernen, Selbstgesteuertes Lernen oder Kooperatives Lernen lassen sich umsetzen durch beispielsweise: Praxisorientierte Online-Fallarbeiten, Lernen in moderierten Online-Gruppen.
Gruppenarbeiten/ Vernetzung fördern	Zum Beispiel Einrichten und Bekanntmachen kooperativer Kommunikations-Tools.
Neue Zielgruppen erreichen	Analyse möglicher Zielgruppen und Bedarfe, Entwicklung entsprechender curricularer Angebote, zum Beispiel für Teilzeitstudierende, die berufsbegleitend studieren wollen, Weiterbildungsangebote etc.

Des Weiteren stellt sich die Frage, wie und ob Ihr Bildungsangebot in die Digitalisierungsstrategie der Hochschule passt und wer Sie bei der Umsetzung unterstützen kann.

Reflexionsfragen

Gibt es eine Digitalisierungsstrategie für die Lehre an Ihrer Hochschule? Passt Ihr Vorhaben dazu oder liegt es quer dazu?
Wer kann Sie bei der Umsetzung unterstützen? Welchen (didaktischen) Support bietet Ihre Hochschule?
Welche weiteren Akteur:innen sind involviert?

5. Zusammenfassung

Die Digitalisierung prägt sämtliche gesellschaftliche Bereiche und ist fester Bestandteil unseres Alltags. Auch im Bildungsbereich ist sie entscheidend, wobei Hochschulen vor der Herausforderung stehen, ihr Angebot an die Anforderungen einer digitalisierten Welt anzupassen. Der Einsatz digitaler Medien in der Hochschullehre unter dem Schlagwort ›E-Learning‹ ist seit über zwanzig Jahren bekannt. Heutzutage wird die Digitalisierung als ganzheitlicher Ansatz auf verschiedenen Ebenen der Hochschule betrachtet, was verschiedene Veränderungen mit sich bringt. Eine besondere Herausforderung besteht im Spannungsfeld zwischen individuellen Herangehensweisen und einem übergreifenden Ansatz als Gesamtstrategie.

Es ist eine Aufgabe der Hochschulbildung, Kompetenzen im Kontext einer zunehmend durch Digitalisierung geprägten Welt zu vermitteln und aufzubauen. Der Beitrag zeigt auf, wie bedeutsam die Rolle der Akteur:innen im Kontext der Digitalisierung ist. Eine kritische Auseinandersetzung mit der Nutzung und Rezeption digitaler Medien und Inhalte ist besonders wichtig geworden, seit generative Künstliche Intelligenz vermehrt im Bildungsdiskurs auftaucht. Bildungseinrichtungen, Medienorganisationen und die Gesellschaft insgesamt können durch die Förderung von Medienreflexion dazu beitragen, eine informierte und kritische Bürgerschaft zu entwickeln.

Zusammenfassend lässt sich sagen, dass die Digitalisierung nicht automatisch zu bestimmten (positiven oder negativen) Effekten führt. Chancen eröffnen sich, wenn wir die Digitalisierung als Gestaltungsfeld für Veränderungsprozesse betrachten und selbst aktiv werden.

6. Literatur

Aufenanger, S. (2000). Medien-Visionen und die Zukunft der Medienpädagogik. Plädoyer für Medienbildung in der Wissensgesellschaft. *medien praktisch. Zeitschrift für Medienpädagogik*, *93*, 4–8.

Baacke, D. (1973). *Kommunikation und Kompetenz: Grundlegung einer Didaktik der Kommunikation und ihrer Medien*. Juventa.

Bischof, L., Bremer, C., Ebert-Steinhübel, A., Kerres, M., Knutzen, S., Krzywinski, N., Müller, W., Peetz, A., Röwert, R., Schlass, B. & Seufert, S. (2016). *Zur nachhaltigen Implementierung von Lerninnovationen mit digitalen Medien*. Hochschulforum Digitalisierung. https://hochschulforumdigitalisierung.de/wp-content/uploads/2023/09/HFD-AP-Nr-16_Grundlagentext-Change-Management.pdf

Bogumil, J., Burgi, M., Heinze, R. G., Gerber, S., Gräf, I.-D., Jochheim, L. & Schickentanz, M. (2013). Zwischen Selbstverwaltungs- und Managementmodell. In E. Grande, D. Jansen, O. Jarren, A. Rip, U. Schimank & P. Weingart (Hrsg.), *Reorganisation – externe Anforderungen – Medialisierung* (S. 49–71). de Gruyter.

Bremer, C. (2004). E-Learning-Strategien als Spannungsfeld für Hochschulentwicklung, Kompetenzansätze und Anreizsysteme. In C. Bremer & K. Kohl (2004). *E-Learning-Strategien und E-Learning-Kompetenzen an Hochschulen*. Bertelsmann.

Castañeda, L. & Selwyn, N. (2018). More than tools? Making sense of the ongoing digitizations of higher education. *International Journal of Educational Technology in Higher Education*, *15*(1), 22. https://doi.org/10.1186/s41239-018-0109-y

Cohen, M., March, J. & Olsen, J. (1972). A garbage can model of organization choice. *Administrative Science Quarterly, 17*(1), 1–25. https://doi.org/10.2307/2392088

Dräger, J. & Müller-Eiselt, R. (2015). *Die digitale Bildungsrevolution. Der radikale Wandel des Lernens und wie wir ihn gestalten können.* Deutsche Verlags-Anstalt. https://nbn-resolving.org/urn:nbn:de:101:1-2015092718588.

Euler, D., Hasanbegovic, J., Kerres, M. & Seufert, S. (2006). *Handbuch der Kompetenzentwicklung für eLearning Innovationen: Eine Handlungsorientierung für innovative Bildungsarbeit in der Hochschule.* Huber.

Getto, B. & Buntins, K. (2021). Zur Bedeutung von Strategien der Digitalisierung von Studium und Lehre für die Hochschulentwicklung an deutschen Hochschulen: Nur Papiere? In C. Bohndick, M. Bülow-Schramm, D. Paul & G. Reinmann (Hrsg.), *Hochschullehre im Spannungsfeld zwischen individueller und institutioneller Verantwortung: Tagungsband der 15. Jahrestagung der Gesellschaft für Hochschulforschung* (S. 63–81). Springer Fachmedien.

Getto, B., Hintze, P. & Kerres, M. (2018). »(Wie) Kann Digitalisierung zur Hochschulentwicklung beitragen?« In B. Getto, P. Hintze & M. Kerres (Hrsg.), *Digitalisierung und Hochschulentwicklung. Proceedings zur 26. Tagung der Gesellschaft für Medien in der Wissenschaft e.V.* (S. 13–25). Waxmann.

Getto, B. & Kerres, M. (2015). Vom E-Learning-Projekt zur nachhaltigen Hochschulentwicklung: Strategisches Alignment im Kernprozess »Studium & Lehre«. In A. Mai (Hrsg.), *Hochschulwege 2015. Wie verändern Projekte die Hochschulen? Dokumentation der Tagung in Weimar am 8.-9. März 2015.* Tredition. https://learninglab.uni-due.de/publikationen/5845

Habermas, J. (1972). Vorbereitende Bemerkungen zu einer Theorie der kommunikativen Kompetenz. In H. Holzer & K. Steinbacher (Hrsg.), *Sprache und Gesellschaft* (S. 208–236). Hoffmann und Campe.

Hofhues, S. & Schiefner-Rohs, M. (2020). Vom E-Learning zur Digitalisierung: Geschichten eines erhofften Wandels in der Hochschulbildung. In T. Bauer, J. Hafer, S. Hofhues, M. Schiefner-Rohs, A. Thillosen, B. Volk & K. Wannemacher (Hrsg.), *Vom E-Learning zur Digitalisierung. Mythen, Realitäten, Perspektiven.* Waxmann.

Kehm, B. (2012). Hochschulen als besondere und unvollständige Organisationen? Neue Theorien zur ›Organisation Hochschule‹. In U. Wilkesmann & C. J. Schmid (Hrsg.), *Hochschule als Organisation. Organisationssoziologie* (S. 17–25). VS Verlag für Sozialwissenschaften. https://doi.org/10.1007/978-3-531-18770-9_1

Kerres, M. (2018). Bildung in der digitalen Welt: Wir haben die Wahl. *denk-doch-mal.de, Online-Magazin für Arbeit-Bildung-Gesellschaft,* 2(18). https://doi.org/10.13140/RG.2.2.28438.04160

Kerres, M. (2020). Bildung in der digitalen Welt: Über Wirkungsannahmen und die soziale Konstruktion des Digitalen. *Zeitschrift MedienPädagogik, 17,* 1–32. https://doi.org/10.21240/mpaed/jb17/2020.04.24.X

Krücken, G. & Kloke, K. (2012). Sind Universitäten noch lose gekoppelte Organisationen? Wahrnehmung und Umgang mit Zielkonflikten an deutschen Hochschulen aus der Organisationsperspektive unter besonderer Berücksichtigung der akademischen Lehre. In F. G. Becker, G. Krücken & E. Wild (Hrsg.), *Gute Lehre in der Hochschule: Wirkungen von Anreizen, Kontextbedingungen und Reformen* (S. 13–29). Bertelsmann.

Kulik, J. A., Kulik, C. C. & Cohen, P. A. (1980). Effectiveness of computer-based college teaching: A meta-analysis of findings. *Review of educational research, 50*, 524–544.

Schorb, B. (2009). Gebildet und kompetent. Medienbildung statt Medienkompetenz? *Medien + Erziehung, 53*(50), 50–56.

Spanhel, D. (2006). *Medienerziehung*. kopaed.

Spitzer, M. (2012). *Digitale Demenz: Wie wir uns und unsere Kinder um den Verstand bringen*. Droemer eBook.

Stalder, F. (2016). *Kultur der Digitalität*. Suhrkamp Verlag.

Tamim, R. M., Bernard, R. M., Borokhovski, E., Abrami, P. C. & Schmid, R. F. (2011). What forty years of research says about the impact of technology on learning. *Review of Educational Research, 81*(1), 4–28.

Tulodziecki, G., Herzig, B. & Grafe, S. (2021). Medienbildung in Schule und Unterricht. Grundlagen und Beispiele (3., durchg. u. akt. Aufl.). Klinkhardt/utb.

Urchs, O. & Cole, T. (2013). *Digitale Aufklärung: Warum uns das Internet klüger macht*. Carl Hanser Verlag.

Weick, K. E. (1976). Educational organizations as loosely coupled systems. *Administrative Science Quarterly, 21*(1), 1–19. https://doi.org/10.2307/2391875.

SZENARIEN DIGITALER LEHRE: ONLINE, BLENDED, HYBRID UND INVERTED

Iris Neiske, Christian Spannagel

Schlagworte

E-Learning, Präsenzlehre, MOOC, HyFlex, Flipped Classroom

Orientierung

In diesem Beitrag wird dargestellt, welche Lehrszenarien es im Kontext von Präsenz- und Online-Lehre gibt. Dabei werden die möglichen Ausprägungen verschiedener Formate mit ihren Vor- und Nachteilen dargestellt und eingeordnet. Informationen zur Lernwirksamkeit der verschiedenen Szenarien runden die jeweilige Vorstellung ab.

Der zweite Teil des Beitrags ist der Methode des Inverted Classroom gewidmet. Dabei handelt es sich um ein spezielles Unterrichtskonzept, das zumeist als Blended Learning umgesetzt wird und in welchem den synchronen und asynchronen Phasen bestimmte Funktionen zugewiesen werden. Es werden Tipps zur Planung und Gestaltung eines Inverted Classrooms gegeben.

Leitfragen

Welche Arten von Lehr-/Lernformen gibt es im Spektrum zwischen Präsenzlehre und Online-Lehre?

Welche Vor- und Nachteile haben die verschiedenen Lehr-/Lernformen?

Wie können die synchrone Präsenzphase und die asynchrone Vorbereitungsphase im Inverted Classroom gestaltet werden?

1. E-Learning, Online-Lehre, Blended Learning, hybride Lehre

1.1 E-Learning und seine verschiedenen Ausprägungen

Moderne Hochschullehre findet im Spektrum zwischen Präsenzlehre und Online-Lehre statt. Die Anzahl unterschiedlicher Begriffe, die sich in diesem Zusammenhang mittlerweile herausgebildet hat, ist groß; zum Beispiel E-Learning, digitale Lehre, Online-Lehre, Blended Learning und hybride Lehre. Im Folgenden werden die wichtigsten Begriffe kurz definiert und voneinander abgegrenzt, wobei verschiedene Autor:innen die Begriffe durchaus unterschiedlich definieren. Zu Beginn soll der Begriff ›E-Learning‹ stehen, der die meisten Szenarien in der Breite abdeckt.

Definition

»**E-Learning** ist ein Oberbegriff für alle Varianten der Nutzung digitaler Medien zu Lehr- und Lernzwecken, sei es auf digitalen Datenträgern oder über das Internet, etwa um Wissen zu vermitteln, für den zwischenmenschlichen Austausch oder das gemeinsame Arbeiten an digitalen Artefakten.« (Kerres, 2013, S. 6).

Erste Formen von E-Learning gab es bereits Anfang der 1970er Jahre, als versucht wurde, computergestütztes Lernen umzusetzen. Seitdem wird immer wieder diskutiert, ob Medien und Computer konventionellen Unterricht, insbesondere Lehrkräfte, ersetzen können, etwa durch intelligente tutorielle Systeme (Kerres, 2002). Mittlerweile zeichnen sich aber andere Diskussionsrichtungen ab: Es geht nicht darum, Personen durch Computer und Analoges durch Digitales zu ersetzen. Digitale Lehrformen lösen die analogen in der Regel nicht komplett ab, sondern sie treten zu ihnen als Alternative bzw. Ergänzung hinzu. Das Spektrum an Lehrformen, zwischen denen Lehrende wählen können, ist gewachsen. Durch die Verbreitung von Computern erlebte E-Learning um die Jahrtausendwende einen großen Schub. Zuerst verbreiteten sich Computer-Lernprogramme (»Computer-Based Trainings«; CBTs) über Datenträger, bevor diese mit der zunehmenden guten Internetverfügbarkeit durch »Web-Based Trainings« (WBTs) abgelöst wurden. Insbesondere das Bereitstellen von zum Teil sehr kleinteiligen bzw. granularen Lerneinheiten im Internet veränderte das Lernen stark, da dadurch zeit- und ortsunabhängig gelernt werden kann und viele Lerninhalte schnell auffindbar und verfügbar sind. So ist es heute beispielsweise üblich, bei auftretenden Softwareproblemen nach einem Online-Tutorial zu suchen, statt im Vorfeld umfangreiche Schulungen zu besuchen, bei denen Wissen vermittelt wird, was erst später oder nie für das eigene Aufgabengebiet relevant wird. Somit ermöglichen die an jedem Ort und zu jeder Zeit verfügbaren Online-Ressourcen auch in der Hochschule »learning on demand« – ein Ansatz, der auch später im Beruf eine hohe Bedeutung hat (Trondsen & Vickery, 1998).

Wannemacher und Kolleg:innen (2016) unterscheiden verschiedene E-Learning-Formen danach, wie stark E-Learning in die Lehrveranstaltung eingebunden ist. Auf **Stufe 1, der Anreicherung**, wird das Konzept der Lehrveranstaltung nicht geändert. Studierende haben aber optional die Möglichkeit, auf digitale Materialien wie digitale Skripte oder Übungsaufgaben zurückzugreifen. Auf **Stufe 2, der Integration**, ist E-Learning fester Bestandteil der Lehrveranstaltung. Studierende können die intendierten Lernziele also nicht erreichen, ohne die E-Learning-Materialien zu verwenden. Alle Arten von Blended Learning (Verzahnung von Präsenzlehre und E-Learning) gehören dazu, wie auch das Inverted-Classroom-Konzept. Auf **Stufe 3, dem Online-Lernen**, findet die gesamte Lehrveranstaltung digital statt. An den Hochschulen gibt es das eher vereinzelt, was auch daran liegen könnte, dass vielen Lehrenden unklar ist, wie sie ein gutes Online-Setting erstellen können und wie Online-Lehre im Deputat angerechnet werden kann. Präsenzlehre haben die meisten Lehrenden in ihrer eigenen Rolle als Studierende kennengelernt, für gute Online-Lehre ist das eher die Ausnahme. Und in vielen Fällen hat Präsenzlehre auch gewisse Vorteile gegenüber reiner Online-Lehre, wie in Abschnitt 1.2 diskutiert wird.

Ein ähnliches Stufenmodell ist das vierstufige **SAMR-Modell** (SAMR; »substitution, augmentation, modification, redefinition«) von Puentedura (2006), welches sich auf den Einsatz von digitalen Medien in der Lehre bezieht. Dabei verdeutlicht Puentedura (2006), dass digitale Medien ganz neue Aufgabenformate ermöglichen. Auf den untersten Stufen des Modells werden durch den Einsatz von digitalen Medien bisherige analoge Arbeitsmittel direkt ersetzt (»substitution«) oder mit erweiterten Funktionen (»augmentation«) genutzt. Diese beiden Stufen werden als Verbesserung (»enhancement«) zusammengefasst. Der Einsatz von Medien auf höheren Stufen bedeutet hingegen eine Transformation der bisherigen Lehre, da durch die Medien eine Änderung und Neugestaltung (»modification«) von Aufgaben möglich ist oder durch die Stufe der Neubelegung (»redefinition«) ganz neue Aufgabenstellungen (zum Beispiel die Erstellung von interaktivem Content durch Studierende, der Einsatz von Virtual Reality, die Nutzung von intelligenten tutoriellen Systemen) möglich werden (2016; siehe auch den Beitrag von Bonaccorso & Halbherr in diesem Band).

Getto und Kerres (2015) unterteilen die E-Learning-Entwicklung an deutschen Hochschulen in verschiedene Phasen, die mit verschiedenen Förderansätzen einhergingen. So wurden in den 1990er Jahren eher einzelne Projekte gefördert, in der Hoffnung darauf, dass diese sich als Leuchtturmprojekte »bottom-up« durchsetzen würden. In den späteren Jahren ging es dann vermehrt um das Setzen von Anreizen und um die Entwicklung hochschulweiter Strategien.

Obwohl in den vergangenen Jahren mit viel finanzieller Förderung immer wieder E-Learning an deutschen Hochschulen gefördert wurde, wie die von Getto und Kerres (2015) beschriebenen Phasen zeigen, scheint E-Learning häufig noch auf der Ebene der Anreicherung (Wannemacher et al., 2016) bzw. des »enhancements« (SAMR) eingesetzt zu werden, ohne dass das volle Potenzial ausgeschöpft wird, welches E-Learning bietet. Es werden beispielsweise Lernplattformen genutzt, um Texte digital zu verteilen, ohne die interaktiven Möglichkeiten der Plattformen auszunutzen. Darüber hinaus kann festgestellt werden, dass der Begriff ›E-Learning‹ veraltet erscheint und immer häufiger von ›digitaler Lehre‹ gesprochen wird. Für Kerres (2016) bedeutet »diese Verschiebung tatsächlich eine inhaltliche Weiterentwicklung und eine andere Betrachtung auf das Phänomen« (S. 1).

Betrachtet man nun verschiedene E-Learning-Szenarien näher, so lassen sich Begriffspaare ausmachen, mit denen diese systematisch beschrieben werden können: ›online‹ versus ›Präsenz‹ und ›asynchron< versus >synchron‹. Mithilfe dieser Begriffe lassen sich die folgenden Konzepte definieren: Präsenzlehre, Online-Lehre, Blended Learning, hybride Lehre und Inverted Classroom. Diese Konzepte sollen im Folgenden charakterisiert werden, wobei die Methode Inverted Classroom genauer betrachtet wird. Es kann angemerkt werden, dass sich die Definitionen in der Literatur teilweise stark unterscheiden. Insofern sind die Definitionen, die hier ausgewählt sind, nur eine Möglichkeit von vielen. Es wurde aber darauf geachtet, solche Definitionen auszuwählen, die am geläufigsten erscheinen. Eine Übersicht über die in diesem Beitrag behandelten Begriffe gibt Abbildung 1.

Abb. 1: Der (grobe) Zusammenhang verschiedener Begriffe im Kontext von E-Learning Online-Lehre ist Teil von E-Learning. Präsenzlehre kann eine Schnittmenge zu beiden Begriffen haben, Blended Learning genannt. Hybride Lehre, HyFlex und Inverted Classroom sind Spezialfälle.

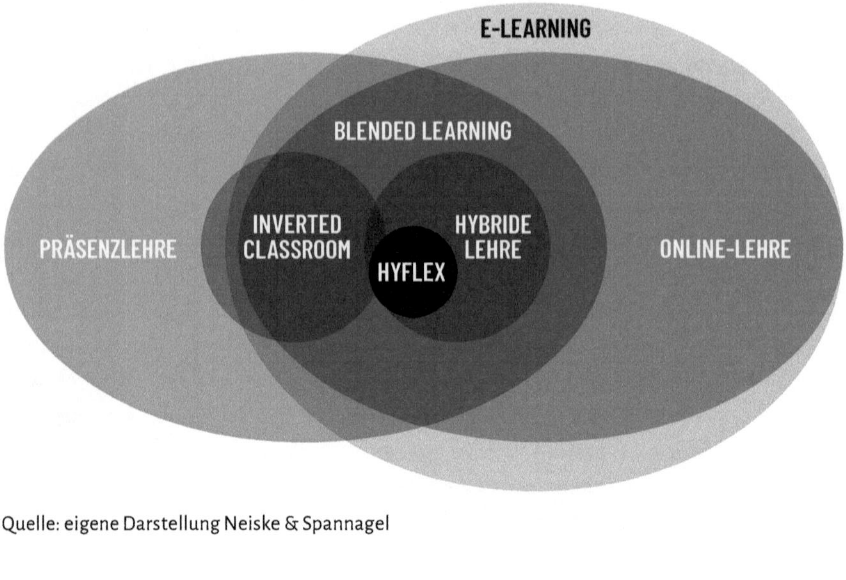

Quelle: eigene Darstellung Neiske & Spannagel

1.2 Präsenzlehre

Definition

Reinmann (2021a, S. 4) definiert **Präsenzlehre** folgendermaßen: »Lehrende und Studierende finden sich zur gleichen Zeit am gleichen Ort ein, sodass in physischer Präsenz ohne Online-Elemente gelehrt wird.«

In der Präsenzlehre (die im Gegensatz zu ›online‹ auch mittlerweile als »on-site« oder »on-campus« bezeichnet wird) können selbstverständlich auch digitale Umgebungen und Werkzeuge eingesetzt werden, wie etwa digitale Präsentationen oder digitale Quizfragen. Dabei handelt es sich dann gemäß der Definition von Kerres (2013) zwar um »E-Learning«, aber nicht um »Online-Lehre«. Auch wenn die Präsenzlehre ein synchrones Lehrformat ist und die Online-Lehre ursprünglich tendenziell eher ein asynchrones Lehrformat war, kann heutzutage Online-Lehre auch auf vielfältige Weise synchron stattfinden, etwa über Videokonferenz-Systeme. Reinmann (2021a) schlägt daher vor, zwischen ›physischer‹ und »digitaler‹ Präsenz zu unterscheiden. Wie die Formen kombiniert werden können, kann unter ›hybride Lehre‹ (siehe Abschnitt 1.5) nachgelesen werden.

Bevor es die Möglichkeit für Online-Lehre gab, war die Präsenzlehre die vorherrschende Lehrform. Es gab zwar auch Fernunterricht (»distance learning« oder ›Telelernen‹), wie beispielsweise an der Fernuniversität Hagen oder an der Open University, die für den Unterricht im Wesentlichen Studienbriefe mit Aufgaben verschickten. Aber wenn im letzten Jahrhundert von der Lehre an Hochschulen gesprochen wurde, dann war es selbstverständlich, dass es sich um Lehre vor Ort mit Lehrperson und Lernenden zeitgleich in einem physischen Raum handelte. Dies änderte sich durch E-Learning, sodass Kerres schon 2002 schrieb: »Gerade durch das mediengestützte Lernen wird die Bedeutung und Tragweite von persönlicher Kommunikation, die ›Magie der Präsenz‹, zum Teil eindringlicher erlebt als zuvor.« (S. 11) Die Präsenzlehre war auch in den letzten Jahren ein häufiges Diskussionsthema. So wurde nach der Umstellung auf Bachelor- und Masterstudiengänge die Anwesenheitspflicht weitestgehend abgeschafft. Dadurch entscheiden in den meisten Studiengängen die Studierenden eigenverantwortlich, ob sie die komplette Lehrveranstaltung besuchen oder nur die Prüfungsleistung absolvieren und zum Beispiel nach einem gehaltenen Referat der Lehrveranstaltung fernbleiben. Reinmann (2021b) schreibt dazu: »Studierende haben dafür gestritten, in der Präsenzlehre nicht anwesend sein zu müssen, was nicht gerade von überwältigender Wertschätzung der Präsenz zeugt. Dazu kommen zahlreiche Klagen über schlechte Präsenzlehre, mangelnde Flexibilität infolge von Präsenz und so weiter.« (S. 3) Diese Abschaffung der Anwesenheitspflicht kritisiert Schulmeister (2015) in der Metastudie zur Abwesenheit allerdings deutlich: »Die Mehrheit (149 Studien) kommt zu dem Ergebnis, dass ein hohes Maß an Anwesenheit in Lehrveranstaltungen zu besseren Leistungen führt und umgekehrt größere Fehlzeiten schlechtere Noten zur Folge haben.« (S. 15)

Die Präsenzlehre muss aber nicht nur gegen die potenzielle Abwesenheit verteidigt werden, sondern auch gegen den Wunsch nach mehr Online-Lehre. Nachdem im Lockdown während der Covid-19-Pandemie im Jahr 2020 die Schulen und Hochschulen geschlossen wurden, haben im Juni 2020 über 2000 Lehrende und Studierende einen offenen Brief **»Zur Verteidigung der Präsenzlehre«** unterzeichnet, da sie offenbar befürchteten, dass trotz diverser Lockerungen weitere digitale Semester folgen könnten, wie das einige Universitäten im angloamerikanischen Raum schon angekündigt hatten (Wiarda, 2020). Im Brief wird kritisiert, dass digitale Formate »womöglich bestimmte Inhalte vermitteln, aber gerade nicht den Prozess ihrer diskursiven, kritischen und selbstständigen Aneignung in der Kommunikation der Studierenden« bewirken und die Lehre »auf einem kritischen, kooperativen und vertrauensvollen Austausch [beruht, der ...] nicht verlustfrei in virtuelle Formate übertragen« werden kann (bildung-und-ethik.com, 2020). Es wird also wahrgenommen, dass eine Diskussion in einer Videokonferenz nicht so viele Aspekte umfasst wie eine Diskussion, bei der alle vor Ort sind und somit die Gestik, Stimmung und Atmosphäre wesentlich besser erfasst und die Diskussionen flüssiger geführt werden können. Allerdings könnte diese Wahrnehmung auch durch die Tatsache geprägt sein, dass die während der Lockdowns online durchgeführte Lehre oftmals nur notbehelfsmäßig durchgeführt wurde und dabei die Möglichkeiten der digitalen Werkzeuge nicht ausgeschöpft werden konnten (»Emergency Remote Teaching« oder »Emergency E-Learning«; Calle et al., 2021, S. 727; Hodges et al., 2020).

Präsenzhochschulen zeichnen sich gegenüber Online-Studienangeboten insbesondere durch eines aus: Präsenz. Daher sollten Lehrende versuchen, die Präsenz möglichst gut zu gestalten, denn wenn sich die Präsenz auch wirklich lohnt, dann steigt die Wahrscheinlichkeit, dass Studierende diese gegenüber der Abwesenheit oder gegenüber Online-Formaten bevorzugen. Daher sollten Lehrende ihre Präsenzlehre dahingehend kritisch beleuchten, ob sie einen **Mehrwert** gegenüber ihren Alternativen bietet. Insbesondere für die traditionelle Vorlesung erscheint dieser Mehrwert immer fragwürdiger, wenn Vorlesungsvideos die real stattfindende Vorlesung adäquat ersetzen und dabei auch noch zu jeder Zeit an jedem Ort beliebig oft angesehen werden können.

Präsenzlehre hat vor allem den **Vorteil**, dass Lehrende und Studierende direkt miteinander interagieren können. Während dies in kleineren Veranstaltungen wie Seminaren oftmals für gemeinsame Aktivitäten und Diskussionen genutzt wird, scheint die Anregung von Interaktionen in großen Gruppen eine Herausforderung zu sein (siehe hierzu auch den Beitrag von Dubs in Band I des Praxishandbuchs). Trotzdem können auch studentische Aktivitäten in eine große Vorlesung eingebracht werden, wie etwa Diskussionsrunden, kurze Gruppenarbeiten, Spiele oder Quizrunden (Jeffries, 2014). Dies nennt man eine ›interaktive Vorlesung‹ oder eine »enhanced lecture« (Bonwell, 1996; Kola, 2017; Rodger, 1995). Daher sollte, nachdem alle Lehrenden und Studierenden in den letzten Jahren umfangreiche Erfahrungen mit digitaler Lehre gemacht haben, kritisch überprüft werden, wozu die Präsenzzeit genutzt wird. Findet, wie Kerres (2002) schrieb, eine »Magie der Präsenz« (S. 11) statt oder ist die Präsenzveranstaltung als reine Wissensvermittlung ohne viel Interaktion angelegt?

Die Teilnahme an Präsenzveranstaltungen bedeutet einen **gewissen Aufwand**: Alle Teilnehmenden müssen an den jeweiligen Ort kommen, was Zeit und Energie benötigt, und die Raumkapazitäten müssen vorgehalten werden. Umso wichtiger ist es, dass die gemeinsame Zeit gewinnbringend genutzt wird, auch wenn eine Vielzahl an Seminarräumen an den Hochschulen durch die Möblierung nicht unbedingt zur gemeinsamen Arbeit ausgelegt ist.

Präsenzlehre wird sicherlich ein **fester Bestandteil** der Hochschullehre bleiben. Daher ist es wichtig, dass Lehrende ein Bewusstsein dafür entwickeln, wie eine gute Präsenzveranstaltung aussieht, wie Studierende aktiviert werden und wie die Präsenzzeit didaktisch optimal genutzt werden kann. Zudem sollte auch abgewogen werden, ob die physische Präsenz in Bezug auf die individuellen Lernziele und Methoden der einzelnen Sitzung notwendig ist oder ob gegebenenfalls die digitale Präsenz zu den gleichen Ergebnissen führen kann.

Reflexionsfragen

Welche Kompetenzen lassen sich in Ihren Lehrveranstaltungen besser online erlernen, welche besser in Präsenz? Welche asynchron, welche synchron?
Was macht die ›Magie‹ Ihrer Präsenzveranstaltung aus? Wodurch bieten Sie in Ihrer Präsenzveranstaltung einen Mehrwert zur Online-Lehre?

1.3 Online-Lehre

Definition

Reinmann (2021a, S. 4) definiert **Online-Lehre** folgendermaßen: »Lehrende und Studierende sind an verschiedenen Orten und interagieren zeitgleich oder zeitversetzt, sodass in digitalen Umgebungen ohne physische Präsenz gelehrt wird.«

Online-Lehre hat in den letzten Jahren immer mehr an Bedeutung gewonnen, insbesondere durch die Tatsache, dass Studierende Zugriff auf zahlreiche Online-Ressourcen im Internet haben und auch über das Internet miteinander kommunizieren und interagieren können (Lemoine et al., 2019). Online-Lehre spielt im Kontext von Fernstudien und Weiterbildungsangeboten eine besondere Rolle. Darüber hinaus haben alle Lehrenden und Studierenden in den Jahren der Covid-19-Pandemie ausreichend Erfahrungen in der Online-Lehre sammeln können, die aber oftmals kein Beispiel für ›gut durchgeführte‹ Online-Lehre war. Seit dem Ende der Pandemie kann erwartet werden, dass eine gewisse (geringe) Anzahl von ehemaligen Präsenzveranstaltungen als Online-Veranstaltungen weitergeführt werden.

Online-Lehre kann synchron (etwa in Videokonferenzen) und/oder asynchron (zum Beispiel mit online zur Verfügung gestellten Lehrmaterialien wie Vorlesungsvideos, interaktiven Lerneinheiten und Diskussionsräumen wie etwa Foren) stattfinden. Als Plattform zur Organisation der Lehrveranstaltung und als Raum für die Durchführung von Lernaktivitäten wird in der Regel ein Lernmanagementsystem wie etwa Moodle oder Ilias verwendet. Spezielle Online-Systeme, zum Beispiel E-Portfolio-Systeme und Videoplattformen zum Streaming von Vorlesungsinhalten, ergänzen die Systemlandschaft für die Online-Lehre. Außerdem sollten über die Bereitstellung zentraler Lernumgebungen hinaus auch die »Personal Learning Environments« der Studierenden, d.h. ihre individuellen Zusammenstellungen von Werkzeugen, die sie in ihren Lernprozessen tagtäglich einsetzen, beachtet werden (Attwell, 2007).

Ein Vorteil von Online-Lehre ist das Entfallen der Notwendigkeit, dass alle beteiligten Personen an einen Ort reisen müssen. Die Teilnahme ist von allen Orten möglich, an denen es Internetempfang gibt. Asynchrone Online-Lehre bietet zudem den Vorteil zeitlicher Flexibilität. Nachteilhaft ist die Tatsache, dass soziale Bindungen und Beziehungen, die auch für Lernprozesse wichtig sind, gegenüber der Präsenzlehre schwieriger aufgebaut werden können. Darüber hinaus werden in der Online-Lehre höhere Anforderungen an die Studierenden bzgl. Selbstregulation und Disziplin gestellt. Dies könnten Gründe dafür sein, dass die Abbruchquote in der Online-Lehre höher ist als in der Präsenzlehre (Lemoine et al., 2019). Daher ist die Notwendigkeit zur Unterstützung und Betreuung der Studierenden in besonderer Weise gegeben. Eine spezielle Form von hochschulischer Online-Lehre sind »**MOOCs (Massive Open Online Courses)**«.

Definition

»**MOOCS** sind Kurse, die im Internet angeboten werden und jedem Interessierten offenstehen – auch ohne Hochschulabschluss. Den Teilnehmern werden zum Beispiel Vorlesungen, Kurse, Texte, Audio- und Videodateien und begleitende Diskussionsmöglichkeiten angeboten.« (Nieswandt et al., 2019, S. 21).

Mit MOOCs wird Lehre online und kostenlos auch für interessierte Personen außerhalb der Hochschule zur Verfügung gestellt. Wenn das Interesse an einem MOOC groß ist, nehmen mitunter mehrere tausend Menschen teil (daher »massive«). Das MOOC-Format wurde im Jahr 2008 von Siemens und Downes an der Universität von Manitoba entwickelt (Downes, 2011).[1] Mit der Entwicklung von MOOCs werden Bildungsangebote frei im Internet verfügbar gemacht. Das ist der große Vorteil von MOOCs, sie sind niederschwellig und für viele verschiedene Themen verfügbar. Da sie kostenlos sind, nutzen viele Teilnehmende die Inhalte selektiv, haben also von Anfang an nicht die Intention, den gesamten Kurs abzuschließen (Flerlage et al., 2023; Werlen et al., 2023). Insbesondere in den ersten Jahren wurden häufig Vorlesungsmitschnitte mit automatisierten Tests kombiniert. Schulmeister (2013) kritisiert an MOOCs, dass komplexe Denkprozesse, kritisches Denken und Verstehen häufig kein Teil der automatischen MOOC-Auswertungen mittels häufig eingesetzter Multiple-Choice-Tests sein können. Dies versuchen einige MOOCs durch Peer-Feedback oder Foren zu kompensieren, aber auch dies kann schwierig sein, wenn die Teilnehmenden noch nicht wissen, wie sie ein geeignetes Peer-Feedback erstellen können, oder wenn die Foren sehr voll sind und nicht moderiert werden.

1.4 Blended Learning

Definition

Graham (2006) definiert **Blended Learning** folgendermaßen: »Blended learning systems combine face-to-face-instruction with computer-mediated instruction.« (Graham, 2006, S. 5). Eine ähnliche Definition geben Garrison und Kanuka (2004), wobei diese stärker die Lernenden-Perspektive einnimmt (was dem Begriff ›Blended Learning‹ eher gerecht wird): »At its simplest, blended learning is the thoughtful integration of classroom face-to-face learning experiences with online learning experiences.« (Garrison & Kanuka, 2004, S. 96).

Unter **Blended Learning** wird klassischerweise die Verzahnung von ›Face-to-Face-Sitzungen‹ mit Online-Lernphasen verstanden (Danushka & Weerasinghe, 2020; Graham, 2013). Es werden also zwei ganz unterschiedliche Systeme miteinander verbunden: zum einen die traditionelle Präsenzlehre, die den Fokus eher auf die Interaktion zwischen dem:der Lehrenden und den Studierenden legt, zum anderen die eher durch selbstreguliertes, individuelles Lernen geprägte Online-Lehre, in welcher der Fokus tendenziell auf der Interaktion zwischen Studierenden und dem Lernmaterial liegt (Graham, 2006). Für die Online-Anteile eines Blended-Learning-Angebots werden Plattformen und Werkzeuge verwendet, die auch in der Online-Lehre eingesetzt werden. Es gibt in der Literatur auch andere Definitionen von Blended Learning, beispielsweise solche, in denen die Kombination verschiedener Theorien, Methoden, Medien und/oder Technologien gefordert wird (Cronje, 2020; Hrastinski, 2019; Kerres & DeWitt, 2003; Oliver & Trigwell, 2005). Dabei kann allerdings das Problem entstehen,

1 Mehr zur Geschichte von MOOCs findet sich bei Busse (2017) und Wedekind (2013).

dass eine Definition so breit wird, dass jegliche Lehr-/Lernszenarien darunterfallen, beispielsweise solche, in denen mehrere Methoden miteinander kombiniert werden oder in denen sich synchrone und (nicht notwendigerweise digitale) asynchrone Phasen abwechseln. Mit der zunehmenden Digitalisierung der Hochschullehre ist aber auch zu erwarten, dass zukünftig Blended Learning ohnehin als Standard wahrgenommen wird (»The New Normal«; Norberg et al., 2011, S. 207).

Mit Blended Learning werden verschiedene Ziele und Hoffnungen verknüpft, u.a. **mehr Individualisierung, mehr Personalisierung und mehr Flexibilisierung des Lernens**, indem Teile des Lernprozesses asynchron in Online-Umgebungen stattfinden (Persike, 2019). Es gibt vielfältige Gründe, einen Kurs im Blended-Learning-Format anzubieten: Erstens können aus pädagogischen bzw. didaktischen Motiven die besten Elemente aus beiden Welten miteinander kombiniert werden, um eine effektivere Lernumgebung zu gestalten (Graham, 2006). So können Phasen des (angeleiteten) asynchronen Selbststudiums in einer Online-Umgebung und Phasen der direkten Interaktion in Präsenzveranstaltungen aufeinander abgestimmt werden. Zweitens können Situationen, in denen die Lernenden nicht in Präsenz erscheinen können, flexibler gestaltet werden, indem Teile der Lernaktivitäten online und wenige Präsenzsitzungen gebündelt stattfinden (zum Beispiel in Form von Blockveranstaltungen). Drittens können hierdurch gegebenenfalls Ressourcen (Geld, Räume und Personal) gespart werden, beispielsweise wenn es sich um interne Fortbildungen von Unternehmen mit verschiedenen Standorten handelt und die Teilnehmenden bei Blended-Learning-Fortbildungen weniger reisen müssen oder wenn durch Online-Phasen freiwerdende Räume anderweitig genutzt werden können (Baepler et al., 2014). Durch die Tatsache, dass es sich nicht um reines Online-Lernen handelt und Präsenzsitzungen weiterhin vorgesehen sind, und weil die Entwicklung von Online-Materialien und die Durchführung eines Blended-Learning-Kurses oftmals aufwendig sind, können Blended-Learning-Szenarien durchaus auch teurer sein als klassische Präsenzlehre (Means et al., 2013). Insofern sollten sich Aufwand und Kosten auch rentieren.

Es gibt zahlreiche Studien, in denen Blended Learning mit traditioneller Präsenzlehre verglichen wurde. Meta-Studien zeigen **positive Effekte von Blended Learning** gegenüber reinem Face-to-Face-Lernen hinsichtlich des Lernerfolgs (Bernard et al., 2014; Means et al., 2013; Vo et al., 2017). Bemerkenswert an der Studie von Means und Kolleg:innen (2013) ist: Sie verglichen auch reines Online-Lernen mit Face-to-Face-Lernen und fanden hier keinen signifikanten Unterschied. Die Autor:innen argumentieren, dass die untersuchten Blended-Learning-Szenarien in der Regel mit einer Erhöhung der Lernzeit, mit zusätzlichen Lernmaterialien oder zusätzlichen Interaktionsmöglichkeiten für die Lernenden einhergingen und dass der positive Effekt von Blended Learning auf den Lernerfolg eventuell auf diese Unterschiede zurückzuführen war (und nicht auf den reinen Medienwechsel). Bernard und Kolleg:innen (2014) stellen fest, je mehr Interaktionsmöglichkeiten im Blended-Learning-Szenario gegeben waren, umso größer war der Effekt gegenüber traditionellen Lehr-Lern-Settings. Die Betrachtung der Studienergebnisse sollte trotzdem mit Vorsicht erfolgen, insbesondere aufgrund definitorischer Unklarheiten im Zusammenhang mit dem Begriff ›Blended Learning‹. Es ist letztendlich eine Frage des didaktischen Designs: Wird bei der Transformation von traditioneller Lehre hin zu Blended Learning berücksichtigt, in welcher Form Lernprozesse bestmöglich unterstützt und tiefgreifende Lernerfahrungen ermöglicht werden? Blended Learning ist mehr als das Addieren von Präsenz- und Online-Lehre: Lernprozesse müssen umgestaltet werden, um sicherzustellen, dass die unterschiedlichen Lernumgebungen und -modi gut ineinandergreifen und effektiv miteinander verzahnt werden (Garrison & Kanuka, 2004). In Blended-Learning-Szenarien müssen die Online-Phasen und die Präsenz-Phasen gut aufeinander abgestimmt sein.

1.5 Hybride Lehre und HyFlex

Die Begriffe ›hybride Lehre‹ und ›Blended Learning‹ werden oftmals synonym verwendet (zum Beispiel Cavanagh et al., 2016; Linder, 2017). Irvine (2020) kritisiert, dass Begriffe im Kontext digitaler Lehre nicht klar voneinander getrennt sind und es für Lernende völlig unklar ist, wenn sie sich für einen Blended-Learning- oder einen Online-Kurs anmelden, auf welche Lehr-/Lernformen sie sich einstellen müssen. In den 1990er Jahren wurde beispielsweise in Nordamerika eher der Begriff ›Blended Learning‹ verwendet, während in Australien der Ausdruck »Hybrid Learning« genutzt wurde. Damals gab es noch keine Videokonferenzen, es handelte sich also um eine Kombination von asynchronem E-Learning mit Präsenzsitzungen (Irvine, 2020). In diesem Abschnitt wird ›hybride Lehre‹ hingegen als ein Spezialfall von Blended Learning definiert.

Definition

Reinmann (2021a, S. 4) definiert (synchrone) **hybride Lehre** folgendermaßen: »Studierende finden sich zur gleichen Zeit teils am gleichen Ort mit dem Lehrenden ein, teils sind sie an verschiedenen Orten online zugeschalten, sodass zeitlich sowohl in physischer Präsenz als auch in einer digitalen Umgebung gelehrt wird (Synchronizität von physischer und digitaler Präsenz).«

Hybride Lehre bedeutet somit, dass Studierende zur selben Zeit entweder online oder in Präsenz an einer synchronen Sitzung teilnehmen können. So konstatiert auch Röthler (2022): »Die Synchronizität ist also das ausschlaggebende Element. Alle anderen Mischungen aus on- und offline, bei denen Gleichzeitigkeit keine Rolle spielt, können als ›blended‹ bezeichnet werden.« (S. 40) Reinmann (2021a) definiert auch Formen asynchroner hybrider Lehre, die in diesem Kontext aber nicht weiter betrachtet werden. Gumm und Hobuß (2021) präsentieren eine Taxonomie, in der hybride Sessions, hybride Lehrveranstaltungen und hybride Studiengänge in Beziehung gesetzt werden.

Seit der Covid-19-Pandemie ist hybride Lehre stärker in den Fokus gerückt (Nørgård, 2021). Insbesondere nach den Lockdowns wurden vielerorts hybride Lehrformate angeboten und dies zeigte einen der Hauptvorteile hybrider Lern-Settings auf: Sie ermöglichen den Studierenden eine **höhere Flexibilität und Wahlfreiheit**, in welcher Form sie an der synchronen Lehrveranstaltung teilnehmen wollen (Gumm & Hobuß, 2021; Raes et al., 2020). Insbesondere bei Berufstätigkeit, Krankheit und familiären Verpflichtungen werden hierdurch Teilnahmemöglichkeiten eröffnet, die es in der reinen Präsenzlehre nicht gibt. Darüber hinaus können Lernende gemäß ihren eigenen Präferenzen entscheiden, auf welche Weise sie teilnehmen möchten. Es wird somit durch hybride Lehre angestrebt, die Lehrveranstaltungen inklusiv zu gestalten. Für Hochschulen können hybride Lehrveranstaltungen vorteilhaft sein, wenn sie im Verbund gemeinsame Studiengänge anbieten oder externe Expert:innen in die Lehrveranstaltung eingeladen werden.

Eine Herausforderung in der hybriden Lehre ist u.a. die technische Umsetzung (Raes et al., 2020). An den meisten Hochschulen sind die Räume nicht für hybride Lern-Settings ausgelegt. Einerseits sollen Lehrperson, Präsentation bzw. Tafelanschrieb digital übertragen werden. Andererseits sollen alle Studierenden, diejenigen vor Ort und möglichst auch diejenigen, die online teilnehmen, sichtbar sein, was Datenschutzprobleme aufwerfen kann. Selbst wenn die online dazugeschalteten Studierenden keine Kamera nutzen, muss sichergestellt sein, dass ihre Wortmeldungen und Chatbeiträge unmittelbar wahrgenommen werden. Falls also kein geeigneter Raum zur Verfügung steht, muss geprüft werden, ob ausreichend Technik vor Ort ausgeliehen werden kann. Magdowski (2023) erläutert ausführlich, wie die Technik für eine gute hybride Lehrveranstaltung zu positionieren ist: »Wenn sich hybride Lehrveranstaltungen durchsetzen sollen (z. B. auf Wunsch der Studierenden oder als Strategie der Hochschulleitung), muss deren technische Umsetzung für die Lehrperson so einfach sein, wie im Lehrveranstaltungsraum das Licht einzuschalten.« (S. 16) Neben technischen Schwierigkeiten gibt es auch pädagogische Herausforderungen (Raes et al., 2020). Es ist beispielsweise für den:die Lehrende:n eine zusätzliche Schwierigkeit, zwei Studierendengruppen (online und on-site) gleichermaßen zu koordinieren, zu bedienen und zu vernetzen. Hybride Lehre sollte mit dem Anspruch einhergehen, dass alle genutzten Medien und Methoden auch von den virtuell hinzugeschalteten Studierenden vollumfänglich genutzt werden können. Erarbeiten die Studierenden etwas in Gruppenarbeit, müssen in den verschiedenen Gruppen die Online-Teilnehmenden eingebunden werden. Die Methoden, die genutzt werden, sollten ebenfalls die Hybridität berücksichtigen (einen Ball weiterwerfen, um das Rederecht weiterzugeben, funktioniert in hybriden Settings nicht). Bei dieser sehr komplexen hybriden Situation bietet es sich an, Hilfe in Anspruch zu nehmen: »Da man als einzelne Lehrperson alle diese Aufgaben gleichzeitig schwer überblicken und erfüllen kann, können studentische Co-Moderator:innen und Technik-Helfer:innen sehr nützlich sein, zum Beispiel zum Herumgeben des Mikrofons, zur Anmoderation von Fragen aus dem Chat, zur Nachführung der Raumkamera, zum Sammeln wichtiger Zwischenergebnisse in einem kollaborativen Textdokument oder Whiteboard, etc.« (Magdowski, 2023, S. 14)

Die **Studienlage** bzgl. der Lernwirksamkeit von hybrider Lehre ist noch nicht so umfassend wie etwa im Bereich von Blended Learning im Allgemeinen. Szeto (2014) sowie White und Kolleg:innen (2010) stellten beispielsweise fest, dass in ihren hybriden Kursen sowohl die Online-Studierendengruppen als auch die Präsenzgruppen einen ähnlichen Lernerfolg erzielten. Hier ist aber sicher noch weitere Forschung nötig, um generalisierbare Aussagen treffen zu können.

Über die reine synchrone Gleichzeitigkeit von Online- und Präsenzteilnahme geht das Modell »HyFlex« (Beatty, 2006) noch hinaus, indem auch eine asynchrone Teilnahme ermöglicht wird. HyFlex ist die Abkürzung für ›hybrid-flexibles Kursdesign‹. Zentrales Element von HyFlex ist es, flexible Lernpfade zu erstellen, bei denen die Studierenden jederzeit entscheiden können, ob sie online synchron bzw. asynchron oder in Präsenz an der Lehrveranstaltung teilnehmen.

Definition

Der Übersichtsartikel der Educause Learning Initiative (2020, S. 1) definiert »**Hybrid Flexible Course Design**« (HyFlex) folgendermaßen: »The hybrid flexible, or HyFlex, course format is an instructional approach that combines face-to-face (F2F) and online learning. Each class session and learning activity is offered in-person, synchronously online, and asynchronously online. Students can decide – for each class or activity – how to participate.«

Bei HyFlex können die **Studierenden also entscheiden**, ob sie synchron in Präsenz, synchron online oder asynchron an der Veranstaltung teilnehmen. In Ergänzung zur einfachen hybriden Lehre wird also noch eine asynchrone Umgebung angeboten, die beispielsweise Aufzeichnungen der synchronen Sitzungen und/oder interaktive Lerneinheiten enthält. Das Format wurde von Beatty (2006) entwickelt, um mehr Studierende für das Master-Programm zu gewinnen und etwas gegen die rückläufigen Einschreibungen zu unternehmen. Ziel war es, auch externe Studierende als Fernstudierende in die Kurse einzubinden und den Studierenden vor Ort mehr Flexibilität zu ermöglichen. Gleichzeitig ermöglicht das Konzept, die Lehre fortzuführen, wenn der Campus beispielsweise wegen eines Streiks oder Sturms nicht erreichbar ist (Beatty, 2019).

Als **Nachteil** kann bei HyFlex gesehen werden, dass bei den Studierenden der Eindruck entsteht, alle Teilnahmemöglichkeiten (synchron on-campus, synchron online, asynchron online) wären gleichwertig (Reinmann, 2021a). Dabei ist es nicht unwahrscheinlich, dass zur Erreichung bestimmter Lernziele eine synchrone Teilnahme besser ist als eine asynchrone Teilnahme, beispielsweise wenn es um Kompetenzen geht, die in synchroner Kommunikation und Interaktion besser erworben werden. Andererseits kann angemerkt werden, dass auch in diesen Fällen ein asynchrones Nachvollziehen von Aufzeichnungen der synchronen Sitzung besser sein kann als gar keine Teilnahme.

In jedem Fall stellt es für die Lehrenden einen nicht zu unterschätzenden Mehraufwand dar, für jede vorbereitete Präsenzstunde ein äquivalentes asynchrones Lehrangebot zu erstellen, das nicht nur die Inhalte abdeckt, sondern das auch die Studierenden darin unterstützt, die entsprechenden Kompetenzen zu erwerben. So müssen oftmals nicht nur Aufgaben erstellt werden, sondern häufig müssen auch die studentischen Lösungen überprüft und mit Feedback versehen werden.

Zwischenfazit

Verschiedene Lehrformate (Präsenzlehre, Online-Lehre, Blended Learning, hybride Lehre) haben jeweils unterschiedliche Charakteristika, die bei der Planung einer Lehrveranstaltung berücksichtigt werden sollten. Bei der Wahl von Online- oder Präsenzformaten bzw. von synchronen oder asynchronen Angeboten sollte immer überlegt werden, wie der jeweilige Kompetenzerwerb der Studierenden bestmöglich unterstützt werden kann. Dabei sollten Vor- und Nachteile der jeweiligen Formate gegeneinander abgewogen werden. Außerdem sind die organisatorischen Rahmenbedingungen zu prüfen.

Im zweiten großen Abschnitt dieses Beitrags wird nun eine Methode beispielhaft beschrieben, in der versucht wird, die Vorteile asynchroner (Online-)Lehre und synchroner Präsenzlehre zielgerichtet zu kombinieren: der ›Inverted Classroom‹. Es werden zahlreiche Überlegungen zur **Planung und Durchführung eines Inverted Classrooms** ausgeführt. Diese Überlegungen können aber auch auf andere Präsenz-, Online- und Blended-Learning-Formate übertragen werden.

Reflexionsfragen

Auf welcher Stufe nutzen Sie bereits E-Learning in Ihrer Lehrveranstaltung?
Gibt es sinnvolle Möglichkeiten der Neugestaltung von Aufgaben durch E-Learning?
Welches der in diesem Abschnitt beschriebenen Formate lässt sich gut in Ihren Lehrveranstaltungen einsetzen? Wie sehen hierfür die Rahmenbedingungen aus?
Wie sehen Sie Ihre Rolle als Lehrperson? Welches Format passt gut zu Ihnen?
Haben Sie Studierende, die durch die Nutzung von E-Learning eine größere Chance erhalten, ihr Studium abzuschließen?
Welche Unterstützungsangebote gibt es an Ihrer Hochschule zur Durchführung von Veranstaltungen im Online-, Blended- oder Hybrid-Format?

2. Inverted Classroom

2.1 Definition

In der wissenschaftlichen Diskussion existieren im Wesentlichen zwei Begriffe für diese Methode: Inverted Classroom und Flipped Classroom. Beide Begriffe sind äquivalent, gegebenenfalls lassen sich Unterschiede in Nuancen ausmachen. So kann man feststellen, dass der Name ›Flipped Classroom‹ eher im schulischen Kontext verwendet wird, während man im Rahmen der Hochschuldidaktik eher von ›Inverted Classroom‹ spricht (Persike, 2019).[2] Mittlerweile werden die Begriffe aber weitgehend synonym verwendet. Darüber hinaus wird – in Anlehnung an das Blended Learning – auch gelegentlich der Begriff ›Flipped Learning‹ verwendet (Hamdan et al., 2013). Hier wird der Fokus eher auf die Studierenden und ihre Lernprozesse gelegt und weniger auf die Seite der Lehrperson und der Lehrprozesse.

Die Methode des Inverted Classroom ist um das Jahr 2000 herum entstanden. Der Begriff des ›Invertierens‹ wurde erstmals im Artikel von Lage und Kolleg:innen (2000) verwendet, während der Begriff des ›Flippens‹ in einem Artikel von Baker (2000) mit dem Titel »The Classroom Flip« erwähnt wurde. In Deutschland wurde die Methode insbesondere im Zuge der ersten ICM-Konferenz (2012) in Marburg populär (Handke & Sperl, 2012).

Man findet viele **unterschiedliche Definitionen** des Inverted-Classroom-Konzepts in der Literatur (Abeysekera & Dawson, 2015). Oftmals wird keine klare Trennung zu verwandten didaktischen Konzepten, wie beispielsweise Blended Learning, vorgenommen (Geiger et al., 2019). In diesem Artikel soll die Definition von Abeysekera und Dawson (2015) zugrunde gelegt werden.

Definition

Abeysekera und Dawson (2015, S. 3) definieren den **Inverted Classroom** »as a set of pedagogical approaches that: (1) move most information-transmission teaching out of class (2) use class time for learning activities that are active and social and (3) require students to complete pre- and/or post-class activities to fully benefit from in-class work.«

2 Sams (2012) stellte fest, dass die Methode in den Vereinigten Staaten und Kanada eher als Flipped Classroom bekannt wurde, während in Europa zunächst eher vom Inverted-Classroom-Modell gesprochen wurde.

Im Inverted Classroom findet also der Erstkontakt mit neuen Inhalten im Wesentlichen in der **Vorbereitung auf eine Präsenzveranstaltung** statt, während diese dazu dient, die Studierenden bei der Vertiefung der Inhalte (zum Beispiel durch Anwendung und Übung) und bei der Weiterentwicklung ihrer Kompetenzen durch aktive und kollaborative Methoden zu unterstützen. Obwohl andere Autor:innen fordern, dass Videos wesentlicher Bestandteil eines Inverted Classrooms sein müssen (Bishop & Verleger, 2013; Lo et al., 2017), so scheint es sinnvoller zu sein, keinerlei Bedingungen an verwendete Medien zu stellen. Welche Medien (Videos, Texte, ...) für die Vorbereitung geeignet sind, hängt von vielen Faktoren ab, wie etwa den Lernzielen und den Lerninhalten. Aus der Definition wird auch deutlich, dass es sich um eine Vielzahl von pädagogischen Ansätzen handelt, welche die drei genannten Kriterien erfüllen. Es gibt also nicht ›den‹ Inverted Classroom, sondern verschiedene Implementierungen. Letztlich gestaltet jede:r Lehrende seinen:ihren eigenen Inverted Classroom, der an die konkrete Lehrsituation angepasst ist.

Im Prinzip ist der Inverted Classroom **keine digitale Methode**. Er kann auch komplett ohne digitale Umgebungen, Medien und Werkzeuge durchgeführt werden, etwa wenn die Studierenden sich mithilfe von Skripten auf die Präsenzveranstaltung vorbereiten. Nichtsdestotrotz setzen viele Lehrende digitale Vorbereitungsmaterialien ein, darunter oftmals Erklärvideos. Die Methode Inverted Classroom ist – wenn die Vorbereitungsphase im Online-Format stattfindet – eine Form des Blended Learning, vielleicht sogar mittlerweile einer der prominentesten Vertreter (Persike, 2019), wobei der Schwerpunkt auf der selbstständigen Einarbeitung in der asynchronen Online-Phase liegt und auf der sich daran anschließenden gemeinsamen Weiterarbeit in der Präsenzphase. Digitale Medien stehen hier somit im Dienst einer guten Präsenz.

Präsenzzeit ist wertvoll und kostbar (Morisse, 2016). Viele Menschen – der:die Lehrende und oftmals eine große Anzahl an Studierenden – nehmen den Aufwand auf sich, um sich physisch gemeinsam an einem Ort zu begegnen. Daher sollte die Präsenzzeit für solche Tätigkeiten genutzt werden, für die Präsenz besonders geeignet ist: für soziale Interaktionen. Die Einarbeitung in ein Thema hingegen kann sehr gut in Einzelarbeit erfolgen. Im Inverted Classroom kommen die Studierenden also nicht mehr an die Hochschule, um sich dort gemeinschaftlich in den ›Rezeptionsmodus‹ zu versetzen, sondern um dort gemeinsam (praktische) Aktivitäten durchzuführen (Reidsema et al., 2017). Im Inverted Classroom werden also die Vorzüge von asynchronen Phasen und synchronen Phasen miteinander kombiniert: Durch die Verlagerung des Erstkontakts mit neuen Konzepten in die individuelle Vorbereitungszeit wird die komplette Präsenzveranstaltung frei verfügbar für die aktive und kooperative Auseinandersetzung mit den Lerninhalten (Baker, 2000). Je mehr Inhalte sich die Studierenden vor der Vorlesung erarbeiten, umso mehr Zeit entsteht in der Präsenzphase für die aktive gemeinsame Auseinandersetzung mit den Inhalten. In keinem Fall sollte der Inverted Classroom aber als Konzept verstanden werden, in dem durch den Einbezug des

Selbststudiums noch mehr Inhalte vermittelt werden können. Im Inverted Classroom besteht für die Studierenden mehr Gelegenheit, Unklarheiten direkt im Gespräch mit den Lehrenden auszuräumen. Zudem erhalten die Lehrenden einen besseren Eindruck davon, wie die Studierenden lernen und was sie bewegt (Lage et al., 2000).

Die **Rolle der Lehrenden** ändert sich im Inverted Classroom fundamental vom »sage on the stage« zum »guide on the side« (King, 1993). Eine schöne Metapher[3], welche diesen Wechsel veranschaulicht, ist die Folgende: In der traditionellen Vorlesung sind Lehrende wie Solomusiker:innen auf der Konzertbühne. Die Studierenden sind das Publikum und lauschen der Musik. Es handelt sich hierbei oftmals sicher um ein gutes Konzert. Was die Studierenden dabei aber nicht lernen, ist zu musizieren. Im Inverted Classroom dreht sich das Verhältnis um: Nun sind die Studierenden nicht mehr das Publikum, sondern das Orchester, das für eine Orchesterprobe zusammenkommt, um gemeinsam zu musizieren. Die Lehrenden sind die Dirigent:innen. Ihre Aufgabe ist es, den organisatorischen Rahmen zu gestalten, Noten auszuteilen, beim Spielen den Takt vorzugeben, Musiker:innen Hilfe anzubieten und Feedback zu geben. Was wäre das aber für eine Orchesterprobe, wenn die Musiker:innen sich darauf nicht zu Hause vorbereiten würden?

2.2 Lernwirksamkeit

Der Inverted Classroom ist vor allem als **alternative Methode zur traditionellen Vorlesung** entwickelt worden. Es ist also von besonderem Interesse, zu klären, ob mit der Durchführung eines Inverted Classrooms auch ein höherer Lernerfolg seitens der Studierenden einhergeht. Seit Einführung der Methode sind zahlreiche Studien durchgeführt worden, in denen der Inverted Classroom mit der traditionellen Vorlesung verglichen wurde. Meta-Studien, in welchen die Ergebnisse vieler Einzelstudien zusammengefasst wurden, kommen zu dem Schluss, dass der Inverted Classroom im Mittel einen positiven Effekt auf den Lernerfolg hat im Vergleich zur traditionellen Vorlesung (Bredow et al., 2021; Shi et al., 2020; Strelan et al., 2020; van Alten et al., 2019; Zhang et al., 2021), wobei die Ergebnisse jedoch bisweilen mit Vorsicht zu betrachten sind.[4]

---

3 Wir danken Annette Kämpf-Dern, Frankfurt University of Applied Sciences, für diese Metapher.

4 Zum einen handelt es sich nur um Mittelwertangaben. Die Varianz bei den Inverted-Classroom-Implementierungen ist allerdings sehr hoch (Kapur et al., 2022), was bedeutet, dass es zwar im Verhältnis zur traditionellen Vorlesung sehr viel bessere, aber auch sehr viel schlechtere Inverted Classrooms gibt. Oftmals sind die Inverted Classrooms in den Studien nicht so implementiert, wie es theoretisch vorgesehen ist, beispielsweise durch eine fehlende Nutzung von Möglichkeiten aktiven Lernens (Kapur et al., 2022). Darüber hinaus lassen sich zahlreiche methodische Kritikpunkte an Einzelstudien anführen, etwa fehlende Randomisierung der untersuchten Gruppen oder Versuchsleiter:inneneffekte (für eine allgemeine Diskussion dazu siehe Loviscach, 2020). Dies nehmen Kapur und Kolleg:innen (2022) zum Anlass, eine Weiterentwicklung des Inverted Classrooms vorzuschlagen (»fail, flip, fix, and feed«).

Eine Methode ist nicht prinzipiell besser oder schlechter als eine andere Methode, sondern es kommt insbesondere darauf an, ›wie‹ die Methode umgesetzt wird. Dies ist auch beim Inverted Classroom der Fall. Als Lehrende:r muss man also Sorge dafür tragen, dass der eigene Flipped Classroom nicht zum ›Flopped Classroom‹ wird (Wanner & Palmer, 2016). Bei dem Design eines Inverted Classrooms kann man sich an Gütekriterien für guten Unterricht (Praetorius et al., 2018, S. 407) orientieren: Erstens ist die »kognitive Aktivierung« der Studierenden wesentlich. Zweitens ist für Unterstützungsmaßnahmen zu sorgen (»student support«). Und drittens ist ein geeignetes »classroom management« durchzuführen.

2.3 Planung eines Inverted Classrooms

Ausgangspunkt jeglicher Planung von Hochschullehre ist die Frage, welche **Kompetenzen** die Studierenden erwerben sollen. Betrachtet man den kognitiven Bereich, so lassen sich die Kompetenzen beispielsweise nach der **Lernzieltaxonomie** von Anderson und Krathwohl (2001) auf den Stufen »erinnern, verstehen, anwenden, analysieren, beurteilen und erschaffen« ordnen (siehe hierzu auch den Beitrag von Friede und Szczyrba in Band I des Praxishandbuchs). Im Rahmen einer traditionellen Vorlesung werden in der Präsenzveranstaltung im Wesentlichen die Ebenen »erinnern« und »verstehen« angesprochen. Die Studierenden werden in ein neues Inhaltsgebiet eingeführt mit dem Ziel, dass diese die wesentlichen Aspekte erinnern und vor allem verstehen. Die höheren Ebenen hingegen werden eher außerhalb der Präsenzveranstaltung adressiert, beispielsweise im Rahmen von Übungs- und Hausaufgaben, dort dann aber oftmals unbetreut. Im Inverted Classroom wird dies invertiert: Die Präsenzveranstaltung ist im Wesentlichen darauf ausgelegt, dass Studierende in der Präsenz (kollaborative) Aktivitäten durchführen, die auf höhere Kompetenzebenen abzielen. Studierende sollen Verfahren anwenden lernen, neue Situationen analysieren und bewerten oder komplexe Artefakte erstellen. Dies können sie in der Präsenzveranstaltung gemeinsam tun und sich dabei gegenseitig helfen. Darüber hinaus ist der:die Lehrende anwesend und kann unterstützen, Fragen beantworten und Feedback geben (»student support«). Die Vorbereitungsphase dient dann überwiegend dazu, dass die Studierenden sich mithilfe geeigneter Aufgaben und Lernmaterialien selbstständig auf Verstehens-Level bringen, um sich in die Lage zu versetzen, in der Präsenzsitzung an den höherwertigen Aufgaben arbeiten zu können. Insofern ist es sinnvoll, einen Inverted Classroom ›rückwärts‹ zu planen (Talbert, 2017). Als Erstes identifiziert man die zu erzielenden Kompetenzen. Als Zweites überlegt man sich, mit welchen Aufgaben und Methoden die Studierenden die höherwertigen Kompetenzen in der Präsenzveranstaltung erwerben können. Als Drittes wird entschieden, welche Aufgaben und Lernmaterialien sie am besten darauf vorbereiten. Durch diese Vorgehensweise wird automatisch ein roter Faden erzeugt, der sich durch Vorbereitungs-

und Präsenzphase zieht. Dies ist wichtig, damit die Studierenden erleben, dass die Vorbereitung wirklich notwendig für die erfolgreiche Teilnahme an der Präsenzphase ist. Online-Phase und Präsenzphase dieses Blended-Learning-Formats sind somit gut aufeinander abgestimmt.

In den folgenden Abschnitten werden Maßnahmen beschrieben, die bei der Durchführung eines Inverted Classrooms hilfreich sind.

2.4 Gestaltung der (synchronen) Präsenzphase

Die Präsenzsitzung im Inverted Classroom ist also dazu da, das in der Vorbereitung erworbene Wissen zu konsolidieren und darauf aufbauend höherwertige Kompetenzen zu entwickeln (Lambach & Kärger, 2021). Sie ist besonders geeignet für Hands-on-Aktivitäten, für Diskussionen und Debatten, für Brainstorming und für weitere kooperative und kollaborative Aktivitäten (Arslan, 2020). Daher können in der Präsenzphase insbesondere Methoden eingesetzt werden, die aktives Lernen (Freeman et al., 2014; Prince, 2004) und kollaboratives Lernen (Johnson et al., 1998; Springer et al., 1999) mithilfe von kognitiv aktivierenden Aufgaben ermöglichen.

In der Präsenzphase sollen spezifische fachliche Denk- und Arbeitsweisen erworben werden. Daher lässt sich im Allgemeinen nicht sagen, welche Methoden für die Präsenzveranstaltung im Inverted Classroom geeignet sind. Es sind fachdidaktische Überlegungen erforderlich, die für jede zu erwerbende Kompetenz neu getroffen werden müssen. Es lassen sich aber ein paar Tipps für eine Durchführung einer Präsenzsitzung geben, insbesondere auch im Hinblick auf ein erfolgreiches »classroom management«, die im Folgenden beschrieben werden.

Ein essenzieller Aspekt ist die Organisation von **Fragerunden**. In der Regel haben Studierende aus der Vorbereitungsphase Fragen, denen in der Präsenzsitzung Raum gegeben werden sollte. Die Fragen können bereits im Vorfeld digital gesammelt werden oder man erfragt diese zu Beginn der Sitzung im direkten Gespräch oder mithilfe eines Audience-Response-Systems (Persike, 2019, S. 79). Die Fragen können dabei gleichzeitig priorisiert werden: Fragen, welche die meisten Studierenden haben, sollten prioritär geklärt werden. Fragen, die nur wenige Studierende betreffen, sollten gegebenenfalls nicht im Plenum, sondern im direkten Austausch besprochen werden.

Eine effektive Strukturierung von Diskussionen in der Präsenzphase kann durch die Anwendung der Methode **Think–Pair–Share** erreicht werden (Kothiyal et al., 2013; Lyman, 1981, S. 109). Dabei wird eine Frage zunächst von Studierenden allein durchdacht, danach mit dem:der Nachbar:in besprochen, bevor die Antworten im Plenum gesammelt werden. Dies führt dazu, dass sich Studierende erst einmal Gedanken über mögliche Antworten machen und sich mit ihrem lokalen Umfeld dazu abstimmen können, bevor sie ihre Ideen vor einer großen Gruppe äußern. Alternativ kann man auch die Einzelphase zu Beginn überspringen und gleich mit der Kleingruppen-diskussion beginnen (Murmelgruppen). Die Methode bietet der Lehrperson auch die Möglichkeit, während der Murmelphase herumzulaufen. Dadurch bekommt sie mit, welche Diskussionen geführt werden, und kann sich vielleicht bei einigen Gesprächen einbringen. Er:sie kann Studierende, die einen guten Gedankengang entwickelt haben, auch ermutigen, diesen gleich in der Gesamtdiskussion mit allen anderen zu teilen.

Literaturtipp

Verwandte Methoden, wie beispielsweise »Buzz Groups« und weitere Gruppen-Methoden, finden sich in

Jacques, D. (2003). Teaching Small Groups. *British Medical Journal, 326*, 492-494.

Die Durchführung von Großgruppendiskussionen kann erfolgreich im Format des **Aktiven Plenums** gestaltet werden (Iberer, 2011; Spannagel, 2011). Im Aktiven Plenum moderieren und protokollieren ausgewählte Studierende die Diskussion unter den Studierenden, während die Lehrperson sich in den hinteren Teil des Raums begibt und von dort aus das Geschehen verfolgt. Die Aufgabe des:der Lehrenden dabei ist es, die Studierenden, welche moderieren bzw. an der Tafel protokollieren, zu coachen, für ausreichend Ruhe im Raum zu sorgen und sich gegebenenfalls einzuschalten, falls die Diskussion in eine falsche/unerwünschte Richtung abweicht.

Die Gestaltung von **Phasenwechseln** und das präzise **Zeitmanagement** spielen eine zentrale Rolle in der Präsenzsitzung eines Inverted Classrooms. Hierbei erfolgt ein regelmäßiger Wechsel zwischen Plenumsdiskussionen und Partner- oder Gruppenarbeiten. Diese Wechsel kosten oftmals viel Zeit, insbesondere wenn nach einer Gruppenarbeitsphase und vor einer Plenumsdiskussion die Studierenden wieder ruhig werden müssen. Es empfiehlt sich, während Partner- oder Gruppenarbeitsphasen einen Timer zu projizieren, der die verbleibende Zeit anzeigt, und ein akustisches Signal zu vereinbaren, welches am Ende der Arbeitsphase zu hören ist.

In einer Präsenzphase des Inverted Classroom-Ansatzes besteht die Möglichkeit, kleinere Vorträge zu integrieren, die als sogenannte »**Microlectures**« bezeichnet werden. Microlectures sind kurze Vortragsphasen innerhalb einer Präsenzveranstaltung, die oft nur wenige Minuten betragen (McLaughlin et al., 2014). Diese können an passenden Stellen der Präsenzsitzung gehalten werden, wenn sich dies aufgrund des Verlaufs der Sitzung anbietet. Dies könnte beispielsweise der Fall sein, wenn Unklarheiten im Raum bestehen oder wenn für die nachfolgende Arbeitsphase ein neuer Inhalt eingeführt werden muss. Sie bieten einen gewissen Halt im Chaos der aktiven Lernphasen (McLaughlin et al., 2014). Van Alten und Kolleg:innen (2019) berichten, dass in 53 % der von ihnen in ihrer Meta-Studie analysierten Inverted Classrooms Microlectures abgehalten werden, und sie ermittelten keinen negativen Effekt von Microlectures. Auch Kapur und Kolleg:innen (2022) stellen fest, dass Vorträge ein Bestandteil vieler Inverted Classrooms sind und positive Auswirkungen auf den Lernerfolg haben. Sie vermuten, dass dies auf die erneute oder erweiterte Präsentation des Materials zurückzuführen ist. Bei einer reinen Wiederholung oder Zusammenfassung der vorbereiteten Inhalte entsteht allerdings die Gefahr, dass die Studierenden keinen Sinn mehr darin sehen, sich vorzubereiten.

In der Präsenzsitzung eines Inverted-Classroom-Ansatzes können **Quizaufgaben** effektiv eingesetzt werden, um die Studierenden zu aktivieren und um den aktuellen Wissensstand der Studierenden zu erheben. Hierzu bietet sich beispielsweise der Einsatz von Audience-Response-Systemen an. Berücksichtigt werden muss, dass die Skalierung vieler aktivierender Methoden auf große Gruppen eine Herausforderung ist (eine eingehende Diskussion dazu findet sich bei Persike, 2019).

Ein Inverted Classroom kann auch vollständig **virtuell** durchgeführt werden, wenn neben den digitalen Materialien für die Vorbereitungsphase auch die Präsenz online stattfindet, beispielsweise in Form einer virtuellen Konferenz (zum Beispiel Teichgräber et al., 2021). Gerade während der Covid-19-Pandemie war dies in Zeiten von Lockdowns die einzige Möglichkeit, einen Inverted Classroom abzuhalten (Divjak et al., 2022). Vielerorts wurde im Rahmen der Covid-19-Pandemie das Konzept des Inverted Classroom von Lehrenden selbstständig ›neu entdeckt‹, weil sie sich zum ersten Mal damit konfrontiert sahen, das asynchrone Selbststudium und die synchronen Online-Sitzungen sinnvoll zu arrangieren. Aber auch außerhalb der Pandemie kann es sinnvoll sein, einen virtuellen Inverted Classroom durchzuführen, beispielsweise in Online-Studiengängen oder als Weiterbildungsangebot. Allerdings muss beachtet werden, dass die Interaktionsmöglichkeiten in der virtuellen Präsenz gegenüber denen im Lehrveranstaltungsraum eingeschränkt sind. Ebenso ist es denkbar, einen Inverted Classroom hybrid oder sogar im **HyFlex**-Format anzubieten. Dabei ist die größte Herausforderung, die interaktive und auf Kollaboration ausgerichtete Präsenzphase möglichst gleichwertig für diejenigen Studierenden anzubieten, die online synchron (bzw. asynchron) teilnehmen.

2.5 Gestaltung der (asynchronen) Vorbereitungsphase

Entscheidend für eine gelingende Präsenzveranstaltung im Inverted Classroom ist die Vorbereitung durch die Studierenden. Dies ist kein Selbstläufer, sondern muss methodisch angeleitet und strukturiert werden. Folgende Aspekte können dabei auf der kognitiven, der motivationalen und der strukturellen Ebene beachtet werden (Persike, 2019).

Kognitive Aktivierung: Es besteht die Gefahr, dass Studierende Lernvideos nur nebenbei ansehen und Texte oberflächlich überfliegen. Daher sollte im Zentrum der Vorbereitung eine kognitiv aktivierende Aufgabe stehen, für deren Lösung die bereitgestellten Medien erforderlich sind, damit die Studierenden die Inhalte auch tief verarbeiten und durchdringen. Die Studierenden erhalten also den Auftrag, eine Aufgabe zu lösen, und können hierzu die Lernvideos oder Texte verwenden (Talbert, 2017). Ein weiterer Vorteil dieses Vorgehens ist, dass die Verbindlichkeit der Vorbereitung steigt, denn die Studierenden müssen ihre Ergebnisse mit in die Präsenzveranstaltung bringen.

Komplexere Aufgaben in der Selbstlernphase: Vorbereitungsaufgaben müssen nicht unbedingt nur aus dem Entnehmen von Informationen aus Videos oder Skripten bestehen. So können die Studierenden beispielsweise auch Informationen im Internet oder in Datenbanken recherchieren und die Rechercheergebnisse mit in die Präsenzveranstaltung bringen, um mit ihnen dort gemeinsam weiterzuarbeiten. Studierende können auch in der Vorbereitungsphase Daten aufbereiten und erste grundlegende statistische Tests mit diesen durchführen (Persike, 2019). Oder sie bekommen komplexe Problemlöseaufgaben, die auch die Chance für Fehler bieten, die dann mithilfe bereitgestellter Medien oder in der Präsenzveranstaltung aufgearbeitet werden können (Kapur et al., 2022).

Quizaufgaben in der Selbstlernphase: Mithilfe von Quizaufgaben können die Studierenden aufgefordert werden, zu prüfen, ob sie alle wesentlichen Aspekte der Vorbereitung verstanden haben. Quizaufgaben sind zudem eine weitere Lerngelegenheit, die dazu anregt, die Inhalte aktiv aus dem Gedächtnis abzurufen (»testing effect« oder »retrieval effect«; Roediger & Karpicke, 2006; Rowland, 2014; Yang et al., 2021).

Durch extrinsische Anreize zur Vorbereitung motivieren: Es können extrinsische Anreize gesetzt werden, um die Vorbereitung zu motivieren, beispielsweise indem Bonuspunkte für erledigte Vorbereitungsaufgaben vergeben werden oder indem zu Beginn einiger Präsenzveranstaltungen kleine Tests über die Inhalte der Vorbereitung gestellt werden, deren Bestehen Voraussetzung zur Zulassung bei der Prüfung ist (insofern diese Maßnahmen in der Prüfungsordnung zugelassen sind).

Intrinsische Motivation in der Selbstlernphase fördern: Durch bestimmte Maßnahmen, die sich an der Theorie der »selbstbestimmten Motivation« nach Deci und Ryan (1993) orientieren, kann aber auch versucht werden, die intrinsische Motivation der Studierenden zu erhöhen (siehe hierzu auch den Beitrag von Mörth & Ulrich in Band I des Praxishandbuchs). So können beispielsweise Wahlmöglichkeiten bei den Vorbereitungsaufgaben gegeben werden, um die wahrgenommene Autonomie der Studierenden zu erhöhen. Das Kompetenzerleben der Studierenden kann adressiert werden, indem Aufgaben auf geeignetem Schwierigkeitsgrad gestellt werden, die an das Vorwissen der Studierenden anknüpfen und die auch Möglichkeiten der Differenzierung bieten. Schließlich können sich Studierende auch sozial eingebunden erleben, wenn sie Vorbereitungsaufgaben gemeinsam bearbeiten. Die Vorbereitungsphase muss nicht aus Einzelarbeit bestehen, sondern kann auch kollaborativ erfolgen, wenn dies in den Aufgaben entsprechend motiviert wird.

Erklärung des Inverted-Classroom-Konzepts: Es besteht die Gefahr, dass die Studierenden den Wert der Methode anfangs nicht einsehen und daher mit ihr ›hadern‹ (Betihavas et al., 2016). Daher ist es sehr wichtig, von Anfang an gegenüber den

Studierenden das Veranstaltungskonzept transparent zu kommunizieren und die Erwartungen an die Studierenden klarzustellen (Arslan, 2020; Lo et al., 2017; McLaughlin et al., 2014; Morisse, 2016; O'Flaherty & Phillips, 2015; Persike, 2019). Dazu zählen Erläuterungen zur Methode, zu den Rollen von Studierenden und Lehrenden, zur (Online-)Lernumgebung und zum Aufwand, den die Studierenden leisten müssen. Besonders wichtig ist auch, das eigenverantwortliche Lernen zu thematisieren und dessen Bedeutung im Rahmen des Lehrkonzepts (Morisse, 2016). Schließlich sollen die Studierenden nicht frustriert sein, dass sie zu Hause vorbereitend lernen müssen. Sie sollen von Anfang an verstehen, warum die investierte Zeit in die Vorbereitung gut und wichtig ist. Daher muss auch erklärt werden, warum ein Inverted Classroom ein gutes Konzept ist und welche didaktischen Überlegungen dahinterstehen. Es sollten aber auch die Herausforderungen und Schwierigkeiten thematisiert werden und wie man produktiv mit ihnen umgeht. Insbesondere der genaue Ablauf einer Semesterwoche sollte erklärt werden, um darzustellen, wie Vorbereitungsphase und Präsenzphase aufeinander bezogen sind (Persike, 2019). Außerdem sollte im Detail erläutert werden, welche Aufgaben die Studierenden in der Vorbereitungsphase, aber auch in der Präsenzphase zu bearbeiten haben (Lo et al., 2017). Bei der Aufwandsabschätzung für das Selbststudium ist eine Begründung auf der Grundlage des Modulhandbuchs bzw. der Veranstaltungsbeschreibung empfehlenswert. So kann anhand des Modulhandbuchs vorgerechnet werden, wie die darin vorgesehenen ECTS-Punkte für Selbst- und Präsenzstudium genutzt werden (Persike, 2019).

2.6 Tipps zum Einstieg in einen Inverted Classroom

Wer eine traditionelle Vorlesung in einen Inverted Classroom überführen möchte, sieht sich oft vor größeren Herausforderungen. Dabei erscheinen diese oftmals größer als sie sind. Folgende **Praxistipps** können beim Einstieg in die Methode helfen:

- Lehrende sollten nicht den Anspruch haben, gleich von Anfang an einen ›optimalen‹ Inverted Classroom zu implementieren. Der große Wurf gelingt so vermutlich selten (Persike, 2019). Vorausgesetzt, dass eine Veranstaltung über mehrere Semester hinweg gehalten wird, kann der Inverted Classroom auch iterativ entwickelt werden.
- Es ist auch denkbar, zunächst nur einen Teil der Veranstaltung zu invertieren, beispielsweise wenn die gesamte Umstellung vom Aufwand her nicht zu leisten ist (Lambach & Kärger, 2021; Moravec et al., 2010). Wenn nur ein oder zwei Einheiten invertiert werden, dann ist der Aufwand natürlich geringer und Lehrende können zunächst testen, ob sie mit der Methode zurechtkommen. Hier kann beispielsweise mit der Umsetzung von Inhalten begonnen werden, bei denen Studierende typischerweise Schwierigkeiten haben, diese in einer traditionellen Vorlesung zu

lernen (Moravec et al., 2010). Allerdings hat man hier nicht die Möglichkeit, die Studierenden gemächlich an das Konzept zu gewöhnen. Wenn zum Beispiel nur eine Einheit inmitten des Semesters invertiert wird, dann kann dies dazu führen, dass sich ein Teil der Studierenden nicht ausreichend vorbereitet (Goerres et al., 2015). Bei nur einer einzigen invertierten Sitzung ist die Versuchung sicher größer, sich nicht vorzubereiten oder von der Präsenzsitzung fernzubleiben.

- Lehrende sollten nach Möglichkeit eine Lehrveranstaltung invertieren, die sie schon einmal gehalten haben, weil sie die Lernziele, die Inhalte, die didaktischen Herangehensweisen, die potenziellen Schwierigkeiten der Studierenden und mögliche Prüfungsaufgaben hier bereits sehr gut kennen. Die invertierte Fassung der Veranstaltung kann so realistischer geplant werden (Lambach & Kärger, 2021).
- Die Vorbereitungsmaterialien wie Videos müssen nicht unbedingt selbst produziert werden. Genauso wie man ein Lehrbuch einsetzen kann, das von anderen Autor:innen stammt, kann man auch Videos von anderen Lehrenden verwenden, wenn diese zur Nutzung freigegeben sind.
- Wenn man die Entscheidung trifft, eigene Videos zu produzieren, ist es ratsam, nicht allzu perfektionistisch an die Produktion heranzugehen, denn im Lehralltag kann übermäßiger Perfektionismus überfordern. Man sollte sich bei der Produktion von Videos laut Sams immer fragen: »Do I need it perfect – or do I need it by Tuesday?« (zitiert nach Handke, 2012, S. 40) Gegebenenfalls bietet es sich auch an, in einem Semester zunächst eine traditionelle Vorlesung zu halten und dabei Vorlesungsvideos aufzuzeichnen, die dann im darauffolgenden Semester im Inverted Classroom eingesetzt werden können (Spannagel, 2013).
- Viele Hochschulen bieten hochschuldidaktische Beratung und einen medientechnischen Service an. Diese können angefragt und um Unterstützung gebeten werden (Lambach & Kärger, 2021). Des Weiteren stehen zahlreiche Workshops und Trainingsangebote von hochschuldidaktischen Zentren zur Methode Inverted Classroom zur Verfügung.
- Durch gemeinsame Arbeit mit Kolleg:innen lässt sich der Aufwand, zum Beispiel bei der Erstellung von Lernmaterialien, erheblich reduzieren (Lage et al., 2000). Zudem kann man sich im Team über didaktische und methodische Ideen austauschen und sich gegenseitig technische Tipps geben (Lo et al., 2017).

Reflexionsfragen

Welche Kompetenzen können Studierende besser in der Präsenzphase Ihrer Lehrveranstaltung erwerben?

Welche Aktivitäten dienen einer guten Vorbereitung auf die Präsenzphase?

Wie können Sie Ihre Studierenden im Inverted Classroom motivieren, sich auf die Präsenzveranstaltung vorzubereiten?

Wie unterstützen Sie die Selbstlernphase beim Inverted Classroom? Welche Aufgabentypen wollen Sie einsetzen?
Kennen Sie ausreichend aktivierende Präsenzmethoden für Ihre Gruppengröße?

3. Zusammenfassung

Im Zuge der zunehmenden Digitalisierung der Hochschullehre stehen Lehrenden nun viele verschiedene Formate zur Verfügung, mit denen sie ihre Lehre gestalten können: Präsenzlehre, Online-Lehre, Blended Learning, hybride Lehre und der Inverted Classroom. Bei der Durchführung eines dieser Formate sollten sich Lehrende überlegen, welche Lernaktivitäten am besten in welchem Modus (online oder on-site, asynchron oder synchron) durchgeführt werden, um den Kompetenzerwerb am besten zu unterstützen. Die Methode ›Inverted Classroom‹ ist ein spezielles Format, in dem versucht wird, die asynchrone Vorbereitungsphase für die Einarbeitung in neue Konzepte zu nutzen, während die Präsenzveranstaltung im Dienst aktiver und kollaborativer Methoden steht. Zahlreiche Tipps für die Umgestaltung der eigenen Lehre zum Inverted Classroom wurden vorgestellt.

Literaturtipps

Für einen Einstieg in E-Learning siehe
Leibniz-Institut für Wissensmedien (o.D.). *e-teaching.org*. https://www.e-teaching.org/.
Arnold, P., Kilian, L., Thillosen, A. & Zimmer, G. M. (2018). *Handbuch E-Learning. Lehren und Lernen mit digitalen Medien* (5. Aufl.). W. Bertelsmann Verlag.

Für einen Einstieg in den Inverted Classroom siehe
Kauffeld, S. & Othmer, J. (Hrsg.) (2019). *Handbuch Innovative Lehre*. Springer Fachmedien.
Talbert, R. (2017). *Flipped Learning. A Guide for Higher Education Faculty*. Stylus Publishing.

Zahlreiche Beispiele für Inverted Classrooms findet man in den Konferenzbänden der jährlich stattfindenden »Inverted Classroom and Beyond«, siehe
icmandbeyond (o.D.). *Inverted Classroom and beyond*. https://www.icmbeyond.net/.

4. Literatur

Abeysekera, L. & Dawson, P. (2015). Motivation and cognitive load in the flipped classroom. Definition, rationale and a call for research. *Higher Education Research & Development, 34*(1), 1–14.

Anderson, L. W. & Krathwohl, D. R. (Hrsg.) (2001). *A taxonomy for learning, teaching, and assessing. A revision of Bloom's taxonomy of educational objectives.* Longman.

Arnold, P., Kilian, L., Thillosen, A. & Zimmer, G. M. (2018). *Handbuch E-Learning. Lehren und Lernen mit digitalen Medien* (5. Aufl.). W. Bertelsmann Verlag.

Arslan, A. (2020). Instructional design considerations for flipped classroom. *International Journal of Progressive Education, 16*(6), 33–59.

Attwell, G. (2007). The personal learning environments – The future of eLearning? *eLearning Papers, 2*(1), 1–8.

Baepler, P., Walker, J. D. & Driessen, M. (2014). It's not about seat time: Blending, flipping, and efficiency in active learning classrooms. *Computers & Education, 78*, 227–236.

Baker, J. W. (2000). The »classroom flip«: Using web course management tools to become the guide by the side. In J. A. Chambers (Hrsg.), *Selected papers from the 11th international conference on college teaching and learning* (S. 9–17). Florida Community College.

Beatty, B. (2006). *Designing the HyFlex world: Hybrid, flexible classes for all students* [Vortrag]. Dallas, TX: Association for Educational Communication and Technology International Conference (AECT), Dallas, USA. https://hyflexworld.wordpress.com/wp-content/uploads/2019/03/beatty_aect_2006_designing_the_hyflex_world.pdf

Beatty, B. J. (2019). *Hybrid-Flexible course design. Implementing student-directed hybrid classes.* EdTech Books. https://edtechbooks.org/hyflex/book_intro

Bernard, R. M., Borokhovski, E., Schmid, R. F., Tamim, R. M. & Abrami, P. C. (2014). A meta-analysis of blended learning and technology use in higher education: From the general to the applied. *Journal of Computing in Higher Education*, 26(1), 87–122.

Betihavas, V., Bridgman, H., Kornhaber, R. & Cross, M. (2016). The evidence for ›flipping out‹: A systematic review of the flipped classroom in nursing education. *Nurse Education Today, 38*, 15–21.

bildung-und-ethik.com. (2020, 07. Juni). *Offener Brief zur Verteidigung der Präsenzlehre.* https://bildung-und-ethik.com/2020/06/07/offener-brief-zur-verteidigung-der-prasenzlehre/

Bishop, J. L. & Verleger, M. A. (2013). The flipped classroom: A survey of the research. *ASEE Annual Conference and Exposition, Conference Proceedings, 6219.*

Bonwell, C. C. (1996). Enhancing the lecture: Revitalizing a traditional format. *New Directions for Teaching and Learning, 67*, 31–44.

Bredow, C. A., Roehling, P. V., Knorp, A. J. & Sweet, A. M. (2021). To flip or not to flip? A meta-analysis of the efficacy of flipped learning in higher education. *Review of Educational Research, 91*(6), 878–918.

Busse, B. (2017). E-Learning an Hochschulen: Stand der Entwicklung unter didaktischer Perspektive. *Hefte zur Bildungs- und Hochschulforschung*, 90. https://kops.uni-konstanz.de/entities/publication/0035ee61-5190-440f-9eeb-4b8e63a0bbf8

Calle, J. C. C., Olivares-Rodríguez, P. & Asto, J. L. V. (2021). Inverted classroom to develop self-regulated learning in university students in times of pandemic. *Gestão, Inovação e Tecnologias, 11*(3), 727–740.

Cavanagh, T. B., Thompson, K. & Futch, L. (2016). Supporting institutional hybrid implementations. In K. Linder & D. Fontaine (Hrsg.), *New Directions for Teaching and Learning, 145*, 111–119.

Cronje, J. (2020). Towards a new definition of blended learning. *Electronic Journal of E-Learning, 18*(2), 114–121.

Danushka, S. A. N. & Weerasinghe, T. A. (2020). A critical review on terminology and definitions of blended learning. *Proceedings of International Conference on Business Management, 17*, 752–769.

Deci, E. L. & Ryan, R. M. (1993). Die Selbstbestimmungstheorie der Motivation und ihre Bedeutung für die Pädagogik. *Zeitschrift für Pädagogik, 39*(2), 223–238.

Divjak, B., Rienties, B., Iniesto, F., Vondra, P. & Žižak, M. (2022). Flipped classrooms in higher education during the COVID-19 pandemic: Findings and future research recommendations. *International Journal of Educational Technology in Higher Education, 19*, Artikel 9.

Downes, S. (2011). *The MOOC guide.* https://web.archive.org/web/20210415204743/https:/sites.google.com/site/themoocguide/home

Educause Learning Initiative (2020). 7 things you should know about the HyFlex course model. *Educause.* https://library.educause.edu/resources/2020/7/7-things-you-should-know-about-the-hyflex-course-model

Flerlage, C., Bernholt, A. & Parchmann, I. (2023). MOOCs in der Hochschullehre – Motive und Erwartungen von Lehrenden und Studierenden. *Zeitschrift für Hochschulentwicklung, 18*(1), 171–191.

Freeman, S., Eddy, S. L., McDonough, M., Smith, M. K., Okoroafor, N., Jordt, H. & Wenderoth, M. P. (2014). Active learning increases student performance in science, engineering, and mathematics. *Proceedings of the National Academy of Sciences, 111*(23), 8410–8415.

Garrison, D. R. & Kanuka, H. (2004). Blended learning: Uncovering its transformative potential in higher education. *Internet and Higher Education, 7*, 95–105.

Geiger, V., Deibl, I. & Zumbach, J. (2019). Flipped Classroom – Ein pädagogisches Fehlkonzept? *Erziehung & Unterricht, 2019*(1-2), 169–179.

Getto, B. & Kerres, M. (2015). Vom E-Learning-Projekt zur nachhaltigen Hochschulentwicklung: Strategisches Alignment im Kernprozess »Studium & Lehre«. In A. Mai (Hrsg.) *Hochschulwege 2015: Wie verändern Projekte die Hochschulen?* (S. 147–157). Tredition.

Goerres, A., Kärger, C. & Lambach, D. (2015). Aktives Lernen in der Massenveranstaltung: Flipped-Classroom-Lehre als Alternative zur klassischen Vorlesung in der Politikwissenschaft. *Zeitschrift* für *Politikwissenschaft, 25*(1), 135–152.

Graham, C. R. (2006). Blended learning systems. Definition, current trends, and future directions. In C. J. Bonk & C. R. Graham (Hrsg.), *The handbook of blended learning. Global perspectives, local designs* (S. 3–21). Pfeiffer.

Graham, C. R. (2013). Emerging practice and research in blended learning. *Handbook of Distance Education, 3*, 333–350.

Gumm, D. & Hobuß, S. (2021). Hybride Lehre – Eine Taxonomie zur Verständigung. *Impact Free, 38*, 1–11.

Hamdan, N., McKnight, P., McKnight, K. & Arfstrom, K. F. (2013). *A review of flipped learning.* Flipped Learning Network, Pearson Education, George Mason University.

Handke, J. (2012). Voraussetzungen für das ICM. In J. Handke & A. Sperl (Hrsg.), *Das Inverted Classroom Model. Begleitband zur ersten deutschen ICM-Konferenz* (S. 39–52). Oldenbourg Wissenschaftsverlag. https://doi.org/10.1515/9783486716641

Handke, J. & Sperl, A. (Hrsg.), *Das Inverted Classroom Model. Begleitband zur ersten deutschen ICM-Konferenz.* Oldenbourg Wissenschaftsverlag. https://doi.org/10.1515/9783486716641

Hodges, C., Moore, S., Lockee, B., Trust, T. & Bond, A. (2020). The difference between emergency remote teaching and online learning. *EDUCAUSE Review.* https://er.educause.edu/articles/2020/3/the-difference-between-emergency-remote-teaching-and-online-learning

Hrastinski, S. (2019). What do we mean by blended learning? *TechTrends, 63*(5), 564–569.

Iberer, U. (2011). Das aktive Plenum: Neue didaktische Potenziale einer klassischen Sozialform. In L. Berger, C. Spannagel & J. Grzega (Hrsg.), *Lernen durch Lehren im Fokus. Berichte von LdL-Einsteigern und LdL-Experten* (S. 87–94). epubli.

icmandbeyond (o.D.). *Inverted Classroom and beyond.* https://www.icmbeyond.net/

Irvine, V. (2020). The landscape of merging modalities. *EDUCAUSE Review, 55*(4), 40–58.

Jacques, D. (2003). Teaching small groups. *British Medical Journal, 326*, 492–494.

Jeffries, W. B. (2014). Teaching large groups. In K. N. Huggett & W. B. Jeffries (Hrsg.), *An introduction to medical teaching* (2. Ausg., S. 11–26). Springer.

Johnson, D. W., Johnson, R. T. & Smith, K. A. (1998). Cooperative learning returns to college: What evidence is there that it works? *Change: The Magazine of Higher Learning, 30*(4), 26–35.

Kapur, M., Hattie, J., Grossman, I. & Sinha, T. (2022). Fail, flip, fix, and feed – Rethinking flipped learning: A review of meta-analyses and a subsequent meta-analysis. *Frontiers in Education, 7*, 956416.

Kauffeld, S. & Othmer, J. (Hrsg.) (2019). *Handbuch Innovative Lehre.* Springer Fachmedien.

Kerres, M. (2002). Online- und Präsenzelemente in hybriden Lernarrangements kombinieren. In A. Hohenstein & K. Wilbers (Hrsg.), *Handbuch E-Learning.* Fachverlag Deutscher Wirtschaftsdienst.

Kerres, M. (2013). *Mediendidaktik: Konzeption und Entwicklung mediengestützter Lernangebote.* Oldenbourg Wissenschaftsverlag.

Kerres, M. (2016). E-Learning vs. Digitalisierung der Bildung: Neues Label oder neues Paradigma. In A. Hohenstein & K. Wilbers (Hrsg.), *Handbuch E-Learning* (61. Ergänzungslieferung). Fachverlag Deutscher Wirtschaftsdienst.

Kerres, M. & DeWitt, C. (2003). A didactical framework for the design of blended learning arrangements. *Journal of Educational Media, 28*(2-3), 101–113.

King, A. (1993). From sage on the stage to guide on the side. *College Teaching, 41*(1), 30–35.

Kola, A. J. (2017). Investigating the conceptual understanding of physics through an interactive lecture-engagement. *Cumhuriyet International Journal of Education, 6*(1), 82–96.

Kothiyal, A., Majumdar, R., Murthy, S. & Iyer, S. (2013). Effect of think-pair-share in a large CS1 class: 83% sustained engagement. In B. Simon, A. Clear & Q. Cutts (Hrsg.), *Proceedings of the ninth annual international ACM conference on international computing education research* (S. 137–144). ACM.

Lage, M. J., Platt, G. J. & Treglia, M. (2000). Inverting the classroom: A gateway to creating an inclusive learning environment. *The Journal of Economic Education, 31*(1), 30–43.

Lambach, D. & Kärger, C. (2021). Inverting the classroom in large-enrollment classes: A beginner's guide. *Journal of Political Science Education, 17*(4), 641–652.

Leibniz-Institut für Wissensmedien (o.D.). *e-teaching.org.* https://www.e-teaching.org/

Lemoine, P. A., Sheeks, G., Waller, R. E. & Richardson, M. D. (2019). Retention of online learners: The importance of support services. *International Journal of Technology-Enabled Student Support Services, 9*(2), 28–38.

Linder, K. E. (2017). Fundamentals of hybrid teaching and learning. *New Directions for Teaching and Learning, 149*, 11–18.

Lo, C. K., Hew, K. F. & Chen, G. (2017). Toward a set of design principles for mathematics flipped dlassrooms: A synthesis of research in mathematics education. *Educational Research Review, 22*, 50–73.

Lyman, F. T. (1981). The responsive classroom discussion: The inclusion of all students. In A. S. Anderson (Hrsg.), *Mainstreaming Digest* (S. 109–113). College of Education, University of Maryland.

Magdowski, M. (2023). Warum Hybridlehre bisher nicht (so richtig gut) funktioniert und was wir (noch) ändern müssen. *Perspektiven auf Lehre. Journal for Higher Education and Academic Development, 3*(1), 10–16.

McLaughlin, J. E., Roth, M. T., Glatt, D. M., Gharkholonarehe, N., Davidson, C. A., Griffin, L. M., Esserman, D. A., Means, B., Toyama, Y., Murphy, R. & Baki, M. (2013). The effectiveness of online and blended learning: A meta-analysis of the empirical literature. *Teachers College Record, 115*(3), 1–47.

Moravec, M., Williams, A., Aguilar-Roca, N. & O'Dowd, D. K. (2010). Learn before lecture: A strategy that improves learning outcomes in a large introductory biology class. *CBE — Life Science Education, 9*(4), 473–481.

Morisse, K. (2016). Inverted Classroom in der Hochschullehre. Chancen, Hemmnisse und Erfolgsfaktoren. In J. Haag & C. F. Freisleben-Teutscher (Hrsg.), *Das Inverted Classroom Modell. Begleitband zur 5. Konferenz »Inverted Classroom and Beyond« 2016 an der FH St. Pölten am 23. und 24. Februar 2016* (S. 17–28). Fachhochschule St. Pölten.

Nieswandt, M., Geschwill, R. & Zimmermann, V. (2019). Computerbasiertes Lernen: die Fehler in der Vergangenheit. In M. Nieswandt, R. Geschwill & V. Zimmermann (Hrsg.), *EdTech in Unternehmen. Lernen als Schlüssel für Innovation und Wachstum in Zeiten der Digitalisierung* (S. 17–29). Springer Gabler.

Norberg, A., Dziuban, C. & Moskal, P. (2011). A time based blended learning model. *On the Horizon, 19*(3), 207–216.

Nørgård, R. T. (2021). Theorising hybrid lifelong learning. *British Journal of Educational Technology, 52*(4), 1709–1723.

O'Flaherty, J. & Phillips, C. (2015). The use of flipped classrooms in higher education: A scoping review. *Internet and Higher Education, 25*, 85–95.

Oliver, M. & Trigwell, K. (2005). Can ›blended learning‹ be redeemed? *E-Learning, 2*(1), 17–26.

Persike, M. (2019). Denn sie wissen, was sie tun: Blended Learning in Großveranstaltungen. In S. Kauffeld & J. Othmer (Hrsg.), *Handbuch Innovative Lehre* (S. 65–86). Springer Fachmedien.

Praetorius, A.-K., Klieme, E., Herbert, B. & Pinger, P. (2018). Generic dimensions of teaching quality: The german framework of three basic dimensions. *ZDM – Mathematics Education, 50*, 407–426.

Prince, M. (2004). Does active learning work? A review of the research. *Journal of Engineering Education, 93*(3), 223–231.

Puentedura, R. R. (2006). Transformation, technology, and education. *Hippasus.* http://hippasus.com/resources/tte/puentedura_tte.pdf

Raes, A., Detienne, L., Windey, I. & Depaepe, F. (2020). A systematic literature review on synchronous hybrid learning: gaps identified. *Learning Environments Research, 23*, 269–290.

Reidsema, C., Hadgraft, R. & Kavanagh, L. (2017). Introduction to the Flipped Classroom. In C. Reidsema, L. Kavanagh, R. Hadgraft & N. Smith (Hrsg.), *The flipped classroom. Practice and practices in higher education* (S. 3–14). Springer Nature.

Reinmann, G. (2021a). Hybride Lehre – ein Begriff und seine Zukunft für Forschung und Praxis. *Impact Free, 35.*

Reinmann, G. (2021b). Präsenz-, Online- oder Hybrid-Lehre. Auf dem Weg zum post-pandemischen Teaching as Design. *Impact Free, 37.*

Rodger, S. H. (1995). An interactive lecture approach to teaching computer science. *ACM SIGCSE Bulletin, 27*(1), 278–282.

Roediger, H. L. & Karpicke, J. D. (2006). The power of testing memory. *Perspectives on Psychological Science, 1*(3), 181–210.

Röthler, D. (2022). Informelle Begegnungen in hybriden Bildungs-Settings. In R. Egger & S. Witzel (Hrsg.), *Hybrid, flexibel und vernetzt? Möglichkeiten, Bedingungen und Grenzen von digitalen Lernumgebungen in der wissenschaftlichen Weiterbildung* (S. 39–47). Springer VS.

Rowland, C. A. (2014). The effect of testing versus restudy on retention: A meta-analytic review of the testing effect. *Psychological Bulletin, 140*(6), 1432–1463.

Sams, A. (2012). Der ›Flipped‹ Classroom. In J. Handke & A. Sperl (Hrsg.), *Das Inverted Classroom Model: Begleitband zur ersten deutschen ICM-Konferenz* (S. 13–24). Oldenbourg Wissenschaftsverlag. https://doi.org/10.1515/9783486716641

Schulmeister, R. (Hrsg.) (2013). *MOOCs – Massive Open Online Courses. Offene Bildung oder Geschäftsmodell?* Waxmann.

Schulmeister, R. (2015). *Abwesenheit von Lehrveranstaltungen. Ein nur scheinbar triviales Problem.* https://www.campus-innovation.de/fileadmin/dokumente/Schulmeister_Anwesenheit__Abwesenheit__2_.pdf

Shi, Y., Ma, Y., MacLeod, J. & Yang, H. H. (2020). College students' cognitive learning outcomes in flipped classroom instruction: A meta-analysis of the empirical literature. *Journal of Computers in Education, 7*(1), 79–103.

Spannagel, C. (2011). Das aktive Plenum in Mathematikvorlesungen. In L. Berger, C. Spannagel & J. Grzega (Hrsg.), *Lernen durch Lehren im Fokus. Berichte von LdL-Einsteigern und LdL-Experten* (S. 97–104). epubli.

Spannagel, C. (2013). Die Mathematikvorlesung aus der Konserve. In J. Sprenger, A. Wagner & M. Zimmermann (Hrsg.), *Mathematik lernen, darstellen, deuten, verstehen – Didaktische Sichtweisen vom Kindergarten bis zur Hochschule* (S. 253–261). Springer Spektrum.

Springer, L., Stanne, M. E. & Donovan, S. S. (1999). Effects of small-group learning on undergraduates in science, mathematics, engineering, and technology: A meta-analysis. *Review of Educational Research, 69*(1), 21–51.

Strelan, P., Osborn, A. & Palmer, E. (2020). The flipped classroom: A meta-analysis of effects on student performance across disciplines and education levels. *Educational Research Review, 30*, 100314.

Szeto, E. (2014). A comparison of online/face-to-face students' and instructor's experiences: Examining blended synchronous learning effects. *Procedia – Social and Behavioral Sciences, 116*, 4250–4254.

Talbert, R. (2017). *Flipped learning. A guide for higher education faculty.* Stylus Publishing.

Teichgräber, U., Mensel, B., Franiel, T., Herzog, A., Cho-Nöth, C.-H., Mentzel, H.-J., Ingwersen, M. & Aschenbach, R. (2021). Virtual inverted classroom to replace in-person radiology lectures at the time of the COVID-19 pandemic – A prospective evaluation and historic comparison. *BMC Medical Education, 21*(611), 1–10.

Trondsen, E. & Vickery, K. (1998). Learning on demand. *Journal of Knowledge Management, 1*(3), 169–180.

van Alten, D. C. D., Phielix, C., Janssen, J. & Kester, L. (2019). Effects of flipping the classroom on learning outcomes and satisfaction: A meta-analysis. *Educational Research Review, 28*, 100281.

Vo, H. M., Zhu, C. & Diep, N. A. (2017). The effect of blended learning on student performance at course-level in higher education: A meta-analysis. *Studies in Educational Evaluation, 53*, 17–28.

Wannemacher, K., Jungermann, I., Scholz, J., Tercanli, H. & Villiez, A. (2016). *Digitale Lernszenarien im Hochschulbereich. Arbeitspapier Nr. 15.* Hochschulforum Digitalisierung.

Wanner, T. & Palmer, E. (2016). From flipped to flopped to flexible classrooms in higher dducation? – Critical reflections from Australia. In S. Barker, S. Dawson, A. Pardo & C. Colvin (Hrsg.), *Show me the learning. Proceedings ASCILITE 2016 Adelaide* (S. 605–610). University of Australia.

Wedekind, J. (2013). MOOCs – eine Herausforderung für die Hochschulen. Hochschuldidaktik im Zeichen von Heterogenität und Vielfalt. In G. Reinmann, M. Ebner & S. Schön (Hrsg.), *Hochschuldidaktik im Zeichen von Heterogenität und Vielfalt. Doppelfestschrift für Peter Baumgartner und Rolf Schulmeister* (S. 45–62). Books on Demand GmbH.

Werlen, E., Pancar, T. & Garbely, M. (2023). A MOOC as part of a curriculum – The importance of instructional design. *Zeitschrift für Hochschulentwicklung, 18*(1), 1, 77–95.

White, C. P., Ramirez, R., Smith, J. G. & Plonowski, L. (2010). Simultaneous delivery of a face-to-face course to on-campus and remote off-campus students. *TechTrends, 54*(4), 34–40.

Wiarda, J. M. (2020, 08. Juni). Protest gegen ein Phantom. *JMWiarda.* https://www.jmwiarda.de/2020/06/08/protest-gegen-ein-phantom/

Wilke, A. (2016, 06. Januar). Das SAMR Modell von Puentedura. Übersetzung der wichtigsten Begriffe ins Deutsche. *Universität Paderborn.* https://adrianwilke.de/museum/uni-paderborn/blog/2016/01/06/SAMR-Puentedura-deutsch/index.html

Yang, C., Luo, L., Vadillo, M. A., Yu, R. & Shanks, D. R. (2021). Testing (quizzing) boosts classroom learning: A systematic and meta-analytic review. *Psychological Bulletin, 147*(4), 399–435.

Zhang, Q., Cheung, E. S. T. & Cheung, C. S. T. (2021). The impact of flipped classroom on college students' academic performance: A meta-analysis based on 20 experimental studies. *Science Insights Education Frontiers, 8*(2), 1059–1080.

5. Danksagung

Wir danken dem Herausgeberinnenteam für die hilfreichen Rückmeldungen zu unserem Beitrag. Christian Spannagel dankt seiner Frau Svenja für ihre wertvollen Impulse in Diskussionen über den Inverted Classroom sowie der Hündin Amy für ihre beruhigende Anwesenheit in stressigen Arbeitsphasen.

KÜNSTLICHE INTELLIGENZ IN DER HOCHSCHULLEHRE

Jonas Leschke, Peter Salden

Schlagworte

Künstliche Intelligenz; AI Literacy; Hochschullehre; generative Künstliche Intelligenz; Learning Analytics

Orientierung

Künstliche Intelligenz (KI) verändert den Möglichkeitsraum in der Hochschullehre. In diesem Beitrag werden Auswirkungen entsprechender Systeme auf die Hochschullehre vorgestellt. Zum einen geht es darum, wie sich Kompetenzanforderungen an Studierende und Lehrende ändern (Lehren und Lernen über KI). Zum anderen wird betrachtet, welche Bedeutung Künstliche Intelligenz als Werkzeug für Lehrplanung, Lehr- und Lerngeschehen, Prüfungen sowie für Evaluationen hat (Lehren und Lernen mit KI).

Leitfragen

Wie beeinflusst Künstliche Intelligenz die Hochschullehre?
Welche Kompetenzen benötigen Studierende und Lehrende in Zeiten Künstlicher Intelligenz für die Hochschullehre?
Wie können Studierende und Lehrende Künstliche Intelligenz lernwirksam einsetzen?

1. Einleitung

Spätestens seit der allgemeinen Bereitstellung des Chatbots ChatGPT durch das Unternehmen OpenAI im November 2022 ist Künstliche Intelligenz (KI) breitenwirksam auch in der Hochschullehre angekommen. Die ersten Reaktionen aus Hochschulen waren überwiegend besorgt und es wurden teils gravierende Folgen für die Hochschullehre prognostiziert. Insbesondere das Prüfungswesen in seiner bestehenden Form sei in Zeiten generativer KI stark betroffen (Limburg et al., 2022; Reinmann, 2023). Als kurzfristige Konsequenz wurde teilweise der Rückschritt in überwachte Prüfungssituationen empfohlen, beispielsweise durch Präsenzklausuren mit Papier und Stift – und dies auch in Studiengängen, in denen digitale oder unbeaufsichtigte Prüfungsformen aus didaktischen Gründen bereits eingeführt waren. Parallel zu diesen ›ad hoc-Abwehrmaßnahmen‹ hat aber auch der didaktische Diskurs über positives Potenzial zum Einsatz von (generativer) KI in der Hochschullehre immer mehr Aufmerksamkeit erfahren.

Da das breite Interesse an didaktischen Fragestellungen zum Einsatz von KI in der Hochschullehre noch jung und die Dynamik bei den technischen Entwicklungen hoch ist, gibt es zum Zeitpunkt der Manuskripterstellung im Herbst 2023 wenig empirisch gesicherte Erkenntnisse zum methodischen Einsatz von KI in der Hochschullehre (Bond et al., 2023; Zawacki-Richter et al., 2019). Aus diesen Gründen ist dieser Handbuchartikel teilweise als Perspektivbeitrag zu verstehen und bleibt an einigen Stellen weniger konkret, als es möglicherweise in einem Praxishandbuch erwartbar wäre.

In den folgenden Abschnitten werden wir nach einer anfänglichen allgemeinen Einführung in das Thema Künstliche Intelligenz auf die Bedeutung von KI für die Lerninhalte und die didaktischen Einsatzmöglichkeiten in der Hochschullehre eingehen.

1.1 Was ist eigentlich Künstliche Intelligenz?

Die erstmalige Verwendung des Begriffs ›Künstliche Intelligenz‹ (bzw. »Artificial Intelligence«, AI) wird dem »Dartmouth Summer Research Project« im Jahr 1956 zugeschrieben (u.a. Moor, 2006; siehe auch Definition »1956«). Seit der erstmaligen Verwendung des Begriffs gibt es hierzu einen umfangreichen Forschungs- und teilweise auch Praxisdiskurs. Dennoch wird der Begriff auch knapp 70 Jahre später sehr unterschiedlich verstanden und als Überbegriff für verschiedene Technologien und Methoden verwendet (Kreutzer & Sirrenberg, 2019; Zawacki-Richter et al., 2019, 2020).

Definition

McCarthy und Kolleg:innen (2006, S. 12) definierten **Künstliche Intelligenz** 1956 wie folgt: »The study [of artificial intelligence] is to proceed on the basis of the conjecture that every aspect of learning or any other feature of intelligence can in principle be so precisely described that a machine can be made to simulate it. An attempt will be made to find how to make machines use language, form abstractions and concepts, solve kinds of problems now reserved for humans, and improve themselves.« (McCarthy et al., 2006, S. 12)
Kreutzer und Sirrenberg (2019, S. 3) definierten Künstliche Intelligenz rund 60 Jahre später wie folgt: »Künstliche Intelligenz bezeichnet die Fähigkeit einer Maschine, kognitive Aufgaben auszuführen, die wir mit dem menschlichen Verstand verbinden. Dazu gehören Möglichkeiten zur Wahrnehmung sowie die Fähigkeiten zur Argumentation, zum selbstständigen Lernen und damit zum eigenständigen Finden von Problemlösungen.«

Die Verwendung von ›KI‹ als Überbegriff für unterschiedliche Ansätze und Technologien ist teilweise missverständlich, da beispielsweise in der heutigen Diskussion um KI nicht selten von ›der‹ KI oder über ›die‹ KI geschrieben und gesprochen wird. Durch den Versuch der Unterscheidung von schwacher und starker bzw. allgemeiner KI (Röser, 2021) wird allerdings schnell deutlich, dass es ›die‹ KI heute und voraussichtlich auch in naher Zukunft nicht gibt. Von ›schwacher KI‹ wird gesprochen, wenn eine KI eine bestimmte Aufgabe lösen kann. Von einer ›starken‹ oder ›allgemeinen‹ KI wird gesprochen, wenn eine KI nahezu menschliche Denkprozesse abbilden und aufgrund dessen unterschiedlichste Aufgaben lösen kann.

Eine weitere Unterscheidung wird zum Beispiel zwischen generativer KI und anderen KI-Systemen vorgenommen. Generative KI-Systeme sind solche, die ein Medium (Text, Bild, Musik, Video etc.) generieren und dafür häufig menschliche Sprache verarbeiten können (Eke, 2023). In der Hochschullehre können entsprechende Systeme beispielsweise Dokumente der Lehrplanung und -gestaltung oder Lernprodukte erzeugen. Es gibt allerdings auch diverse andere KI-Systeme, die beispielsweise zur Datenanalyse eingesetzt werden sowie sich in der Art der Datenverarbeitung unterscheiden. Solche Systeme können in der Hochschullehre für Lerndatenanalysen (sogenannte »Learning Analytics«) eingesetzt werden oder aufgrund des fachspezifischen Einsatzes in der Wissenschaft oder Arbeitswelt einen wichtigen Lerninhalt darstellen.

Beispiel

Schwache KI

Ein Beispiel für eine schwache KI sind »Large Language Models« (LLM), die menschliche Sprache verarbeiten und imitieren können. LLM sind dennoch nicht in der Lage, Argumentationsketten zu bilden oder Rechnungen im mathematischen Sinn durchzuführen (Fleischmann, 2023). Sie können lediglich Argumente oder Rechnungen durch die wahrscheinliche

Aneinanderreihung von Zahlen, Buchstaben und Worten imitieren. Aussagen wie »das Sprachmodell XY hat mir meine Frage Z beantwortet« stehen stellvertretend für die technischen Missverständnisse und provozieren Fehlvorstellungen, indem in der Aussage dem Sprachmodell fälschlicherweise eine valide Wissensbasis zugeschrieben wird.

1.2 Wie funktioniert generative KI?

Abb. 1: Kreislauf der Informations- und Datenverarbeitung generativer KI

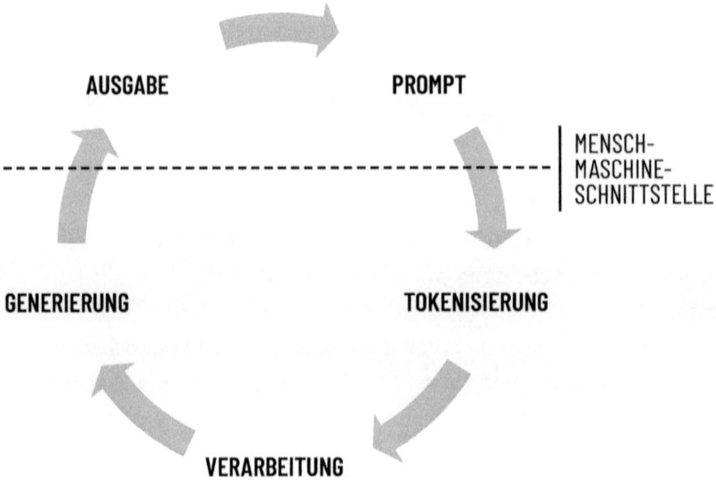

Quelle: eigene Darstellung Leschke & Salden

Der Kreislauf der Informations- und Datenverarbeitung generativer KI beginnt mit dem »Prompt« durch die Nutzenden der KI (siehe Abb. 1). Prompt meint in diesem Kontext eine Aufforderung an das KI-System, eine Ausgabe zu generieren. Dabei werden in einem Prompt Anforderungen an die Ausgabe definiert, indem beispielsweise ein Lernziel für eine bestimmte Lerngruppe zu einem Thema formuliert werden soll. Dieser Prompt wird vom KI-System, also der Maschine, in kurze Segmente aus mehreren Wörtern, einzelnen Wörtern oder Zeichen, sogenannte »Token«, aufgeteilt. Diese Token werden anhand der in der KI gespeicherten Muster zu einer Antwort bzw. zu möglichen Antworten verarbeitet. Die aufgrund statistischer Wahrscheinlichkeiten final generierte Antwort wird abschließend den Nutzenden visualisiert. Die Muster und die statistischen Wortwahrscheinlichkeiten ergeben sich häufig aus der maschinellen Synthese der eingespeisten Trainingsdaten und können durch feste Regeln ergänzt werden. Insbesondere die aktuell frei verfügbaren generativen KI sind nicht für den spezifischen Zweck der Lehrplanung oder Hochschullehre entwickelt. Sie funktionieren daher nicht regelbasiert, beispielsweise im Sinne einer regelhaften Berücksichtigung von didaktischen Modellen oder Taxonomien, sodass die generierten Ausgaben für Lehrzwecke besonders kritisch zu prüfen sind.[1]

Definition

»Mit dem Blog-Artikel ›Better Language Models and Their Implications‹ [...] führte OpenAI die Begrifflichkeit **›Prompt‹** ein: Ein menschlich erstellter Text, der vom Modell fortgesetzt wird. Mit der Veröffentlichung des multimodalen Systems DALL·E bekam der Begriff Prompt eine neue, nämlich visuelle Dimension.« (Alexeev, 2023, S. 53). Heute können multimodale Systeme auch gesprochenen Text und Videos als Prompt verarbeiten.
Token stellen unterschiedlich lange Segmente aus mehreren Wörtern, einzelnen Wörtern oder Zeichen dar, die in einem Large-Language-Modell verarbeitet werden können.

1.3 Einflussfelder von Künstlicher Intelligenz auf die Hochschullehre

Der Einfluss von KI auf die Hochschullehre lässt sich in die Bereiche a) Lehren und Lernen über KI und b) Lehren und Lernen mit KI aufteilen (de Witt et al., 2020).

Das **Lehren und Lernen über KI**, also KI als Lerninhalt, betrifft zunächst eine Grundbildung zu KI im Sinne sogenannter »AI Literacy« (Long & Magerko, 2020, S. 598) sowie darüber hinaus Kompetenzen, die sich aus der Bedeutung von KI für Wissenschaft, Arbeits- und allgemeine Lebenswelt ergeben. Mit KI in der Wissenschaft und der Arbeitswelt geht eine Fachspezifik einher, sodass sich die Lerninhalte je nach Studiengang unterscheiden (Reinmann, 2023). Wird KI aus Perspektive der allgemeinen Lebenswelt oder allgemeiner AI Literacy betrachtet, weist das Themenfeld hingegen keine Fachspezifik auf und kann fächerübergreifend bearbeitet werden (Reinmann, 2023).

Beim **Lehren und Lernen mit KI**, d.h. wenn KI als eine Art Werkzeug betrachtet wird, lässt sich unterscheiden, ob das KI-System als Lern- oder als Lehrwerkzeug genutzt wird. Studierende können beispielsweise ein generatives KI-System als Lernassistenz einsetzen, indem sie es als Werkzeug der Ideenfindung oder für zeit- und ortsunabhängiges Feedback auf erarbeitete Lernprodukte nutzen. Lehrende können (generative) KI-Systeme beispielsweise für den ersten Entwurf einer Lehrveranstaltungsplanung oder für die Evaluation ihres Lernangebots einsetzen.

1 Dies ist eine Momentaufnahme, die sich durch die noch jungen, aber erheblichen technischen Innovationen im Bereich generativer KI begründet. Es ist anzunehmen, dass in der nahen Zukunft generative KI-Systeme zur Verfügung stehen werden, die Theorien und Modelle der Hochschullehre regelhaft berücksichtigen können.

In den folgenden beiden Abschnitten werden diese Einflussfelder weiter ausdifferenziert und aktuelle handlungsleitende Empfehlungen dargestellt. Der folgende Abschnitt geht dabei auf das Lehren und Lernen ›über‹ KI ein, bevor im dritten Abschnitt das Lehren und Lernen ›mit‹ KI beschrieben wird.

Zwischenfazit

Im ersten Abschnitt haben wir ein gemeinsames Verständnis von Künstlicher Intelligenz geschaffen, indem ›KI‹ als Sammelbegriff für verschiedene Technologien vorgestellt wurde, die individuelle Lösungen für unterschiedliche Aufgaben generieren. Anschließend folgte eine konzeptionelle Beschreibung des Informations- und Datenkreislaufs einer generativen KI, um ein grundsätzliches technisches Verständnis zu schaffen. Abschließend haben wir die Einflussfelder von KI auf die Hochschullehre herausgearbeitet, mit denen wir uns in den folgenden Abschnitten weiter befassen.

2. Welches Wissen, welche Fertigkeiten und welche Kompetenzen brauchen Studierende und Lehrende im Umgang mit KI?

Neben ihrem praktischen Nutzen in Alltagssituationen ist die häufig intuitive Handhabung vieler neuer KI-Systeme eine ihrer großen Stärken. Die Nutzung von Chatbots, die auf LLM zurückgreifen, ermöglicht es den Nutzenden, ihre Anfragen in natürlicher Sprache zu stellen. Die Mächtigkeit der LLM und die Möglichkeit, ganze Dialoge mit den Chatbots zu führen, erfordern von den Nutzenden keine komplexen Fertigkeiten, um Ergebnisse zu generieren. Lehrende sowie Studierende können daher mit KI-basierten Chatbots im Speziellen und meist auch mit KI-Systemen im Allgemeinen intuitiv Ergebnisse erzeugen. Wienrich und Kolleg:innen (2022) weisen darauf hin, dass »diese reduzierten Anforderungen an die technischen Fähigkeiten und Fertigkeiten allerdings auch dazu [führen], dass Nutzer:innen die Systeme zwar bedienen können, aber nicht wissen, was sich hinter den automatisierten Systemen verbirgt, wie diese arbeiten oder auf welcher Grundlage sie die Informationen erhalten, die sie von den AI-Systemen bekommen« (S. 7). Dieses fehlende Grundverständnis kann zu einem überschätzten Vertrauen in die Systeme und die generierten Ergebnisse führen. De Witt und Kolleg:innen (2020) argumentieren diesbezüglich, dass KI »nicht nur ein Technologieversprechen, sondern auch eine Kompetenzanforderung« ist (S. 8). Diese Kompetenzanforderung wird in der Wissenschaft insbesondere unter dem Begriff »AI Literacy« (oder auch »KI-Literacy«) diskutiert.

Definition

Long und Magerko (2020, S. 598) definieren **AI Literacy** als ein »set of competencies that enables individuals to critically evaluate AI technologies; communicate and collaborate effectively with AI; and use AI as a tool online, at home, and in the workplace.«

Ein aktuelles Forschungsdesiderat, allerdings zugleich auch Gegenstand großen Forschungsinteresses, ist das für eine AI Literacy benötigte Set an Fähigkeiten und Kompetenzen (u.a. Carolus et al., 2023; Fecher et al., 2023; Hornberger et al., 2023; Karaca et al., 2021; Laupichler et al., 2023; Ng et al., 2021; Wienrich et al., 2022). Laupichler und Kolleg:innen (2023) vergleichen für ihre Studie einige der aktuellen AI-Literacy-Modelle und finden, vorbehaltlich weiterer empirischer Untersuchungen, grundsätzliche Gemeinsamkeiten der Modelle in den drei Konstrukten des technischen Verständnisses in Bezug auf KI, der Fähigkeit zur praktischen Anwendung von KI[2] und zur kritischen Bewertung von KI, wobei Letztere insbesondere auch die ethische Bewertung berücksichtigen soll.

In der Diskussion um AI Literacy werden weitere Positionen vertreten, die das Thema KI und Kompetenzerwerb in anderer Weise reflektieren. So weist Reinmann (2023) darauf hin, dass es durch die Verfügbarkeit von KI-Systemen zu einem Kompetenzverlust kommen kann, indem der Erwerb bestimmter Kompetenzen möglicherweise nicht mehr gefördert wird. Dieser Entwicklung sei allerdings vorzubeugen, damit das wissenschaftliche Studium auch weiterhin die Identitäts- und Persönlichkeitsentwicklung der Studierenden unterstütze.

Salden und Kolleg:innen (2023) weisen darauf hin, dass durch das Aufkommen von KI nicht nur neue Kompetenzen betrachtet werden müssen, sondern dass in diesem Zusammenhang auch alte Kompetenzen wie kritisches Denken oder der kompetente Einsatz wissenschaftlicher Methodik neu an Aktualität gewinnen.

Eine grundsätzlich kritische Haltung zum Thema AI Literacy nimmt Kalz (2023) ein. Er hinterfragt die nach seiner Auffassung inflationäre und zumeist wirtschaftlich und politisch geforderte Entwicklung von neuen Kompetenz- und Skill-Modellen. Vielmehr müsse aus bildungswissenschaftlicher Perspektive wieder stärker zwischen Kompetenzen, Fähigkeiten und Fertigkeiten sowie Wissen differenziert und damit einhergehend die Beständigkeit bekannter Modelle geprüft werden (dazu auch Wisniewski & Daumiller, 2023). Zudem sei die Notwendigkeit der Entwicklung neuer Kompetenzmodelle empirisch zu begründen. Die Diskussion um die Erforderlichkeit von KI-Kompetenzen oder AI Literacy muss sich dieser Kritik noch stellen.

2 Dies schließt nach Laupichler und Kolleg:innen (2023) auch die Fähigkeit zum datenschutzkonformen Einsatz von KI-Software ein.

2.1 KI als Lerninhalt für Studierende

In Bezug auf die anzustrebende KI-Qualifikation in einer Lehrveranstaltung und die damit verbundenen Lernziele kann zwischen den Bereichen der wissenschaftlichen, beruflichen und lebensweltlichen Realität und formalen Qualifikation unterschieden werden, wenngleich diese in Wechselbeziehung zueinanderstehen.

Der Bereich der wissenschaftlichen, beruflichen und lebensweltlichen Realität ändert sich bereits seit Jahren durch den Einsatz von KI. KI-gestützte Suchmaschinen, Kaufempfehlungen aufgrund des Kaufverhaltens vergleichbarer Kund:innen, die KI-gestützte Analyse von Daten und seit Kurzem auch die Generierung ganzer Textdokumente sind keine exotischen Herangehensweisen, sondern im Gegenteil teilweise bereits Determinanten guter beruflicher und wissenschaftlicher Praxis. Das Präsidium der Deutschen Forschungsgemeinschaft (2023) vertritt in seiner Stellungnahme zum Einsatz generativer KI in der Wissenschaft die Position, dass »[d]er Einsatz generativer Modelle im Rahmen des wissenschaftlichen Arbeitens […] angesichts der erheblichen Chancen und Entwicklungspotenziale keinesfalls ausgeschlossen werden [sollte]. Ihr Einsatz erfordert jedoch bestimmte verbindliche Rahmenbedingungen, um die gute wissenschaftliche Praxis und die Qualität wissenschaftlicher Ergebnisse zu sichern« (S. 2). Unter Berücksichtigung des Studienziels, die Studierenden zur wissenschaftlichen oder künstlerischen Arbeit zu befähigen sowie auf die berufliche Praxis auch außerhalb der Wissenschaft vorzubereiten, ist die eingangs beschriebene Realität bereits heute in Lehrveranstaltungen zu berücksichtigen (Schleiss et al., 2023). In anderen Worten: Ein Studium, das Studierende bei der Heranführung an das wissenschaftliche Arbeiten nicht im kritischen Umgang mit KI-Systemen unterstützt, verfehlt sein Qualifikationsziel. Lehrende sind somit angehalten, den Einsatz von KI-Systemen in der jeweiligen Wissenschaftsdisziplin sowie die Nutzung auf dem Arbeitsmarkt aufmerksam zu verfolgen und Konsequenzen für die eigenen Lernangebote zu reflektieren.

Formale Qualifikation wird an Hochschulen durch die Prüfungsordnungen und Modulhandbücher beschrieben. Schon jetzt finden sich hier besonders in technischen Fächern und Informatik KI-bezogene Lernziele. Die jüngsten Entwicklungen um generative KI, die letztlich alle Studienfächer betreffen, werden in den meisten Modulhandbüchern allerdings voraussichtlich erst im Rahmen der nächsten turnusmäßigen Überarbeitung aufgenommen. Die begründete Integration von KI in die Hochschulcurricula steht zudem vor der Herausforderung, dass es an theoretisch und empirisch begründeten Kompetenzmodellen sowohl für die wissenschaftliche (Fecher et al., 2023) als auch für die berufliche Qualifikation (Wienrich et al., 2022) fehlt. Diese Modelle braucht es allerdings, um die Qualifikation in Studiengängen nicht beliebig und hinsichtlich der Passung an die zukünftigen lebensweltlichen Anforderungen der Absolvent:innen zufällig werden zu lassen (Kalz, 2023). Reinmann (2023) beschreibt die curriculare Integration als notwendige Voraussetzung, sofern »man eine generelle KI-Literacy, fach-spezifische KI-Kompetenzen oder gerade KI-unabhängige (Basis-) Kompetenzen fördern« will (S. 13). Solange keine (Re-)Akkreditierung ansteht, müssen die Lehrenden häufig eigeninitiativ prüfen, inwieweit KI die im Modulhandbuch zu ihren Veranstaltungen formulierten Kompetenzen tangiert.

Sie sollten hierbei bedenken, dass die Veränderungen auf unterschiedlichen Ebenen bzw. in unterschiedlichen Kompetenzbereichen liegen können. So werden formale Lernziele in der Regel entlang von Systematiken wie dem Deutschen Qualifikationsrahmen (Neß, 2010) beschrieben, der Fachkompetenzen (Wissen und Fertigkeiten) sowie personale Kompetenzen (Sozialkompetenz und Selbstständigkeit) unterscheidet (siehe dazu auch den Beitrag von Schaper in diesem Band). Veränderungen durch KI können sich bei den Lernzielen also dadurch ergeben, dass Studierende fachbezogen zusätzliches Wissen oder neue Methodenkompetenz erwerben müssen, aber auch dadurch, dass sich im Bereich der Zusammenarbeit bzw. des selbstständigen Arbeitens Standards verschieben. Für die oben erwähnte AI Literacy ist zu reflektieren, ob sich die ihr zugeschriebenen Kompetenzen auf einen oder mehrere dieser Kompetenzbereiche verteilen.

In die personalen Kompetenzen lassen sich u.a. Veränderungen im Bereich des selbstregulierten Lernens einordnen (Seidel & Krapp, 2014). Mit generativen KI-Systemen können Lernprodukte innerhalb kürzester Zeit generiert werden. Der von der Lehrperson angestrebte Lernprozess und Kompetenzzuwachs der Studierenden, beispielsweise durch einen intendierten Denkprozess während einer Schreibaufgabe (Salden et al., 2023), findet dann aber möglicherweise nicht oder nicht in der intendierten Form statt. Anders als es anhand der eingereichten Lernprodukte scheint, erreichen die Studierenden also die Lernziele möglicherweise nicht. Die reflektierte, sinnvolle Nutzung von KI-Systemen stellt also gerade auch im Bereich selbstregulierten Lernens eine wichtige neue Kompetenz dar.

Reflexionsfragen ?

Inwiefern betrifft KI die Lernziele des Moduls, in dem Ihre Lehrveranstaltung angesiedelt ist?
Welche KI-Kompetenzen brauchen Ihre Studierenden?
Wie können Sie Ihre Studierenden dabei unterstützen, Ihr Lernangebot reflektiert zu nutzen?

2.2 KI als Lerninhalt für Lehrende

Auch aufgrund der im vorherigen Abschnitt beschriebenen Bedeutung von KI für das Lernen an Hochschulen sind Lehrende auch selbst angehalten, ihr Wissen und ihre Kompetenzen in Bezug auf KI-Systeme kritisch zu reflektieren und gegebenenfalls zu erweitern.

Die Notwendigkeit der eigenen fachlichen Qualifizierung ergibt sich aus dem für Lehre benötigten Kompetenz- und Wissensvorsprung bezüglich der im Abschnitt 2.1 beschriebenen Anforderungen an die Studierenden. Ein entsprechender Vorsprung ergibt sich üblicherweise durch die eigene (wissenschaftliche) Qualifizierung. Durch die noch junge Relevanz von KI-Systemen für die Wissenschaft und den Arbeitsmarkt hat diese Form der Qualifizierung allerdings nur bei einer geringen Zahl an Lehrenden stattgefunden. Dieser Umstand fordert Lehrende heraus, sich aktiv im Umgang mit KI-Systemen zu qualifizieren, um die fachliche Bedeutung von KI-Systemen für die eigene Lehrveranstaltung adäquat berücksichtigen zu können.

Aber nicht nur die fachliche Bedeutung von KI-Systemen für die eigene Lehrveranstaltung müssen die Lehrenden aufarbeiten, sondern auch Wissen und Kompetenzen zum Einsatz von KI als Lernwerkzeug. Zwar ändern sich auch durch KI-Systeme die kognitiven, biologischen Prozesse des Lernens nicht, sodass hochschuldidaktische Grundlagenmodelle wie das »Constructive Alignment« (Wildt & Wildt, 2011; siehe den Beitrag von Friede und Szczyrba in Band I des Praxishandbuchs), Wissensmodelle wie das »Technological Pedagogical Content Knowledge Framework« (TPACK; Mishra et al., 2023) oder Prüfungsmodelle (wie Rahmenmodelle zum Prüfen in der Hochschule; zum Beispiel Schaper, 2021) auch weiterhin Bestand haben. Allerdings verändern KI-Systeme den Möglichkeitsraum des Lernens an Hochschulen. Diesen Raum zu erschließen und zu füllen, sollten Lehrende nicht allein den Studierenden überlassen, sondern ihn im Bewusstsein und in Anwendung bewährter didaktischer Prinzipien aktiv gestalten (siehe Beispiel).

Beispiel

Der (un-)veränderte Möglichkeitsraum des Lehrens und Lernens

Lehrende müssen sich auch in Zeiten von KI die Frage stellen, welche Lernziele sie im Rahmen ihrer Lehrveranstaltung erreichen möchten. Für das Beispiel nehmen wir eine Lehrperson, die eine sportpraktische Lehrveranstaltung zum Kraulschwimmen im Studium der Sportwissenschaft anbietet. Die Lehrperson könnte u.a. folgende Lernziele festlegen:

LZ1: Studierende können Systeme zu KI-basiertem Feedback auf Bewegungsabläufe für den eigenen Lernprozess anwenden.

LZ2: Studierende können das Kraulschwimmen für Demonstrationszwecke gesundheitsförderlich ausführen.

Das erste Lernziel ergibt sich aus der Verfügbarkeit von KI-Systemen und ist damit ein neues Lernziel. Das zweite Lernziel hingegen hat sich durch die Verfügbarkeit von KI-Systemen nicht verändert.

Der dritte Qualifizierungsbereich für die Lehrenden ergibt sich im Einsatz von KI-Systemen als Lehrwerkzeuge. Dieser Bereich ist im Vergleich zu den vorherigen beiden Bereichen (noch) fakultativ für die Lehrenden. Falls sich Lehrende aber für den Einsatz von KI-Systemen im Rahmen der Lehrgestaltung entscheiden, müssen sie sich im Umgang mit den entsprechenden Systemen qualifizieren. Auch wenn der Einsatz von KI-Systemen in der Lehrgestaltung freiwillig ist, kann die Nichtverwendung eine verpasste Chance für die Lehrenden darstellen (Reinmann, 2023). Denn auch für Lehrende können KI-Systeme zeit- und ortsunabhängige sowie zeitersparende Assistenzsysteme darstellen. Der Einsatz sollte allerdings kritisch reflektiert werden, um nicht Gefahr zu laufen, die mit Lehre »verbundenen verantwortungsvollen Tätigkeiten, die von Erfahrung und Urteilskraft profitieren, weitgehend an KI zu delegieren, [und] damit wichtige Lehrtätigkeiten nicht mehr selbst zu praktizieren und diese in der Folge entweder zu verlernen oder (bei Lehranfängerinnen) gar nicht erst zu entwickeln« (Reinmann, 2023, S. 14).

Zusammenfassend müssen Lehrende auch selbst Wissen, Fähigkeiten und Kompetenzen im Umgang mit KI-Systemen aufbauen. Für den Einstieg stehen eine Vielzahl an kostenlosen Informationsveranstaltungen und Weiterbildungsangebote(n) zur Verfügung, die es ermöglichen, die eigene AI Literacy oder KI-unabhängige (Basis-)Kompetenzen zu fördern. Das Angebot, die eigenen fachspezifischen KI-Kompetenzen auszubauen, ist in Abhängigkeit von der jeweiligen Wissenschaftsdisziplin hingegen noch nicht im selben Maß verfügbar. Dies liegt auch an dem unterschiedlichen Fortschritt des jeweiligen fachspezifischen Diskurses. Einige Disziplinen führen schon seit Längerem einen fachlichen Diskurs um die Bedeutung von KI-Systemen auf die eigene Disziplin. In anderen Disziplinen haben KI-Systeme erst jüngst durch die Diskussion um gute wissenschaftliche Praxis und die didaktische und prüfungsrechtliche Bedeutung für den Lehrbetrieb zu Aufmerksamkeit in der Breite geführt. Aufgrund der Relevanz des Themas ist allerdings anzunehmen, dass sich diese Differenz in naher Zukunft deutlich annähert.

Zwischenfazit

Im zweiten Abschnitt haben wir uns mit der Frage auseinandergesetzt, welches Wissen, welche Fertigkeiten und welche Kompetenzen Studierende, aber auch Lehrende in Zeiten von KI benötigen. Diese Anforderungen an Studierende und Lehrende beschreiben den veränderten inhaltlichen Rahmen für Lehrveranstaltungen an Hochschulen.

Reflexionsfragen

Sind Sie kompetent darin, gängige KI-Systeme in Ihrer Wissenschaftsdisziplin einzusetzen?
Können Sie die Bedeutung von KI-Systemen für Ihre Lehrgestaltung kompetent einschätzen?
Wie beeinflussten KI-Systeme die Antworten auf die klassischen Fragen der Lehrplanung für Ihre Lehrveranstaltung?

3. KI als Werkzeug für Lehren und Lernen

Im folgenden Abschnitt werden Möglichkeiten für den Einsatz von KI-Systemen in den verschiedenen Phasen einer Lehrveranstaltung beschrieben. Die Reihenfolge der Phasen orientiert sich am prototypischen zeitlichen Ablauf eines Semesters, auch wenn diese in der Praxis nicht immer klar voneinander getrennt werden können.

3.1 Lehrplanung

Sowohl generative KI als auch KI-basierte Learning-Analytics-Systeme können Lehrende bei der Planung von Lehrveranstaltungen unterstützen.

Generative KI kann beispielsweise bei der Ausformulierung von Rahmendokumenten unterstützen und Ideen geben. So kann generative KI auf Grundlage vorhandener Kompetenzbeschreibungen bei der Formulierung von detaillierteren Lernzielen helfen, die einem stark standardisierten Schema folgen. Inhalte des Modulhandbuchs können Teil eines initialen Prompts sein, mit dem zum Beispiel die Lernzielformulierung für einzelne Abschnitte der Lehrveranstaltung intendiert wird.

Vorhandene oder KI-unterstützt generierte Lernziele können auch der Ausgangspunkt für eine weitergehende Planungsunterstützung sein. Durch einen hinreichend differenzierten Prompt kann die KI instruiert werden, in der Rolle einer Lehrplanerin an Hochschulen für eine bestimmte Lerngruppe und bestimmte Lernziele Vorschläge für die Strukturierung einer Veranstaltung zu machen. Dies bedeutet nicht, dass das KI-System die Veranstaltung tatsächlich planen soll (oder dies überhaupt kann). Allerdings kann der Output als Inspiration und Ausgangspunkt dienen, wenn Lehrende in ihre Konzeptarbeit einsteigen. Beim Einsatz generativer KI für die Lehrplanung ist zu bedenken, dass die KI-Systeme im Allgemeinen Taxonomien oder Modulbeschreibungen nicht systematisch schlussfolgernd im menschlichen Sinne verarbeiten können (siehe Abs. 1.2). Die Lehrperson muss daher die Passung zwischen dem generierten Produkt und den didaktischen Anforderungen sicherstellen.

Betrachtet man über generative KI hinaus auch Anwendungen zur Lerndatenanalyse, so können KI-Werkzeuge auch bei der Überprüfung der Passung einer Lehrplanung bezüglich der individuellen Lerngruppe helfen. Eine der Stärken von KI ist die Analyse großer Datenmengen. Über die Lernbiografie der Lernenden sind an Hochschulen in den Campus- und Lernmanagementsystemen weitreichende Daten gespeichert. Diese Daten können mit und ohne Unterstützung durch KI ausgewertet werden. Lehrende können durch Learning Analytics Analyseergebnisse erhalten (de Witt et al., 2020). Diese Ergebnisse ermöglichen es den Lehrenden beispielsweise herauszufinden, welche Kurse die Lerngruppe im Verlauf ihres Studiums schon belegt hat und wie sie diese abgeschlossen hat. Auf Grundlage dieser Informationen kann die Lehrperson auf das vorhandene Vorwissen der aktuellen Lernendenkohorte schließen und das Lernangebot entsprechend individualisieren.

Reflexionsfragen

Können Sie KI-basierte Tools dazu nutzen, Ihre Lehrplanung zu unterstützen?
Auf welche Weise können Sie mithilfe von Lerndatenanalysen die individuellen Bedürfnisse und Vorkenntnisse Ihrer Lernenden ermitteln?

3.2 Lehr- und Lernprozessgestaltung

Generative KI-Systeme können bei der Erstellung von (individuellen) Lernaufgaben eingesetzt werden. Die Individualisierung kann erfolgen, indem die Lernenden persönlich angesprochen werden oder sich der Kontext von Lernaufgaben am persönlichen Interesse der Lernenden orientiert. Diese Individualisierung ist auch ohne generative KI-Systeme möglich, dann allerdings erheblich aufwendiger. Es ist dank generativer KI auch denkbar, dass Individualisierung nicht von der Lehrperson, sondern durch die Lernenden oder ein KI-System selbst vorgenommen wird. Bei der Individualisierung durch die Lernenden ist allerdings sicherzustellen, dass die Kerninformationen der Lernaufgabe nicht stichpunktartig mit einem vorbereiteten Prompt zur Verfügung gestellt werden, sodass die Kontextualisierung durch die strukturierte Auflistung der Fakten redundant ist. Eine Lösung hierfür können Eingabemasken für die Lernenden in E-Learning-Umgebungen sein, in die sie ihre persönlichen Interessen eintragen.

Die KI-unterstützte Erstellung von Lernmaterial kann so weit gehen, dass sogenannte »Deepfakes« (siehe Definition) entstehen. So können beispielsweise historische Dokumente durch KI-generierte Tonspuren oder Videos der historischen Personen neu dargestellt und methodisch eingebunden werden. Ein weiteres Einsatzszenario ergibt sich in der Darstellung fiktiver Handlungsverläufe im Sinne von »Was wäre, wenn?«-Gedankenspielen. Das didaktische Potenzial der Deepfakes ist allerdings besonders kritisch – hinsichtlich des potenziellen Schadens durch eine widerrechtliche bzw. unkommentierte Weiterverbreitung der Medien – abzuwägen. Darüber hinaus muss die didaktische Einbettung der Deepfakes sicherstellen, dass die Lernenden die Darstellungen als Deepfakes wahrnehmen und nicht als reale Zeitdokumente missinterpretieren, wie es beispielsweise bei der Erstausstrahlung des Hörspiels der fiktiven Reportage »Der Krieg der Welten« von Orson Wells im Jahr 1938 oder dem fiktionalen Werbespot für Finanzanlagen des »heute-journal« Moderators Christian Sievers 2023 kurzzeitig der Fall war.

Definition

»A **deepfake** is content, generated by an artificial intelligence, that is authentic in the eyes of a human being. The word deepfake is a combination of the words ›deep learning‹ and ›fake‹, and primarily relates to content generated by an artificial neural network, a branch of machine learning.« (Mirsky & Lee, 2020, S. 1).

Auch Lernende selbst können generative KI-Software als lernunterstützendes Werkzeug nutzen. Sie können beispielsweise durch KI-Software weiterführende Fragen auf von ihnen erarbeitete Lernprodukte wie Texte oder andere Medien stellen lassen (Sabzalieva & Valentini, 2023). Die Lernenden können dadurch prüfen, ob ihr Lernprodukt intersubjektiv nachvollziehbar ist und sie gegebenenfalls Gedanken weiter ausführen müssen. Durch generative KI-Software steht den Lernenden eine Möglichkeit zur zeit- und ortsunabhängigen Diskussion über ihre Lernergebnisse zur Verfügung. Dabei ist beim aktuellen technischen Entwicklungsstand insbesondere die Bewertung von Lernprodukten durch diese Systeme mindestens kritisch zu reflektieren.

Durch (KI-gestützte) Lerndatenanalyse kann Lernenden auch in großen, leistungsheterogenen Kohorten ein individuelles Lernangebot hinsichtlich ihres Leistungsniveaus gemacht werden. Auf Grundlage der Bildungsbiografien der Lernenden, beispielsweise Modulnoten oder Qualität ihrer bisherigen Lernprodukte, kann das individuelle Kompetenz- und Wissensprofil der Lernenden ungefähr erkannt werden (Herodotou et al., 2019). Für ihr spezifisches Profil können dann Aufgaben mit einer angemessenen Aufgabenschwierigkeit angeboten werden. Dies setzt allerdings ein umfangreiches technisches System voraus, welches mit einer validen Lerndatenbasis gespeist wird. Die technische Einstiegshürde und die flächendeckenden didaktischen Voraussetzungen in Bezug auf die Datengrundlage sind entsprechend hoch und stehen zum jetzigen Zeitpunkt eher in Entwicklungsumgebungen, nicht aber regelhaft zur Verfügung.

Reflexionsfragen

Welche Lernerfahrungen (beispielsweise gedankliche Prozesse) möchten Sie durch Ihr Lernangebot anregen und wie kann der Einsatz von KI dazu beitragen oder – im Gegenteil – diese behindern?

Wie können Sie durch den Einsatz von KI das Lernangebot individualisieren?

Welche lern- und lehrunterstützende Rolle kann generative KI in Ihrem Lernangebot einnehmen?

3.3 Prüfungen

Vergleichbar mit dem Einsatz von KI-Systemen in der Lehrplanung und -durchführung, können KI-Systeme Lehrende bei der Erstellung von Prüfungsaufgaben unterstützen. Auch bei diesem Einsatzszenario ist noch einmal besonders die Funktionsweise generativer KI zu berücksichtigen (siehe Abs. 1.2), da sie prüfungsrelevante didaktische Modelle oder Taxonomien im Allgemeinen nicht systematisch berücksichtigen. Aufgrund der breiten Verfügbarkeit von Operatorentabellen für die unterschiedlichen Taxonomien[3] und der damit verbundenen hohen Wahrscheinlichkeit, dass diese Tabellen Teil der Trainingsdaten generativer KIs sind, können diese entsprechende Modelle dennoch gut simulieren. Durch die regelmäßige Verwendung bekannter Operatoren in den Prüfungsaufgaben durch die KI kann es im Sinne eines ›Halo-Effekts‹ passieren, dass Lehrende den Aufbau der Prüfungsaufgaben regelhaft annehmen und dadurch die Qualität der Aufgaben auf Dauer überschätzen. Eine kritische Reflexion der Aufgaben und insbesondere die eigene Erstellung eines Erwartungshorizonts können diesem Problem vorbeugen. Ein identisches Einsatzszenario ergibt sich auch für die Prüflinge selbst, indem sie sich Prüfungsaufgaben als Lernaufgaben generieren lassen. Dadurch steht ihnen eine unerschöpfliche Menge an Lernaufgaben für die Prüfungsvorbereitung zur Verfügung. Auch hier sind die zuvor beschriebenen Limitationen zu berücksichtigen.

Lehrende können mit generativer KI aber auch ihre eigenen Prüfungsaufgaben testen, indem sie die generative KI die Aufgabe aus der Perspektive von Studierenden lösen lassen. Der entsprechende Lösungsvorschlag der KI ist aufgrund der Leistungsheterogenität von Studierenden zwar kein valides Abbild der Wirklichkeit, kann Lehrenden aber ein Feedback zur Lösbarkeit und einer möglichen, aber ungewollt suggerierten Lösungserwartung einer Aufgabe geben.

Der Einsatz von KI-Systemen während der Prüfungen verändert den Möglichkeitsraum in Prüfungen (Fleischmann, 2023). Einerseits können KI-Systeme als Lösungswerkzeuge im Sinne einer erweiterten Open-Book-Prüfung während Prüfungen zur Verfügung gestellt werden. Dieser Einsatz ist auch in überwachten Prüfungssituationen denkbar, sodass Lehrende den Einsatz kontrollieren können. KI-Systeme können durch die Prüflinge aber auch in unüberwachten Prüfungssituationen eingesetzt werden, was das aktuelle Prüfungswesen an Hochschulen aufgrund teils hervorragender KI-generierter Prüfungsergebnisse erheblich herausfordert (Fleischmann, 2023). Immerhin stehen insbesondere durch generative KI-Systeme allen Prüflingen niedrig-

3 Die Operatorentabellen beziehen sich häufig auf Schulabschlüsse, wie beispielsweise das Abitur, was zu Problemen in der angemessenen Überprüfung von Taxonomiestufen in Hochschulprüfungen führen kann.

schwellige Möglichkeiten[4] zur Verfügung, Prüfungsleistungen nicht ausschließlich als Eigenleistung zu erbringen. Bei der Kompetenzorientierung von Prüfungen müssen Lehrende diesen veränderten Möglichkeitsraum berücksichtigen, indem sie beispielsweise bei der Passung des Prüfungsformats hinsichtlich der zu überprüfenden Kompetenz die breite Verfügbarkeit von (generativen) KI-Systemen berücksichtigen (Schaper, 2021).

Definition

Frey (2020, S. 502) beschreibt **computerisiertes adaptives Testen** als »ein spezielles Vorgehen zur computerbasierten Messung individueller Merkmalsausprägungen, bei dem sich die Auswahl der zur Bearbeitung vorgelegten Items am vorherigen Antwortverhalten der Testperson orientiert.«

Neben den zuvor beschriebenen Herausforderungen bieten insbesondere analysierende KI-Systeme, gegebenenfalls im Zusammenspiel mit generativer KI, Potenziale für computergestütztes adaptives Testen. Durch entsprechende KI-Systeme könnten Lernende perspektivisch individuelle Prüfungen entsprechend ihres Kompetenzniveaus erhalten. Dies erfordert zum heutigen Zeitpunkt allerdings noch weitere Forschungs- und Entwicklungsarbeit, um die Validität adaptiver Prüfungen auch beim Einsatz von KI zu gewährleisten.

Ein weiteres Einsatzszenario für die Lehrenden ergibt sich in der Prüfungsbewertung. Hierbei sind erhebliche datenschutzrechtliche Vorgaben zu berücksichtigen, indem die Lösungen der Prüflinge nicht in die Trainingsdaten der verwendeten KI einfließen dürfen und auch eine ausschließliche automatische Bewertung durch ein technisches System nicht zulässig ist (ausführlich in Hoeren, 2023). Zudem besteht auch in diesem Szenario das Problem, dass generative KI-Systeme keine Modelle, Taxonomien oder eben auch Erwartungshorizonte systematisch berücksichtigt. Trotz dieser Limitationen können generative KI-Systeme eine Unterstützung bei der Vorkorrektur von Prüfungsleistungen sein. Lehrende haben auch in diesem Szenario sicherzustellen, dass sie sich durch die Vorkorrektur der KI nicht beeinflussen lassen, um Urteilsfehler zu vermeiden.

4 Bereits in der Vergangenheit gab es Entwicklungen, wie beispielsweise Suchmaschinen, Übersetzungssoftware oder Software zur Textkorrektur, die den Grad der Eigenleistung in Prüfungen verändert haben.

Reflexionsfragen

Wie kann KI Sie bei der Prüfungsvorbereitung und -auswertung unterstützen?
Welche inhaltliche und methodische Bedeutung haben KI-Systeme in Ihrer (kompetenzorientierten) Prüfung?
Wie können Sie trotz der Verfügbarkeit generativer KI eine valide Leistungsmessung sicherstellen?

3.4 Evaluation

Wie bereits in den vorherigen Abschnitten dargestellt, kann der Einsatz von KI bei der Auswertung von Lerndaten einen wichtigen Beitrag leisten. Lerndatenanalysen können aber nicht nur zur situativen Unterstützung der Lernenden während einer Lehrveranstaltung oder in einer Prüfung genutzt werden, sondern auch als Evaluationsinstrument für Lehrende. Neben deskriptiven Informationen zu Abrufzahlen von zur Verfügung gestellten Dateien und durchschnittlichen Ergebnissen der Kohorte in Bezug auf eine Lernaufgabe können durch den Einsatz von KI beispielsweise Korrelationen zwischen einzelnen Lernleistungen während eines Semesters und der Prüfungsleistung identifiziert werden. Auch hier liegt das Potenzial im Einsatz von KI darin, dass unerwartete und damit üblicherweise systematisch nicht geprüfte Zusammenhänge ohne großen Aufwand festgestellt und folglich blinde Flecke sichtbar gemacht werden können. Zusätzlich zu dem summativen Evaluationsbeispiel, Prüfungsleistungen mit Lernleistungen während des Semesters in Beziehung zu setzen, sind bereits während des Semesters formative Evaluationen möglich, indem Lernleistungen mit anderen lernbezogenen Variablen in Beziehung gesetzt werden. Denkt man das zuvor beschriebene Einsatzfeld weiter, führt dies zu KI-gestützten Analysen im Bereich des lehrbezogenen Qualitätsmanagements (QM) an Hochschulen. Auch hier kann die deskriptive und theoriegeleitete Auswertung der lehr- und lernbezogenen Daten durch KI-unterstützte Analysen ergänzt werden.

Das lehrbezogene QM ist trotz der Parallelen bzw. als logische Erweiterung der KI-gestützten Lehrveranstaltungsevaluation getrennt von dieser zu diskutieren. Dies liegt daran, dass die technische Umsetzung des QM aufgrund komplexer Datenflüsse aus verschiedenen Quellsystemen einen erheblichen Aufwand verursacht und zudem mögliche analysebedingte Entscheidungen die Lehre ganzer Studiengänge oder gar ganzer Institutionen beeinflussen können. Entsprechend sind die Anforderungen an die Erklärbarkeit der Datenauswertung im Sinne einer erklärbaren KI (»Explainable AI«, XAI) ungleich höher (Leschke et al., 2023).

Definition

»Heutzutage wird der Begriff **XAI** vor allem – aber nicht ausschließlich – bei der Nutzung neuronaler Netze verwendet, also in dem Bereich, den man auch als Deep Learning bezeichnet, um Ergebnisse interpretierbar und erklärbar zu machen.« (Barenkamp, 2022, S. 327).

Zwischenfazit

Im dritten Abschnitt haben wir exemplarische Szenarien beschrieben, in denen KI-Systeme als Lehr- und Lernwerkzeuge der Hochschullehre eingesetzt werden. Diese Szenarien orientierten sich an der Lehrplanung, der Lehr- und Lernprozessgestaltung, den Prüfungen sowie der Evaluation von Lehrveranstaltungen. Zusammenfassend ist dabei festzustellen, dass Lehrende und Studierende den Einsatz von KI-Systemen auch unabhängig voneinander gestalten können, sodass ein Miteinander zum Erreichen der gemeinsamen Lernziele an Bedeutung gewinnt.

Reflexionsfragen

Welche Auswertungsmöglichkeiten bietet KI für Ihre Evaluationsdaten?
Welche Evaluationsdaten und technischen Ressourcen (beispielsweise Software) brauchen Sie für eine KI-gestützte Evaluation?
Wie können Sie die KI-gestützten Analysen interpretieren?

4. Zusammenfassung

Die allgemeine Verfügbarkeit von (generativer) KI hat die Hochschullehre innerhalb kürzester Zeit herausgefordert. Auch ein Jahr nachdem die Aufmerksamkeit breitenwirksam die gesamte Gesellschaft erreicht hat, sind weiterhin viele Fragen offen. Ein Zwischenfazit aus hochschuldidaktischer Perspektive kann dennoch optimistisch sein, da sich an vielen Stellen abzeichnet, dass KI-Systeme das Lehren und Lernen an Hochschulen langfristig positiv beeinflussen können. Hochschuldidaktische Fragen sind damit (erneut) ins Zentrum der Aufmerksamkeit von Hochschulen und Politik gerückt. Wie der vorliegende Text zeigt, sind insbesondere auch Lehrende gefordert, sich kritisch mit ihrer Lehrgestaltung auseinanderzusetzen und fachspezifische KI-Kompetenzen zu entwickeln. Dies kann nur im Zusammenspiel von Forschung und Lehre erfolgreich gelingen. Neben Hochschulen, Politik, Lehrenden und Forschenden ist auch die Hochschuldidaktik als Disziplin gefordert, Antworten auf die noch offenen Fragen der Lehr- und Lernprozessgestaltung sowie die drängenden didaktischen Fragen in Bezug auf den Prüfungsbetrieb zu entwickeln. Die erfolgreiche Umstellung von Lehren und Lernen an Hochschulen in Zeiten von KI-Systemen stellt folglich eine Gemeinschaftsaufgabe dar.

5. Literatur

Alexeev, V. (2023). Am Anfang war der Prompt. Die Wege zur Kreativität der Maschine. In L. B. Blum (Hrsg.), *Angewandte Data Science* (S. 51–80) Springer Fachmedien. https://doi.org/10.1007/978-3-658-39625-1_3

Barenkamp, M. (2022). Künstliche Intelligenz und Erklärbarkeit. *Wirtschaftsinformatik & Management, 14*(5), 326–329. https://doi.org/10.1365/s35764-022-00428-0

Bond, M., Khosravi, H., De Laat, M., Bergdahl, N., Negrea, V., Oxley, E., Pham, P., Chong, S. W. & Siemens, G. (2023). *A meta systematic review of artificial intelligence in higher education: A call for increased ethics, collaboration, and rigour.* Researchgate. https://doi.org/10.13140/RG.2.2.31921.56162/1

Carolus, A., Koch, M., Straka, S., Latoschik, M. E. & Wienrich, C. (2023). *MAILS – Meta AI Literacy Scale: Development and testing of an AI literacy questionnaire based on well-founded competency models and psychological change- and meta-competencies.* arXiv. https://doi.org/10.48550/arXiv.2302.09319

de Witt, C., Rampelt, F. & Pinkwart, N. (2020). *Whitepaper: Künstliche Intelligenz in der Hochschulbildung.* Zenodo. https://doi.org/10.5281/ZENODO.4063722

Eke, D. O. (2023). ChatGPT and the rise of generative AI: Threat to academic integrity? *Journal of Responsible Technology, 13*, 100060. https://doi.org/10.1016/j.jrt.2023.100060

Fecher, B., Hebing, M., Laufer, M., Pohle, J. & Sofsky, F. (2023). *Delphi Study: Exploring the implications of large language models on the science system.* Zenodo. https://doi.org/10.5281/ZENODO.8009429

Fleischmann, A. (2023). ChatGPT in der Hochschullehre. Wie künstliche Intelligenz uns unterstützen und herausfordern wird. *Neues Handbuch Hochschullehre, A1.30.*

Frey, A. (2020). Computerisiertes adaptives Testen. In H. Moosbrugger & A. Kelava (Hrsg.), *Testtheorie und Fragebogenkonstruktion* (S. 501–525). Springer. https://doi.org/10.1007/978-3-662-61532-4_20

Herodotou, C., Rienties, B., Verdin, B. & Boroowa, A. (2019). Predictive learning analytics ›at scale‹: Guidelines to successful implementation in higher education. *Journal of Learning Analytics, 6*(1). https://doi.org/10.18608/jla.2019.61.5

Hoeren, T. (2023). Rechtsgutachten zum Umgang mit KI-Software im Hochschulkontext. In P. Salden & J. Leschke (Hrsg.), *Didaktische und rechtliche Perspektiven auf KI-gestütztes Schreiben in der Hochschulbildung* (S. 22–40). Ruhr-Universität Bochum. https://doi.org/10.13154/294-9734

Hornberger, M., Bewersdorff, A. & Nerdel, C. (2023). What do university students know about artificial intelligence? Development and validation of an AI literacy test. *Computers and Education: Artificial Intelligence, 5*, 100165. https://doi.org/10.1016/j.caeai.2023.100165

Kalz, M. (2023). *Zurück in die Zukunft? Eine literaturbasierte Kritik der Zukunftskompetenzen* [Preprint]. EdArXiv. https://doi.org/10.35542/osf.io/qbaze

Karaca, O., Çalışkan, S. A. & Demir, K. (2021). Medical artificial intelligence readiness scale for medical students (MAIRS-MS) – development, validity and reliability study. *BMC Medical Education, 21*(1), 112. https://doi.org/10.1186/s12909-021-02546-6

Kreutzer, R. T. & Sirrenberg, M. (2019). *Künstliche Intelligenz verstehen: Grundlagen – Use-Cases – unternehmenseigene KI-Journey.* Springer Fachmedien. https://doi.org/10.1007/978-3-658-25561-9

Laupichler, M. C., Aşter, A., Haverkamp, N. & Raupach, T. (2023). Development of the »scale for the assessment of non-experts' AI literacy« – An exploratory factor analysis. *Computers in Human Behavior Reports, 12*, 100338. https://doi.org/10.1016/j.chbr.2023.100338

Leschke, J., Salden, P. & Wissing, F. (2023). Von Learning Analytics zu einem vertieften Qualitätsmanagement an Hochschulen: Potenziale lehrbezogener Datenanalysen in Zeiten Künstlicher Intelligenz. *Handbuch Qualität in Studium, Lehre und Forschung, C3.39.*

Limburg, A., Mundorf, M., Salden, P. & Weßels, D. (2022). Plagiarismus in Zeiten Künstlicher Intelligenz. *Zeitschrift für Hochschulentwicklung, 17*(3), 91–106. https://doi.org/10.3217/zfhe-17-03/06

Long, D. & Magerko, B. (2020). What is AI literacy? Competencies and design considerations. *Proceedings of the 2020 CHI Conference on Human Factors in Computing Systems*, 1–16. https://doi.org/10.1145/3313831.3376727

McCarthy, J., Minsky, M. L., Rochester, N. & Shannon, C. E. (2006). A proposal for the Dartmouth summer research project on artificial intelligence, August 31, 1955. *AI Magazine, 27*(4), 12. https://doi.org/10.1609/aimag.v27i4.1904

Mirsky, Y. & Lee, W. (2020). The creation and detection of deepfakes: A survey. *ACM Computing Surveys, 54*(1), 1–41. https://doi.org/10.1145/3425780

Mishra, P., Warr, M. & Islam, R. (2023). TPACK in the age of ChatGPT and generative AI. *Journal of Digital Learning in Teacher Education, 39*(4), 235–251. https://doi.org/10.1080/21532974.2023.2247480

Moor, J. (2006). The Dartmouth college artificial intelligence conference: The next fifty years. *AI Magazine, 27*(4), 87. https://doi.org/10.1609/aimag.v27i4.1911

Neß, H. (2010). EQR und DQR im Bildungs- und Beschäftigungssystem. *REPORT-Zeitschrift für Weiterbildungsforschung, 33*(1), 21–38.

Ng, D. T. K., Leung, J. K. L., Chu, S. K. W. & Qiao, M. S. (2021). Conceptualizing AI literacy: An exploratory review. *Computers and Education: Artificial Intelligence, 2*, 100041. https://doi.org/10.1016/j.caeai.2021.100041

Präsidium der Deutschen Forschungsgemeinschaft (2023). *Stellungnahme des Präsidiums der Deutschen Forschungsgemeinschaft (DFG) zum Einfluss generativer Modelle für die Text- und Bilderstellung auf die Wissenschaften und das Förderhandeln der DFG* [Stellungnahme]. https://www.dfg.de/resource/blob/289674/ff57cf46c5ca109cb18533b21fba49bd/230921-stellungnahme-praesidium-ki-ai-data.pdf

Reinmann, G. (2023). *Deskilling durch Künstliche Intelligenz? Potenzielle Kompetenzverluste als Herausforderung für die Hochschuldidaktik*. Hochschulforum Digitalisierung. https://hochschulforumdigitalisierung.de/sites/default/files/dateien/HFD_DP_25_Deskilling.pdf

Röser, A. M. (2021). *Charakterisierung von schwacher und starker Künstlicher Intelligenz, Arbeitspapiere der FOM, No. 79*. https://www.econstor.eu/bitstream/10419/234520/1/1759172820.pdf

Sabzalieva, E. & Valentini, A. (2023). *ChatGPT and artificial intelligence in higher education: Quick start guide*. UNESCO. https://unesdoc.unesco.org/ark:/48223/pf0000385146

Salden, P., Lordick, N. & Wiethoff, M. (2023). KI-basierte Schreibwerkzeuge in der Hochschule. Eine Einführung. In P. Salden & J. Leschke (Hrsg.), *Didaktische und rechtliche Perspektiven auf KI-gestütztes Schreiben in der Hochschulbildung* (S. 4–21). Ruhr-Universität Bochum. https://doi.org/10.13154/294-9734

Schaper, N. (2021). Prüfen in der Hochschullehre. Assessment in higher education. In R. Kordts-Freudinger, N. Schaper, A. Scholkmann & B. Szczyrba (Hrsg.), *Handbuch Hochschuldidaktik* (S. 87–101). wbv.

Schleiss, J., Laupichler, M. C., Raupach, T. & Stober, S. (2023). AI course design planning framework: Developing domain-specific AI education courses. *Education Sciences*, *13*(9), 954. https://doi.org/10.3390/educsci13090954

Wienrich, C., Carolus, A., Augustin, Y. & Markus, A. (2022). *AI Literacy: Kompetenzdimensionen und Einflussfaktoren im Kontext von Arbeit*. Denkfabrik Digitale Arbeitsgesellschaft des Bundesministeriums für Arbeit und Soziales. https://www.denkfabrik-bmas.de/fileadmin/Downloads/Publikationen/AI_Literacy_Kompetenzdimensionen_und_Einflussfaktoren_im_Kontext_von_Arbeit.pdf

Wildt, J. & Wildt, B. (2011). Lernprozessorientiertes Prüfen im »Constructive Alignment«. *Neues Handbuch Hochschullehre, H 6.1.*

Wisniewksi, B. & Daumiller, M. (2023). *Das 4K-Rätsel – Wie Schule Kompetenzen fördern soll, die keine sind* [Preprint]. PsyArXiv. https://doi.org/10.31234/osf.io/f2jm3

Zawacki-Richter, O., Marín, V. I., Bond, M. & Gouverneur, F. (2019). Systematic review of research on artificial intelligence applications in higher education – where are the educators? *International Journal of Educational Technology in Higher Education*, *16*(1), 39. https://doi.org/10.1186/s41239-019-0171-0

Zawacki-Richter, O., Marín, V. I., Bond, M. & Gouverneur, F. (2020). Einsatzmöglichkeiten Künstlicher Intelligenz in der Hochschulbildung – Ausgewählte Ergebnisse eines Systematic Review. In R. A. Fürst (Hrsg.), *Digitale Bildung und Künstliche Intelligenz in Deutschland* (S. 501–517). Springer Fachmedien Wiesbaden. https://doi.org/10.1007/978-3-658-30525-3_21

NACHHALTIGE UND BARRIEREFREIE LEHRE

VERÄNDERUNGEN BEWIRKEN: CHANGE MANAGEMENT IN HOCHSCHULEN

Karlheinz Sonntag

Schlagworte

Hochschulspezifische Veränderungsbedarfe, Change-Prozesse, Strategieumsetzung, Qualitätskultur

Orientierung

Hochschulen brauchen Handlungsfreiheit, Flexibilität und Planungssicherheit, um im globalisierten Wettbewerb zu bestehen und zum Wohl ihrer Mitglieder und Studierenden sowie der Gesellschaft wirken zu können. Konzepte und Methoden, um entsprechende Veränderungen zu bewirken, werden aufgezeigt am Beispiel einer Strategieumsetzung und der Implementierung messbarer Qualitätskultur. Mit dem Qualitätskulturinventar (QKI) wird zum ersten Mal ein standardisiertes und erprobtes Verfahren vorgestellt, das nicht nur weit über herkömmliche Qualitätssicherungsaspekte hinausgeht, vielmehr werden das Qualitätsbewusstsein der Hochschulmitglieder, deren Einstellung sowie geteilte Werte im Hinblick auf Qualitätsansprüche in Forschung, Lehre und den sie unterstützenden Service-/Verwaltungsstrukturen berücksichtigt.

Leitfragen

Wie können Veränderungsprozesse an Hochschulen gelingen?
Welche Maßnahmen unterstützen die Umsetzung zukunftsgerichteter Hochschulstrategien?
Wie kann Qualitätskultur messbar gemacht werden?

1. Veränderungsbedarf an Hochschulen

Häufigkeit, Intensität und Folgenschwere eingeleiteter Veränderungen in Organisationen nehmen zu. Davon betroffen sind nicht nur Wirtschaft, Dienstleistung und Verwaltung, sondern seit einiger Zeit auch der Hochschulbereich.

Trotz jahrhundertelanger Kontinuität in den zentralen Grundprinzipien der Wissensgenerierung und -vermittlung sind seit etwa zwanzig Jahren auch in den Hochschulen und klassischen Universitäten Veränderungen angesagt und spürbar: »New-Public-Reformen«, Wirtschaftlichkeitsüberlegungen, Finanzierungsfragen und Profilbildungen, ein Wandel in der Hochschulsteuerung und in den Leitungsgremien zu mehr Autonomie, die Bologna-Reform mit der europaweiten Anerkennung vermeintlich gleichwertiger Bachelor- und Masterabschlüsse, die Exzellenzinitiativen mit hoher Wettbewerbsorientierung und Internationalisierung – all das hatte und hat Auswirkungen auf etablierte universitäre Organisationsmodelle, gängige Studienangebote und tradierte Verhaltensmuster der Hochschulangehörigen.

Herkömmliche Rollenverständnisse werden infrage gestellt, akademische Arbeitsbedingungen näher untersucht, Lehr-, Forschungs- und Transferaufgaben differenziert und unter den Akteur:innen neu verteilt, Lehrstühle durch Department-Strukturen ersetzt, um eine bessere talentorientierte Laufbahn- und Karriereplanung (»tenure track«) für den wissenschaftlichen Nachwuchs zu ermöglichen.

Das **Veränderungspotenzial** der Hochschulen ist enorm. Ebenso wie die personalen und organisationalen Erfordernisse, diesen für Hochschulen existenziellen Wandel konkret umzusetzen, ihn zu begleiten, die Qualität der eingeleiteten Maßnahmen zu sichern und gegebenenfalls Modifikationen durchzuführen. Gefordert ist ein professionelles Veränderungsmanagement, das auf normativer, strategischer und operativer Ebene wirkt.

In diesem Beitrag wird sich mit folgenden Themen auseinandergesetzt: Zunächst wird das Grundverständnis von Wandel und **Change Management** in Organisationen näher beleuchtet, das die personale und organisationale Bereitschaft und Fähigkeit für Veränderungen in den Mittelpunkt stellt und organisationspsychologische Maßnahmen zu deren erfolgreicher Steuerung beschreibt. Die spezifischen Rahmenbedingungen der Organisation Hochschule werden herausgearbeitet. Daran anschließend werden konkrete Praxisbeispiele aus zwei Veränderungsprojekten an Hochschulen dargestellt: erstens Strategieumsetzung mittels Information, Kommunikation und Partizipation und zweitens Etablierung und Operationalisierung von Qualitätskultur, um Nachhaltigkeit zu bewirken.

2. Verständnis und Gestaltung von Change Management

2.1 Komplexes Wirkungsgefüge organisationaler Veränderungen

Veränderungen betreffen im Allgemeinen Strategien, Produkte und Dienstleistungen, Prozesse und Strukturen, die Kultur einer Organisation sowie die Kompetenzen, Einstellungen und Verhaltensweisen der in der Organisation tätigen Mitglieder. Die auslösenden Motive, die zeitliche Dynamik, Valenz und Wirkung organisationaler Veränderungen sind vielfältig: Sie können proaktiv oder reaktiv initiiert sein, dabei helfen, Krisen zu bewältigen, Innovationen zu schaffen oder Chancen zu nutzen. Veränderungsprozesse können kurzzeitig, begrenzt oder mehrjährig verlaufen, einzelne Mitarbeitende, Teams, Abteilungen oder die gesamte Organisation betreffen und für diese unterschiedlich nützlich sein. Die Umgestaltungen können sowohl mit inkrementellen Anpassungen innerhalb bestehender Rahmenbedingungen als auch mit radikalen Disruptionen verbunden sein.

Kernaussage

Aus der Perspektive der Organisationsmitglieder sind Veränderungen mit vielfältigen Anpassungsleistungen verbunden. Veränderungsbereitschaft und Veränderungsfähigkeit sind zentrale Voraussetzung einer gelingenden Transformation: Führungskräfte und Mitarbeitende müssen veränderte Aufgaben bewältigen, sich in neuen Prozessen zurechtfinden, die Erwartungen an eine neue Rolle verstehen, den Einsatz neuer Techniken und Methoden erlernen, soziale Beziehungen zu neuen Kolleg:innen, Vorgesetzten oder Kund:innen aufbauen, mit Unsicherheit, Ambivalenz und Ängsten während der Implementierung und Umsetzung umgehen und gegebenenfalls persönliche Werte und das Selbstkonzept in Einklang mit den veränderten Standards, Rahmenbedingungen und Zielen der Organisation bringen.

Sogenannte »Change Agents« sind somit nicht nur die Initiatoren von Veränderungen, wie Leitungsgremien, interne Projektverantwortliche oder externe Berater:innen. Zum Gelingen von organisationalen Veränderungen und deren nachhaltiger Implementierung tragen wesentlich die betroffenen Führungskräfte und Mitarbeitenden bei. Sie müssen die Chancen, Risiken und den Nutzen der Veränderung kennen, mögliche Hindernisse erkennen, Lösungen mitentwickeln und Kolleg:innen in der Umstellungsphase unterstützen. Derartig einbezogene und engagierte Personen übernehmen Verantwortung und tragen die Veränderungen mit.

2.2 Spezifika der Organisation Hochschule bei Veränderungen

Erfolgreiche Veränderungsprozesse in Hochschulen weisen organisationsspezifische und -formale Besonderheiten auf, die sich beispielsweise von Wirtschaftsunternehmen unterscheiden. Wichtige Strukturen/Elemente hierfür sind die Hochschulautonomie und die Hochschulorgane, welche im Folgenden näher erörtert werden sollen.

Definition

Unter dem Begriff ›**Hochschule**‹ werden im Allgemeinen Universitäten und gleichgestellte Hochschulen mit Promotions- und Habilitationsrecht sowie Hochschulen für angewandte Wissenschaften (HAW), die wissenschaftlich-anwendungsorientiert und künstlerisch-gestaltend ausgerichtet sind, subsumiert. Während staatliche Hochschulen gemeinnützige Zwecke verfolgen und im Wesentlichen aus Steuermitteln finanziert werden, sind private Hochschulen gewinnorientierte Unternehmen, finanziert im Wesentlichen aus Studiengebühren.

Der Großteil der staatlichen Hochschulen in Deutschland sind Körperschaften des öffentlichen Rechts, wobei durch die Landesgesetzgebenden auch andere Rechtsformen gewählt werden können. Landesverfassungen gestehen den Hochschulen das Recht der Selbstverwaltung zu und damit auch weitgehende Autonomie bei Entscheidungen über Personal, Finanzen und Organisation.

Die gewählte Rechtsform wirkt sich dabei auf die interne Hochschulstruktur und deren Ausgestaltung aus. In einem Beschluss der Hochschulrektorenkonferenz (HRK) von 2017 werden Organisationsstrukturen, Entscheidungs- und Unterstützungsprozesse der zentralen und dezentralen Einheiten sowie der Verwaltung beschrieben. Zudem werden Regeln für wissenschaftsadäquates, effizientes Verwaltungshandeln empfohlen und festgeschrieben (HRK, 2017). Abgeleitet aus Art. 5, Abs. 3 des Grundgesetzes (Garantie der Wissens- und Lehrfreiheit) sind in den **dezentralen Strukturen** die operativen Kernaufgaben einer Hochschule in Form von Forschung und Lehre verankert.

Grundlagen- und/oder Angewandte Forschung und Lehre (zunehmend auch die Transformation) sind die Leistungsdimensionen – die ›Produkte‹ – der Hochschulen. Mit ihnen stehen und fallen Kompetenz und Reputation der einzelnen Wissenschaftler:innen. Die jeweiligen Disziplinen mit ihren Arbeitsfeldern sind in Fakultäts- oder Fachbereichsmodellen organisiert. Für größere überfachliche Einheiten interdisziplinär arbeitender Wissenschaftler:innen bieten sich ergänzende Organisationsstrukturen (zum Beispiel Graduiertenschulen) an. Fakultätsleitungen (Dekan:innen, Geschäftsführer:innen) professionalisieren das Verwaltungshandeln innerhalb des Fachbereichs und stehen als Gesprächspartner:innen der Hochschulleitung (zum Beispiel bei Budgetverhandlungen oder Strukturgesprächen) zur Verfügung.

Zentrale Hochschulorgane sind die Hochschulleitungen und der Senat. **Hochschulleitungen** nehmen die Interessen der Hochschule als ›Ganzes‹ – nach innen wie nach außen – wahr, liefern Impulse für die strategische Ausrichtung und sorgen für eine ordnungsgemäße Umsetzung von Management- und Verwaltungsaufgaben. Hochschulleitungen sind persönlich rechenschaftspflichtig. Zur Stärkung ihrer institutionellen Verantwortung sind sie mit Richtlinien- und Entscheidungskompetenz ausgestattet, haben eine Strategie zu entwickeln und zu befördern sowie übergreifende Strukturen einzuführen. Die Wahrnehmung ihrer originären Aufgaben (beispielsweise Festlegung der Geschäftsbereiche, gerichtliche Vertretung, Außenkommunikation), der Binnenkommunikation (zum Beispiel Sicherstellung von Qualität in Forschung und Lehre, Umsetzung von Strategiebildungsprozessen), der Ressourcenverteilung (beispielsweise personelle und finanzielle Ausstattung der Fachbereiche und ihrer Mitglieder) und der Koordination notwendiger Unterstützungsprozesse (zum Beispiel für Finanz-, Personal-, Bau- und Raumverwaltung) ebenso wie querschnittliche Aufgaben (zum Beispiel Internationalisierung, Gleichstellung, Qualitätsentwicklung) erfordern »unterschiedliche Führungsstile und -strukturen« – so die Hochschulrektorenkonferenz (HRK, 2017, S. 5). Sie erfordern – so die Empfehlung der HRK – ein verantwortungsvolles Handeln der Hochschulleitung:

> »Einerseits stark und geschlossen nach außen, zum anderen kommunikativ und kooperativ nach innen, kreativ und partizipativ bei Querschnittsaufgaben, wirtschaftlich und partiell hierarchisch in der Organisation von Verwaltungsstrukturen, dienstleistungsorientiert in den Unterstützungsprozessen« (HRK, 2017, S. 5).

Als weiteres zentrales Hochschulorgan ist der **Senat**, als Selbstverwaltungsgremium der Mitgliedsgruppen einer Hochschule, zu nennen. Dieses Kollegialorgan bildet über spezielle Fachinteressen hinaus den hochschulübergreifenden Meinungsbildungsprozess ab. Dabei sind die Belange der Wissenschaftler:innen und besonderen Rechte der Hochschullehrer:innen (zum Beispiel Mitwirkungs-, Informations- und Kontrollrechte oder Entscheidungsbefugnisse) zu beachten.

Neben den zentralen und dezentralen Hochschulorganen ist die **Verwaltung** die dritte organisationale Entität, deren Aufgabe es ist, optimale und rechtskonforme Bedingungen für das Forschen, Lehren und Lernen an einer Hochschule zu schaffen. Dabei ist partnerschaftliches Zusammenarbeiten mit allen Ebenen und Mitgliedsgruppen der Hochschule ebenso angezeigt wie die Wahrnehmung der Dienstleistungsfunktionen gegenüber Wissenschaft, ihren Akteur:innen und der Hochschulleitung. Auch die Verwaltung trägt Verantwortung dafür, dass sich die Hochschule entsprechend der wissenschaftlichen, wirtschaftlichen und gesellschaftlichen Anforderungen weiterentwickelt.

Reflexionsfrage

Welche Besonderheiten (organisationale und formal-rechtliche) sehen Sie bei Veränderungsvorhaben in Hochschulen im Vergleich etwa zu Wirtschaftsunternehmen?

2.3 Gestaltungsfelder wirkungsvoller Veränderungsprozesse

Diese Beschreibung der relevanten Hochschulorgane und ihrer Akteur:innen mag einen Eindruck von den komplexen Rahmenbedingungen und potenziellen Imponderabilien vermitteln, die bei der Implementierung organisationaler Veränderungen in Hochschulen bestehen. Die Beschlussfassung der HRK (2017) formuliert in diesem Sinne als Ziel guter Hochschulsteuerung das »Ausbalancieren zentraler und dezentraler Entscheidungsprozesse [...]. Dies kann erreicht werden, wenn die Kollegialorgane an Entscheidungen beteiligt werden, die Mitwirkungsrechte nicht zu einem Verharren im Status Quo führen und die Organisationsbereiche im administrativen Hochschulmanagement die Wissenschaft und Hochschulleitung unterstützen« (S. 6).

Das Prinzip der Selbstverwaltung an Hochschulen weist Stärken und Schwächen auf. Gerade wenn es darum geht, grundsätzliche Veränderungen voranzutreiben, führen gegensätzliche Interessen und Widerstände oder die unterschiedliche Auslegung formalrechtlicher Strukturen häufig dazu, dass Entscheidungen verzögert, verschleppt, im Sinne eines Minimalkonsenses getroffen oder suboptimal umgesetzt werden. Ein Austausch mit externen Expert:innen oder internen Stabsabteilungen mit kompetenten und interdisziplinär arbeitenden Teams kann helfen, Entscheidungen vorzubereiten sowie Blockaden und Widerstände bei Veränderungsprozessen aufzulösen.

In Forschung und Praxis des Change Managements (Oreg et al., 2023; Sonntag et al., 2008; Stegmaier, 2023; Stegmaier et al., 2016) haben sich eine Reihe von Gestaltungsaspekten für das Gelingen von Veränderungsprozessen empfohlen, welche im Folgenden näher erörtert werden (siehe Tab. 1).

Tab. 1: Zentrale Gestaltungsaspekte gelingender Veränderungsprozesse

Zentrale Gestaltungsaspekte gelingender Veränderungsprozesse
Projektmanagement einrichten
Information und Kommunikation systematisch gestalten
Betroffene miteinbeziehen
Unterstützung anbieten
Anreize gestalten
Personalentwicklung professionalisieren

In einem professionell gesteuerten **Projektmanagement** zur Implementierung von Veränderungen gilt es eine geeignete Projektstruktur zu definieren, klar formulierte, machbare Ziele zu formulieren, Arbeitspakete inhaltlich und zeitlich festzulegen und hinsichtlich erforderlicher Ressourcen abzustimmen, überprüfbare Meilensteine und Zwischenergebnisse zu definieren, potenzielle Risiken zu antizipieren und proaktiv zu verringern sowie den Fortschritt der Implementation kontinuierlich zu überprüfen und gegebenenfalls Ziele zu modifizieren.

Um die durch die geplante Veränderung beeinflussten Personen zu gewinnen und Widerstände zu vermeiden, sind Transparenz und Ehrlichkeit erforderlich. Entsprechende **Kommunikationsstrategien und -pläne** sind zu gestalten. Zunächst ist frühzeitig über Gründe, Ziele, Notwendigkeit, Umfang und den zeitlichen Verlauf der Maßnahme zu informieren. Zwischenergebnisse sind während der Implementierungsphase zu kommunizieren. Dabei sollten neben ersten Erfolgen auch die aufgetretenen Schwierigkeiten und eventuelle Risiken angemessen thematisiert werden, um die Glaubwürdigkeit der Kommunikation zu erhöhen.

Bei der Wahl der Medien und Informationskanäle sind klassische Print- und elektronische Medien mit persönlichen Kontaktformaten (zum Beispiel Auftaktveranstaltung, Teambesprechungen, Fokusgruppen) zu kombinieren. Darüber hinaus sind Kommunikationskanäle (beispielsweise Hotline, elektronisches Diskussionsforum) für Rückmeldungen, Fragen und Anregungen einzurichten, sodass ein gegenseitiger und zeitnaher Austausch zwischen Mitgliedern des Projektmanagements und den von der Veränderung Betroffenen möglich ist.

Betroffene identifizieren sich stärker mit einer Veränderung, wenn deren eigene Ideen und Vorschläge in den Veränderungsprozess eingebracht – zumindest – diskutiert werden. Durch die **Partizipation** interessierter und engagierter Betroffener können wertvolles Wissen und relevante Erfahrungen in die Planung, Umsetzung und Anpassung von Konzepten und Lösungen einfließen. Natürlich werden manche Betroffene (gewisse) Positionen und Sichtweisen nicht teilen und der Veränderung Widerstand entgegenbringen. Dies sollte diskursiv behandelt und als Ansatzpunkt gesehen werden, um eine Veränderung weiter zu optimieren oder deren Notwendigkeit überzeugender darzulegen.

Veränderungen tragen zu Verunsicherungen bei und können Verlustängste bewirken. Sie können die Stabilität der eigenen Position und deren Ansehen in der Organisation infrage stellen; ebenso die Passung von veränderten Anforderungen mit den vorhandenen Kompetenzen. Es ist daher notwendig, frühzeitig Bedürfnisse, Bedarfe und Anforderungen aus den sich verändernden Aufgaben und Strukturen zu identifizieren, um entsprechende Trainings, Coachings oder **Unterstützungsleistungen** auf der personalen Ebene zu ermöglichen. Entscheidend trägt auch das Verhalten von Vorgesetzten bei. Übernehmen Führungskräfte eine Vorbildrolle im Veränderungsprozess und verhalten sich entsprechend neuer Zielvorgaben und Werte, werden sich Einstellungen, Überzeugungen und Verhaltensweisen der Betroffenen anpassen.

Die Umsetzung organisationaler Veränderungen auf der operativen Ebene wird von Hochschulangehörigen nicht selten als eine unattraktive zusätzliche Belastung betrachtet, die bei Leistungsbeurteilungen oder Karriereentscheidungen nicht angemessen berücksichtigt wird. Sollen Veränderungen nachhaltig wirken, müssen **Anreizsysteme** den Stellenwert neuer Verhaltensweisen signalisieren und angemessen bekräftigen. Zu vermeiden sind Doppelbelastungen durch die parallele Bearbeitung alter (noch gültiger) und neuer (schon gültiger) Aufgabenbereiche. Alternativ sollten Zielvereinbarungen formuliert werden, die der Intention der Veränderungen entsprechen. Eine geschickte Koppelung monetärer mit nicht-monetären Anreizen hat darüber hinaus motivierenden Charakter zur Unterstützung der Veränderungsziele.

Vor dem Hintergrund dynamischer Umfeldbedingungen im Hochschulbereich ist ein Bedeutungszuwachs der **Personalentwicklung** festzustellen. Sie muss Universitätsentwicklung so gestalten, dass Veränderungen nicht negativ erlebt werden, sondern von den Hochschulangehörigen konstruktiv, proaktiv und beanspruchungsoptimal geleistet werden können – »Ohne Personalentwicklung keine Universitätsentwicklung« (Sonntag, 2018, S. 14).

Vielfältige Konzepte und Methoden zur Analyse, Intervention und Evaluation personaler Förderung sind zentrale Gelingensfaktoren für die individuelle Kompetenzentwicklung, Identitätsfindung und Persönlichkeitsbildung der Hochschulmitglieder. Arbeitsbedingungen sind so zu gestalten, dass das Qualifikations-, Gesundheits- und Motivationsrisiko reduziert wird. Eine inspirierende und wertschätzende Führungskultur ist ebenso angesagt wie eine Organisationsgestaltung, die Hochschulangehörigen ermöglicht, Arbeit, Familie und Freizeit zu harmonisieren. Nur mit einer solchen erweiterten Sichtweise von Personalentwicklung wird es gelingen, Ressourcen und Potenziale der Betroffenen zu fördern und zu erhalten.

Reflexionsfragen

Was ist für Sie das Ziel guter Hochschulsteuerung?

Welche Gestaltungsaspekte tragen Ihrer Meinung nach zur Einleitung und zum Gelingen hochschulspezifischer Veränderungen bei?

3. Veränderungsprojekte an Hochschulen - zwei Praxisbeispiele

3.1 Strategieumsetzung mittels Information, Kommunikation und Partizipation

Beispiel

Strategieumsetzung
Mit einem an die Universitätsangehörigen verschickten Strategiepapier haben Universitätsrat, Senat und Rektorat das Ziel verfolgt, die Universität in ihren Kernbereichen noch besser aufzustellen, ihre Zukunftsfähigkeit weiter zu stärken und sich in den kommenden Jahren zu einer der führenden Hochschulen Europas zu entwickeln. In 38 Punkten wurden für Forschung und Forschungsförderung, Studium, Lehre und Weiterbildung, Fächervielfalt, Kooperationen und Internationalisierung, Organisation und Struktur, wissenschaftlichen Nachwuchs und Berufungen, Personalbindung und -entwicklung eine Vielzahl von Impulsen und Veränderungsvorhaben beschrieben und es wurde zur gemeinsamen Umsetzung aufgerufen.

Zur Steuerung der vielfältigen Veränderungsvorhaben im Rahmen der Strategieumsetzung wurden eine Projektstruktur definiert und etabliert sowie verschiedene Tools des Change Managements eingesetzt (Sonntag et al., 2008).

Eine zentrale Voraussetzung der Strategieumsetzung ist es, **Veränderungsprozesse professionell zu steuern und deren Wirkungsweise zu evaluieren**. Im Lenkungsausschuss steuerten Vertreter:innen des Rektorats sowie die Entscheidungsgremien für strategische und akademische Angelegenheiten gemeinsam die Veränderungsprojekte. Zu den Aufgaben der Stabsstelle Strategie und Kommunikation gehörte u.a. die Beratung der Verantwortlichen der einzelnen Projektvorhaben. Das wissenschaftliche Evaluationsprojekt übernahm die Beschreibung und Bewertung der Akzeptanz, Wirkung und Reaktion der Universitätsangehörigen hinsichtlich der Veränderungsvorhaben. Die Evaluationsergebnisse sowie daraus abgeleitete eventuelle Korrektur- und Handlungsempfehlungen wurden dem Lenkungsausschuss zurückgemeldet. Mittels Statusberichten wurde die Fortschrittskontrolle in den einzelnen Veränderungsvorhaben festgestellt. Die halbjährlichen Berichte der Projektleiter:innen informierten den Lenkungsausschuss über den Status quo, mögliche Risiken und Hindernisse, erforderliche Anpassungen von Meilensteinen, Terminen oder Ressourcen.

Als nächstes gilt es, **Information und Kommunikation transparent, fair und systematisch zu gestalten**. Für einzelne Zielgruppen (zum Beispiel wissenschaftliche Mitarbeitende, Studierende) wurden angepasste Kommunikationsstrategien und -pläne entwickelt. Es wurden dazu Eckpunkte festgelegt, nach welchen Prinzipien die Kommunikation erfolgen soll, welche Medien und Formate hierfür geeignet sind und welche Themen und Inhalte behandelt werden. Um junge Wissenschaftler:innen über zukünftige Karrierewege und Fördermöglichkeiten zu informieren und diese auch zu diskutieren, wurde beispielsweise darauf geachtet, eine gleichberechtigte Diskussion unabhängig von der jeweiligen Rolle des:der Redner:in und seiner:ihrer Eloquenz zu ermöglichen.

Bewährte Tools, um **Partizipation zu ermöglichen,** sind hier die Bildung von Fokusgruppen und Online-Befragungen. Eingerichtet wurden zweistündige **Fokusgruppen** jeweils mit Vertreter:innen des akademischen Mittelbaus und Studierenden, um das bisherige Change Management bei der Strategieumsetzung zu reflektieren und Empfehlungen für die weitere Gestaltung der Veränderungsprozesse zu erarbeiten. Gefordert waren eine stringente Moderation und das Zusichern der Anonymisierung bei Kritik. Die Ergebnisse und Anregungen aus den Fokusgruppen wurden im Lenkungsausschuss präsentiert und diskutiert. Interessierte konnten die Ergebnisse der Fokusgruppenarbeit jederzeit auf der Homepage des wissenschaftlichen Begleitprojekts abrufen. Über einen Zeitraum von zweieinhalb Jahren wurden in regelmäßigen Abständen drei Online-Befragungen bei wissenschaftlichen Mitarbeitenden und Studierenden durchgeführt. Die Befragten konnten beispielsweise angeben, inwiefern sie über die Veränderungsvorhaben und das Strategiepapier informiert wurden, ob sie die Ziele als sinnvoll und nützlich bewerten und ob sie die Maßnahmen unterstützen wollen. Die Befragungsergebnisse waren wiederum auf der Homepage des Evaluationsprojekts abrufbar.

Online-Befragungen ermöglichen – wie im beschriebenen Fall –, alle Hochschulangehörigen in die Bewertung und Gestaltung von Veränderungsvorhaben auf eine aufwandsökonomische Art der Erkenntnisgewinnung miteinzubeziehen:

Vor der Befragung sind die Teilnehmer:innen ausführlich über Ziele und Nutzen der Befragung zu informieren und die Anonymisierung bei der Auswertung ist zu sichern. Dies erhöht die Bereitschaft dazu, offen und ehrlich zu antworten. **Während** der Befragung ist es hilfreich, eine telefonische oder digitale Hotline einzurichten, um technisch-organisatorische oder inhaltliche Fragen zu klären.

Nach der Befragung sollten die Ergebnisse allen interessierten Hochschulmitgliedern zur Verfügung gestellt werden. Ein solch transparentes Vorgehen trägt dazu bei, die Teilhabe an Veränderungsprozessen zu erhöhen.

Reflexionsfragen

Warum ist Ihrer Meinung nach ein Strategiepapier für die Implementierung von Veränderungen notwendig?

Welche Schritte sind erforderlich, um mit geeigneten Tools eine Strategieumsetzung zu begleiten und zu evaluieren?

Welche Akteur:innen der Hochschule sind aus Ihrer Sicht daran zu beteiligen?

3.2 Etablierung einer Qualitätskultur, um Nachhaltigkeit zu bewirken

Beispiel

Qualitätskultur und deren Messung

Hohe Qualitätsansprüche an Forschung und Lehre und die unterstützenden Service- und Verwaltungsstrukturen sind in einem hochkompetitiven Umfeld global agierender Hochschulen evident. Nicht ohne Grund steht das Thema ›Sicherung und Entwicklung der Qualität‹ seit einer Reihe von Jahren auf der hochschulpolitischen Agenda. Immer deutlicher erkennen Hochschulen den Nutzen eigenverantwortlicher Qualitätssicherung und -entwicklung. Ob institutionelles Qualitätsaudit oder umfassendes Qualitätsmanagement – die Implementierung und der erfolgreiche Einsatz solcher Ansätze setzen eine gelebte **Qualitätskultur** voraus. Qualitätskultur wird in diesem Sinne von der European University Association (EUA, 2006) wie folgt definiert: »Quality Culture refers to an organisational culture that intends to enhance quality permanently and is characterised by two distinct elements: on the one hand, a cultural/psychological element of shared values, beliefs, expectations and commitment towards quality and, on the other hand, a structural/managerial element with defined processes that enhance quality and aim at coordinating individual efforts« (S. 6). Dem zunehmenden Bewusstsein für die Wichtigkeit der Förderung und Entwicklung einer Qualitätskultur stehen – national wie international – allerdings vereinzelte, methodisch unzureichende Operationalisierungsansätze gegenüber. Berichtet wird im Folgenden über das vom Ministerium für Wissenschaft, Forschung und Kunst Baden-Württemberg geförderte Projekt »Erstellung und Erprobung eines empirisch fundierten Verfahrens zur Beschreibung und Bewertung von Qualitätskulturen an Hochschulen« (»heiQuality Cultures«; siehe Literaturtipp).

Literaturtipps

Für eine ausführliche Darstellung der Entwicklungsarbeiten und Ergebnisse des Verfahrenseinsatzes an mehreren Hochschulen siehe

Hildesheim, C. & Sonntag, Kh. (2019). The Quality Culture Inventory: a comprehensive approach towards measuring quality culture in higher education. *Studies in Higher Education, 45*(4), 892-908.

Sattler, C. & Sonntag, Kh. (2018). Quality Cultures in Higher Education Institutions – Development of the Quality Culture Inventory. In P. Meusburger, M. Heffernan & L. Suarsana (Hrsg.), *Geographies of the university* (S. 313-327). Springer.

Das in diesem Projekt zugrundeliegende Konzept zur Erfassung der Qualitätskultur geht weit über herkömmliche Qualitätssicherungsansätze hinaus; vielmehr sollen das Qualitätsbewusstsein der Hochschulmitglieder, deren Einstellungen sowie geteilte Werte im Hinblick auf Qualitätsansprüche in Forschung, Lehre und den sie unterstützenden Service- und Verwaltungsstrukturen berücksichtigt werden. Aufbauend auf den Ergebnissen einer umfangreichen, systematischen Literaturrecherche wurde ein vorläufiges Arbeitsmodell des Qualitätskulturkonstrukts erstellt, das anschließend im Rahmen von Expert:inneninterviews (telefonisch oder persönlich) validiert und teilweise modifiziert wurde. Als Interviewpartner:innen fungierten 41 internationale Hochschulexpert:innen, die einschlägige Erfahrungen in der Forschung und Entwicklung von Qualitätssicherung und Qualitätskultur an Hochschulen aufwiesen. Das finale Modell zur Operationalisierung von Qualitätskultur im Hochschulkontext ist in Abbildung 1 wiedergegeben. Demnach setzt sich Qualitätskultur aus »struktural-formalen« und »organisationspsychologischen« Elementen zusammen. Auf struktural-formaler Ebene können »normative, strategische und operative« Elemente der Qualitätssicherung unterschieden werden. Auf der organisationspsychologischen Ebene werden »kollektive« und »individuumsbezogene« Merkmale differenziert.

Abb. 1: Modell zur Erfassung von Qualitätskultur an Hochschulen

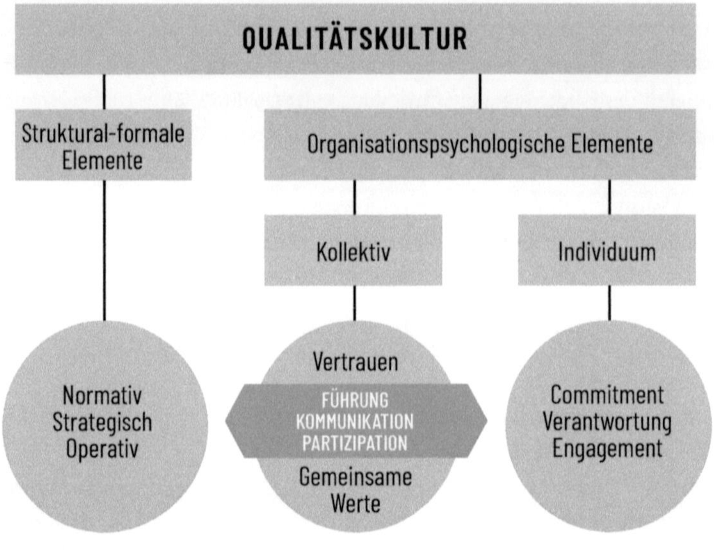

Quelle: Hildesheim & Sonntag, 2019

Unter ›**kollektiven Merkmalen**‹ werden mehrere Qualitätskulturdimensionen zusammengefasst, die für die erfolgreiche gemeinsame Entwicklung einer Qualitätskultur von zentraler Bedeutung sind. Hierzu zählen »Führung«, »Partizipation« und »Kommunikation«, die durch »Vertrauen« und »gemeinsame Werte« unter den Hochschulangehörigen unterstützt werden. ›**Individuumsbezogene Merkmale**‹ beschreiben dagegen Elemente einer Qualitätskultur, die von den einzelnen Hochschulmitgliedern vorgelebt werden, wie »Engagement«, »Commitment« und »Verantwortungsbewusstsein« hinsichtlich Qualität.

Es ist davon auszugehen, dass die beschriebenen Qualitätskulturdimensionen nicht unabhängig voneinander existieren, sondern in einem dynamischen Zusammenhang stehen. Entsprechend sind die Bereiche »Führung«, »Kommunikation« und »Partizipation« im Modell in Form eines Pfeils dargestellt, der die struktural-formale Ebene mit der Ebene des Individuums in Beziehung setzt (zum Beispiel müssen normativ verortete Qualitätsziele adäquat kommuniziert werden, um jedes einzelne Hochschulmitglied zu erreichen).

Auf Basis dieses Modells wurde das »**Qualitätskulturinventar**« (QKI) entwickelt (Hildesheim & Sonntag, 2019). Das QKI besteht aus zwei selbstständigen Befragungseinheiten. Zur Operationalisierung der **struktural-formalen Ebene** wurde ein Fragebogen mit 73 Items entwickelt, der sich an die Qualitätssicherungsexpert:innen der Hochschule richtet. Mit standardisierten Interviews wird erfragt, inwiefern normative (beispielsweise Qualitätsziele), strategische (zum Beispiel Zuständigkeiten, Konzepte) und operative Elemente (beispielsweise verwendete Qualitätssicherungs- und Evaluationsinstrumente) in den verschiedenen Kernbereichen der Hochschule (zum Beispiel Studium und Lehre, Forschung, Verwaltung und Service, wissenschaftlicher Nachwuchs) implementiert sind. Das übergeordnete Ziel dieses Fragebogenteils besteht darin, den Status quo der Qualitätssicherung zu erfassen, um Potenziale zur Qualitätsentwicklung aufzeigen zu können.

Zur Operationalisierung der **organisationspsychologischen Ebene** wurde auf Grundlage der Literaturrecherche und der Expert:inneninterviews ein weiterer Fragebogen mit 97 Items entwickelt, der sich an sämtliche Hochschulmitglieder richtet. Mit dem Fragebogen wird der Grad der Zustimmung zu verschiedenen Aussagen hinsichtlich »Commitment«, »Engagement«, »Verantwortung«, »Führung«, »Kommunikation«, »Partizipation«, »gemeinsame Werte« und »Vertrauen« auf einer sechsstufigen Antwortskala (»trifft gar nicht zu« bis »trifft völlig zu«) erfasst. Der Fragebogen enthält außerdem demografische Angaben der Teilnehmer:innen.

Das QKI wurde anhand einer Pilotstudie hinsichtlich seiner Gütekriterien überprüft und geringfügig überarbeitet. An der anschließenden Haupterhebung nahmen insgesamt 789 Angehörige dreier deutscher Hochschulen teil, wobei Mitglieder der Hochschulleitung, Professor:innen, akademische Mitarbeitende sowie Sekretariats-, Verwaltungs- und Servicemitarbeitende vertreten waren. Die Güte des organisationspsychologischen Fragebogens wurde anhand einer explorativen sowie konfirmatorischen Faktorenanalyse bestätigt. Sämtliche statistischen Kennwerte sprechen für die Güte und Belastbarkeit des Modells, womit die empirische Fundierung des Fragebogens bestätigt werden konnte. Das QKI wird aktuell an mehreren nationalen und internationalen Hochschulen eingesetzt.

Reflexionsfragen

Worin sehen Sie die Unterschiede zwischen Qualitätskultur und Qualitätssicherung?
Wie lässt sich mit dem QKI die Qualitätskultur an Ihrer Hochschule operationalisieren?

4. Zusammenfassung

Hochschulen brauchen Handlungsfreiheit, Flexibilität und Planungssicherheit, um im globalisierten Wettbewerb zu bestehen und zum Wohl ihrer Mitglieder und Studierenden sowie der Gesellschaft wirken zu können. Konzepte und Methoden, um entsprechende Veränderungen zu bewirken, wurden am Beispiel einer Strategieumsetzung und der Implementierung messbarer Qualitätskultur aufgezeigt. Eine große Herausforderung für die Leitungsorgane einer Hochschule, deren Akteur:innen engagiert und motiviert Veränderungen einleiten und etablieren möchten, dürfte allerdings in der Kolleg:innenschaft selbst liegen. Gemeint sind jene Wissenschaftler:innen, die mit Begriffen wie ›Führung‹, ›Evaluation‹ oder ›Leistung‹ im Forschungs- und Lehrkontext Probleme haben, sich fremdbestimmt und kontrolliert vorkommen und Neuerungen unreflektierten Widerstand entgegenbringen. Solche elitär anmutenden Einstellungen Einzelner gehen letztlich zulasten engagierter, qualitätsbewusster Kolleg:innen – das zeigt der Universitätsalltag leider immer wieder.

Es soll aber auch keinem **unreflektierten** »managerialism« (Todnem By et al., 2008, S. 20) das Wort geredet werden, um etwa mittels ungeprüft übernommener Prinzipien und Praktiken der Privatwirtschaft Probleme und Anforderungen im Hochschulbereich zu bewältigen und dadurch letztlich fragwürdige Veränderungen zu bewirken oder Widerstände (»resistance to change«) bei den Betroffenen zu erzeugen. Kritisch sollten in diesem Zusammenhang auch Ansätze und Begriffe aus der Berater:innen-Literatur (aktuell beliebt: ›agil‹, ›disruptiv‹) für den hochschulspezifischen Anwendungskontext betrachtet werden. Für ein seriöses und gelingendes Change Management in Hochschulen gilt, sorgfältige Analysen der jeweiligen konkreten Problemlage durchzuführen (Sonntag et al., 2016), daraus valide Veränderungsbedarfe zu formulieren, geeignete Interventionen für Umstrukturierung, Gestaltung und Schulung abzuleiten und diese Maßnahmen auf ihre Zielerreichung und Wirkung hin zu evaluieren. Die **Veränderungsbereitschaft** der Betroffenen wird durch eine frühzeitig und kontinuierlich umgesetzte Informations- und Kommunikationsstrategie gefördert, wobei die Umstrukturierungsprozesse auf der Basis prozeduraler Gerechtigkeit (›Partizipative Entscheidungsprozesse‹) und distributiver Gerechtigkeit (›Gleichberechtigung‹) entsprechend gestaltet werden. Äußerungen von leitenden Hochschulmitgliedern, wie »Universitäten lassen sich nicht nach betriebswirtschaftlichen Kriterien führen«, mögen zwar prima facie in der Sache richtig sein, wirken nicht selten aber als vorgeschobenes Argument, um sich der Verantwortung zu entziehen, an einer gemeinsamen Weiterentwicklung einer leistungsstarken Hochschule konstruktiv mitzuwirken, einen wirkungsvollen Transfer von Forschung und Lehre zu ermöglichen und so an der Umsetzung des Bildungsauftrags in einer modernen Gesellschaft teilzuhaben.

5. Literatur

European University Association (2006). Quality culture in European universities: A bottom-up approach. *Report on the Three rounds of the quality culture project 2002-2006*. European University Association.

Hildesheim, C. & Sonntag, Kh. (2019). The quality culture inventory: A comprehensive approach towards measuring quality culture in higher education. *Studies in Higher Education, 45*(4), 892–908. https://doi.org/10.1080/03075079.2019.1672639

Hochschulrektorenkonferenz (2017). *Organisationsstrukturen der Hochschulen. Beschluss des 666. Präsidiums der HRK am 21. März 2017 an die 22. Mitgliederversammlung am 9. Mai 2017*. Hochschulrektorenkonferenz.

Oreg, S., Michel, A. & Todnem By, R. (Hrsg.) (2023). *The Psychology of Organizational Change* (2. Aufl.). Cambridge University Press.

Sattler, C. & Sonntag, Kh. (2018). Quality cultures in higher education institutions – Development of the quality culture inventory. In P. Meusburger, M. Heffernan & L. Suarsana (Hrsg.), *Geographies of the university* (S. 313–327). Springer.

Sonntag, Kh. (2018). Wandel in den Hochschulen – Ohne Personalentwicklung keine Universitätsentwicklung. *Personal in Hochschule und Wissenschaft entwickeln, 4*, 14–17.

Sonntag, Kh., Stegmaier, R. & Michel, A. (2008). Change Management an Hochschulen: Konzepte, Tools und Erfahrungen bei der Umsetzung. In R. Fisch, A. Müller & D. Beck (Hrsg.), *Veränderungen in Organisationen – Stand und Perspektiven* (S. 415–442). VS Verlag für Sozialwissenschaften.

Sonntag, Kh., Stegmaier, R. & Schaper, N. (2016). Organisationsdiagnose: Strukturale und kulturelle Merkmale. In Kh. Sonntag (Hrsg.), *Personalentwicklung in Organisationen – Psychologische Grundlagen, Methoden und Strategien* (4. Aufl., S. 255–293). Hogrefe.

Stegmaier, R. (2023). *Führen in Veränderungsprozessen – Psychologisches Wissen für Change Leader*. Hogrefe.

Stegmaier, R., Nohe, C. & Sonntag, Kh. (2016). Veränderungen bewirken: Transformationale Führung und Innovation. In Kh. Sonntag (Hrsg.), *Personalentwicklung in Organisationen – Psychologische Grundlagen, Methoden und Strategien* (4. Aufl., S. 535–559). Hogrefe.

Todnem By, R., Diefenbach, T. & Klarner, P. (2008). Getting organizational change right in public services: The case of european higher education. *Journal of Change Management, 8*(1), 21–35. https://doi.org/10.1080/14697010801937457

OPEN EDUCATIONAL RESOURCES (OER)

Tassja Weber

Schlagworte

Open Educational Resources, Urheberrecht, (CC-)Lizenzen, Open Educational Practices

Orientierung

In diesem Beitrag wird das Thema »Open Educational Resources« (OER) – offen lizenzierte Bildungsressourcen – behandelt. Es wird erläutert, welche Merkmale OER auszeichnen und was sie von ›traditionellen‹ Bildungsressourcen unterscheidet. In diesem Zusammenhang werden die Lizenzen von Creative Commons eingeführt und in ihrer Bedeutung im Kontext von OER erläutert. Im Beitrag werden zudem u.a. die Mehrwerte und Potenziale von OER für die (Hochschul-)Lehre dargestellt und handlungspraktische Hinweise zu Nutzung, Erstellung und dem didaktischen Einsatz solcher Ressourcen gegeben. Der Beitrag liefert Antworten auf folgende Fragen:

Leitfragen

Was sind OER und welche Merkmale haben sie?
Was gibt es bei der Nachnutzung fremder OER und Erstellung eigener OER zu beachten?
Welches didaktische Potenzial haben OER im Kontext der (Hochschul-)Lehre?

1. Open Educational Resources: Einordnung[1]

Definition

Open Educational Resources (**OER**) sind »Bildungsmaterialien jeglicher Art und in jedem Medium, die unter einer offenen Lizenz stehen. Eine solche Lizenz ermöglicht den kostenlosen Zugang sowie die kostenlose Nutzung, Bearbeitung und Weiterverbreitung durch Dritte ohne oder mit geringfügigen Einschränkungen« (UNESCO, o.D.).

Aufgrund ihrer Lizenzierung verfügen OER über rechtliche und didaktische Freiheiten, die ihren Einsatz in der (Hochschul-)Lehre motivieren und partizipative Lehr-Lernformate im Sinne von Open Educational Practices (OEP) fördern bzw. in voller Gänze überhaupt erst ermöglichen können.

Bildungspolitisch gesehen, hat die Bedeutung und Förderung von OER im deutschen Hochschulbereich in den letzten Jahren an Relevanz zugenommen. Dies zeigt sich zum Beispiel in verschiedenen politischen Papieren und Maßnahmen, die OER im Hochschulkontext empfehlen, fordern und finanzielle Anreize für die Erstellung und Veröffentlichung von OER bereitstellen (zum Beispiel Bundesministerium für Bildung und Forschung, 2022; Hochschulrektorenkonferenz, 2016; Wissenschaftsrat, 2022). Auch im Koalitionsvertrag der aktuellen Bundesregierung findet sich ein Bekenntnis zu OER (SPD, Bündnis 90/Die Grünen und FDP, 2021). OER stellen somit aktuell ein wichtiges bildungspolitisches Ziel dar, das in Hochschulen und vor allem in die Hochschullehre hineinwirkt. Der vorliegende Beitrag behandelt das Thema OER im Kontext der Hochschullehre.

Der folgende Abschnitt führt in das Thema ›OER‹ und deren (Lizenz-)Merkmale ein und zeigt rechtliche sowie didaktische Mehrwerte von OER auf. In Abschnitt 3 geht es um die Nutzung von OER: Es werden u.a. Plattformen für OER vorgestellt und Informationen zur Nachnutzung von ›OER‹ gegeben. Daran anschließend werden in Abschnitt 4 der Workflow für die Erstellung, Lizenzierung und Veröffentlichung von (eigenen) OER skizziert und darauf bezogene handlungspraktische Tipps und Hinweise gegeben. Der letzte Abschnitt 5 adressiert den (hochschul-)didaktischen Einsatz von OER und gibt Beispiele zur praktischen Umsetzung und Vertiefung. Der Beitrag schließt mit einer Zusammenfassung.[2]

---

1 Förderhinweis: Die Autorin des vorliegenden Beitrags wurde bis Februar 2024 im Kontext des »Netzwerk Landesportal ORCA.nrw« gefördert, einem Kooperationsvorhaben der Digitalen Hochschule NRW (DH.NRW), gefördert durch das Ministerium für Kultur und Wissenschaft des Landes Nordrhein-Westfalen.

2 Alle im Text genannten URLs wurden am 11.04.2025 überprüft.

2. Rechtliche und didaktische Freiheiten von OER

Wenn es um OER geht, geht es auch immer um das Urheberrecht. Nach dem Urheberrechtsgesetz (2021, § 15) liegt das Verwertungsrecht bzw. das Nutzungsrecht von Werken ausschließlich beim Urheber bzw. der Urheberin. D.h. ohne spezielles Nutzungsrecht darf man (fremde) urheberrechtlich geschützte Werke nur im Rahmen der gesetzlichen Regelungen verwenden, und diese sind sehr restriktiv (siehe Abb. 1).

Zusatzmaterial: JOINTLY-Broschüre 7 UrhWissG 2018
https://www.utb.de/do/10.36198/9783838563305-m09

Abb. 1: Nutzung fremder Werke nach § 60a UrhG

Nutzung nach §60a UrhG

≤15% eines veröffentlichten Werkes	Artikel aus wiss. Fachzeitschriften[1]	Filme und Musikstücke, die ≤5 min[2]
Noteneditionen, die ≤6 Seiten[2]	Sprechwerke geringen Umfangs	Abbildungen (auch Fotos)

WEITERE ANMERKUNGEN

- 15% eines Werkes werden bestimmt auf Basis sämtlicher Seiten, einschließlich Inhalts- und Literaturverzeichnis, Vorwort, Einleitung etc., außer Leerseiten und Seiten, die überwiegend Abbildungen enthalten.
- Sprachwerke geringen Umfangs sind nach dem BGH Texte, die nicht länger als 25 Seiten sind.
- Artikel aus wiss. Fachzeitschriften: Aus einer Zeitschrift darf nur jeweils ein einzelner Artikel vollständig entnommen werden.

[1] Publikationszeitschriften und Zeitungen ausgenommen. Für sie gilt die 15%-Erlaubnis.

[2] gelten als kleine Werke und können zu 100% genutzt werden. Sind sie größer als angegeben, gilt die 15% Erlaubnis (Kinofilme: älter als 2 Jahre!).

Quelle: eigene Darstellung Weber, in Anlehnung an Fuhrmann-Siekmeyer, 2018

Die Nutzung fremder Werke in der Lehre beschränkt sich nach dem Urheberrechtsgesetz zudem auf spezifische Kontexte und geschlossene Personengruppen. Hinzu kommt, dass die meisten Nutzungen vergütungspflichtig sind: Träger:innen öffentlicher Bildungseinrichtungen entrichten für die entsprechenden Nutzungshandlungen Vergütungen an Verwertungsgesellschaften (Kreutzer, 2013; § 60h UrhG). Dabei sind manche Nutzungshandlungen gesetzlich ausgeschlossen: Bearbeitungen und Anpassungen sowie die öffentliche Zugänglichmachung entsprechender Werke über eine geschlossene Veranstaltung hinaus sind nach dem Urheberrecht nicht zulässig (Kreutzer, 2013).

!!

Merke

Nach dem Urheberrecht gilt: Alle Rechte vorbehalten!

Urheber:innen können jedoch anderen Personen Nutzungsrechte an ihren Werken einräumen, zum Beispiel durch eine entsprechende Lizenzierung der Werke. Im Kontext von Bildungsmaterialien haben sich die Lizenzmodelle bzw. Lizenzen der Organisation »Creative Commons« (CC; siehe unten) international etabliert. Mit einer CC-Lizenzierung werden Nutzungsrechte erteilt, die es erlauben, das Bildungsmaterial in verschiedenen Kontexten (kostenfrei) nachzunutzen, zu verändern und mit anderen zu teilen (Kreutzer, 2013, S. 27). Der Lizenzvertrag kommt dabei bei Nutzung entsprechend lizenzierter Werke automatisch zustande (solange die Lizenzbedingungen eingehalten werden). Die Lizenzen können dabei eigenständig von dem:der Urheber:in vergeben werden, eine Registrierung o.Ä. ist nicht erforderlich.

Im Kontext von OER gelten die Lizenzmodelle bzw. Lizenzen der gemeinnützigen Organisation Creative Commons als De-facto-Standard. Creative Commons bietet verschiedene kostenfreie Lizenzmodelle, d.h. vorformulierte Standard-Lizenzverträge, an. Die sogenannten ›**CC-Lizenzen**‹ bestehen aus einzelnen Bausteinen (Lizenzmodule), wobei jedes Lizenzmodul für eine bestimmte Bedingung steht, unter der ein entsprechendes Werk nachgenutzt werden darf:

- **BY – Namensnennung** (**»Attribution«**): Der Name des:der Urheber:in muss genannt werden (und zwar in der Weise, die der:die Urheber:in vorgibt),
- **NC – nicht-kommerziell** (**»Non-Commercial«**): Die Weiterverwendung darf nur nicht-kommerziellen Zwecken dienen,
- **SA – Weitergabe unter gleichen Bedingungen** (**»Share Alike«**): Wenn das Werk bearbeitet wurde und veröffentlicht wird, muss das neu entstandene Werk unter denselben Lizenzbedingungen (d.h. gleiche oder kompatible Lizenz) veröffentlicht werden wie das ursprüngliche Werk,
- **ND – keine Bearbeitung** (**»No Derivatives«**): Das Werk muss vollständig und ohne Veränderungen bleiben.

!!

Merke

Nach den CC-Lizenzen gilt: Manche Rechte vorbehalten!

Die unterschiedlichen Kombinationsmöglichkeiten der Lizenzmodule ergeben die unterschiedlichen CC-Lizenzen. Abbildung 2 gibt einen Überblick über alle CC-Lizenzen und die damit verbundenen Nutzungsmöglichkeiten. Eine Besonderheit dabei bildet das Werkzeug »CC 0«: Dabei handelt es sich um eine Art standardisierte ›Verzichtserklärung‹, bei der es keinerlei Einschränkungen oder Bedingungen für die Nutzung entsprechender Werke gibt (für nähere Informationen siehe Kreutzer, 2016, S. 33-34).

CC-Lizenzen gibt es in verschiedenen Versionsnummern, die bedingt durch Weiterentwicklungen und Modernisierungen im Laufe der Jahre entstanden sind; die aktuellste Lizenzversion ist 4.0 (Kreutzer, 2016, S. 35). In der Vergangenheit gab es zudem ›rechtliche‹ Übersetzungen und Anpassungen der Lizenztexte in verschiedene Sprachen und Rechtsordnungen eines Landes (sogenannte ›Portierungen‹). Die aktuelle Lizenzversion 4.0 ist international ausgelegt, Portierungen in andere Sprachen sind auf Weiteres nicht vorgesehen (Kreutzer, 2016).

Abb. 2: CC-Lizenzen – ein Überblick

LIZENZ (SYMBOL)	LIZENZ UND BEDEUTUNG
ZERO	**CC0 (CC Zero)** Verzicht auf alle urheberrechtlichen und verwandten Schutzrechte. Eine Art »Verzichtserklärung«, d.h. es gibt keine Einschränkungen/Auflagen für die Nachnutzung.
BY	**CC BY** Diese Lizenz erlaubt es Dritten, ein Werk zu verbreiten, zu remixen, zu bearbeiten und darauf aufzubauen, auch kommerziell, solange der/die Urheber:in des Originals genannt wird.
BY SA	**CC BY-SA** Diese Lizenz erlaubt es Dritten, ein Werk zu verbreiten, zu remixen, zu bearbeiten und darauf aufzubauen, auch kommerziell, solange der/die Urheber:in des Originals genannt wird und die auf dem Werk basierenden neuen Werke unter denselben (Lizenz-) Bedingungen veröffentlicht werden (wenn eine Veröffentlichung des neuen Werks erfolgt).
BY ND	**CC BY-ND** Diese Lizenz erlaubt Dritten die Weiterverbreitung des Werks, kommerziell wie nicht-kommerziell, solange dies ohne Veränderung und vollständig geschieht und der/die Urheber:in des Originals genannt wird.
BY NC	**CC BY-NC** Wie CC BY - zusätzlich mit der Einschränkung »nicht kommerziell«.
BY NC SA	**CC BY-NC-SA** Wie CC BY-SA - zusätzlich mit der Einschränkung »nicht kommerziell«.
BY NC ND	**CC BY-NC-ND** Wie CC BY-ND - zusätzlich mit der Einschränkung »nicht kommerziell«.

Zusatzmaterial: CC-Lizenzen
https://www.utb.de/do/10.36198/9783838563305-m10

Wie man in Abbildung 2 sieht, erlauben insbesondere die Lizenzen CC 0, CC BY und CC BY-SA verschiedene Arten der Nachnutzung und setzen im Vergleich wenige Einschränkungen. Daher nennt man diese Lizenzen auch ›OER-Lizenzen‹. Wenn man von OER spricht, dann meint man in der Regel Bildungsmaterialien, die unter einer dieser drei Lizenzen veröffentlicht sind. Die Nutzungen, die mit den Lizenzen CC 0, CC BY und CC BY-SA zulässig sind, »gehen weit über die gesetzlichen Nutzungsbefugnisse hinaus« (Kreutzer, 2013, S. 6). Im Kontext von OER spricht man auch von den »**5 V-Freiheiten**« (Muuß-Merholz, 2015):

> »1. Verwahren/Vervielfältigen – das Recht, Kopien des Inhalts anzufertigen, zu besitzen und zu kontrollieren (zum Beispiel Download, Speicherung und Vervielfältigung)
> 2. Verwenden – das Recht, den Inhalt in unterschiedlichen Zusammenhängen einzusetzen (beispielsweise im Klassenraum, in einer Lerngruppe, auf einer Website, in einem Video)
> 3. Verarbeiten – das Recht, den Inhalt zu bearbeiten, anzupassen, zu verändern oder umzugestalten (zum Beispiel einen Inhalt in eine andere Sprache zu übersetzen)
> 4. Vermischen – das Recht, einen Inhalt im Original oder in einer Bearbeitung mit anderen offenen Inhalten zu verbinden und aus ihnen etwas Neues zu schaffen (beispielsweise beim Einbauen von Bildern und Musik in ein Video)
> 5. Verbreiten – das Recht, Kopien eines Inhalts mit [a]nderen zu teilen, im Original oder in eigenen Überarbeitungen (zum Beispiel einem:er Freund:in eine Kopie zu geben oder online zu veröffentlichen)«[3]

Beispiele

V-Freiheiten (in Anlehung an Muuß-Merholz, 2020b)

Die folgenden Beispiele illustrieren exemplarisch die Bedeutung zweier V-Freiheiten von OER. OER werden hierbei mit nicht offen lizenzierten Materialien (›Nicht-OER‹) kontrastiert:

Verarbeiten

OER: bearbeiten, digitalisieren, ausdrucken, übersetzen, kürzen, anpassen etc.

Nicht-OER: In der Regel sind keine Bearbeitungen erlaubt; Material nur in einem Zustand nutzbar.

Verbreiten

OER: Materialien, auch in veränderter, neu zusammengestellter Form, dürfen beliebig mit anderen Personen geteilt werden (zum Beispiel im Kollegium oder öffentlich im Internet).

Nicht-OER: Materialien dürfen nur im Rahmen der rechtlich zulässigen Gruppen/Konstellationen geteilt werden.

3 Lizenz: CC BY 4.0, https://creativecommons.org/licenses/by/4.0/deed.de.

Die 5V-Freiheiten sind damit in erster Linie **rechtliche Freiheiten**: OER bieten (mehr) rechtliche Sicherheit im Umgang als nicht offen lizenzierte Materialien. So gewinnen OER durch ihre erweiterten Zugangsmöglichkeiten und Nutzungsszenarien, zum Beispiel im Hinblick auf urheberrechtliche Probleme mit der Bereitstellung von Lehr-/Lernmaterialien über digitale Semesterapparate, an Bedeutung.

Mit den rechtlichen Freiheiten gehen jedoch auch wichtige **didaktische Freiheiten** einher: Materialien können beispielsweise an Bedürfnisse von Lernendengruppen angepasst, mit eigenen Inhalten ergänzt, der Einsatz nach eigenem didaktischen Ermessen gewählt oder die Materialien mit Studierenden und Kolleg:innen in- und außerhalb der eigenen Einrichtung geteilt und somit einem breiteren Nutzendenkreis zugänglich gemacht werden.

Reflexionsfrage

Wo sehen Sie Vorteile und Potenziale von OER für Ihre Lehre?

Zwischenfazit

OER sind offen lizenzierte Bildungsressourcen, die umfangreiche Nutzungsrechte einräumen. Durch ihre Lizenzierung und ihre freie Zugänglichkeit haben sie rechtliche und didaktische Freiheiten, die andere, nicht offen lizenzierte Lehr-/Lernmaterialien nicht in dieser Form bieten. Damit eröffnen OER mehr bzw. unbegrenzte Möglichkeiten in der (digitalen) Hochschullehre.

3. OER für die eigene Lehre finden und nutzen

Es gibt keinen zentralen Ort für OER im Internet. Neben Suchmaschinen gibt es auch Portale bzw. Plattformen, die ausschließlich CC-lizenzierte Inhalte bzw. OER anbieten. In Tabelle 1 sind exemplarisch Suchmaschinen und Plattformen aufgeführt, über die offen lizenzierte Inhalte gefunden werden können. Die Liste erhebt keinen Anspruch auf Vollständigkeit. Für weitere Inspiration sei auf die Liste zu den »200 besten OER-Quellen« der Website OERcamp (https://www.oercamp.de/top200/) verwiesen.

Tab. 1: Suchmaschinen und Plattformen für OER (Auswahl)[4]

Suchmaschine bzw. Plattform	Name/URL	Anmerkung
Suchmaschinen	Openverse (https://wordpress.org/openverse/)	Bilder/Fotos, Audio
	OERSI (https://oersi.de/resources/)	Inhalte für Hochschullehre
	Wirlernenonline (https://wirlernenonline.de/)	Inhalte für Schule (nicht nur OER)
Plattformen für CC-lizenzierte Inhalte	Flickr (https://www.flickr.com/creativecommons/)	Bilder/Fotos
	Coco Material (https://cocomaterial.com/)	Illustrationen
	Free Music Archive (https://freemusicarchive.org/)	Musik, Geräusche
	TIB AV-Portal (https://av.tib.eu/)	Wissenschafts-Videos (nicht nur OER)
	ORCA.nrw (https://www.orca.nrw/)	OER-Repositorium des Landes NRW, Inhalt für Hochschullehre

Neben den in Tabelle 1 genannten Plattformen findet man vermehrt auch beim öffentlich-rechtlichen Rundfunk offene Bildungsressourcen: Das ZDF lizenziert zum Beispiel mittlerweile in Teilen bestimmte Eigenproduktionen wie Wissenschaftssendungen (https://schule.zdf.de/terraxplaincommons). Ebenso gibt mittlerweile die ARD-Tagesschau Material wie Erklärvideos unter einer CC-Lizenz zur Nachnutzung frei (https://www.tagesschau.de/multimedia/video/creative-commons-index-100.html).

Wenn man OER nachnutzen möchte, sind dabei die Bedingungen der jeweiligen Lizenz einzuhalten. Darüber hinaus ist es notwendig, eine Lizenzangabe mit Informationen zu dem:der Urheber:in der Lizenz etc. anzugeben. Bei der Lizenzangabe kann man sich an der »TULLU-Regel« orientieren: Die TULLU-Regel ist eine Eselsbrücke für die Formulierung von Lizenzangaben, die in Anlehnung an die Richtlinien von Creative Commons entwickelt wurde (Muuß-Merholz & Borski, 2016). Die Buchstaben ›TULLU‹ stehen dabei für Angaben, die bei der Verwendung von Inhalten unter einer CC-Lizenz gemacht werden müssen (Muuß-Merholz & Borski, 2016)[5]:

4 Zu Ressourcen speziell für den Kontext der Lehrkräftebildung bietet Weber (2025) einen Überblick.

5 Lizenz: CC BY 4.0, https://creativecommons.org/licenses/by/4.0/deed.de, formale Anpassungen durch die Autorin.

- **T**itel: Wie ist das Material benannt? Wenn ein Titel angegeben ist, sollte dieser genannt werden.[6]
- **U**rheber:in: Wer hat das Material erstellt? Der Name muss so angegeben werden, wie ihn der:die Urheber:in genannt hat, auch wenn es sich um Nutzernamen, einen Gruppen-, Firmen- oder Vereinsnamen handelt.
- **L**izenz: Unter welcher Creative-Commons-Lizenz ist das Material veröffentlicht worden? Die Lizenzversion muss mit allen Bestandteilen genannt werden, dazu gehört auch die Versionsnummer und gegebenenfalls die Angabe, ob es sich um eine portierte Version handelt.
- **L**ink zur Lizenz: Wo ist der Lizenztext zu finden? Ein Link auf die Lizenz muss angegeben sein (bei Printprodukten wird der Link ausgeschrieben). Sehr unüblich, aber möglich ist es, anstelle eines Links eine Kopie des Lizenztexts mit dem Werk zu verbreiten.
- **U**rsprungsort: Wo ist das Material zu finden? Ein Link auf den Fundort ist notwendig, damit Nachnutzer:innen den Ursprung nachvollziehen können.

Sollten Bearbeitungen an der Ressource vorgenommen worden sein, müssen diese ebenfalls (grob) benannt werden (Art der Bearbeitung und Urheber:in dieser).

Für Beispiele zur Umsetzung einer Lizenzangabe nach der TULLU-Regel siehe Muuß-Merholz und Borski (2016) und die Angabe unter Abbildung 2 in diesem Beitrag.

Zusatzmaterial: Postkarte TULLU-Regel
https://www.utb.de/do/10.36198/9783838563305-m11

Tipp

Online-Tools nutzen

Nutzen Sie Online-Tools, die bei der Formulierung von Lizenzangaben unterstützen. Beispiele:

- Lizenzhinweisgenerator (für Inhalte aus Wikimedia Commons): https://lizenzhinweisgenerator.de/
- Bildungsteiler: https://oerhoernchen.de/bildungsteiler/
- CC License Chooser (in engl. Sprache): https://chooser-beta.creativecommons.org/

6 Abhängig von der Lizenzversion kann die Vorgabe hier unterschiedlich sein: Die Lizenzen der Version 4.0 erfordern zum Beispiel nicht zwingend die Nennung des Werktitels.

Reflexionsfragen

Welche Lehr-/Lerninhalte nutzen Sie in Ihrer Lehre und woher stammen diese?
Wo könnten Sie weitere Inspiration oder gar CC-lizenzierte Inhalte für Ihre Lehre finden?

4. OER erstellen und teilen

Man kann (fremde) OER für die eigene Lehre nachnutzen oder man entscheidet sich, eigene OER zu produzieren, d.h. eigene Lehr-/Lernmaterialien und -inhalte zu erstellen und unter einer CC-Lizenz mit anderen zu teilen.

Die Motivation zur Erstellung und Veröffentlichung von OER kann unterschiedlich sein: Zu den politischen bzw. gesellschaftlichen Faktoren zählen beispielsweise Bestrebungen, Bildung zugänglicher und damit gerechter zu gestalten, einen Beitrag zum nachhaltigen Einsatz von Bildungsressourcen zu leisten, einen zeitgemäßen Umgang mit dem aktuellen Urheberrecht zu ermöglichen sowie den Einsatz öffentlicher Gelder zurück in die Öffentlichkeit zu geben (Deimann, 2020; Möller & Fiedler, 2022). Auf persönlicher Ebene kann es motivierend sein, sich als Bildungsproduzent:in zu begreifen, die Sichtbarkeit für die eigene Lehrleistung zu erhöhen sowie die Wertschätzung der Community zu erfahren (Steinhau, 2018). Laut Umfrage-Ergebnissen spielen auch die persönlichen, positiven Einstellungen zu einer Kultur des Teilens eine entscheidende Rolle (Otto, 2021).

Wenn Sie eigene OER erstellen möchten, gilt es, ein paar spezifische Punkte im Workflow zu beachten. Der Workflow besteht im Wesentlichen aus vier Schritten (Muuß-Merholz, 2018):

1. Material planen und Vorüberlegungen treffen,
2. Material erstellen und Rechte prüfen,
3. Lizenz wählen und Lizenzangabe erstellen,
4. offen speichern und online teilen.

Die Schritte werden im Folgenden im Einzelnen erläutert. Dabei wird vor allem auf solche Aspekte eingegangen, die für OER besonders relevant sind und daher eine Beachtung in diesem Kontext erfordern.

4.1 Material planen und Vorüberlegungen treffen

Bei der Erstellung von Lehr-/Lernmaterialien müssen Lehrende – und das unabhängig vom OER-Bezug – zunächst ähnliche Arbeit leisten. Dazu gehört u.a.: Zielgruppe bestimmen, (Kompetenz-)Ziele formulieren, benötigtes Vorwissen identifizieren, didaktisches Setting zum Einsatz der Materialien wählen.

Im Kontext von OER spielen weitere Aspekte eine wichtige Rolle: Eine Lizenzierung der Materialien als OER bringt Besonderheiten mit sich, die man kennen bzw. verstehen muss. Man muss zum Beispiel bereit sein, auf die Kontrolle über die Verwertung seiner Materialien zu verzichten bzw. anderen zu erlauben, die Materialien in verschiedenen Kontexten zu nutzen (je nach Lizenz; Steinhau, 2018).

Zudem muss man sich bewusst darüber sein, dass eine CC-Lizenz nicht widerrufbar ist – einmal erteilte Nutzungsrechte durch Lizenzen können nicht mehr zurückgenommen, d.h. gekündigt werden (Kreutzer, 2016). Bei der Auswahl der Inhalte für die Materialien sind zudem unbedingt Rechte Dritter zu beachten (siehe Abschnitt 4.2).

4.2 Material erstellen und Rechte prüfen

Die Lizenzierung von (eigenen) Inhalten als OER setzt voraus, dass man die Urheber- bzw. Nutzungsrechte an den Inhalten hat, die man lizenzieren möchte.

Merke !!

Ohne vorliegende (Urheber- bzw. Nutzungs-)Rechte ist keine Lizenzierung von Inhalten als OER möglich!

Der folgende Überblick benennt aus **urheberrechtlicher Perspektive**, welche (fremden) Inhalte man für eigene OER nutzen darf (Darstellung in Anlehnung an Scherer, 2023):

- **Selbst Erstelltes**: eigene Werke mit Schöpfungshöhe, d.h. Materialien, die Sie selbst erstellt haben; bei Lehr-/Lernmaterialien kann man in der Regel davon ausgehen, dass sie die Schöpfungshöhe erreichen.
- **CC-lizenziertes**: Verwendung CC-lizenzierter Inhalte unter Einhaltung der Nutzungsbedingungen und Lizenzangabe gemäß TULLU-Regel. Die OER-Lizenzen CC 0, CC BY und CC BY-SA eignen sich besonders gut zur Nachnutzung, da diese Lizenzen problemlos miteinander kombinierbar sind.
- **Gemeinfreies**: Werke mit abgelaufener Schutzfrist, amtliche Werke (zum Beispiel Gesetzestexte) und andere Werke ohne urheberrechtlichen Schutz. Wichtig ist die Beachtung von Leistungsschutzrechten. Beispiel: Mozarts Werk (1791) »Die Zauberflöte« unterliegt nicht mehr dem Urheberrecht, während jedoch aktuelle Orchester-Aufnahmen weiterhin geschützt sind (Djordjevic, 2019).
- **Individuell Vereinbartes**: schriftliche Vereinbarungen mit Urheber:in über Einräumung von Nutzungsrechten an einem Werk (beispielsweise mittels eines Vertrags). Wichtig ist hier, dass solch eine Vereinbarung nicht nur eine Erlaubnis zur Nutzung enthalten muss, sondern auch die Erlaubnis, das Werk als OER unter einer CC-Lizenz zu veröffentlichen.

- **Rechtliche Sonderfälle** (Zitate und Pastiche): Verwendung von fremden Inhalten (zum Beispiel Zitaten) unter Rückgriff auf § 51 UrhG und § 51a UrhG und dort geltende Voraussetzungen (für Zitate u.a. Zitatzweck; dazu Borutta, 2022; Fischer, 2021). Zu beachten ist hier, dass solch fremder Inhalt in OER genutzt, aber nicht (mit-)lizenziert werden darf. Die rechtlichen Regelungen umfassen nämlich nur die Nutzung entsprechender Inhalte, nicht aber deren Weitergabe unter einer CC-Lizenz. Das bedeutet, dass solche Inhalte explizit aus der CC-Lizenzierung ausgenommen werden müssen.

Sollten im Material zum Beispiel Foto-, Audio- und/oder Videoaufnahmen von Dritten integriert werden, müssen darüber hinaus **Persönlichkeitsrechte** beachtet werden. Hier gilt es, entsprechende schriftliche Einwilligungen einzuholen. Hinweise und Unterstützung dazu bietet beispielsweise das Justiziariat bzw. die rechtliche Abteilung einer Institution.

Literaturtipps

Es gibt Handreichungen und Checklisten, die Sie bei der Planung und Umsetzung Ihrer OER-Materialien unterstützen, siehe

Kobusch, A. & Halm, L. (2023). *Checkliste: Open Educational Resources erstellen.* https://www.hsbi.de/learningservices/lehrende/oer/oer-erstellen.

Twillo (2024, 19. März). *Vorlagen für OER.* Twillo. https://www.twillo.de/oer/web/vorlagen-und-werkzeuge.

Weber, T. (2023). *Kurz OERklärt: OER erstellen.* Twillo. https://t1p.de/merkblatt-oer-erstellen.

In Bezug auf die **Werkzeuge zur Erstellung von OER** werden Open-Source-Produkte empfohlen. Die Motivation dahinter ist, dass Programme unter freier Lizenz im Vergleich zu proprietären Programmen eine Nachnutzung und Bearbeitung der Materialien leicht(er) machen bzw. überhaupt erst ermöglichen: »Denn die lizenzrechtliche Offenheit eines Materials nutzt nichts mehr, wenn für die Nutzung eine teure Software notwendig ist« (Muuß-Merholz, 2018, S. 165). Nun ist es so, dass es auch nicht offene, aber weit verbreitete und daher dominante Programme gibt (zum Beispiel MS Office-Produkte) und die Nutzung von Alternativen für die meisten Menschen keine (gute) Lösung darstellt. Hier bedarf es eines Kompromisses: Am besten stellt man OER in verschiedenen Dateiformaten zur Verfügung (siehe weiter unten; Muuß-Merholz, 2018).

4.3 Lizenz wählen und Lizenzangabe erstellen

Eine Lizenzierung als OER bedeutet die Wahl und die Angabe einer CC-Lizenz. Bei der Lizenzwahl und -angabe in OER kann man sich an **vier Prinzipien** orientieren (Kreutzer, 2016; Steinhau, 2017):

- **Offenheit**: Nach Möglichkeit sollten OER-Lizenzen gewählt werden (CC 0, CC BY oder CC BY-SA). Andere CC-Lizenzen bzw. Lizenzmodule (NC und ND) schränken die Nutzung erheblich ein und stellen damit eine Herausforderung für die Nachnutzung der Materialien dar (siehe Literaturtipps unten).
- **Genauigkeit**: Beim Lizenzieren gilt es, möglichst präzise zu sein und alle erforderlichen Informationen zur Lizenzierung und Nachnutzung am Material anzubringen. Am besten orientiert man sich auch hier an der bekannten TULLU-Regel (siehe Abschnitt 3). Ein konkreter Zitiervorschlag ist hilfreich für Nachnutzende.
- **Erkennbarkeit**: Für alle CC-Lizenzen gibt es Piktogramme, die die jeweilige Lizenz bzw. Lizenzmodule grafisch darstellen. Es ist nicht verpflichtend, diese Piktogramme bei der Lizenzierung eigener OER zu verwenden, aber sie signalisieren auf den ersten Blick, ob und wie Materialien freigegeben sind. Daher empfiehlt es sich, solche Piktogramme zu verwenden. Creative Commons bietet sie zum kostenlosen Download an[7].
- **Platzierung**: Creative Commons gibt selbst keine genauen Vorgaben darüber, wo die Lizenzangaben in OER platziert werden müssen. Man kann sich jedoch an zwei Prinzipien orientieren: Erstens, die Lizenzangabe ist so platziert, wie es für das jeweilige Format angemessen erscheint, und zweitens, die Lizenzangabe ist so angebracht, dass leicht zu erkennen ist, was unter welcher Lizenz steht. Im besten Fall steht die Lizenzangabe nah am entsprechenden Inhalt.

Verschiedene Platzierungsmöglichkeiten für Lizenzangaben sind im Folgenden aufgeführt (Kreutzer, 2016; Muuß-Merholz, 2018).

Beispiele

Platzierung von Lizenzangaben

- **Bilder und Fotos**: Lizenzangabe in die Bildunterschrift einfügen.
- **Digitale Dokumente/Bücher** (auch Präsentationsfolien), die als Ganzes lizenziert sind: Lizenzangabe zum Beispiel in einem Impressum unterbringen. Alternativ können Lizenzangaben in einem deutlich gekennzeichneten Anhang zusammengefasst werden. Bei einzelnen Arbeitsblättern ist dies auch als Fußnote möglich.

7 Siehe https://creativecommons.org/mission/downloads/.

- **Video und Audio**: Lizenzangabe(n) zum Beispiel im Abspann des **Videos** integrieren und in Form einer textlichen Beschreibung beim/unterm Video platzieren. Bei **Audios** (zum Beispiel Podcasts) Lizenzangabe mündlich einsprechen und Link zum Lizenztext auslagern (beispielsweise in Schriftform nahe Audio bzw. auf einer speziellen Website).

Literaturtipps

Für weitere Informationen zu Lizenzangaben, Lizenzmodulen und Kompatibilität von Lizenzen siehe

Marking your work with a CC license (2019, 25. September). *CC Wiki*. https://wiki.creativecommons.org/wiki/Marking_your_work_with_a_CC_license.

Weber, T. (2023). Kurz OERklärt: Problematik der Lizenzmodule NC und ND. *Twillo*. https://t1p.de/merkblatt-nc-nd.

Weber, T. (2024). Kurz OERklärt: OER remixen. *Twillo*. https://t1p.de/oer-remixen.

4.4 Offen speichern und online teilen

Wenn Lehr-/Lernmaterialien offen lizenziert werden und damit u.a. Bearbeitungen und Weiterentwicklungen zugelassen sind, so sollten die Bearbeitungen auch technisch realisierbar sein. Daher bietet es sich an, OER in bearbeitbaren Formaten und vorzugsweise in verschiedenen Dateiformaten zur Verfügung zu stellen, um auf diese Weise eine Nachnutzung zu erleichtern (Muuß-Merholz, 2018).

Beispiel

Verschiedene Dateiformate teilen

Sie haben ein Arbeitsblatt erstellt und dafür die Software Microsoft Word genutzt. Beim Speichern bzw. Exportieren kann man in der Regel unterschiedliche Formate auswählen. Hier bietet es sich an, das Arbeitsblatt in verschiedenen Formaten abzuspeichern (zum Beispiel Word, PDF, ODT o.Ä.).

Als zusätzliche Stufe der Bereitstellung von offen lizenzierten Lehr-/Lernmaterialien ist (weiterhin) die Weitergabe von Rohdaten denkbar, d.h. das zusätzliche Teilen von einzelnen Material-Bausteinen (Muuß-Merholz, 2018).

Beispiel

Rohdaten teilen

Je nach Lehr-/Lernmaterial können unterschiedliche Rohdaten relevant sein:
Video: Manuskript, Abbildungen, Tondateien, Untertitel
Präsentation: Texte, Fotos/Grafiken
Quiz: Liste von Fragen und Antworten, Bilder

Welcher Grad an Offenheit in der Speicherung und Bereitstellung von OER gewählt wird, ist abhängig von eigenen Interessen, Möglichkeiten und dem verbundenen Mehraufwand, den man bereit ist, aufzubringen. Muuß-Merholz (2018) beschreibt die Offenheit in Speicherung und Bereitstellung von OER daher als »Kür« (S. 165) im Kontext der OER-Erstellung. Unabhängig davon, ob OER in bearbeitbaren, mehreren Dateiformaten oder zusätzlich mit Rohdaten zur Nachnutzung bereitgestellt werden, gilt: Jede OER ist besser als keine OER.

OER sollten am besten in einem **Online-Repositorium** hochgeladen und geteilt werden, damit sie für andere Personen einfach und nachhaltig zugänglich sind. In Deutschland stehen für den Hochschulbereich mittlerweile verschiedene Landes-Repositorien zur Verfügung. Tabelle 2 gibt einen Überblick (alphabetisch nach Bundesland; Grimm, 2023).

Tab. 2: OER-Repositorien in Deutschland

Bundesland	OER-Repositorium	URL
Baden-Württemberg	ZOERR (Zentrales Open Educational Resources Repositorium der Hochschulen in Baden-Württemberg)	https://www.zoerr.de/
Hamburg	HOOU (Hamburg Open Online University)	https://www.hoou.de/
Hessen	HessenHub	https://www.hessenhub.de/
Niedersachsen	Twillo	https://www.twillo.de/
Nordrhein-Westfalen	Landesportal ORCA.nrw	https://orca.nrw/
Rheinland-Pfalz	OpenEdu-RLP	https://openedu-rlp.de/

Neben der Möglichkeit, OER in einem zentralen Repositorium zu veröffentlichen, gibt es gegebenenfalls auch hochschuleigene Wege zur OER-Veröffentlichung: Einige Hochschulen wie die Ruhr-Universität Bochum (https://open.ruhr-uni-bochum.de/) oder die TH Lübeck (https://lernen.oncampus.de) bieten eigene OER-Repositorien an. Zusätzlich gibt es gegebenenfalls die Option, Videos in einem hochschuleigenen Video-Portal offen lizenziert zu veröffentlichen bzw. ganze LMS-Kurse offen, d.h. für hochschulexterne Gäste, zugänglich zu machen.

Bei der Veröffentlichung von OER ist es ratsam, **Metadaten** zu den OER zu liefern. Metadaten sind Informationen über ein Material und zentral für dessen Auffindbarkeit. Beispiele für Metadaten sind Angaben zum Namen des:der Urheber:in, zum Medienformat, zur Lizenz, eine Beschreibung sowie einzelne Schlagworte zum Material (Muuß-Merholz, 2018). Im Kontext von OER sind auch didaktische Metadaten sinnvoll. Hierzu gehören zum Beispiel Informationen zu Kompetenzzielen, Zielgruppe(n) des Materials, zum Veranstaltungsformat und zu notwendigem Vorwissen o.Ä.

Tipp

Perspektivwechsel bei Metadaten

Bei der Vergabe von Metadaten und der Wahl von Schlagworten hilft ein Perspektivwechsel. Folgende Frage kann bei der Wahl von Schlagworten zu einem Material helfen: »Welche Begriffe verwendet jemand, der mein Material finden soll?« Dabei gibt es für Schlagworte keine Mindestanforderungen oder Vorgaben (Muuß-Merholz, 2018).

Literaturtipp

Das Buch bietet formatbezogene Hinweise und Tipps für die professionelle Erstellung von OER. Die einzelnen Artikel im Buch orientieren sich ›am bestmöglichen, am vorbildlichen‹ Gold-Standard und sind daher vor allem adressiert an Personen, die professionell OER erstellen und/oder dazu beraten.

Fahrenkrog, G., Muuß-Merholz, J. & Blanche, F. (2020). *Der Gold-Standard für OER-Materialien: Ein Kompendium für die professionelle Erstellung von Open Educational Resources (OER)*. Verlag ZLL21 e.V. https://open-educational-resources.de/gold-standard-buch-artikel/.

Zwischenfazit

Die Erstellung von OER weist spezifische Aspekte im Workflow auf. Zentral ist die rechtliche Perspektive: Für Inhalte, die offen lizenziert werden, müssen entsprechende Rechte vorliegen. Die Berücksichtigung anderer Aspekte, wie beispielsweise die Werkzeugwahl und die Bereitstellung offener Dateiformate, ist wünschenswert, aber nicht obligatorisch für OER.

5. OER (hochschul-)didaktisch einsetzen

Im Vergleich zu nicht offen lizenzierten Lehr-/Lernmaterialien haben OER mehr Freiheiten hinsichtlich ihrer (rechtssicheren) Einsetzbarkeit in der Lehre. Diese Freiheiten unterstützen ideale Lehr-Lern-Prozesse und tragen zur Umsetzung eines zeitgemäßen Verständnisses von Lernen und Lehren bei (Muuß-Merholz, 2013):

1. **Lernen**: Versteht man ›Lernen‹ als konstruktiven Prozess, in dem Wissen durch eine aktive, individuelle Auseinandersetzung mit den Inhalten entwickelt wird, so muss das eingesetzte Lehr-/Lernmaterial eine derartige Auseinandersetzung zulassen: Das Material muss die Freiheit bieten, damit (frei) zu arbeiten, es nach Bedarf anzupassen sowie gegebenenfalls mit anderen Personen daran arbeiten zu können. Nur OER bieten diese Freiheiten.

2. **Lehren**: Die Rolle der Lehrperson hat sich gewandelt: Sie wird nicht mehr als ›Wissensträger:in‹ verstanden, sondern als jemand, der individuelle Lernprozesse ermöglicht und begleitet. Die Lehrperson wählt didaktisch begründet Materialien aus, die individuelle Zugänge eröffnen, bzw. sie erstellt/kombiniert Materialien neu. Die freie Kombinierbarkeit, Bearbeitbarkeit und Vervielfältigung von Materialien ist so umfassend nur bei OER gegeben.

Die Arbeit mit/an OER in der Lehre lässt sich unter dem Begriff »Open Educational Practices« (OEP) verorten. OEP ist eng mit dem Ansatz der ›offenen Pädagogik‹ verknüpft. Unter ›offener Pädagogik‹ werden Handlungen von Lehrpersonen gefasst, die auf eine Öffnung ihrer Lehrpraxis abzielen, um diese zu verbessern. Bellinger und Mayrberger (2019) stellen fest, dass es kein einheitliches Verständnis dazu gibt, was OEP konkret umfasst bzw. umfassen kann. Im wissenschaftlichen Diskurs identifizieren sie ein Spektrum von sehr engen bis zu sehr weiten Verständnissen des Begriffs. Allen Verständnissen ist jedoch gemein, dass sie in der Regel OER und die damit verbundenen Handlungsfreiheiten als wichtige Komponente(n) von OEP begreifen. Die folgende Definition fasst das Bedeutungsspektrum von OEP gut zusammen:

Definition

»**Open Educational Practices** (OEP) sind kollaborative Praktiken, die die Erstellung, Nutzung und Wiederverwendung von Open Educational Resources (OER) umfassen, sowie pädagogische Praktiken, die partizipative Technologien und soziale Netzwerke für Interaktion, Peer-Learning, Wissenserwerb und Empowerment der Lernenden einsetzen.« (Weizenbaum-Institut e.V., o.D.).

Bei OEP geht es folglich um innovative, didaktische Modelle und Praktiken, die u.a. die Partizipation und Eigenverantwortlichkeit der Studierenden adressieren, aber auch eine offene Kultur des Lehrens und Lernens fördern. Offene didaktische Szenarien im Sinne von OEP sind notwendig, um den Mehrwert von OER ausschöpfen zu können; man benötigt Rahmenbedingungen und eine Umgebung, in der man teilen und kollaborieren kann, sowie eine entsprechende Einstellung und Haltung (Schumann, 2019).

Der Erstellung bzw. Weiterentwicklung von OER durch Studierende wird im Kontext von OEP ein »hohe[r] Stellenwert« (Koschorreck, 2018, S. 3) zugeschrieben. OER lassen sich somit als »didaktische Methode« (Herbstreit, 2019, S. 173) bzw. als (hochschul-) didaktisches Instrument betrachten (siehe auch Weber, 2023). Ausgangspunkt ist dabei die wissenschaftlich fundierte Erkenntnis, dass kognitive Aktivierung und konstruktive Aktivitäten lernförderlich sind (Flaig et al., 2021; Ulrich & Brieden, 2021). Konstruktive Aktivitäten sind solche, die »von den Lernenden eine integrierende, kreative und restrukturierende Auseinandersetzung mit den Lerninhalten [fordern]« (Flaig et al.,

2021, S. 81). Die Nachnutzung, Erstellung bzw. Weiterentwicklung von OER stellt solch eine konstruktive Aktivität dar; OER-Bezug bietet hier zusätzliche Mehrwerte, die über die bloße Aneignung der Lerninhalte hinausgehen. Dazu gehören:

- **Bedeutungsvoller(es) Lernen**: Bei der Auseinandersetzung mit bzw. Arbeit an OER werden Lernende nicht nur Konsument:innen von Bildungsinhalten, sondern können selbst Wissen bzw. Inhalte für andere erschaffen. Mit solchen »sinnhaften Zielen der Arbeit« (Herbstreit, 2019, S. 173) steigt die Motivation der Lernenden und die Partizipationsmöglichkeiten werden erhöht.
- **Ausbau der Medienkompetenz**: OER sind in der Regel digitale Ressourcen. OER zu nutzen, zu erstellen bzw. weiterzuentwickeln, kann den Aufbau der Medienkompetenz fördern sowie das didaktische Potenzial digitaler Bildungsmedien in ihrer Flexibilität und Modularität (Kultusministerkonferenz, 2016) vollumfänglich nutz- und erfahrbar machen. Darüber hinaus kann die Arbeit mit OER für den kritischen Umgang mit u.a. Online-Quellen, Urheber- und Persönlichkeitsrechten sensibilisieren (Buchner & Freisleben-Teutscher, 2017).
- **Beitrag zur Kultur des Teilens**: Die Arbeit mit/an OER macht für Lernende (und Lehrende) eine Kultur des Teilens erlebbar: Bildungsinhalte werden nicht nur für sich selbst bzw. die Lehrperson produziert, sondern für einen breiteren Nutzendenkreis zur Nachnutzung verfügbar gemacht. Zugleich profitiert man von offen lizenzierten Inhalten Dritter, die ihrerseits ebenfalls frei zugänglich sind und die man nachnutzen und weiterentwickeln kann (Braßler et al., 2017).
- **Nachhaltiger Umgang mit Ressourcen**: Die Arbeit mit/an OER kann den nachhaltigen Umgang mit (Lehr-/Lern-)Ressourcen unterstützen (Muuß-Merholz, 2020a): Fremde OER können nachgenutzt, d.h. ›recycelt‹ und weiterentwickelt werden. Eigene OER können wiederum geteilt und somit zur Nachnutzung angeboten werden. Es entsteht ein Geben und Nehmen.

Beispiele

Konstruktive OER-Aktivitäten mit/von Studierenden[8]

Wikipedia-Artikel erstellen oder überarbeiten

Offenes/interaktives Lehrbuch erstellen

Kollaborativ ein Kurskonzept entwickeln

Übungen/Aufgaben entwickeln

Musterlösungen erstellen

Erklärvideos oder Informationsmaterial produzieren/adaptieren

8 Ideen 1.-3. wurden entnommen aus Franke (2021); Ideen 4.-6. stammen von der Autorin.

OER sind an keine spezifische didaktische Theorie gebunden. Ausgeprägte **Studierendenzentrierung** und ein bestimmtes **Rollenverständnis** in der Lehrenden-Lernenden-Konstellation sind jedoch didaktische Grundannahmen, die den Einsatz von konstruktiven OER-Aktivitäten fördern: Studierende (Lernende) tragen die Verantwortung für ihr Lernen und werden als selbstständige Akteur:innen wahrgenommen (Ulrich & Brieden, 2021). Lehrende verstehen sich als Personen, die Lernprozesse nicht vorgeben, sondern initiieren, unterstützen und begleiten. Dieses Rollenverständnis fordert gegebenenfalls Vorstellungen zu traditionellen Kompetenzerwartungen zwischen Lehrenden und Lernenden heraus. Braßler und Kolleg:innen (2017) empfehlen Lehrenden daher, sich entsprechende Hilfe und Unterstützung einzuholen, um Studierende bei der Erstellung von OER zu begleiten. Hier sind vor allem die Rechtsabteilung und hochschuldidaktische Einrichtungen als Anlaufstellen zu nennen.

Abschließend sei noch erwähnt, dass Studierende über Urheber- und Nutzungsrechte an den von ihnen erstellten bzw. weiterentwickelten Inhalten verfügen (Wiggeringloh, o.D.). Das bedeutet: Die Lizenzierung und Veröffentlichung von Inhalten als OER liegt in ihrer Verantwortung – ein Aspekt, der sich gut in die oben genannte Studierendenzentrierung und damit verbundene (Eigen-)Verantwortung einfügt.

Zwischenfazit

OER ermöglichen die Umsetzung idealer Lehr-Lern-Prozesse und können als didaktisches Instrument in der Lehre eingesetzt werden: Als Bestandteil konstruktiver Aktivitäten im Sinne von OEP (zum Beispiel OER-Erstellung) können OER u.a. bedeutungsvoll(eres) Lernen ermöglichen und das Potenzial digitaler Bildungsmedien erfahrbar machen.

Reflexionsfragen

Welche Kompetenzziele Ihrer Lehre lassen sich gut mit der Erstellung von OER verbinden?
Wo könnte man diese Inhalte (nach)nutzen? Wer könnte davon einen Mehrwert haben?
Welches Wissen bzw. welche Kompetenzen in Bezug auf OER werden bei wem benötigt?
Brauchen Sie als Lehrende:r bzw. die Studierenden vor/während/nach dem Prozess der OER-Erstellung Unterstützung? Wer könnte unterstützen?
Wo/wie könnten die entstandenen OER verbreitet werden? Welche Infrastruktur gibt es dafür?

Tipp

Integration von OER

Wenn Sie das ›OER-Potenzial‹ in Ihrer eigenen Lehre explorieren möchten und darüber nachdenken, OER-Aktivitäten in die Hochschullehre zu integrieren, empfiehlt es sich, an bestehende Strukturen und Praktiken (Aufgaben, Aktivitäten etc.) anzuknüpfen und diese entsprechend weiterzudenken.

Literaturtipp

Das Online-Selbsteinschätzungs-Tool, das von Bonny Brandenburger entwickelt wurde, bietet die Möglichkeit, den Grad an Offenheit und studentischer Partizipation in der eigenen Lehre einzuschätzen, und gibt weiterführende Hinweise für die Gestaltung einer offenen Lehrpraxis.

Weizenbaum-Institut e.V. (Hrsg.) (o.D.). *Open educational practices.* https://howtoopen.education/.

6. Zusammenfassung

Open Educational Resources (OER) sind offen lizenzierte Bildungsressourcen, die – je nach CC-Lizenz – umfangreiche Nutzungsrechte einräumen und vielfältige Einsatzmöglichkeiten bieten. Durch ihre Lizenzierung und ihren in der Regel kostenfreien Zugang eröffnen sie rechtliche und didaktische Freiheiten, die andere, nicht offen lizenzierte Lehr-/Lernmaterialien nicht in dieser Form bieten. OER ermöglichen somit einen zeitgemäßen Umgang mit dem Urheberrecht und fördern Austausch, Kooperation und (nachhaltige) Weiterentwicklung von Lehren und Lernen. In den letzten Jahren sind unterschiedliche landesweite Repositorien auf- und ausgebaut worden, über die man OER suchen, finden und veröffentlichen kann.

Im Kontext der Lehre fördern OER die Umsetzung idealer Lehr-Lern-Prozesse und tragen dazu bei, (Bildungs-)Ressourcen nachhaltig(er) zur Verfügung zu stellen. Vor allem in Bezug auf digitale Bildungsmedien und digitale Lehre sind OER ein wichtiger Baustein, um die Potenziale der Digitalisierung bei Lehrmaterialien und in der Lehrpraxis zeitgemäß umzusetzen und Lernen partizipativ im Sinne von Open Educational Practices (OEP) gestalten zu können: OER und OEP sind Bestandteil einer zeitgemäßen Pädagogik in der (post-)digitalen Welt.

7. Literatur

Bellinger, F. & Mayrberger, K. (2019). Systematic Literature Review zu Open Educational Practices (OEP) in der Hochschule im europäischen Forschungskontext. *MedienPädagogik: Zeitschrift für Theorie und Praxis der Medienbildung, 34*, 19–46. https://doi.org/10.21240/mpaed/34/2019.02.18.X

Borutta, Y. (2022, 13. Juli). OER und Urheberrecht: Das Zitatrecht. *ORCA.nrw Blog.* https://www.orca.nrw/blog/rechtsinformationsstelle/oer-und-das-urheberrecht/

Braßler, M., Holdschlag, A. & van den Berk, I. (2017). *Nachhaltige Zukunftsperspektiven. Erstellung von Open Educational Resources (OER) in der Hochschullehre.* https://doi.org/10.25656/01:12848

Buchner, J. & Freisleben-Teutscher, C. F. (2017). Offene Bildungsressourcen im/mit dem Inverted Classroom Modell. In S. Zeaiter & J. Handke (Hrsg.), *Inverted Classroom – The Next Stage: Lehren und Lernen im 21. Jahrhundert* (S. 115-122). Tectum Verlag. https://www.nomos-elibrary.de/de/10.5771/9783828867826/inverted-classroom-the-next-stage?page=1

Bundesministerium für Bildung und Forschung (2022). *OER-Strategie – Freie Bildungsmaterialien für die Entwicklung digitaler Bildung.* Bundesministerium für Bildung und Forschung. Referat Infrastrukturförderung Schule. https://www.bmbf.de/SharedDocs/Publikationen/de/bmbf/3/691288_OER-Strategie.html

Deimann, M. (2020). Warum soll ich überhaupt offen lizenzieren? In Zentrum zur Förderung der Hochschullehre der Universität Siegen (Hrsg.), *Die neue Offenheit: Perspektiven und Potentiale offener Bildungsressourcen* (S. 7–12). Universitätsverlag Siegen. https://dspace.ub.uni-siegen.de/handle/ubsi/1656;?locale=de

Djordjevic, V. (2019). Gemeinfreiheit: Wie frei ist frei? *iRights.info.* https://irights.info/artikel/gemeinfreiheit-wie-frei-ist-frei/29619

Fahrenkrog, G., Muuß-Merholz, J. & Blanche, F. (2020). *Der Gold-Standard für OER-Materialien: Ein Kompendium für die professionelle Erstellung von Open Educational Resources (OER).* Verlag ZLL21 e.V. http://epub.sub.uni-hamburg.de/epub/volltexte/2022/144062/

Fischer, G. (2021). Wie der »Pastiche« ins Urheberrecht kam und was er für das kreative Schaffen bedeutet. *iRights.info.* https://irights.info/artikel/wie-der-pastiche-ins-urheberrecht-kam-und-was-er-fuer-das-kreative-schaffen-bedeutet/31105

Flaig, M., Heltemes, T. & Schneider, M. (2021). Lernförderliche Durchführung von Lehrveranstaltungen. In R. Kordts, N. Schaper, A. Scholkmann & B. Szczyrba (Hrsg.), *Handbuch Hochschuldidaktik* (S. 73–86). wbv.

Franke, S. (2021, 25. November). Didaktische Potenziale von Open Educational Resources (OER) für die Hochschullehre. *Digital&sozial. Ein Blog der ZHAW Zürcher Hochschule für Angewandte Wissenschaften.* https://blog.zhaw.ch/digitalsozial/2021/11/25/didaktische-potenziale-von-open-educational-resources-oer-fuer-die-hochschullehre/

Fuhrmann-Siekmeyer, A. (2018). *Welche Materialien dürfen in der Hochschullehre elektronisch zur Verfügung gestellt werden (gemäß § 60a UrhG)?* Universität Osnabrück; angepasst von E-Learning-Arbeitsgruppe Technische Universität Darmstadt, Stand: März 2018, Lizenz: CC BY-SA 4.0 (https://creativecommons.org/licenses/by-sa/4.0/). https://t1p.de/3cvaw.).

Grimm, S. (2023, 12. Januar). OER-Repositorien und -Referatorien für die Hochschule – auf einem Blick. *OERinfo*. https://open-educational-resources.de/oer-repositorien-und-referatorien-an-hochschulen/

Herbstreit, M. (2019). Open Educational Resources (OER). Möglichkeiten und Grenzen des Einsatzes in Hochschulen. In S. Robra-Bissantz, O. J. Bott, N. Kleinefeld, K. Neu & K. Zickwolf (Hrsg.), *Teaching Trends 2018. Die Präsenzhochschule und die digitale Transformation* (S. 166–174). Waxmann. https://doi.org/10.25656/01:17455

Hochschulrektorenkonferenz (2016). *Senatsbeschluss zu Open Educational Resources (OER): Beschluss des 132. Senats der HRK am 15. März 2016 in Berlin*. Hochschulrektorenkonferenz. https://www.hrk.de/positionen/beschluss/detail/senatsbeschluss-zu-open-educational-resources-oer/

Kobusch, A. & Halm, L. (2023). *Checkliste: Open Educational Resources erstellen*. https://www.hsbi.de/learningservices/lehrende/oer/oer-erstellen

Koschorreck, J. (2018). Open Educational Practices (OEP). *Wb-web | Einfach gute Weiterbildung*. https://wb-web.de/wissen/medien/open-educational-practices-oep-als-teil-einer-offenen-padagogik.html

Kreutzer, T. (2013). *Open Educational Resources (OER), Open-Content und Urheberrecht*. https://doi.org/10.25656/01:8008

Kreutzer, T. (2016). *Open Content: Ein Praxisleitfaden zur Nutzung von Creative-Commons-Lizenzen*. Deutsche UNESCO-Kommission e.V.; HBZ; Wikimedia Deutschland.

Kultusministerkonferenz (2016). *Bildung in der digitalen Welt: Strategie der Kultusministerkonferenz*. Sekretariat der Kultusministerkonferenz. https://www.kmk.org/themen/bildung-in-der-digitalen-welt/strategie-bildung-in-der-digitalen-welt.html

Marking your work with a CC license (2019, 25. September). *CC Wiki*. https://wiki.creativecommons.org/wiki/Marking_your_work_with_a_CC_license

Möller, A. & Fiedler, B. (2022). Öffentliches Geld, öffentliches Gut? Warum offene Bildungsmaterialien der Standard in der Bildungsarbeit sein sollten. *weiter bilden. DIE Zeitschrift für Erwachsenenbildung*, *29*, 32–34. https://doi.org/10.3278/WBDIE2201W

Muuß-Merholz, J. (2013). Was das Thema Open Educational Resources mit guter Schule zu tun hat. In L. Ludwig, K. Narr, S. Frank & D. Staemmler (Hrsg.), *Lernen in der digitalen Gesellschaft – offen, vernetzt, integrativ. Abschlussbericht der Expertengruppe der 7. Initiative* (S. 118-121). Internet & Gesellschaft Co:llaboratory e.V.

Muuß-Merholz, J. (2015, 20. November). Zur Definition von »Open« in »Open Educational Resources« – die 5 R-Freiheiten nach David Wiley auf Deutsch als die 5 V-Freiheiten. *OERinfo.* https://open-educational-resources.de/5rs-auf-deutsch/

Muuß-Merholz, J. (2018). *Freie Unterrichtsmaterialien finden, rechtssicher einsetzen, selbst machen und teilen* (1. Aufl.). Beltz.

Muuß-Merholz, J. (2020a). *Offene Bildungsressourcen sind nachhaltige Bildungsressourcen! Was OER mit Nachhaltigkeit zu tun hat.* https://open-educational-resources.de/was-oer-mit-nachhaltigkeit-zu-tun-hat/

Muuß-Merholz, J. (2020b). *#OERklärt: Die 5V-Freiheiten.* [Video]. YouTube. https://www.youtube.com/watch?v=ai2lZ8e4W8Y&t=17s

Muuß-Merholz, J. (o.D.). Die CC-Lizenzen im Überblick – Welche Lizenz für welche Zwecke? *Wb-web | Einfach gute Weiterbildung.* https://wb-web.de/material/medien/die-cc-lizenzen-im-uberblick-welche-lizenz-fur-welche-zwecke-1.html

Muuß-Merholz, J. & Borski, S. (2016, 5. Dezember). OER leichtgemacht mit der TULLU-Regel. *OERinfo.* https://open-educational-resources.de/oer-tullu-regel/

Otto, D. (2021). Driven by emotions! The effect of attitudes on intention and behaviour regarding Open Educational Resources (OER). *Journal of Interactive Media in Education, 2021*(1), 1–14. https://doi.org/10.5334/jime.606

Scherer, E. (2023). Handreichung »Veröffentlichung von Lehr-Lern-Materialien als OER«. Heinrich Heine Universität Düsseldorf. https://www.sell.hhu.de/fileadmin/redaktion/Lehre/Hochschuldidaktik/Downloads/Handreichung_OER_HHU_2025.pdf

Schumann, C. (2019, 13. Mai). Open Educational Practices sind viel mehr als nur der Einsatz von Open Educational Resources. *BildungsserverBlog.* https://blog.bildungsserver.de/open-educational-practices-ist-viel-mehr-als-nur-der-einsatz-von-open-educational-resources/

SPD, Bündnis 90/Die Grünen & FDP (2021). Mehr Fortschritt wagen. Bündnis für Freiheit, Gerechtigkeit und Nachhaltigkeit. Koalitionsvertrag 2021–2025 zwischen der Sozialdemokratischen Partei Deutschlands (SPD), BÜNDNIS 90/DIE GRÜNEN und den Freien Demokraten (FDP). *SPD.de / Gruene.de / FDP.de.* https://www.bundesregierung.de/breg-de/aktuelles/koalitionsvertrag-2021-1990800

Steinhau, H. (2017). Fünf Tipps für gutes Lizenzieren von OER. *iRights.info.* https://irights.info/artikel/fuenf-tipps-fuer-gutes-lizenzieren-von-oer/28444

Steinhau, H. (2018). Loslassen als OER-Prinzip. Von Kontrollverzicht zu Bedeutungsgewinn. *iRights.info.* https://irights.info/artikel/loslassen-als-oer-prinzip-von-kontrollverzicht-zu-bedeutungsgewinn/29270

Twillo (2024, 19. März). Vorlagen für OER. *Twillo.* https://www.twillo.de/oer/web/vorlagen-und-werkzeuge

Ulrich, I. & Brieden, M. (2021). Studierendenzentrierte Hochschullehre aus lernpsychologischer Sicht. In J. Noller, C. Beitz-Radzio, D. Kugelmann, S. Sontheimer & S.

Westerholz (Hrsg.), *Perspektiven der Hochschuldidaktik. Studierendenzentrierte Hochschullehre* (S. 3–22). Springer Fachmedien Wiesbaden. https://doi.org/10.1007/978-3-658-32205-2_1

UNESCO (o.D.). *Open Educational Resources*. Deutsche UNESCO-Kommission. https://www.unesco.de/bildung/open-educational-resources

Urheberrechtsgesetz (2021). https://www.gesetze-im-internet.de/urhg/

Weber, T. (2023). Kurz OERklärt: Problematik der Lizenzmodule NC und ND. *Twillo*. https://t1p.de/merkblatt-nc-nd

Weber, T. (2023). Nachhaltigkeit in der Bildung fOERdern: OER in der Hochschullehre. In J. Buchner, C. F. Freisleben- Teutscher, J. Hüther, I. Neiske, K. Morisse, R. Reimer & K. Tengler (Hrsg.), *Inverted Classroom and beyond 2023: Agile Didaktik für nachhaltige Bildung* (S. 205–215). Books on Demand.

Weber, T. (2024). Kurz OERklärt: OER remixen. *Twillo*. https://t1p.de/oer-remixen

Weber, T. (2025). Open Educational Resources und Lehrkräftebildung. Potenziale und Ressourcen. In B. Herzig, B. Eickelmann, F. Schwabl, J. Schulze & J. Niemann (Hrsg.), *Lehrkräftebildung in der digitalen Welt. Zukunftsorientierte Forschungs- und Praxisperspektiven*. (S. 253–262). Waxmann. https://doi.org/10.31244/9783830998372

Weizenbaum-Institut e.V. (Hrsg.) (o.D.). *Open educational practices*. https://howtoopen.education/

Wiggeringloh, A. (o.D.). OER & Recht FAQ. *oer inform*. https://oer.amh-ev.de/download

Wissenschaftsrat (2022). *Empfehlungen für eine zukunftsfähige Ausgestaltung von Studium und Lehre*. https://doi.org/10.57674/Q1F4-G978

INKLUSION IN DER LEHRE

Carsten Bender

Schlagworte

Barrierefreie Lehre, Studium mit Behinderung, Universal Design for Learning

Orientierung

Der Beitrag basiert auf einem an der UN-Behindertenrechtskonvention (UN-BRK; Beauftragter der Bundesregierung für die Belange von Menschen mit Behinderungen, 2018) orientierten Verständnis von ›Inklusion‹. In diesem Beitrag wird erarbeitet, dass Lehrende einerseits solche Ansätze und Methoden nutzen sollten, die dazu geeignet sind, die unterschiedlichen Lernvoraussetzungen von Studierenden mit und ohne Behinderung zu adressieren. Andererseits wird dargestellt, dass Lehrende im Einzelfall auf individuelle beeinträchtigungsspezifische Bedarfe von Studierenden eingehen und gegebenenfalls entsprechende Maßnahmen ergreifen müssen. Die Darstellung beider Ansätze wird mit Beispielen und Hinweisen auf weiterführende Ressourcen angereichert. Inwiefern weitere Akteur:innen einen Beitrag zu einer inklusiven Hochschullehre leisten müssen, wird abschließend diskutiert.

Leitfragen

Warum muss man Inklusion in der Hochschullehre umsetzen?
Wie lässt sich Inklusion in der Hochschullehre umsetzen?
Wer leistet neben den Lehrenden noch einen Beitrag zur Umsetzung von Inklusion?

1. Warum muss man Inklusion an der Hochschule umsetzen?

1.1 Die Situation von Studierenden mit gesundheitlichen Beeinträchtigungen und Behinderungen

Wenn es darum geht, dass nicht nur in der Schule, sondern auch in der Hochschule Inklusion von den Lehrenden umgesetzt werden soll, wird häufig angeführt, dass in den eigenen Lehrveranstaltungen noch nie Studierende mit Behinderungen teilgenommen hätten. In der Folge wird dann das Thema ›Inklusion‹ als nicht besonders relevant oder drängend angesehen. Diese Alltagsempirie spiegelt allerdings nicht die tatsächliche Situation wider. Vielmehr beruht sie auf der Fehlannahme, dass gesundheitliche Beeinträchtigung bzw. Behinderung – wie im Fall von Menschen, die einen Rollstuhl oder Blindenlangstock nutzen – ohne weiteres wahrnehmbar seien.

In der Sozialerhebung des Deutschen Studierendenwerks (DSW) geben im Jahr 2021 16 % der befragten Studierenden an, dass das Studium aufgrund von gesundheitlichen Beeinträchtigungen erschwert ist. Von diesen Studierenden geben wiederum 60 % an, dass ihr Studium stark oder sehr stark erschwert ist (Kroher et al., 2023). Allerdings kann nicht davon ausgegangen werden, dass für Lehrende ohne weiteres zu erkennen ist, für welche Studierenden das Studium in Zusammenhang mit gesundheitlichen Beeinträchtigungen erschwert ist. Ganz im Gegenteil: »Nur bei 4 % der Studierenden ist die Beeinträchtigung auf Anhieb zu erkennen, bei gut zwei Dritteln (67 %) ist sie auch auf Dauer nicht sichtbar.« (DSW, 2018, S. 2)

!! **Merke**

Für jede:n sechste:n Studierende:n ist aufgrund einer gesundheitlichen Beeinträchtigung das Studium erschwert. Allerdings ist bei den meisten die gesundheitliche Beeinträchtigung für Lehrende nicht unmittelbar ersichtlich.

Psychische Erkrankungen und Belastungen (zum Beispiel Depressionen, Angst- oder Zwangsstörungen, posttraumatische Belastungsstörungen), somatische Erkrankungen (beispielsweise Allergien, Rheuma, Tumorerkrankungen) oder auch sogenannte ›Teilleistungsstörungen‹ (zum Beispiel ADHS, Lese-Rechtschreib-Störung, Dyskalkulie) sind Beispiele für häufig auftretende, nicht sichtbare gesundheitliche Beeinträchtigungen, die während des gesamten Studiums oder auch nur in einzelnen Studienphasen bzw. Studienzusammenhängen zu Behinderungen führen können. Insbesondere der Anteil von Studierenden, die (von) Studienerschwernisse(n) in Zusammenhang mit psychischen Erkrankungen berichten, ist in den letzten Jahren deutlich angestiegen, von 55 % im Jahr 2016 auf 65 % im Jahr 2021 (Kroher et al., 2023). Selbstverständlich sollte aber auch die Gruppe von Studierenden mit für andere offenkundig wahrnehmbaren Beeinträchtigungen nicht außer Acht gelassen werden. Zwar ist der Anteil von Studierenden mit Mobilitäts- und Bewegungsbeeinträchtigungen, Sehbeeinträchtigungen/Blindheit, Hörbeeinträchtigungen sowie Sprechbeeinträchtigungen vergleichsweise gering, doch erleben diese Studierenden sehr häufig und zum Teil starke Beeinträchtigungen im Studium (Poskowsky et al., 2018).

Wie stark und in welcher Weise sich gesundheitliche Beeinträchtigungen studienerschwerend auswirken, ist individuell sehr unterschiedlich und hängt neben der jeweiligen Ausprägung der gesundheitlichen Beeinträchtigung im hohen Maß von der Situation an der Hochschule ab.

In der sogenannten »BeSt-3 Studie« (Steinkühler et al., 2023a) berichten

> »92 Prozent der Studierenden mit studienerschwerender Beeinträchtigung [...] Schwierigkeiten in mindestens einem der Bereiche Studienorganisation, Lehre und Lernen oder Prüfungen und Leistungsnachweise. Im Einzelnen zeigen sich am häufigsten Probleme hinsichtlich des Leistungspensums bzw. der vorliegenden Studienordnung im Studiengang (66,0 Prozent), den Selbstlernphasen (49,5 Prozent) und der Prüfungsdichte (44,3 Prozent). [...] Insgesamt geben rund 40 Prozent der Studierenden mit studienerschwerender Beeinträchtigung an, dass die Studienorganisation bzw. -ordnung ihr Studium erschwert« (S. 7-8)

Neben diesen Problemen, die unmittelbaren Bezug zum Studium haben, ergeben sich für Studierende mit Behinderung bzw. gesundheitlicher Beeinträchtigung **weitere beeinträchtigungsbezogene Herausforderungen**, die sich ebenfalls nachteilig auf die Realisierung des Studiums auswirken können. So müssen sie oft neben dem Studium Therapie-, Pflege- oder Assistenzbedarfe decken, d.h. entsprechende Anträge stellen und Ansprüche – oft gegen Widerstände – durchsetzen, Anbieter für entsprechende Unterstützungs- und Therapiedienstleistungen finden und schlussendlich die Integration dieser Unterstützungsangebote in den Studienalltag bewerkstelligen. Wenn man dann noch bedenkt, dass gesundheitliche Beeinträchtigungen oft mit der Tatsache einhergehen, dass in bestimmten Phasen des Tages bzw. des Jahres nicht immer die volle Leistungsfähigkeit gegeben ist, wird deutlich, warum ein Lehr- und Prüfungsbetrieb, der wenig Flexibilität zulässt und enge zeitliche Vorgaben macht, eine große Barriere darstellen kann.

Auch wenn in diesem Abschnitt herausgearbeitet wurde, dass an deutschen Hochschulen ein nicht unerheblicher Teil der Studierenden mit gesundheitlichen Beeinträchtigungen bzw. Behinderungen studiert und dabei zum Teil auf massive Probleme stößt, ist es doch wichtig festzuhalten, dass Behinderung kein an die Person gebundenes (medizinisches) Merkmal ist, sondern im Sinne der UN-BRK bzw. der »International Classification of Functioning, Disability and Health« (ICF; Weltgesundheitsorganisation, 2005) eine Beeinträchtigung der Aktivität bzw. Teilhabe im Kontext des Studiums darstellt, die aus ungünstigen materiellen, sozialen oder einstellungsbezogenen Umweltkontexten resultiert (dazu auch Bender et al., 2023). Umgekehrt formuliert: Wenn die Bedingungen es zulassen, wollen und können auch Studierende mit gesundheitlicher Beeinträchtigung in vergleichbarer Weise wie ihre nicht-behinderten Kommiliton:innen ein Studium erfolgreich absolvieren.

Eine inklusive Hochschullehre, wie sie im Abschnitt 2 skizziert wird, ist eine Rahmenbedingung dafür, dass für Studierende mit gesundheitlicher Beeinträchtigung die Teilhabe an Hochschulbildung möglich ist.

1.2 Rechtliche und politische Rahmenbedingungen für Inklusion an der Hochschule

Exkurs

Inklusion im Kontext der Öffnung der Hochschulen

In der nationalen und internationalen Hochschullandschaft ist eine Tendenz zur Öffnung für neue Studierendengruppen zu beobachten, insbesondere im Hinblick auf die Differenzkategorien (sozioökonomischer Status, Bildungsherkunft der Eltern, Migrations- und Behinderungserfahrung). Damit verbunden ist die Herausforderung, »Bedingungen zu verändern, die, hinsichtlich dieser Differenzkategorien, Hochschulangehörigen eine gleichberechtigte Teilhabe am System Hochschule erschweren« (Adorno & Iller, 2016, S. 253). Es gilt, »strukturelle (rechtliche) Rahmenbedingungen zu schaffen, die benachteiligte Ausgangslagen ausgleichen können und Partizipation ermöglichen« (Georgi, 2015, S. 26). Diversität bzw. Diversitäts-Management und Inklusion sind die Leitkonzepte, die im Hochschulkontext verstärkt genutzt werden, um diesen Veränderungsprozess zu gestalten (Aichinger et al., 2020; Dannenbeck et al., 2016; Platte et al., 2016). Dass dieser Beitrag einen Fokus auf Inklusion in Bezug auf die Differenzkategorie ›Behinderungserfahrung‹ legt, ist nicht mit einer hierarchischen Wertung verbunden. Wenn allerdings in einem Handbuch praxisnah dargestellt werden soll, wie Inklusion von Lehrenden umgesetzt werden kann, erscheint es sinnvoll, hier die Differenzkategorie ›Behinderung‹ gesondert zu betrachten, damit die spezifische Situation dieser Studierendengruppe in der Lehre angemessen Berücksichtigung findet.

Die Grundlage für die Realisierung von Inklusion an den Hochschulen ist in der UN-BRK, die im Jahr 2009 von Deutschland ratifiziert wurde, dargelegt. Im Sinne der UN-BRK sind Studierende mit Behinderung Menschenrechtsträger:innen, die gemäß UN-BRK Art. 24 Abs. 5 Anspruch auf die Teilhabe an hochschulischer Bildung haben:

> »Die Vertragsstaaten stellen sicher, dass Menschen mit Behinderungen ohne Diskriminierung und gleichberechtigt mit anderen Zugang zu allgemeiner Hochschulbildung, Berufsausbildung, Erwachsenenbildung und lebenslangem Lernen haben. Zu diesem

Zweck stellen die Vertragsstaaten sicher, dass für Menschen mit Behinderungen angemessene Vorkehrungen getroffen werden.« (UN-BRK, Art. 24 Abs. 5)

Dass neben den angemessenen Vorkehrungen auch Barrierefreiheit und »Universal Design« (siehe Abschnitt 2.1) bei der Herstellung von gleichberechtigter Teilhabe am Studium zu berücksichtigen sind und es letztendlich um den Aufbau eines inklusiven Bildungssystems geht, wird deutlich, wenn die weiteren Ausführungen der UN-BRK aus Art. 24 sowie Art. 2, Art. 4 Abs. f und Art. 9 herangezogen werden (siehe auch Beauftragter der Bundesregierung für die Belange von Menschen mit Behinderungen, 2018).

Im Hochschulrahmengesetz sowie in den Landeshochschulgesetzen ist inzwischen entsprechend der UN-BRK das **Recht auf ein chancengleiches Studium** verankert und es finden sich Regelungen, die die Hochschulen zur Gewährung angemessener Vorkehrungen verpflichten; insbesondere in Zusammenhang mit Prüfungen (Stichwort ›Nachteilsausgleich‹; siehe Abschnitt 2.2). Mit dem Positionspapier der Hochschulrektorenkonferenz »Eine Hochschule für Alle« (Hochschulrektorenkonferenz, 2009) haben sich die Hochschulen ebenso dazu bekannt, Studierenden mit Behinderung ein chancengleiches Studium zu ermöglichen. Viele Hochschulen haben in Aktionsplänen zur Umsetzung der UN-BRK beschrieben, mit welchen Maßnahmen die Umsetzung der rechtlichen Verpflichtungen bzw. politischen Vorgaben erreicht werden soll.

Kernaussage

Die rechtlichen und politischen Rahmenbedingungen für ein inklusives Studium sind im Wesentlichen gesetzt. Es ist Aufgabe der Hochschulen bzw. der Akteur:innen an den Hochschulen, diese Verpflichtung bzw. diesen politischen Auftrag umzusetzen.

Literaturtipps

Die Broschüren, die begleitend zu den Veröffentlichungen der sogenannten »best-Studien« erschienen sind, geben nicht nur einen kompakten Überblick über zentrale Studienergebnisse, sondern die Testimonials vermitteln außerdem einen sehr anschaulichen Einblick darüber, welche konkreten Lebens- und Studiensituationen sich hinter den Zahlen verbergen

Deutsches Studentenwerk – Informations- und Beratungsstelle Studium und Behinderung (IBS) (2012). *Beeinträchtigt studieren. Sondererhebung zur Situation von Studierenden mit Behinderung und chronischer Erkrankung.* https://www.studierendenwerke.de/fileadmin/api/files/web_best_beeintraechtigt_studieren.pdf.

Deutsches Studentenwerk – Informations- und Beratungsstelle Studium und Behinderung (IBS) (2018). *Beeinträchtigt studieren – best2. Daten zur Situation von Studieren-*

den mit Behinderung und chronischer Erkrankung. https://www.studierendenwerke.de/fileadmin/api/files/dsw-best2_barrierefrei_neu.pdf.

Steinkühler, J., Beuße, M., Kroher, M., Gerdes, F., Schwabe, U., Koopmann, J., Becker, K., Völk, D., Schommer, T., Erhardt, M.-C., Isleib, S. & Buchholz, S. (2023). *Die Studierendenbefragung in Deutschland: best3. Studieren mit einer gesundheitlichen Beeinträchtigung.* Deutsches Zentrum für Hochschul- und Wissenschaftsforschung GmbH (DZHW). https://www.dzhw.eu/pdf/ab_20/beeintraechtigt_studieren_2021.pdf.

Für einen Überblick zu rechtlichen Regelungen auf Landes- und Bundesebene siehe

Deutsches Studierendenwerk (DSW) (o.D.a). *Gesetzliche Grundlagen.* Abgerufen am 06. März 2024 von https://www.studierendenwerke.de/themen/studieren-mit-behinderung/recht-politik-und-daten/recht.

Deutsches Studierendenwerk (DSW) (o.D.b). *Bundesländer: Regelungen im Überblick.* Abgerufen am 06. März 2024 von https://www.studierendenwerke.de/themen/studieren-mit-behinderung/recht-politik-und-daten/bundeslaender-im-ueberblick.

Für einen Überblick zu Aktionsplänen zur Umsetzung der UN-BRK an Hochschulen siehe

Deutsches Studierendenwerk (DSW) (o.D.c). *UN-Behindertenrechtskonvention/Aktionspläne.* Abgerufen am 06. März 2024 von https://www.studierendenwerke.de/un-behindertenrechtskonvention/-aktionsplaene.

Informations- und Beratungsstelle Studium und Behinderung (IBS) (o.D.). *Aktionspläne der Länder zur Umsetzung der UN-Behindertenrechtskonvention. Hier: Maßnahmen im Bereich Hochschule.* Deutsches Studentenwerk (DSW). https://www.studierendenwerke.de/fileadmin/user_upload/Downloads/Studieren_mit_Behinderung/UN-Behindertenrechtskonvention/korr_landesaktionsplaene_uebersicht_barrierefrei_stand_2021_09.pdf.

2. Wie lässt sich Inklusion in der Hochschullehre umsetzen?

Angesichts der im Abschnitt 1.2 skizzierten rechtlichen und politischen Vorgaben kann sich die Umsetzung von Inklusion an der Hochschule nicht lediglich auf die punktuelle Entwicklung und Implementierung von Unterstützungsmaßnahmen für einzelne Studierende mit Behinderung beschränken. Vielmehr ist **Inklusion eine Querschnittsaufgabe**, zu der alle Akteur:innen an der Hochschule einen Beitrag leisten müssen (Bender et al., 2018). Demzufolge bedeutet ›Inklusionsorientierung‹ nach Dannenbeck und Dorrance (2016), auf allen Ebenen, d.h. in Forschung, Lehre und der akademischen Selbstverwaltung, konsequent »Teilhabehindernisse aufzuspüren, zu beseitigen und Diskriminierungserfahrungen ernst zu nehmen und zu reflektieren« (S. 31).

Um Inklusion im Kontext der Hochschullehre weiterzuentwickeln, müssen einerseits die Rahmenbedingungen der Lehre adressiert werden. Andererseits sind aber auch die Lehrenden selbst gefordert, bei der Planung und Durchführung von Lehrveranstaltungen so zu agieren, dass Studierenden eine chancengleiche und gleichberechtigte Teilhabe möglich ist. Die Rahmenbedingungen für eine inklusive Hochschullehre werden im Abschnitt 3 aufgegriffen. Im Folgenden wird zunächst die Perspektive der Lehrenden fokussiert.

Im hochschuldidaktischen Forschungsprojekt »DoProfiL« haben Lehrende der TU Dortmund aus unterschiedlichen Fächern der universitären Lehramtsausbildung im Rahmen von World Cafés ihre Erfahrungen zu inklusiver Hochschullehre ausgetauscht. Die Auswertung hat gezeigt, dass ein großer Teil der Lehrenden das Ziel verfolgt, die Diversität der Studierenden wahrzunehmen und die Lehre inklusiv zu gestalten (Bender et al., 2018). Hinsichtlich der inklusiven Ausgestaltung der Lehre lassen sich zwei ›Stoßrichtungen‹ erkennen, die im Folgenden weiter dargestellt und mit konkreten Beispielen illustriert werden.

2.1 Proaktives Vorgehen

Im Sinne einer an der UN-BRK orientierten inklusiven Hochschullehre erscheint es geboten, proaktive Ansätze zu verfolgen. Als **›proaktive Ansätze‹** werden alle Ansätze bezeichnet, die dazu geeignet sind, möglichst von Beginn an die unterschiedlichen Lernvoraussetzungen von Studierenden mit und ohne Behinderung zu adressieren. Das »Universal Design for Learning« (UDL) (Burgstahler & Cory, 2013) ist ein solcher Ansatz.

Das Konzept des UDL zielt darauf ab, Lernprozesse systematisch zu flexibilisieren und Lernenden auf allen Ebenen eines Lernprozesses Wahlmöglichkeiten zu bieten, um so für alle Lernenden – nicht nur für die mit Behinderung – Barrieren abzubauen (Wember & Melle, 2018). Tabelle 1 vermittelt einen ersten Überblick darüber, welche Prinzipien, Richtlinien und Checkpoints für die Gestaltung eines am UDL orientierten Lernangebots verwendet werden können. Zentral für das UDL sind die in der ersten Zeile genannten drei Prinzipien (Punkte A-C).

Während das UDL in der Vergangenheit vorwiegend im Kontext der schulischen Bildung Berücksichtigung fand (Wember & Melle, 2018), wird es in den letzten Jahren international und auch national zunehmend in der Hochschullehre aufgegriffen (Burgstahler & Cory, 2013; Fisseler & Markmann, 2012). Bartz und Kolleg:innen (2018) geben einen sehr schönen Einblick darüber, wie in verschiedenen Fächern sowie in unterschiedlichen Lehrveranstaltungsformaten das UDL bei der Veranstaltungsplanung und auch bei der Durchführung der Lehrveranstaltung, inklusive der Prüfungsleistung, genutzt werden kann.

Auch wenn Bartz und Kolleg:innen (2018) in ihrem Beitrag aufzeigen, dass das UDL als zentrales (hochschul-)didaktisches Prinzip in der gesamten Lehrveranstaltung genutzt werden kann, erscheint es wichtig zu erwähnen, dass das UDL nicht zwangsläufig mit allen Prinzipien und Richtlinien für die gesamte Lehrveranstaltung angewendet werden muss. Es ist durchaus auch möglich und sinnvoll, (zunächst) einzelne Lerneinheiten einer Lehrveranstaltung herauszugreifen und anhand einzelner Prinzipien und Checkpoints (siehe Tab. 1) zu reflektieren, wie mehr Wahlmöglichkeiten und eine größere Flexibilität geschaffen werden können. Gibt es zum Beispiel neben einem Fachartikel, der einen Lerninhalt vermittelt, auch ein Video oder einen Podcast, der dies ebenfalls leistet? Können neben einem Kurzreferat auch Alternativen angeboten werden, um Lernergebnisse zu präsentieren, wie zum Beispiel ein Kurzvideo, ein fiktives Interview, ein Rollenspiel etc.? Die Erfahrung zeigt, dass Studierende diese Wahlmöglichkeiten in der Regel positiv aufnehmen und die Auseinandersetzung mit einem Lerngegenstand dadurch häufig nicht nur motivierter, sondern auch tiefergehend ist. Selbstverständlich muss aus einer fachlichen Perspektive immer bewertet werden, ob Wahlmöglichkeiten und alternative Lernwege bezogen auf den fachlichen Gegenstand angemessen sind und diese als geeignet erscheinen, um die avisierten Lernziele bzw. Kompetenzen zu erreichen.

Tab. 1: Prinzipien, Richtlinien und Checkpoints für das »Universal Design for Learning« (eigene Darstellung Bender, in Anlehnung an CAST, 2011; Hall et al., 2012, S. 13; Schlüter et al., 2016, S. 275)

A. Biete multiple Mittel der Repräsentation von Informationen an.	B. Biete multiple Mittel der Verarbeitung von Informationen und der Darstellung von Lernergebnissen.	C. Biete multiple Möglichkeiten der Förderung von Lernengagement und Lernmotivation.
1. Biete Wahlmöglichkeiten bei der Perzeption.	4. Ermögliche unterschiedliche motorische Handlungen.	7. Biete variable Angebote zum Wecken von Lerninteresse.
2. Biete Wahlmöglichkeiten bei der sprachlichen und symbolischen Darstellung von Informationen.	5. Biete Möglichkeiten im Bereich der Beherrschung instrumenteller und darstellender Fertigkeiten.	8. Gib Gelegenheiten für unterstützte, konzentrierte Anstrengung und ausdauerndes Lernen.
3. Biete Wahlmöglichkeiten beim Verstehen von Informationen.	6. Biete Wahlmöglichkeiten zur Unterstützung der exekutiven Funktionen.	9. Biete Möglichkeiten und Hilfen für selbstreguliertes Lernen.

Während das UDL ein didaktisches Konzept darstellt, welches dazu anregen soll, mittels Wahlmöglichkeiten und Flexibilisierung die Zugänglichkeit von Lernprozessen für möglichst viele Personengruppen zu verbessern, fokussiert das Konzept der **Barrierefreiheit** ein klar umrissenes Set von Regeln, wie Materialien, Lernumgebungen und infrastruktur gestaltet sein müssen, damit diese für Menschen mit Behinderung nutzbar sind (siehe hierzu auch den Beitrag von Böhlau in diesem Band). Oft wird bei

›Barrierefreiheit‹ nur an bauliche Barrierefreiheit gedacht, jedoch gibt es in vergleichbarer Weise auch Vorgaben für Internetseiten und alle anderen digitalen Medien. Digitale Anwendungen und Medien müssen für alle Menschen mit Behinderungen auffindbar, zugänglich und nutzbar sein. Zudem gibt es Vorgaben dazu, wie digitale Anwendungen und Materialien gestaltet sein müssen, damit sie alle (gleichwertig) wahrnehmen, bedienen und verstehen können, auch wenn sie unterschiedliche Hilfsmittel nutzen (Ministerium des Innern des Landes Nordrhein-Westfalen, o.D.).

Hinsichtlich der Barrierefreiheit der baulichen und digitalen Infrastruktur der Lehre (Lehrräume, Lernmanagementsysteme, digitale Tools etc.) haben Lehrende selbst nur sehr bedingten Einfluss auf die Barrierefreiheit dieser Lerninfrastruktur. Wenn im Einzelfall, aufgrund einer nicht ausreichend bestehenden Barrierefreiheit der Lerninfrastruktur, für einzelne Studierende Benachteiligungen entstehen, sollten Lehrende allerdings bereit sein, im Sinne angemessener Vorkehrungen bei der Kompensation dieser Probleme mitzuwirken (siehe Abschnitt 2.2).

Großen Handlungsspielraum haben Lehrende in der Regel bei der Gestaltung der Lernmedien und -materialien. Die üblicherweise in einem Studium eingesetzten Medien, wie Präsentationen, Texte, Aufgabenblätter, Videos etc., sollten (daher) barrierefrei gestaltet werden. Inzwischen gibt es eine Vielzahl von Leitfäden und auch sehr praxisnahen Schritt-für-Schritt-Anleitungen, die beschreiben, worauf grundsätzlich geachtet werden muss und wie mit den gängigen Softwareprodukten barrierefreie Medien hergestellt werden können.

Eine Übersicht findet sich zum Beispiel auf der Website der TU Dortmund.

Zusatzmaterial: Übersicht Barrierefreiheit
https://digitale-lehre.tu-dortmund.de/barrierefreiheit/barrierefreie-dokumente/

Zudem bieten auch die Hochschulen bzw. hochschulübergreifende Fort- und Weiterbildungseinheiten immer häufiger Workshops und Kurse zur Erstellung barrierefreier Medien an.

Merke !!

Nachträglich alle Lehrmedien und -materialien barrierefrei zu gestalten, ist für Lehrende tatsächlich sehr viel Arbeit. Eignet man sich allerdings einige grundlegende Kompetenzen hinsichtlich der barrierefreien Gestaltung von Präsentationen, Dokumenten, Videos etc. an und übernimmt diese in die eigenen Arbeitsroutinen, ist in vielen Fällen der Mehraufwand sehr überschaubar. Von barrierefreien Medien und Materialien profitieren alle Studierenden, nicht nur die mit Behinderung.

Das Erstellen von Alternativtexten für Grafiken und Abbildungen ist ein Beispiel für eine Anforderung an barrierefreie Medien. Die Materialersteller:innen sind angehalten, zu jeder Grafik oder Abbildung einen möglichst kurzen, jedoch aussagekräftigen beschreibenden Text zu verfassen. Dies soll Nutzer:innen mit Blindheit und Sehbeeinträchtigung in die Lage versetzen, sich gleichberechtigt mit anderen grafische Elemente zu erschließen. Mit den gängigen Softwareprodukten wie Microsoft (MS) Word oder PowerPoint ist es heute relativ einfach, mit ein paar wenigen Mausklicks einen Alternativtext einzufügen. Diesen jedoch kurz, präzise und zugleich aussagekräftig zu formulieren, ist zum Teil schon eine größere Herausforderung. Oft führt dies dazu, dass Lehrende angeregt werden, den Einsatz von grafischen Elementen nochmals zu reflektieren und nicht nur den Alternativtext, sondern auch die Abbildung selbst zu verbessern. Das Beispiel soll verdeutlichen, dass es sinnvoll ist, Barrierefreiheit bei der Erstellung von Lernmedien und -materialien nicht als ein additionales Kriterium, was gegebenenfalls nachträglich bearbeitet werden kann, anzusehen, sondern vielmehr als ein wesentliches Qualitätskriterium im gesamten Erstellungsprozess mitzuberücksichtigen.

Zwischenfazit

Gute Lernmedien sind barrierefrei! Zusammenfassend kann festgehalten werden, dass im Mittelpunkt von proaktiven Ansätzen das Bemühen steht, die Lehre an einem didaktischen Konzept auszurichten, das von der Vielfalt der Lernenden und ihren unterschiedlichen Lernstilen, -wegen und benötigten -materialien ausgeht. Barrieren werden weitestgehend vermieden und die Lehre wird inhaltlich und methodisch so gestaltet, dass sie für möglichst viele Lernende und deren antizipierten heterogenen Bedarfe zugänglich und nutzbar ist. Da es jedoch selbst dann, wenn die skizzierten Ansätze so weit wie möglich umgesetzt werden, im Einzelfall immer noch beeinträchtigungsspezifische Bedarfe geben kann, die gegebenenfalls unberücksichtigt bleiben, ist es im Sinne einer an der UN-BRK orientierten Hochschullehre erforderlich, auch reaktive Ansätze zu berücksichtigen.

2.2 Reaktive Ansätze

Als ›**reaktives Vorgehen**‹ bezeichnen wir alle Aktivitäten, die letztendlich darauf abzielen, situationsangemessen zu reagieren, wenn von den Studierenden individuelle Lernvoraussetzungen oder Bedarfe geäußert werden, die bei der Planung der Lehrveranstaltung nicht antizipiert und berücksichtigt wurden. Es geht darum, in Reaktion auf geäußerte behinderungsspezifische Bedarfe Einzelfalllösungen zu initiieren, mit dem Ziel, Benachteiligung oder Diskriminierung zu vermeiden. Auch wenn viele Lehrende schon allein aus ihrem Gerechtigkeitsempfinden oder aus Hilfsbereitschaft sicher bereit sind, im Einzelfall Studierende mit Behinderungen zu unterstützen, erscheint es dennoch wichtig, hier kurz zu skizzieren, dass es, ausgehend von der

UN-BRK, für die Lehrenden bzw. die Hochschule durchaus auch eine rechtliche Verpflichtung dazu gibt. Zentral ist in diesem Zusammenhang der Terminus der **›angemessenen Vorkehrungen‹**.

Das Recht auf angemessene Vorkehrungen, welches in der UN-BRK verankert ist und zum Teil auch in den Hochschulgesetzen der Länder aufgegriffen wird, kommt immer dann zum Tragen, wenn die Hochschule ihrer

> »objektiv-rechtlichen Pflicht zu barrierefreier Gestaltung nicht oder deutlich unzureichend nachgekommen ist, [...] [oder] trotz ausreichender barrierefreier Gestaltung der konkret-individuelle Bedarf aufgrund der spezifischen gesundheitlichen Beeinträchtigungen des Studierenden über die barrierefreie Gestaltung hinausgeht« (Kirmse, 2019, S. 1).

Auch wenn bislang juristisch noch nicht differenziert geklärt ist, inwieweit der Anspruch auf angemessene Vorkehrung die Lehrenden bzw. die Hochschule in die Pflicht nimmt, im Einzelfall Maßnahmen zu ergreifen, wird jedoch deutlich, dass ein Reagieren auf individuelle Bedarfe von Studierenden mit Behinderung nicht als ein Akt der Hilfsbereitschaft anzusehen ist, sondern es sich vielmehr um das Gewähren eines Rechtsanspruchs handelt, mit dem sichergestellt werden soll, dass Studierende mit Behinderung chancengleich und gleichberechtigt studieren können. Oft sind es schon kleinere Maßnahmen, die Lehrende mit überschaubarem Aufwand umsetzen können, die den Studierenden eine chancengleiche und gleichberechtigte Teilhabe an einer Lehrveranstaltung ermöglichen:

- Wenn ein Lehrraum für eine Studierende, die einen Rollstuhl nutzt, nicht zugänglich ist, wechselt die Lehrperson in Abstimmung mit den Raumbeauftragten in einen anderen, barrierefreien Raum.
- Die Lehrperson sorgt dafür, dass alle anderen Teilnehmenden der Lehrveranstaltung in ein zusätzliches Mikrofon sprechen, sodass die Wortbeiträge direkt auf das Hörgerät einer Studierenden mit Hörbeeinträchtigung übertragen werden.
- Für einen Studierenden, der aufgrund einer Therapiemaßnahme vier Wochen nicht an einer Lehrveranstaltung teilnehmen konnte, werden Materialien bereitgestellt, mit denen die verpassten Inhalte im Eigenstudium nachgearbeitet werden können. Es wird angeboten, im Rahmen der Sprechstunde Fragen, die beim Eigenstudium auftauchen, zu klären.
- Einer Studierenden im Autismus-Spektrum wird im Vorfeld der Veranstaltung der geplante Ablauf der Lehrveranstaltung erläutert und es wird gemeinsam überlegt, wie potenziell schwierige Situationen (zum Beispiel Einteilung von Arbeitsgruppen, Exkursionen etc.) bedarfsgerecht gestaltet werden können.
- Studierenden mit einer psychischen Belastung wird erlaubt, die Lehrveranstaltung zu verlassen, wenn ›Trigger-Situationen‹ auftreten. Wenn möglich, werden

solche Situationen schon vorab angekündigt (beispielsweise Gewaltszenen bei einer Studierenden, die im Zusammenhang mit einer Gewalttat an einer posttraumatischen Belastungsstörung erkrankt ist).

- Bei der Einteilung von Übungsgruppen wird berücksichtigt, dass ein Student mit Niereninsuffizienz einer Gruppe zugeteilt wird, die an einem Termin stattfindet, der mit den Dialysezeiten gut vereinbar ist.
- Präsentationen werden einer Studierenden mit Sehbeeinträchtigung mit ausreichend Vorlauf vor der Lehrveranstaltung zugeschickt, sodass diese bedarfsgerecht angepasst werden können (zum Beispiel in Großdruck).

Die aufgelisteten Maßnahmen sind selbstverständlich nur als Beispiele zu verstehen, die für das Thema sensibilisieren sollen. Da einerseits gesundheitliche Beeinträchtigungen bzw. Behinderungen höchst unterschiedlich und individuell sind und andererseits je nach Fachdisziplin und Lehrveranstaltungsformat (zum Beispiel Vorlesung, Seminar, Laborpraktikum, Exkursion etc.) auch hochschulische Lehrveranstaltungen sehr unterschiedliche Anforderungen stellen, kann hier keine vollumfängliche Auflistung möglicher Maßnahmen gegeben werden.

Hinsichtlich eines angemessenen Umgangs mit behinderungsspezifischen Bedarfen können sich Lehrende allerdings an drei Punkten orientieren, die im Folgenden näher erläutert werden; Offenheit und Bereitschaft (signalisieren), Dialog führen und Flexibilität & Verlässlichkeit/flexibel und verlässlich reagieren.

2.2.1 Offenheit und Bereitschaft signalisieren

Lehrende sollten, insbesondere zu Beginn einer Lehrveranstaltung, Offenheit und Bereitschaft signalisieren, auf (behinderungsbedingte) individuelle Bedarfe einzugehen. Beim ersten Termin einer Lehrveranstaltung werden nicht nur der Ablauf und die Rahmenbedingungen der Lehrveranstaltung transparent gemacht, sondern es wird zugleich auch dargestellt, dass eine Bereitschaft besteht, auf Bedarfe, die in Zusammenhang mit einer gesundheitlichen Beeinträchtigung bzw. Behinderung stehen, einzugehen. Gegebenenfalls können hier beispielhaft mögliche Anpassungen genannt werden. Zudem sollte unbedingt ein Hinweis gegeben werden, in welchem Rahmen Studierende ihre Bedarfe äußern können (zum Beispiel Hinweis auf Sprechstunde, E-Mail-Kontakt etc.). Wenn es ein Lernmanagementsystem, (digitales) Vorlesungsverzeichnis o.Ä. gibt, wo sich die Studierenden im Vorfeld einer Lehrveranstaltung informieren, sollten hier ebenfalls entsprechende Hinweise gegeben werden, sodass die Studierenden auch schon vor Beginn der Lehrveranstaltung ermutigt werden, Bedarfe zu äußern. Dies ist besonders wichtig, wenn bereits beim ersten Veranstaltungstermin (organisatorische) Entscheidungen getroffen werden (beispielsweise Gruppen eingeteilt werden, Referatsthemen und -termine vergeben werden etc.) oder besondere Methoden zum Einsatz kommen (zum Beispiel Methoden zur Exploration des Vorwissens, Warm-Up-Methoden, gruppendynamische Methoden etc.). Zum Beispiel ist es sowohl für den:die Studierende:n als auch für den:die Lehrende:n äußerst unangenehm, wenn erst im Verlauf der ersten Veranstaltungssitzung deutlich wird, dass das Spiel zur Gruppeneinteilung für eine:n Studierende:n mit Behinderung nicht geeignet ist und diese:r bei der Gruppeneinteilung ausgeschlossen wird. Dass insbesondere die große Gruppe der Studierenden mit sogenannten ›nicht-sichtbaren Beeinträchtigungen‹ bzw. ›Behinderungen‹ immer wieder angibt, aus Sorge vor Diskriminierung und Benachteiligung Bedarfe nicht zu äußern, zeigt deutlich, wie wichtig es ist, explizit Offenheit zu signalisieren.

2.2.2 Dialog führen

Lehrende äußern oft die Sorge, dass sie sich mit Behinderung nicht gut auskennen und »ja gar nicht so richtig wissen, was man da beachten muss«[1]. Wenn allerdings Lehrende anerkennen, dass Studierende in der Regel Expert:innen in eigener Sache sind, erübrigt sich diese Sorge erfahrungsgemäß. Studierende mit Behinderungen können meist gut darüber Auskunft geben, in welcher Weise sie im Studium behindert werden sowie welche Maßnahmen geeignet sein könnten, um erlebte Barrieren abzubauen (Bender et al., 2023). Die Aufgabe der Lehrenden ist es, zunächst einen geschützten und angemessenen Rahmen herzustellen, in dem Studierende über ihre Bedarfe Auskunft geben können. Geeignet ist beispielsweise die Sprechstunde. Das Anliegen des Studierenden ›mal eben‹ am Ende der Veranstaltung noch im Lehrraum zu klären, ist in den allermeisten Fällen eine schlechte Idee. Wie im Abschnitt 1.1 erläutert wurde, sind die meisten gesundheitlichen Beeinträchtigungen oder Behinderungen nicht offensichtlich für Dritte erkennbar. Daher ist es von großer Bedeutung, dass Lehrende äußerst sensibel mit den ihnen anvertrauten Informationen umgehen und diese nur mit ausdrücklicher Zustimmung der Studierenden gegenüber Dritten offengelegt werden. Darüber hinaus ist es wichtig, den Umgang mit der Situation so zu gestalten, dass die Studierenden nicht in die unangenehme Lage geraten, ihre persönliche Situation vor ihren Mitstudierenden erklären zu müssen.

Merke !!

Grundsätzlich ist an der Hochschule ein Kommunikationsklima wünschenswert, in dem Studierende ohne Sorge vor Benachteiligung und Diskriminierung gegenüber Lehrenden und Mitstudierenden Informationen zu ihrer gesundheitlichen Beeinträchtigung offenlegen können. Allerdings ist der Umgang mit Informationen zur gesundheitlichen Situation

1 Diese Sorge hört der Autor häufig in hochschuldidaktischen Workshops oder Beratungsgesprächen von Lehrenden.

der Studierenden immer so zu gestalten, dass die Studierenden selbst entscheiden können, wer welche Information erhält.

Neben der Offenheit, auf Bedarfe von Studierenden mit Behinderung einzugehen, ist es für einen erfolgreichen Gesprächsverlauf sehr hilfreich, wenn Lehrende möglichst präzise die Rahmenbedingungen der Lehrveranstaltung, das methodisch-didaktische Vorgehen und die Lernziele benennen können. Bringen so Studierende und Lehrende ihre jeweilige Perspektive in ein Gespräch ein, ist das eine gute Grundlage, um im weiteren Gesprächsverlauf bzw. Verlauf der Lehrveranstaltung gemeinsam Lösungen für Unsicherheiten und Probleme zu finden. Wenn Lehrende im Gespräch mit Studierenden mit Behinderung sehr unsicher sind oder der Kontakt sich als schwierig erweist, empfiehlt es sich, eine:n Beauftragte:n oder eine Person aus der Beratungsstelle für Studierende mit Behinderung der Hochschule um Hilfe zu bitten. Diese:r kann helfen, eventuell bestehende Kommunikationsbarrieren zu überwinden, und gegebenenfalls auch vor dem Hintergrund ihres:seines Erfahrungswissens Vorschläge machen, welche Maßnahmen ergriffen werden können.

2.2.3 Flexibel und verlässlich reagieren

Wie bereits oben aufgeführt, kann hier keine Darstellung darüber erfolgen, welche Maßnahmen bei welcher Form von Beeinträchtigung sinnvoll sind. Hier ist eine gewisse Flexibilität gefragt und auch vertraute Vorgehensweisen müssen möglicherweise angepasst werden. Das bedeutet, dass unter Umständen ein anderer Lehrraum genutzt werden muss, die Präsentation nicht erst am Abend vor der Lehrveranstaltung fertiggestellt werden kann, eine neue Methode zur Einteilung von Gruppen gewählt werden muss und im Lehrraum noch mehr als üblich auf eine gute Akustik und eine konsequente Nutzung des Mikrofons geachtet werden muss usw. So anspruchsvoll und oft hektisch der Lehralltag auch sein mag, ist es für Studierende mit Behinderung von entscheidender Bedeutung, dass sie sich darauf verlassen können, dass die von den Lehrenden gemeinsam vereinbarten Maßnahmen auch tatsächlich umgesetzt werden. Denn für Studierende mit Behinderungen ist es oft nicht möglich, flexibel zu reagieren, wenn getroffene Absprachen nicht eingehalten werden. Das Versagen einer angemessenen Vorkehrung, selbst wenn der Grund dafür war, dass es schlichtweg im vollen Lehrbetrieb vergessen wurde, stellt streng genommen eine Diskriminierung aufgrund der Behinderung dar.

Für viele Barrieren können Studierende mit Behinderung und Lehrende in der beschriebenen Weise im Gespräch eine gute Lösung finden. Manchmal erfordern die zur Problemlösung geeigneten Maßnahmen eine fachliche Expertise, über die Lehrende üblicherweise nicht verfügen. Zum Beispiel kann es erforderlich sein, für einen Studierenden mit Blindheit Musiknoten in Blindenschrift zu übertragen. Oder einer Studierenden im Autismus-Spektrum gelingt es trotz entsprechender Hinweise des Lehrenden nicht, den Lernstoff in einer adäquaten Weise so zu organisieren, dass sie erfolgreich für die Prüfung lernen kann. In diesen Fällen sollten Lehrende gemeinsam mit den Studierenden überlegen, welche Stelle an der Hochschule oder auch im Umfeld der Hochschule hinzugezogen werden kann. Gibt es beispielsweise einen Umsetzungsservice für Brailleschrift, der auch Musiknoten übertragen kann? Gibt es ein Autismus-Therapie-Zentrum, welches dabei unterstützen kann, geeignete Lernstrategien zu entwickeln? Allerdings ist es in diesen Situationen in der Regel erforderlich, dass die Lehrenden dann mit diesen Stellen kooperieren, d.h. dem Umsetzungsservice frühzeitig die benötigten Musiknoten zukommen lassen oder der Person des Autismus-Therapie-Zentrums verdeutlichen, welche Lernstrategien in der Lehrveranstaltung bzw. im Studium erfahrungsgemäß sinnvoll sind.

Wenn nicht nur bei der Durchführung der Lehrveranstaltung, sondern auch im Zusammenhang mit benoteten Prüfungsleistungen angemessene Vorkehrungen gewährt werden sollen, ist neben dem dargestellten Vorgehen zusätzlich ein formal geregeltes Vorgehen zu beachten. In den Prüfungsordnungen der Hochschulen bzw. den Hochschulgesetzen der Länder wird dieses Vorgehen mit dem Terminus des ›**Nachteilsausgleichs**‹ beschrieben.

Ein Nachteilsausgleich hat zum Ziel, durch behinderungsspezifische Anpassung der Rahmenbedingungen der Prüfung sicherzustellen, dass Studierende mit Behinderung, im Vergleich zu ihren nicht-behinderten Kommiliton:innen, chancengleich eine Prüfung absolvieren können. Ein Nachteilsausgleich muss von den Studierenden beantragt und vom zuständigen Prüfungsausschuss bzw. Prüfungsamt bewilligt werden. Lehrende haben dann die Aufgabe, die Umsetzung eines bewilligten Nachteilsausgleichs zu organisieren. Das kann zum Beispiel bedeuten, dass sie organisieren müssen, dass ein Studierender mit einer psychischen Beeinträchtigung eine Klausur in einem Einzelraum schreiben kann. Es kann bedeuten, dass Studierenden mit Diabetes erlaubt wird, zur Kontrolle des Blutzuckerspiegels während der Klausur ein Mobiltelefon mit der entsprechenden Applikation zu nutzen. Für Studierende mit einer Sehbeeinträchtigung besteht der Nachteilsausgleich häufig darin, dass sie zur Anfertigung einer schriftlichen Klausur Hilfsmittel (beispielsweise Computer mit Sprachausgabe und/oder Vergrößerung) nutzen dürfen und auch die Bearbeitungszeit entsprechend verlängert wird, um ein langsameres Arbeiten mit den Hilfsmitteln zu kompensieren. Bei Studierenden mit starken motorischen Beeinträchtigungen kann es im Einzelfall erforderlich sein, dass eine Assistenzperson bei der Anfertigung einer schriftlichen Klausur unterstützt oder dass gegebenenfalls auch ein Wechsel der Prüfungsform zu einer mündlichen Prüfung angemessen erscheint. Auch dies sind nur Beispiele – welcher Nachteilsausgleich in der konkreten Prüfungssituation angemessen ist, muss immer im Einzelfall entschieden werden.

Zwischenfazit

Eine an der UN-BRK orientierte inklusive Lehre zielt darauf ab, Studierenden mit Behinderungen ein chancengleiches und gleichberechtigtes Studium zu ermöglichen. Sie ist so gestaltet, dass die potenziell ›zu erwartende Diversität‹ der Studierenden mit dazu geeigneten Konzepten (zum Beispiel UDL oder Barrierefreiheit) bei der Planung und Durchführung berücksichtigt wird, um möglichst von vornherein Benachteiligung und Diskriminierung zu vermeiden. Zugleich ist inklusive Lehre aber auch durch die Bereitschaft der Lehrenden gekennzeichnet, situationsangemessen zu reagieren, wenn von den Studierenden nicht berücksichtigte behinderungsbezogene individuelle Bedarfe geäußert werden.

Literaturtipp

Für weitergehende Informationen und einen vertieften und differenzierten Einblick zur Thematik ›Nachteilsausgleiche‹ der IBS des DSW siehe

Deutsches Studierendenwerk (o.D.). *Nachteilsausgleiche.* Abgerufen am 06. März 2024 von https://www.studierendenwerke.de/themen/studieren-mit-behinderung/online-bibliothek/nachteilsausgleiche.

3. Gemeinsame Verantwortung für inklusive Lehre

Nachdem im Abschnitt 2 dargestellt wurde, in welcher Weise Lehrende einen Beitrag zu einer inklusiven Hochschullehre leisten können, wird in diesem abschließenden Abschnitt erläutert, inwiefern andere Akteur:innen verantwortlich sind, im Kontext inklusiver Lehre mitzuwirken, und wie Lehrende gegebenenfalls mit diesen zusammenarbeiten können. Denn Lehrende haben zwar eine entscheidende Rolle hinsichtlich der Realisierung inklusiver Lehre, doch kann Inklusion nur gelingen, wenn sie als Prozess des »Disability Mainstreaming« umgesetzt wird. »**Disability Mainstreaming**« bedeutet, dass alle Akteur:innen einer Hochschule im Rahmen ihres Zuständigkeits- und Aufgabenbereiches mitwirken (King et al., 2020). Aus der Hochschulforschung ist bekannt, dass – insbesondere an deutschen Hochschulen, die durch die akademische Selbstverwaltung gekennzeichnet sind – Inklusion als Hochschulentwicklungsprozess besonders erfolgsversprechend ist, wenn er sowohl »Top-down« als auch »Bottom-up« organisiert wird (Leišytė et al., 2018). Lehrende können die Umsetzung der Inklusion an der Hochschule nicht nur im Rahmen ihrer eigenen Lehrtätigkeit unterstützen, sondern auch durch die aktive Teilnahme an der akademischen Selbstverwaltung bzw. Mitbestimmung vorantreiben. Dennoch erscheint es wichtig, dass die Hochschulleitung im Rahmen ihrer Möglichkeiten auf allen Ebenen für die Umsetzung chancengleicher Teilhabe an Hochschulbildung eintritt und diese vorantreibt. Zur Umsetzung von Inklusion wird an deutschen Hochschulen in den letzten

Jahren zunehmend das Instrument des **Aktionsplans** genutzt, um in Abstimmung mit allen relevanten Akteur:innen und Gremien Ziele und Maßnahmen zur Umsetzung von Inklusion festzulegen und zu koordinieren. Um als Lehrende:r einen Überblick zu gewinnen, wie Inklusion an der eigenen Hochschule umgesetzt wird sowie welche Ressourcen genutzt werden können und mit welchen Akteur:innen kooperiert werden kann, lohnt sich(er) ein Blick in den Aktionsplan der eigenen Hochschule (sofern vorhanden). Dort finden sich Informationen zur Barrierefreiheit der baulichen und digitalen Lerninfrastruktur, die für Lehrende sehr hilfreich sein können, wenn sie ihre Lehre planen und/oder auf individuelle behinderungsbedingte Bedarfe reagieren müssen. Zudem empfiehlt es sich, im Aktionsplan oder auf den einschlägigen Informationsportalen der Hochschule einmal zu prüfen, inwiefern weitere Stellen an der Hochschule die Lehrenden bei der Umsetzung einer inklusiven Lehre unterstützen. Gibt es zum Beispiel ein Service-Angebot, das bei der Erstellung von barrierefreien Medien unterstützt? Werden Handreichungen, Leitfäden, Arbeitshilfen o.Ä. zur Verfügung gestellt? Wird Hard- und/oder Software bereitgestellt (zum Beispiel zur automatischen Erzeugung von Untertiteln)? Können Kompetenzen zur Umsetzung einer inklusiven Lehre im Rahmen der Weiterbildungsangebote der Hochschule erworben werden? Gibt es eine Beratungsstelle oder eine:n Beauftragte:n, der:die gegebenenfalls auch Lehrende zu allen Fragen rund um ein Studium mit Behinderung berät?

Wie sich bereits im Abschnitt 2.2 angedeutet hat, tragen auch Studierende mit Beeinträchtigung bzw. Behinderung ein gewisses Maß an Verantwortung hinsichtlich einer erfolgreichen Realisierung inklusiver Lehre. Insbesondere sollten sie über individuelle Strategien zum Umgang mit bzw. zur Kompensation ihrer Beeinträchtigungen verfügen. Studierende mit Sinnesbeeinträchtigung und motorischen Beeinträchtigungen sollten das Potenzial, aber auch die Grenzen des Einsatzes von Hilfsmitteln bzw. assistiven Technologien im Studium kennen. Gleiches gilt für das Potenzial bzw. die Grenzen des Einsatzes von Studienassistenz. Auch Studierende mit psychischen oder somatischen Erkrankungen sollten Strategien zum Umgang mit ihrer Beeinträchtigung im Studium besitzen. U.a. müssen sie herausfinden, wo ihre Grenzen der Belastbarkeit liegen, wann gegebenenfalls Pausen eingelegt werden oder gar eine längere Unterbrechung des Studiums zur Teilnahme an Therapien sinnvoll sein könnte. Zudem gilt es bei diesen (für andere nicht wahrnehmbaren) Beeinträchtigungen, auch für sich selbst zu reflektieren, in welchen Situationen gegenüber Mitstudierenden und/oder Lehrenden die eigene gesundheitliche Situation (inklusive der Auswirkungen auf das Studium) offengelegt wird und in welchen Situationen sie dies nicht thematisieren wollen. Ein reflektierter Umgang mit der eigenen Beeinträchtigung bzw. Behinderung stellt letztendlich die Grundlage dafür dar, dass Studierende gegenüber Lehrenden individuelle Bedarfe, die im Zusammenhang mit einer Lehrveranstaltung stehen, äußern können und gemeinsam mit den Lehrenden Ideen für angemessene Vorkehrungen suchen können (siehe Abschnitt 2.2). Lehrende sollten dabei jedoch im Hinterkopf behalten, dass auch für Studierende mit Behinderung zu Beginn des Studiums nicht immer ganz einfach einzuschätzen ist, was auf sie zukommt, und die in der Schule erworbenen Strategien zum Umgang mit der eigenen Beeinträchtigung bzw. Behinderung gegebenenfalls im Kontext des Studiums weiterentwickelt werden müssen. Zudem kann sich auch im Verlauf des Studiums die gesundheitliche Situation verändern, sodass die Studierenden erst (wieder) einen Umgang mit der neuen Situation finden müssen. Da die Beratungsstellen und Beauftragten der Hochschulen immer wieder die Erfahrung machen, dass Studierende mit Behinderung die Beratungs- und Unterstützungsangebote nicht kennen oder wahrnehmen, ist es im Zweifelsfall immer sinnvoll, wenn die Lehrenden auf diese hinweisen, sodass die Studierenden auch auf entsprechende Unterstützung zurückgreifen können.

4. Zusammenfassung

Zusammenfassend kann festgehalten werden, dass Lehrende selbst einen großen Beitrag zur Realisierung inklusiver Lehre leisten können, jedoch auch andere Akteur:innen sowie die Studierenden mit Behinderung selbst ebenfalls gefragt sind. Wie im Beitrag dargestellt, sind für Lehrende eine offene Kommunikation und die Bereitschaft, auf individuelle Bedarfe einzugehen, sowie eine Orientierung am Konzept des Universal Design for Learning bzw. der Barrierefreiheit zentral.

5. Literatur

Adorno, J. & Iller, C. (2016). Überlegungen zu den hochschuldidaktischen Konsequenzen einer inklusionssensiblen Hochschule. In C. Dannenbeck, C. Dorrance, A. Moldenhauer, A. Oehme & A. Platte (Hrsg.), *Inklusionssensible Hochschule: Grundlagen, Ansätze und Konzepte für Hochschuldidaktik und Organisationsentwicklung* (S. 253–266). Klinkhardt. https://elibrary.utb.de/doi/abs/10.35468/9783781554849

Aichinger, R., Linde, F. & Auferkorte-Michaelis, N. (Hrsg.) (2020). Diversität an Hochschulen – Chancen und Herausforderungen auf dem Weg zu exzellenten und inklusiven Hochschulen. *Zeitschrift für Hochschulentwicklung, 15*(3), 9–23. https://zfhe.at/index.php/zfhe/issue/view/67

Bartz, J., Feldhase, K., Goll, T., Kanschick, D., Hüninghake, R., Krabbe, C., Lautenbach, F. & Trapp, R. (2018). Das Universal Design for Learning (UDL) in der inklusionsorientierten Hochschullehre. Eine interdisziplinäre Bestandsaufnahme aus Sicht der Fachdidaktiken Chemie, Germanistik, Sachunterricht, Sport, Theologie und der Rehabilitationswissenschaften. In S. Hußmann & B. Welzel (Hrsg.), *DoPro-*

fiL – Das Dortmunder Profil für inklusionsorientierte Lehrerinnen- und Lehrerbildung (S. 93–108). Waxmann.

Beauftragter der Bundesregierung für die Belange von Menschen mit Behinderungen (2018). *Die UN-Behindertenrechtskonvention. Übereinkommen über die Rechte von Menschen mit Behinderungen. Die amtliche, gemeinsame Übersetzung von Deutschland, Österreich, Schweiz und Lichtenstein.* Abgerufen am 06. März 2024 von https://www.institut-fuer-menschenrechte.de/fileadmin/Redaktion/PDF/DB_Menschenrechtsschutz/CRPD/CRPD_Konvention_und_Fakultativprotokoll.pdf

Bender, C., Bühner, L. & Drolshagen, B. (2023). Inklusive Strukturen und spezifische Angebote für Studierende mit Behinderungen. In C. Bender, L. Bühner & B. Drolshagen (Hrsg.), *Teilhabe an Hochschulbildung. Grundsätze, Konzepte und Praxisbeispiele für die Beratung und Begleitung von Studierenden mit Behinderung* (S. 15–26). Waxmann.

Bender, C., Drolshagen, B., Rose, A.-L., Leišytė, L. & Rothenberg, B. (2018). Entwicklung einer inklusionsorientierten universitären Lehramtsausbildung – Maßnahmen der Organisationsentwicklung und Qualifizierung der Lehrenden. In S. Hußmann & B. Welzel (Hrsg.), *DoProfiL – Das Dortmunder Profil für inklusionsorientierte Lehrerinnen- und Lehrerbildung* (S. 207–222). Waxmann.

Burgstahler, S. E. & Cory, R. C. (2013). *Universal design in higher education. From principles to practice.* Harvard Education Press.

Dannenbeck, C. & Dorrance, C. (2016). Da könnte ja jede/r kommen! Herausforderung einer inklusionssensiblen Hochschulentwicklung. In C. Dannenbeck, C. Dorrance, A. Moldenhauer, A. Oehme & A. Platte (Hrsg.), *Inklusionssensible Hochschule. Grundlagen, Ansätze und Konzepte für Hochschuldidaktik und Organisationsentwicklung* (S. 22–33). Klinkhardt.

Dannenbeck, C., Dorrance, C., Moldenhauer, A., Oehme, A. & Platte, A. (Hrsg.) (2016). *Inklusionssensible Hochschule. Grundlagen, Ansätze und Konzepte für Hochschuldidaktik und Organisationsentwicklung.* Klinkhardt. https://elibrary.utb.de/doi/abs/10.35468/9783781554849

Deutsches Studentenwerk (2018). *Beeinträchtigt studieren – best2. Daten zur Situation von Studierenden mit Behinderung und chronischer Erkrankung.* https://www.studierendenwerke.de/fileadmin/api/files/dsw-best2_barrierefrei_neu.pdf

Deutsches Studentenwerk – Informations- und Beratungsstelle Studium und Behinderung (IBS) (2012). *Beeinträchtigt studieren. Sondererhebung zur Situation von Studierenden mit Behinderung und chronischer Erkrankung.* https://www.studierendenwerke.de/fileadmin/api/files/web_best_beeintraechtigt_studieren.pdf

Deutsches Studierendenwerk (o.D.a). *Gesetzliche Grundlagen.* Abgerufen am 06. März 2024 von https://www.studierendenwerke.de/themen/studieren-mit-behinderung/recht-politik-und-daten/recht

Deutsches Studierendenwerk (o.D.b). *Bundesländer: Regelungen im Überblick*. Abgerufen am 06. März 2024 von https://www.studierendenwerke.de/themen/studieren-mit-behinderung/recht-politik-und-daten/bundeslaender-im-ueberblick

Deutsches Studierendenwerk (o.D.c). *UN-Behindertenrechtskonvention/Aktionspläne*. Abgerufen am 06. März 2024 von https://www.studierendenwerke.de/un-behindertenrechtskonvention/-aktionsplaene

Deutsches Studierendenwerk (o.D.d). *Nachteilsausgleiche*. Abgerufen am 06. März 2024 von https://www.studierendenwerke.de/themen/studieren-mit-behinderung/online-bibliothek/nachteilsausgleiche

Fisseler, B. & Markmann, M. (2012). Universal Design als Umgang mit Diversität in der Hochschule. *Journal Hochschuldidaktik* 23(1/2), 13–16. http://dx.doi.org/10.17877/DE290R-6751

Georgi, V. B. (2015). Integration, Diversity, Inklusion. Anmerkungen zu aktuellen Debatten in der deutschen Migrationsgesellschaft. *DIE Zeitschrift für Erwachsenenbildung, 2*, 25–27. wbv. https://dx.doi.org/10.3278/DIE1502WS

Hochschulrektorenkonferenz (2009). *»Eine Hochschule für Alle«. Empfehlung der 6. Mitgliederversammlung am 21. 4. 2009 zum Studium mit Behinderung/chronischer Krankheit*. Hochschulrektorenkonferenz. http://www.hrk.de/uploads/tx_szconvention/Entschliessung_HS_Alle.pdf

Informations- und Beratungsstelle Studium und Behinderung (IBS) (o.D.). *Aktionspläne der Länder zur Umsetzung der UN-Behindertenrechtskonvention. Hier: Maßnahmen im Bereich Hochschule*. Deutsches Studentenwerk. https://www.studierendenwerke.de/fileadmin/user_upload/Downloads/Studieren_mit_Behinderung/UN-Behindertenrechtskonvention/korr_landesaktionsplaene_uebersicht_barrierefrei_stand_2021_09.pdf

King, L., Burgstahler, S., Fisseler, B. & Kaspi-Tsahor, D. (2020). New perspectives on stakeholders: Who needs to step up to the plate and how? In J. Seale (Hrsg.), *Improving accessible digital practices in higher education challenges and new practices for inclusion* (S. 73–98). Palgrave Macmillan.

Kirmse, T. (2019). Die Verpflichtungen von Hochschulen zu »angemessenen Vorkehrungen« unter besonderer Berücksichtigung des Merkmals der »unverhältnismäßigen Belastung« anhand der Entscheidung des VG Halle vom 20.11.2018 – Teil I. *Reha-Recht, Beitrag A15-2019*. https://www.reha-recht.de/fileadmin/user_upload/RehaRecht/Diskussionsforen/Forum_A/2019/A15-2019_Verpflichtungen_von_Hochschulen_zu_angemessenen_Vorkehrungen.pdf

Kroher, M., Beuße, M., Isleib, S., Becker, K., Ehrhardt, M.-C., Gerdes, F., Koopmann, J., Schommer, T., Schwabe, U., Steinkühler, J., Völk, D., Peter, F. & Buchholz, S. (2023). *Die Studierendenbefragung in Deutschland: 22. Sozialerhebung. Die wirtschaftliche und soziale Lage der Studierenden in Deutschland 2021*. Bundesministerium für

Bildung und Forschung. https://www.bmbf.de/SharedDocs/Publikationen/de/bmbf/4/31790_22_Sozialerhebung_2021.pdf?__blob=publicationFile&v=9

Leišytė, L., Schumacher, B. & Welzel, B. (2018). Komplexität entfalten durch Veränderungsmanagement in einer Universität. In S. Hußmann & B. Welzel (Hrsg.), *DoProfiL – Das Dortmunder Profil für inklusionsorientierte Lehrerinnen- und Lehrerbildung* (S. 46–56). Waxmann.

Ministerium des Innern des Landes Nordrhein-Westfalen (o.D.). *Verordnung zur Schaffung barrierefreier Informationstechnik nach dem Behindertengleichstellungsgesetz Nordrhein-Westfalen (Barrierefreie-Informationstechnik-Verordnung Nordrhein-Westfalen – BITV NRW). Vom 18. Juni 2019*. Abgerufen am 06. März 2024 von https://recht.nrw.de/lmi/owa/br_text_anzeigen?v_id=10000000000000000724

Platte, A., Werner, M., Vogt, S. & Fiebig, H. (Hrsg.) (2016). *Praxishandbuch Inklusive Hochschuldidaktik*. Beltz.

Poskowsky, J., Heißenberg, S., Zaussinger, S. & Brenner, J. (2018). *Beeinträchtigt studieren – best2. Datenerhebung zur Situation Studierender mit Behinderung und chronischer Krankheit 2016/17*. https://www.studierendenwerke.de/fileadmin/api/files/beeintraechtigt_studieren_2016_barrierefrei.pdf

Schlüter, A.-K., Melle, I. & Wember, F. B. (2016). Unterrichtsgestaltung in Klassen des Gemeinsamen Lernens: Universal Design for Learning. *Sonderpädagogische Förderung heute, 3*, 270–285.

Steinkühler, J., Beuße, M., Kroher, M., Gerdes, F., Schwabe, U., Koopmann, J., Becker, K., Völk, D., Schommer, T., Erhardt, M.-C., Isleib, S. & Buchholz, S. (2023). *Die Studierendenbefragung in Deutschland: best3. Studieren mit einer gesundheitlichen Beeinträchtigung*. Deutsches Zentrum für Hochschul- und Wissenschaftsforschung. https://www.dzhw.eu/pdf/ab_20/beeintraechtigt_studieren_2021.pdf

Weltgesundheitsorganisation (2005). *Internationale Klassifikation der Funktionsfähigkeit, Behinderung und Gesundheit*. http://www.soziale-initiative.net/wp-content/uploads/2013/09/icf_endfassung-2005-10-01.pdf

Wember, F. & Melle, I. (2018). Adaptive Lernsituationen im inklusiven Unterricht: Planung und Analyse von Unterricht auf Basis des Universal Design for Learning. In S. Hußmann & B. Welzel (Hrsg.), *DoProfiL – Das Dortmunder Profil für inklusionsorientierte Lehrerinnen- und Lehrerbildung* (S. 207–222). Waxmann

DIE ERSTELLUNG BARRIERE-FREIER MATERIALIEN FÜR DIE LEHRE

Sarah Böhlau

Schlagworte

Barrierefreiheit, Barrierearmut, Accessibility, Inklusion

Orientierung

Gute Lehre basiert nicht nur auf Didaktik, sondern muss auch andere Prinzipien mitberücksichtigen. Mit der fortschreitenden Digitalisierung wachsen auch die Ansprüche an eine breite Zugänglichkeit der Materialien in der Lehre. Eine inklusive Lehre ist vielen Institutionen wichtig und auch viele Lehrpersonen haben eine intrinsische Motivation, die Teilhabe am Unterricht möglichst vielen Zielgruppen möglich zu machen. Im Folgenden werden die Grundprinzipien der digitalen Barrierefreiheit und die wichtigsten Leitlinien bei ihrer Umsetzung vorgestellt.

Leitfragen

Was sind die Grundprinzipien bei der digitalen Barrierefreiheit?
Was muss bei der Erstellung barrierefreier Materialien beachtet werden?
Wo liegen realistische Grenzen bei der Umsetzung einer digitalen Barrierefreiheit in der Lehrpraxis?

1. Einleitung

Dieser Beitrag beschäftigt sich mit der Praxis der **Erstellung barrierefreier Materialien für die Lehre** (und darüber hinaus). Hier handelt es sich in erster Linie um den Bereich digitaler Medien, der durch stetig fortschreitende technische Neuerungen gekennzeichnet ist. Im digitalen Arbeitsalltag sind diese Fortschritte täglich sichtbar. Dies betrifft beide Schnittstellen der digitalen Barrierefreiheit: die Autor:innenprogramme zur Erstellung der Materialien (zum Beispiel Microsoft Office) ebenso wie die assistiven Technologien (zum Beispiel Vorleseprogramme), die von Menschen mit einer Beeinträchtigung oder Behinderung genutzt werden, um digitale Inhalte zu rezipieren. Jede neue Version von Microsoft Office bietet beispielsweise mehr Möglichkeiten für inklusive Inhalte und weniger ›Barrierequellen‹, die mühsam nachgebessert werden müssen. Bereits der Unterschied zwischen Microsoft Office 2016 und Office 365 (2019) ist im Bereich der Barrierefreiheit enorm. Ebenso wurden viele Fehler in der Barrierefreiheit, die beispielsweise bei Microsoft Office 2016 noch während der Erzeugung von PDF-Dateien anfallen, in der Folgeversion Office 365 bereits korrigiert. Darüber hinaus werden auch die Prüf-Tools, mit denen der Grad der Barrierefreiheit überprüft werden kann, kontinuierlich verbessert und durch neue Updates erweitert; die Branche befindet sich konstant im Umbruch.

Eine Schritt-für-Schritt-Anleitung für barrierefreie Materialien verliert deswegen zwangsläufig umso schneller ihren Zeitbezug, je mehr sie im Detail auf die einzelnen Arbeitsschritte eingeht. Diese können beim nächsten Update oder der nächsten Programmversion bereits überholt oder verändert sein. Um eine nachhaltige Wirksamkeit der nachfolgenden Informationen sicherzustellen, wird sich dieser Beitrag deswegen weniger auf die konkreten Funktionen der Barrierefreiheit bei einzelnen Programmen konzentrieren, sondern einen allgemeineren Ansatz wählen. Anhand der vier Grundprinzipien der »Web Content Accessibility Guidelines« (WCAG, 2024), auf denen auch die gesetzlichen Richtlinien basieren, werden die einzelnen Anforderungen an digitale Formate vorgestellt und Hinweise zu ihrer Umsetzung gegeben. Zusätzlich finden Sie im Anschluss einige Empfehlungen für konkrete Anleitungen zur Erstellung barrierefreier Materialien.

2. Vorüberlegung: Digitale Barrierefreiheit nützt allen

Definition

Ein digitales Format kann als **barrierefrei** betrachtet werden, wenn sein Inhalt für alle Nutzenden gleichermaßen und ohne Einschränkungen zugänglich ist, selbst wenn sie assistive Technologien wie Vorleseprogramme verwenden müssen.

Hier wird oft vor allem an Menschen mit **Sehbehinderungen** oder **Seheinschränkungen** gedacht. Diese machen einen wichtigen Teil der Überlegungen zur digitalen Barrierefreiheit aus, aber ein barrierefreies Format muss auch andere Arten von Beeinträchtigungen und die entsprechenden technischen Hilfsmittel berücksichtigen. Auch **Hörbeeinträchtigungen** können zum Beispiel die Teilnahme an einem Zoom-Meeting oder einer Online-Vorlesung erschweren. Für Menschen mit **motorischen Einschränkungen** sollte es ebenfalls möglich sein, das Material beispielsweise mithilfe von Sprachsteuerung zu navigieren, wenn eine Steuerung über Maus und Tastatur nur erschwert oder gar nicht möglich ist. Und auch darüber hinaus profitieren etwa Menschen mit chronischen und psychischen Erkrankungen sowie Personen mit Aufmerksamkeitsdefizit-/Hyperaktivitätsstörung (ADHS) oder im Autismus-Spektrum von einer erleichterten Bedienbarkeit und Rezeption digitaler Formate.

Merke !!

Bei digitaler Barrierefreiheit geht es um deutlich mehr als Seh- und Hörbeeinträchtigungen.

Das **Grundgesetz** der Bundesrepublik Deutschland (2024, Art. 3 Abs. 3) sichert behinderten und beeinträchtigten Menschen das Recht auf Teilhabe zu. Dazu gehört auch das Studium an einer Universität. Die digitale Barrierefreiheit ist deswegen gesetzlich vorgegeben, vor allem für die öffentlich zugänglichen Inhalte auf den Websites der Universitäten. Die **EU-Richtlinie 2016/2102** und die **Barrierefreie-Informationstechnik-Verordnung BITV 2.0** (2011) sind hier maßgebend. Für nicht öffentlich zugängliche Inhalte – wie Inhalte des Intranets oder Materialien, die über geschlossene Lernplattformen bereitgestellt werden, – sind die gesetzlichen Standards für digitale Barrierefreiheit zurzeit weniger verpflichtend. Das ändert sich dann, wenn sich Studierende mit einer Beeinträchtigung unter den Kursteilnehmenden melden. Dann ist die Universität verpflichtet, nach besten Möglichkeiten eine umfassende Teilhabe am Unterricht sicherzustellen. Im Fall der digitalen Materialien muss hier alles so aufbereitet sein, dass Menschen mit beispielsweise Hör- und Sehbeeinträchtigung die Inhalte problemlos wahrnehmen können. In der Praxis bleibt diese zusätzliche Arbeit leider oft komplett in der Verantwortung der Dozierenden. Lehrende sollten sich deswegen nicht scheuen, sich früh um Unterstützung seitens der Universität zu bemühen und auf diese zu bestehen.

Doch auch über den konkreten Anwendungsfall schwerbehinderter Studierender sollten Lehrende den Anspruch haben, ihre Kursmaterialien so zu gestalten, dass sie von einer möglichst breiten Gruppe von Lernenden effektiv genutzt werden können. Davon profitieren nicht nur Menschen mit Behinderungen. Denn Barrierefreiheit teilt sich eine große Schnittmenge mit **Nutzer:innenfreundlichkeit**. Die zusätzliche Arbeit, die in die Materialien investiert wird, verbessert die Kursqualität für alle Teilnehmenden und trägt zu einer inklusiven Lernumgebung bei.

Beispiel

Auch nicht beeinträchtigte Nutzende profitieren
Ein barrierefrei aufgearbeiteter Text kann (beispielsweise.) ohne Informationsverfälschung durch ein Vorleseprogramm wiedergegeben werden. Auch Studierende ohne eine Sehbeeinträchtigung können sich diesen bei der Hausarbeit oder beim Joggen vorlesen lassen. Auch Menschen mit einer Neigung zum auditiven Lernen profitieren von der Möglichkeit des Vorlesens.
Eine gute Untertitelung eines Online-Vortrags erlaubt es Teilnehmenden, auch bei störenden Hintergrundgeräuschen oder kaputten Kopfhörern weiter an den Inhalten teilzunehmen. Ebenso kann eine bessere Vereinbarkeit von Familie und Studium erreicht werden, zum Beispiel indem ein schlafendes Baby nebenher auf dem Arm gehalten werden kann.

Barrierefreie Inhalte können fehlerlos in Übersetzungsprogramme übertragen werden und helfen so auch bei der Inklusion von internationalen Studierenden.

Reflexionsfragen

Wie barrierefrei ist Ihre Lehre schon?
Wie alt sind die Materialien, die Sie verwenden bzw. auf die Sie verweisen?
Haben die Studierenden eine Möglichkeit, Ihnen ihre Bedürfnisse im Vorfeld des Kurses mitzuteilen?
Welche Unterstützung bietet Ihre Hochschule bei der Erstellung von barrierefreien Materialien?

Merke

Eine inklusive und barrierearme Kursgestaltung erhöht die Qualität Ihrer Lehre für alle Teilnehmenden.

3. Vorüberlegung: Kommunikationsbereitschaft

Das Ziel sollte also darin bestehen, **allen Lernenden** einen gleichberechtigten und unabhängigen Zugang zu den Materialien zu ermöglichen. Dabei ist die erste und wichtigste Maßnahme, die **Kommunikation** mit den Studierenden offen zu halten und sie zu ermutigen, sich bei auftretenden Problemen an die Dozierenden zu wenden. Dadurch kann auf individuelle Bedürfnisse eingegangen und die Materialien können gegebenenfalls angepasst werden. Weisen Sie zu Beginn des Kurses auf Ihre Gesprächsbereitschaft hin.

Denn die Symptomatik von Beeinträchtigungen und Behinderungen kann sehr stark variieren. Der Begriff ›Sehbehinderung‹ umfasst ein sehr vielfältiges Spektrum, das nicht ausschließlich Menschen mit vollständiger Blindheit einschließt, sondern auch Personen mit verschiedenen Graden von Sehschwächen. Einem größeren Prozentsatz fehlt nur ein Teil des Sehvermögens, zum Beispiel in Form von Problemen bei der Schärfe und Kontrasterkennung. Auch eine Rot-Grün-Schwäche zählt zu den Sehbeeinträchtigungen und betrifft ca. 8 % aller Männer (siehe auch Bundesministerium für Gesundheit, 2021). Migränen, die mit einer Aura einhergehen, stellen ebenso eine Beeinträchtigung des Sehvermögens dar (Auren äußern sich oft in der Form einer Sehstörung, zum Beispiel durch helle Flecken im Sichtfeld). Auch wenn alle diese Beispiele unter den Begriff der ›Sehbeeinträchtigung‹ fallen, so haben die jeweiligen Betroffenen sehr unterschiedliche Bedürfnisse.

Behinderungen und Beeinträchtigungen sind zudem auch selten statisch in sich selbst; d.h. Betroffene sind nicht an jedem Tag gleichbleibend leistungsfähig. Ebenso lassen sich Verschlechterung und Verbesserung der Symptomatik nicht immer vorhersagen. Bei psychischen und chronischen Erkrankungen sind diese Fluktuationen bekannt. Auch Menschen mit körperlichen Beeinträchtigungen wie einer Gehbehinderung oder einer Hörbehinderung können von Tag zu Tag in ihrer Leistungsfähigkeit variieren. Vor allem Schwerbehinderungen erfordern ein sorgfältiges Kräfte- und Zeitmanagement der Betroffenen.

Barrierefreiheit beginnt nicht erst nach dem Öffnen der Datei. Zur Barrierefreiheit gehören beispielsweise auch das Finden einer Datei in ihrem virtuellen Umfeld, das leichte Öffnen des Formats und das Navigieren aller Inhalte und Funktionen innerhalb des Dokuments. Sind Formate verpackt oder verschlüsselt oder ist zum Öffnen einer Datei erst die Installation einer zusätzlichen Software nötig, so stellt dies bereits eine deutliche Barriere dar. Wenn dies sich beispielsweise aus Gründen des Datenschutzes nicht vermeiden lässt, sorgen Sie stattdessen für gute Kommunikationswege, um diese Probleme bereits im Vorfeld sichtbar zu machen. Schreiben Sie beispielsweise die **Kontaktdaten einer Ansprechperson** direkt unter den Downloadlink Ihrer Materialien.

Scheuen Sie sich zudem nicht, das Gespräch mit den Studierenden zu suchen. Diese sind selbst Fachpersonen im Umgang mit ihrer eigenen Beeinträchtigung. Ziehen Sie auch unkonventionellere Lösungen in Betracht, solange sie mit den Kursanforderungen vereinbar sind. Ein wenig Flexibilität in der Anpassung an die jeweilige Situation kann einen sehr großen Unterschied ausmachen. Halten Sie im Zweifelsfall Rücksprache mit dem Lehrstuhl oder dem Prüfungsamt.

!!

Merke

Beeinträchtigungen und Behinderungen können sehr unterschiedlich ausfallen. Ein Gespräch mit den Betroffenen kann helfen, die jeweiligen Bedürfnisse festzustellen und auf sie einzugehen.

?

Reflexionsfragen

Sind die Kommunikationswege zu Ihren Studierenden offen und vermitteln Sie eine Gesprächsbereitschaft?
Mit welchen Beeinträchtigungen und Behinderungen haben Sie schon Erfahrungen und worüber müssten Sie sich noch informieren?

4. Grundlagen der digitalen Barrierefreiheit

Barrierefreiheit sollte bereits zu Beginn des Arbeitsprozesses mitgedacht werden. Natürlich ist es möglich, Dokumente nachträglich barrierefrei zu gestalten. Wenn Sie dies jedoch erst am Ende des Prozesses tun, müssen Sie unter Umständen viele Elemente erneut überarbeiten und neu strukturieren. Dies kann frustrierend sein und zusätzliche Zeit in Anspruch nehmen.

Wenn Sie von Anfang an die Barrierefreiheit berücksichtigen und einige grundlegende Einstellungen und Prinzipien konsequent beachten, sparen Sie nicht nur Zeit und Mühe. Durch die Umsetzung dieser Grundlagen befinden Sie sich bereits zu etwa 80 % auf dem Weg zu einem barrierefreien Dokument. Mit diesen 80 % haben Sie bereits einen großen Teil von Beeinträchtigungen und Behinderungen eingeschlossen.

In einigen Fällen ist es aus technischen, finanziellen oder praktischen Gründen nicht möglich, Material vollständig barrierefrei zu machen. In anderen Fällen ist es schlichtweg unmöglich, die Informationen komplett in ein anderes Medium zu transferieren. In diesen Fällen spricht man von ›Barrierearmut‹. Barrierearme Formate bemühen sich, ihre Inhalte weitestgehend zugänglich zu machen, können aber einen Teil der Informationen nicht übertragen.

Tipp

Barrierearmut

Perfekte digitale Barrierefreiheit ist nicht immer erreichbar. Ein hoher Grad an **Barrierearmut** ist jedoch in der Regel bereits mit relativ wenig Aufwand möglich und stellt bereits eine deutliche Verbesserung dar.

Es kann zudem vorkommen, dass sich die digitale Barrierefreiheit und die Ansprüche an einen gesicherten **Datenschutz** in die Quere kommen. Das kann zum Beispiel passieren, wenn Sie die Verschlüsselung eines PDF-Dokuments aufheben müssen, da das Dokument sonst nicht mit einem Vorleseprogramm nutzbar ist. Wenn Sie sich in solchen Fällen nicht sicher sind, wenden Sie sich an die **Datenschutzbeauftragten** Ihrer Hochschule.

Exkurs

Problemkind ›Scan‹

Scans von Dokumenten gehören zum Universitätsalltag. Gerade bei älterer Fachliteratur ist das Einscannen oft die einzige Möglichkeit der Digitalisierung. Doch bei Scans handelt es sich in erster Linie um einen **abfotografierten Text**, aus dem ein Texterkennungsprogramm die Inhalte zu erraten versucht. Eine Vergrößerung der Schriftgröße bei gleichzeitigem Umfließen (Umschichten) des Texts ist nicht möglich. Metainformationen wie Lesesprache, Leserichtung oder Alternativtexte für Bilder und Grafiken sind bei Scans nicht vorhanden. Eine komplette Barrierefreiheit ist bei Scans deswegen nur sehr schwer möglich.

Sind sehbehinderte Studierende unter Ihren Kursteilnehmenden, müssen Sie jedoch trotzdem Ihre Scans möglichst barrierearm aufbereiten. Achten Sie deswegen auf gerade eingescannte Seiten mit gutem Schriftkontrast (keine Graustufen). Bei sehr dicken Büchern müssen Sie zur Not die Seiten einzelseitig statt doppelseitig ablesen. Steht Ihnen der **Adobe Acrobat Pro** zur Verfügung, können Sie zudem vieles nachtragen und ausbessern.

Dies ist in der Regel mit einem erhöhten Arbeitsaufwand verbunden. Gibt es Ressourcen für Dozierende, auf die Sie zurückgreifen können? Ist es beispielsweise der Universitätsbibliothek möglich, digitale Versionen von Fachliteratur für Sie direkt beim Verlag zu bestellen? Oder können Sie bei Ihrem Lehrstuhl zusätzliche Unterstützung durch Hilfswissenschaftler:innen in Anspruch nehmen?

Die **Web Content Accessibility Guidelines** (WCAG, 2024) sind ein internationaler Standard zur barrierefreien Gestaltung von Internetangeboten, auf dem die Richtlinien und gesetzlichen Vorschriften basieren und der für die meisten digitalen Formate anwendbar ist. Sie basieren auf vier Grundprinzipien: **Wahrnehmbarkeit, Bedienbarkeit, Verständlichkeit und Robustheit.**

Diese Grundprinzipien dienen als Grundlage für die WCAG-Erfolgskriterien, die spezifische Anforderungen und Empfehlungen für die Umsetzung der Barrierefreiheit von Webinhalten festlegen. Die Einhaltung dieser Prinzipien und Erfolgskriterien ist entscheidend, um digitale Inhalte für Menschen mit unterschiedlichen Fähigkeiten und Behinderungen zugänglich zu machen.

In der Erstellung barrierefreier Materialien ist es daher hilfreich, sich folgende Fragen, basierend auf den Prinzipien, zu stellen. Sie können die Punkte der folgenden Abschnitte sehr gut als **Checklisten** für die Gestaltung Ihrer Materialien nutzen.

4.1 Können es alle wahrnehmen?

In Bezug auf die Wahrnehmbarkeit der Inhalte gibt es mehrere Aspekte zu berücksichtigen: Alle **Textelemente** sollten korrekt eingebettet und in der richtigen Sprache ausgezeichnet sein. Die Lesereihenfolge sollte stimmen und es sollte eine nachvollziehbare semantische Zuordnung der einzelnen Textbestandteile vorhanden sein, dazu gehört die Verwendung von **Formatvorlagen**, um Überschriften und Fließtext voneinander zu unterscheiden. Es ist wichtig, eine gut lesbare **Schriftart** zu verwenden. Standardschriftarten wie Arial, Calibri oder Times New Roman sind hierfür geeignet. Alle Inhalte sollten durch ausreichende Farbkontraste unterscheidbar sein, insbesondere zwischen Schriftfarbe und Hintergrund. Der gesetzlich vorgeschriebene Kontrast zwischen Fließtext und Hintergrund beträgt 4,5:1. Für größere Überschriften reicht auch ein Kontrast von 3:1. Sie können Ihre Kontrastfarben mit Tools wie dem Color Contrast Analyzer überprüfen. Das **Layout** sollte den Bedürfnissen der Nutzer:innen angepasst sein. Die Schrift muss sich vergrößern lassen, ohne dass die Navigation erschwert wird. Achten Sie auch darauf, dass Grafiken eine gute Bildqualität haben, damit sie vergrößert werden können, mindestens auf das Doppelte. Die **Tonqualität** bei Audioelementen sollte möglichst gut sein, inklusive einer klaren, deutlichen Aussprache und wenig Hintergrundgeräuschen. Es sollte möglichst nur eine Sprecherin oder ein Sprecher gleichzeitig sprechen. **Nicht-Textelemente**, die Informationen über nur einen Sinn vermitteln, müssen mit Textalternativen versehen werden. Das betrifft visuelle Inhalte wie Grafiken, rein auditive Informationen wie gesprochene Sprache sowie komplexe Tabellen und interaktive Inhalte.

Exkurs

Textalternativen

Der Alternativtext ersetzt nur die Informationen, die allein visuell oder auditiv wahrnehmbar sind. Wenn sich beispielsweise im Fließtext unter der Grafik bereits eine ausführliche Beschreibung befindet, müssen Sie diese nicht noch einmal im Alternativtext wiederholen.

Bei Videodateien sollte eine Untertitelspur und bei Audiodateien ein Transkript zur Verfügung gestellt werden.

Bei grafischen Elementen unterscheidet man zwischen ›**relevanten**‹ und rein ›**dekorativen**‹ Elementen. Letztere brauchen keinen Alternativtext, sollten aber, wenn möglich, semantisch als Dekoration ausgezeichnet werden. Hier gilt: so ausführlich wie nötig,

so kurz wie möglich. Beschränken Sie sich auf die wirklich zentralen Informationen des grafischen Elements. Um welche Art von grafischem Element handelt es sich (zum Beispiel Foto, Diagramm, Ölgemälde, Karikatur etc.)? Welche Informationen als zentral betrachtet werden, hängt vom Kontext ab, in dem das grafische Element verwendet wird, und davon, wie es genutzt werden soll. Falls Text innerhalb einer Grafik abgebildet wird, sollte dieser im Alternativtext ebenfalls explizit genannt werden.
Wenn Sie Ihr Material zweisprachig anbieten, vergessen Sie auch bei der Übersetzung die Alternativtexte nicht.

Literaturtipp

Über Farbenblindheit informiert gut folgende Webseite

Bundesministerium für Gesundheit (2021, 20. Dezember). *Farbenblindheit.* https://gesund.bund.de/farbenblindheit.

4.2 Können es alle bedienen?

Alle Nutzenden sollten ausreichend Zeit zum Lesen und Bearbeiten haben. Animationen und Videos müssen pausierbar sein und Zeitbegrenzungen sollten anpassbar oder deaktivierbar sein. Die Navigation sollte auch mit Eingabemethoden jenseits der Maus möglich sein und alle Bedienelemente sollten klar ausgezeichnet sein. Es ist ebenfalls wichtig, auf alle Informationen zu achten, die aus dem Dokument hinausverweisen, insbesondere wenn es sich um prüfungsrelevante Informationen handelt. Prüfen Sie, ob verlinkte Websites ebenfalls bedienbar sind, selbst wenn Sie keine Autor:innenrechte besitzen.

4.3 Können es alle verstehen?

Die Informationen und die Bedienung sollten für die Zielgruppe angemessen und gut verständlich sein. Die verwendete Sprache sollte sowohl in den Inhalten als auch in der Beschriftung von Schaltflächen oder Anweisungen verständlich sein. Die Struktur und Gestaltung der Materialien und ihrer Benutzeroberflächen sollten klar und konsistent sein, um eine einfache Orientierung zu gewährleisten. Je elaborierter das Layout ist, desto wahrscheinlicher sind Barrieren in der Bedienung. Besondere Aufmerksamkeit sollte der Benutzerfreundlichkeit von Materialien gewidmet werden, insbesondere in Bezug auf interaktive Elemente. Wenn Quizelemente genutzt werden, sollte eine Fehlerkorrektur oder ein Überspringen der Lerneinheit ermöglicht werden.

4.4 Ist die Anwendung ›robust genug‹, d.h. kann sie mit assistiven Technologien bedient werden?

Die Materialien sollten mit assistiven Technologien kompatibel sein. Die Kompatibilität hängt maßgeblich von den Plattformen und Programmen ab. Standard-Texterstellungsprogramme und Websites sind in der Regel sehr gut aufgestellt. Sollten neue Tools oder Software, zum Beispiel digitale Whiteboards, eingesetzt werden, sollte im Voraus die Barrierefreiheit mit dem Rechenzentrum abgeklärt werden. Im Zweifelsfall sollte auf Alternativen zurückgegriffen werden können, beispielsweise ein Gaming-Element durch ein einfaches Multiple-Choice-Quiz ersetzt werden.

Tipp

Vorleseprogramme bzw. Screenreader sind mittlerweile in den meisten Browsern und Autor:innenprogrammen standardmäßig integriert. Eine große Auswahl an kostenlosen Apps (zum Beispiel Read Aloud für Chrome, Websites) bietet noch weitere Optionen. Mit dem NVDA Screenreader (https://nvda.bhvd.de/) ist zudem auch ein professionelles Programm kostenlos verfügbar. Darüber hinaus gibt es an Universitäten auch sogenannte ›Blindenarbeitsplätze‹, bei denen professionelle Software nutzbar gemacht wird.
Nutzen Sie ein Vorleseprogramm, um eigene und fremde Materialien schnell zu prüfen.

Denken Sie bei der Aufbereitung Ihrer Materialien deswegen immer mit: Welche Inhalte sind relevant, insbesondere prüfungsrelevant? Bedenken Sie hier nicht nur Ihren eigenen Kurs, sondern auch Kurse, die womöglich auf dieses Wissen aufbauen. Gerade bei fachlichem Grundwissen, das immer wieder genutzt wird, lohnt sich der Aufwand einer verbesserten Barrierefreiheit, da das Material auch in späteren Kursen eingesetzt werden kann.

Literaturtipps

Einen guten Einstieg in das Thema liefert

Bender, C., Dreiack, S., Engels, V., Fisseler, B., Gregory, L., Gross, M., Kaffenberger, J., Kostädt, P., Meyer zu Bexten, E., Rustemeier, L., Schwarz, T., Tannert, B., Cepeda Velasquez, E. & Weber, G. (2022). *Leitfaden zur Digitalen Barrierefreiheit im Hochschulkontext.* Hochschulforum Digitalisierung. https://hochschulforumdigitalisierung.de/wp-content/uploads/2023/09/HFD_AP_66_Leitfaden_Digitale_Barrierefreiheit-1.pdf.

Gute Anleitungen zur Erstellung barrierefreier Dokumente finden sich bei

Loitsch, C., Prescher, D. & Bornschein, J. (2016). *Barrierefreie Dokumente I. Anleitung zur Erstellung barrierefreier PDF-Dokumente aus Word.* Technische Universität Dresden. https://tu-dresden.de/tu-dresden/ressourcen/dateien/arbeitsgruppe-studium-fuer-blinde-und-sehbehinderte/anleitungen-word-powerpoint/Word_DE_20210201.pdf?lang=de.

Nehlsen, J. & Wiese, W. (2020, 15. Januar). *Leitfaden digitale Barrierefreiheit. Bessere Benutzerfreundlichkeit, Suchmaschinenoptimierung und Inklusion: Einfach für alle!* Regionales Rechenzentrum Erlangen (RRZE). www.rrze.fau.de/2020/01/leitfaden-zur-digitalen-barrierefreiheit-bessere-benutzerfreundlichkeit-suchmaschinen-optimierung-und-inklusion/.

Posselt, K. & Frölich, D. (2019). *Barrierefreie PDF-Dokumente erstellen. Ein Praxishandbuch für den Arbeitsalltag.* D.punkt Verlag.

Ritter, S. P. (2020, 23. Juli). *Barrierefreie Dokumente.* Technische Universität Dresden. https://tu-dresden.de/tu-dresden/universitaetskultur/diversitaet-inklusion/inklusion/agsbs/uebertragungsservice-1/barrierefreie-dokumente.

Eine Sammlung von Checklisten für unterschiedliche Arten von Dokumenten findet sich beim

Landeskompetenzzentrum für Barrierefreie IT (LBIT) Hessen (2024). *Startseite.* https://lbit.hessen.de/.

Reflexionsfragen

Welche unter den Inhalten Ihrer Materialien sind zentrale, fachrelevante Informationen?
Welcher Teil der Informationen ist prüfungsrelevant, nicht nur für Ihren Kurs, sondern eventuell auch für weiterführende Lehrveranstaltungen?
Wo entsteht ein konkreter ›Lehrschaden‹, wenn die Information nicht für alle gleichermaßen zur Verfügung steht?

Letztlich liegen viele Entscheidungen in Ihren redaktionellen Händen, da Sie das Material auswählen, aufarbeiten oder neu erstellen. Sie entscheiden, welche Informationen wichtig oder weniger wichtig sind und aus welchem Kontext ein Alternativtext heraus formuliert werden muss. Ebenso liegt es in Ihrer Verantwortung, notfalls nicht barrierefreies Material zu streichen oder zu ersetzen, ohne dabei dem Lernziel des Kurses zu schaden.

5. Zusammenfassung

Digitale Barrierefreiheit bleibt ein komplexes Thema, bei dem ein schneller technischer Wandel verunsichern und divergierende Ansprüche für zusätzliche Probleme sorgen können. Beeinträchtigungen und Behinderungen treten in einer großen Bandbreite und Ausprägung auf und gehen weit über den Bereich der körperlichen Behinderungen hinaus. Ebenso gibt es eine Vielzahl von technischen Hilfsmitteln, mit denen Betroffene sich die Inhalte zugänglich machen können. Mit einer kleinen Anzahl an Maßnahmen (zum Beispiel dem Einfügen von Alternativtexten) kann jedoch bereits ein großer Teil der antizipierten Bedürfnisse abgedeckt werden.

Es ist darüber hinaus jedoch immer wichtig, eine offene Kommunikation mit den Lernenden zu führen, um auf die sehr diversen Bedürfnisse eingehen zu können. Die Dozierenden sind die wichtigste Schnittstelle zwischen dem Kursmaterial und den Studierenden und somit auch in der besten Position, Barrieren zu antizipieren und zu beseitigen.

6. Literatur

Barrierefreie-Informationstechnik-Verordnung (2011). https://www.gesetze-im-internet.de/bitv_2_0/BJNR184300011.html

Bender, C., Dreiack, S., Engels, V., Fisseler, B., Gregory, L., Gross, M., Kaffenberger, J., Kostädt, P., Meyer zu Bexten, E., Rustemeier, L., Schwarz, T., Tannert, B., Cepeda Velasquez, E. & Weber, G. (2022). *Leitfaden zur Digitalen Barrierefreiheit im Hochschulkontext.* Hochschulforum Digitalisierung. https://hochschulforumdigitalisierung.de/wp-content/uploads/2023/09/HFD_AP_66_Leitfaden_Digitale_Barrierefreiheit-1.pdf

Bundesministerium für Gesundheit (2021, 20. Dezember). *Farbenblindheit.* https://gesund.bund.de/farbenblindheit

Europäisches Parlament & Rat der Europäischen Union (2016). *Richtlinie (EU) 2016/2102 des Europäischen Parlaments und des Rates vom 26. Oktober 2016 über den barrierefreien Zugang zu den Websites und mobilen Anwendungen öffentlicher Stellen.* Amtsblatt der Europäischen Union. https://eur-lex.europa.eu/legal-content/DE/TXT/HTML/?uri=CELEX:32016L2102&from=DE

Grundgesetz (2024). https://www.gesetze-im-internet.de/gg/BJNR000010949.html

Landeskompetenzzentrum für Barrierefreie IT (LBIT) Hessen (2024). *Startseite.* https://lbit.hessen.de/

Loitsch, C., Prescher, D. & Bornschein, J. (2016). *Barrierefreie Dokumente I. Anleitung zur Erstellung barrierefreier PDF-Dokumente aus Word.* Technische Universität Dresden. https://tu-dresden.de/tu-dresden/ressourcen/dateien/arbeitsgruppe-studium-fu

er-blinde-und-sehbehinderte/anleitungen-word-powerpoint/Word_DE_20210201.pdf?lang=de

Nehlsen, J. & Wiese, W. (2020, 15. Januar). *Leitfaden digitale Barrierefreiheit. Bessere Benutzerfreundlichkeit, Suchmaschinenoptimierung und Inklusion: Einfach für alle!* Regionales Rechenzentrum Erlangen (RRZE). www.rrze.fau.de/2020/01/leitfaden-zur-digitalen-barrierefreiheit-bessere-benutzerfreundlichkeit-suchmaschinen optimierung-und-inklusion/

Posselt, K. & Frölich, D. (2019). *Barrierefreie PDF-Dokumente erstellen. Ein Praxishandbuch für den Arbeitsalltag.* D.punkt Verlag.

Ritter, S. P. (2020, 23. Juli). *Barrierefreie Dokumente.* Technische Universität Dresden. https://tu-dresden.de/tu-dresden/universitaetskultur/diversitaet-inklusion/in klusion/agsbs/uebertragungsservice-1/barrierefreie-dokumente

World Wide Web Consortium (W3C) Web Accessibility Initiative (WAI) (2024). *Web Content Accessibility Guidelines.* https://www.w3.org/Translations/WCAG20-de/

GLOSSAR

A

Accessibility

Im Hochschulkontext bezieht sich Accessibility (Barrierefreiheit) auf die Gestaltung von Lernumgebungen, Materialien und Ressourcen, sodass sie für alle Studierenden zugänglich sind, unabhängig von deren körperlichen, sensorischen, geistigen oder psychischen Fähigkeiten. Dies umfasst eine Vielzahl von Maßnahmen und Ansätzen, um sicherzustellen, dass keine Barrieren den Zugang zum Lernen und zur Teilnahme an Hochschulaktivitäten behindern.

Advance Organizer

Ein Advance Organizer stellt die Themen und Inhalte einer Lehrveranstaltung oder eines Fachgebietes dar. Im Gegensatz zu einem Zeitplan oder einer klassischen Auflistung der Themen werden die Ankerbegriffe in ihrer Beziehung zueinander dargestellt. Dies kann entweder in Form einer Mind Map passieren. Es können aber auch metaphorische Darstellungen verwendet werden. Advance Organizer können somit Studierenden dabei helfen, die Gesamtzusammenhänge schneller zu erfassen.

Akademische Bildung

Akademische Bildung bezeichnet die strukturierte Vermittlung von Wissen, Fähigkeiten und Kompetenzen an Hochschulen wie Universitäten und Fachhochschulen. Sie umfasst sowohl theoretische als auch praxisorientierte Lehrinhalte und zielt darauf ab, Studierende auf wissenschaftliche, berufliche und gesellschaftliche Herausforderungen vorzubereiten. Dabei spielen Forschung und eigenständiges, kritisches Denken eine zentrale Rolle.

Akademische Kompetenzen

Akademische Kompetenzen beziehen sich auf die Fähigkeiten und Fertigkeiten, die notwendig sind, um im akademischen Umfeld erfolgreich zu sein. Diese Kompetenzen umfassen ein breites Spektrum von Kenntnissen und Fähigkeiten, die Studierende und Forschende benötigen, um wissenschaftliche Arbeiten zu erstellen, zu kommunizieren und zu präsentieren.

Aktives Plenum

Das aktive Plenum bezieht sich auf eine Lehrmethode, bei der die gesamte Gruppe der Lernenden aktiv das Unterrichtsgeschehen gestaltet. Studierende moderieren die Diskussion, während die gesamte Gruppe miteinander interagiert. Die Lehrperson hält sich dabei im Hintergrund und schaltet sich nur bei Bedarf ein.

Alltagspsychologie

Die Aufgabe der wissenschaftlichen Psychologie ist die Beschreibung, Erklärung, Vorhersage und Beeinflussung menschlichen Verhaltens und Erlebens. Jeder Mensch trifft solche Annahmen auf alltagspsychologischer Ebene, auch wenn es um innerpsychische oder zwischenmenschliche Einschätzungen geht (vgl. Konstruktivismus). Diese sind jedoch in Teilen fehleranfällig und können zu Fehlschlüssen führen (zum Beispiel Neuromythen). Die Alltagspsychologie wurde von der wissenschaftlichen Psychologie umfassend untersucht (zum Beispiel Theorie der persönlichen Konstrukte von G. A. Kelly oder die subjektiven Theorien von N. Groeben & B. Scheele).

Arbeitsgedächtnis

Im Arbeitsgedächtnis sind sämtliche Informationen und Sinneseindrücke abgelegt, mit denen eine Person sich akut beschäftigt. Im Gegensatz zum Langzeitgedächtnis ist die Kapazität sehr begrenzt, wodurch es insbesondere für die Aufnahme von neuen Informationen zu einem zentralen Flaschenhals wird. Informationen bleiben meist nicht länger als 30 Sekunden bzw. wenige Minuten (je nach Sinnesmodalität) im Arbeitsgedächtnis.

Assistive Technologien

Technische Hilfsmittel, mit denen Menschen mit Behinderungen und Beeinträchtigungen Informationen und Lebensbereiche für sich offen und wahrnehmbar machen, zum Beispiel durch einen Screenreader oder ein Untertitelungsprogramm.

Audience-Response-System (ARS)

ARS ermöglichen es, die Antworten und Rückmeldungen der Lernenden in Echtzeit zu erfassen und anzuzeigen. Das können zum Beispiel Antworten auf Multiple Choice Fragen sein. Dadurch bekommen Lehrende und Studierende ein Feedback zum Verständnis der Inhalte und der Unterricht ist interaktiver und kann je nach Ergebnis angepasst werden.

Aufgabe

Aufgaben im didaktischen Sinn können aus Fragen, Aufträgen oder auch Problemstellungen bestehen und setzen sich aus einer Ausgangssituation (etwas, das gegeben ist), einer Endsituation (etwas, das gesucht ist) und der Transformation von Anfangs- zu

Endsituation (Lösungswege) zusammen. Aufgaben sind für Lehren und Lernen in der Hochschullehre essenziell, da Aufgaben als Aufforderungen zum Lernhandeln zu verstehen sind, was sie zu Auslösern, Anregern und Begleitern von Lernprozessen macht.

Automatisches Feedback

Automatisches Feedback ist eine Rückmeldung, die automatisch durch ein aufgesetztes System ausgelöst wird. Zahlreiche Lernplattformen und weitere Applikationen ermöglichen das Erstellen einer automatisierten Rückmeldung.

B

Barrierearmut

Ein digitales Format, das zwar den größtmöglich umsetzbaren Grad der Barrierefreiheit erreicht hat, bei dem jedoch einzelne Bereiche nicht zugänglich gemacht wurden, zum Beispiel aus technischen, finanziellen oder praktischen Gründen.

Barrierefreiheit

Ein digitales Format kann als barrierefrei betrachtet werden, wenn sein Inhalt für alle Nutzenden gleichermaßen und ohne Einschränkungen zugänglich ist, selbst wenn sie assistive Technologien wie Vorleseprogramme verwenden müssen.

Begleiten/ung

Begleiten unterscheidet sich von Beraten einerseits durch den zeitlichen Charakter (eher längere Zeitspanne), andererseits integriert Begleitung immer einen Anteil »Leitung«. D.h. zum Beispiel: Klären von Aufgaben und Rahmenbedingungen, Hilfestellung zu Planungen, Definieren von Lernphasen, Führen von Standortgesprächen, Erkennen von Lernschwierigkeiten und Evaluieren von Lernergebnissen – jeweils im Einzel- oder Gruppensetting.

Beraten/ung

Beratung definieren wir in unserem Zusammenhang als situationsbezogene und spezifische Hilfestellung bei der Analyse und bei der Lösung von Problemen oder bei auftauchenden komplexen Fragestellungen – wobei Beratung stets auch dialogisches und gemeinsames Denken und Handeln beinhaltet. Eine solche Beratung bezieht sich zudem auf ein professionelles Handlungsmodell. Professionelle Beratung zeichnet sich somit durch bestimmte Kompetenzen der Beratungsperson aus sowie durch deutliche Abgrenzung der Beratung von alltäglichen Situationen. Das Schwergewicht der Beratungskompetenz liegt bei Formen der Expertenberatung im jeweilig spezifischen

Fachwissen, bei Formen der Prozessberatung in Kenntnissen von sozialwissenschaftlichen Theorien und Verfahren.

Beschäftigungsfähigkeit/Employability

Beschäftigungsfähigkeit bezeichnet die Fähigkeit einer Person, ihre Arbeitskraft auf der Grundlage ihrer Fach- und Handlungskompetenzen, ihrer Wertschöpfungs- und Leistungsfähigkeit anzubieten und damit in das Erwerbsleben einzutreten, im Erwerbsleben zu verbleiben oder bei Bedarf eine neue Erwerbstätigkeit zu finden.

Best Practice

Best Practice in der Hochschullehre bezeichnet bewährte und effektive Ansätze und Strategien, die sich in der Praxis als besonders erfolgreich erwiesen haben, um Lehr- und Lernprozesse zu optimieren. Diese basieren auf Erfahrungen und Forschungsergebnissen und sollen die Qualität der Lehre verbessern, indem sie beispielsweise die Studierendenmotivation steigern, die Lernergebnisse verbessern und die Interaktion im Unterricht fördern. Best Practices werden oft dokumentiert und geteilt, um anderen Lehrenden als Vorbild und Orientierung zu dienen.

Bildungsgerechtigkeit

Bildungsgerechtigkeit im Kontext der Hochschullehre bezieht sich auf die faire und gleiche Zugangsmöglichkeit zu Bildung für alle Studierenden, unabhängig von deren sozialer, ökonomischer oder kultureller Herkunft. Es bedeutet, dass alle Studierenden die gleichen Chancen auf eine qualitativ hochwertige Bildung und den damit verbundenen Erfolg haben sollen. Dazu gehört auch die Unterstützung von benachteiligten Gruppen durch Förderprogramme, Stipendien und individuelle Unterstützung. Ziel ist es, Chancengleichheit zu gewährleisten und Diskriminierung sowie strukturelle Barrieren im Bildungssystem abzubauen.

Blended Learning

Blended Learning beschreibt eine Mischung von Präsenzlehre und Online-Lehre. Es können zum Beispiel zur Vor- und Nachbereitung von Präsenzsitzungen interaktive Medien oder Aufgaben in digitalen Lernumgebungen bereitgestellt werden. Dies ermöglicht es, gezielt zu entscheiden, ob das jeweilige Lernziel besser mit E-Learning-Elementen oder durch die Interaktion in der Präsenz erreicht werden kann.

Blitzlicht

Ein Blitzlicht ist eine Methode, die sich eignet, um in kurzer Zeit Rückmeldungen (zum Beispiel zum Vorwissen) oder Ideen einer Lerngruppe zu sammeln. Dazu gibt die oder der Lehrende einen kurzen Input (eine Frage, eine Aussage, ein Bild etc.) zu einem Thema und die Lernenden können spontane Assoziationen, Ideen und Gedanken in Form eines oder weniger Sätze oder auch nur eines Wortes äußern.

BYOD-Prüfung

Bring Your Own Device-Prüfungen sind Prüfungsformate, bei denen Studierende ihre eigenen digitalen Geräte wie Laptops, Tablets oder Smartphones verwenden, um Prüfungen abzulegen. Sie erfordern sorgfältige Planung und entsprechende technische Infrastruktur, um einen reibungslosen Ablauf und die Integrität der Prüfungen sicherzustellen.

C

Chancengleichheit

Chancengleichheit im Prüfungsrecht bedeutet die weitgehende Gleichbehandlung von Prüflingen, die vor allem durch eine restriktive Formalisierung des Prüfungsverlaufs nach feststehenden Regeln gewährt wird.

Change Agents

Change Agents sind die Initiatoren und Hauptakteure bei organisationalen Veränderungsprozessen. Sie tragen wesentlich zum Gelingen und zur nachhaltigen Umsetzung von Veränderungen bei. Sie kennen und wägen Chancen und Risiken der Veränderungsvorhaben ab, entwickeln Lösungen bei Hindernissen und unterstützen die Betroffenen in der Umstellungsphase.

Change Management

Change Management bezeichnet den systematischen Ansatz zur Planung, Durchführung und Überwachung von Veränderungen in Organisationen. Es zielt darauf ab, Veränderungen effizient und erfolgreich umzusetzen, um positive Ergebnisse zu erzielen und Widerstände zu minimieren.

Code

In Bezug auf Kommunikation bezeichnet Code verbale und nichtverbale Elemente, die mit dem gleichen Verständnis für den Austausch von Information (Kommunikation) genutzt werden. ›Nicken‹ zum Beispiel kann ein nonverbaler Code für Zustimmung oder Verneinung sein. Je nach Kultur besteht ein anderes Verständnis, oder eben ein anderer Code.

Cognitive-Load-Theorie

Die Cognitive-Load-Theorie beschäftigt sich mit der Auslastung des Arbeitsgedächtnisses. Je größer der Cognitive Load einer Aufgabe, einer Information oder eines Sinneseindruckes ist, desto schneller gerät das Arbeitsgedächtnis an seine Grenzen.

Community Building

Community Building im Wissenschaftskontext bezieht sich auf den Aufbau und die Förderung einer kollaborativen, unterstützenden und vernetzten Gemeinschaft von Forscher:innen, Akademiker:innen und anderen wissenschaftlichen Akteur:innen. Das Ziel ist es, den wissenschaftlichen Austausch zu fördern, gemeinsame Forschung zu ermöglichen und eine Kultur der Zusammenarbeit und gegenseitigen Unterstützung zu entwickeln.

Concept Map

Eine Concept Map stellt verschiedene Begriffe eines Themengebietes im Verhältnis zueinander dar. Dabei kann durch räumliche Lage zueinander, Formen, Größe, insbesondere aber auch Verbindungslinien dargestellt werden, wie die Begriffe in Verbindung zueinander stehen. Die Concept Map ähnelt dabei einer Mind Map, enthält jedoch detailliertere Informationen.

Constructive Alignment

Constructive Alignment ist die Ausrichtung von Lernzielen bzw. Learning Outcomes, Lehrmethoden und Prüfungsmethoden, um einen intendierten Lernprozess zu fördern. Die Lehrmethoden zielen darauf ab, die Lernenden aktiv in den Lernprozess einzubeziehen und ihnen dabei zu helfen, die Learning Outcomes zu erreichen. Die Prüfungen sollten die Learning Outcomes abbildbar machen und die Leistung der Lernenden objektiv messen.

Creative Commons

Creative Commons ist eine international tätige gemeinnützige Organisation, die sich für den freien Austausch von Wissen und Kultur einsetzt (https://creativecommons.org/). Unter dem Begriff ›Creative Commons‹ werden zudem die verschiedenen kostenfreien Lizenzmodelle der Organisation verstanden, d.h. vorformulierte Standard-Lizenzverträge, die von Creative Commons angeboten werden, kurz: CC-Lizenzen.

D

Didaktik

Didaktik bezieht sich auf die Wissenschaft des Lehrens und Lernens. Sie umfasst die Planung, Durchführung und Bewertung von Lehr- und Lernprozessen in verschiedenen Bildungskontexten, einschließlich Schulen, Hochschulen, beruflicher Weiterbildung und lebenslangen Lernens. Das Hauptziel der Didaktik ist es, effektive Lehr- und Lernumgebungen zu schaffen, die es den Lernenden ermöglichen, Wissen zu erwerben, Fähigkeiten zu entwickeln und sich persönlich weiterzuentwickeln.

Didaktische Reduktion

Didaktische Reduktion findet immer dann statt, wenn umfangreiche und komplexe Sachverhalte aufbereitet werden, um sie für die Lernenden überschaubar und begreifbar zu machen. Das Konzept der didaktischen Reduktion kann einerseits in curricularer Perspektive (Auswahl) und andererseits in vermittlungstechnischer Perspektive (Konzentration und Vereinfachung) betrachtet werden.

Digitale Bildung

Digitale Bildung bezieht sich auf den Einsatz von digitalen Technologien und Medien im Bildungsbereich, um Lehr- und Lernprozesse zu unterstützen, zu bereichern und zu transformieren. Es umfasst den Erwerb von digitalen Kompetenzen sowie die Integration von digitalen Werkzeugen und Ressourcen in Bildungsaktivitäten. Digitale Bildung kann verschiedene Formen annehmen und verschiedene Bildungsbereiche abdecken, einschließlich formaler Bildung (zum Beispiel Schulen, Hochschulen), beruflicher Weiterbildung und lebenslangen Lernens.

Digitale Prüfungen aus prüfungsdidaktischer Perspektive

Digitale Prüfungen sind Prüfungen, bei welchen die Bearbeitung der Prüfungsaufgaben sowie die Erfassung der Prüfungsarbeiten ganz oder in Teilen mithilfe digitaler Arbeitsgeräte, meist Personal Computern in Kombination mit einem geeigneten Prüfungssystem, stattfindet. Digitale Prüfungen umfassen sowohl Prüfungen unter Aufsicht vor Ort als auch digitale Fernprüfungen.

Digitale Prüfungen aus prüfungsrechtlicher Perspektive

Digitale Prüfungen zeichnen sich in Abgrenzung zu den klassischen Prüfungsarten durch die Erbringung der Prüfungsleistung in digitaler Form und der Teilübernahme der Verantwortung für prüfungsspezifische Risiken durch die Digitalisierung aus der Perspektive der Prüfungsteilnehmenden aus.

Digitalisierung

Digitalisierung bezeichnet den Prozess der Umwandlung von analogen Informationen, Prozessen und Systemen in digitale Formate. Dieser Prozess ermöglicht es, Informationen in Form von binären Daten zu speichern, zu verarbeiten und zu übertragen. Digitalisierung betrifft verschiedene Bereiche der Gesellschaft, Wirtschaft, Technologie und Wissenschaft und hat weitreichende Auswirkungen auf Organisationen, Industrien und das tägliche Leben.

Direkte Instruktion

Direkte Instruktion ist eine Lehrmethode, die darauf abzielt, Wissen und Fertigkeiten durch klare und strukturierte Anweisungen zu vermitteln. Diese Methode zeichnet sich durch eine direkte Übertragung von Informationen von der Lehrperson auf die Lernenden aus, wobei der Fokus auf klaren Lernzielen, schrittweisen Anweisungen und aktiver Beteiligung der Lernenden liegt.

Diversität

Der Begriff der ›Diversität‹ bezieht sich auf die soziale Konstruktion von Unterschieden und die Macht- und Herrschaftsverhältnisse, die damit einhergehen. Diversität bezieht sich auf soziale Aspekte, die verwendet werden, um einerseits Unterschiede zu kennzeichnen sowie auf die damit verbundenen Strukturen und Chancenverteilungen aufmerksam zu machen. Bezeichnen wir etwas als divers, soll also auf Unterschiede (zwischen Menschen) aufmerksam gemacht werden, ohne die bestehenden Gemeinsamkeiten zu übersehen.

E

Effektstärke

Statistisches Maß, das Hattie in seiner Metastudie nutzt, um zu zeigen, wie groß der Unterschied ist, den eine Variable auf die andere auslöst. Als Effektstärkemaß wird d verwendet (Hattie, 2020, S. 461). Verbalisiert übersetzt er $d = -0{,}2$ als klein, $d = 0{,}4$ als mittel und $d = 0{,}5$ bis $d = 1{,}2$ als hoch. Seine Skala reicht von $d = -0{,}2$ bis 1,2. Aus einer Effektstärke kann abgelesen werden, wie stark eine Intervention in der Lehre (zum Beispiel Feedback $d = 0{,}73$) die Lernleistung verbessert.

Eisbergmodell

Das Abbild eines Eisberges im Wasser wird in unterschiedlichen Fachbereichen als Modell genutzt, um zu zeigen, dass nur ein kleiner Teil (die Spitze des Eisberges) sichtbar ist. Der große Teil des Eisberges liegt jedoch unter der Wasseroberfläche und wird als unsichtbar oder, je nach Modell, unbewusst taxiert.

E-Learning

E-Learning bezieht sich auf Bildungs- und Lernprozesse, die mithilfe elektronischer Medien und Technologien durchgeführt werden. Dies kann digitale Ressourcen in der Präsenzlehre ebenso umfassen wie komplette Online-Kurse.

Epistemisch

Epistemisch bezieht sich auf das Wissen, das zur Erklärung von Phänomenen, zum Verständnis von Konzepten oder zur Lösung von Problemen verwendet wird. Es betrifft den Bereich des Wissens und der Erkenntnis, der sich mit der Art und Weise befasst, wie wir wissen, was wir wissen, und wie dieses Wissen erworben, validiert und angewendet wird. Epistemische Fragen befassen sich oft mit der Natur des Wissens selbst, den Kriterien für gültiges Wissen, den Methoden der Wissensproduktion und der Unterscheidung zwischen Wissen und Glauben oder Meinungen.

Eristische Struktur

Die eristische Struktur wissenschaftlichen Wissens meint allgemein die Vorläufigkeit und Dynamik wissenschaftlichen Wissens sowie die Möglichkeit, dass selbst konkurrierende bzw. gegensätzliche Theorien, Ansätze etc. gleichzeitig gültig sein können. Sie beschreibt damit auch die Art und Weise, wie Argumentationen und Diskussionen in der Wissenschaft oft darauf ausgerichtet sind, Positionen anderer zu widerlegen oder zu verteidigen, anstatt ausschließlich darauf abzuzielen, die Wahrheit oder das Verständnis voranzutreiben.

Exemplarisches Prinzip

Das exemplarische Prinzip greift bei jenen Inhalten, die in bestimmter Weise über sich hinausweisen, d.h. für weitere fachliche Zusammenhänge und Kategorien stehen und insofern übertragbare Einsichten ermöglichen. Wenn ein Sachverhalt für einen größeren bzw. allgemeinen Sinn- oder Sachzusammenhang steht, dann spricht man ihm exemplarische Bedeutung zu.

F

Fehlerkultur

Beschreibt den produktiven Umgang mit Fehlern. Dabei ist der Fokus nicht auf den Verursacher des Fehlers, sondern darauf, wie dieser behoben werden kann, gelegt. Fehler werden als Lerngelegenheit und Orientierungshilfe verstanden.

Flipped Classroom

– siehe Inverted Classroom

Formatives Feedback

Begleitet Lernende während des Lernprozesses. Es fokussiert auf den Lernfortschritt und damit auf den Lernprozess. Im Grunde ist Feedback als Input, der zu einem Output führt, immer auch formativ.

Formatives Prüfen

Formatives Prüfen bezeichnet all jene Lernstandsrückmeldungen, die im Laufe des Lehr-Lernprozesses erfolgen, also nicht am Ende des Lehr-Lernprozesses, sondern während des Semesters. Sie dienen den Studierenden und den Lehrenden als Orientierung für den weiteren Lernfortgang.

Fragend-entwickelnder Unterricht

Der fragend-entwickelnde Unterricht ist eine pädagogische Methode, die darauf abzielt, das Denken und die Problemlösungsfähigkeiten der Lernenden durch gezieltes Fragen zu entwickeln. Anstatt den Studierenden direkte Antworten zu geben, fordert die Lehrperson sie heraus, indem sie Fragen stellt, die dazu anregen, selbstständig zu denken, Schlussfolgerungen zu ziehen und Lösungen zu entwickeln.

Freitext-Felder

Freitext-Felder sind Eingabefelder in Formularen oder Datenbanken, die Benutzer:innen ermöglichen, Texteingaben frei und ohne Einschränkungen zu machen. Im Gegensatz zu vordefinierten Auswahlfeldern (wie Dropdown-Menüs oder Multiple Choice Optionen), die nur eine bestimmte Anzahl von vorgegebenen Antworten zulassen, bieten Freitext-Felder die Möglichkeit, beliebige Textinhalte einzugeben.

Frontalunterricht

Frontalunterricht ist eine traditionelle Lehrmethode, bei der die Lehrperson im Mittelpunkt des Unterrichts steht und Informationen direkt an die Studierenden weitergibt, indem sie vor der Gruppe spricht oder vorträgt. Diese Methode zeichnet sich durch eine einseitige Kommunikation aus, bei der die Lehrperson das Wissen vermittelt und die Lernenden passiv zuhören und notieren.

Fünf-Finger-Methode

Die Fünf-Finger-Methode ist eine einfache Methode, um umfassendes Feedback von Lernenden zu erhalten. Jeder Finger einer Hand steht für eine Aussage bzw. Frage (Anpassungen der Aussagen können sinnvoll sein) (Daumen: »Das war super …«; Zeigefinger: »Darauf möchte ich hinweisen …«; Mittelfinger: »Das hat mir nicht gefallen …«; Ringfinger: »Das nehme ich mit/Das war mir wichtig …«; Kleiner Finger: »Das kam zu kurz …«).

Future Skills

Future Skills (auch als Zukunftskompetenzen, 21st Century Skills o.Ä. bezeichnet) sind ein Set an branchenübergreifenden Fähigkeiten, Fertigkeiten und Eigenschaften, die aus Unternehmensbefragungen abgeleitet wurden und Studierende besser auf eine ungewisse Zukunft vorbereiten sollen. Um entscheiden zu können, ob und wie sie gelernt und im Hochschulkontext gelehrt werden können oder ob es sich um mittelfristig stabile Persönlichkeitsmerkmale handelt, müssen sie mit langjährig fundierten psychologischen Konzepten in Verbindung gebracht werden.

G

Gamification

Gamification ist die Anwendung spieltypischer Elemente und Prinzipien in einem nichtspielerischen Kontext, um das Engagement, die Motivation und die Benutzererfahrung zu verbessern. Ziel ist es, Aufgaben oder Prozesse attraktiver und ansprechender zu gestalten, indem sie spielerische Mechanismen nutzen. Gamification findet in verschiedenen Bereichen Anwendung, darunter Bildung, Marketing, Arbeitswelt und Gesundheit.

Gedächtnis

Die im Leben gemachten Erfahrungen, Gespräche, Eindrücke, Gefühlszustände, Begegnungen, Selbstzuschreibungen, Ziele und Werte machen ein Individuum einzigartig und sind in seinem (Langzeit-)Gedächtnis und (neuropsychologisch ausgedrückt) in seinem Gehirn festgehalten – zumindest Bruchstücke davon, denn Menschen behalten nicht alles in Erinnerung, was ihnen jemals begegnet oder widerfahren ist. Alle in unserem Leben gemachten Erfahrungen, teils absichtlich gelernt, teils informell erworben, können bleibende Eindrücke in unserem Gedächtnis hinterlassen haben und unser Bild von der Welt und uns selbst prägen. Somit sind die Studierenden kein unbeschriebenes Blatt, sondern haben umfangreiche Erfahrungen und meist etwas Vorwissen zur jeweiligen Lehrveranstaltung.

Gedächtnispalast

Der Gedächtnispalast ist eine Mnemotechnik, die auf der Loci-Methode basiert und diese erweitert. In einem imaginären Gebäude mit beliebig vielen Räumen können so zu verschiedensten Themen Informationen langfristig abgelegt werden. Eine berühmte (wenn auch fiktive) Person, die den Gedächtnispalast perfektioniert hat, ist der legendäre Detektiv Sherlock Holmes.

Gelingensbedingungen

Gelingensbedingungen sind Faktoren, die die Chance auf erfolgreiches Meistern einer Situation substanziell bis massiv erhöhen. So wären zum Beispiel für Pilot:innen u.a. umfangreiche Flugpraxis, gutes Sehvermögen und schnelle Reaktionsfähigkeit Gelingensbedingungen für kritische Flugsituationen (zum Beispiel Ausfall der Bordelektronik im Sturm). Somit sind Gelingensbedingungen der Hochschullehre solche Faktoren, die den Erfolg von Hochschullehre substanziell bis massiv erhöhen. Zum Beispiel erhöht ein klarer inhaltlicher roter Faden in der Struktur der Lehrveranstaltung den Lernerfolg der Studierenden.

Generative KI

Generative KI-Systeme sind solche, die ein Medium (Text, Bild, Musik, Video etc.) generieren und dafür häufig menschliche Sprache verarbeiten können.

H

Heterogenität

Der Begriff der ›Heterogenität‹ ist beschreibend und darauf ausgerichtet, sich auf die ›Homogenität‹ als Gegenbegriff zu beziehen. Er beschreibt die Unterschiede zwischen zwei Gruppen anhand eines spezifischen Kriteriums, das diese sichtbar macht. Wenn Gruppen in Bezug auf das betreffende Merkmal unterschiedlich sind, sind sie hinsichtlich dieses Merkmals heterogen. Im Gegensatz dazu sind sie homogen, wenn sie in Bezug auf dieses Merkmal gleich sind, beispielsweise wenn es in einer Gruppe nur Frauen oder nur Männer gibt. Die identifizierten Unterschiede, wie etwa unterschiedliches Vorwissen von Studierenden in einer Lehrveranstaltung, stellen dann eine Herausforderung dar, die bewältigt werden muss. Oft wird Homogenisierung dafür als Lösung gesehen, beispielsweise durch Maßnahmen zur Angleichung des Wissensstandes, Unterricht in möglichst studienfachgleichen Gruppen oder Unterstützungsangebote für Studierende mit Lese- oder Rechenschwäche.

Hochschuldidaktik

Hochschuldidaktik ist das Vorhaben, Lehrzusammenhänge zu analysieren und – in praktischer Absicht – Lehre zu reformieren. Lehre wird dabei auf unterschiedlichen Ebenen zum Thema: von einzelnen Sequenzen über die Lektion und Lehrveranstaltungen bis zum Modul, Studiengang und der Hochschule als Bildungseinrichtung. Damit werden mehrere Adressatengruppen angesprochen: von einzelnen Dozierenden über Lehrverantwortliche bis hin zur Hochschulpolitik.

Hochschuldidaktik wird damit zum diskursiven Doppel der Hochschullehre, zur kritischen Begleiterin und Beobachterin. Sie übernimmt die Rolle als einladende und inspirierende Gesprächspartnerin von Lehrenden und Lehrverantwortlichen.

Hochschulkultur

Die Hochschulkultur bezieht sich auf die Werte, Normen, Traditionen und Praktiken, die das Leben und Arbeiten an einer Hochschule prägen. Sie umfasst die Art und Weise, wie Wissen erworben, geteilt und angewendet wird, sowie die Beziehungen zwischen den Mitgliedern der Hochschulgemeinschaft, einschließlich Studierenden, Lehrenden, Forschenden und Verwaltungsmitarbeitenden. Die Hochschulkultur kann sich von Institution zu Institution unterscheiden und wird durch Faktoren wie die Geschichte der Hochschule, ihre Mission und Vision, ihre Strukturen und Governance-Modelle sowie ihre sozialen und kulturellen Kontexte geprägt.

Hochschullehrende

Im weiteren Wortsinn fallen darunter alle Personen, die an Hochschulen lehren, d.h. Professor:innen und akademische Mitarbeitende wie Privatdozent:innen, wissenschaftliche Mitarbeitende, Lehrbeauftragte und Gastdozent:innen. Sie werden häufig aufgrund ihrer Fachkenntnisse und Expertise in einem bestimmten Fachgebiet eingestellt und ihre Rolle besteht hauptsächlich darin, Lehrveranstaltungen abzuhalten, Studierende zu betreuen und gegebenenfalls in der Hochschulverwaltung mitzuwirken. Im engeren Wortsinn werden unter Hochschullehrer:innen Professor:innen verstanden, die formal auf ihre Position berufen werden und deren Tätigkeiten sich aus den Bereichen Lehre, Forschung, (akademische Selbst-)Verwaltung und Transfer ergeben.

Hybride Lehre

Bei der hybriden Lehre können sich Studierende online mittels Videokonferenz zur Präsenzlehre hinzuschalten. Für Lehrende bringt das die Herausforderung mit, dass die digital zugeschalteten Studierenden vollwertig in die Lehrveranstaltung integriert werden müssen.

HyFlex

HyFlex (Hybrid-Flexible) ist ein Lehrmodell, bei dem Lernende die Wahl haben, entweder in Präsenz vor Ort, online zur Präsenz zugeschaltet oder online asynchron an einem Kurs teilzunehmen. Die Lehrenden stehen dabei vor der Herausforderung, dass alle Partizipationsmöglichkeiten gleichwertig sein sollen, also die gleichen Lernziele erreicht werden können.

I

Inclusion/Inklusion

Inklusion meint die aktive, fortlaufende Auseinandersetzung mit Unterschieden auf eine zielgerichtete Weise, um die eigenen Kompetenzen in Bezug auf Vielfalt zu erhöhen. Die Unterschiede können sowohl ›individuelle‹ Unterschiede (wie Persönlichkeit, Lernstile und Lebenserfahrungen) als auch ›Gruppen- oder soziale‹ Unterschiede (wie Rasse/Ethnizität, Geschlecht, Herkunftsland, Religion) sein.

Informatives Feedback

Informatives Feedback beinhaltet nicht nur die Rückmeldung des Prüfungsergebnisses, sondern es werden auch detaillierte Hinweise zum Stand des Kompetenzerwerbs und Empfehlungen zur Verbesserung der eigenen Fähigkeiten und zum weiteren Lernen gegeben.

Intelligenz, fluide und kristalline

Fluide Intelligenz umfasst grundlegende Prozesse des Denkens und wird als genetisch determiniert angenommen, d.h. sie ist weitgehend unabhängig von Erfahrung. Kristalline Intelligenz ist überwiegend kulturabhängig und umfasst die Fähigkeit, erworbenes Wissen anzuwenden. Die fluide Intelligenz steigt bis zum 25. Lebensjahr an und sinkt danach wieder kontinuierlich ab. Die kristalline Intelligenz steigt bis zum 25. Lebensjahr stark an, bleibt danach konstant oder steigt noch weiter leicht an.

Intendierte Lernergebnisse

Die intendierten Lernergebnisse, auch ILOs (Intended Learning Outcomes) abgekürzt, stellen den Ausgangspunkt universitärer Lehre dar, sie sind das zu erreichende Ziel der akademischen Ausbildung und werden in jeder Veranstaltung zunächst – in Abgleich mit Modulbeschreibungen und Studienplänen – bestimmt und dann mithilfe geeigneter Unterrichtsmethoden geschult.

Intervention

Bezeichnet ein gezieltes Eingreifen, um Problemen entgegenzuwirken oder diese zu beheben. Im didaktischen Sinn bezeichnet eine Intervention eine gezielte Maßnahme oder Handlung, die von Lehrenden oder Bildungseinrichtungen durchgeführt wird, um den Lernprozess von Lernenden zu unterstützen, zu verbessern oder zu steuern.

Inverted Classroom

Im Inverted Classroom wird die Präsenzzeit für aktive und kollaborative Tätigkeiten genutzt. Diese werden von den Studierenden anhand geeigneter Aufgaben und unter Nutzung entsprechender Informationsmedien im Selbststudium vorbereitet. Hierfür werden oftmals Online-Umgebungen zur Verfügung gestellt, weshalb es sich beim Inverted Classroom in der Regel um Blended Learning handelt (Neiske & Spannagel).

K

Kollegiale Fallberatung

Die kollegiale Fallberatung ist eine strukturierte Form der kollegialen Beratung. Kolleg:innen/Peers suchen gemeinsam nach Lösungen für ein konkretes Problem bzw. für einen ›Fall‹. Der oder die ›Falleinbringer:in‹ schildert den ›Berater:innen‹ die Situation und lässt sich von ihnen beraten. Das Verfahren folgt dabei strukturiert einem festen Ablauf.

Kollegiales Feedback

Kollegiales Feedback bezeichnet den Austausch von konstruktiver Rückmeldung und Unterstützung zwischen Kolleg:innen oder Mitarbeiter:innen innerhalb einer Organisation oder eines Teams. Es zielt darauf ab, die individuelle und kollektive Leistung zu verbessern, indem Stärken hervorgehoben und Verbesserungspotenziale aufgezeigt werden. Kollegiales Feedback kann informell in informellen Gesprächen oder formell in strukturierten Feedback-Sitzungen stattfinden.

Kollegiale Hospitation

Kollegiale Hospitation bezieht sich auf das gegenseitige Beobachten des Unterrichts oder der Arbeit von Kolleg:innen innerhalb einer Bildungseinrichtung oder Organisation. Dabei haben Lehrkräfte, Dozent:innen oder Mitarbeiter:innen die Möglichkeit, den Unterricht oder die Arbeitsweise ihrer Kolleg:innen zu beobachten, um Einblicke zu gewinnen, neue Ideen zu sammeln, Best Practices zu identifizieren und konstruktives Feedback zu geben.

Kommunikationsstrategien

Kommunikationsstrategien beinhalten grundlegende Prinzipien, wie die Kommunikation beispielsweise bei der Implementation von Veränderungsprozessen erfolgen soll, wer in den Informationsprozess einzubeziehen ist, welche Medien und Formate hierfür geeignet sind und welche Themen und Inhalte in welchem Zeitraum behandelt werden.

Kompetenz

Kompetenz wird im Allgemeinen als die Fähigkeit verstanden, Wissen, Fähigkeiten und Einstellungen in konkreten Situationen erfolgreich und verantwortungsbewusst anzuwenden. Kompetenzen sind nicht nur auf spezifische Fachbereiche beschränkt, sondern umfassen auch überfachliche Fähigkeiten wie Kommunikationsfähigkeit, Teamarbeit, Problemlösungsfähigkeiten und soziale Kompetenzen. Diese Kombination ermöglicht es einer Person, in vielfältigen Kontexten erfolgreich zu agieren und Herausforderungen zu bewältigen. In Kompetenz spielen kognitive (Wissen, Kenntnisse), handlungsbezogene (Fähigkeiten, Fertigkeiten) und personenbezogene (Motivation, Volition) Elemente zusammen, die sich in gelungener Performanz zeigen.

Kompetenzprofil

Das personenbezogene Kompetenzprofil erfasst den aktuellen Stand der vorhandenen Kompetenzen einer Person. Es kann Wissen, Fertigkeiten und Fähigkeiten anhand formaler Abschlüsse und Qualifikationen sichtbar machen, aber auch informell erworbene Kompetenzen aufführen.

Konstruktivismus

Konstruktivismus ist eine Theorie zur Erklärung der Wahrnehmung der Welt (Menschen konstruieren aktiv ihre Welt), dementsprechend ist jede Weltsicht prinzipiell unterschiedlich zwischen Individuen. Bezogen auf Lernen ist das konstruktivistische Lernparadigma eines von mehreren Lernparadigmen (andere sind zum Beispiel Konditionierung, Kognitivismus, Beobachtungslernen). Unabhängig vom jeweiligen Menschenbild, das ein Individuum möglicherweise bevorzugt, lernen alle Menschen grundsätzlich mit allen Lernparadigmen, je Lernanlass ist ein Paradigma eher vorherrschend. Beispielsweise wäre Kopfnicken zu einer richtigen Antwort eines:einer Studierenden auf eine Frage des:der Lehrenden eine ›operante Konditionierung‹. Eine Übernahme akademischer Gepflogenheiten wie Körpersprache, Auftreten gegenüber anderen, Schriftstil akademischer Publikationen, methodische Vorgehensweisen etc. wäre ›Beobachtungslernen‹. Das Lernen komplexer Theoriegebäude kann nur mittels kognitivistischer und konstruktivistischer Modelle erklärt werden.

Kontrakt/ierung

Der Kontrakt repräsentiert einen ritualisierten gemeinsamen Start der Beratung von Klient:in und Beratungsperson – im Sinne eines Commitments. Der Einstieg in die Beratung ist beeinflusst durch die Art und Form der Vereinbarung – oder eben auch dadurch, dass keine Vereinbarung stattfindet – und die weiteren Beratungsphasen. Grundsätzlich stellt die Kontraktphase somit gegenseitiges Vertrauen und Verbindlichkeit im Beratungsprozess her. Kontrakte werden, wenn immer möglich, schriftlich formuliert. Kontraktaspekte sind: Erwartungen und Ziele, methodisches Setting, Vereinbarung von Zeit und Ort, Möglichkeiten und Grenzen, Abmachungen über Vertraulichkeit oder allfällige Informationswege.

L

Langzeitgedächtnis

Im Gegensatz zum Arbeitsgedächtnis werden im Langzeitgedächtnis Informationen und Erinnerungen dauerhaft, oft ein Leben lang, abgelegt. Die Speicherkapazität des Langzeitgedächtnisses ist praktisch unbegrenzt.

Learning Analytics

Learning Analytics beschreibt die systematische Lerndatenanalyse, die aufgrund von Daten aus Lernhandlungen, Prüfungen und/oder dem Kontext des Lernens durchgeführt werden kann. Ziel von Learning Analytics ist in der Regel die Weiterentwicklung der Lernumgebung.

Learning Outcomes

– siehe Intendierte Lernergebnisse

Lehrportfolio

Ein akademisches Lehrportfolio bietet den strukturierten Nachweis relevanter Leistungen und Aktivitäten Lehrender im Bereich der akademischen Lehre. Als eine Art Sammelmappe enthält es verschiedene Artefakte, wie beispielsweise Vorstellungen zu Lehre und Lernen (Lehrphilosophie), eine tabellarische Auflistung aller durchgeführten Lehrveranstaltungen oder Lehrveranstaltungsevaluationen, die in einem Rahmentext aufeinander bezogen werden.

Lehrveranstaltungsevaluation

Eine Lehrveranstaltungsevaluation ist ein systematischer Prozess zur Bewertung und Verbesserung der Qualität von Lehrveranstaltungen an Bildungseinrichtungen. Sie umfasst die Sammlung von Feedback von Studierenden zu verschiedenen Aspekten des Kurses, wie zum Beispiel Lehrmethoden, Kursinhalten, Materialien und der Leistung des:der Dozent:in. Ziel ist es, Stärken und Schwächen der Lehrveranstaltung zu identifizieren und auf dieser Grundlage Maßnahmen zur Verbesserung des Lehrangebots zu entwickeln.

Leistungsbewertung

Leistungsbewertung im Kontext der Zielgruppe Studierender bezieht sich auf die verschiedenen Methoden und Prozesse, die verwendet werden, um die akademischen Fortschritte und Erfolge der Studierenden zu messen und zu bewerten. Ziel der Leistungsbewertung ist es, den Lernstand der Studierenden festzustellen, ihnen Feedback zu geben und ihre Leistung zu dokumentieren.

Lernlandkarte

Die Lernlandkarte, manchmal auch Advance Organizer, ist eine Visualisierung von Themenkomplexen, die häufig in einen zeitlichen Kontext zueinander gesetzt werden. Sie kann sowohl als Methode zur Strukturierung von Lerninhalten eingesetzt werden als auch von Lehrenden zur Reduktion der Stoffmenge.

Lernziele

Lernziele sind klare Beschreibungen der Fähigkeiten, Fertigkeiten, Kenntnisse oder Einstellungen, die die Studierenden im Rahmen von Lehrveranstaltungen erwerben sollen. Lernziele sollen konkretes, von außen beobachtbares Verhalten beschreiben, um eine Bewertung und Überprüfung im Rahmen von Prüfungen zu ermöglichen.

Lernzieltaxonomie

Eine Lernzieltaxonomie ist ein System zur Klassifizierung von Lernzielen nach ihrer (kognitiven) Komplexität und ihrem Abstraktionsgrad. Es hilft Lehrenden, klare und messbare Lernziele zu formulieren und den Lernprozess zu strukturieren, indem es verschiedene Ebenen des Lernens definiert und organisiert.

Lizenzierung

Eine Lizenzierung bzw. Lizenz ist eine Erlaubnis zur Nutzung von urheberrechtlich geschützten Werken. Durch eine Lizenzierung werden in der Regel einfache Nutzungsrechte übertragen.

Loci-Methode

Die Loci-Methode ist eine Mnemotechnik, die seit den alten Griechen bekannt ist. Man nutzt dazu die bildliche Vorstellung, zum Beispiel die des eigenen Wohnhauses sowie der Position bestimmter Gegenstände dort, um sich Listen von Begriffen zu merken. Die zu merkenden Begriffe werden bildlich oder semantisch mit den Orten (griechisch: Loci) verbunden.

M

Medienkompetenz

Medienkompetenz bezeichnet die Fähigkeit, Medien und Medieninhalte kritisch zu verstehen, zu nutzen, zu bewerten und zu gestalten. Sie umfasst ein breites Spektrum von Fähigkeiten, Kenntnissen und Einstellungen, die es einer Person ermöglichen, Medien in verschiedenen Formen und Kontexten effektiv zu nutzen und sich in der digitalen Welt zurechtzufinden.

Methoden

Methoden sind Wege, die zur Erreichung von Lehrzielen genutzt werden. Der Begriff ›Methode‹ leitet sich aus dem Altgriechischen ab und bedeutet wörtlich ›nachgehen‹ oder ›verfolgen‹.

Mind Map

Eine Mind Map strukturiert Schlüsselbegriffe zu einem Thema in räumlichem Verhältnis zueinander. Dabei gibt es verschiedene Knoten, zu denen Geschwisterknoten auf der gleichen Ebene und Knoten auf untergeordneten Ebenen ergänzt werden können. Im Gegensatz zu Concept Maps bleibt die inhaltliche Bedeutung einer Verbindungslinie dabei eher unklar.

MOOC

Ein MOOC (Massive Open Online Course) ist ein Online-Kurs, der für eine große Anzahl von Teilnehmenden offen und kostenlos zugänglich ist. MOOCs bieten unterschiedliche Lehrinhalte, Interaktionen mit den Mitlernenden und flexible Lernmöglichkeiten. Manchmal kann eine Betreuung oder ein Zertifikat kostenpflichtig hinzugebucht werden.

N

Niveaustufen

Niveaustufen sind Kategorien, die die Komplexität von Lernzielen beschreiben. Mithilfe von Lernzieltaxonomien wird festgelegt, in welchem Umfang und auf welchem Niveau Studierende bestimmte Kompetenzen am Ende eines Lernprozesses beherrschen sollen.

O

Objektivität

Die Objektivität ist ein Testgütekriterium. Sie ist gegeben, wenn für alle Studierenden bei Prüfungen in der Vorbereitung, der Durchführung und bei der Auswertung gleiche Bedingungen gelten.

Offene und geschlossene Fragen

In einer Lehrveranstaltungsevaluation ermöglichen offene Fragen den Befragten, ihre Meinungen und Erfahrungen in eigenen Worten auszudrücken, ohne vorgegebene Antwortmöglichkeiten. Geschlossene Fragen hingegen bieten vorgegebene Antwortoptionen, aus denen die Befragten wählen können, wie etwa Ja/Nein-Fragen, Mehrfachauswahl oder Skalen.

Online-Lehre

Online-Lehre bezieht sich auf Bildungs- und Lernprozesse, die komplett über das Internet zur Verfügung gestellt werden. Es gibt somit keine Präsenzveranstaltung. Die Lernenden können online auf die Lerninhalte zugreifen, Aufgaben erledigen und miteinander interagieren.

Online-Proctoring

Unter Online-Proctoring sind im digitalen Prüfungsgeschehen technische Präventivmaßnahmen gegen Täuschungsversuche und zur Gewährleistung der Chancengleichheit zu verstehen.

Online-Prüfungen

Online-Prüfungen sind digitale Prüfungen, bei welchen die Prüfungsrechner über eine aktive Internetverbindung verfügen und die Arbeit der Studierenden bereits während der Prüfung serverseitig gespeichert wird. Online-Prüfungen finden in Präsenz oder als Fernprüfungen statt. Seit der Covid-19-Pandemie wird der Begriff Online-Prüfung allerdings häufig synonym mit digitalen Fernprüfungen verwendet.

Open-Book-Prüfungen

Open-Book-Prüfungen sind Prüfungsformate, bei denen es den Prüflingen erlaubt ist, bestimmte Ressourcen wie Lehrbücher, Notizen oder andere Referenzmaterialien während der Prüfung zu verwenden. Im Gegensatz zu herkömmlichen, geschlossenen Prüfungen, bei denen die Prüflinge ihr Wissen auswendig behalten müssen, ermöglichen Open-Book-Prüfungen den Studierenden, auf vorhandene Ressourcen zurückzugreifen, um Fragen zu beantworten oder Probleme zu lösen.

Open Educational Practices (OEP)

Es gibt verschiedene Verständnisse des Begriffs Open Educational Practices (OEP). Ein eher breites Verständnis ist, dass Open Educational Practices (OEP) kollaborative Praktiken sind, die die Verwendung von Open Educational Resources (OER) und andere offene Technologien und Ansätze zur Förderung des Lernens und Lehrens umfassen. OEP fördern Transparenz, Zusammenarbeit und Innovation im Bildungsbereich.

Open Educational Resources (OER)

Open Educational Resources (OER) sind Bildungsmaterialien, die unter einer offenen Lizenz veröffentlicht werden. Für OER werden in der Regel Lizenzen von Creative Commons eingesetzt. Die offene Lizenzierung von OER führt zu vielfältigen Nutzungsrechten und Freiheiten, die ohne eine offene Lizenzierung in dieser Form nicht gegeben sind. Im Kontext von OER spricht man von den 5V-Freiheiten.

Operationalisierung

Operationalisierung ist ein zentraler Begriff in den Sozialwissenschaften und bezeichnet den Prozess der Messbarmachung von theoretischen Konzepten. Durch Operationalisierung werden abstrakte Begriffe und Theorien in konkrete, beobachtbare und messbare Variablen übersetzt. Das Ziel ist es, klare und nachvollziehbare Messmethoden zu entwickeln, die es ermöglichen, theoretische Hypothesen empirisch zu überprüfen.

Im Kontext der Hochschullehre bezieht sich die Operationalisierung auf den Prozess, wie Lernziele, Bildungsziele oder theoretische Konzepte in konkrete, beobachtbare und bewertbare Formen übersetzt werden. Dies geschieht, um den Lernerfolg der Studierenden messbar zu machen und um sicherzustellen, dass die Lehrmethoden und -inhalte den gewünschten Lernzielen entsprechen.

P

Partizipation, studentische

›Partizipation‹ meint Teilnahme und Teilhabe. Im Bildungsbereich sind mit Partizipation insbesondere zwei Leitideen verbunden: Zum einen, dass Lernende mitentscheiden können, wenn es um Themen geht, die sie betreffen. Damit eng verbunden, wird Partizipation zum anderen in einen engen Zusammenhang mit politischer Bildung und demokratischer Erziehung gestellt und den dahinterstehenden Zielsetzungen (demokratische Erziehung, Mündigkeit etc.). Im Hochschulbereich wird das Postulat ›Partizipation‹ durch das Argument ergänzt, dass Wissenschaft als gemeinsames Vorhaben und wissenschaftliche Tätigkeit als kooperatives Projekt verstanden wird, bei dem Studierende dazugehören und mitentscheiden sollten.

Peer-Review

Peer-Review ist ein Verfahren der Qualitätssicherung in der Wissenschaft, bei dem wissenschaftliche Arbeiten von Fachkolleginnen und -kollegen, den sogenannten Peers, kritisch begutachtet und bewertet werden. Peer-Review kommt vor allem bei Veröffentlichungsprozessen zum Einsatz.

Personal Learning Environment (PLE)

PLEs sind individuell gestaltete, digitale Lernumgebungen, in denen Lernende Ressourcen, Werkzeuge und Inhalte nach ihren eigenen Bedürfnissen und Präferenzen organisieren und nutzen können. Wird beispielsweise ein Tablet mit verschiedenen Apps oder auch das Dashboard einer Lernplattform für das Lernen genutzt, stellt dies das PLE des:der Nutzenden dar (bzw. einen Teil dessen).

Persönlichkeitsentwicklung bzw. Persönlichkeitsbildung

Lernen umfasst mehr als Fachwissen. Lernen wird im Alltag oft mit dem Lernen von kognitiven Inhalten, d.h. Fachwissen und -kompetenzen, gleichgesetzt. Dies stellt jedoch nur einen Ausschnitt des Lernens dar, ebenso wie die Schulzeit nur einen Teil der Bildungsbiografie eines Menschen umfasst. Das Lernen von Studierenden in und durch die hochschulische Lehre umfasst nur zum Teil klassische Fach- und Methodenkompetenzen des jeweiligen Studienfachs. Im besten Sinne des humboldtschen Bildungsideals sollen an Hochschulen zusätzlich soziale Kompetenzen (welche auch interkulturelle/diversitätssensible Kompetenzen beinhalten) und personale Kompetenzen (zum Beispiel Werte, persönliche Ziele) adressiert werden. Vor allem Letztere umfassen den Kern der Persönlichkeitsentwicklung bzw. der Entwicklung der eigenen (beruflichen) Identität.

Plan-Do-Check-Act-Zyklus (PDCA-Zyklus)

Der Plan-Do-Check-Act-Zyklus (PDCA-Zyklus) ist ein kontinuierlicher Verbesserungsprozess, der in vier Phasen unterteilt ist: In der Plan-Phase werden Probleme oder Verbesserungspotenziale identifiziert und Ziele sowie ein Plan zur Erreichung dieser Ziele entwickelt. Die Do-Phase beinhaltet die Umsetzung des Plans im kleinen Maßstab zur Erprobung der vorgeschlagenen Änderungen. In der Check-Phase werden die Ergebnisse der Implementierung überwacht und bewertet, um festzustellen, ob die gewünschten Verbesserungen erreicht wurden. Abschließend werden in der Act-Phase erfolgreiche Änderungen vollständig umgesetzt und der Zyklus erneut begonnen, um kontinuierliche Verbesserungen zu fördern.

Präsenzlehre

Präsenzlehre beschreibt das traditionelle Lehrsetting, bei dem alle physisch vor Ort im selben Raum sind. Dies ermöglicht direkte Interaktion, Diskussionen und die gemeinsame Anwendung des Gelernten. Auch der Einsatz von digitalen Tools ist möglich.

Prüfungsformen – schriftliche, mündliche, praktische, digitale

Bei schriftlichen Prüfungen werden die Prüfungsleistungen durch die Beantwortung oder Bearbeitung schriftlich vorgegebener Aufgaben bzw. Anforderungen erbracht. Das nach schriftlichen Prüfungen verbreitetste Format sind mündliche Prüfungen. Hierbei werden die Prüfungsleistungen in mündlicher Form erbracht. Praktische Prüfungen zielen darauf ab, praxisbezogene bzw. professionsnahe Leistungen in Form zum Beispiel eines praxisbezogenen Arbeitsauftrags oder im Rahmen von Simulationen zu überprüfen. Weite Verbreitung finden mittlerweile auch digital gestützte Prüfungsformen und -formate. Hierunter sind ganz allgemein Prüfungen unter Zuhilfenahme von digitalen Techniken und Medien zu verstehen.

Q

Qualitätskultur

Qualitätskultur ist Ausdruck des Stellenwertes der Qualität in einer Organisation, wie sie von ihren Mitgliedern praktiziert, gelebt und gepflegt (lat. cultura) wird. Im Hochschulkontext umfasst Qualitätskultur das Qualitätsbewusstsein der Hochschulmitglieder, deren Einstellungen sowie geteilte Werte im Hinblick auf Qualitätsansprüche in Forschung, Lehre und den sie unterstützenden Service- und Verwaltungsstrukturen. Qualitätskultur geht somit weit über bloße Qualitätssicherung hinaus.

Qualitätskulturinventar (QKI)

Das QKI ist ein standardisiertes und erprobtes Verfahren zur Erfassung von Qualitätskultur an Hochschulen. Das QKI besteht aus zwei Befragungseinheiten. Während der struktural-formale Teil die Zuständigkeiten, Konzepte und eingesetzten Qualitätssicherungs- und Evaluationsinstrumente an der Hochschule ermittelt, befasst sich der zweite Teil mit der organisationspsychologischen Dimension von Qualitätskultur, die mit Variablen wie Führung, Kommunikation, Partizipation, Commitment, Verantwortung oder Engagement operationalisiert wird.

R

Reflexion

Bei dem bewussten und systematischen Prozess der Reflexion wird die Bedeutung eines spezifischen Inhalts elaboriert und sein Verständnis vertieft. Dabei werden kognitive, emotionale, motivationale und soziale Elemente verknüpft. Basiert er auf beruflichem Handeln, Erfahrungen und Wissen, kann er u.a. zur persönlichen und professionellen Entwicklung beitragen.

Reliabilität

Reliabilität bedeutet Messgenauigkeit. Je genauer ein Test, also auch eine universitäre Prüfung, eine Messung vornimmt und je kleiner die Messabweichungen sind, umso höher ist die Zuverlässigkeit eines Tests.

Re-produktives Lernen

Re-produktives Lernen umfasst das Einüben von Aktivitäten und die Konstruktion von Wissen oder Artefakten und wird durch Aufgaben gestaltet. Es steht in Abgrenzung zu rezeptivem Lernen. Gutes Lehrhandeln umfasst beide Lernformen, sowohl das rezeptive als auch das re-produktive Lernen.

Rezeptives Lernen

Rezeptives Lernen meint die Darbietung von Inhalten, die bei den Lernenden Vorgänge wie Lesen, Zuhören und Beobachten fordert und fördert. Es steht in Abgrenzung zu re-produktivem Lernen. Gutes Lehrhandeln umfasst beide Lernformen, sowohl das rezeptive als auch das re-produktive Lernen.

Reziprozität

Reziprozität meint die wechselseitige asymmetrische Bezogenheit von Menschen und Institutionen in Gabe und Gegengabe. Positive Reziprozität verstärkt die Verbundenheit untereinander, ohne dass ein Vertrag die Beziehung regelt.

Rolle, Rollenkonflikte

Aus soziologischer Sicht wird unter Rolle das »Bündel« von expliziten und impliziten Erwartungen verstanden, die beispielsweise an uns in unserer Funktion als Dozent:in gerichtet werden. Die Rolle ist demnach eine Art interpretierbares Bindeglied zwischen Individuum und Organisation: Persönliche Anteile und institutionell-gesellschaftliche Vorgaben treffen sich in der Rolle. Sogenannte Bezugsgruppen »senden« demnach Positionsinhaber:innen (Dozierenden) Rollen. Das Handeln in Rollen lässt jedoch immer einen Interpretationsspielraum zu. Rollenerwartungen führen zu Rollenkonflikten, wenn sich gegenüber Bezugsgruppen (Institution, Studierende, Kolleg:innen) verschiedene Rollenerwartungen widersprechen oder überschneiden.

Rubrics

Rubrics sind Bewertungsschemata, die zum einen aus einer Liste von kompetenzbezogenen Bewertungskriterien bestehen (inklusive einer Definition des Kriteriums). Zum anderen beinhalten sie für jedes Kriterium eine Beschreibung von Kompetenzstufen, die unterschiedlich kompetente Leistungen bezogen auf das Kriterium wiedergeben (zum Beispiel ausgezeichnete Leistung, zufriedenstellende, aber verbesserungsfähige Leistung, nicht zufriedenstellende Leistung).

S

Scaffolding

Scaffolding (von engl. scaffold, ›Gerüst‹) meint im didaktischen Kontext die Unterstützung des Lernprozesses durch die Bereitstellung einer Orientierungsgrundlage in Form von Anleitungen, Denkanstößen und anderen Hilfestellungen.

Scholarship of Teaching and Learning (SoTL)

›SoTL‹ bezeichnet eine Forschungsrichtung in der Hochschulbildung, die sich mit der Untersuchung von Lehr- und Lernprozessen sowie deren Auswirkungen auf den Lernerfolg befasst. Das Ziel von SoTL ist es, den Lehr- und Lernprozess auf wissenschaftlicher Grundlage zu verbessern und zu optimieren, indem evidenzbasierte Praktiken entwickelt, evaluiert und verbreitet werden.

Selbststudium (begleitet und unbegleitet)

Selbststudium bezieht sich auf den Prozess des eigenständigen Lernens, bei dem eine Person Wissen, Fähigkeiten oder Kompetenzen ohne direkte Anleitung oder Anleitung durch eine:n Lehrer:in oder Dozent:in erwirbt. Es kann in zwei Formen auftreten: begleitetes Selbststudium und unbegleitetes Selbststudium. Beim begleiteten Selbststudium haben die Lernenden Zugang zu Lernmaterialien, die von einer Lehrkraft oder Institution bereitgestellt werden, während sie dennoch eigenständig lernen, unterstützt durch gelegentliche Anleitungen oder Rückmeldungen. Beim unbegleiteten Selbststudium lernen die Lernenden eigenständig, ohne direkten Zugang zu spezifischen Lernmaterialien oder Unterstützung durch Lehrkräfte oder Institutionen.

Service Learning

Service Learning, manchmal auch ›Lernen durch Engagement‹, bezeichnet eine Lehr-Lernform, in der Lernende durch beispielsweise Projektarbeit aktiv am Leben in ihrer Region teilhaben und sich für die Gesellschaft einsetzen und engagieren. Dabei wird die Arbeit in Projekten fachlich eng begleitet und mit dem Lernen in der Schule/Hochschule verknüpft.

Shift from Teaching to Learning

Mit dem Shift from Teaching to Learning wird die Abkehr von einer Input-Orientierung des Bildungs- bzw. Hochschulsystems, meist auch einer damit verbundenen ›Content-Orientierung‹, hin zu einer ›Output-Orientierung‹, also einer Fokussierung auf die Learning Outcomes, beschrieben. Dieser Paradigmenwechsel beinhaltet auch einen Wechsel der Strategien, wie diese Learning Outcomes erreicht werden.

Siebe der Reduktion

Mit den Sieben der Reduktion lässt sich die Priorisierung und Auswahl von Lerninhalten bewerkstelligen, indem die Lerninhalte fiktiv für unterschiedliche Zeitbudgets aufbereitet werden. Das Bild der Siebe wird verwendet, weil es darum geht, mit unterschiedlich feinen Sieben (= den unterschiedlichen Zeitbudgets) Sand verschiedenster Körnung (= die Inhalte) zu trennen.

Sketchnotes

Sketchnotes sind eine Methode, um Notizen, zum Beispiel zu einem Vortrag, zu machen. Im Gegensatz zu klassischen Notizen werden dabei neben textuellen auch grafisch-visuelle Elemente verwendet. Eine kreative und zugleich strukturierende Verwendung von Farben, Formen, Schriftarten und -größen sowie einfachen Zeichnungen ist üblicherweise Teil von Sketchnotes.

Soft Skills

Soft Skills sind persönliche Eigenschaften und Denkweisen, die für den Erfolg in beruflichen Anforderungen entscheidend sind. Im Gegensatz zu Hard Skills, die durch formale Bildung erworben werden und leicht messbar sind, sind Soft Skills schwerer zu erfassen.

Sozialform

Sozialformen im hochschulischen Unterricht beziehen sich auf die verschiedenen Arten der Zusammenarbeit zwischen Lehrenden und Student:innen sowie zwischen Schüler:innen untereinander. Diese Sozialformen spielen eine entscheidende Rolle bei der Gestaltung der Beziehungen im Unterricht, da sie die Struktur der Kommunikation und Interaktion festlegen.

Spontaneität

›Spontaneität‹ bezieht sich auf den Charakter einer Person oder auf eine Handlung und zeigt sich in plötzlichen, meist unerwarteten Handlungen. Diese können eine Anpassung an sich ändernde Umstände darstellen oder eine Reaktion auf eigene, neue Ideen sein. In pädagogischen Fachdiskursen und in der Ratgeberliteratur für Hochschullehre findet der Begriff der ›Spontaneität‹ kaum Beachtung. Gleichwohl scheint in der Praxis spontanes Handeln in der Lehre oftmals nötig zu sein, wenn plötzliche und unerwartete Situationen eintreten, die der Planung zuwiderlaufen.

Stimmungsbarometer

Das Stimmungsbarometer ist eine schnelle und einfache Methode, um Stimmungen einer ganzen Gruppe abzufragen. Bei dieser Methode wird die Antwort auf eine Frage entlang einer eindimensionalen Skala dargestellt. Das kann als Aufstellung der Lernenden im Raum, mithilfe von Magneten an der Tafel oder mit Stiften auf einer gezeichneten Linie erfolgen. Mögliche Impulse für ein Feedback könnten sein: »So gut könnte ich dieses Thema jemandem erklären …« oder »Das Lernen in dieser Einheit hat mir Spaß/gar keinen Spaß gemacht«.

Storytelling

Als Storytelling wird die Verwendung von Geschichten im Rahmen von Vorträgen oder auch schriftlichen Veröffentlichungen verstanden. Diese können u.a. dazu dienen, Informationen besser einprägsam zu machen, zu emotionalisieren, konkrete Beispiele zu liefern oder abstrakte Konzepte leichter verständlich zu machen. Storytelling ist eine der ältesten Methoden, um Wissen zu bewahren und weiterzugeben.

Student Life Cycle

Mit dem Student Life Cycle, oder auch dem studentischen Lebenszyklus, wird die gesamte Phase des Studiums bis hin zum Alumni bezeichnet.

Studieren

Studieren bezeichnet den Prozess des systematischen und intensiven Lernens, Forschens und Erwerbs von Wissen, üblicherweise in einem akademischen Kontext wie einer Universität oder Hochschule. Dabei werden wissenschaftliche Methoden und Materialien genutzt, um ein tiefgehendes Verständnis in einem bestimmten Fachgebiet zu erlangen und akademische Qualifikationen zu erwerben.

Subjektive Theorien

Subjektive Theorien sind individuelle Vorstellungen, Überzeugungen oder Interpretationen, die Personen über bestimmte Phänomene oder Konzepte entwickeln, basierend auf ihren persönlichen Erfahrungen, Werten und Wahrnehmungen. Im Vergleich zu wissenschaftlichen Theorien sind subjektive Theorien implizit und vage, durch einfache Ursache-Wirkungszuschreibungen und affektive Bewertungen gekennzeichnet. Sie erweisen sich als relativ stabil.

Im Kontext von Wissenschaft und Studium können subjektive Theorien das Verständnis von Studierenden über wissenschaftliche Prinzipien, Konzepte und Prozesse beeinflussen.

Beispiele für subjektive Theorien könnten sein:

- Die Vorstellung, dass wissenschaftliche Fakten immer absolut und unveränderlich sind.
- Die Überzeugung, dass Wissenschaftler:innen unfehlbar sind und nie Fehler machen.
- Die Annahme, dass Wissenschaft immer objektiv und frei von persönlicher Meinung ist.
- Die Auffassung, dass wissenschaftliche Forschung nur in Laboren stattfindet.

Summatives Prüfen

Summatives Prüfen bezeichnet all jene Prüfungsleistungen, die am Ende des Lehr-Lern-Prozesses den Lernstand der Studierenden in einer Prüfungsleistung messen.

T

Testgütekriterien

Testgütekriterien sind Kriterien, die herangezogen werden, um die Güte von Testverfahren, also auch von universitären Prüfungen, zu beurteilen. Zu den Haupttestgütekriterien zählen Objektivität, Reliabilität und Validität.

Think-Pair-Share

Think–Pair–Share ist eine Methode, bei der Lernende zunächst alleine über ein Thema nachdenken, sich dann mit einem:einer Partner:in austauschen und schließlich ihre Gedanken und Ideen in der Gruppe teilen. Dies hat das Ziel, Diskussionen insbesondere in großen Gruppen zu fördern, damit gemeinsam bessere Lösungen erarbeitet werden können.

Tiefenbohrungen

Inhaltliche Tiefenbohrungen stehen für den Aspekt der Gründlichkeit. Sie bezeichnen jene Stoffgebiete, fachlichen Aspekte oder Themenbereiche, in denen es sinnvoll ist, inhaltlich »in die Tiefe zu gehen«. In jedem Fall besteht das Ziel einer solchen Tiefenbohrung darin, Aspekte auszuwählen, die für beide – das Fach und die Studierenden – hoch bedeutsam sind.

Tiefenlernen

Tiefenlernen bedeutet, dass Studierende ein tieferes Verständnis der Fakten, Regeln und Zusammenhänge eines Themengebietes anstreben und neue Informationen aktiv in bereits vorhandene Wissens- und Einstellungsstrukturen integrieren.

Token

Token bezeichnen in der Computerlinguistik kurze zusammenhängende Segmente aus mehreren Wörtern, einzelnen Wörtern oder Zeichen.

Transformative Lehre

Transformative Lehre bezeichnet eine Lehr-Lernform, die Lernende dazu befähigen soll, eine Rolle in der gesellschaftlichen Transformation zu übernehmen und ethische und nachhaltige Fragestellungen mitzudenken, u.a. indem neue Perspektiven eingenommen werden.

TULLU-Regel

Die TULLU-Regel ist eine Eselsbrücke für die Formulierung von Lizenzangaben. Die einzelnen Buchstaben stehen für Informationen, die bei der Verwendung von (unveränderten) CC-lizenzierten Werken gemacht werden müssen: Titel, Urheber:in, Lizenz (inklusive Versionsnummer), Link zum Lizenztext, Ursprungsort des Werks. Liegen Veränderungen/Bearbeitungen am Werk vor, so sind diese Bearbeitungen und Urheber:in(nen) dieser ebenfalls anzugeben.

Tutand:in

Tutand:innen sind die Personen, die ein Tutorium besuchen und von einer Tutorin oder einem Tutor begleitet bzw. beraten werden.

Tutorien

Tutorien sind in der Regel freiwillige und unterstützende Veranstaltungen, in denen Lerninhalte wiederholt und durch Übungen vertieft werden. Darüber hinaus gibt es auch Tutorien zur akademischen Sozialisation, gerade zu Beginn des Studiums. Tutorien werden in Präsenz oder auch online von Tutor:innen angeboten.

Tutor:in

Tutor:innen sind in der Regel Personen höherer Semester, die Studierende in ihrem Studium fachlich begleiten und unterrichten, meist parallel zu Lehrveranstaltungen und zur Prüfungsvorbereitung. Auch werden sie in der Studieneingangsphase eingesetzt, um den Studieneinstieg zu erleichtern. Oftmals werden sie an Hochschulen und Universitäten für ihren Einsatz methodisch-didaktisch qualifiziert und zertifiziert.

U

Universitas

Universitas bezieht sich auf eine Gemeinschaft von Personen, die sich in einer Institution wie einer Universität oder einer akademischen Organisation zusammenschließen, um Wissen zu erlangen, zu lehren und zu verbreiten.

V

Validität

Die Validität ist ein Testgütekriterium. Sie besagt, dass ein Test misst, was er messen soll. Wenn wir beispielsweise bei einem Vorspiel für die Musikhochschule die Vorspielvorgaben ausschließlich einmal mündlich auf Deutsch erklären würden, würden wir zunächst messen, wer deutsch spricht oder so gut vernetzt ist, dass eine deutschsprachige Person der nicht deutschsprachigen Person die Hinweise weitergibt. Erst dann messen wir das Vorspiel.

Verhältnismäßigkeit

Verhältnismäßigkeit im Prüfungsrecht bedeutet, dass die Leistungskontrolle dem Schutz eines überragenden Gemeinschaftsguts zu dienen hat und zur Erreichung des verfolgten Zwecks geeignet, erforderlich und für die Betroffenen der Überprüfung zumutbar sein muss.

Visualisierung

Visualisierung bedeutet, durch Bilder, Grafiken und räumlich-visuelle Elemente Informationen darzustellen und/oder Emotionen anzuregen. Ebenso kann die durch Worte erzeugte bildlich-räumliche Vorstellung eines Gegenstandes oder Sachverhaltes als Visualisierung bezeichnet werden.

Vollständigkeitsfalle

Der Wunsch der Lehrenden, die eigenen Inhalte möglichst vollständig an die jeweilige Zielgruppe weiterzugeben, wird mit dem Begriff ›Vollständigkeitsfalle‹ umschrieben. Bei dieser eher ›auf Menge‹ ausgerichteten Lehrhaltung wird ›vollständig‹ als didaktisch sinnvolles Ideal taxiert.

Vorlesung

Die Vorlesung ist eine traditionelle Lehrveranstaltung an einer Hochschule oder Universität, bei der ein Dozent oder eine Dozentin den Studierenden Wissen zu einem bestimmten Thema vermittelt. Dies geschieht in der Regel durch mündliche Präsentationen, in denen die Lehrperson das Thema erläutert, Schlüsselkonzepte erklärt, relevante Informationen vermittelt und oft auch Diskussionen anregt. Vorlesungen sind ein zentraler Bestandteil vieler Lehrpläne; allerdings ist die Vorlesung gleichzeitig eine anspruchsvolle (und immer wieder kritisierte) Lehrform.

W

Werte- und Entwicklungsquadrat

Das Werte- und Entwicklungsquadrat setzt zwei auszubalancierende Werte oder Tugenden (zum Beispiel Sparsamkeit und Großzügigkeit) zueinander in Beziehung und beschreibt ihr Spannungsverhältnis mithilfe von Polarisierungen (zum Beispiel Geiz und Verschwendung). Dadurch zeigt es zugleich mögliche Entwicklungsrichtungen auf. Neben dem Kommunikationsquadrat und dem Inneren Team ist das Werte- und Entwicklungsquadrat ein wichtiges Instrument im Coaching.

Wesentlichkeitsprinzip

Das Wesentlichkeitsprinzip im Prüfungsrecht legt auf, dass das Prüfungsverfahren in seinen grundlegenden Zügen durch Prüfungsordnungen zu regeln ist.

Wiki

Ein Wiki ist eine Sammlung von Informationen und Beiträgen im Internet zu einem bestimmten Thema, die von den Nutzerinnen und Nutzern gemeinschaftlich selbst zusammengetragen und bearbeitet wird. Ein wesentliches Element von Wikis ist die Verzahnung der Beiträge untereinander durch Verlinkungen, die ein mehrdimensionales Netzwerk aus Begriffen und Erklärungen ermöglichen.

Wissenschaftskonzept

Das Wissenschaftskonzept bezieht sich auf das Verständnis der grundlegenden Prinzipien und Methoden, die für die wissenschaftliche Forschung und Erkenntnisbildung relevant sind. Es umfasst die Kenntnis wissenschaftlicher Denkweisen, Forschungsansätze und die Fähigkeit, wissenschaftliche Informationen kritisch zu bewerten. Diese Vorstellungen können stark variieren und hängen oft von der Bildungsgeschichte, den Erfahrungen und dem kulturellen Hintergrund der Studierenden ab.

Z

Zielscheiben-Feedback

Das Feedback mittels einer Zielscheibe ist ein bildliches Evaluationsinstrument, bei dem die Lernenden Rückmeldung (mit Stiften oder Klebepunkten) zu einer vorangegangenen Phase auf einer Zielscheibe (Mitte = Volltreffer, volle Punktzahl) geben können. Hierbei werden die subjektiven Einschätzungen der Lernenden anonym auf einer Zielscheibe gesammelt. Das Gesamtergebnis kann auf einen Blick gemeinsam betrachtet werden. Man kann die Zielscheibe auch in verschiedene Segmente (Inhalt, Struktur, Methoden o.Ä.) unterteilen.

AUTOR:INNEN

Maik Arnold, Prof. Dr., ist Professor für Sozialmanagement an der Hochschule Nordhausen und leitet dort u.a. den Zertifikatsstudiengang »Sozialbetriebswirt«. Er hat Betriebswirtschaftslehre, Interkulturelle Kommunikation und Evangelische Theologie studiert sowie in den Sozialwissenschaften promoviert. Er ist »Fellow of the Royal Society for Arts, Manufactures and Commerce« (FRSA), Sprecher des deutschsprachigen »Scholarship of Teaching and Learning«-Netzwerks sowie im Vorstand der Internationalen Arbeitsgemeinschaft für Sozialmanagement/Sozialwirtschaft tätig. Zu seinen Arbeitsschwerpunkten zählen u.a. Leadership and Organisational Change, Didaktik des Sozialmanagements, Interkulturelle Kommunikation und SoTL.

Jörg Aßmann, Dipl.-Verww. Mag. iur. MHEd, leitete nach den Studien der Rechts- und Erziehungswissenschaften an der Universität Hamburg die Hochschul- und Prüfungsorganisation der Hochschule der Polizei Hamburg sowie der Fachhochschule an der Akademie der Polizei Hamburg. Er promoviert an der Universität Hamburg zum Thema »Agiles Assessment for Lean Learning«. Neben Angeboten zu Internet- und Computerstrafrecht sowie Informationssicherheit gehören zu seinen Forschungsprojekten und Lehrbereichen prüfungsrechtliche und mediendidaktische Themen wie digitale Prüfungen und Lehr-Lern-Formate.

Michelle Bachmann, M.Sc., ist wissenschaftliche Mitarbeiterin an der Professur für Hochschulforschung und Professionalisierung der akademischen Lehre an der Otto-von-Guericke-Universität Magdeburg. Ihre Forschungsschwerpunkte liegen im Bereich Hochschulforschung und -didaktik. In diesem Kontext untersucht sie vornehmlich die (Neu-)Gestaltung von Studiengängen, Lehrveranstaltungen und Lehr-Lern-Einheiten.

Carsten Bender, Dr., leitet im Zentrum für HochschulBildung der Technischen Universität Dortmund den Bereich »Behinderung und Studium« (DoBuS). Er promovierte an der TU Dortmund in den Rehabilitationswissenschaften. Zu seinen Arbeitsschwerpunkten in Forschung und Praxis zählen die Weiterentwicklung inklusiver Hochschulstrukturen sowie die digitale Barrierefreiheit im Kontext von Studium und Lehre.

Antonia Bonaccorso, M.Sc., arbeitet an der ETH Zürich als Fachexpertin für digitales Prüfen, ist Service-Verantwortliche für Moodle und leitet die Moodle-SIG »E-Assessment«. Sie hat an der Universität Zürich Psychologie mit Nebenfach Geografie studiert. Seither arbeitet sie im Service »Digitales Prüfen« und ist hier u.a. verantwortlich für Administration und technischen Support von Online-Prüfungen.

Sarah Böhlau, Dr., ist Beraterin für digitale Barrierefreiheit im Hochschulkontext. Sie arbeitet an der Otto-Friedrich-Universität Bamberg am Zentrum für Hochschuldidaktik im Rahmen des bayerischen Verbundprojektes »QUADIS« (Qualität digitaler Lehre an bayerischen Hochschulen steigern) und in der Kontaktstelle Studium und Behinderung. Sie promovierte an der Otto-Friedrich-Universität Bamberg. Ihre Forschungsschwerpunkte sind inklusive Hochschullehre und digitale Barrierefreiheit.

Eva Buff Keller, Dr., ist Dozentin und Supervisorin sowie Coachin in eigener Praxis. Sie promovierte in Geographiedidaktik an der Universität Bern und war bis vor kurzem u.a. als Dozentin im Rahmen von interdisziplinären Studierendenprojekten an der ETH Zürich tätig.
Ihre Hauptschwerpunkte sind die Leitung von hochschuldidaktischen Weiterbildungsangeboten sowie Coachings von Dozierenden an verschiedenen Universitäten. Zudem begleitete sie während der letzten zehn Jahre als Beraterin und Moderatorin diverse Revisionen von Studiengängen an verschiedenen Hochschulen.

Nora Dainton, Prof., ist Studiengangleiterin des Master-Studiengangs »Virtual Design and Construction« und Vizeleiterin am Institut »Digitales Bauen« der Fachhochschule Nordwestschweiz. Sie hat einen Master of Arts in Design sowie einen eidgenössischen Fachausweis als Ausbilderin. Sie publiziert zu Themen der Hochschuldidaktik, spezifisch zu Feedback in der Hochschullehre. Das Ausloten von Potenzialen in der Lehre wie auch in der Gestaltung von Orten, Objekten und Prozessen sind wiederkehrende Themen in ihrer vielfältigen Arbeit.

Verena Eickhoff, M.A., ist wissenschaftliche Mitarbeiterin am Institut für Technische Bildung und Hochschuldidaktik der Technischen Universität Hamburg sowie freiberufliche Dozentin für Hochschuldidaktik. Aktuell liegt ihr Arbeitsschwerpunkt auf der didaktischen und technischen Entwicklung digitaler Lernangebote und Lernplattformen. Zuvor hat sie u.a. Lehr-Lern-Infrastrukturen und Fortbildungsangebote an Präsenz- und Fernhochschulen mit Fokus Digitalisierung und Diversitätsorientierung aufgebaut und weiterentwickelt.

Susanne Frölich-Steffen, Dr., ist freiberufliche Rhetorik- und Didaktiktrainerin. Sie promovierte im Fach Politikwissenschaften an der Ludwig-Maximilians-Universität in München. Ihre Themenschwerpunkte liegen in den Bereichen Rhetorik und Wissenschaft, sowie Rhetorik und Kommunikation und Unterrichtsdidaktik.

Barbara Getto, Prof. Dr., ist Professorin für Medienbildung mit dem Schwerpunkt Hochschul- und Erwachsenenbildung an der Pädagogischen Hochschule Zürich und dort u.a. verantwortlich für den Weiterbildungsstudiengang »Bildungsmanagement im Digitalen«. Sie promovierte an der Fakultät Bildungswissenschaften an der Universität Duisburg-Essen. Ihre Forschungsschwerpunkte liegen in den Bereichen Bildung und Digitalisierung, Digitalisierung der Lehre an der Hochschule, Veränderungsprozesse in Bildungsorganisationen und Strategien der Digitalisierung.

Tobias Halbherr, Dr., ist Leiter der Gruppe »Digital Education Services« der ETH Zürich und leitet die Special Interest Group »E-Assessment« der Schweizer E-Learning Community von SWITCH. Er promovierte in Lernwissenschaften und Hochschuldidaktik an der ETH Zürich und studierte Kognitive Psychologie und Informatik an der Universität Zürich. Zu seinen Tätigkeitsbereichen gehören die digitalen Prüfungen an der ETH Zürich, welche er als Service-Verantwortlicher mitaufgebaut hat, die Hochschul- und Prüfungsdidaktik sowie weitere Innovationsfelder im Bereich »Educational Technology« wie die Nutzung von generativer KI für Lehre, Lernen und Prüfen.

Sophia Hercher, StEx, ist Referentin für digitale Lehrentwicklung am Referat für Lehrentwicklung und Hochschuldidaktik an der Philipps-Universität Marburg und koordiniert das lokale Teilprojekt »Zukunftswerkstatt für digital gestützte Hochschullehre« im Zusammenhang mit dem hessenweiten Projekt »HessenHub – Netzwerk digitale Hochschullehre Hessen«. Neben der Projektkoordination gehören zu ihren Hauptarbeitsbereichen bedarfsorientierte Angebote zu digital gestützter Lehre und die Entwicklung und Betreuung von Lehr- und Lernszenarien.

Jonas Leschke, M.Ed., leitet die Stabsstelle »Strategische Lehrprojekte« am Zentrum für Wissenschaftsdidaktik der Ruhr-Universität Bochum und ist Mitherausgeber der Online-Zeitschrift »die hochschullehre«. Er hat Lehramt für Berufskollegs für die Unterrichtsfächer Maschinenbau und Mathematik an der Universität Paderborn studiert. Seine aktuellen Tätigkeitsschwerpunkte liegen in den Bereichen Learning Analytics und Künstliche Intelligenz in der Hochschulbildung, Internationalisierung der Hochschullehre sowie der Lernraumgestaltung an Hochschulen.

Anke Manukjan, Dipl.-Soz.Wiss., ist wissenschaftliche Mitarbeiterin an der Professur für Hochschulforschung und Professionalisierung der akademischen Lehre an der Otto-von-Guericke-Universität Magdeburg. Ihre Forschungsschwerpunkte liegen im Bereich Hochschulforschung und -didaktik. In diesem Zusammenhang untersucht sie die Gestaltung von Studiengängen sowie Studierende.

Iris Neiske, Dipl.-Päd., M.A., arbeitet seit 2015 bei der Stabsstelle Bildungsinnovationen und Hochschuldidaktik der Universität Paderborn. Ihre Arbeitsschwerpunkte sind die Schulung und Beratung zum Einsatz von E-Learning (u.a. Inverted Classroom) in der Hochschullehre und die Ausbildung von studentischen E-Tutor:innen. Zuvor hat sie zehn Jahre als freiberufliche Mediendidaktikerin E-Learning-Kurse konzeptioniert und betreut.

Fabian Neumann, B.A., studiert im Masterstudiengang »Betriebliche Berufsbildung und Berufsbildungsmanagement« an der Otto-von-Guericke-Universität Magdeburg. Er arbeitet als wissenschaftliche Hilfskraft an der Professur für Hochschulforschung und Professionalisierung der akademischen Lehre an der Otto-von-Guericke-Universität Magdeburg. Mit seiner aktiven Beteiligung an verschiedenen Forschungsprojekten unterstützt er die wissenschaftliche Gemeinschaft und gewinnt wertvolle Einblicke in aktuelle Entwicklungen im Hochschulbereich.

Judith Osthushenrich, M.A., ist Mitarbeiterin der Stabsstelle Bildungsinnovationen und Hochschuldidaktik der Universität Paderborn sowie Netzwerksprecherin des Netzwerks »Hochschuldidaktik NRW«. Zu ihren Tätigkeitsschwerpunkten gehören die Professionalisierung der Lehrenden durch hochschuldidaktische Beratung und Weiterbildungsangebote im Rahmen des Zertifikatsprogramms sowie die Vergabe des Lehrpreises für den wissenschaftlichen Nachwuchs.

Julia Philipp, M.A., ist Mitarbeiterin im Zentrum für Wissenschaftsdidaktik der Ruhr-Universität Bochum. Sie studierte Journalismus und Public Relations sowie den Masterstudiengang »European Culture and Economy«. Zu ihren Hauptarbeitsbereichen gehören Prüfungsdidaktik, Angebote für Lehrende zu Lehrveranstaltungsevaluationen sowie die Leitung des Portals »LEHRELADEN«.

Peter Salden, Dr., leitet seit 2017 das Zentrum für Wissenschaftsdidaktik der Ruhr-Universität Bochum. Seine Arbeitsschwerpunkte sind Hochschul-, Medien- und Schreibdidaktik sowie die lehrbezogene Hochschulentwicklung. Er studierte Hochschuldidaktik, Öffentliches Recht, Slavistik und Volkswirtschaftslehre und lehrte und promovierte an der Universität Hamburg. An der Technischen Universität Hamburg baute er das ingenieurwissenschaftlich orientierte Zentrum für Lehren und Lernen (ZLL) mit auf. In den Jahren 2018-2021 koordinierte er den Aufbau des nordrhein-westfälischen Online-Landesportals für Studium und Lehre »ORCA.nrw«, zuletzt als kommissarischer Geschäftsführer.

Niclas Schaper, Prof. Dr., ist Professor für Arbeits- und Organisationspsychologie und wissenschaftlicher Leiter der Stabsstelle Bildungsinnovationen und Hochschuldidaktik an der Universität Paderborn. Er hat zu Themen des arbeitsbezogenen Lernens an der Universität Kassel promoviert und an der Universität Heidelberg habilitiert. Zu seinen Hauptarbeitsgebieten in der Hochschuldidaktik gehören Kompetenzorientierung in Studium und Lehre als didaktischer Ansatz (Fachgutachten für die HRK), kompetenzorientiertes Prüfen, Kompetenzmodellierung und -messung und Unterstützung des Studieneinstiegs, insbesondere in mathematikhaltigen Studiengängen.

Karlheinz Sonntag, Prof. Dr., ist Seniorprofessor an der Universität Heidelberg und war dort von 1993-2020 Inhaber des Lehrstuhls für Arbeits- und Organisationspsychologie. Zuvor forschte er an der Ludwig-Maximilians-Universität München und der Universität Kassel und war als Gastprofessor an der Universität Bern (1999), der Wirtschaftsuniversität Wien (2005) und der Université de Fribourg (2007) tätig. Als Prorektor für Qualitätsentwicklung an der Universität Heidelberg implementierte er von 2009-2013 das Qualitätsmanagement-System »HeiQuality«. Seine Forschungsschwerpunkte liegen u.a. in der humanen und gesundheitsförderlichen Gestaltung flexibler und hybrider Arbeitsformen in der digitalen Transformation, der Analyse des Führungsverhaltens bei Veränderungsprozessen in Wirtschaft, Verwaltung und Hochschulen, der Gestaltung von Work-Life-Balance und der Personalentwicklung.

Christian Spannagel, Prof. Dr., ist Professor für Mathematik- und Informatikdidaktik an der Pädagogischen Hochschule Heidelberg. Er forscht zum Einsatz digitaler Technologien in Schule und Hochschule und ist zweifacher Preisträger des Lehrpreises des Landes Baden-Württemberg zum Einsatz digitaler Werkzeuge in der Hochschullehre.

Geri Thomann, Prof. Dr. em., ist emeritierter Professor für Hochschuldidaktik und Erwachsenenbildung an der PH Zürich und Geschäftsführer von »bbe - bildungberatungentwicklung (bbe.ch)«. Er gründete und leitete das Zentrum für Hochschuldidaktik und Erwachsenenbildung an der PH Zürich, promovierte zum Thema produktives Scheitern und publiziert zu Themen wie Beratung in der Hochschullehre, Führen in Expert:innenorganisationen, Grenzmanagement in Bildungsorganisationen und Improvisieren in der Bildungsarbeit.

Nerea Vöing, Dr., leitet die Stabsstelle Bildungsinnovationen und Hochschuldidaktik der Universität Paderborn und war von 2021 bis 2024 Vorstandsvorsitzende der Deutschen Gesellschaft für Hochschuldidaktik e.V. Sie promovierte im Fach Vergleichende Literatur- und Kulturwissenschaften der Universität Paderborn. Aktuell ist sie Sprecherin des deutschsprachigen »Scholarship of Teaching and Learning«-Netzwerks. Zu ihren Hauptarbeitsbereichen gehören die Angebote für professorale Hochschullehre, Scholarship of Teaching and Learning sowie die Studiengangs- und Organisationsentwicklung.

Sebastian Walzik, Dr., hat Wirtschaftspädagogik in Nürnberg, Galway und St. Gallen studiert. Seine Doktorarbeit schrieb er am Institut für Wirtschaftspädagogik der Universität St. Gallen über die Förderung sozialer Kompetenzen. Er hat eine kommunikationspsychologische Ausbildung bei Prof. Dr. Friedemann Schulz von Thun, eine Ausbildung zur Systemischen Strukturaufstellung nach Prof. Dr. Matthias Varga von Kibéd (SySt®) und eine Hypnotherapeutische Grundausbildung nach Milton Erickson. Er ist Mitglied im Deutschen Hochschulverband. Hochschuldidaktische Seminare gibt er an verschiedenen Hochschulen in Deutschland, Österreich und der Schweiz.

Stefka Weber, M.A., promoviert derzeit am Institut für Erziehungswissenschaft an der Rheinisch-Westfälischen Technischen Hochschule Aachen. Nach langjähriger wissenschaftlicher Mitarbeit im Zentrum für Hochschuldidaktik und Qualitätsentwicklung in Studium und Lehre an der FH Aachen bilden der Einsatz kompetenzorientierter Methoden im Lehr-Lern-Prozess und die Digitalisierung von Lehre und Lernen den Schwerpunkt ihrer Forschungstätigkeit. Aktuell ist sie Sprecherin des deutschsprachigen »Scholarship of Teaching and Learning«-Netzwerks.

Tassja Weber, Dr., ist wissenschaftliche Mitarbeiterin an der PLAZ – Professional School of Education an der Universität Paderborn. Von 2021-2024 arbeitete sie in der Stabsstelle Bildungsinnovationen und Hochschuldidaktik an der Universität Paderborn als zentrale Ansprechperson zum Thema Open Educational Resources und zum Open Resources Campus »ORCA.nrw«. Die an der Universität Mannheim promovierte Sprachwissenschaftlerin verfügt über mehrere Jahre Forschungs- und Lehrerfahrung im Hochschulkontext.